D1695803

**Demokratie und *pacta sunt servanda***

# Demokratie und *pacta sunt servanda*

von

Christian B. Fulda

Bibliographische Information der Deutschen Bibliothek:

Die Deutsche Bibliothek verzeichnet diese Publikation in der deutschen Nationalbibliographie; detaillierte bibliographische Daten sind im Internet unter <http://dnb.dbb.de> abrufbar.

ISBN 3 8311 4621 7

Alle Rechte liegen beim Autor.

Zugl. veröffentlicht als digitale Dissertation
an der Humboldt-Universität zu Berlin unter
http://dochost.rz.hu-berlin.de

Herstellung: Books on Demand GmbH, Norderstedt

*Meinen Eltern*

## Vorwort und Danksagung

Die vorliegende Arbeit wurde im Oktober 2002 von der Juristischen Fakultät der Humboldt-Universität zu Berlin als Dissertation angenommen, sie berücksichtigt die Entwicklung bis einschließlich April 2002. Mein Dank gilt meinem Doktorvater, Prof. Dr. Christian Tomuschat, der mir die Freiheit bei der Wahl und Bearbeitung dieses unorthodoxen Themas ließ, und sich für die zügige Durchführung des Verfahrens einsetzte. Dank schulde ich auch Prof. Dr. Ingolf Pernice nicht nur für die zügige Erstellung des Zweitgutachtens, sondern auch für seinen Beitrag zum Prüfungsverfahren, den er liebenswürdigerweise leistete.

Viele haben die Entstehung dieser Arbeit mit anregenden Diskussionen begleitet, besonders gedankt sei den Mitarbeitern und Doktoranden des Instituts für Völker- und Europarecht. Besonders verbunden bin ich Fabian Kiderlen, Knut Traisbach und Lauri Mälksoo sowie meinen Brüdern für das Korrekturlesen der Arbeit, und einen lieben Dank möchte ich Anna abstatten, die mich während der ganzen Promotionszeit unterstützt hat. Die Anregung zur theoretischen Beschäftigung mit dem Thema verdanke ich schließlich meinem Vater, der mich mit einem praktischen Problem zu dieser Fragestellung konfrontierte.

Ermöglicht wurde die Erstellung der Arbeit durch ein Doktorandenstipendium der Studienstiftung des deutschen Volkes, das mir nicht nur die finanzielle Unabhängigkeit sicherte und damit die Konzentration auf die Arbeit ermöglichte, sondern auch mit einer ideellen Förderung verbunden war, die ich bereits im Studium hoch geschätzt habe und für deren erneuten Genuß ich besonders dankbar bin. Einen Beitrag zum Gelingen leistete auch das online Stipendium von e-fellows.net, das mir die unbegrenzte Recherche nach Ressourcen im Internet ermöglichte. Das Rechenzentrum der Humboldt-Universität ermöglichte durch das Projekt „Digitale Dissertationen" überhaupt erst, daß der Quellenreichtum des Netzes in adäquat in die Arbeit eingebunden werden konnte. Und ohne Google wäre so manches Dokument und manche Quelle nicht gefunden worden, seinen Programmierern daher der Ausdruck meiner vorzüglichsten Hochachtung.

Berlin, im Oktober 2002					Christian B. Fulda

## Technische Hinweise

Diese Arbeit existiert in drei Formaten, nämlich gebunden, als PDF-Dokument und als Web-Dokument. Die Dateien finden sich auf dem Dokumentenserver der Humboldt-Universität zu Berlin unter http://dochost.rz.hu-berlin.de. Die digitalen Fassungen bieten im Vergleich zur Papierversion zusätzliche Funktionalitäten. Sie sind mit hyperlinks versehen, die sowohl auf Sprungstellen innerhalb des Dokuments verweisen als auch auf externe Web-Dokumente. Im Anschluß an das Literaturverzeichnis sind diese Internet-Ressourcen aufgeführt. Sie sind in den Fußnoten mit (IR) gekennzeichnet. Das Kürzel ist in der Sprache des Dokumentes abgefasst. Aufsätze, die sowohl in Druckfassung als auch in digitalem Format existieren, sowie ausschließlich im Internet veröffentlichte Aufsätze sind im Literaturverzeichnis nachgewiesen, auch wenn sie mit (IR) gekennzeichnet sind.

Die digitalen Fassungen unterscheiden sich geringfügig voneinander. Im PDF-Dokument funktionieren weder die Querverweise (nicht besonders gekennzeichnet) noch die hyperlinks in blauer Schrift in den den Fußnoten. Dafür sind die URLs im Literaturverzeichnis und im Verzeichnis der Internet-Ressourcen aktivierbar, ohne besonders farblich markiert zu sein. Dies liegt daran, daß bei der Konvertierung eines Word-Dokumentes in ein PDF-Dokument nur die hyperlinks und Querverweise aus dem Text, nicht jedoch die aus den Fußnoten konvertiert werden.

Die Internet-Ressourcen sind auf dem Stand Oktober 2002. Änderungen sind zu erwarten, allerdings in geringem Umfang, da die öffentlichen Institutionen selten ihren Bestand ändern. In der Regel wird lediglich ein neuer Pfad eingerichtet, bis auf eine Fundstelle ist während der gesamten Bearbeitungszeit keine Ressource aus dem Netz verschwunden. Sollte ein link ins Leere führen, kann mit der vollständigen Bezeichnung der Quelle aus dem Verzeichnis und unter Einsatz von Google in der Regel sofort der neue Fundort ausfindig gemacht werden. Bezüglich der von der UNO bereitgestellten Ressourcen bedarf es zweier Hinweises: Die Vertragsdatenbank der UNO ist nicht mehr öffentlich zugänglich. Die nachgewiesenen links funktionieren daher nur dann, wenn man zuvor ein login vorgenommen hat. Und die weiterhin öffentlich zugänglichen Resolutionen des Sicherheitsrates und der Generalversammlung sowie die Berichte des Generalsekretärs und die Stellungnahmen des Präsidenten des Sicherheitsrates sind nunmehr auf einem Datenbankserver gelagert, der nur noch über Seiten innerhalb des UNO-Systems zugänglich sind – ein direkter link ist unmöglich. Das UN Documentation Center ist sich des Problems bewußt, eine Lösung steht jedoch noch aus. Die Arbeit verweist daher auf die jeweiligen Inhaltsverzeichnisseiten, von denen dann das gewünschte Dokument erreicht werden kann.

*Christian B. Fulda*

# Inhaltsübersicht

Vorwort und Danksagung ................................................................................ vii

Technische Hinweise ...................................................................................... viii

Abkürzungsverzeichnis .................................................................................... xvi

## I. EINLEITUNG ................................................................................. 1
1. Ausgangspunkt ........................................................................................ 1
2. Problemstellung ...................................................................................... 4
3. Ein methodisches caveat ......................................................................... 10

## II. DAS DEMOKRATIEPRINZIP IM VÖLKERRECHT ........................ 11
1. Historische Entwicklung ......................................................................... 11
2. Das völkerrechtliche Vertragsrecht ......................................................... 18
3. Internationale Praxis .............................................................................. 37
4. Schlußfolgerungen zum Demokratieprinzip ............................................ 86
5. Das Demokratieprinzip in der Kritik – zwei Mißverständnisse ................ 90

## III. DER GRUNDSATZ *PACTA SUNT SERVANDA* IM VÖLKERRECHT ........ 93
1. Interpretation .......................................................................................... 96
2. Sollbruchstellen im Vertragsrecht ........................................................... 100
3. Vertragsänderung ................................................................................... 144

## IV. FALLBEISPIELE ........................................................................... 150
1. Frankreichs Austritt aus der NATO ....................................................... 150
2. Senegals Kündigung der Seerechtskonventionen ................................... 158
3. Der Atomausstieg ................................................................................... 161
4. Das Staudammprojekt Gabcíkovo-Nagymaros ....................................... 175

| | | |
|---|---|---|
| 5. | Drogenkonsumräume in deutschen Bundesländern | 180 |
| 6. | Aminoil | 185 |
| 7. | National Missile Defense (NMD) | 189 |

## V.  LÖSUNGSANSÄTZE ............ 193

| | | |
|---|---|---|
| 1. | De lege lata | 194 |
| 2. | De lege ferenda | 213 |

## VI.  ZUSAMMENFASSUNG ............ 219

## SUMMARY ............ 223

Anhang I – Auszüge aus der Wiener Vertragsrechtskonvention ............ I

Anhang II – Auszüge aus dem Lomé-IV und dem Cotonou-Abkommen ............ XII

Literaturverzeichnis ............ XV

Internet-Ressourcen ............ XXVI

# Inhaltsverzeichnis

Vorwort und Danksagung .................................................................................................. vii

Technische Hinweise ....................................................................................................... viii

Abkürzungsverzeichnis ..................................................................................................... xvi

## I. EINLEITUNG ................................................................................................. 1

1. Ausgangspunkt ................................................................................................. 1

2. Problemstellung ................................................................................................ 4
   a) Vertragsrecht vs. Souveränität? .................................................................... 4
   b) Vertragsrecht und Demokratie als Legitimationsinstitutionen ..................... 4
      1) Legitimation des Vertragsschlusses ....................................................... 5
      2) Demokratische Willensänderung ........................................................... 7
      3) Der völkerrechtliche Vertrag als Rechtsgeschäft und Norm ................. 9

3. Ein methodisches caveat ................................................................................. 10

## II. DAS DEMOKRATIEPRINZIP IM VÖLKERRECHT ............................... 11

1. Historische Entwicklung ................................................................................ 11

2. Das völkerrechtliche Vertragsrecht ................................................................ 18
   a) Weltweites multilaterales Vertragsrecht: Der UN-Pakt ............................. 18
      1) Das Wahlrecht nach Art.25 IPbpR ....................................................... 19
      2) Die Menschenrechte nach Art.19, 21, 22 und 26 IPbpR ..................... 21
      3) Zwischenstaatliche Geltendmachung? ................................................. 23
      4) Art.1 IPbpR .......................................................................................... 25
   b) Regionale multilaterale Verträge ................................................................ 26
      1) Der Europarat ...................................................................................... 26
         i) Die Satzung .................................................................................... 26
         ii) Die Europäische Menschenrechtskonvention ................................ 26
      2) Die OAS ............................................................................................... 28
         i) Die Satzung der OAS ..................................................................... 28
         ii) Die American Convention on Human Rights ................................ 33
   c) Bilaterale Verträge: Die Demokratieklauseln in Verträgen der EG ........... 33

3. Internationale Praxis ....................................................................................... 37
   a) Praxis der UN ............................................................................................. 37

| | | | | |
|---|---|---|---|---|
| | 1) | Kambodscha | | 38 |
| | 2) | Somalia | | 41 |
| | 3) | Haiti | | 43 |
| | | i) | Sachverhalt | 43 |
| | | | (a) Die OAS | 44 |
| | | | (b) Die UN und die OAS | 45 |
| | | ii) | Würdigung | 48 |
| | 4) | Dayton-Abkommen mit Verfassung für Bosnien-Herzegowina | | 51 |
| | 5) | Kosovo | | 58 |
| | 6) | Ost-Timor | | 62 |
| | 7) | Afghanistan | | 65 |
| | 8) | Schlußfolgerung zu den UN-Missionen | | 67 |
| | 9) | Demokratieresolutionen der UN | | 68 |
| | 10) | UN Wahlbeobachtungsmissionen | | 78 |
| b) | Praxis anderer internationaler Organisationen | | | 80 |
| | 1) | OSZE | | 80 |
| | | i) | Charta von Paris | 80 |
| | | ii) | Das Kopenhagen-Dokument | 83 |
| | 2) | Richtlinien der EU zur Anerkennung neuer Staaten | | 83 |

4. **Schlußfolgerungen zum Demokratieprinzip** ............ 86

5. **Das Demokratieprinzip in der Kritik – zwei Mißverständnisse** ............ 90

    a) Illegitimität gleich Illegalität? ............ 90

    b) Das Demokratieprinzip – ungenügend für „echte" Demokratie? ............ 91

## III. DER GRUNDSATZ *PACTA SUNT SERVANDA* IM VÖLKERRECHT ............ 93

1. **Interpretation** ............ 96

    a) Entstehungsgeschichte ............ 96

    b) Völkerrechtliche Praxis ............ 97

    c) Würdigung ............ 99

2. **Sollbruchstellen im Vertragsrecht** ............ 100

    a) Fehlerhafter Vertragsschluß ............ 100

        1) Entstehungsgeschichte ............ 101

        2) Staatenpraxis ............ 106

        3) Würdigung ............ 112

    b) Ordentliches Kündigungsrecht ............ 115

        1) Das explizite Kündigungsrecht nach Art.54 WVK ............ 115

|  |  | 2) | Das implizite Kündigungsrecht nach Art.56 WVK | 116 |
|---|---|---|---|---|
|  |  |  | i) Entstehungsgeschichte | 116 |
|  |  |  | ii) Staatenpraxis | 121 |
|  |  |  | iii) Würdigung | 124 |
|  | c) | Außerordentliches Kündigungsrecht | | 125 |
|  |  | 1) | Vertragsbruch | 126 |
|  |  | 2) | Späteres Gewohnheitsrecht? | 126 |
|  |  |  | i) Staatenpraxis | 128 |
|  |  |  | ii) Würdigung | 131 |
|  | d) | Clausula rebus sic stantibus | | 131 |
|  |  | 1) | Entstehungsgeschichte | 132 |
|  |  | 2) | Politische Änderungen | 134 |
|  |  | 3) | Staatensukzession | 135 |
|  | e) | Verstoß gegen *ius cogens* | | 141 |
|  | f) | Trennbarkeit | | 143 |
|  | g) | Verfahren | | 143 |

**3. Vertragsänderung** .................................................................................. **144**

    a) Vertragsänderung ohne innerstaatliche Zustimmung ........................ 144

    b) Vertragsänderung ohne oder gegen den Willen einer Vertragspartei ............ 144

    c) Recht auf Revision? ................................................................ 146

## IV. FALLBEISPIELE .................................................................. 150

**1. Frankreichs Austritt aus der NATO** .................................................. **150**

    a) Sachverhalt .............................................................................. 150

    b) Würdigung .............................................................................. 151

        1) Implizites Kündigungsrecht ............................................... 153

        2) Änderung der Umstände ................................................... 156

**2. Senegals Kündigung der Seerechtskonventionen** ............................... **158**

    a) Sachverhalt .............................................................................. 158

    b) Würdigung .............................................................................. 159

**3. Der Atomausstieg** ................................................................................ **161**

    a) Sachverhalt .............................................................................. 161

    b) Würdigung .............................................................................. 163

        1) Einordnung als rechtsverbindliches (Verwaltungs-)Abkommen ........... 163

        2) Klauseln wider den Atomausstieg? .................................... 164

            i) Die deutsch-französische Vereinbarung von 1979 .......... 164

|  |  | ii) | Die deutsch-britische Vereinbarung von 1980 | 168 |
|---|---|---|---|---|
|  |  | iii) | Die deutsch-französische Vereinbarung von 1990 | 170 |
|  |  | iv) | Die deutsch-britische Vereinbarung von 1991 | 171 |
|  |  | v) | Die Klauseln als „Regierungsverpflichtungen"? | 172 |
|  |  | vi) | Abschließende Bewertung | 173 |

**4. Das Staudammprojekt Gabcíkovo-Nagymaros** ............ 175
    a) Sachverhalt ............ 175
    b) Würdigung ............ 176

**5. Drogenkonsumräume in deutschen Bundesländern** ............ 180
    a) Sachverhalt ............ 180
    b) Würdigung ............ 183

**6. Aminoil** ............ 185
    a) Sachverhalt ............ 185
    b) Würdigung ............ 186

**7. National Missile Defense (NMD)** ............ 189
    a) Sachverhalt ............ 189
    b) Würdigung ............ 190

## V. LÖSUNGSANSÄTZE ............ 193

**1. De lege lata** ............ 194
    a) Legitimation des Vertragsschlusses ............ 194
    b) Vorrang des nationalen Rechts ............ 196
    c) Nichtanwendung ............ 198
    d) „Demokratiefreundliche" Auslegung ............ 198
    e) Vertragsanpassung ............ 199
        1) Allgemeines Vertragsvölkerrecht ............ 199
        2) Revisionsklauseln ............ 200
            i) Bilaterale Verträge ............ 201
            ii) Multilaterale Verträge ............ 203
        3) Verweistechniken ............ 203
        4) Experimentierklauseln ............ 205
    f) Kündigungsrecht ............ 206
        1) Vertraglich vereinbartes Kündigungsrecht ............ 206
            i) Mindestlaufzeit und Kündigungsfrist ............ 206
            ii) Formelle Beschränkung ............ 207

|  |  |  |  |
|---|---|---|---|
|  | iii) | Materielle Beschränkung | 207 |
|  | 2) | Kündigungsrecht nach allgemeinem Vertragsvölkerrecht | 208 |
|  | 3) | Rechtsfolgen | 209 |
| g) | | Integration | 210 |
| h) | | Intelligente Vertragsklauseln | 211 |

**2. De lege ferenda** ........................................................................................... **213**

    a) Legitimation des Vertragsschlusses ............................................................. 213

    b) Umgang mit demokratischen Systemwechseln ........................................... 214

    c) Recht auf Revision ...................................................................................... 216

## VI. ZUSAMMENFASSUNG ........................................................................ 219

## SUMMARY ...................................................................................................... 223

Anhang I – Auszüge aus der Wiener Vertragsrechtskonvention ................................. I

Anhang II – Auszüge aus dem Lomé-IV und dem Cotonou-Abkommen ................. XII

**Literaturverzeichnis** ................................................................................................ **XV**

**Internet-Ressourcen** ............................................................................................ **XXVI**

# Abkürzungsverzeichnis

| | |
|---|---|
| (IR) | Internet Ressource |
| a.a.O. | am angegebenen Orte |
| a.F. | alte Fassung |
| ABl. EG | Amtsblatt der Europäischen Gemeinschaften |
| ABM | Anti-Ballistic Missile |
| Abs. | Absatz |
| ACHR | American Convention on Human Rights |
| ACP | Africa, Caribbean, Pacific (Gruppe der Vertragspartner der EG) |
| ADG | Association du Droit des Gens |
| AFDI | Annuaire français de droit international |
| AIDC | Annales de l'Institut de Droit Comparé |
| AIDI | Annuaire de l'Institut de droit international |
| AJIL | American Journal of International Law |
| AKP | Afrika, Karibik, Pazifik (Staatengruppe als Vertragspartner der EG) |
| Annual Digest | Annual Digest of Public International Law Cases (fortgesetzt als: International Law Reports) |
| Art. | Artikel |
| ASEAN | Association of South-East Asian Nations |
| ASIL | American Society of International Law |
| ASIL Proc. | Proceedings of the American Society of International Law |
| Aufl. | Auflage |
| AVR | Archiv des Völkerrechts |
| BGBl. | Bundesgesetzblatt |
| BKA RG Bericht | Bundeskriminalamt Rauschgift Bericht |
| BMG | Bundesministerium für Gesundheit |
| BMU | Bundesministerium für Umwelt |
| BNFL | British Nuclear Fuel Limited |
| BT-Drucks. | Drucksachen des Bundestages |
| BtMG | Betäubungsmittelgesetz |
| BverfG | Bundesverfassungsgericht |
| BverfGE | Entscheidungen des Bundesverfassungsgerichts |
| BYIL | British Yearbook of International Law |
| CCPR | (International) Covenant on Civil and Political Rights, siehe auch ICCPR |
| CEDAW | Convention on the Elimination of all Forms of Discrimination Against Women |
| CERN | Centre européen pour la recherche nucléaire |

| | |
|---|---|
| CIA | Central Intelligence Agency |
| CJEL | Columbia Journal of Environmental Law |
| CND | Commission on Narcotic Drugs |
| COGEMA | Compagnie Générale des Matières Nucléaires |
| CoW | Committee of the Whole |
| CSA | Comprehensive Settlement Agreement |
| CSCE | Conference on Security and Co-Operation in Europe |
| CSRF Convention | Convention on the Construction and Operation of a European Synchrotron Radiation Facility |
| DDR | Deutsche Demokratische Republik |
| Dept. | Department |
| ders. | derselbe |
| dies. | dieselbe(n) |
| Diss. op. | Dissenting opinion |
| Doc. | Document |
| DWK | Deutsche Gesellschaft für die Wiederaufarbeitung von Kernbrennstoffen |
| EBRD | European Bank for Reconstruction and Development |
| ECHRYB | Yearbook of the European Convention on Human Rights |
| EconvHR | European Convention on Human Rights |
| ECOSOC | Economic and Social Council |
| ECourtHR | European Court of Human Rights |
| ECOWAS | Economic Community of West African States |
| EELR | European Environmental Law Review |
| EG | Europäische Gemeinschaft |
| EG-Bull. | Bulletin der Europäischen Gemeinschaften |
| EGV | Vertrag zur Gründung der Europäischen Gemeinschaft |
| EIA | Ethics and International Affairs |
| EJIL | European Journal of International Law |
| EMBL | Europäisches Molekularbiologielabor |
| EMRK | Europäische Konvention für Menschenrechte |
| ESA | European Space Agency |
| ET | Energiewirtschaftliche Tagesfragen |
| EuGH | Europäischer Gerichtshof |
| EuGHMR | Europäischer Gerichtshof für Menschenrechte |
| EuRat MK Res. | Resolution der Ministerkonferenz des Europarats |
| EUV | Vertrag über die Europäische Union |
| f. | folgende Seite |
| FAS | Federation of American Scientists |
| FAZ | Frankfurter Allgemeine Zeitung |

| | |
|---|---|
| ff. | folgende Seiten |
| Fn. | Fußnote |
| Foreign Relations of the US Papers | Papers relating to the Foreign Relations of the United States with the Annual Message of the President transmitted to Congress |
| FS | Festschrift |
| GAOR | General Assembly Official Records |
| GATS | General Agreement on Trade in Services |
| GATT | General Agreement on Tariffs and Trade |
| GYBIL | German Yearbook of International Law |
| HH | Hansestadt Hamburg |
| HHRYB | Harvard Human Rights Yearbook |
| HILJ | Harvard International Law Journal |
| HRC | Human Rights Committee (International Covenant on Civil and Political Rights) |
| HRLJ | Human Rights Law Journal |
| HRQ | Human Rights Quarterly |
| Hrsg. | Herausgeber |
| IACHR | Inter-American Court on Human Rights |
| IAComHR | Inter-American Commission on Human Rights |
| IAEA | International Atomic Energy Agency |
| IAYBHR | Inter-American Yearbook on Human Rights |
| ICAO | International Civil Aviation Organisation |
| ICCPR | International Covenant on Civil and Political Rights |
| ICJ | International Court of Justice |
| ICJ Rep. | International Court of Justice. Reports of Judgments, Advisory Opinions and Orders |
| ICSID | International Centre for the Settlement of Investment Disputes |
| IFOR | Implementation Force – Operation Joint Endeavour |
| IGH | Internationaler Gerichtshof |
| IISS | International Institute for Strategic Studies |
| IL | The International Lawyer |
| ILC | International Law Commission |
| ILM | International Legal Materials |
| ILO | International Labour Organization |
| ILR | International Law Reports |
| IMF | International Monetary Fund |
| IMO | International Maritime Organization |
| INCB | International Narcotics Control Board |
| IP | Internationale Politik |

| | |
|---|---|
| IPbpR | Internationaler Pakt über bürgerliche und politische Rechte |
| IRAN-US CTR | Iran-United States Claims Tribunal Reports |
| ISS | International Space Station |
| ITU | International Telecommunication Union |
| JZ | JuristenZeitung |
| Kap. | Kapitel |
| KSZE | Konferenz über Sicherheit und Zusammenarbeit in Europa |
| LJIL | Leiden Journal of International Law |
| LNTS | League of Nations Treaty Series |
| m. Anm. | mit Anmerkung |
| MICIVIH | Mission Civile Internationale sur les Droits de l'Homme en Haiti |
| MINURCA | Mission des Nations Unies en République Centrafricaine |
| Mio. | Millionen |
| MoU | Memorandum of Understanding |
| Mrd. | Milliarden |
| n.F. | neue Fassung |
| NAFTA | North American Free Trade Agreement |
| NASA | National Aeronautics and Space Administration |
| NATO | North Atlantic Treaty Organization |
| NJIL | Netherlands Journal of International Law |
| NL | niederländisch |
| NMD | National Missile Defense |
| No. | Number |
| Nr. | Nummer |
| NRW | Nordrhein-Westfalen |
| OAS | Organization of American States |
| ODCCP | Office for Drug Control and Crime Prevention |
| ODIHR | Office for Democratic Institutions and Human Rights (der Organisation für Kooperation und Zusammenarbeit in Europa) |
| OHR | Office of the High Representative |
| ONUMOZ | Operation des Nations Unies au Mozambique |
| ONUSAL | Mission d'observation des Nations Unies en El Salvador |
| OR 68 | United Nations Conference on the law of treaties. First session. Vienna, 26 March - 24 May 1968. Official Records. Summary records of the plenary meetings and of the meetings of the Committee of the Whole. UN doc. A/Conf.39/11 |
| OR 69 | United Nations Conference on the law of treaties. Second Session. Vienna, 9 April - 22 May 1969. Official Records. Summary records of the plenary meetings and of the meetings of the Committee of the Whole. UN Doc. A/Conf.39/11/Add.1 |

| | |
|---|---|
| OSCE | Organizaton for Security and Co-operation in Europe |
| OSZE | Organisation für Sicherheit und Zusammenarbeit in Europa |
| ÖZöRV | Österreichische Zeitschrift für öffentliches Recht und Völkerrecht |
| PCIJ | Permanent Court of International Justice |
| RADIC | Revue Africaine de Droit International et Comparé |
| RBDI | Revue belge de droit international |
| RdC | Recueil des Cours |
| Reg. | Regulation |
| RGDIP | Revue générale de droit international public |
| RIAA | Reports of International Arbitral Awards |
| RITD | Revue internationale de la théorie du droit |
| Rz. | Randziffer |
| S. | Seite(n) |
| s.o. | siehe oben |
| s.u. | Siehe unten |
| Sep. op. | Separate opinion |
| SR | Summary Records |
| StIGH | Ständiger Internationaler Gerichtshof |
| STRL | Suffolk Transnational Law Review |
| Suppl. | Supplement |
| TRIPS | Agreement on Trade-Related Aspects of Intellecutal Property Rights |
| u.a. | unter anderem/ und andere |
| UdSSR | Union der Sozialistischen Sowjetrepubliken Rußlands |
| UN | United Nations |
| UNCHR | United Nations Commission on Human Rights |
| UNCIO | United Nations Conference on International Organization, San Francisco, 1945 |
| UNCLOS | United Nations Convention on the Law of the Sea |
| UNCLT | United Nations Conference on the Law of Treaties |
| UNESCO | United Nations Educational, Scientific and Cultural Organization |
| UNGA | United Nations General Assembly |
| UNGA Res. | United Nations General Assembly Resolution |
| UNHCHR | United Nations High Commissioner on Human Rights |
| UNITAF | Unified Task Force |
| UNMIH | United Nations Mission in Haiti |
| UNMIK | United Nations Interim Administration Mission in Kosovo |
| UNOSOM | United Nations Operation in Somalia |
| UNSC | United Nations Security Council |
| UNSC Res. | United Nations Security Council Resolution |

| | |
|---|---|
| UNSG | United Nations Secretary General |
| UNTAC | United Nations Transitional Authority in Cambodia |
| UNTAET | United Nations Transitional Administration in East Timor |
| UNTAG | United Nations Transition Assistance Group |
| UNTS | United Nations Treaty Series |
| UNYB | Yearbook of the United Nations |
| UP | University Press |
| URL | Universal Resource Locator |
| US | United States |
| USA | United States of America |
| v. | versus |
| vgl. | vergleiche |
| VJIL | Virginia Journal of International Law |
| VN | Vereinte Nationen |
| VO (EG) | Verordnung der Europäischen Gemeinschaft |
| vol. | volume |
| VRÜ | Verfassung und Recht in Übersee |
| WHO | World Health Organization |
| WTO | World Trade Organization |
| WVK | Wiener Vertragrechtskonvention (Wiener Übereinkommen über das Recht der Verträge) |
| YBCJIELP | Yearbook of the Colorado Journal of International Environmental Law and Policy |
| YBILC | Yearbook of the International Law Commission |
| YBOSCE | Yearbook of the Organisation for Security and Co-operation in Europe |
| YILJ | Yale International Law Journal |
| ZP1 | Erstes Zusatzprotokoll (zur Europäischen Menschenrechtskonvention) |
| ZUR | Zeitschrift für Umweltrecht |

## I. EINLEITUNG

### 1. Ausgangspunkt

Täglich binden sich Mitglieder der Staatengemeinschaft untereinander durch Verträge. Gegenstand der Bindung sind große Fragen wie Krieg und Frieden ebenso wie die Regelung des kleinen Grenzverkehrs. Verträge werden von Staaten geschlossen, um das zukünftige Verhalten des Vertragspartners im Bereich des Regelungsgegenstandes normativen Kriterien zu unterwerfen, in der Hoffnung, daß die Norm ein korrelierendes Verhalten hervorruft. So dies nicht der Fall ist, erlaubt die vertragliche Bindung, das abweichende Verhalten mit Sanktionen zu belegen. Aber was bedeutet es, einen Staat zu binden, der demokratisch verfaßt ist?

Abstrakt betrachtet stellt für eine demokratisch konstituierte Gesellschaft ein völkerrechtlicher Vertrag, der keine zeitliche Beschränkung und keine Kündigungsmöglichkeit vorsieht,[1] eine – bezogen auf die demokratische Entscheidungsfindung – systemwidrige Regelung dar, unabhängig davon, ob es sich um einen – zustimmungsbedürftigen – Vertrag oder ein Regierungsabkommen handelt.[2] Denn weder einfache noch verfassungsändernde Mehrheiten vermögen einseitig die Regelung außer Kraft zu setzen. Auf der anderen Seite ist es offensichtlich, daß der Vertrag als Institut für die Regelung eines Austausch- oder Kooperationsverhältnisses seine Daseinsberechtigung verlöre, gestattete man einem Vertragspartner, hier einem Staat, sich aufgrund gewandelter innerer Überzeugung von dem Vertrag lösen zu können.

Dieses Spannungsverhältnis zwischen zwei Instituten, die die Effektivität einer Regelung auf der einen und die Legitimation einer Regelung für eine Gesellschaft auf der anderen Seite betreffen, dieses Spannungsverhältnis zwischen dem in Erz gegossenen[3] (Völker-) Rechtsgrundsatz *pacta sunt servanda* und der historisch ebenfalls altehrwürdigen Demokratie soll im folgenden näher beleuchtet werden. Damit ist bereits eine Beschränkung des Untersuchungsgegenstandes benannt. Die Arbeit wird sich auf die Frage konzentrieren, wie sich im heutigen Völkerrecht der Rechtssatz *pacta sunt servanda*, also der (völker-) rechtlichen Bindung eines Staates durch Vertrag, zum Institut der Demokratie, im folgenden kürzer zum Demokratieprinzip,[4] verhält. Ausgespart bleiben müssen die anderen völkerrechtlichen Bindungen eines

---

[1] Nach Auffassung der ILC im Kommentar zu Art.51 ihres Final Draft der Wiener Vertragsrechtskonvention beinhaltet die Mehrheit moderner Verträge eine Beschränkung ihrer Dauer oder eine Kündigungsmöglichkeit, ILC Final Draft Art.51, YBILC 1966-II, S.177, 249 Abs.1; vgl. auch DE LA GUARDIA/DELPECH, Derecho de los Tratados, 1970, S.447. Diese Fälle werden unten V. 1. f) 1) innerhalb der Lösungsmöglichkeiten nach geltendem Recht erörtert. Die Arbeit konzentriert sich auf die Fälle, in denen es an einer solchen Regelung fehlt.

[2] Im folgenden wird der Begriff „völkerrechtlicher Vertrag" entsprechend der Definition in Art.2 Abs.1 a) Wiener Vertragsrechtskonvention, (IR) Vienna Convention on the Law of Treaties, 1969, 1155 UNTS 1980, No.18232, S.331-512, als Oberbegriff verwendet, bezeichnet also eine mindestens zweiseitige Übereinkunft, die dem Völkerrecht unterliegt, im Gegensatz zu einseitigen Erklärungen. Die Begriffe „Abkommen" und „Übereinkommen" werden synonym zu „Vertrag" gebraucht, wenn sie nicht ausdrücklich besonders definiert werden. Die Schriftform nach Art.2 Abs.1 a) WVK spielt im Rahmen dieser Arbeit keine Rolle.

[3] Vgl. SHAW, International Law, 4. Aufl.1997, S.633: „arguably the oldest principle of international law". Siehe auch MCNAIR, Law of Treaties, 1961, S.493.

[4] DAILLIER/PELLET, Droit international public, 5. Aufl.1994, Nr.282 1° c) sprechen vom *principe de „légitimité démocratique"*.

Staates, insbesondere durch Gewohnheitsrecht und durch Sekundärrecht internationaler Organisationen, sofern eine Erörterung nicht zwingend notwendig ist. Gegenstand der Untersuchung sind des weiteren lediglich völkerrechtlich bindende Akte innerhalb der internationalen Beziehungen, also nicht Übereinkommen, die gerade aus Gründen der Flexibilität, der Möglichkeit der späteren anderweitigen Entscheidung innerhalb eines Staates bewußt in unverbindlicher Form gehalten werden.[5] Entscheidend ist, daß die Analyse innerhalb des Völkerrechts verbleibt, also nicht rechtliche Zwänge ins Verhältnis zu politischen Erwägungen setzt,[6] sondern ausschließlich normativ vorgeht.

Es ist allerdings nicht das Ziel dieser Arbeit zu postulieren, daß ein Staat sich aufgrund einer demokratischen Entscheidung ohne weiteres seiner vertraglichen Verpflichtungen entledigen kann. Weder ist dies geltendes Völkerrecht, noch wird eine solche Rechtsfolge *de lege ferenda* als notwendige Weiterentwicklung des Völkerrechts vorgeschlagen. Es geht lediglich um die Herausarbeitung des strukturellen Verhältnisses zwischen zwei Instituten derselben Rechtsordnung, ihrer Berührungspunkte und möglichen gegenseitigen Einwirkungen.

Neben diesem systematischen Ansatz bedarf der vertragsvölkerrechtliche Grundsatz *pacta sunt servanda* auch aufgrund der inhaltlichen Entwicklung des modernen Völkerrechts einer Neuinterpretation. Es geht nicht mehr länger nur um die traditionelle Gestaltung der Außenbeziehungen – Krieg und Frieden, Diplomatie und Fremdenrecht –, sondern um eine Spiegelung fast aller Bereiche des inneren Staatswesens nach außen.[7] Fast jeder Bereich, für den eine moderne Gesellschaft einer Regelung bedarf, wird heutzutage auch durch völkerrechtliche Bindungen erfaßt – von Justiz und Inneres über Sozialsysteme bis zu Forschung und Entwicklung.[8] Vergleicht man das Prinzip der Vertragsbindung im Völkerrecht mit dem im innerstaatlichen Privatrecht, fällt auf, daß im Privatrecht die Reichweite des Rechtsgrundsatzes *pacta sunt servanda* dadurch beschränkt ist, daß vertragliche Bindungen verkürzt gesagt lediglich die ökonomischen Betätigung des Individuums absichern und andere Bereiche weitgehend der Dispositionsbefugnis entzogen sind (etwa die Abrede, eine tätliche Auseinandersetzung nur mit bestimmten Waffen auszutragen). Demgegenüber kennt das Völkerrecht – bis auf das bisher eher spärlich ausgeprägte Gebiet des zwingenden Völkerrechts – keine inhaltliche Beschränkung der Vertragsschlußkompetenz der Staaten. Sobald das Völkerrecht aber Bereiche erfaßt, die nicht lediglich Fragen regeln, die aus der Existenz von verschiedenen Staaten entspringen, sondern solche, deretwegen Staaten zur Regelung der Gesellschaft existieren, wird der Rechtsgrundsatz zu inflexibel, den tatsächlichen Anforderungen an eine zweckmäßige Gestaltung des Vertragsrechts nicht mehr gerecht. Folgender Vertragsinhalt diene als zugespitztes fiktives Beispiel: Die Republik Irland verpflichtet sich unbefristet gegenüber dem Vatikan, Schwangerschaftsabbrüche nicht zu legalisieren. Das Vertragsrecht muß demnach gewährleisten, daß ein angemessener Ausgleich gefunden wird zwischen dem

---

[5] Vgl. dazu KLABBERS, Concept of treaty, 1996, S.26ff.

[6] So BARDONNET, Dénonciation sénégalaise, in: AFDI 1972, S.123, 141.

[7] Vgl. auch CRAWFORD, Democracy, 1994, S.14, allgemein zum Völkerrecht: Regeln, die Gesellschaften gegeneinander abgrenzen, sind von ihrer demokratischen Legitimation unproblematischer als diejenigen, die sich mit der inneren Ausgestaltung dieser Gesellschaften befassen.

[8] Zu einer konzisen Beschreibung der Entwicklung des Völkerrechts von einem Recht der staatlichen Koexistenz über eines der staatlichen Kooperation zu einem „comprehensive blueprint for social life" siehe TOMUSCHAT, International Law, in: 281 RdC 1999, S.1, 56ff. Abs.1ff.

*Christian B. Fulda*

berechtigten Vertrauen des einen Vertragspartners in den Bestand der Verpflichtung auf der einen Seite und auf der anderen Seite dem Interesse des anderen Vertragspartners, Regelungen für die Gesellschaft einer demokratischen Entscheidungsfindung zugänglich zu erhalten.

Nach einer Herausarbeitung der Problemstellung wird zunächst das Demokratieprinzip im Völkerrecht analysiert. Die Untersuchung stützt sich dabei vornehmlich auf (multilaterales) Vertragsrecht und die Praxis internationaler Organisationen, da sich das komplexe Demokratieprinzip noch kaum in einzelner Staatenpraxis niedergeschlagen hat, die die Basis für Gewohnheitsrecht bilden könnte. Sodann soll der gegenwärtige Stand des Vertragsrechtes beleuchtet werden, um die Sollbruchstellen für Verträge zu analysieren, an denen das Demokratieprinzip ansetzen kann.

Im dritten inhaltlichen Teil der Arbeit werden einzelne Fallkonstellationen dargestellt und analysiert, in denen eine innerstaatliche Willensänderung, herbeigeführt durch demokratische Prozesse, sich der Bindungswirkung völkerrechtlicher Verträge gegenübersah. Nicht überraschend entstammen die Beispiele im wesentlichen dem Sicherheitsbereich auf der einen und dem Umweltbereich auf der anderen Seite. Denn ersterer ist eines der letzten Gebiete, auf dem Staaten zumindest noch versuchen, souverän im Sinne einer nationalen Entscheidung über ihre Geschicke zu bestimmen, und letzterem wohnt mit die größte Regelungsdynamik im Völkerrecht inne.

Demgegenüber werden die historischen Beispiele der Systemwechsel und die in ihrem Zusammenhang artikulierten Zweifel an der Fortgeltung vertraglicher Verpflichtungen ausgeblendet. Denn beim radikalen Wechsel der inneren Verfaßtheit eines Staates spielt stets auch die Frage der Kontinuität des Staatswesens, also das völkerrechtliche Problem von Staatensukzession, eine Rolle.[9] Die Überlagerung mit einem dritten rechtlichen Institut aber erschwert die klare Herausarbeitung des Verhältnisses von Demokratieprinzip und Vertragsrecht.

Die Arbeit wird abgeschlossen mit der Zusammenstellung von Lösungsansätzen für den aufgezeigten Konflikt. Dabei unterfallen die Lösungen zum einen in vertragsrechtliche Ansätze, also die rechtliche Bewertung geschlossener Verträge, zum anderen in vertragsgestalterische, also Möglichkeiten der Konfliktlösung bei der Ausgestaltung der Verträge.

---

[9] Siehe dazu aber im Rahmen der vertragsrechtlichen Analyse unten III. 2. d) 3).

## 2. Problemstellung

Es liegt auf der Hand, daß vertragliche Bindungen die nationale Entscheidungsfindung einengen, unabhängig davon, ob ein Staat demokratisch oder anders konstitutiert ist. Stellt man nun explizit eine demokratische Entscheidungsfindung der vertraglichen Bindung entgegen, kommt es entscheidend auf die präzise Herausarbeitung des rechtlichen Bindegliedes zwischen Demokratieprinzip und *pacta sunt servanda* an. Nach der Anlage der Arbeit muß dieses Bindeglied innerhalb des Völkerrechts gesucht werden, nicht im Verhältnis von Völkerrecht und nationalem Recht.

### a) Vertragsrecht vs. Souveränität?

Traditionell wird das Vertragsrecht in Zusammenhang mit der staatlichen Souveränität gebracht.[10] Diese ist zunächst Vorbedingung eines Vertrages: Durch seine Souveränität steht ein Staat dem anderen als Gleicher gegenüber, der Vertrag hält einen Konsens *inter pares* fest. Aufgrund dieses Konsenses, durch die Zustimmung zum Vertrag, begibt sich der Staat dann allerdings hinsichtlich der Regelungsmaterie des Vertrages seiner freien Entscheidungsmöglichkeit, schränkt also seine Souveränität ein. Das Vertragsprinzip kann demnach als Verhältnis zwischen autonomer Gestaltungsfreiheit und Bindung durch Kooperation rechtlich definiert werden. Das Bindeglied von Vertragsrecht und Souveränität soll hier jedoch nicht untersucht werden. Zum einen erkennt das Völkerrecht jedem Staat Souveränität unabhängig von seiner internen Konstitution zu, das Verhältnis ist also ein breiteres als das zum Demokratieprinzip. Zum anderen und entscheidender stehen das Bindeglied zwischen Souveränität und Vertragsrecht einerseits und dasjenige zwischen Demokratie und Vertragsrecht andererseits antithetisch zueinander: Die Souveränität ist das völkerrechtliche Institut, das den Grad der Freiheit von völkerrechtlichen Verpflichtungen und äußeren Einwirkungen definiert und damit den unabhängigen Rechtskreis eines Staates im Völkerrecht beschreibt. Demgegenüber findet sich das völkerrechtliche Demokratieprinzip gerade innerhalb des Rechtskreises eines Staates, geradezu in dessen Herzen, nämlich in seiner Verfaßtheit.

### b) Vertragsrecht und Demokratie als Legitimationsinstitutionen

Das Bindeglied wird vielmehr in einem legitimationstheoretischen Ansatz gesucht. Nach moderner Ansicht muß auch das Völkerrecht als Rechtsordnung (und damit seine Institute) seine Legitimation letztendlich auf die Individuen zurückführen, die als Staatsangehörige die

---

[10] Siehe etwa zur Doktrin der „souveränitätsschonenden" Auslegung völkerrechtlicher Verträge in der ersten Hälfte des 20. Jahrhunderts die Rechtsprechung des Ständigen Internationalen Gerichtshofs, Urteil vom 17. August 1923 im Rechtsstreit zwischen Großbritannien, Frankreich, Italien, Japan und Polen auf der einen und dem Deutschen Reich auf der anderen Seite in der Sache *„S.S. Wimbledon"*, PCIJ, Series A, No.1, S.15, 24, im Gutachten vom 21. November 1925 zur Auslegung von Art.3 Abs.2 des Versailler Vertrags (Grenze zwischen der Türkei und dem Irak), Rechtssache *Mossul*, PCIJ, Series B, No.12, S.25, und in den Urteilen vom 10. September 1929 im Rechtsstreit zwischen Großbritannien u.a. und Polen in der Sache *Jurisdiction of the International Commission of the River Oder*, PCIJ, Series A, No.16, S.26 und vom 7. Juni 1932 im Rechtsstreit zwischen Frankreich und der Schweiz in der Sache *Free Zones of Upper Savoy and the District of Gex*, PCIJ, Series A/B, No.46, S.96, 167, sowie die Schiedssprüche vom 18. Juli 1932 im Rechtsstreit zwischen Schweden und den Vereinigten Staaten in der Sache *„Kronprins Gustaf Adolf"*, RIAA Bd.II, S.1241, 1254 und vom 19. September 1949 zur *UNESCO-Satzung*, Annual Digest 1949, S.331, 335f. Relativierend bereits der Schiedsspruch vom 16. November 1957 im Rechtsstreit zwischen Spanien und Frankreich in der Sache *Lac Lanoux*, RIAA Bd.XII, S.281, 300f.

## 2. Problemstellung

Subjekte des Völkerrechts, die Staaten, konstituieren.[11] Demokratische Partizipationsrechte schlagen die Brücke zwischen denjenigen, die die staatliche Macht ausüben, und denjenigen, die dieser Macht unterworfen sind.[12] Dieser rechtlich-philosophische legitimationstheoretische Ansatz, der Rechtsinstitute als Institutionen zur Regelung des Verhaltens der Individuen in der Gesellschaft begreift, läuft einher mit dem methodologischen Individualismus in den Sozialwissenschaften[13] und ermöglicht daher eine Analyse der in Frage stehenden rechtlichen Institute auch mit den Methoden anderer Disziplinen. Zu beachten ist jedoch, daß dieser Ansatz lediglich analytisches Instrumentarium ist und nicht die geltende Völkerrechtsordnung umformt. Auch wer an der absoluten (im Wortsinne, also losgelösten) Geltung des Völkerrechts als Recht der Völkerrechtssubjekte festhält, muß sich mit dem Verhältnis existierender rechtlicher Grundsätze, Prinzipien und Institute zueinander auseinandersetzen.[14] Im Hinblick auf das Verhältnis von Vertragsrecht und Demokratieprinzip lassen sich zwei Berührungspunkte feststellen: Der Vertragsschluß und die Fortdauer des Vertrages.

*1) Legitimation des Vertragsschlusses*

Historisch ist die Rückbindung des Vertragsschlusses an das Volk als Souverän dem Völkerrecht nicht fremd. So verlangte CHRISTIAN WOLFF als Voraussetzung für die Bindung

---

[11] KELSEN, Théorie du droit international public, in: 84 RdC 1953, S.1, 10ff.; DERS., Théorie du traité international, in: X RITD 1936, S.253, 268; TOMUSCHAT, Constitution of Mankind, in: UN (Hrsg.), International Law on the Eve of the Twenty-first Century, 1997, S. 37, 40f.; DERS., International Law, in: 281 RdC 1999, S.1, 46 Abs.29. Demgegenüber geht die Studie von FRANCK, Legitimacy among Nations, 1990, die legitimationstheoretische Ansätze auf das Völkerrecht überträgt, ausschließlich von den Staaten als Legitimationsquelle aus und problematisiert nicht die Frage der Legitimation wiederum des staatlichen Handelns.

[12] TOMUSCHAT, International Law, in: 281 RdC 1999, S.1, 46 Abs.29.

[13] Siehe etwa RICHTER/FURUBOTN, Neue Institutionenökonomik, 1996, S.3.

[14] Der demokratietheoretische Streit um die Frage einer formalen (Blick auf das Verfahren) oder materiellen Betrachtung (auch das Ergebnis des Verfahrens bedarf einer Überprüfung) der Demokratie muß an dieser Stelle nicht entschieden werden. Denn relevant wird der Streit erst in der Möglichkeit der Selbstbeschränkung der Demokratie, vom Parteiverbot bis zur Abschaffung der Demokratie durch Mehrheitsbeschluß. Darum geht es hier jedoch nicht. Die Zustimmung zum Abschluß eines völkerrechtlichen Vertrages ist nicht die konkludente Abschaffung von Mehrheitsentscheidungen zum Vertragsgegenstand für die Zukunft. Erstens bleiben Mehrheitsentscheidungen sowohl faktisch wie normativ (nach nationalem Recht) noch möglich, sie führen nur gegebenenfalls zur Staatenverantwortlichkeit wegen Vertragsbruchs. Zweitens ist die normative Beschränkung (von seiten des Völkerrechts) zukünftiger Mehrheitsentscheidungen eine notwendige Nebenfolge, nicht jedoch Ziel der Zustimmung zu einem Vertrag, anders als bei den expliziten Beschränkungen der Demokratie. Drittens wäre eine Gleichsetzung mit diesen Fällen eine *petitio principii*: Es ist gerade die Frage dieser Arbeit, in wieweit vertragliche Bindung demokratische Entscheidungsfindung beschränkt. Im übrigen bewegt sich die Arbeit zwischen den beiden Extrempunkten der Theorien. Auf der einen Seite setzt der legitimationstheoretische Ansatz eine formale Betrachtung voraus (Legitimation des Vertragsschlusses). Das Verfahren ist jedoch nicht alles, da die Frage nach der Möglichkeit einer Meinungsänderung die materielle Seite betrifft: Ohne einen für eine Entscheidung disponiblen Regelungsgegenstand ist das Verfahren wertlos. Zum Streit zwischen formaler und materieller Demokratietheorie und der Einordnung des Völkerrechts in das Spektrum siehe FOX/NOLTE, Intolerant Democracies, in: 35 HILJ 1995, S.1-70. Der Aufsatz ist in gekürzter und unwesentlich aktualisierter Fassung abgedruckt in FOX/ROTH (Hrsg.), Democratic Governance, 2000, S.389-435. Zum darin angesprochenen Fall Algerien siehe OETER, Algerien-Konflikt, in: Friedenswarte 1998, S.243-262.

einer Demokratie eine Entscheidung über den Vertrag nach den internen Regeln.[15] Vermutlich aufgrund der Ausdifferenzierung der Staatsordnungen im 19. und insbesondere im 20. Jahrhundert ist von diesem Grundsatz im zeitgenössischen Völkerrecht nicht mehr viel übrig geblieben. Die Wiener Vertragsrechtskonvention (WVK) von 1969[16] hat in Art.46 WVK die von CHRISTIAN WOLFF beschriebene Regel zur Ausnahme gemacht: Die Nichtbeachtung interner Vorschriften über den Vertragsabschluß (insbesondere einer Zustimmungsbedürftigkeit) steht der Gültigkeit nur insoweit entgegen, als der Vertragspartner „bösgläubig" war.

Jedoch ist zu berücksichtigen, daß die für die Staaten handelnden Akteure, nämlich die Regierungsmitglieder, ein Eigeninteresse daran haben können, die internen – verfassungsrechtlichen – Regelungen für den Abschluß eines völkerrechtlichen Vertrages zu unterlaufen oder zumindest extensiv zu ihren Gunsten auszulegen,[17] und im vereinfachten Verfahren ohne Beteiligung des Parlamentes eine völkerrechtliche Bindung eingehen können.[18] Dies kann aus Zeitgründen oder aus Angst vor Kritik seitens des Parlamentes geschehen,[19] aber auch gerade um den Handlungsspielraum zukünftiger Regierungen einzuengen. Die Problemstellung

---

[15] WOLFF, Jus gentium, 1764, Kapitel 4, § 371, zit. nach Classics ed., No.13 vol.2, 1931/1995, S.192. Siehe ausführlich zur historischen Entwicklung der Vertragsschlußkompetenz Haggenmacher, Origins of Legislative Participation, in: 67 Chicago-Kent Law Review 1991, S.313-339.

[16] Vienna Convention on the Law of Treaties, concluded at Vienna on 23 May 1969, (IR) Vienna Convention on the Law of Treaties, 1969, 1155 UNTS 1980, No.18232, S.331-512. Der Bezeichnung „Konvention" wird der Vorzug gegenüber der offiziellen deutschen Übersetzung mit „Übereinkommen" (BGBl.1985 II S.926) gegeben. Die WVK ist in Auszügen abgedruckt in Anhang I.

[17] Vgl. den Hinweis von SEIDL-HOHENVELDERN, Völkerrecht, 10. Aufl. 2000, Rz.223 auf den Abschluß der Verträge von Jalta und Potsdam durch die USA im Wege des „executive agreement". Gleiches gilt für das Potsdamer Abkommen (das deshalb auch nie vom State Department als völkerrechtlicher Vertrag geführt wurde). Diese Praxis der „executive agreements", die vom Supreme Court gebilligt wurde, fand etwa auch bei der Zession Kubas und Puerto Ricos durch Spanien an die USA Anwendung, vgl. DE LUNA, ILC, 674th Meeting, YBILC 1963-I, S.4 Abs.9. Siehe zum Ganzen das vom State Department gebilligte Memorandum des Generalsekretärs der UN, in: UN, Laws and Practices concerning the Conclusion of Treaties, S.125-134, sowie die Beiträge von DAMROSCH, GLENNON, RIESENFELD/ABBOTT und TRIMBLE/WEISS zur US-amerikanischen Verfassungslage auf dem „Symposium on Parliamentary Participation in the Making and Operation of Treaties", in: 67 Chicago-Kent Law Review 1991, S.293, 515-704. Aus legitimationstheoretischer Sicht ist allerdings im Fall der USA zu beachten, daß es bei einer Auseinandersetzung zwischen direkt gewähltem Präsidenten und dem Senat über die Abschlußkompetenz völkerrechtlicher Verträge weniger um einen Bruch in der Legitimationskette geht als um ein diffiziles System des *checks and balances* zweier direkt legitimierter Institutionen. Eine Übersicht über die historische Entwicklung des numerischen Verhältnisses von „treaties" und „executive agreements" sowie weitere Beispiele für „executive agreements" findet sich bei GARDNER, Diskussionsbeitrag, in: CASSESE (Hrsg.), Impact of Foreign Affairs Committees, 1982, S.105. Ausführlich erörtern die Beiträge in: FRANCK (Hrsg.), Delegating state powers, 2000 das Problem. Zu dem Problem der verfassungsrechtlichen Ausgestaltung der Vertragsschlußkompetenz des US-Präsidenten siehe auch unten V. 2. a) bei Fn.1191.

[18] Für eine Übersicht zu europäischen und amerikanischen Verfassungen siehe die Beiträge zum „Symposium on Parliamentary Participation in the Making and Operation of Treaties", in: 67 Chicago-Kent Law Review 1991, S.293, 341-704. Eine vergleichende Studie über Ausschüsse für auswärtige Angelegenheiten verschiedener westlicher Parlamente bietet CASSESE (Hrsg.), Parliamentary foreign affairs committees, 1982.

[19] SEIDL-HOHENVELDERN, Völkerrecht, 10. Aufl. 2000, Rz.223. Die gleichen Gründe verleiten die Exekutive regelmäßig dazu, Übereinkommen abzuschließen, deren rechtliche Qualität bewußt vage gehalten wird, vgl. SCHREUER, Innerstaatliche Anwendung von soft law, in: ÖZöRV 1983, S.243; WENGLER, Rechtsvertrag, in: JZ 1976, S.193.

## 2. Problemstellung

dieser Arbeit liegt demnach zum einen in der Überprüfung der Anforderungen an den Vertragsschluß. Möglicherweise bewirkt die Ausprägung des Demokratieprinzips im Völkerrecht inzwischen, daß die handelnden Akteure die sie kontrollierenden Organe nicht mehr ohne weiteres vor vollendete Tatsachen stellen können, sondern einer inhaltlichen Beschränkung aus dem Völkerrecht unterliegen. Dem Völkerrecht käme damit die Kontrollfunktion gegenüber den Eigeninteressen der Regierungen zu.[20] Das Völkerrecht könnte unter Einfluß des Demokratieprinzips die Staaten verpflichten, z.b. Mitwirkungsbefugnisse des Parlamentes zu beachten und damit verhindern, daß Regierungen den Abschluß völkerrechtliche Verträge zur Einschränkung der innerstaatlichen Meinungsbildung mißbrauchen.

### 2) Demokratische Willensänderung

Der entscheidende Berührungspunkt zwischen Vertragsrecht und Demokratie liegt jedoch in der Frage nach der Fortdauer des Vertrages bzw. in der Möglichkeit der Anpassung an neue Gegebenheiten oder sogar der einseitigen (vorzeitigen) Beendigung.[21] Denn der Vertrag soll gerade einen einmal gefundenen Konsens festhalten und eine Kooperation rechtlich fundieren, die nachträglichen Willensänderungen entzogen sein soll. Art.27 WVK konstatiert entsprechend das Primat der (völker-)vertragsrechtlichen Bindung über nationales Recht, unabhängig davon, wie demokratisch sie zustandegekommen sein mag. Demgegenüber dient das Demokratieprinzip gerade der politischen Willensbildung, mit der notwendigen Konsequenz der Willensänderung. Überspitzt ließe sich Demokratie als die Garantie der Möglichkeit einer Willensänderung beschreiben. Dabei speist sich das Potential der Alternativentscheidung, das durch eine demokratische Ergebnisfindung gewährleistet werden soll, aus zwei Quellen: Zum einen soll jede in einer Entscheidungsfindung unterlegene Minderheit potentiell zur Mehrheit werden können. Das Demokratieprinzip ermöglicht damit eine Realisierung der Alternativentscheidung zu einem späteren Zeitpunkt. Zum anderen trägt das Potential der Alternativentscheidung dem Umstand Rechnung, daß eine demokratisch verfaßte Gesellschaft im Gegensatz zu ideologisch (inklusive theosophisch) fundierten ergebnisoffen ist. Da Lösungen zu gesellschaftlichen Fragen nicht dauerhaft in einem Manifest niedergelegt werden, sind demokratisch getroffene Entscheidungen im Zeitverlauf disponibel, unabhängig vom Verhältnis von Mehrheitsmeinung zu Minderheitsmeinung. Sie können etwa aufgrund neuer Erkenntnisse über Bord geworfen werden. Damit tritt ein Konflikt von Rechtsinstituten zutage: Während das Vertragsrecht Willensänderungen begrenzt, soll das Demokratieprinzip diese gerade ermöglichen. Die zentrale Problemstellung dieser Arbeit liegt daher in der Herausarbeitung dieses Konfliktes und der Analyse möglicher Lösungen.[22] Die Arbeit analysiert dabei nicht den Konflikt zwischen zwei Rechtsordnungen, dem Völkerrecht und einer nationalen, in

---

[20] Vgl. zum Problem demokratischer Kontrolle bei Vertragsschluß auch CRAWFORD, Democracy, 1994, S.8f. Dieser sieht den Konflikt allerdings nicht unter legitimationstheoretischen Gesichtspunkten, sondern unter Stabilitätsgesichtspunkten: Es bestehe ein allgemeines Interesse an der Stabilität von Verträgen und verfassungswidrig zustandegekommene Verträge böten keine Gewähr für Stabilität. Soweit er sich auf Art.47 WVK bezieht, liegt wohl eine Verwechslung mit Art.46 WVK vor. A.a.O., S.24.

[21] Vgl. MEYRING, Entwicklung zustimmungsbedürftiger Verträge, 2001, S.470ff.

[22] Die völkerrechtliche Literatur, die sich dem Demokratieprinzip widmet, hat diesen Konflikt bisher nicht erörtert, geschweige denn einer konkreten Lösung zugeführt. Das Verhältnis Außenpolitik und Demokratie allgemein ist allerdings als Problemfeld identifiziert, vgl. CRAWFORD, Democracy, 1994, S.24; ROLDAN BARBERO, Democracia, 1994, S.141.

der demokratische Entscheidungen gefällt werden. Sie widmet sich vielmehr dem Konflikt innerhalb ein und derselben Rechtsordnung. Denn wie zu zeigen sein wird, ist das Demokratieprinzip inzwischen völkerrechtlich fest verankert. Dieselbe Rechtsordnung, die über den Rechtssatz *pacta sunt servanda* einer Willensänderung den Riegel vorschiebt, gebietet durch das Demokratieprinzip die Möglichkeit der Willensänderung. Darin liegt der qualitative Unterschied zum „klassischen" Völkerrecht, in dem souveräne Staaten vertraglich gebunden waren, unabhängig davon, ob Potentaten, Könige oder demokratisch repräsentierte Völker ihren Willen änderten: Diese Möglichkeit der Willensänderung war in der Rechtsordnung Völkerrecht nicht rechtlich abgesichert.

Aus vertragsrechtlicher Sicht sind darüber hinaus zwei Aspekte zu berücksichtigen. Erstens, daß dieser Konflikt im Völkerrecht besonders virulent wird. Denn zum einen stehen den nationalen vertragsrechtlichen Regelungen hinsichtlich natürlicher Personen überhaupt keine rechtlichen Institute der Meinungsbildung gegenüber (wenn man von der allgemeinen Gewährleistung der freien Entfaltung der Persönlichkeit absieht, die nur in Ausnahmefällen gegen das Vertragsrecht in Anschlag gebracht wird[23]), hinsichtlich juristischer Personen nur eingeschränkt. Zum anderen sind der Regelung durch nationales Vertragsrecht nur sehr eingeschränkte Lebensbereiche zugänglich, letztendlich ganz überwiegend solche wirtschaftlicher Natur. Demgegenüber steht der vertragsvölkerrechtlichen Regelung jeder Lebensbereich offen, wodurch dem Problem der Partizipation durch demokratische Willensbildung eine qualitativ andere Bedeutung zukommt. Zweitens kennt das Vertragsvölkerrecht keine Differenzierung zwischen Austauschverträgen und relationalen Verträgen (Dauerschuldverhältnissen), also zwischen Verträgen, die sich auf den einmaligen Austausch von Leistung und Gegenleistung beschränken, und jenen, die ein dauerhaftes Verhältnis zwischen den Vertragspartnern mit Rechten und Pflichten begründen.[24] Überwiegend sind jedoch völkerrechtliche Verträge solche relationaler Natur. Während nun in nationalen Rechtsordnungen die Möglichkeit der ordentlichen Kündigung von Dauerschuldverhältnissen selbstverständlich ist, auch wenn eine solche Kündigungsklausel nicht vertraglich stipuliert ist, fehlt dem Vertragsvölkerrecht eine entsprechende Lösung. Obwohl also im Völkerrecht das Vertragsrecht sich einem expliziten rechtlichen Institut gegenübersieht, das die Möglichkeit einer Willensänderung gewährleistet, kennt es im Gegensatz zu nationalen Rechtsordnungen nur eingeschränkt ordentliche Kündigungsmöglichkeiten, obwohl in diesen nationalen Rechtsordnungen die Möglichkeit der Willensänderungs für einen Vertragspartner nur schwach rechtlich abgesichert ist.

Aus demokratietheoretischer Perspektive ließe sich das Spannungsverhältnis umgehend auflösen, wenn das Völkerrecht einen Mechanismus bereithielte, nach dem für die Gesamtheit der von einem Vertrag betroffenen Individuen ein demokratischer Prozeß der Revision des Vertrages initiiert werden könnte.[25] Wie zu zeigen sein wird, ist dies aber nicht der Fall.[26]

---

[23] Im deutschen Recht etwa in den Bürgschaftsfällen von mittellosen Kindern und Ehegatten.

[24] Siehe zum Gebrauch der Terminologie im Völkerrecht etwa VAGTS, US and its treaties, in: 95 AJIL 2001, S.313, 331.

[25] Vgl. auch GIRAUD, Modification et terminaison, in: 49-I AIDI 1961, S.5, 73ff., der das Fehlen eines solchen, in innerstaatlichen Rechtsordnungen vorhandenen, Revisionsmechanismus im Völkerrecht konstatiert, allerdings als Lösung ausschließlich die Kündbarkeit auch in Absenz einer Kündigungsklausel propagiert.

[26] Siehe unten III. 3. c).

## 2. Problemstellung

Zwar kann die Regierung eines Vertragsstaates den Wunsch nach Auflösung oder zumindest Revision des Vertrages bei neuer innerstaatlicher Meinungslage artikulieren, der oder die Vertragspartner müssen sich aber nicht darauf einlassen, sofern ein solches Prozedere nicht ausdrücklich vertraglich festgelegt wurde. Im Gegensatz zum staatlichen Gesetzgebungsverfahren gibt es im allgemeinen Vertragsvölkerrecht keine rechtlich erzwingbare Entscheidung über das „ob" der rechtlichen Bindung – weder im Verfahren des Vertragsschlusses, noch hinsichtlich der Fortdauer des Vertrages. Überall dort, wo es an integrativen Strukturen fehlt, müssen also Mechanismen gefunden werden, um das Spannungsverhältnis aufzulösen. Dabei wird in den Lösungsansätzen ein Schwerpunkt auf der Klärung der Frage liegen, inwieweit ein kautelarjuristisches Vertragsänderungsverfahren[27] bzw. ein Recht auf Revision *de lege ferenda*[28] einen solchen Mechanismus bilden kann.

### 3) Der völkerrechtliche Vertrag als Rechtsgeschäft und Norm

Jeder völkerrechtliche Vertrag ist gleichzeitig Rechtsgeschäft, also Anwendung präexistierender Rechtsnormen, und Rechtsetzung inter partes.[29] Dieser Dualismus hat Konsequenzen für das Vertragsrecht, denn je nach Betonung eines der beiden Aspekte verschieben sich die Wertungen hinsichtlich einzelner Regeln des Vertragsrechts.[30] Darauf wird bei der Analyse der relevanten Regeln des Vertragsrechts näher eingegangen.[31] An dieser Stelle soll allerdings bereits darauf hingewiesen werden, daß das Demokratieprinzip in gleicher Weise auf beide Aspekte einwirkt und daher die unterschiedlichen Ausrichtungen des Vertragsrechts möglicherweise wieder zusammenführt. Denn soweit man wie dargelegt das Demokratieprinzip als Maßstab für Legitimation anlegt, ist gleichermaßen das Rechtsgeschäft (Legitimation des Vertragsschlusses und des Inhalts des Vertrages) wie die Norm (Legitimation der durch den Vertrag geschaffenen völkerrechtlichen Norm) betroffen. Der Vertragsschluß, der die vertragliche Regelung legitimiert, ist eine staatliche Willensäußerung, die ihrerseits durch das Demokratieprinzip legitimiert wird. In ihrer Eigenschaft als Legitimationsinstitutionen berühren sich damit die beiden Rechtsinstitute Vertragsrecht und Demokratieprinzip.

---

[27] Siehe dazu unten V. 1. e) 2).

[28] Siehe dazu unten V. 2. c).

[29] JACQUÉ, Acte et norme, in: 227 RdC 1991, S.357, 370 mit Bezug auf KELSEN, Théorie du droit international public, in: 84 RdC 1953, S.1, 136f.; DERS., Théorie du traité international, in: X RITD 1936, S.253, 254ff.; REUTER, Law of Treaties, 2. Aufl. 1995, S.23f. Abs.50. REUTER moniert, daß diese Unterscheidung zwar den meisten Völkerrechtlern geläufig sei, jedoch von den wenigsten beachtet werde, und verweist als positives Beispiel auf CHAILLEY, Nature juridique des traités, 1932, S.121, Abs.42 und S.327ff., Abs. 110. Demgegenüber bleibt KELSEN unerwähnt. Vgl. auch für allgemeine multilaterale Konventionen GIRAUD, Modification et terminaison, in: 49-I AIDI 1961, S.5, 73.

[30] Vgl. REUTER, Law of Treaties, 2. Aufl. 1995, S.26f. Abs.55.

[31] Siehe unten III. 1. c) und V. 1. f) 3).

## 3. Ein methodisches caveat

Die Arbeit beschäftigt sich mit dem Verhältnis von Vertragsrecht und Demokratieprinzip. Während der Charakter als Rechtsinstitut beim Vertragsrecht *a priori* gegeben ist, läßt sich Demokratie sowohl als empirischer Befund, als deskriptiv-analytische Beschreibung eines politischen Systems, wie als Rechtsinstitut, zusammengesetzt aus einem Bündel von Normen (Verfassungsstruktur, Wahlrecht, politische Menschenrechte), als normative Beschreibung verstehen, als Sollensordnung eines politischen Systems. Im Kontext dieser Arbeit ist mit Demokratieprinzip letzteres gemeint, in der Gegenüberstellung zweier Rechtsinstitute bleibt die Arbeit daher rein normativ. Damit verbunden ist auch eine inhaltliche Einschränkung der Fragestellung. Das grundlegende Problem, ob und wie demokratische Strukturen in der Lage sind, nachhaltige Entscheidungen zu treffen, also die Frage, inwieweit heutige, auch demokratisch legitimierte Entscheidungen Tatsachen schaffen, die den Spielraum für zukünftige Alternativentscheidungen substantiell einschränken, abgehandelt unter der Überschrift *„In fairness to future generations"*,[32] wird hier nicht aufgegriffen. Denn die normative (vertragliche) Ausgestaltung eines Bereichs ist stets reversibel, mag auch die zwischenzeitliche faktische Entwicklung eine Änderung der Normen sinnlos erscheinen lassen.

Die geschilderten Problemstellungen im Verhältnis von Demokratieprinzip und Vertragsrecht bergen aufgrund der Komplexität des Demokratieprinzips methodische Fallstricke. Da Demokratie kein eindeutig definierter rechtlicher Tatbestand, sondern ein Strukturprinzip ist, das in den verschiedenen Gesellschaften die unterschiedlichsten Ausprägungen findet, besteht die Gefahr, aus empirisch-tatsächlichen Befunden normative Schlußfolgerungen zu ziehen - der klassische naturalistische Fehlschluß. Empirische Erkenntnisse können weder zur Validierung noch zur Falsifizierung normativer Aussagen herangezogen werden. Dennoch wäre es verfehlt, eine Analyse rechtlicher Strukturen *in abstracto* durchzuführen. Im Völkerrecht ist dies schon deshalb unmöglich, weil das Gewohnheitsrecht unter anderem auf tatsächlichem Verhalten aufbaut. Tatsächliche Ausprägungen und Entwicklungen müssen daher im Gegenteil einbezogen werden, aber an der richtigen Stelle: Soweit Gewohnheitsrecht betroffen ist als ein Element der Norm (Staatenpraxis), im übrigen und für diese Arbeit relevant, um Potentiale rechtlicher Regelungen in ihrer gesellschaftlichen Auswirkung aufzuzeigen. Umgekehrt darf das Ausbleiben einer Manifestation in der Welt des Seins nicht zu dem Schluß verleiten, das in Frage stehende Institut in der Welt des Sollens enthalte nicht das Potential zu einer solchen Manifestation.

---

[32] Siehe WEISS, Fairness to future generations, 1989.

## II. DAS DEMOKRATIEPRINZIP IM VÖLKERRECHT

### 1. Historische Entwicklung

Das Demokratieprinzip hat im Vergleich zum Rechtssatz *pacta sunt servanda* erst vor kurzem Eingang in das Völkerrecht gefunden. Zunächst erlangte es zumindest regional für eine gewisse Zeit völkerrechtliche Relevanz:[33] 1907 schlug der ehemalige Außenminister von Ecuador, TOBAR, in einem Schreiben an den bolivianischen Botschafter vor, die Anerkennung von Regierungen an ihre demokratische Legitimation zu knüpfen.[34] In einer Konvention zentralamerikanischer Staaten vom 20. Dezember 1907 wurde diese Doktrin kodifiziert, durch die Konvention von Washington 1923 nochmals erneuert.[35] Ab 1934 wurde die Konvention jedoch sukzessive gekündigt.[36] Nach dem Zweiten Weltkrieg unterband der Systemkonflikt zwar jegliche tatsächliche Fortentwicklung des Demokratieprinzips in der Staatengemeinschaft. Normativ jedoch wurden die Grundlagen gelegt, auf die seit 1989 aufgebaut werden konnte. Die Postulierung des Demokratieprinzips in Art.21 der Allgemeinen Erklärung der Menschenrechte[37] stand zwar für einen großen Teil der Weltgemeinschaft nur auf dem Papier, sie fand aber 1966 ihre normative Einkleidung in Art.1 und 25 des Internationalen Pakts für bürgerliche und politische Rechte (IPbpR)[38]. In der Resolution der Generalversammlung der UN gegen Nationalsozialismus, Faschismus und Rassismus von 1981 wurden von der Staatengemeinschaft immerhin die Extremfälle totalitärer Systeme gebrandmarkt,[39] allerdings betraf die Resolution im wesentlichen die Vergangenheit und wurde nur auf Südafrika angewendet.[40]

Seit 1989 stellt sich die Lage insgesamt anders dar. Der Sicherheitsrat der UN hat in einer Reihe von Fällen zumindest den Versuch unternommen, Staaten zu einer demokratischen Verfaßtheit zu verhelfen. Am prominentesten trat er für die Demokratie ein, als er 1994 die Staatengemeinschaft ermächtigte, nach dem Sturz des demokratisch gewählten Präsidenten

---

[33] Vgl. DAILLIER/PELLET, Droit international public, 5. Aufl.1994, Nr.282 1. c).

[34] Sein Schreiben vom 15. März 1907 ist abgedruckt in: 21 RGDIP 1913, S.482-485. Zur Unterstützung dieser Linie durch den US-amerikanischen Präsidenten WOODROW WILSON, insbesondere gegenüber dem Militärputsch in Mexiko vor dem 1. Weltkrieg siehe MURPHY, Democratic Legitimacy, in: 48 ICLQ 1999, S.545, 568f.

[35] WHITEMAN, Digest, Bd.2, 1963, S.84.

[36] DAILLIER/PELLET, Droit international public, 5. Aufl.1994, Nr. 282 1. c). Zur Akzeptanz der TOBAR-Doktrin siehe auch FROWEIN, Recognition, in: BERNHARDT (Hrsg.), Encyclopedia IV, 2000, S.33, 37 und RUDA, Recognition, in: BEDJAOUI (Hrsg.), International Law, 1991, S.449, 458.

[37] (IR) Universal Declaration, 1948.

[38] (IR) ICCPR.

[39] (IR) UNGA Res.36/162 (1981), UNYB 1981, S.876f. Die Resolution wurde regelmäßig wiederholt, siehe etwa UNGA Res.38/99 (1983), Measures to be taken against Nazi, Fascist and neo-Fascist activities and all other forms of totalitarian ideologies and practices based on racial intolerance, hatred and terror, „adopted without a vote", (IR) UNGA Res.38/99 (1983), UNYB 1983, S.818f., letztmalig (IR) UNGA Res.43/150 (1988), UNYB 1988, S.491. Sie geht historisch zurück auf die Resolutionen gegen Apartheid und Rassendiskriminierung, siehe etwa UNGA Res.2331(XXII) vom 18. Dezember 1967, UNYB 1967, S.487f.

[40] Vgl. etwa UNGA Res.38/11 (1983), (IR) UNGA Res.38/11 (1983), UNYB 1983, S.154f. zu einem Änderungsentwurf für die südafrikanische Verfassung. Sehr kritisch zu dieser Beschränkung der Praxis auf Südafrika SALMON, Internal Aspects, in: TOMUSCHAT (Hrsg.), Self-Determination, 1993, S.253, 260.

Haitis die legale Ordnung durch eine Intervention wiederherzustellen.[41] Der Beitrag, den diese „großen" Missionen der UN (neben Haiti zuvor Kambodscha und Somalia, danach Bosnien, Kosovo und Ost-Timor) zur Herausbildung des Demokratieprinzips seit dem Fall des Eisernen Vorhangs geleistet haben, wurde in der Völkerrechtsliteratur bisher kaum beachtet. Auf ihnen wird daher innerhalb der Analyse der Völkerrechtspraxis ein Schwerpunkt liegen.[42]

Aber auch in der Generalversammlung der UN ist „Demokratie" kein Anathema mehr. Begann die Entwicklung Anfang der 90er Jahre mit Resolutionen zu regelmäßigen Wahlen, die auf der Freiheit von Wahlen bestehen,[43] fand sie ihren vorläufigen Höhepunkt zum Ausklang des Jahrhunderts mit einer expliziten Demokratieresolution[44], die von der Menschenrechtskommission vorbereitet wurde.[45] Flankiert werden solche Bekenntnisse zur Demokratie auf internationaler Ebene durch Abschlußdokumente von Konferenzen, die nicht an bestimmte Organisationen gebunden sind, wie etwa die Abschlußerklärung einer Konferenz in Warschau im Juni 2000 unter dem Titel „Toward a Community of Democracies".[46] Unter den über 100 Teilnehmerstaaten finden sich nicht nur die „westlichen" Staaten, sondern auch eine Vielzahl afrikanischer, arabischer und asiatischer. Mit der Deklaration kommen die Teilnehmerstaaten überein

„to respect and uphold the following core democratic principles and practices",

und führen dann in loser Reihung einen umfassenden Katalog politischer und bürgerlicher Rechte auf, ergänzt durch eine Reihe politischer Absichtserklärungen zur Verstärkung der Demokratie.

Bereits der Internationale Pakt über bürgerliche und politische Rechte (IPbpR) hat die Vertragsstaaten materiell auf demokratische Prinzipien verpflichtet[47] – auch wenn dies ausdrücklich nicht im Vertrag steht und viele Vertragsstaaten diesen Prinzipien bis heute nicht gerecht werden.. Wenn aber in Art.25 die unmittelbare oder repräsentative Teilnahme an der Gestaltung öffentlicher Angelegenheiten sowie das umfassende aktive und passive Wahlrecht festgelegt wird, Art.19 Abs.2 Meinungsfreiheit und Art.21 und 22 Versammlungs- und Vereinigungsfreiheit garantieren, so sind dies Verpflichtungen, denen nicht-demokratische Staaten systemimmanent nicht nachkommen können. Besonders bemerkenswert ist es, daß bereits in diesem Text von 1966, der universell zum Beitritt offenstand und offensteht, die zulässigen Beschränkungen der Art.14 Abs.1, Art.21 und 22 Abs.2 an dem Maßstab gemessen werden, ob sie „in einer demokratischen Gesellschaft [...] notwendig sind".[48] Wenn auch der

---

[41] Durch Sicherheitsratsresolution 940 (1994), (IR) UNSC Res.940 (1994), UNYB 1994, S.426f., nachdem die Verhängung eines Wirtschaftsembargos durch Sicherheitsratsresolution 917 (1994) fruchtlos blieb, (IR) UNSC Res.917 (1994), UNYB 1994, S.419f. Siehe dazu ausführlich unten II. 3. a) 3) i) (b).

[42] Siehe unten II. 3. a).

[43] Zuerst (IR) UNGA Res.45/150 (1990), zuletzt (IR) UNGA Res.54/173 (1999).

[44] (IR) UNGA Res.55/96 (2000).

[45] Siehe (IR) UNCHR, Res.1999/57 und (IR) UNCHR, Res.2000/47. Dazu ausführlich unten II. 3. a) 9).

[46] (IR) CDI, Warsaw Final Act, 2000.

[47] Siehe ausführlich unten II. 2. a).

[48] Dies übersieht ROTH, Governmental illegitimacy, 1999, S.332. Diese Formulierung, die auf Art.29 der Allgemeinen Menschenrechtserklärung zurückgeht, entstammte allerdings im Gegensatz zu den vergleichbaren Schranken-Schranken in der EMRK (siehe dazu unten Fn.153) dem Versuch der sozialistischen Länder, über einen solchen Passus Beschränkungen aufgrund des – vermeintlichen – kollektiven Wohls legitimieren zu können und wurde durch die westlichen Staaten mit liberalem

Pakt also die demokratischen Prinzipien eher durch die Hintertür auf dem Papier verankerte (die faktische Durchsetzung war während des Systemkonflikts ohnehin weitgehend illusorisch)⁴⁹, so bekannten sich bereits die Teilnehmerstaaten der Weltkonferenz zu Menschenrechten in Wien 1993 in der Abschlußdeklaration erstaunlich einmütig und an prominenter Stelle zur Demokratie.⁵⁰

Es ist nicht überraschend, daß die eindeutigsten Äußerungen zum Demokratieprinzip im völkerrechtlichen Bereich aus Europa stammen. So verweisen selbstverständlich die Präambeln sowohl der Europaratssatzung⁵¹ als auch der Europäischen Menschenrechtskonvention (EMRK)⁵² darauf. Auch ist in der EMRK neben dem Wahlrecht nach Art.3 des Ersten Zusatzprotokolls (ZP1)⁵³ das demokratische System als Maßstab für Beschränkungen der anderen Menschenrechte niedergelegt.⁵⁴ Die Präambel der Charta von Paris⁵⁵ der OSZE (damals noch KSZE) von 1990 spricht von der Demokratie sogar als einziger Regierungsform.⁵⁶ Zuvor hatten die KSZE-Mitglieder in der Abschlußerklärung der Konferenz von Kopenhagen 1990⁵⁷ in detaillierter Form das freie Wahlrecht niedergelegt und freie Wahlen als Legitimationsgrundlage jeder Regierungsform anerkannt.⁵⁸ Einem im Zusammenhang mit der Charta von Paris geschaffenen Office for Democratic Institutions and Human Rights⁵⁹ in Warschau kommt die Aufgabe zu, die Implementation des freien Wahlrechts zu fördern und Informationen über Wahlen in den Mitgliedstaaten zu sammeln.

Der Vertragstext der Europäischen Union⁶⁰ beläßt es nicht bei der Präambel oder sonstigen rechtlich unverbindlichen Texten: In Art.6 Abs.1 EUV n.F. bekennt die Europäische Union

---

Verfassungsverständnis sogar noch „entschärft". Siehe dazu SICILIANOS, ONU et démocratisation, 2000, S.39-45.

⁴⁹ Immerhin rang sich der Menschenrechtsausschuß auf eine Individualbeschwerde gegen Uruguay zu einer Feststellung der Verletzung der durch Art.25 gewährleisteten Rechte durch das Militärregime durch, Report of the Human Rights Committee, 36 UN GAOR Supp. No.40, UN Doc.A/36/40 (1981), Communication No.R.8/34, S.130ff.

⁵⁰ (IR) Vienna Declaration, 1993, UN Doc. A/Conf.157/23.

⁵¹ (IR) Council of Europe Statute. Aus der Präambel der deutschen Übersetzung

In unerschütterlicher Verbundenheit mit den geistigen und sittlichen Werten, die das gemeinsame Erbe ihrer Völker sind und der persönlichen Freiheit, der politischen Freiheit und der Herrschaft des Rechts zugrunde liegen, auf denen jede wahre Demokratie beruht.

⁵² (IR) EConvHR. In welcher ausgeführt wird:

In Bekräftigung ihres tiefen Glaubens an diese Grundfreiheiten, welche die Grundlage von Gerechtigkeit und Frieden in der Welt bilden und die am besten durch eine wahrhaft demokratische politische Ordnung sowie durch ein gemeinsames Verständnis und eine gemeinsame Achtung der diesen Grundfreiheiten zugrundeliegenden Menschenrechte gesichert werden.

⁵³ (IR) EConvHR Protocol 1.

⁵⁴ Siehe dazu ausführlich unten II. 2. b) 1).

⁵⁵ (IR) CSCE, Charter of Paris, 1990.

⁵⁶ Nach FRANCK, Emerging Right, in: 86 AJIL 1992, S.46, 67 handelt es sich dabei um Ausdruck der *opinio juris* der Mitgliedstaaten.

⁵⁷ CSCE, Document of the Copenhagen Meeting of the Conference on the Human Dimension, June 29, 1990, (IR) CSCE, Copenhagen Document, 1990, abgedruckt in: 29 ILM 1990, S.1305ff.

⁵⁸ Siehe ausführlich zur Charta von Paris und zum Kopenhagen-Dokument unten II. 3. b) 1).

⁵⁹ Geschaffen zunächst als Office for Free Elections, dann umbenannt, (IR) OSCE ODIHR.

⁶⁰ (IR) EUV.

sich zur demokratischen Konstitution nicht nur ihrer Mitgliedstaaten, sondern auch ihrer selbst.[61] Durch Art.7 EUV n.F. wird ein Sanktionsmechanismus bereitgehalten, mit dem einer Abweichung eines Mitgliedstaates von den demokratischen Prinzipien nach Art.6 Abs.1 EUV n.F. begegnet werden kann. Art.6 Abs.1 EUV n.F. ist konsequent auch Maßstab für beitrittswillige europäische Staaten (Art.39 EUV n.F.). Entsprechend werden schon seit längerer Zeit Abkommen der EG mit anderen Staaten, insbesondere im Bereich der Entwicklungshilfe,[62] mit Wohlverhaltensklauseln versehen, die eine Kündigungsmöglichkeit der Verträge bei Verletzungen des Demokratieprinzips vorsehen.[63] In ähnlicher Weise ist die Europäische Bank für Entwicklung und Wiederaufbau, die durch die Präambel ihrer Satzung[64] auf die Demokratie verpflichtet ist, durch Art.1 der Satzung zu einem solchen „Demokratieexport" ermächtigt, indem ihr Beitrag zum Wiederaufbau für Staaten in Zentral- und Osteuropa an deren Respekt der demokratischen Prinzipien, insbesondere eines Mehrparteiensystems, und ihrer Anwendung geknüpft wird. In einem Beschluß der EG-Außenminister vom 16. Dezember 1991 wurden darüber hinausgehend Richtlinien für die Anerkennung neuer Staaten in Osteuropa und in der Sowjetunion festgelegt[65], nach denen eine Anerkennung u.a. an eine Achtung der Verpflichtungen aus der Schlußakte von Helsinki und der Charta von Paris, insbesondere im Hinblick auf Demokratie geknüpft wurde – gewissermaßen eine Neuauflage der TOBAR-Doktrin. Schließlich hat die Schiedskommission für das ehemalige Jugoslawien in ihrer ersten Entscheidung im Hinblick auf die Staatennachfolge ausgeführt, eine Föderation müsse nach Völkerrecht mit Institutionen[66] versehen sein, die Partizipation und Repräsentation gewährleisten.[67] Und im Dayton-Abkommen wurde – allerdings unter zweifelhaften Umständen demokratischer Legitimation, aus der Not geboren – gar eine demokratische Verfassung Gegenstand eines völkerrechtlichen Vertrages.[68]

Nicht ganz so dicht, aber trotzdem signifikant sind die Beispiele aus der Region des amerikanischen Doppelkontinents.[69] Nicht nur verpflichtet die Satzung der OAS[70] in Art.3 ihre Mitglieder auf die effektive Ausübung der repräsentativen Demokratie, das Wahlrecht ist in Art.23 American Convention on Human Rights[71] (ACHR) auch individualrechtlich kodifiziert. Die Organisation hat bereits vor dem Fall des Eisernen Vorhangs trotz des geringen Respekts für Demokratie in Mittel- und Südamerika in der Nachkriegszeit mit Resolutionen

---

[61] Art.6 Abs.1 EUV n.F. geht mit dem Bezug auf die EU selber über Art.F Abs.1 EUV a.F. hinaus.

[62] Vorgesehen durch Art.177 II EGV n.F. (Art.130u II EGV a.F.), (IR) EGV.

[63] Siehe dazu ausführlich HOFFMEISTER, Menschenrechts- und Demokratieklauseln, 1998, insbesondere S.117ff. und 376ff. und den Überblick insbesondere zur jüngsten Entwicklung unten II. 2. c).

[64] (IR) EBRD Agreement .

[65] Pressemitteilung 91/464, (IR) EG, Anerkennungsrichtlinien 1991, EG-Bull. 12-1991, S.1.4.5. = 31 ILM 1992, S.1486 = Bulletin des Presse- und Informationsamtes der Bundesregierung 1991, S.1173. Siehe dazu unten II. 3. b) 2).

[66] Im rechtlichen Sinne, also Organisationsformen beschreibend.

[67] Arbitration Commission of the Conference on Yugoslavia, Opinion 1, vom 29. November 1991, abgedruckt bei: PELLET, Badinter Arbitration Committee, in: 3 EJIL 1992, S.178, 182f. (Englisch) und RGDIP 1992, 265ff. (Französisch).

[68] Siehe dazu ausführlich unten II. 3. a) 4).

[69] Siehe dazu ausführlich unten II. 2. b) 2).

[70] (IR) OAS Charter.

[71] (IR) ACHR.

1979 das SOMOZA-Regime, 1987 die fehlgeschlagenen Wahlen in Haiti sowie 1989 General NORIEGA verurteilt und jeweils die Respektierung demokratischer Prinzipien gefordert.[72] 1991 kam es zu einer Resolution über repräsentative Demokratie[73], nach der der Generalsekretär im Fall einer Unterbrechung des institutionellen demokratischen politischen Prozesses den Ständigen Rat zu einer sofortigen Sitzung zusammenrufen soll, damit dieser geeignete Maßnahmen beschließe.[74] Ähnlich haben die Mitgliedstaaten des MERCOSUR, Argentinien, Brasilien, Paraguay und Urugay im Protokoll von Ushuaia 1998 zusammen mit den Staaten Bolivien und Chile vereinbart, daß bei einer Störung der Demokratie die Beteiligung an der Organisation und die Handelspräferenzen ausgesetzt werden.[75] Im neuen Jahrtausend hat sich die OAS sogar an die Speerspitze der Kodifikation des Demokratieprinzips gestellt, als sie in ihrer Inter-American Democratic Charter von 2001[76] ein „right to democracy" festschrieb.

Afrika und Asien bilden bisher die Schlußlichter, was eine regionale Verstärkung des Demokratieprinzips angeht. Zwar gewährleistet Art.13 African Charter on Human and People's Rights[77] ein politisches Partizipationsrecht, es ist jedoch nur schwach ausgestaltet und kann keine der EMRK und ACHR vergleichbare Umsetzungspraxis aufweisen. Auch beinhaltet der Gründungsakt (Constitutive Act)[78] der Afrikanischen Union, die 2002 die Organisation der Afrikanischen Einheit (Organization of African Unity, OAU) abgelöst hat, zwar Bekenntnisse zur Demokratie. So zählt nach Art.3 g) die Förderung demokratischer Prinzipien zu den Zielen der Union, und nach Art.4 m) gehört der Respekt vor demokratischen Prinzipien und Menschenrechten zu den Prinzipien der Union. Doch zielt das Sanktionsinstrumentarium nach Art.23 vornehmlich auf die Garantie der finanziellen Verpflichtungen der Mitglieder (Abs.1), und die Sanktionen für die Nichteinhaltung von vage gehaltenen „decisions and policies of the Union" führen explizit lediglich Kommunikations- und Verkehrsembargos auf, ohne allerdings abschließend zu sein. Es fehlt also an einem Sanktionsmechanismus, der gezielt auf Verletzungen des Demokratieprinzips Anwendung finden könnte.[79] Immerhin ist die Harare Declaration des Commonwealth von 1991[80] ein Baustein für die Staatenpraxis auch der afrikanischen Region, die durch das Millbrook Commonwealth Action Programme on the Harare Commonwealth Declaration 1995 mit

---

[72] Vgl. FRANCK, Emerging Right, in: 86 AJIL 1992, S.46, 65.

[73] (IR) OAS, Res.1080 (1991).

[74] CERNA, Haiti before OAS, in: 86 ASIL Proc. 1992, S.378, 379; FRANCK, Emerging Right, in: 86 AJIL 1992, S.46, 65f. Siehe dazu ausführlich unten II. 3. a) 3) i) (a).

[75] Art.4f. des Protocol de Ushuaia Sobre Compromiso Democrático en el Mercosur, la Republica de Bolivia y la Republica de Chile, vom 24. Juli 1998. Siehe FOX, Strengthening the State, in: 7 IJGLS 1999/2000, S.35, 62 Fn.115. Die von ihm aufgeführte Internet-Fundstelle des Protokolls ist allerdings nicht mehr vorhanden; und das Verzeichnis der Verträge des MERCOSUR mit Drittstaaten, (IR) MERCOSUR, Protocolos y acuerdos führt zwar das Protokoll auf, ohne es allerdings mit seinem Text zu unterlegen.

[76] (IR) OAS, Inter-American Democratic Charter, 2001.

[77] (IR) African Charter.

[78] (IR) Constitutive Act of the African Union

[79] Auch der durch separates Protokoll geschaffene Sicherheitsrat der Afrikanischen Union hat keine expliziten Befugnisse dieser Art, vgl. Protocol Relating to the Establishment of the Peace and Security Council of the African Union vom 9. Juli 2002, (IR) African Union Security Council Protocol, 2002.

[80] (IR) Commonwealth, Harare Declaration 1991. Siehe dazu HOSSAIN, Democratic government, in: WEISS/DENTERS/DE WAART (Hrsg.), International economic law, 1998, S.67, 67-71.

einem Implementierungsmechanismus versehen wurde, der Sanktionen bis zum Ausschluß vorsehen kann.[81] Da allerdings der Pakt und die Verträge der EG mit ihren Demokratieklauseln den größten Teil der afrikanischen und asiatischen Staaten binden, stellt die unzureichende regionale Verankerung kein Hindernis für die Geltung des Demokratieprinzips auch in diesen Regionen der Welt dar.

Im folgenden sollen aus der Vielzahl der Beispiele einige herausgegriffen werden, um das Demokratieprinzip als Rechtsinstitut im Völkerrecht zu konturieren. Zu zeigen ist, daß es bereits heute klare normative Anforderungen an die Mitglieder der Staatengemeinschaft stellt.[82] Denn den Entwicklungen insbesondere des letzten Jahrzehnts wird man nicht gerecht, wenn man sie lediglich als Veränderung des Geisteszustands einstuft.[83] Vielmehr ist davon auszugehen, daß sich inzwischen das Demokratieprinzip auch rechtlich manifestiert, und zwar nicht nur regional, sondern mit universaler Geltung.[84]

Im folgenden werden daher verschiedene Vertragstexte mit etwaiger dazu erfolgter Rechtsprechung internationaler Gerichte oder Gremien und die Praxis der UN und anderer internationaler Organisationen daraufhin analysiert, ob sie Aussagen zur Legitimation staatlichen Handelns durch demokratische Strukturen treffen. Es würde den Umfang der Arbeit sprengen, würde sie alle denkbaren völkerrechtlichen Folgen des Demokratieprinzips herausarbeiten wollen. Daher wird weder der Frage nachgegangen, inwiefern eine Demokratisierung der Entscheidungen der Weltgemeinschaft rechtlich eingefordert werden kann.[85] Noch geht es um die Frage, inwiefern die innerstaatliche Ordnung, also die nationalen Gesetze und Rechtssätze, durch demokratische Strukturen legitimiert sein müssen.[86] Vielmehr muß sich die Arbeit auf die Untersuchung der Frage beschränken, ob das Demokratieprinzip im Völker-

---

[81] Siehe I. B. 3. Millbrook Commonwealth Action Programme, (IR) Commonwealth, Millbrook Action Programme 1995. Dazu HOSSAIN, Democratic government, in: WEISS/DENTERS/DE WAART (Hrsg.), International economic law, 1998, S.67, 70f.

[82] Streng von der normativen Ausgestaltung zu trennen sind politikwissenschaftlich-philosophische Anforderungsprofile an einen demokratisch konstituierten Staat, siehe dazu unten II. 5. b). Oft werden normative und „idealistische" Tatbestandsmerkmale jedoch in einem Atemzug genannt, vgl. etwa STEIN, International Integration and Democracy, in: 95 AJIL 2001, S.489, 493.

[83] So noch Mitte der Neunziger Jahre DAILLIER/PELLET, Droit international public, 5. Aufl.1994, Nr.282 1. c). Siehe aber auch SICILIANOS, ONU et démocratisation, 2000, S.285, der zu dem Zeitpunkt eine gewohnheitsrechtliche Geltung lediglich für Europa bejahen wollte.

[84] Noch vor dem Fall des Eisernen Vorhangs überraschend affirmativ hinsichtlich eines „right to political participation" als einem programmatischem Recht STEINER, Political Participation as Human Right, in: 1 HHRYB 1988, S.77-134. Seitdem grundlegend FRANCK, Emerging Right, in: 86 AJIL 1992, S.46-91. Siehe auch BOUTROS-GHALI, Droit international de la démocratie, in: FS Skubiszewski, 1996, S.99-108; CRAWFORD, Democracy, 1994; FARER, Elections, Democracy, and Human Rights, in: 11 HRQ 1989, S.504-521; FOX, Right to Political Participation, in: 17 YJIL 1992, S.539-607; ROLDAN BARBERO, Democracia, 1994; GOODWIN-GILL, Free and Fair Elections, 1994; SCHINDLER, Demokratie, in: FS Seidl-Hohenveldern, 1998, S.611-630, SICILIANOS, ONU et démocratisation, 2000 und TOMUSCHAT, Democratic Pluralism, in: ROSAS/HELGESEN (Hrsg.), Pluralist Democracy, 1992, S.27-47; TOMUSCHAT, International Law, in: 281 RdC 1999, S.1, 64ff. Abs.15ff. sowie die Beiträge in FOX/ROTH (Hrsg.), Democratic Governance, 2000, u.a. mit teilweise gekürzten, teilweise aktualisierten Fassungen der genannten Artikel von CRAWFORD, FOX und FRANCK.

[85] Vgl. NEUHOLD/HUMMER/SCHREUER, Österr. Handbuch des Völkerrechts, 3. Aufl., Bd.1 Rz.159.

[86] Dazu ausführlich FRANCK, Emerging Right, in: 86 AJIL 1992, S.46-91. Er spricht von „democratic entitlement", S.46 und *passim*. Siehe auch LANG, Menschenrecht auf Demokratie, in: 46 VN 1998, S.195.

recht dahingehend Rechtsqualität erlangt hat, daß es das Vertragsrecht beeinflussen kann. Die Aufmerksamkeit wird deshalb primär auf das Demokratieprinzip als Legitimationsinstrument gerichtet. Flankierende rechtliche Institute, die das Demokratieprinzip absichern, insbesondere im Bereich der Menschenrechte und der sozialen Grundlagen, geraten daher nur peripher in den Blick.[87] Die Legitimationsanforderung kann dabei nicht nur als positives Tatbestandsmerkmal für einen Vertrag verwendet werden, sondern auch begrenzende Wirkung haben, also Staaten in ihrer Gestaltungsfreiheit beim Vertragsschluß beschränken: Sollen etwa europäische Staaten, die – über die EG – andere Staaten vertraglich auf das Demokratieprinzip verpflichten, völkerrechtliche Verträge – sei es untereinander, sei es mit Dritten – abschließen können, die durch ihren Inhalt oder ihre Struktur dem Demokratieprinzip zuwiderlaufen?

---

[87] Eine umfassende Untersuchung auch zu diesen Aspekten des Demokratieprinzips im Rahmen der UN und ausgewählter Regionalorganisationen findet sich bei SICILIANOS, ONU et démocratisation, 2000.

## 2. Das völkerrechtliche Vertragsrecht

Da vertragliche Verpflichtungen ihren normativen Charakter *a priori* in sich tragen, nimmt die Untersuchung der völkerrechtlichen Verankerung des Demokratieprinzips ihren Ausgangspunkt in der Analyse des Vertragsrechts. Sie greift dabei sowohl auf die Absicherung demokratischer Verhältnisse als solcher zurück, wie sie insbesondere in Satzungen regionaler Organisationen vorkommt, wie auf die „zusammengesetzte" Gewährleistung durch einzelne Menschenrechte und Strukturprinzipien, die durch Menschenrechtskonventionen erfolgt. Wie sich zeigen wird, sind bis auf 12 Staaten alle Mitglieder der Staatengemeinschaft entweder multilateral oder bilateral vertraglich auf das Demokratieprinzi verpflichtet.

### a) Weltweites multilaterales Vertragsrecht: Der UN-Pakt

Wichtigste vertragliche Grundlage mit globaler Geltung von Normen, die das Demokratieprinzip konstituieren können, ist der Internationale Pakt über bürgerliche und politische Rechte (IPbpR)[88].

Mit Stand vom 21. August 2002 haben 148 Staaten den Pakt ratifiziert, acht weitere gezeichnet, wenn auch noch nicht ratifiziert.[89] Bedenkt man, daß die UN mit dem Beitritt der Schweiz und der Aufnahme von Ost-Timor[90] 191 Mitgliedstaaten zählt[91] und nur die Cook Inseln, der Heilige Stuhl und Niue nicht der Organisation der Staatengemeinschaft angehören, wird der Pakt also von Dreivierteln der Staatengemeinschaft getragen. Dies bedeutet eine substantielle völkerrechtliche Verankerung der enthaltenen Normen. Unzweifelhaft bestehen zwischen normativem Anspruch der menschenrechtlichen Garantien und effektiver Gewährleistung erhebliche Diskrepanzen. Dem trägt bereits Art.2 Abs.1 IPbpR Rechnung, wenn er das Ziel der Konvention beschreibt:

> „achieving progressively the full realisation of the rights recognised in the present Covenant by all appropriate means".

Entscheidend für diese Arbeit ist jedoch, daß mit dem Pakt eine **rechtliche** Verpflichtung für einen Großteil der Staatengemeinschaft besteht. Dieser Verpflichtung aufgrund der schwach ausgeprägten Durchsetzungsmechanismen nur eine beschränkte Bedeutung für das Völkerrecht zuzuerkennen,[92] heißt Normativität und Effektivität zu verwechseln. Die Normierung in Art.25 IPbpR ist der Grundstein, auf der die übrige Völkerrechtspraxis ruht, auch wenn er selber nicht häufig thematisiert wird. Damit können Beiträge, die die Gewährleistungen des Paktes zum Institut des Demokratieprinzips leisten, innerhalb des Völkerrechts

---

[88] (IR) ICCPR, 999 UNTS 1976, No.14668, S.171-346

[89] Der Ratifikationsstand der wichtigsten Menschenrechtsabkommen mit Stand 21. August 2002 (und insbesondere eine numerische Übersicht der Vertragsstaaten und signatories among non-stateparties) ist zusammengestellt unter (IR) Human Rights Treaties, Status of Ratification (wird regelmäßig aktualisiert). Gezeichnet haben Andorra, China, Guinea-Bissau, Laos, Liberia, Nauru, Sao Tome und Principe und die Türkei (letztere am 15. August 2000). China hat die für Herbst 2000 angekündigte Ratifizierung zunächst verschoben, FAZ vom 1. November 2000, S.1: Menschenrechtsabkommen wird vorerst nicht ratifiziert.

[90] Eine Volksabstimmung in der Schweiz am 3. März 2002 hat sich für den Beitritt zur UN ausgesprochen, entsprechend wurde die Schweiz von der 57. Generalversammlung am 10. September 2002 als 190. Mitglied aufgenommen. Im Anschluß an die Erlangung der Unabhängigkeit am 20. Mai 2002 ist Ost-Timor am 27. September 2002 als nunmehr jüngstes Mitglied in die UNO aufgenommen worden.

[91] (IR) UN, List of Member States, Stand 27. September 2002.

[92] So FOX/ROTH, Introduction, in: DIES., Democratic Governance, 2000, S.1, 10.

als Rechtsordnung nicht negiert werden. Im übrigen enthalten die Menschenrechte des Paktes das Potential ihrer Durchsetzung, und damit besteht die Möglichkeit, daß durch die faktische Umsetzung der normativen Ansprüche das Demokratieprinzip sich zunehmend auch tatsächlich durchsetzt.

### 1) Das Wahlrecht nach Art.25 IPbpR

Auch wenn das Wort „Demokratie" in ihm nicht auftaucht, so ist doch Art.25 IPbpR der wichtigste Ansatzpunkt für die Suche nach der Gewährleistung demokratischer Strukturen.[93] Mit den Worten des Menschenrechtsausschusses:

> Article 25 lies at the core of democratic government based on the consent of the people and in conformity with the principles of the Covenant.[94]

Während Art.25 a) IPbpR den Staatsangehörigen allgemein die unmittelbare oder mittelbare Partizipation an der staatlichen Entscheidungsfindung garantiert (in den Worten des Paktes: „To take part in the conduct of public affairs", deutsche Übersetzung: „Gestaltung der öffentlichen Angelegenheiten"), kodifiziert Art.25 b) IPbpR das aktive und passive Wahlrecht. Hält man sich die innenpolitische Lage vieler Signatarstaaten bis 1989 vor Augen, sind die Vorbehalte zu Art.25 IPbpR erstaunlicherweise vernachlässigbar.[95] Nicht erstaunlich ist demgegenüber, daß der Status von Ein-Parteien-Systemen nicht geklärt wurde. Mit dem Argument, daß zum einen auch durch eine einzige Partei die Partizipation an staatlichen Entscheidungen gewährleistet würde und zum anderen Personen- und Meinungspluralität innerhalb der einen Partei das passive und aktive Wahlrecht garantieren würden, wurde von den Ostblockstaaten ihr Verfassungssystem als mit Art.25 a) und b) IPbpR vereinbar angesehen.[96] Der Menschenrechtsausschuß hat dieser Auffassung allerdings eine Absage erteilt.[97] Verläßt man den ausschließlich normativen Standpunkt, ist die Anzahl der Parteien allerdings nicht entscheidend für die Gewährleistung demokratischer Legitimation und die

---

[93] TOMUSCHAT, International Law, in: 281 RdC 1999, S.1, 66 Abs.16.

[94] (IR) HRC, General Comment 25, 1996, Abs.1, UN Doc.A/51/40 (1996). Wenn ROTH, Governmental illegitimacy, 1999, S.334ff. moniert, die Aussagen des Ausschusses in General Comment 25 entbehrten der Begründung und im übrigen auf die unklare Kompetenz des Ausschusses zur autoritativen Auslegung hinweist, so ist dies zwar formal richtig, verkennt jedoch, daß bereits eine solche Aussage aufgrund ihrer Urheber, der im Ausschuß versammelten Experten, zur Feststellung eines Völkerrechtssatzes nach Art.38 Abs.1 d) IGH-Statut herangezogen werden kann. Die Staatenpraxis seit 1995, nicht notwendigerweise im Zusammenhang mit dem Pakt, bestätigt jedenfalls den Ausschuß. Siehe auch WHITE, UN and Democracy Assistance, in: BURNELL (Hrsg.), Democracy Assistance, 2000, S.67, 72: „the decisions and views of the HRC are the most authoritative interpretation of the Covenant's provision".

[95] Der Vorbehalt Belgiens hinsichtlich der Thronbefähigung ausschließlich für Männer wurde nach einer Verfassungsänderung mit Notifikation vom 14. September 1998 zurückgezogen. In Kraft sind weiterhin: Der Vorbehalt Kuwaits hinsichtlich der Beschränkung des aktiven und passiven Wahlrechts auf Männer, sowie die Ausnahme für Mitglieder der Polizei und der Streitkräfte. Diesem Vorbehalt haben Finnland am 25. Juli 1997 und Schweden am 23. Juli 1997 widersprochen. Mexiko hat einen Vorbehalt hinsichtlich der Versagung des aktiven und passiven Wahlrechts für Inhaber von Religionsämtern, Monacos Vorbehalt betrifft seine Thronfolgeregelung. Die Schweiz hat wegen nicht-geheimer Wahlen auf Kantons- oder Gemeindeebene einen Vorbehalt eingelegt. Das Vereinigte Königreich hat schließlich den Anwendungsbereich zunächst für Hong-Kong und die Fidschi-Inseln, nunmehr nur noch für letztere ausgenommen. Die Vorbehalte sind nachgewiesen unter (IR) UN Multilateral Treaties, Part 1, Chapter IV, No.4.

[96] Siehe dazu NOWAK, CCPR, 1993, Art.25 Rz.17.

[97] Siehe die Entscheidung *Bwalya vs. Zambia*, Comm.314/1988, UN Doc. CCCPR/C/48/D/ 314/1988 (1993), Abs.6.6, abgedruckt in: 14 HRLJ 1993, S.408, 410.

Möglichkeit der Willensbildung.[98] Vielmehr kommt es darauf an, ob durch außerrechtliche Instrumente, sei es durch Zwang in diktatorisch-totalitären Systemen oder durch inhaltliche Determiniertheit durch ideologische oder theosophische Grundlagen, die Beteiligung der Bürger an der Meinungsbildung beschnitten wird.[99]

Hinsichtlich der Legitimation staatlichen Handelns sind zwei Aspekte wesentlich: Die Intensität und die Breite der Teilnahme an der Gestaltung der öffentlichen Angelegenheiten. Der Wortlaut von Art.25 a) IPbpR spricht dafür, daß eine Partizipation an allen Bereichen des staatlichen Handelns gewährleistet sein muß, daß es also keine Gebiete staatlicher Betätigung (etwa die Armee) gibt, die der Kontrolle durch die Staatsbürger entzogen sind. Diese Auffassung wird bestätigt durch die Ausführung im Abschlußdokument der UN-Menschenrechtskonferenz 1993 in Wien, wonach

„[d]emocracy is based on the freely expressed will of the people to determine their own political, economic, social and cultural systems and their **full participation in all aspects of their lives**".[100]

Auch der Menschenrechtsausschuß sieht in seinem General Comment 25 in Art.25 IPbpR eine Legitimationsanforderung an alle Formen staatlicher Machtausübung.[101] Das Spezialproblem der demokratischen Kontrolle des Militärs hebt UNGA Res.55/96, Abs.1 (c) (ix) explizit hervor.[102] Die Kontrolldichte läßt Art.25 a) IPbpR demgegenüber offen: Wie mittelbar darf die Teilnahme sein, daß sie der Gewährleistung noch genügt? Art.25 a) IPbpR eröffnet zwar den Weg zur direktdemokratischen Partizipation, der systematische Zusammen-

---

[98] Vgl. ROTH, Governmental illegitimacy, 1999, S.328. Sehr treffend seine Beobachtung zu den Möglichkeiten interner Opposition in Einheitssystemen:
„where one person disagrees, it is healthy discussion, but [...] where two persons coordinate an expression of disagreement, it is a subversive conspiracy." (*ibid.*, Fn.13)
Der Umkehrschluß von DONNELLY, Right to Participate. Panel Remarks, in: ASIL Proc. 1988, S.506, 507, auch eine Mehrzahl von Parteien sei kein Garant für echte Wahlmöglichkeiten geht jedoch methodisch in die Irre. Der empirische Befund, daß auch in offenen Systemen nur zwei (er verweist auf die USA, Großbritannien könnte auch genannt werden) oder nur eine Partei (er zitiert Mexiko, Japan) regieren, belegt nicht, daß unter normativem Blickwinkel diese Systeme defizitär wären: Denn sie bergen das Potential für eine faktische Diversifizierung. Belege dafür sind der Zusammenbruch jahrzehntelanger Machtkartelle in Österreich und der Schweiz sowie in Italien (allerdings einhergehend mit einer Verfassungsänderung), sowie der Machtwechsel in Mexiko.

[99] Vgl. INT. COM. JURISTS (Hrsg.), One-Party State, 1978, S.109f.; TOMUSCHAT, Democratic Pluralism, in: ROSAS/HELGESEN (Hrsg.), Pluralist Democracy, 1992, S.27, 31f. Zur Unvereinbarkeit von Ein-Parteien-Systemen mit Menschenrechten mit besonderem Blick auf Afrika, wo diese Regierungsform lange Zeit endemisch war, siehe WANDA, One Party State and Protection of Human Rights in Africa, in: 3 RADIC 1991, S.756-770.

[100] (IR) Vienna Declaration, 1993, UN Doc. A/Conf.157/24 (Part I), § 8, Hervorhebung vom Autor. Die Abschlußerklärung ist enthalten im Bericht des Generalsekretärs, Report of the World Conference on Human Rights: Report of the Secretary-General, UN Doc. A/Conf.157/24 (Part I), abgedruckt in: 32 ILM 1993, S.1661ff.

[101] So stellt er fest:
5. The conduct of public affairs, referred to in paragraph (a), is a broad concept which relates to the exercise of political power, in particular the exercise of legislative, executive and administrative powers. It covers all aspects of public administration, and the formulation and implementation of policy at international, national, regional and local levels. [...]
(IR) HRC, General Comment 25, 1996, Abs.5.

[102] (IR) UNGA Res.55/96 (2000), dazu ausführlich unten II.3.a)9).

## 2. Das völkerrechtliche Vertragsrecht

hang mit Art.25 b), der Gewährleistung regelmäßiger Wahlen, ergibt jedoch, daß direktdemokratische Entscheidungen ein Repräsentativsystem nicht vollständig ersetzen können.[103] Da einer kürzeren Legitimationskette in einer modernen pluralistischen Massengesellschaft geringere Effizienz staatlicher Entscheidungsfindung gegenübersteht, muß darüber von Fall zu Fall abgewogen werden, und unterschiedliche Gesellschaften mit unterschiedlichen auch außerrechtlichen Kontrollmechanismen finden abweichende Antworten auf diese Frage.[104] Daher kann Art.25 a) IPbpR nur den Grundsatz, nicht jedoch die Intensität der Partizipation festschreiben. Er erzwingt kein bestimmtes demokratisches Modell (Parlamentsdemokratie, Präsidialdemokratie). In einer Parlamentsdemokratie muß allerdings eine unabhängige Exekutive (etwa Monarchie) an die Gesetze gebunden sein und in Systemen mit autonomer Regierung, der sogar Legislativkompetenz zufällt (etwa in der Präsidialdemokratie), muß diese direkt demokratisch legitimiert sein.[105]

Legt man Art.25 b) IPbpR eine funktionale Interpretation zugrunde, dann gewinnt das aktive und passive Wahlrecht erst dann Gehalt, wenn jeder Kandidat seine Ideen ohne Inhaltskontrolle frei verbreiten kann und sich mit Gleichgesinnten zusammenschließen kann, um politische Konzepte zu entwickeln und Unterstützung zu erhalten.[106]

Aus Art.25 IPbpR ergeben sich zwei Konsequenzen: Erstens bedeutet die Partizipation der Staatsangehörigen an der staatlichen Entscheidungsfindung eine Legitimation staatlichen Handelns durch die Individuen. Dies wirkt sich nach zwei Seiten aus: Staatliche Entscheidungen unter Partizipation der Staatsangehörigen sind legitimiert, staatliche Entscheidungen bedürfen zu ihrer Legitimation aber auch der Partizipation durch die Staatsangehörigen. Offen bleibt aber wie dargelegt die Länge der Legitimationskette. Zweitens bedeutet die Gewährleistung wiederkehrender allgemeiner Wahlen bei Gleichheit des Stimmrechts nicht nur, daß Regierungen abgewählt werden können, sondern daß sich allgemein aufgrund geänderter Präferenzen der Staatsbürger die Mehrheiten und damit der politische Wille ändern können.

### 2) *Die Menschenrechte nach Art.19, 21, 22 und 26 IPbpR*

Die Interdependenz zwischen Menschenrechten und Demokratieprinzip hat die Inter-American Commission on Human Rights (IAComHR) in ihrem Bericht über Haiti 1990 wie folgt zusammengefaßt:

> „The concept of representative democracy is rooted in the principle that political sovereignty is vested in the people which, in the exercise of that sovereignty, elects its representatives to exercise political power. Besides, these representatives are elected by the citizenry to carry out specific policies, which in turn implies that the nature of the policies to be implemented has already been extensively discussed (freedom of expression) among organized political groups (freedom of association) that have been able to express themselves and meet publicly (right of assembly). This all obviously presupposes that all the other basic rights - to life, humane treatment and personal liberty, residence and movement, and so on -

---

[103] NOWAK, CCPR, 1993, Art.25 Rz.13.

[104] Unverständlich daher die Mahnung von ROTH, Governmental illegitimacy, 1999, S.338,

„[a]n overly detailed interpretation of Article 25 would prejudice what are still properly live debates how to deal with difficult cases."

Abgesehen davon, daß eine überdetaillierte Interpretation von Art.25 von keiner Seite vorgetragen wird, bleibt er auch jeden Hinweis schuldig, welches denn die „difficult cases" sein sollen, deren Vereinbarkeit mit Art.25 zu diskutieren wäre.

[105] NOWAK, CCPR, 1993, Rz.12.

[106] TOMUSCHAT, Democratic Pluralism, in: ROSAS/HELGESEN (Hrsg.), Pluralist Democracy, 1992, S.27, 32.

have been guaranteed. The effective enjoyment of these rights and freedoms requires a legal and institutional order in which the law takes precedence over the will of the rulers and some institutions have control over others in order to preserve the integrity of the popular will (the constitutional state)."[107]

Die zentralen Grundrechte der Meinungs-, Versammlungs- und Vereinigungsfreiheit, verbunden mit dem allgemeinen Gleichbehandlungsgrundsatz, gewährleisten implizit demokratische Strukturen.[108] Die Meinungsfreiheit ist „[f]ür eine freiheitlich-demokratische Staatsordnung [...] schlechthin konstituierend",[109] da sie angesichts der Ergebnisoffenheit demokratischer Verfassungen für gesellschaftliche Fragestellungen im Widerstreit der Meinungen die Grundlage staatlicher Entscheidungsfindung liefert. Sie wird durch Art.19 IPbpR gewährleistet. Da die isolierte Meinungsäußerung eines Individuums ungehört zu verhallen droht, liefern die Versammlungsfreiheit nach Art.21 IPbpR und die Vereinigungsfreiheit nach Art.22 IPbpR flankierend die Gewährleistungen dafür, daß in der medialen Massengesellschaft eine Meinung ausreichend mit einem materiellen Substrat versehen werden kann – und nicht zuletzt die personellen Voraussetzungen für einen Regierungswechsel geschaffen werden können.[110] Zu betonen ist, daß die Vereinigungsfreiheit nach Art.22 IPbpR das Recht zur Bildung politischer Organisationen und damit von Parteien enthält, wie der Menschenrechtsausschuß in seinem General Comment 25 feststellt:

„26. The right to freedom of association, including the right to form and join organizations and associations concerned with political and public affairs, is an essential adjunct to the rights protected by article 25. Political parties and membership in parties play a significant role in the conduct of public affairs and the election process. States should ensure that, in their internal management, political parties respect the applicable provisions of article 25 in order to enable citizens to exercise their rights thereunder."[111]

---

[107] Inter-American Commission on Human Rights, Report on the Situation of Human Rights in Haiti, 1990, Abs.15, (IR) IAComHR, Report Haiti 1990. Vgl. auch die Ausführung des Menschenrechtsausschusses in seinem General Comment 25, (IR) HRC, General Comment 25, 1996, Abs.8, 25f.:

8. Citizens also take part in the conduct of public affairs by exerting influence through public debate and dialogue with their representatives or through their capacity to organize themselves. This participation is supported by ensuring freedom of expression, assembly and association.

[...]

25. In order to ensure the full enjoyment of rights protected by article 25, the free communication of information and ideas about public and political issues between citizens, candidates and elected representatives is essential. This implies a free press and other media able to comment on public issues without censorship or restraint and to inform public opinion. It requires the full enjoyment and respect for the rights guaranteed in articles 19, 21 and 22 of the Covenant, including freedom to engage in political activity individually or through political parties and other organizations, freedom to debate public affairs, to hold peaceful demonstrations and meetings, to criticize and oppose, to publish political material, to campaign for election and to advertise political ideas.

26. The right to freedom of association, including the right to form and join organizations and associations concerned with political and public affairs, is an essential adjunct to the rights protected by article 25. Political parties and membership in parties play a significant role in the conduct of public affairs and the election process. States should ensure that, in their internal management, political parties respect the applicable provisions of article 25 in order to enable citizens to exercise their rights thereunder.

[108] Vgl. FROWEIN, Demokratie, in: FS Zemanek, 1994, S.365, 371.

[109] BVerfG 1. Senat, Urteil vom 15. Januar 1958 – *Lüth*, 1 BvR 400/51, BVerfGE 7, S.198, 208.

[110] TOMUSCHAT, Democratic Pluralism, in: ROSAS/HELGESEN (Hrsg.), Pluralist Democracy, 1992, S.27, 30.

[111] (IR) HRC, General Comment 25, 1996, Abs.26.

## 2. Das völkerrechtliche Vertragsrecht

Wenn also Verweise auf Mehrparteiensysteme durch solche auf die Gewährleistung der Vereinigungsfreiheit ersetzt werden, wie etwa in UNGA Res.55/96 (2000)[112] im Vergleich zu der Resolution 2000/47 der Menschenrechtskommission[113], ist dies nicht viel mehr als politisch motivierte Camouflage, die an der rechtlichen Aussage nichts ändert.

Wenn in einer Gesellschaft gleicher Bürger – Art.26 IPbpR beinhaltet das Diskriminierungsverbot – aber kein Wahrheitsmonopol etwa einer Partei oder einer religiösen Gemeinschaft existieren kann und damit die Beschränkung der Meinungsfreiheit zugunsten einer Gruppierung unzulässig ist,[114] ist gewährleistet, daß zu jeder Meinung auch eine andere Ansicht existieren, es zu jeder Entscheidung auch eine Alternative geben kann. Garantiert also Art.25 IPbpR die formelle Rückbindung staatlicher Gewalt an die Individuen, so beinhalten die Art.19, 21, 22 und 26 IPbpR, daß sich individuelle Präferenzen auch artikulieren und entsprechend politisch niederschlagen können. Sie verankern damit ebenfalls die Möglichkeit der staatlichen Willensänderung.

### 3) Zwischenstaatliche Geltendmachung?

Wenn auch Art.25 IPbpR sowie die Art.19, 21, 22 und 26 IPbpR wie gezeigt inhaltlich einen Beitrag zum Demokratieprinzip liefern können, muß allerdings noch ihre Stellung innerhalb des Systems des Völkerrechts geklärt werden. Es handelt sich um Menschenrechte. Damit geht ein besonderer Status einher. Auch wenn die Artikel des Paktes für die Vertragsstaaten unzweifelhaft völkerrechtliche Verpflichtungen begründen, so sind die Nutznießer doch die Individuen. Aus dieser Konstellation erwächst die Schwierigkeit, Menschenrechte im zwischenstaatlichen Kontext völkerrechtlich zu situieren. Bereits innerhalb des Systems des Paktes ist mit der Staatenbeschwerde nach Art.41 IPbpR, die eine reziproke Unterwerfungserklärung voraussetzt und keine antagonistische Entscheidung findet (Art.41 Abs.1 h) IPbpR), die Verletzung einer Verpflichtung des Paktes zwischenstaatlich nur eingeschränkt geltend zu machen. Die Art und der Umfang der bilateralen Rechte und Pflichten nach den Regeln der Staatenverantwortlichkeit sind für multilaterale Menschenrechts-Verträge noch nicht hinreichend geklärt.[115]

Allerdings ist zu berücksichtigen, daß die Staatengemeinschaft die Demokratierechte möglicherweise doch im Kontext einer völkerrechtlichen Norm sieht, die über den menschenrechtlichen Status hinausgeht und eine strukturelle Dimension erhält. Dafür spricht schon die Abschlußdeklaration der UN-Menschenrechtskonferenz von 1993 in Wien.[116] In ihrer Präambel heißt es:

„Considering the major changes taking place on the international scene and the aspirations of all the peoples for an international order based on the principles enshrined in the Charter of the United Nations,

---

[112] (IR) UNGA Res.55/96 (2000).

[113] (IR) UNCHR, Res.2000/47. Siehe dazu ausführlich unten II. 3. a) 9).

[114] Vgl. TOMUSCHAT, Democratic Pluralism, in: ROSAS/HELGESEN (Hrsg.), Pluralist Democracy, 1992, S.27, S.29.

[115] Nach Art.1 und 2 der Resolution des Institut du Droit International vom 13. September 1989, La protection des droits de l'homme et le principe de non-intervention dans les affaires intérieures des Etats, 63-II AIDI 1990, S.338 sind alle bilateralen Maßnahmen unterhalb der Gewaltschwelle rechtmäßig, müssen allerdings nach nicht nur das Verhältnismäßigkeitsprinzip beachten (Art.2 Abs.3 und Art.4 der Resolution), sondern auch die Interessen der Individuen im betroffenen Staat berücksichtigen (Art.4). Siehe zur Deklaration RAGAZZI, Erga Omnes Obligations, 1997, S.141-145 m.w.N.

[116] UN Doc. A/Conf.157/23, (IR) Vienna Declaration, 1993.

> including promoting and encouraging respect for human rights and fundamental freedoms for all and respect for the principle of equal rights and self-determination of peoples, peace, democracy, justice, equality, rule of law, pluralism, development, better standards of living and solidarity, [...]"

Und in der Deklaration selber findet sich folgender Punkt:

> „8. Democracy, development and respect for human rights and fundamental freedoms are interdependent and mutually reinforcing. Democracy is based on the freely expressed will of the people to determine their own political, economic, social and cultural systems and their full participation in all aspects of their lives. In the context of the above, the promotion and protection of human rights and fundamental freedoms at the national and international levels should be universal and conducted without conditions attached. The international community should support the strengthening and promoting of democracy, development and respect for human rights and fundamental freedoms in the entire world."

Die angeführte Interdependenz von Demokratie und Menschenrechten spricht dafür, daß zum einen „Demokratie" ebenfalls als ein (Völker-) Rechtsinstitut angesehen wird und daß zum anderen die einschlägigen Menschenrechte dieses Rechtsinstitut näher konturieren. Da das Demokratieprinzip offenbar mehr als nur die Menschenrechte beinhaltet, ist es denkbar, daß es zwischenstaatlich angewandt werden kann.[117] Aus der Interdependenz ließe sich argumentieren, daß in diesem Fall auch die Menschenrechte „aufgeladen" werden und im zwischenstaatlichen Verhältnis berücksichtigt werden können.[118] Auch der Menschenrechtsausschuß geht im General Comment 25 davon aus, daß Art.25 IPbpR eine Komponente hat, die ihn zum Strukturprinzip für nationale Verfassungen macht:

> „5. The conduct of public affairs, referred to in paragraph (a), is a broad concept which relates to the exercise of political power, in particular the exercise of legislative, executive and administrative powers. It covers all aspects of public administration, and the formulation and implementation of policy at international, national, regional and local levels. **The allocation of powers and the means by which individual citizens exercise the right to participate in the conduct of public affairs protected by article 25 should be established by the constitution** and other laws."[119]

Die Generalversammlung hat schließlich in ihrer Demokratieresolution 55/96 (2000)[120], die im dritten Erwägungsgrund auf die Wiener Deklaration Bezug nimmt, das Demokratieprinzip in seiner Zusammensetzung aus menschenrechtlichen Gewährleistungen und Anforderungen an die Verfassungsordnung in Abs.1 (a) der Resolution allgemein anerkannt und das zwischenstaatlich einzufordernde Strukturprinzip in seine Säulen Rechtsstaatlichkeit, Abs.1 (c), Ausgestaltung des Wahlsystems, Abs.1 (d) und *good governance*, Abs.1 (f), untergliedert.

---

[117] Siehe aber auch FOX/ROTH, Introduction, in: DIES., Democratic Governance, 2000, S.1, 7 m.w.N. Fn.24, nach denen diese Differenzierung noch aus dem Kalten Krieg stammt, der es unmöglich machte, eine Übereinkunft darüber zu erzielen, daß der Anspruch auf freie und faire Wahlen ein Menschenrecht auf der gleichen Ebene wie etwa das Folterverbot sei.

[118] Demgegenüber verfolgen FOX/ROTH, Introduction, in: DIES., Democratic Governance, 2000, S.1, 10 mit Verweis auf Art.21 Abs.3 der Allgemeinen Erklärung der Menschenrechte, (IR) Universal Declaration, 1948, den Ansatz eines „collective right to oust a political political leadership that fails to garner the support of at least a plurality of one's fellows". Es bleibt jedoch unklar, worin die kollektive Dimension gegenüber der Aggregierung individueller Wählerrechte stehen soll.

[119] (IR) HRC, General Comment 25, 1996, Abs.5, Hervorhebung vom Autor.

[120] (IR) UNGA Res.55/96 (2000). Siehe dazu ausführlich unten II. 3. a) 9).

### 4) Art.1 IPbpR

Nach FRANCK ist das Demokratieprinzip aus dem Selbstbestimmungsrecht abzuleiten,[121] wie es in Art.1 IPbpR kodifiziert ist.[122] Das Selbstbestimmungsrecht ist historisch ein Kollektivrecht, das historisch maßgeblich von Präsident WOODROW WILSON zur Gestaltung der europäischen Ordnung nach dem Ersten Weltkrieg geprägt wurde und im Dekolonierungsprozeß der zweiten Hälfte des 20. Jahrhunderts seine endgültige Verankerung im Völkerrecht fand. Es richtet sich primär gegen eine Lenkung der Geschicke eines Volkes durch einen „fremden" Staat. Darüberhinaus gewährleistet es die eigene Entscheidung auch bereits konstituierter Staatsvölker über ihren politischen Status, ohne Einmischung von außen, wie sie sich etwa in der deutschen Wiedervereinigung ausdrückt. Es ist insofern ein Sonderfall innerhalb der menschenrechtlichen Gewährleistungen des Paktes, die sich überwiegend als Individualrechte gegen den „eigenen" Staat richten. Jedoch begegnen der Ableitung Bedenken. Zwar wohnt theoretisch dem Prinzip der freien Selbstbestimmung der demokratische Gedanke inne. Doch gibt weder die Kodifizierung in Art.1 IPbpR noch seine Anerkennung in unterschiedlichsten völkerrechtlichen Texten[123] einen Anhaltspunkt dafür, daß das existierende völkerrechtliche Selbstbestimmungsrecht Aussagen zur Struktur der internen Meinungsbildung eines Staates, Vorgaben zur demokratischen Verfaßtheit eines Staatswesens macht.[124] Vielmehr ist das Selbstbestimmungsrecht nach außen gewandt und dient der Abwehr von Einflüssen von außen.[125] Auch der Menschenrechtsausschuß sieht in seinem General Comment 25 in Art.25 IPbpR eine normative Anforderung an den Prozeß der Ausgestaltung des Selbstbestimmungsrechts.[126] Angesichts der jüngsten Praxis, vor allem in Kambodscha, Bosnien-Herzegowina und im Kosovo, ließe sich umgekehrt für eine „Aufladung" des Selbstbestimmungsrechts durch das Demokratieprinzip argumentieren.[127]

---

[121] FRANCK, Emerging Right, in: 86 AJIL 1992, S.46, 52ff.; ihm folgend WHITE, UN and Democracy Assistance, in: BURNELL (Hrsg.), Democracy Assistance, 2000, S.67, 69f.

[122] Ähnlich schlägt SICILIANOS, ONU et démocratisation, 2000, S.126-129 eine Brücke zwischen Art.1 und Art.25 IPbpR.

[123] Etwa in der Friendly Relations Declaration der Generalversammlung, Anhang zu Res. 2625 (XXV) vom 24.10.1970, UNYB 1970, S.788; oder der Nicht-Einmischungs-Deklaration, Anhang zu Res.36/103 vom 9.12.1981, UNYB 1981, S.147.

[124] Zurückhaltend auch GOODWIN-GILL, Free and Fair Elections, 1994, S.7-12.

[125] CRAWFORD/MARKS, Democracy Deficit, in: ARCHIBUGI u.a. (Hrsg.), Re-imagining political community, 1998, S.72, 76; TOMUSCHAT, Democratic Pluralism, in: ROSAS/HELGESEN (Hrsg.), Pluralist Democracy, 1992, S.27, 40.

[126] Er führt aus:
2. The rights under article 25 are related to, but distinct from, the right of peoples to self-determination. By virtue of the rights covered by article 1 (1), peoples have the right to freely determine their political status and to enjoy the right to choose the form of their constitution or government. Article 25 deals with the right of individuals to participate in those processes which constitute the conduct of public affairs. Those rights, as individual rights, can give rise to claims under the first Optional Protocol.
(IR) HRC, General Comment 25, 1996, Abs.2

[127] Ähnlich TOMUSCHAT, International Law, in: 281 RdC 1999, S.1, 46 Abs.29, nach dem das Demokratieprinzip Ausdruck im Selbstbestimmungsrecht gefunden hat. Siehe auch SALMON, Internal Aspects, in: TOMUSCHAT (Hrsg.), Self-Determination, 1993, S.253, 265ff. Vgl. aber auch Cassese, Self-Determination, in: Ders., UN Law/Fundamental Rights, S.137, 152, der eine solche Verknüpfung bereits in der Helsinki-Deklaration sieht.

b) Regionale multilaterale Verträge

*1) Der Europarat*

i) Die Satzung

Bedenkt man, daß der europäische Kontinent gemeinhin als Vorreiter in der Verrechtlichung des Demokratieprinzips gilt, erstaunt es, daß dieses in der Satzung des Europarates[128] wörtlich nur in der Präambel und im übrigen nur indirekt auftaucht. Doch sind es die

> „spiritual and moral values which are the common heritage of their peoples and the true source of individual freedom, political liberty and the rule of law, principles which form the basis of all genuine democracy" (Abs.3 der Präambel der Satzung),

die mit den „ideals and principles" gemeint sind, deren Schutz und Förderung nach Art.1 a) Europaratssatzung Aufgabe des Rates ist, deren Anerkennung nach Art.3 der Satzung für die Mitgliedschaft vorausgesetzt wird und deren Mißachtung nach Art.8 Europaratssatzung den Ausschluß zur Folge haben kann – was allerdings trotz kritischer Situationen in Griechenland und der Türkei noch nicht geschehen ist. Die Voraussetzung des Demokratieprinzips als mehr oder weniger unausgesprochene Prämisse hat allerdings dazu geführt, daß es lange überhaupt keinen Referenztext gab. Erst 1983 verabschiedete die Parlamentarische Versammlung eine Resolution zum Demokratieprinzip[129], die zwar nicht besonders in den Vordergrund gestellt wurde, aber für die Neuaufnahmen nach dem Fall des Eisernen Vorhangs Bedeutung erlangte. Denn für Neuaufnahmen und Ausschlüsse ist seit einer Resolution des Ministerkomitee von 1951[130] die Stellungnahme der Parlamentarischen Versammlung notwendig, was in beschränktem Umfang zu einer Praxis hinsichtlich des Demokratieprinzips geführt hat. Verstärkt wird diese Praxis noch durch ein *monitoring* der neuen Mitgliedstaaten, das seit einer Richtlinie von 1993[131] vorgenommen wird.[132] Dennoch bleibt mangels eines zentralen Textes, vergleichbar etwa dem Kopenhagen-Dokument oder der Charta von Paris der KSZE[133] oder der Inter-American Democratic Charter der OAS[134], das Demokratieprinzip von seiten des Europarates selber unscharf beschrieben. Eine Präzisierung erfolgt jedoch über die Menschenrechtskonvention.

ii) Die Europäische Menschenrechtskonvention

Die Europäische Menschenrechtskonvention[135] ist vom Europäischen Gerichtshof für Menschenrechte als Verfassungstext für die öffentliche Ordnung Europas bezeichnet worden.[136] Ihr müssen alle Staaten beitreten, die Aufnahme in den Europarat ersuchen. Nachdem das 11.

---

[128] (IR) Council of Europe Statute.

[129] Resolution 800 (1983), vom 1. Juli 1983.

[130] Resolution 30 A (1951), vom 3. Mai 1951, (IR) Council of Europe, Com. of Min., Res.30A (1951).

[131] Richtlinie 488 (1993), vom 29 Juni 1993.

[132] Ein Überblick über die Stellungnahmen der Parlamentarischen Versammlung und der Praxis des *monitoring* mit zahlreichen Nachweisen findet sich bei SICILIANOS, ONU et démocratisation, 2000, S.47-61.

[133] (IR) CSCE, Copenhagen Document, 1990 und (IR) CSCE, Charter of Paris, 1990. Siehe dazu unten II. 3. b) 1).

[134] (IR) OAS, Inter-American Democratic Charter, 2001; siehe dazu sogleich unten II. 2. b) 2) i).

[135] (IR) EConvHR.

[136] „[C]onstitutional instrument of European public order (ordre public)", ECourtHR, *Loizidou v. Turkey (prel. obj.)*, Urteil v. 23.3.1995, Sér.A, vol.310, S.27, Abs.75.

## 2. Das völkerrechtliche Vertragsrecht

Zusatzprotokoll das gerichtliche Kontrollsystem verändert hat und eine Individualbeschwerde nunmehr von jedem Bürger eines Vertragsstaates erhoben werden kann, sind die normativen Voraussetzungen für eine hohe Kohäsion des Menschenrechtsstandards in den europäischen Staaten gegeben.

Auch die Konvention und ihre Protokolle enthalten keine explizite Gewährleistung des Demokratieprinzips. Aber zumindest das Wahlrecht ist in Art.3 des Ersten Zusatzprotokolls (ZP 1)[137] niedergelegt.[138] Es ist insofern für den Kontext dieser Arbeit von besonderem Interesse, als es vom Wortlaut nur als Strukturprinzip ausgelegt ist, also kein Individualrecht formuliert.[139] Dabei kodifiziert Art.3 ZP 1 insofern eine repräsentative Demokratie, als er lediglich Wahlen zu den gesetzgebenden Körperschaften gewährleistet, also weder auf direkte Legitimation der Exekutive (Präsidialverfassung) noch von Legislativakten (Volksentscheide) abzielt. Das Prinzip der effektiven Demokratie ist dabei sowohl auf nationalem wie lokalem Level zu gewährleisten.[140] Zunächst hat die Europäische Kommission für Menschenrechte (EKMR) sich eng an den Wortlaut gehalten und erst im Laufe der Zeit im Wege der Auslegung das Wahlrecht als Individualrecht und insbesondere als Recht auf allgemeine Wahlen ausgestaltet,[141] der Europäische Gerichtshof für Menschenrechte (EuGHMR) hat diese Entwicklung gebilligt.[142] Zuvor hatte die Europäische Menschenrechtskommission allerdings auf Staatenbeschwerden gegen Griechenland[143] und die Türkei[144] hin bereits Gelegenheit, Demokratie im europäischen System zu propagieren. Im Falle Griechenlands monierte sie in Hinblick auf Art.3 ZP1, daß die neue Verfassung nach dem Staatsstreich zwar Wahlen vorsah, daß jedoch bis zum Abschluß des Berichts der Kommission Ende 1969 kein Wahlgesetz ergangen war, so daß seit der Auflösung des Parlamentes am 4. April 1967 und der Absage der für den 28. Mai 1967 vorhergesehenen Wahl keine Wahlen mehr stattgefunden hatten.[145]

Allerdings erst relativ spät hat der Gerichtshof festgestellt, daß die Demokratie die einzige nach der EMRK zulässige Regierungsform ist:

---

[137] (IR) EConvHR Protocol 1.

[138] Siehe dazu etwa HERNDL, Right to Participate in Elections, in: Benedek u.a., FS Ginther, 1999, S.557-575.

[139] Art.3 ZP 1 lautet:
Die Hohen Vertragschließenden Teile verpflichten sich, in angemessenen Zeitabständen freie und geheime Wahlen unter Bedingungen abzuhalten, welche die freie Äußerung der Meinung des Volkes bei der Wahl der gesetzgebenden Körperschaften gewährleisten.

[140] (IR) ECourtHR, *Ahmed v. UK*, Urteil vom 2.9.1998, Slg.1998-VI, No.87 S.2356, 2376 Abs.52.

[141] Appl. No.2728/66, *X. v. Germany*, Entscheidung vom 6. Oktober 1967, 10 ECHRYB 1967, S.326, 337.

[142] (IR) ECourtHR, *Mathieu-Mohin & Clerfayt v. Belgium*, Urteil vom 2.3.1987, Series A, No.113, S.22ff. Abs. 46ff., insbesondere Abs.49. Vgl. zur Entwicklung HERNDL, Right to Participate in Elections, in: Benedek u.a., FS Ginther, 1999, S.557, 562ff. und MARKS, ECHR and its "democratic society", in: BYBIL 1995, S.209, 224f.

[143] EComHR, *The Greek Case*, Entscheidung vom 24.1.1968 (Admissibility), 11 ECHRYB 1968, S.690ff., 730ff.; 12 ECHRYB 1969 vol.1, S.2ff. (Merits); bestätigt durch den Ministerrat, Resolution DH (70) 1 vom 15. April 1970, 12 ECHRYB 1969, S.511ff.

[144] 26 ECHRYB 1983 Part.2 Chapter 1, S.1 (Admissibility). Die Beschwerde wurde gütlich beigelegt, vgl. CHARPENTIER, Pratique française, in: AFDI 1986, S.961, 993f.

[145] EComHR, *The Greek Case*, Entscheidung vom 24.1.1968, 12 ECHRYB 1969, S.2, 179f. Nach Auffassung der Kommission setzt Art.3 ZP1 voraus (ibid.):
„the existence of a representative legislature elected at reasonable intervals as the basis of a democratic society."

„Democracy thus appears to be the only political model contemplated by the Convention and, accordingly, the only one compatible with it."[146]

Immerhin ist nach Auffassung des EuGHMR das Wahlrecht unabhängig von nationalen Strukturen, es bezieht sich auf alle Gremien, die gesetzgeberische Funktion ausüben. So hat er im Urteil *Matthews v. UK* das Wahlrecht der in Gibraltar lebenden EU-Bürger zum Europäischen Parlament bestätigt.[147]

Das Demokratieprinzip wird im System der EMRK aber nicht allein im Wahlrecht des Art.3 ZP1 verankert. Die Verschränkung von Demokratie und Menschenrechten wird nicht bloß in der Präambel aufgeführt,[148] sondern stellt das wesentliche Strukturmerkmal der EMRK dar.[149] Allen voran die Meinungsfreiheit,[150] aber auch die übrigen wesentliche Freiheitsrechte[151] dienen zum einen als Grundlage für die Demokratie, nicht zuletzt hinsichtlich der Gewährleistung eines Mehrparteiensystems, wie es durch die Vereinigungsfreiheit ermöglicht wird.[152] Zum anderen finden sie ihre Beschränkung gerade in den Bedingungen der demokratischen Gesellschaft; die EMRK formuliert dies durch die Qualifikation von beschränkenden Gesetzen als „in einer demokratischen Gesellschaft notwendig".[153]

Mit 44 Vertragsstaaten[154] bildet die EMRK den Nukleus eines normativen Systems im Völkerrecht, in dem das Demokratieprinzip nicht nur stipuliert, sondern auch gerichtlicher Kontrolle unterworfen wird.

### 2) Die OAS

#### i) Die Satzung der OAS

1948 gegründet, enthält die Satzung der OAS[155] einen bemerkenswerten Passus:

Article 3

---

[146] (IR) ECourtHR, *United Communist Party v. Turkey*, Urteil vom 30.1.1998, Reports 1998-I, S.1, 21f., Abs.45.

[147] (IR) ECourtHR, *Matthews v. UK*, Urteil vom 18.2.1999, Reports 1999-I, S.251, 270 Abs.52f. und S.272f. Abs.64f. Siehe dazu CRAWFORD, Democracy - Reprise, in: Fox/Roth, Democratic Governance, 2000, S.91, 114, 118ff.

[148] Siehe das Zitat aus der Präambel oben Fn.52.

[149] Siehe (IR) ECourtHR, *Ahmed v. UK*, Urteil vom 2.9.1998, Slg. 1998-VI, S.2356, 2375f. Abs.49, 52: „democracy is a fundamental feature of the European public order"
Vgl. auch MARKS, ECHR and its "democratic society", in: BYBIL 1995, S.209, 213.

[150] Vgl. (IR) ECourtHR, *Handyside v. UK*, Urteil vom 7.12.1976, Series A, No.24, S.23 Abs.49:
„Freedom of expression constitutes one of the essential foundations of [a democratic society], one of the basic conditions for its progress and for the development of every man."

[151] Vgl. die Nachweise zu Versammlungs- und Vereinigungsfreiheit sowie von Justizrechten bei MARKS, ECHR and its "democratic society", in: BYBIL 1995, S.209, 213f.

[152] ECourtHR, *United Communist Party v. Turkey*, Urteil vom 30.1.1998, Reports 1998-I, S.1, 17, Abs.25, 27; ECourtHR, *Socialist Party v. Turkey*, Urteil v. 25.5.1998, Reports 1998-III, S.1233, 1252, Abs.29.

[153] Diese „Schranken-Schranke" findet sich in unterschiedlichen Formulierungen in Art.8 Abs.2 (Privatsphäre), Art.9 Abs.2 (Gedanken-, Gewissens- und Religionsfreiheit), Art.10 Abs.2 (Meinungsfreiheit), Art.11 Abs.2 (Versammlungs- und Vereinigungsfreiheit) sowie in Art.2 Abs.3 des 4. Zusatzprotokolls (Freizügigkeit). Siehe zu der Genese der entsprechenden Formulierungen im IPbpR oben Fn.48.

[154] Stand 18. Oktober 2002. Nachweis des Ratifikationsstandes unter (IR) EConvHR, Ratification details.

[155] (IR) OAS Charter, abgedruckt in: 33 ILM 1994, S.985ff.

[...]

d) The solidarity of the American States and the high aims which are sought through it require the political organization of those States on the basis of effective exercise of representative democracy; [...]

Die Satzung muß im Zusammenhang mit der American Declaration of the Rights and Duties of Man von 1948[156] gelesen werden, die nach der Auffassung des Inter-American Court of Human Rights (IACHR) für die Mitgliedstaaten im Zusammenhang mit der Charta verbindlich ist.[157] Art.XX American Declaration enthält ein dem Art.25 IPbpR vergleichbares Wahl- und Partizipationsrecht, das – dem Titel der Deklaration gemäß – in Art.XXXII American Declaration durch eine Wahlpflicht ergänzt wird. Schließlich enthält Art.XXVII American Declaration eine Limitierung von Beschränkungen der Freiheitsrechte u.a. durch die Qualifikation solcher Beschränkungen als dem „advancement of democracy" dienend.[158]

So beachtlich die normative Verankerung des Strukturprinzips einer repräsentativen Demokratie in einer Satzung von 1948 und entsprechender subjektiver Rechte in der American Declaration ist, so weit war der Normtext den faktischen Verhältnissen auf dem amerikanischen Doppelkontinent voraus, wo südlich der US-amerikanischen Grenze zunächst in Mexiko die Partei der Institutionalisierten Revolution über fünfzig Jahre nach der Gründung eine kaum verhüllte Parteidiktatur aufrechterhielt und wo in den Staaten weiter südlich sich die rechts- oder linksgerichteten Militärregierungen in rascher Folge ablösten.[159] In der Folge der kubanischen Revolution wurde 1959 in Santiago de Chile auf einer Außenministerratstagung in einer Resolution die Deklaration von Santiago[160] verabschiedet, die erstmals versuchte, die Verpflichtungen zur Demokratie genauer zu beschreiben. Gleichzeitig wurde die Inter-American Commission on Human Rights (IAComHR) eingesetzt.[161] 1962 wurde Kuba durch eine Resolution der 8. Außenministerratstagung von der Beteiligung in der OAS ausgeschlossen, da das Bekenntnis der kubanischen Regierung zum Marxismus-Leninismus nicht mit den Prinzipien des inter-amerikanischen Systems vereinbar sei.[162] Entsprechend der Deklaration von Santiago haben Resolutionen der Organisation 1979 das SOMOZA-Regime, 1987 die fehlgeschlagenen Wahlen in Haiti sowie 1989 General NORIEGA verurteilt und jeweils die Respektierung demokratischer Prinzipien

---

[156] (IR) American Declaration, 1948.

[157] (IR) IACHR, Interpretation of American Declaration, Advisory Opinion, vom 14.7.1989, IAYBHR 1989, S.630, 652, Abs.45.

[158] Dazu (IR) IAComHR, Annual Report 1994, IAYBHR 1994, S.662, 676, Chapter V (Compatibility of „desacato"-laws with American Convention of Human Rights), Unterkapitel IV. A.

[159] Erstere unterstützt, letztere bekämpft von den USA. Siehe dazu FALK, Haiti Intervention, in: 36 HILJ 1995, S.341, 350f.

[160] Resolution IX, On the Effective Exercise of Representative Democracy, vom 18. August 1959, OAS Official Doc. OAS/Ser.C/II.5, S.11; ebenfalls OAS/Ser.F/III.5. Bis auf einen Teil der Präambel abgedruckt in: INTER-AMERICAN SYSTEM, Bd.1, Teil.II, S.21f.

[161] Durch Resolution XII, On Human Rights, OAS Official Doc. OAS/Ser.C/II.5, S.10.

[162] Kuba ist jedoch weiterhin Mitglied. Siehe den Kurzüberblick zur OAS und die Aufführung der Mitgliedstaaten, (IR) OAS, Overview. Vgl. auch CERNA, Haiti before OAS, in: 86 ASIL Proc. 1992, S.378, 379; IPSEN, Völkerrecht, 4. Aufl. 1999, § 30 Rz.10 (HEINTZE).

gefordert.[163] 1985 wurde durch das Protokoll von Cartagena de Indias[164] die Präambel der OAS-Satzung dahingehend geändert, daß repräsentative Demokratie als Bedingung für Stabilität, Frieden und Entwicklung der Region angesehen wurde, und die Ziele der Organisation in Artikel 2 der Satzung wurden um die Organisation, Förderung und Konsolidierung der repräsentativen Demokratie erweitert.[165] Allerdings wurden erst auf der Generalversammlung 1991 in Santiago de Chile die 34 amerikanischen Staaten, die inzwischen Mitglieder der OAS geworden waren,[166] durch Regierungen vertreten, die aus demokratischen Wahlen hervorgegangen waren.[167] Auf dieser Generalversammlung wurde am 5. Juni 1991 die Resolution 1080 unter dem Titel „Representative Democracy"[168] angenommen.[169] Verbunden mit der Deklaration unter dem Namen „Santiago Commitment to Democracy and Development and the Renewal of the Inter-American System" vom 4. Juni 1991, die ein Bekenntnis zur repräsentativen Demokratie enthält, verpflichten sich damit die Mitgliedstaaten zu kollektiven Maßnahmen, sollte der demokratische Prozeß in einem Mitgliedstaaten unterbrochen werden. Operationalisiert wurde diese Verpflichtung dadurch, daß die Mitgliedstaaten sich dazu entschlossen,

> 1. To instruct the Secretary General to call for the immediate convocation of a meeting of the Permanent Council in the event of any occurrences giving rise to the sudden or irregular interruption of the democratic political institutional process or of the legitimate exercise of power by the democratically elected government in any of the Organization's member states, in order, within the framework of the Charter, to examine the situation, decide on and convene and ad hoc meeting of the Ministers of Foreign Affairs, or a special session of the General Assembly, all of which must take place within a ten-day period.

Das einberufene Gremium soll die Angelegenheit gemeinsam prüfen und die geeigneten Maßnahmen in Übereinstimmung mit der Satzung und dem Völkerrecht treffen, die allerdings unverbindlich sind.[170] Durch das Protokoll von Washington[171] wurde der Mechanismus der Resolution 1080 und der Deklaration von Santiago 1991 teilweise in die Charta aufgenom-

---

[163] Siehe AVECEDO, Haitian Crisis, in: DAMROSCH (Hrsg.), Enforcing Restraint, 1993, S.119, 120ff. m.w.N.; vgl. auch FRANCK, Emerging Right, in: 86 AJIL 1992, S.46, 65.

[164] Protocol of Amendment to the Charter of the Organization of American States. "Protocol of Cartagena de Indias", OAS Official Doc. OAS/Ser.A/41 (SEPF), (IR) OAS, Protocol Cartagena de Indias, 1985.

[165] Siehe auch TACSAN, OAS-UN task sharing, in: WEISS (Hrsg.), Beyond UN subcontracting, 1998, S.91, 99.

[166] Die OAS hat 35 Mitglieder, Kuba war aus den angeführten Gründen an der Generalversammlung nicht beteiligt.

[167] CERNA, Haiti before OAS, in: 86 ASIL Proc. 1992, S.378, 379. Vgl. auch FRANCK, Emerging Right, in: 86 AJIL 1992, S.46, 74.

[168] OAS Official Doc. AG/Res.1080 (XXI-0/91), (IR) OAS, Res.1080 (1991).

[169] Die Resolution war durch einen Putsch in Surinam 1990 auf den Weg gebracht worden, bei dem der demokratisch gewählte Präsident SHANKAR abgesetzt wurde. Venezuela brachte die Angelegenheit vor den OAS-Rat, der den Putsch verurteilte. Daraus entwickelte sich die Deklaration von Santiago. MALONE, Haiti, 1998, S.208 Fn.18.

[170] Dieser Prozeß kam bisher viermal zur Anwendung, 1991 in Haiti, 1992 in Peru, 1993 in Guatemala und 1996 in Paraguay, vgl. TACSAN, OAS-UN task sharing, in: WEISS (Hrsg.), Beyond UN subcontracting, 1998, S.91, 99 und MALONE, Haiti, 1998, S.2, 158, 252 Fn.1.

[171] Protocol of Amendments to the Charter of the Organisation of American States. „Protocol of Washington", vom 14. Dezember 1992, OAS Official Doc. OAS/Ser.A/2 Add.3 (SEPF), (IR) OAS, Protocol of Washington, 1992; in Kraft seit dem 25 September 1997 (dies übersieht ROTH, Governmental illegitimacy, 1999, S.375 Fn.27).

men. Nunmehr kann bei einer gewaltsamen Absetzung einer demokratischen Regierung in einem Mitgliedstaat dessen Beteiligung an der OAS ausgesetzt werden (Art.9 OAS-Charta). Dadurch wird das Nichteinmischungsprinzip, lange Zeit auf dem amerikanischen Doppelkontinent unantastbar und insbesondere im Zusammenhang mit dem Demokratieprinzip in der Satzung erwähnt (Art.2 b)), relativiert, wenn nicht gar obsolet.

Das Bekenntnis zur Demokratie wurde von der Generalversammlung der OAS 2001 nochmals verstärkt, als sie die „Inter-American Democratic Charter"[172] verabschiedete, die gleich in Art.1 ein „right to democracy" konstitutiert. Der erste Teil der Democratic Charter lautet:

I Democracy and the Inter-American System

Article 1

The peoples of the Americas have a right to democracy and their governments have an obligation to promote and defend it.

Democracy is essential for the social, political, and economic development of the peoples of the Americas.

Article 2

The effective exercise of representative democracy is the basis for the rule of law and of the constitutional regimes of the member states of the Organization of American States.

Representative democracy is strengthened and deepened by permanent, ethical, and responsible participation of the citizenry within a legal framework conforming to the respective constitutional order.

Article 3

Essential elements of representative democracy include, inter alia, respect for human rights and fundamental freedoms, access to and the exercise of power in accordance with the rule of law, the holding of periodic, free, and fair elections based on secret balloting and universal suffrage as an expression of the sovereignty of the people, the pluralistic system of political parties and organizations, and the separation of powers and independence of the branches of government.

Article 4

Transparency in government activities, probity, responsible public administration on the part of governments, respect for social rights, and freedom of expression and of the press are essential components of the exercise of democracy.

The constitutional subordination of all state institutions to the legally constituted civilian authority and respect for the rule of law on the part of all institutions and sectors of society are equally essential to democracy.

Article 5

The strengthening of political parties and other political organizations is a priority for democracy. Special attention will be paid to the problems associated with the high cost of election campaigns and the establishment of a balanced and transparent system for their financing.

Article 6

---

[172] (IR) OAS, Inter-American Democratic Charter, 2001.

It is the right and responsibility of all citizens to participate in decisions relating to their own development. This is also a necessary condition for the full and effective exercise of democracy.

Promoting and fostering diverse forms of participation strengthens democracy.

Als Detail verdient erstens hervorgehoben zu werden, daß das „Recht auf Demokratie" in Art.1 als ein solches der Völker des Doppelkontinents konzipiert ist. Damit wird zum einen eine elegante Formulierung gefunden, die an die Struktur des Selbstbestimmungsrechtes anknüpft, ohne jedoch auf dieses selber Bezug zu nehmen. Zum anderen wird damit der komplexen Struktur des Demokratieprinzips mit seiner objektiv-rechtlichen Komponente auf der einen und der subjektiv-rechtlichen auf der anderen Seite Rechnung getragen. Die zukünftigen Berichte der IAComHR und die Gutachten und Entscheidungen des Gerichtshofs werden zeigen, in wieweit die Demokratie-Charta dadurch die Satzung auf der einen und die Konvention[173] auf der anderen Seite befruchten kann.

Zweitens ist bemerkenswert, daß Art.5 nicht nur den Parteienpluralismus hervorhebt – inzwischen ein Standard für Texte zum Demokratieprinzip –, sondern auch das heiße Eisen der Wahlkampffinanzierung anfaßt. Dieses Problem, das das Referenz-Dokument zum Demokratieprinzip im Rahmen der UN, die Resolution 55/96[174], in Abs.1 d) iv) nur kursorisch anspricht, dürfte für die Mediendemokratien des 21. Jahrhunderts mit zur größten Herausforderung innerhalb des Systems werden (in Abgrenzung zu Bestrebungen von innen oder von außen, ein demokratisches System zu beseitigen), wie aktuelle Beispiele von den Vereinigten Staaten über die Bundesrepublik bis Indonesien zeigen.[175]

Die Demokratie-Charta stellt im folgenden wie UNGA Resolution 55/96 die Verknüpfung mit Menschenrechten und Rechtsstaatlichkeit sowie ökonomischer und sozialer Entwicklung her. Sie wiederholt auch das Recht der OAS, bei einer „unconstitutional interruption of the democratic order of a member state" die Mitgliedschaftsrechte des betreffenden Staates auszusetzen (Art.19ff. Demokratie-Charta).[176] Vor dem Hintergrund der jüngsten Entwicklungen in Europa, vor allem in Österreich und Italien, ist es angezeigt zu vermerken, daß sowohl Resolution 1080 wie die Demokratie-Charta über den Wortlaut der Satzung, die eine gewaltsame Unterbrechung voraussetzt, hinausgehen. Es wird nur eine Frage der Zeit sein, bis sich der Ständige Rat der OAS damit wird auseinandersetzen müssen, ob eine Regierung, die legal an die Macht gekommen ist, nun aber anti-demokratische und/oder verfassungswidrige Maßnahmen ergreift, von einer Mitwirkung in der OAS ausgeschlossen werden kann, über Art.9 OAS-Satzung hinaus, aber in Einklang mit Art.17ff. der Demokratie-Charta.

---

[173] (IR) ACHR.

[174] (IR) UNGA Res.55/96 (2000); siehe dazu ausführlich unten II. 3. a) 9).

[175] Zum Thema Parteienfinanzierung, in das die Frage der Wahlkampffinanzierung weitgehend eingebettet ist, siehe rechtsvergleichend FROWEIN/BANK, Financing of Political Parties, in: 61 ZaöRV 2001, S.29-61.

[176] Artikel 19 lautet vollständig:

Based on the principles of the Charter of the OAS and subject to its norms, and in accordance with the democracy clause contained in the Declaration of Quebec City, **an unconstitutional interruption of the democratic order or an unconstitutional alteration of the constitutional regime that seriously impairs the democratic order in a member state**, constitutes, while it persists, an insurmountable obstacle to its government's participation in sessions of the General Assembly, the Meeting of Consultation, the Councils of the Organization, the specialized conferences, the commissions, working groups, and other bodies of the Organization.

(Hervorhebung vom Autor)

ii) Die American Convention on Human Rights

Die 1969 angenommene, aber erst 1978 in Kraft getretene American Convention on Human Rights (ACHR)[177] stand lange im Schatten der EMRK. Angesichts endemischer Menschenrechtsverletzungen autoritärer Regime in Mittel- und Südamerika, die ihre Herrschaft durch willkürliche Verhaftungen, Folter und gewaltsames Verschwindenlassen sicherten, sowie aufgrund von jahrzehntelangen Bürgerkriegen in vielen Ländern war an eine Feinarbeit an den Konventionsrechten insbesondere zum Demokratieprinzip nicht zu denken. Dabei geht Art.23 ACHR in seinem Gehalt über den Wortlaut des Art.1 ZP1 zur EMRK hinaus, da er ein subjektives Wahl- und Partizipationsrecht in Anlehnung an Art.25 IPbpR festschreibt; ein Recht, das nach Art.27 Abs.2 ACHR auch notstandsfest ist. Wie der EuGHMR für die EMRK, allerdings zwölf Jahre früher, hat der IACHR für die ACHR festgestellt, daß die „Philosophie" der Konvention eine politische Struktur der Mitgliedstaaten gemäß dem Prinzip der effektiven repräsentativen Demokratie (Art.3 d) der Satzung) voraussetzt.[178] Der pluralistischen Demokratie haben die Organe interessanterweise über die Meinungsfreiheit den Weg gebahnt,[179] obwohl in Art.16 ACHR die Vereinigungsfreiheit explizit auch zu politischen Zwecken gewährleistet wird. Daneben haben die Organe zugunsten des Demokratieprinzips vor allem zur Eingrenzung des Mißbrauchs von Notstandsregeln Pflöcke in das unebene Terrain geschlagen.[180]

c) Bilaterale Verträge: Die Demokratieklauseln in Verträgen der EG

Eine Verpflichtung auf das Demokratieprinzip findet sich für viele Staaten auch außerhalb der klassischen Menschenrechtsinstrumente, nämlich in den Freihandels, Freundschafts- und Kooperations- sowie den Assoziationsabkommen mit der EG.[181] Seit dem Fall des Eisernen Vorhangs haben sich die Demokratieklauseln in diesen Verträgen rasch entwickelt. Wurde zunächst nur auf eine vage „Grundlagenklausel" zurückgegriffen, die Demokratie und Menschenrechte als Grundlage der Politik in den Vertragsstaaten und der gemeinsamen Zusammenarbeit bezeichnete,[182] wurde bald die Beachtung des Demokratieprinzips und der Menschenrechte als „wesentlicher Bestandteil" eingefügt, also als eine wesentliche Bestimmung i.S.d. Art.60 Abs.3 (b) WVK, um eine Aussetzung und gegebenfalls Kündigung der Verträge bei der Verletzung dieser Grundlagen der Zusammenarbeit zu ermöglichen.[183] Um das Streit-

---

[177] (IR) ACHR.

[178] (IR) IACHR, The Word "Laws" in Art.30, Advisory Opinion, vom 9.5.1986, abgedruckt in: 7 HRLJ 1986, S.231, 235f., Abs.30.

[179] Siehe etwa (IR) IACHR, Compulsory Membership, Advisory Opinion, vom 13.11.1985, IAYBHR 1985, S.1148, 1186, Abs.69 und (IR) IAComHR, Annual Report 1994, IAYBHR 1994, S.662, 688, Chapter V (Compatibility of „desacato"-laws with American Convention of Human Rights), Unterkapitel V.

[180] Zu einem ausführlicheren Überblick über die Praxis der Kommission und des Gerichtshofes zum Demokratieprinzip siehe SICILIANOS, ONU et démocratisation, 2000, S.77-87.

[181] Siehe dazu ausführliche HOFFMEISTER, Menschenrechts- und Demokratieklauseln, 1998. Ein Überblick findet sich bei SICILIANOS, ONU et démocratisation, 2000, S.103-113. Siehe auch BRANDTNER/ROSAS, Human Rights and External Relations of the EC, in: 9 EJIL 1998, S.468, 473-477 und VERHOEVEN, CE et sanction internationale de la démocratie, in: Liber Amicorum Bedjaoui, 1999, S.771, 778-789.

[182] Siehe z.B. Art.1 des Rahmenkooperationsabkommens mit Argentinien, ABl. EG Nr. L 295 vom 26.10.1990, S.66ff.

[183] Siehe etwa Art.1 der Abkommen über den Handel und die handelspolitische Zusammenarbeit mit den baltischen Staaten, ABl. EG Nr. L 403 vom 31.12.1992, S.2 (Estland), 11 (Lettland) und 20 (Litauen).

schlichtungsverfahren der Vertragsrechtskonvention nach Art.65ff. WVK zu umgehen, wurde in diesen „baltischen Klauseln" die Möglichkeit der sofortigen Aussetzung des Vertrages bei Verletzung der wesentlichen Bestimmungen festgeschrieben.[184] Die Klausel erwies sich jedoch als zu unflexibel, insbesondere erschien es wünschenswert, den Dialog auch in einem Krisenfall aufrechterhalten zu können. Daher fand man schließlich zur „bulgarischen Klausel", die die Möglichkeit zu „geeigneten Maßnahmen" einräumt, wenn die Verpflichtungen der Parteien nicht eingehalten werden, allerdings ein Konsultationsverfahren vorschaltet, das nur in Ausnahmefällen entfallen soll.[185] Die Verträge mit den KSZE-Staaten bezogen sich dabei auf die KSZE-Dokumente:

> „Die Achtung der in der Schlußakte von Helsinki und in der Pariser Charta für ein neues Europa genannten demokratischen Grundsätze und Menschenrechte bestimmt die Innen- und Außenpolitik der Gemeinschaft und [des Vertragsstaates] und ist ein wesentliches Element dieses Abkommens."

Eine Demokratieklausel wurde auch durch das Änderungsabkommen von Mauritius 1995[186] in das Lomé-IV-Abkommen eingefügt.[187] Nachdem das Lomé-IV-Abkommen am 28. Februar 2000 ausgelaufen war, wurde am 23. Juni 2000 in Cotonou ein neues Partnerabkommen mit den AKP-Staaten abgeschlossen.[188] Mit seinem Inkrafttreten ist im Laufe des Jahres 2002 zu rechnen, es ist allerdings in seinen hier interessierenden Bestimmungen bereits jetzt anwendbar, da der AKP-EG-Ministerat seine vorläufige Anwendung beschlossen hat.[189] Es enthält eine dem Lomé-IV-Abkommen entsprechende Demokratieklausel, wobei allerdings der umfassende Schutz der Menschenrechte deutlicher als zuvor ausformuliert ist.[190] Insbesondere dem Demokratieprinzip wird eine hervorgehobenen Stellung eingeräumt:

Art.9 Abs.2

---

[184] Art.21 Abs.3 der Abkommen.

[185] Siehe etwa Art.6 und 118 Abs.2 des namensgebende Assoziationsabkommen mit Bulgarien, ABl. EG L 358 vom 31.12.1994, S.3-222.

[186] (IR) AKP-EG, Änderungsabkommen Lomé IV, 1995; ABl. EG Nr. L 156 vom 29.05.98, S.3-106.

[187] Die materielle Verpflichtung der Vertragsparteien auf das Demokratieprinzip wurde durch Neufassung des Art.5 festgelegt. Das Verfahren bei Verletzungen der Verpflichtungen im Zusammenhang mit diesen „wesentlichen Bestandteile" regelte ein neueingefügter Art.366a. Siehe zum Text der Klauseln Anhang II.

[188] Partnerschaftsabkommen zwischen den Mitgliedern der Gruppe der Staaten in Afrika, im Karibischen Raum und im Pazifischen Ozean einerseits und der Europäischen Gemeinschaft und ihren Mitgliedstaaten andererseits, unterzeichnet in Cotonou am 23. Juni 2000, (IR) AKP-EG, Cotonou-Abkommen, 2000; ABl. EG Nr. L 317 vom 15.12.00, S.3-353.

[189] Art.1 Abs.1 des Beschlusses Nr. 1/2000 des AKP-EG-Ministerates vom 27. Juli 2000 über die Übergangsmaßnahmen für den Zeitraum zwischen dem 2. August 2000 und dem Inkrafttreten des AKP-EG-Partnerschaftsabkommens, (IR) AKP-EG Ministerrat, Beschluß 1/2000; ABl. EG Nr. L 195 vom 1.08.2000, S.46-48. Dies gilt auch für die – zahlreichen – AKP-Staaten, die noch nicht Mitglieder des Vierten Lomé-Abkommens waren, nun aber Vertragsparteien des Partnerschaftsabkommens sind, vgl. (IR) ACP-EC, Ratification details Lomé IV rev. und (IR) ACP-EC, Ratification details Cotonou Convention.

[190] Die materielle Regelung enthält Art.9 Abs.2 des Abkommens, die vertragsrechtlichen Sanktionsmöglichkeiten formuliert Art.96, der im Vergleich zu Art.366a Lomé-IV-Abkommen in der Fassung von 1995 allerdings auf der einen Seite Demokratie und Menschenrechte noch einmal ausdrücklich hervorhebt, auf der anderen Seite das Prinzip der Verhältnismäßigkeit der „geeigneten Maßnahmen" zur Reaktion ausdrücklich unterstreicht (Art.96 Abs.2 c)). Die Klauseln sind abgedruckt in Anhang II.

## 2. Das völkerrechtliche Vertragsrecht

[...] Die Vertragsparteien bestätigen erneut, dass Demokratisierung, Entwicklung und Schutz der Grundfreiheiten und Menschenrechte in engem Zusammenhang stehen und sich gegenseitig verstärken. **Die demokratischen Grundsätze sind weltweit anerkannte Grundsätze, auf die sich die Organisation des Staates stützt, um die Legitimität der Staatsgewalt, die Legalität des staatlichen Handelns, die sich in seinem Verfassungs-, Rechts- und Verwaltungssystem widerspiegelt, und das Vorhandensein von Partizipationsmechanismen zu gewährleisten.** Auf der Basis der weltweit anerkannten Grundsätze entwickelt jedes Land seine eigene demokratische Kultur. Die Struktur des Staatswesens und die Kompetenzen der einzelnen Gewalten beruhen auf dem Rechtsstaatsprinzip, das vor allem ein funktionierendes und allen zugängliches Rechtsschutzsystem, unabhängige Gerichte, die die Gleichheit vor dem Gesetz gewährleisten, und eine uneingeschränkt an das Gesetz gebundene Exekutive verlangt.

Die **Achtung der Menschenrechte, die demokratischen Grundsätze und das Rechtsstaatsprinzip**, auf denen die AKP-EU-Partnerschaft beruht und von denen sich die Vertragsparteien in ihrer Innen- und Außenpolitik leiten lassen, sind **wesentliche Elemente** dieses Abkommens. [Hervorhebung vom Autor]

Es handelt sich dabei um die bisher umfassendste Verankerung des Demokratieprinzips als solchem in einem multi-bilateralen Vertragswerk. Die Rechtswirkung der Demokratieklauseln läßt sich unabhängig davon, ob sie sich auf KSZE-Dokumente beziehen oder nicht, dahingehend beschreiben, daß sie

> „die Vertragsparteien berechtigt, jede schwerwiegende und fortdauernde Menschenrechtsverletzung und jede ernsthafte Beeinträchtigung demokratischer Prozesse als „erhebliche Vertragsverletzung" i.S.d. Wiener Übereinkommens zu betrachten (Art.60 III WVK) und folglich als Grund, das Abkommen unter Beachtung der Bedingungen und Verfahren des Artikels 65 gänzlich oder teilweise auszusetzen".[191]

Zur Auslegung des Schutzbereichs der Menschenrechte und des Demokratieprinzips können im Rahmen der KSZE/OSZE die einschlägigen Dokumente, im Rahmen der übrigen Drittstaatenabkommen, insbesondere des Cotonou-Abkommens inzwischen neben den UN-Pakten insbesondere die Resolution 96/55 der Generalversammlung herangezogen werden.[192] Die EG hat 1999 durch zwei Verordnungen auch die Ausrichtung an Demokratie und Menschenrechten von „Maßnahmen" in Drittländern allgemein, also innerhalb oder außerhalb eines vertraglichen Rahmens festgelegt.[193]

---

[191] Mitteilung der Kommission, Über die Einbeziehung von demokratischen Prinzipien und des Respekts vor Menschenrechten in Abkommen zwischen der Gemeinschaft und Drittstaaten, KOM (95) 216, S.7f.

[192] Zu einer detaillierten Analyse des Schutzbereiches vor dem Abschluß des Cotonou-Abkommens sowie der jüngeren Entwicklungen hinsichtlich des Demokratieprinzips im Rahmen der UN siehe HOFFMEISTER, Menschenrechts- und Demokratieklauseln, 1998, S.264-375. Siehe auch BRANDTNER/ROSAS, Human Rights and External Relations of the EC, in: 9 EJIL 1998, S.468, 475 (bei Fn.25), wonach die Klauseln lediglich die Bindung der Parteien an vorgefundenes Völkergewohnheitsrecht bestätigen. Diese Auffassung ist allerdings im Problem der Kompetenz der EG zum Abschluß von Menschenrechtsabkommen begründet und daher aus völkerrechtlicher Sicht mit Vorsicht zu genießen.

[193] Siehe Verordnung (EG) Nr.975/1999, (IR) EG, VO (EG) 975/1999, ABl. EG Nr. L 120 vom 8.5.1999, S.1-7, und Verordnung (EG) NR.976/1999, (IR) EG, VO (EG) 976/1999, ABl. EG Nr. L 120 vom 8.5.1999, S.8-14, beide vom 29. April 1999, zur Festlegung der Bedingungen für die Durchführung von Maßnahmen auf dem Gebiet der Entwicklungszusammenarbeit (VO 975) bzw. von anderen als die Entwicklungszusammenarbeit betreffenden Gemeinschaftsmaßnahmen (VO 976), die zu dem allgemeinen Ziel der Fortentwicklung und Festigung der Demokratie und des Rechtsstaats sowie zur Wahrung der Menschenrechte und Grundfreiheiten beitragen.

Im Vergleich zum IPbpR haben diese Demokratieklauseln ein höheres Potential der effektiven Durchsetzung, da die EG nicht nur wie der Menschenrechtsausschuß seine Autorität in die Waagschale werfen kann, sondern auch mit dem Entzug von politischen und wirtschaftlichen Vorteilen drohen kann.[194] Wichtiger noch dürfte das Dialogprinzip sein, das sich im vorgeschalteten Konsultationsverfahren niederschlägt. Ähnlich dem Prozedere innerhalb der OAS ermöglicht es der EG und ihren Mitgliedstaaten, sich mit internen Vorgängen in den Vertragsstaaten auseinanderzusetzen. Zwar hat auch der Menschenrechtsausschuß sein Berichtswesen, doch zeigt die Erfahrung, daß innenpolitischer Druck etwa von Menschenrechtsorganisationen auf Tätigwerden der eigenen Regierung im Rahmen der EG eine höhere Erfolgsquote erreicht als im multilateralen Expertenwesen in Genf.

Auch verpflichten diese Abkommen Staaten auf Menschenrechte und Demokratieprinzip, die nicht Mitglied des Paktes sind, und füllen damit Lücken in der vertraglichen Geltung des Prinzips. So zählen viele Staaten, die nicht Mitglied des Paktes sind, zu den AKP-Staaten, die durch die Cotonou-Konvention gebunden sein werden; ein Großteil unter ihnen hat sie sogar schon ratifiziert.[195] Aber auch außerhalb der Gruppe der AKP-Staaten werden Mitglieder der Staatengemeinschaft vom „Demokratie-Export" der EG erfaßt, nämlich Kasachstan und Pakistan,[196] so daß die Zahl der Staaten, die weder durch den Pakt noch durch Verträge mit der EG auf Demokratie und Menschenrechte verpflichtet sind, sich auf eine sehr überschaubare Gruppe der „üblichen Verdächtigen" in der arabischen und asiatischen Welt beschränkt.[197]

---

[194] Zur bereits reichhaltigen Praxis bis zur Mitte der Neunziger Jahre siehe HOFFMEISTER, Menschenrechts- und Demokratieklauseln, 1998, S.452-559.

[195] Mit Stand vom 9. Oktober 2002 haben von den Nicht-Pakt-Mitgliedern die Cotonou-Konvention bereits ratifiziert: Antigua und Barbados, Bahamas, Komoren, Djibouti, Eritrea, Fiji, die Marschall-Inseln, Mauretanien, Mikronesien, Palau, Papua-Neuguinea, die Salomon-Inseln, St. Kitts und Nevis, St. Lucia, Swaziland, Tonga, Tuvalu, Vanuatu, die Cook-Inseln und Niue – letztere beide nicht Mitglied der UN (Stand 27. September 2002). Nachweis der Ratifizierungen unter (IR) ACP-EC, Ratification details Cotonou Convention.

[196] Kasachstan durch Art.2 und 93 des Abkommens über Partnerschaft und Zusammenarbeit zwischen den Europäischen Gemeinschaften und ihren Mitgliedstaaten und der Republik Kasachstan, (IR) Kasachstan-EG, Partnerschaftsabkommen, 1995; ABl. EG Nr. L 196 vom 28.7.1999. Am 24. November 2001 wurde in Islamabad ein Kooperationsabkommen mit Pakistan unterzeichnet, das durch Art.1 und 19 in Verbindung mit Anhang I Demokratie als „essential element" für die Vertragsbeziehungen festlegt, (IR) Pakistan-EC, Co-operation Agreement, 2001.

[197] Zwar existieren Kooperationsabkommen sowohl mit den Mitgliedstaaten des Golfkooperationsrates, nämlich Bahrain, Kuwait, Oman, Quatar, Saudi-Arabien und Vereinigte Arabische Emirate (ABl. EG Nr. L 54 vom 25.2.1989, S.3-9) als auch mit den ASEAN-Mitgliedern, ursprünglich Indonesien, Malaysia, Philippinen, Singapur und Thailand, dann auch Brunei (ABl. EG Nr. L 144 vom 10.6.1980, S.2-5); mittels Protokolle wurde das Kooperationsabkommen auf die Neumitglieder des ASEAN, Kambodscha, Laos, (beide noch nicht in Kraft) und Vietnam (ABl. EG Nr. L 117 vom 5.5.99) ausgedehnt, wohingegen die EG eine Erweiterung auf das ASEAN-Mitglied Burma/Myanmar ablehnt. Doch stammt das Kooperationsabkommen mit den Golfstaaten von 1985, dasjenige mit den ASEAN-Staaten von 1980, keines der beiden enthält daher schon eine Demokratieklausel. Berücksichtigt man, daß China und Laos den Pakt schon gezeichnet haben und damit immerhin schon den Verpflichtungen aus Art.18 WVK unterliegen, verbleiben nur noch Bahrain, Bhutan, Brunei Daressalam, Indonesien, Kuba, Malaysia, Myanmar, Oman, Quatar, Saudi Arabien, Singapur und die Vereinigten Arabischen Emirate als weder durch den Pakt noch durch Abkommen mit der EG vertraglich gebunden.

## 3. Internationale Praxis

Die Praxis der UN zum Demokratieprinzip ist kaum mehr überschaubar, insbesondere wenn man die unterschiedlichen Wahlbeobachtungsmissionen mit einbezieht. Dieser Abschnitt konzentriert sich daher auf wesentliche Entwicklungen in der Praxis der UN. Daneben wird noch punktuell auf die Praxis der OSZE und der EU eingegangen. Sonstige Praxis internationale Organisationen und staatlicher Zusammenschlüsse, insbesondere solche regionaler Art, sowie einzelstaatliche Praxis kann nicht berücksichtigt werden.

### a) Praxis der UN

Unter den in diesem Abschnitt behandelten Fällen finden sich drei, nämlich Bosnien-Herzegowina, Kambodscha und Afghanistan, bei denen nicht ausschließlich die UN aktiv war, sondern Verträge zwischen einer begrenzten Anzahl von Staaten (Dayton-Abkommen[198], Abkommen von Paris[199]) bzw. ein Übereinkommen zwischen Repräsentanten verschiedener nationaler Gruppierungen (Afghanistan Agreement[200]) ebenfalls die juristische Grundlage bilden und teilweise auch die Rolle der UN, insbesondere des Sicherheitsrates bestimmen.[201]

Da diese Verträge aber unter maßgeblicher Beteiligung der Sicherheitsratsmitglieder und stets im Hinblick auf eine Operationalisierung durch die UN, insbesondere durch den Sicherheitsrat, zustandekamen, werden diese Fälle hier unter die UN-Praxis subsumiert. Im Fall von Haiti spielte die OAS eine besondere Rolle, ihre Praxis wird daher parallel zur Tätigkeit der UN dargestellt. Demgegenüber würde die Berücksichtigung der parallelen Tätigkeiten anderer internationaler Organisationen und Staatenzusammenschlüsse, insbesondere der EU und der OSZE, in den Fällen Bosnien-Herzegowina und Kosovo den Rahmen dieser Arbeit sprengen. Der chronologisch erste Einsatz der UN für die Demokratisierung nach dem Fall des Eisernen Vorhangs, die Begleitung der Wahlen in Namibia durch UNTAG,[202] ist insofern ein Sonderfall, als es sich um die Wahlen handelt, die den Weg des Treuhandgebietes in die Unabhängigkeit bereiten sollten. Damit steht er zwar in zeitlichem und sachlichem Zusammenhang zu den dann folgenden Missionen, die eine Demokratisierungskomponente enthalten.[203] Strukturell ist er jedoch von dem Problem der Förderung der Demokratie oder der Intervention zu ihren Gunsten in einem bereits unabhängigen Staat verschieden, auf ihn wird daher hier nicht eingegangen. Nicht näher analysiert werden auch die Fälle der Missionen in Mozambik (ONUMOZ),[204] El Salvador (ONUSAL)[205] und in der Zentralafrikanischen

---

[198] (IR) Dayton Agreement (IFOR), (IR) Dayton Agreement (OHR)

[199] (IR) Paris Peace Agreements for Cambodia, 1991; abgedruckt in: 31 ILM 1992, S.180ff.

[200] (IR) Afghanistan Agreement, 2001.

[201] Zu früheren Fällen einer solchen Betrauung des Sicherheitsrates „von außen" siehe HERNDL, Competences of the Security Council, in: FS Kirchschläger, 1990, S.83-92.

[202] UNTAG wurde eingesetzt durch Sicherheitsratsresolution 435 (1978), (IR) UNSC Res.435 (1978). Zu den Maßnahmen im Vorfeld der Wahlen siehe insbesondere Resolution 629 (1989), (IR) UNSC Res.629 (1989).

[203] Die erfolgreiche Begleitung der Wahl in Namibia setzte die Standards, an die sich folgende Missionen halten konnten, FOX, Right to Political Participation, in: 17 YJIL 1992, S.539, 567-579.

[204] Siehe dazu die Sicherheitsratsresolutionen 782, (IR) UNSC Res.782 (1992), und 797, (IR) UNSC Res.797 (1992) – UNMOZ.

[205] Siehe dazu die Sicherheitsratsresolutionen 729 (1992), (IR) UNSC Res.729 (1992), und 832 (1993), (IR) UNSC Res.832 (1993).

Republik (MINURCA)²⁰⁶. Sie ähneln denen in Kambodscha und Bosnien-Herzegowina, da sie auf einem Vertragswerk von vormaligen Bürgerkriegsparteien aufbauen.²⁰⁷ Allerdings ging der Beitrag der Vereinten Nationen zum Demokratisierungsprozeß zwar deutlich über eine reine Wahlbeobachtung hinaus, blieb aber hinter dem intensiven Engagement wie in Kambodscha, in Bosnien-Herzegowina und im Kosovo zurück. Erwähnung sollte lediglich finden, daß in El Salvador die Mission der UN mehrfach verlängert wurde, um den *post-election*-Prozeß zu stabilisieren.²⁰⁸

Die analysierten Fälle tragen zum einen zur Konturierung des Demokratieprinzips bei. Zum anderen konstituieren sie eine Praxis der Staatengemeinschaft bei der Wiedererrichtung staatlicher Strukturen in *failed states*, die sich als gewohnheitsrechtliche Verpflichtung auf die Implementierung demokratischer Prinzipien lesen läßt. Eine Ausnahme bildet der Fall Haiti, der zur Klärung von Fragen nach der Sanktionierung von Verstößen gegen das Demokratieprinzip herangezogen werden kann.

### 1) Kambodscha

Am 23. Oktober 1991 wurde in Paris von 19 Staaten ein Bündel von Abkommen und Dokumenten unterzeichnet, mit dem den jahrzehntelangen Konflikten in Kambodscha²⁰⁹ ein Ende gesetzt werden sollte.²¹⁰ Der Vertragsprozeß war dabei eng von der UN begleitet

---

[206] Siehe dazu die Sicherheitsratsresolutionen 1159 (1998), (IR) UNSC Res.1159 (1998), UNYB 1998, S.134-136, Res. 1182 (1998), (IR) UNSC Res.1182 (1998), UNYB 1998, S.138 und Res.1201 (1998), (IR) UNSC Res.1201 (1998), UNYB 1998, S.139f. Zum Engagement der UN siehe die Einleitung von Generalsekretär BOUTROS BOUTROS-GHALI in: UN (Hrsg.), UN and El Salvador 1990-1995, 1995, S.3-66 und FLORES ACUÑA, UN in El Salvador, 1995.

[207] Für Mozambik war dies das General Peace Agreement between the Government of Mozambique and the Resistência Nacional Moçambicana (RENAMO) vom 4. Oktober 1992 in Rom, siehe das Schreiben des Ständigen Vertreters von Mozambik an den Generalsekretär der UN vom 6. Oktober 1992, UN Doc. S/24635, annex, abgedruckt in: UN (Hrsg.), UN and Mozambique 1992-1995, 1995, S.105ff., das nach einer Joint Declaration vom 7. August 1992, abgedruckt in UN (Hrsg.), UN and Mozambique 1992-1995, 1995, S.125f., von der UN überwacht und garantiert werden sollte. Im Fall El Salvador wurden über einen längeren Zeitraum hinweg eine ganze Serie von Abkommen zwischen der Regierung von El Salvador und der Frente Farabundo Martí para la Liberación Nacional (FMLN) geschlossen, abgedruckt in UN (Hrsg.), UN and El Salvador 1990-1995, 1995, S.107ff., 110ff., 159ff., 164, 165ff., 167ff., 193ff., und 230ff. Für die Zentralafrikanische Republik beruhte das Engagement auf einer indirekten Ermächtigung des Abkommens von Bangui, das am 25. Januar 1997 zwischen dem Präsidenten der Republik, ANGÉ-FELIX PATASSÉ, den rebellierenden Truppenteilen und den Präsidenten von Gabun, Burkina Faso, Mali und Tschad geschlossen wurde. Nachdem eine darin vorgesehene regionale Mission nicht zum Erfolg geführt hatte, sprang die UN ein.

[208] Siehe dazu die Sicherheitsratsresolutionen 888 (1993), (IR) UNSC Res.888 (1993), 920 (1994), (IR) UNSC Res.920 (1994) und 961 (1994), (IR) UNSC Res.961 (1994).

[209] Zur Vorgeschichte siehe kurz RATNER, UN in Cambodia, in: DAMROSCH (Hrsg.), Enforcing Restraint, 1993, S.240, 243-248; ausführlich ISOART, Paix au Cambodge, in: AFDI 1990, S.267-297. Zur Bewertung des Genozids nach Völkerrecht siehe HANNUM, Cambodian Genocide, in: 11 HRQ 1989, S.82-138.

[210] (IR) Paris Peace Agreements for Cambodia, 1991. Für den Text der Abkommen siehe das Schreiben der Ständigen Vertreter Frankreichs und Indonesiens an den Generalsekretär der UN vom 30. Oktober 1991, UN Doc. A/46/608-S/23177, Annex (1991), abgedruckt in: 31 ILM 1992, S.180ff. und in: UN (Hrsg.), UN and Cambodia 1991-1995, 1995, S.132ff. Signatarstaaten waren: Australien, Brunei, Kambodscha, Kanada, VR China, Frankreich, Indonesien, Japan, Laos, Malaysia, Philippinen, Singapur, UdSSR, Vereinigtes Königreich, Vereinigte Staaten von Amerika, Vietnam, Jugoslawien. Nachträglich wurde Portugal noch Vertragsstaat des Abkommens, RATNER, Cambodia, in: 87 AJIL 1993, S.1, 8 Fn.40.

worden.[211] Es handelt sich dabei um den Final Act of the Paris Conference on Cambodia[212] (Final Act), das Agreement on a Comprehensive Political Settlement of the Cambodia Conflict[213] (Comprehensive Settlement Agreement), das Agreement Concerning the Sovereignty, Independence, Territorial Integrity and Inviolability, Neutrality and National Unity of Cambodia[214] (Guarantees Agreement) und die Declaration on the Rehabilitation and Reconstruction of Cambodia[215] (Declaration).[216] Weder der Final Act noch die Declaration sind rechtlich bindende Dokumente.[217]

Relevant im Kontext dieser Arbeit ist das Comprehensive Settlement Agreement. Ziel der zivilen und militärischen Vereinbarungen war die Ermöglichung freier Wahlen.[218] Entsprechend lautet der zentrale Artikel 12 des Zweiten Teils:

> "The Cambodian people shall have the right to determine their own political future through the free and fair election of a constituent assembly, which will draft and approve a new Cambodian Constitution in accordance with Article 23 and transform itself into a legislative assembly, which will create the new Cambodian Government. This election will be held under United Nations auspices in a neutral environment with the full respect for the national sovereignty of Cambodia."[219]

Liest sich dies noch wie eine normale Wahlbeobachtungsmission, wird die besondere Bedeutung des Falles Kambodscha aus Art.13 ersichtlich:

> "UNTAC shall be responsible for the organization and conduct of these elections based on the provisions of annex 1, section D, and annex 3."[220]

In der Geschichte der Vereinten Nationen war die übertragene Verwaltungskompetenz ohne Beispiel. Die United Nations Transitional Authority in Cambodia (UNTAC) sollte dabei von der Anlage her das Land nicht selber verwalten, sondern die existierenden Strukturen der Volksrepublik und der Roten Khmer kontrollieren und beaufsichtigen.[221] Im Rahmen dieser

---

[211] Die Beteiligung der UN am Friedensprozeß in Kambodscha wird dargestellt in UNYB 1990, S.211ff. So billigte der Sicherheitsrat mit Resolution 668 (1990), (IR) UNSC Res.668 (1990), UNYB 1990, S.216f. das „framework for a comprehensive political settlement of the Cambodia conflict", das von den fünf ständigen Sicherheitsratsmitgliedern ausgearbeitet worden war und dann in einen wesentlichen Bestandteil der Verträge, das Agreement on a Comprehensive Political Settlement of the Cambodia Conflict mündete. Auch die Generalversammlung stimmte den Verhandlungen auf der Pariser Konferenz mit (IR) UNGA Res.45/3 (1990), UNYB 1990, S.218f. zu. Schließlich erfolgte die Zeichnung der Verträge in Anwesenheit des Generalsekretärs. Siehe auch die Einführung von Generalsekretär BOUTROS BOUTROS-GHALI in: UN (Hrsg.), UN and Cambodia 1991-1995, 1995, S. 3-62.

[212] (IR) Cambodia Final Act, 1991, 31 ILM 1992, S.180ff.

[213] (IR) Cambodia CSA, 1991, 31 ILM 1992, S. 183ff.

[214] (IR) Cambodia Guarantees Agreement, 1991, 31 ILM 1992, S.200ff.

[215] (IR) Cambodia Declaration, 1991, 31 ILM 1992, S.203ff.

[216] Zum Abschluß des Abkommens und seine Hintergründe siehe ISOART, Cambodge, in: RGDIP 1993, S.645-688; RATNER, Cambodia, in: 87 AJIL 1993, S.1-41.

[217] RATNER, Cambodia, in: 87 AJIL 1993, S.1, 8, insbesondere Fn.41, mit Verweis auf die Liste der Verträge der USA des Dept. of State, in dem der Final Act nicht aufgeführt ist.

[218] RATNER, Cambodia, in: 87 AJIL 1993, S.1, , S.18.

[219] 31 ILM 1992, S.185.

[220] 31 ILM 1992, S.186.

[221] Siehe zu dem dreistufigen Lenkungs- und Kontrollmodell RATNER, UN in Cambodia, in: DAMROSCH (Hrsg.), Enforcing Restraint, 1993, S.240, 251f. Zur Arbeit der UNTAC siehe CHOPRA, UN Authority in

Arbeit steht im Vordergrund, daß sie – erstmalig – für die Organisation und Durchführung von Wahlen zuständig war; in dieser Hinsicht besaß sie auch Gesetzgebungskompetenz.[222] Die Stellung von UNTAC, zu deren Errichtung die Vertragsparteien den Sicherheitsrat in Art.2 Comprehensive Settlement Agreement aufforderten, ist ein Sonderfall: Da die vier zerstrittenen kambodschanischen Gruppierungen unfähig waren, eine vorläufige Administration des Landes bis zu den Wahlen zu errichten, auf der anderen Seite jedoch Kambodscha nach Art.78 UN-Charta[223] als UN-Mitglied nicht in das Treuhandsystem der Vereinten Nationen aufgenommen werden konnte, bedurfte es einer Überleitung der Kompetenzen auf ein UN-Organ. Dies geschah dadurch, daß dem Zusammenschluß der vier Parteiungen, dem Supreme National Council (SNC), in Art.3 die Legitimität zur Ausübung der kambodschanischen Souveränität und damit die Kompetenz zur Repräsentation nach außen zugewiesen wurde (Art.5). Im gleichen Zug übertrug der SNC alle die zur Durchführung des Comprehensive Settlement Agreement notwendigen Befugnisse an die UN, Art.6.[224] Die diffizile Regelung des Verhältnisses von SNC und UNTAC, geregelt in Anhang 1, Abschnitt A des Abkommens, traf allerdings auf die Durchführung der Wahlen, die in Anhang 1, Abschnitt D abschließend geregelt wurden, nicht zu; in dieser Hinsicht war UNTAC unabhängig.[225] Diese Wahlen sollten folgenden Bestimmungen unterliegen: Als Kompromiß zwischen Mehrheitswahl und reiner Verhältniswahl[226] sollte eine Verhältniswahl nach Listen in den Provinzen abgehalten werden, Anhang 3 Nr.2.[227] Das aktive und passive Wahlrecht wurde geregelt, Anhang 3 Nr.3 und 4,[228] die Bildung politischer Parteien nicht nur ermöglicht, Anhang 3 Nr.5, sondern auch eine Parteizugehörigkeit als Bedingung für die Kandidatur gestellt, Anhang 3 Nr.6.[229] Die Wahl sollte geheim sein, Anhang 3 Nr.8, Meinungs- und Versammlungsfreiheit sowie Freizügigkeit gewährleistet und den registrierten Parteien Zugang zu den Medien gewährt werden, Anhang 3 Nr.9.[230]

Besonders bemerkenswert ist, daß Anhang 5 zum Comprehensive Settlement Agreement dem zu wählenden Verfassungskonvent Grundsätze für die zu schaffende Verfassung vorgab, deren Nr.4 lautet:

> "The constitution will state that Cambodia will follow a system of liberal democracy, on the basis of pluralism. It will provide for periodic and genuine elections. It will provide for the right to vote and to

---

Cambodia, 1994 und die Einführung von Generalsekretär BOUTROS BOUTROS-GHALI in: UN (Hrsg.), UN and Cambodia 1991-1995, 1995, S. 3-62.

[222] (IR) Cambodia CSA, 1991, Anhang 1 Abschnitt D Nr.3 a).Vgl. RATNER, Cambodia, in: 87 AJIL 1993, S.1, 21.

[223] (IR) UN Charter.

[224] Vgl. RATNER, Cambodia, in: 87 AJIL 1993, S.1, 10.

[225] RATNER, a.a.O., S.21.

[226] RATNER, a.a.O., S.19.

[227] 31 ILM 1992, S.197.

[228] 31 ILM 1992, S.198.

[229] Einer der wichtigsten praktischen Aspekte der Demokratisierungs-Missionen der UN ist die erfolgreiche Transformation von vormaligen Bürgerkriegsparteien in politische Parteien, die nunmehr statt mit Waffen mit zivilen Methoden um die Vorherrschaft ringen. Das Beispiel Kambodscha zeigt, daß ohne eine vollständige Erreichung dieser Transformation die Bemühungen um eine Demokratisierung fehlschlagen. Siehe zu diesem Problem, auch in anderen Fällen, SICILIANOS, ONU et démocratisation, 2000, S.233f.

[230] 31 ILM 1992, S.198.

be elected by universal and equal suffrage. It will provide for voting by secret ballot, with a requirement that electoral procedures provide a full and fair opportunity to organize and participate in the electoral process."[231]

Hinzuweisen ist schließlich darauf, daß Art.15 Nr.2 des Comprehensive Settlement Agreements Kambodscha dazu verpflichtete, „to adhere to relevant international human rights instruments."[232] Entsprechend trat es am 26. Mai 1992 dem IPbpR bei.

Der Sicherheitsrat drückte mit Resolution 718 vom 31. Oktober 1991[233] seine volle Unterstützung für die Pariser Abkommen aus und autorisierte den Generalsekretär, einen Sonderbeauftragten für Kambodscha zu ernennen. Auf der Grundlage eines umfassenden Berichts des Generalsekretärs vom 19. Februar 1992[234] wurde UNTAC durch den Sicherheitsrat mit Resolution 745 vom 28. Februar 1992[235] geschaffen.

Der steinige politische Weg zu den Wahlen und die Entwicklung seither, insbesondere der Rückschlag für die Demokratie durch die „Palastrevolte" des zweiten Premierministers HUN SEN gegen seinen Co-Premierminister NORODOM RANARIDDH im Juli 1997, können im Rahmen dieser Arbeit nicht erörtert werden. Entscheidend ist der Beitrag der durch den Sicherheitsrat gebilligten Pariser Abkommen, insbesondere des Comprehensive Settlement Agreement, für die Ausbildung des Demokratieprinzips im Völkerrecht. Die Vertragsstaaten und die UN haben ein System repräsentativer, pluralistischer Demokratie für ein Land vorgesehen, das eine solche Regierungsform noch nicht gekannt hat.[236] Die rechtliche Verpflichtung beschränkt sich nicht auf einmalige Wahlen, sondern beziehen sich über die Vorgaben an den Verfassungskonvent sogar auf die Konstitution des Staates selber. Das Selbstbestimmungsrecht mit seiner freien Wahl des politischen Systems wird demnach beschränkt auf die Souveränität einer pluralistischen Demokratie. Das Demokratieprinzip findet sich in beiden Formen: Neben der Ausgestaltung des Wahlrechts in Form eines menschenrechtlichen Individualrechts stehen in Anhang 3 Verpflichtungen zur strukturrechtlichen Komponente. Letzterer kommt womöglich aufgrund ihrer Betonung in den verfassungsrechtlichen Vorgaben in Anhang 5 der Schwerpunkt zu. Der Fall Kambodscha ist damit der erste in einer Kette, in der von der Staatengemeinschaft das Demokratieprinzip in einem *failed state* implementiert wurde.

*2) Somalia*

Der Zusammenbruch jeglicher Staatsgewalt in Somalia im November 1991 nach der Entmachtung des langjährigen Präsidenten Mohammed SIYAD BARRE im Januar 1991 und dem Auseinanderbrechen der im United Somali Congress vereinigten Gruppierungen führte zu einer humanitären Katastrophe am ostafrikanischen Kap, die den Sicherheitsrat über anderthalb Jahre in Atem hielt und mit dem Fiasko des internationalen Engagements 1993 keines-

---

[231] 31 ILM 1992, S.200.
[232] 31 ILM 1992, S.186.
[233] (IR) UNSC Res.718 (1991).
[234] Report of the Secretary General on Cambodia, UN Doc. S/23097 (1991).
[235] (IR) UNSC Res.745 (1992).
[236] RATNER, Cambodia, in: 87 AJIL 1993, S.1, 40; skeptisch daher ISOART, Cambodge, in: RGDIP 1993, S.645, 668ff.

wegs ihr Ende fand.[237] Nach einem Waffenembargo,[238] einer Peace-Keeping Operation zum Schutz humanitärer Einsätze (UNSOM),[239] der Autorisierung einer Peace-Enforcing Operation unter Führung der USA zur Schaffung von Sicherheitsräumen für humanitäre Einsätze (UNITAF),[240] der Erweiterung des Mandats dieser Operation auf Entwaffnung der Kriegsparteien und genereller Wiederherstellung der öffentlichen Sicherheit und Ordnung (UNSOM II),[241] der fatalen Fokussierung von UNSOM II auf die Ergreifung eines der Bürgerkriegshäuptlinge, General AYDID,[242] brachte der Rückzug der USA aus der Operation nach Verlusten unter ihren Truppen eine letztmalige Redefinition des Mandats von UNSOM II durch Sicherheitsratsresolution 897 vom 4. Februar 1994.[243] Da die übrigen westlichen Staaten dem Beispiel der USA folgten und ihre Truppen aus Somalia zurückriefen und die verbleibenden Peace-Keeping Einheiten, gestellt von Pakistan, Indien, Indonesien und Ägypten, bis zu ihrem endgültigen Abzug aus Somalia am 2. März 1995 das Mandat der Resolution 897 nicht erfüllen konnten, ist UNSOM II hauptsächlich als Fehlschlag der internationalen Gemeinschaft in Erinnerung.[244] Im Hinblick auf die Konsistenz der Praxis der UN ist es jedoch interessant zu vermerken, daß die Resolution 897 auf die Wiederherstellung aller Umstände zur Gewährleistung des Demokratieprinzips ausgerichtet war:

> 2. *Approves* the Secretary-General's recommendation for the continuation of UNSOM II, as set out in particular in paragraph 57 of his report, with a revised mandate for the following:
>
> [...]
>
> *(f)* Assisting also in the ongoing political process in Somalia, which should culminate in the installation of a democratically elected government;

Im Gegensatz zu den Fällen in Kambodscha und Bosnien handelte es sich dabei um ein Mandat, das die internationalen Gemeinschaft den Friedenstruppen ohne Zustimmung des betroffenen Staates gab.[245] Natürlich konnte mangels staatlicher Autorität eine solche

---

[237] Zur Vorgeschichte siehe CLARK, Debacle in Somalia, in: DAMROSCH (Hrsg.), Enforcing Restraint, 1993, S.205, 207ff. Zu den wechselnden Zielrichtungen der humanitären Intervention siehe ÖSTERDAHL, Intervene!, in: 66 NJIL 1997, S.241, 254f. Zum Engagement der UN in Somalia während der ganzen Zeitspanne von 1992 bis 1996 siehe die Einführung von Generalsekretär BOUTROS BOUTROS-GHALI in: UN (Hrsg.), UN and Somalia 1992-1996, 1996, S.3-87.

[238] Durch Sicherheitsratsresolution 733 (1992), (IR) UNSC Res.733 (1992), UNYB 1992, S.199f. Die Resolution erging auf das Ersuchen von OMER ARTEH QHALIB, der aufgrund einer Übereinkunft aller somalischer Parteien interimistisch als Premierminister fungierte, UNYB 1992, S.199.

[239] Durch Sicherheitsratsresolution 751 (1992), (IR) UNSC Res.751 (1992), UNYB 1992, S.202f.

[240] Durch Sicherheitsratsresolution 794 (1992), (IR) UNSC Res.794 (1992), UNYB 1992, S.209f.

[241] Durch Sicherheitsratsresolution 814 (1993), (IR) UNSC Res.814 (1993), UNYB 1993, S.290ff.

[242] Durch Sicherheitsratsresolution 837 (1993), (IR) UNSC Res.837 (1993), UNYB 1993, S.293f. Siehe dazu DAMROSCH, Epilogue, in: DIES., Enforcing Restraint, 1993, S.368, 379f.

[243] (IR) UNSC Res.897 (1994), UNYB 1994, S.318f.

[244] Sehr kritisch zu der Reaktion der internationalen Gemeinschaft auf die somalische Krise insgesamt, insbesondere zum Versagen der UN CLARK, Debacle in Somalia, in: DAMROSCH (Hrsg.), Enforcing Restraint, 1993, S.205, 214-231. Nach MALONE, Haiti, 1998, S.35 führte das Fiasko von Mogadischu dazu, daß in der Folge die Arbeit der UN durch eine aggressivere Haltung des Kongresses zunehmend von der Innenpolitik der USA abhängig wurde.

[245] Zwar steht diese Ausweitung des Mandats unter den Maßnahmen im Teil A der Resolution 897, die nicht unter Kapitel VII der UN-Charta beschlossen wurden, im Gegensatz zu denen in Teil B. Auch bemüht sich der Wortlaut der Maßnahmen in Teil A, auf den Konsens und die Unterstützung des somalischen Volkes

Zustimmung überhaupt nicht ausgesprochen werden, aber dennoch ist Haiti insoweit nicht der erste Fall einer unilateralen Intervention zugunsten der Wiederherstellung demokratischer Verhältnisse,[246] allerdings der zu der Zeit der Operation erste zumindest teilweise erfolgreiche. Der Fall Somalia kann somit als Ausdruck der *opinio iuris* der Staatengemeinschaft gelesen werden, daß bei einer Intervention der UN zur Wiederherstellung staatlicher Strukturen das Demokratieprinzip implementiert werden muß.

### 3) Haiti

Der Fall Haiti stellt in dieser chronologischen Reihe der UN-Einsätze eine Ausnahme und gleichzeitig ein besonderes wichtiges Beispiel dar, weil die Maßnahmen der UN nicht auf die Errichtung überhaupt einer staatlichen Ordnung unter demokratischen Gesichtspunkten in einem *failed state* gerichtet war, sondern auf die Wiederherstellung einer ganz bestimmten verfassungsmäßigen Situation, die vor dem Putsch gegen Präsident ARISTIDE bestanden hatte. Man kann den Fall daher als Sanktion der internationalen Gemeinschaft gegenüber einer Verletzung des Demokratieprinzips lesen.

#### i) Sachverhalt

Die Intervention auf Haiti 1994 aufgrund der Ermächtigung des Sicherheitsrates durch Resolution 940 (1994)[247] war nur eine Zäsur innerhalb einer bis heute andauernden Geschichte des „Falls Haiti".[248] Die Darstellung beschränkt sich hier jedoch auf den Zeitraum von den Wahlen 1990 bis zur Sicherheitsratsresolution. Aus den Wahlen am 16. Dezember 1990 auf Haiti,[249] die von Wahlbeobachtern als frei und fair angesehen wurden,[250] war JEAN-BERTRAND ARISTIDE als Sieger hervorgegangen. Bereits vor seinem Amtsantritt am 7. Februar 1991 kam es zu einem Putschversuch, seine prekäre Amtszeit endete durch einen Putsch am 29. September 1991, bei dem der Präsident aus dem Land vertrieben wurde.[251] Zwar verurteilte die Generalversammlung der UN den Coup mit der im Konsens angenommenen Resolution 46/7 vom 11. Oktober 1991, forderte die Rückkehr zur verfassungsmäßigen Ordnung und die Wiedereinsetzung des gewählten Präsidenten ARISTIDE

---

abzuheben. Dies kann jedoch nichts daran ändern, daß anders als in den klassischen *peace-keeping*-Missionen ein Einverständnis des betroffenen Staates nicht vorlag. Siehe ausführlich dazu SICILIANOS, ONU et démocratisation, 2000, S.295 m.w.N.

[246] Dies übersieht CORTEN, Résolution 940, in: 6 EJIL 1995, S.116, 119.

[247] (IR) UNSC Res.940 (1994), UNYB 1994, S.426f.

[248] Der Fall Haiti ist ausschließlicher Gegenstand der umfassenden zeithistorischen Untersuchung von MALONE, Haiti, 1998, der bisher einzigen detaillierten Studie der Behandlung eines konkreten Falles durch den Sicherheitsrat. Im folgenden wird ein verdichteter Überblick gegeben. Siehe auch ROTH, Governmental illegitimacy, 1999, S.368-387 und SICILIANOS, ONU et démocratisation, 2000, S.187-201.

[249] Zu einer detaillierten Chronologie der Ereignisse von 1986 bis 1997 siehe MALONE, Haiti, 1998, S.257ff.

[250] Electoral Assistance to Haiti: Note by the Secretary-General, UN Doc.A/45/870/Add.1 (1991). Vgl. auch MALONE, Haiti, 1998, S.51ff; FRANCK, Emerging Right, in: 86 AJIL 1992, S.46, 73.

[251] Zur kurzen Amtszeit des frei gewählten Präsidenten siehe CERNA, Haiti before OAS, in: 86 ASIL Proc. 1992, S.378, 380f. sowie ausführlich MALONE, Haiti, 1998, S.58ff. Die Darstellung von letzterem legt insbesondere dar, daß Haiti natürlich nicht auf einen Schlag zur Modelldemokratie wurde und daß Präsident ARISTIDE mit Einschüchterungen des Parlamentes sowie Aufruf seiner Anhänger zur Lynchjustiz äußerst fragwürdig sein Amt ausübte.

sowie die Unterstützung der Maßnahmen der Organisation Amerikanischer Staaten (OAS).[252] Sie stützte sich dabei insbesondere auf die Allgemeine Erklärung der Menschenrechte.[253] Zunächst entfaltete jedoch nur die OAS Tätigkeiten gegen das Militärregime. Es war das erste Beispiel eines aktiven Einsatzes der OAS für die Demokratie in einem Mitgliedstaat.[254]

### (a) Die OAS

Die Inter-American Commission on Human Rights (IAComHR) hatte sich bereits seit Ende 1985 näher mit Haiti beschäftigt, als das Regime von DUVALIER JR. seinem Ende zuging.[255] Nach dessen Vertreibung und den Massakern bei den Wahlen 1987 veröffentlichte sie 1988 einen Bericht über die Menschenrechtslage auf Haiti[256], in dem sie Wahlen unter internationaler Beobachtung vorschlug.[257] Während die Forderung nach internationaler Wahlbeobachtung zu diesem Zeitpunkt als häretisch angesehen und der Bericht daher nicht offiziell anerkannt wurde, kam es im folgenden zu Wahlbeobachtungsmissionen der OAS in Nicaragua, El Salvador, Paraguay, Surinam und schließlich in Haiti, wo die Wahlbeobachtungsmissionen der UN und der OAS über sechs Monate den Wahlprozeß verfolgten.[258]

Entsprechend der Demokratieresolution von Santiago von 1991[259] verurteilte der Ständige Rat der OAS am Tag nach dem Putsch denselben und forderte die Anerkennung der Haitischen Verfassung und der frei gewählten Regierung.[260] Die Verurteilung und die Forderungen wurden vom Außenministerrat der OAS auf einer *ad hoc*-Sitzung am 3. Oktober 1991 bestätigt und mit Resolution vom 8. Oktober 1991 ein unverbindliches

---

[252] (IR) UNGA Res.46/7 (1991), UNYB 1991, S.152. Der Sicherheitsrat hatte sich zu dem Zeitpunkt noch nicht zum Tätigwerden entschließen können, da zunächst eine Mehrheit der Mitglieder, angeführt von China und Indien, den Fall als innere Angelegenheit ansahen, dann Kuba erfolgreich Lobbying gegen ein Engagement betrieb und schließlich Ecuador übermittelte, die lateinamerikanischen Länder ständen nicht geschlossen hinter einem Eingreifen des Sicherheitsrates. Dennoch empfing der Sicherheitsrat Präsident ARISTIDE in offizieller Sitzung am 3. Oktober 1991. MALONE, Haiti, 1998, S.63.

[253] So heißt es in den Erwägungsgründen:
Aware that, in accordance with the Charter of the United Nations, the Organization promotes and encourages respect for human rights and fundamental freedoms for all, and that the Universal Declaration of Human Rights states that "the will of the people shall be the basis of the authority of government",
Nach MALONE, Haiti, 1998, S.210 Fn.45 trug die Resolution wesentlich dazu bei, das Militärregime zu isolieren, das lediglich vom Vatikan anerkannt wurde.

[254] CERNA, Haiti before OAS, in: 86 ASIL Proc. 1992, S.378.

[255] Eine knappe Zusammenfassung der Geschichte seit der Unabhängigkeit findet sich bei AVECEDO, Haitian Crisis, in: DAMROSCH (Hrsg.), Enforcing Restraint, 1993, S.119, 123-127.

[256] (IR) IAComHR, Report Haiti 1988.

[257] (IR) IAComHR, Report Haiti 1988, Conclusions and Recommendations, Recommendations No.1,2.

[258] Siehe zu den Wahlen in Haiti AVECEDO, Haitian Crisis, in: DAMROSCH (Hrsg.), Enforcing Restraint, 1993, S.119, 128ff. sowie auch zu den vorhergehenden Wahlbeobachtungsmissionen CERNA, Haiti before OAS, in: 86 ASIL Proc. 1992, S.378, 380.

[259] (IR) OAS, Res.1080 (1991); siehe oben II. 2. b) 2) i) bei Fn.168.

[260] Resolution vom 30. September 1991 unter dem Titel „Support of the Democratic Government of Haiti", OAS Official Doc. CP/RES.567 (870/91), vgl. AVECEDO, Haitian Crisis, in: DAMROSCH (Hrsg.), Enforcing Restraint, 1993, S.119, 132, 149 Fn.49.

Wirtschaftsembargo verhängt.[261] Die Resolution vom 8. Oktober 1991 richtete auf Bitte von Präsident ARISTIDE außerdem eine zivile Mission mit dem Ziel ein, die Demokratie auf Haiti wiederherzustellen und zu stärken.[262] Durch Resolutionen vom 17. Mai 1992, vom 13. Dezember 1992 und vom 6. Juni 1993[263] wurde nachdrücklich zur Einhaltung des Wirtschaftsembargos aufgefordert. Bereits 1992 brachen die USA jedoch aus der harten Linie aus, lockerten die Wirtschaftssanktionen und führten mehr als 10.000 *boat people* zurück.[264] Die OAS versuchte, eine politische Lösung durch ein Abkommen zwischen Präsident ARISTIDE und den Präsidenten der beiden Kammern des haitischen Parlamentes herbeizuführen. Das Protokoll von Washington vom 23. Februar 1992 sah vor, daß ein Konsenskandidat, RENE THEODORE, als Premierminister bis zur Rückkehr von ARISTIDE die Regierungsgeschäfte führen sollte. Dieses Abkommen wurde jedoch vom haitischen Appeals Court verworfen.[265] Da das CÉDRAS-Regime offensichtlich nicht zum Dialog bereit war, bewegte sich die OAS in Richtung einer Kooperation mit der UN. Den ersten Schritt machte eine Resolution des Ständigen Rates der OAS, die die UN um Mitwirkung bei der zivilen Mission der OAS auf Haiti bat.[266] Den Auslöser bildete schließlich die Resolution 4/92, mit der der Außenministerrat der OAS beschloß, alle Möglichkeiten der Satzung auszuschöpfen und die Möglichkeit einer Involvierung des Sicherheitsrates zu erkunden.[267]

**(b)   Die UN und die OAS**

Der Ball wurde von der UN durch die Resolution der Generalversammlung 47/20A vom 24. November 1992 aufgefangen, die alle Mitgliedstaaten zur Unterstützung der Anstrengungen der OAS zur Stärkung der repräsentativen Demokratie auf Haiti aufrief.[268] Als wichtiges Scharnier für die Kooperation von UN und OAS fungierten die „Friends of the

---

[261]   OAS Official Doc. Ser.F/V.1 MRE/RES.1/91 vom 3.10.1991 und OAS Official Doc. Ser.F/V.1 MRE/RES.2/91 vom 8.10.1991, (IR) OAS, Haiti, MRE Res.2/91; vgl. AVECEDO, Haitian Crisis, in: DAMROSCH (Hrsg.), Enforcing Restraint, 1993, S.119, 132, 149 Fn. 50 und 52. Nach der Resolution vom 3. Oktober 1991 sollten nur Vertreter, die von Präsident ARISTIDE bestimmt wurden, Haiti im Rahmen der OAS repräsentieren können, vgl. AVECEDO, a.a.O., S.119, 132 und MALONE, Haiti, 1998, S.62.

[262]   Vgl. auch MALONE, Haiti, 1998, S.65 und S.210 Fn.38.

[263]   OAS Official Doc. Ser.F/V.1 MRE/Res.3/92 vom 17.5.1992, (IR) OAS, Haiti, MRE Res.3/92, abgedruckt in: AJIL 1992, S.667-669; OAS Official Doc. Ser.F/V.1 MRE/Res.4/92 vom 13.12.1992, (IR) OAS, Haiti, MRE Res.4/92; und OAS Official Doc. Ser.F/V.1 MRE/Res.5/93 vom 6. Juni 1993.

[264]   HEINTZE, Haiti, in: VRÜ 1996, S.6, 20.

[265]   Siehe zur unmittelbaren Entwicklung nach dem Coup CERNA, Haiti before OAS, in: 86 ASIL Proc. 1992, S.378, 381f. und MALONE, Haiti, 1998, S.58ff.

[266]   Resolution vom 10. November 1992, OAS Official Doc. CP/RES.594 (932/92). Vgl. MALONE, Haiti, 1998, S.74.

[267]   Resolution vom 13. Dezember 1992, OAS Official Doc. Ser.F/V.1 MRE/Res.4/92, (IR) OAS, Haiti, MRE Res.4/92. Dazu MALONE, Haiti, 1998, S.78f.; TACSAN, OAS-UN task sharing, in: WEISS (Hrsg.), Beyond UN subcontracting, 1998, S.91, 103.

[268]   (IR) UNGA Res.47/20A+B (1992), „adopted without a vote", UNYB 1992, S.236f. Dort heißt es im operativen Teil:
6. Urges the States Members of the United Nations to renew their support, within the framework of the Charter of the United Nations and international law, by adopting measures in accordance with resolutions [...] adopted by the Organization of American States, especially as they relate to the strengthening of representative democracy, the constitutional order and to the embargo on trade with Haiti;

Secretary General on Haiti", eine nominell vom Generalsekretär eingeladene, faktisch selbstkonstituierte Gruppe bestehend aus Kanada, Frankreich, den USA und Venezuela. Sie hatten für die Wahlen 1990 bereits die Beteiligung der OAS an der Organisation und der Verifizierung durch UN-Beobachter maßgeblich herbeigeführt.[269]

Der größte Erfolg war allerdings die Vermittlung des Governors-Island-Abkommens und des ergänzenden Pakts von New York im Juli 1993.[270] Beeindruckt durch Sicherheitsratsresolution 841 (1993)[271], die ein partielles Wirtschaftsembargo verhängte, um das *de facto* Regime zur Aufgabe zu bewegen, hatte sich das Regime auf Verhandlungen mit der Exilregierung eingelassen.[272] Das Abkommen sah die Rückkehr von Präsident ARISTIDE für Ende Oktober 1993 vor, im Gegenzug sollte den Folterknechten des Militärregimes Amnestie gewährt werden.[273] Bereits im Februar 1993 war eine zivile Mission der OAS zur Wiederherstellung der Demokratie durch eine von OAS und UN getragene Mission (MICIVIH[274]) abgelöst worden, einer Aufforderung von Präsident ARISTIDE folgend.[275] Der Sicherheitsrat setzte in der Folge des Abkommens durch Resolution 861 vom 26. August 1993[276] die Sanktionen aus und durch Resolution 867 (1993)[277] parallel zur MICIVIH die UN-Mission in Haiti (UNMIH) ein, die die militärischen und polizeilichen Aspekte des Prozesses bearbeiten sollte, allerdings nie die Tätigkeit in Haiti aufnehmen konnte.[278] Das Abkommen hatte als solches keinen Erfolg, nicht zuletzt, weil sowohl ARISTIDE wie auch das CÉDRAS-Regime es eifrig sabotierten.[279] So wurde die Rückkehr ARISTIDES Ende Oktober 1993 verhindert.[280] Doch es diente im folgenden formal als Säule für die Maßnahmen des

---

[269] MALONE, Haiti, 1998, S.33.

[270] Ersteres vom 3. Juli 1993 (UN Doc. A/47/975 vom 12. Juli 1993), zweiterer vom 16. Juli 1993 (UN Doc. A/47/1000). Die Texte der Verträge sind enthalten in den Berichten des Generalsekretärs vom 12. Juli 1993, UN Doc. A/47/975-S/26063 und vom 25. Oktober 1993, UN Doc. A/47/1000-S/26297. Vgl. UNYB 1994, S.347f.

[271] (IR) UNSC Res.841 (1993), UNYB 1993, S.342ff.

[272] CORTEN, Résolution 940, in: 6 EJIL 1995, S.116, 117; MALONE, Haiti, 1998, S.86.

[273] Das Abkommen sah im übrigen vor, daß das Parlament nach illegalen Nachwahlen wieder in einen legitimierten Arbeitszustand versetzt und ein von Präsident ARISTIDE benannter Premierminister vom Parlament gewählt werden sollte. Die Sanktionen sollten ausgesetzt werden, die Militärführung sollte abtreten und durch Ernennungen von ARISTIDE ersetzt werden. Technische und finanzielle Hilfe der UN wurde in Aussicht gestellt und ein Gesetz sollte die vom Militär unabhängige Polizei errichten. Die gesamten Verpflichtungen sollten von der UN und der OAS überwacht werden. Vgl. MALONE, Haiti, 1998, S.87.

[274] Mission Civile Internationale sur les Droits de l'Homme en Haiti. Der Beitrag der UN wurde autorisiert durch Generalversammlungs-Resolution 47/20 B vom 20. April 1993, (IR) UNGA Res.47/20A+B (1992), UNYB 1993, S.339f.

[275] Ihr Mandat wurde durch Resolution der Generalversammlung vom 8. Juli 1994 (UNGA 48/27B, UNYB 1993, S.415f.) verlängert, nur um wenige Tage später Haiti verlassen zu müssen. MALONE, Haiti, 1998, S.106f.

[276] (IR) UNSC Res.861 (1993), UNYB 1993, S.344f.

[277] (IR) UNSC Res.867 (1993), UNYB 1993, S.351f.

[278] CORTEN, Résolution 940, in: 6 EJIL 1995, S.116, 118; MALONE, Haiti, 1998, S.91f.; ÖSTERDAHL, Intervene!, in: 66 NJIL 1997, S.241, 268 Fn.118. Das Mandat von UNMIH wurde durch Sicherheitsratsresolution 905 vom 23. März 1994, (IR) UNSC Res.905 (1994), UNYB 1994, S.423f., erneuert.

[279] MALONE, Haiti, 1998, S.91ff.

[280] CORTEN, Résolution 940, in: 6 EJIL 1995, S.116, 118.

## 3. Internationale Praxis

Sicherheitsrates. Da das Militär den Vereinbarungen zur Rückkehr zur verfassungsmäßigen Ordnung im Governor-Island-Abkommen nicht nachkam, setzte der Sicherheitsrat zunächst mit Resolution 873 vom 13. Oktober 1993[281] die ausgesetzten Sanktionen wieder ein, verschärfte sie mit Resolution 875 vom 16. Oktober 1993[282] um ein Kontrollrecht der Seetransporte nach Haiti und verhängte schließlich mit Resolution 917 vom 6. Mai 1994[283] ein vollständiges Wirtschaftsembargo inklusive Konteneinfrierung gegen die Inselmachthaber. Da die folgende Resolution 940 (1994),[284] mit der die militärische Intervention ermächtigt wurde (UNMIH II), als zentrales Beispiel für das Recht zur pro-demokratischen Intervention gilt, empfiehlt es sich, die vorhergehenden einer näheren Betrachtung unter diesem Blickwinkel zu unterziehen. Denn sie verweisen auf die Besonderheit, daß durch das Governor-Island-Abkommen eine konkrete völkerrechtliche Verpflichtung zur Rückkehr zu demokratischen Verhältnissen bestand.[285] So wurde zur Begründung der Kompetenz nach Kapitel VII der Charta in der Resolution 873 (1993) zur Wiederauflage der Sanktionen nach dem Scheitern des Abkommens explizit auf dieses Bezug genommen:

> *Having received* the report of the Secretary-General informing the Council that the military authorities of Haiti, including the police, have not complied in good faith with the Governors Island Agreement,
>
> *Determining* that their failure to fulfil obligations under the Agreement constitutes a threat to peace and security in the region,

Auch Resolution 875 (1993) behielt diesen Bezug bei:

> *Mindful* of the report of the Secretary-General of 13 October 1993 informing the Council that the military authorities in Haiti, including the police, have not complied in full with the Governors Island Agreement,
>
> *Reaffirming* its determination that, in these unique and exceptional circumstances, the failure of the military authorities in Haiti to fulfil their obligations under the Agreemetn constitutes a threath to peace and security in the region,

Nachdrücklich stützte sich dann Resolution 917 (1994) auf das Governors-Island Abkommen. So heißt es bereits unter den Erwägungen:

> „*Reaffirming* that the goal of the international community remains the restoration of democracy in Haiti and the prompt return of the legitimately elected President, Jean-Bertrand Aristide, under the framework of the Governors Island Agreement, [...]"

Des weiteren betonen die Erwägungen wie zuvor den Ausnahmecharakter der Maßnahme:

> „*Reaffirming* its determination that, in these unique and exceptional circumstances, the situation created by the failure of the military authorities in Haiti to fulfil their obligations under the Governors Island Agreement and to comply with relevant Security Council resolutions constitutes a threat to peace and security in the region, [...]"

Entsprechend lautet im operativen Teil die Ausführung über die Dauer der Maßnahmen:

> „16. *Decides* that, until the return of the democratically elected President, it will keep under continuous review, at least on a monthly basis, all the measures in the present resolution and earlier relevant resolutions and requests the Secretary-General, having regard for the views of the Secretary-General of

---

[281] (IR) UNSC Res.873 (1993), UNYB 1993, S.346.
[282] (IR) UNSC Res.875 (1993), UNYB 1993, S.346f.
[283] (IR) UNSC Res.917 (1994), UNYB 1994, S.419ff.
[284] Vom 31. Juli 1994, (IR) UNSC Res.940 (1994), UNYB 1994, S.426f.
[285] Dies übersieht ÖSTERDAHL, Intervene!, in: 66 NJIL 1997, S.241, 268.

the Organization of American States, to report on the situation in Haiti, the implementation of the Governors Island Agreement, legislative actions including preparations for legislative elections, the full restoration of democracy in Haiti, the humanitarian situation in that country, and the effectiveness of the implementation of sanctions, with the first report not later than 30 June 1994;

17. Expresses its readiness to consider progressive suspension of the measures contained in the present resolution and earlier relevant resolutions, based on progress in the implementation of the Governors Island Agreement and the restoration of democracy in Haiti; [...]

18. Decides that, notwithstanding paragraph 16 above, measures in the present resolution and earlier relevant resolutions will not be completely lifted until:

[...]

e) The return in the shortest time possible of the democratically elected President and maintenance of constitutional order, these conditions being necessary for the full implementation of the Governors Island Agreement;

19. Condemns any attempt illegally to remove legal authority from the legitimately elected President, declares that it would consider illegitimate any purported government resulting from such an attempt, and decides, in such an event, to consider reimposing any measures suspended under paragraph 17 above;

[...]"

Da die Sanktionen nichts fruchteten und insbesondere die Menschenrechtslage sich verschlechterte, ermächtigte der Sicherheitsrat am 31. Juli 1994 mit Resolution 940 (1994) die militärische Zwangsandrohung,[286] um das „illegal de-facto regime", wie nun unmißverständlich die Machthaber bezeichnet wurden, zum Aufgeben zu bewegen. In den Erwägungsgründen wurde gleichlautend wie in Resolution 917 das Ziel der Staatengemeinschaft bestätigt, die Demokratie entsprechend dem Governor-Island-Abkommen wiederherzustellen. Die entscheidende Passage im operativen Teil lautet:

„3. *Determines* that the illegal de facto regime in Haiti has failed to comply with the Governors Island Agreement and is in breach of its obligations under the relevant resolutions of the Security Council;

4. *Acting* under Chapter VII of the Charter of the United Nations,

*authorizes* Member States to form a multinational force under unified command and control and, in this framework, to use all necessary means to facilitate the departure from Haiti of the military leadership, consistent with the Governors Island Agreement, the prompt return of the legitimately elected President and the restoration of the legitimate authorities of the Government of Haiti, and to establish and maintain a secure and stable environment that will permit implementation of the Governors Island Agreement, on the understanding that the cost of implementing this temporary operation will be borne by the participating Member States; [...]"

ii) Würdigung

Politisch kann die Haiti-Intervention insofern als Erfolg gewertet werden, als ein illegitimes *de-facto* Regime zur Aufgabe gezwungen und mit der Rückkehr von Präsident ARISTIDE die Beachtung der verfassungsmäßigen Ordnung zumindest ermöglicht wurde. Auf einem anderen Blatt steht das zweifelhafte Verhalten der (US-amerikanischen)

---

[286] Zu den widersprüchlichen Stellungnahmen insbesondere der lateinamerikanischen Länder, die wirtschaftliche Sanktionen nach Kapitel VII der Satzung befürworteten, aber eine Gewaltandrohung als unzulässig ansahen, siehe ROTH, Governmental illegitimacy, 1999, S.381f.

Interventionstruppen nach der Rückkehr ARISTIDES und die Verstrickung insbesondere der CIA in höchst undemokratische Tätigkeiten und Organisationen auf Haiti.[287] Auch entspricht die Entwicklung vor Ort seit 1994 nicht den hohen Hoffnungen, die in die Maßnahmen der OAS und der UN gesetzt wurden. Die Frage der *effektiven* Durchsetzung der Demokratie durch die internationale Gemeinschaft kann hier allerdings nicht verhandelt werden. Entscheidend ist der *normative* Beitrag des Falles zur Frage demokratischer Legitimation staatlichen Handelns innerhalb der Staatengemeinschaft.

Der Einsatz in Haiti ist in der Literatur als Bestätigung für ein Recht auf Intervention gewertet worden, sei es zum Schutz des Selbstbestimmungsrechts,[288] sei es zum Schutz der Demokratie.[289] Das Demokratieprinzip wäre demnach eine *erga omnes*-Verpflichtung, dessen Verletzung durch bzw. in einem Staat von allen übrigen Staaten der internationalen Gemeinschaft begegnet werden könnte, unter Einschluß des Gewalteinsatzes, entgegen dem Gewaltverbot der UN-Charta und dem Verbot von Gewalt als Gegenmaßnahme in den Entwürfen der International Law Commission (ILC) zur Staatenverantwortlichkeit.[290] Diese Auffassung verkennt jedoch zum einen, daß der Sicherheitsrat der UN weite Handlungskompetenzen besitzt, die keinen Bruch einer *erga omnes*-Verpflichtung voraussetzen, und daß Maßnahmen nach Kapitel VII der Charta systematisch vom Gewaltverbot ausgenommen sind, ohne daß dies automatisch für gleichgelagerte Maßnahmen der Mitgliedstaaten gilt.[291] Demgegenüber kann die Resolution 940 des Sicherheitsrates als eine Bestätigung des Demokratieprinzips angesehen werden, da es mit als Rechtfertigung für den militärischen Einsatz diente und damit die Grundsätze der „inneren Angelegenheiten" nach Art.2 Abs.7 UN-Charta und der staatlichen Souveränität zurückdrängte.[292] Zwar lassen sich aus dem Fall Haiti keine

---

[287] Vgl. dazu sehr kritisch CHOMSKY, Democracy Restored, Z Magazine 11/94, und FALK, Haiti Intervention, in: 36 HILJ 1995, S.341, 353 m.w.N. Fn.65.

[288] So FINK, Staatsgewalt, in: JZ 1998, S.330, 337.

[289] Vgl. ÖSTERDAHL, Intervene!, in: 66 NJIL 1997, S.241, 269f.; weitere Nachweise zu solchen Positionen, die nicht nur auf dem Fall Haiti aufbauen, finden sich bei ROTH, Governmental illegitimacy, 1999, S.323 Fn.4.

[290] Vgl. Art.50 Abs.1 (a) der Draft articles on state responsibility, provisionally adopted by the Commission on second reading. UN doc. A/CN.4/L.602/Rev.1, (IR) ILC, Report 2001, Chapt. IV, (IR) ILC, Draft articles on State Responsibility, 2001 (Crawford).

[291] Das „Recht auf Intervention" ablehnend IPSEN, Völkerrecht, 4. Aufl. 1999, § 30 Rz.10 (HEINTZE). Skeptisch hinsichtlich der völkerrechtlichen Reichweite der Resolution 940 (1994) auch CORTEN, Résolution 940, in: 6 EJIL 1995, S.116, 129. Wie hier SICILIANOS, ONU et démocratisation, 2000, S.196-199. Die Resolution des Institut du Droit International vom 13. September 1989, La protection des droits de l'homme et le principe de non-intervention dans les affaires intérieures des Etats, in: 63-II AIDI 1990, S.338 räumt in Art.1 den Menschenrechten und damit implizit auch dem Demokratieprinzip zwar eine Wirkung *erga omnes* ein, untersagt jedoch in Art.2 Abs.2 die Anwendung von Gewalt gegenüber dem Rechtsbrecher, sofern sie nicht im Rahmen der UN-Charta erfolgt.

[292] FALK, Haiti Intervention, in: 36 HILJ 1995, S.341, 344. Daneben spielte natürlich die Destabilisierung der Region durch Flüchtlingsströme und nicht zuletzt die Dimension als internationaler Konflikt aufgrund des Engagements der OAS eine Rolle. Soweit CORTEN, Résolution 940, in: 6 EJIL 1995, S.116, 131 und HEINTZE, Haiti, in: VRÜ 1996, S.6, 18; IPSEN, Völkerrecht, 4. Aufl. 1999, § 30 Rz.10 (HEINTZE) das Demokratieprinzip als Grundlage in Frage stellen, weil es in der Resolution nicht genannt sei, und vielmehr die Nichtbefolgung des Governor-Island Übereinkommens als Rechtfertigung für die Gewaltandrohung sieht, ist dies zu formalistisch. Denn das Governor-Island Übereinkommen diente gerade der Wiederherstellung der verfassungsmäßigen Ordnung und hatte damit die Gewährleistung des Demokratieprinzps zum Gegenstand. Auch vernachlässigt dieser Standpunkt das Engagement der Generalversammlung, in deren Resolu-

detaillierten Schlußfolgerungen für das Demokratieprinzip ziehen. Dennoch kann daraus abgeleitet werden, daß in Staaten, die wie Haiti im Rahmen der OAS eine Verpflichtung zur repräsentativen Demokratie eingegangen sind, die aus diesen Wahlen hervorgegangene Regierung sowohl intern wie extern respektiert werden muß und daß der internationalen Gemeinschaft zumindest im Rahmen der UN durch Maßnahmen des Sicherheitsrates das Recht zusteht, eine solche Regierung wieder einzusetzen;[293] jedenfalls dann, wenn ein Umsturz mit schweren Menschenrechtsverletzungen und einer Destabilisierung der Region einhergeht – was in der Regel der Fall sein wird.[294] Bestätigt[295] wird ein solches Recht durch die Intervention der Economic Community of West African States (ECOWAS) zur Wiedereinsetzung des durch eine Militärjunta gestürzten demokratisch gewählten Präsidenten AHMAD TEJAN KABBAH in Sierra Leone,[296] die vom Sicherheitsrat gebilligt wurde,[297] nachdem er zuvor durch Resolution 1132 (1997) vergeblich die Junta zur Machtaufgabe und Rückkehr zu demokratischen Verhältnissen aufgefordert und Sanktionen gegen das Regime verhängt hatte.[298] Bemerkenswert an der Resolution ist insbesondere, daß der Sicherheitsrat erstens klar die Junta als solche bezeichnet (anstatt von „authorities" oder „government" zu sprechen) und zweitens ohne Umschweife die Illegitimität des Umsturzes als Handlungsgrund und die Wiederherstellung demokratischer Verhältnisse als Handlungsziel und Befristung der Maßnahmen benennt.[299]

---

tionen stets die Wiederherstellung der Demokratie und weniger eine Friedensbedrohung im Zentrum stand. Siehe dazu SICILIANOS, ONU et démocratisation, 2000, S.189f.

[293] Eine ähnliche Auffassung findet sich im Umkehrschluß bei CORTEN, Résolution 940, in: 6 EJIL 1995, S.116, 129, der die Präzedenzwirkung des Falles Haiti dort verneint, wo keine solchen Verpflichtungen eingegangen wurden. Vgl. auch ROTH, Governmental illegitimacy, 1999, S.384, der die Einlassung des haitianischen Regimes auf international beobachtete Wahlen als Legitimationsgrundlage für die Maßnahmen der internationalen Gemeinschaft ansieht. Allerdings wird nicht deutlich, ob er darin eine politische oder auch rechtliche Rechtfertigung sieht. Siehe auch die abstrakten Überlegungen von FARER, Legitimate Intervention, in: DAMROSCH (Hrsg.), Enforcing Restraint, 1993, S.316, 332 mit einem fiktiven Beispiel von Costa Rica, das einen „Demokratiesicherungsverbund" mit NATO-Staaten mit Interessen an der Karibik eingeht.

[294] So einschränkend SICILIANOS, ONU et démocratisation, 2000, S.198; weiter allerdings im Hinblick auf den Fall Sierra Leone, a.a.O., S.206.

[295] Weitere Maßnahmen niedrigerer Intensität gegenüber Sao Tome und Principe 1995 und Nigeria und Paraguay 1996 werden nachgewiesen bei MURPHY, Democratic Legitimacy, in: 48 ICLQ 1999, S.545, 574.

[296] Siehe dazu ROTH, Governmental illegitimacy, 1999, S.405-408 und SICILIANOS, ONU et démocratisation, 2000, 201-213.

[297] Zunächst begrüßte der Sicherheitsrat durch Presidential Statement 5 (1998) die Beseitigung der Junta, (IR) UNSC, Presidential Statement 5 (1998), sodann lobte er im 2. operativen Absatz der Res.1162 (1998) das Eingreifen der ECOWAS, (IR) UNSC Res.1162 (1998), UNYB 1998, S.168f.

[298] (IR) UNSC Res.1132 (1997), UNYB 1997, S.135. Siehe dazu ausführlich SICILIANOS, ONU et démocratisation, 2000, S.205-212. Daß der Hauptträger des Einsatzes, Nigeria, keineswegs ein Musterbeispiel der Demokratie ist und ihm wahrscheinlich kaum an dem Erhalt der Demokratie, demgegenüber viel an Ruhe in der Region gelegen war, wie MURPHY, Democratic Legitimacy, in: 48 ICLQ 1999, S.545, 577 feststellt, ist unbestreitbar. Allerdings ist zu unterscheiden zwischen den – oft vielfältigen – politischen Motivationen, die einzelne Akteure zum Handeln veranlassen, und dem normativen Gerüst, das die Staatengemeinschaft einem solchen Handeln gibt.

[299] Absatz 1. und 19. der Resolution 1132 (1997).

## 3. Internationale Praxis

Im Hinblick auf die Satzung der OAS, die Deklarationen von Santiago, insbesondere der von 1991 und der mit ihr verbundenen Resolution 1080, die „Inter-American Democratic Charter" von 2001 und die Praxis der Organisation sowohl bei den Wahlbeobachtungsmissionen als auch und insbesondere im Fall Haiti läßt sich feststellen, daß die 35 amerikanischen Mitgliedstaaten nicht nur auf die Legitimation staatlichen Handelns durch repräsentative Demokratie verpflichtet sind, sondern daß eine Gefährdung der Demokratie die übrigen Mitgliedstaaten zu Eingriffen durch kollektives Handeln im Rahmen der OAS berechtigt. Da die Resolution 1080 von der

> „sudden or irregular interruption of the democratic political institutional process or of the legitimate exercise of power by the democratically elected government"

spricht und die Demokratie-Charta von

> „an unconstitutional interruption of the democratic order or an unconstitutional alteration of the constitutional regime that seriously impairs the democratic order in a member state" (Art.19 der Charta)

ist der Tatbestand der Gefährdung der Demokratie recht weit gefaßt. Nicht nur die Entmachtung einer demokratisch gewählten Regierung durch einen verfassungswidrigen Umsturz zählt dazu, sondern auch der allgemeine institutionelle politische Prozeß in einer Demokratie. Neben dem korrekten Ablauf von Wahlen wird man dazu auch die Beachtung der demokratiesichernden Menschenrechte wie Vereinigungs- und Versammlungsfreiheit sowie Meinungs- und allgemeiner Medienfreiheit zählen können.[300]

Wenn aber sowohl in der UN wie in der OAS Sanktionen politischer, wirtschaftlicher und militärischer Art, die weit über eine „Einmischung in innere Angelegenheiten" hinausgingen und bis zur Gewaltandrohung reichten, zumindest auch durch die Verletzung des Demokratieprinzips durch die Militärmachthaber in Haiti gerechtfertigt werden können, bedeutet dies im Umkehrschluß, daß das Demokratieprinzip ein vollwertiges Institut des Völkerrechts ist, dessen Verletzung im Rahmen der Staatenverantwortlichkeit und unter Kapitel VII der UN-Charta Sanktionen nach sich ziehen kann, allerdings nicht muß, so wie es allgemein keine Pflicht zum Ergreifen von Gegenmaßnahmen gibt.

### 4) Dayton-Abkommen mit Verfassung für Bosnien-Herzegowina

Das Abkommen von Dayton[301] war bis zur Kosovo-Mission der am detailliertesten ausgestaltete Konfliktlösungsversuch, mit dem für ein Staatsgebilde eine neue Struktur gefunden

---

[300] Zurückhaltend offenbar die IAComHR, die in Resolution 01/90 hinsichtlich der Fälle 9768, 9780 und 9828 aus Mexiko gegenüber der behaupteten Verletzung des Rechts aus Art.23 ACHR auf „genuine elections" durch Betrug und andere Irregularitäten davon absah, die Wahlen als nicht „authentic" einzustufen, (IR) IAComHR, Res.01/90. Allerdings stammen diese Fälle zum einen aus der Zeit vor der Resolution 1080, zum anderen scheint die Zurückhaltung hauptsächlich darin begründet zu sein, daß die IAComHR die Wahlen nicht selber beobachtet hatte und daher die behaupteten Fakten nicht stützen konnte oder wollte, vgl. Abs.99.

[301] Der Titel des Abkommens lautet: The General Framework Agreement for Peace in Bosnia and Herzegovina. Es wird im folgenden Dayton-Abkommen, Rahmenabkommen oder einfach nur Abkommen genannt. Die Bezeichnung „Dayton Agreement" ist die in der englischsprachigen Literatur übliche, vgl. AUST, Treaty Law and Practice, 2000, S.23. Das Abkommen wurde paraphiert in Dayton am 21. November 1995, (IR) Dayton Agreement (IFOR), (IR) Dayton Agreement (OHR) und unterzeichnet in Paris am 14. Dezember 1995, abgedruckt in: 35 ILM 1996, S.75, 89ff. Neben Bosnisch, Kroatisch und Serbisch ist Englisch eine der authentischen Sprachen des Abkommens. Zu beachten ist, daß nach Art.II des gesondert abgeschlossenen Agreement on Initialling the General Framework Agreement for Peace in Bosnia and Herzegovina, (IR) Dayton Initialling Agreement, die Bindungswirkung bereits mit Paraphierung eintrat (eine

werden sollte. Mit ihm wurde Ende 1995 der Versuch unternommen, den blutigen Bürgerkrieg zu beenden, den der Zerfall Jugoslawiens eingeleitet hatte. Das Abkommen wurde von den drei Nachfolgestaaten Bosnien-Herzegowina,[302] Kroatien und der Bundesrepublik Jugoslawien geschlossen.[303] Dennoch wird der Fall im Rahmen der UN-Praxis gewürdigt, da die internationale Gemeinschaft den bosnischen Bürgerkrieg nicht nur als eine innere Angelegenheit angesehen hat, sondern auch als Bedrohung des Weltfriedens und der internationalen Sicherheit. An dem Zustandekommen des Abkommens war sie entsprechend maßgeblich beteiligt.[304] Da alleine vier der fünf ständigen Mitglieder des Sicherheitsrates an den Verhandlungen teilgenommen haben, der Sicherheitsrat das Abkommen billigte,[305] und insbesondere durch die Autorisierung von IFOR[306] und der von

---

unorthodoxe Anwendung des Art.11 WVK) und die Unterzeichnung lediglich, neben ihrer Symbolkraft, nach Art.XI das Inkrafttreten herbeiführte. Vgl. AUST, Treaty Law and Practice, 2000, S.79 und DÖRR, Dayton, in: AVR 1997, S.129, 146f. Ein Sonderproblem entsteht daraus, daß das Paraphierungs-Abkommen nicht von allen Parteien der Anhänge zum Rahmenabkommen abgeschlossen wurde. Siehe dazu GAETA, Dayton, in: 7 EJIL 1997 1996, S.147, 149 Fn.6.

[302] Der offizielle Name nach Art.1 der Verfassung lautet – in deutscher Übersetzung – „Bosnien und Herzegowina". Aus Gründen der Vereinfachung wird im folgenden regelmäßig die „Bindestrichfassung" des Namens gewählt, in Anlehnung an den Gebrauch etwa des Auswärtigen Amtes in nicht-amtlichen Dokumenten.

[303] Die Delegation der Bundesrepublik Jugoslawien war durch Abkommen vom 29. August 1995 ermächtigt worden, für die serbische Republik Srbska zu zeichnen, die nach Art.I Abs.3 der im Anhang 4 niedergelegten Verfassung allerdings ein Teilstaat („entity") von Bosnien-Herzegowina ist. Vgl. den vierten und letzten Absatz der Erwägungsgründe des Dayton-Abkommens. Tatsächlich handelte es sich um eine gemeinsame Delegation, die für beide Teile handeln konnte. Siehe ausführlich GAETA, Dayton, in: 7 EJIL 1997 1996, S.147, 150ff. (Abschnitt III. B.).

[304] Bereits der Verhandlungsort Dayton im US-amerikanischen Bundesstaat Ohio weist auf den Einfluß der Vereinigten Staaten hin. Siehe dazu GAETA, Dayton, in: 7 EJIL 1997 1996, S.147, 150 (III. A. a.E.). Das Abkommen wurde mit der Formel „Witnessed by:" mitunterzeichnet von dem Special Negotiator der EU (so der paraphierte Text) bzw. von der Präsidentschaft der EU (so in der unterzeichneten Fassung), von Frankreich, Deutschland, Rußland, Großbritannien und den USA. Die Zeugenschaft unterstreicht das Mitwirken der beteiligten Länder am Zustandekommen des Abkommens, ohne rechtliche Verpflichtungen zu begründen, AUST, Treaty Law and Practice, 2000, S.80. Vgl. zur Beteiligung der internationalen Gemeinschaft auch den dritten Erwägungsgrund der Sicherheitsratsresolution 1022, (IR) UNSC Res.1022 (1995), UNYB 1995, S.545:

*Commending* the efforts of the international community, including those of the Contact Group, to assist the parties in reaching a settlement,

[305] Durch Resolutionen 1021 und 1022 (1995) vom 22. November 1995, (IR) UNSC Res.1021 (1995), UNYB 1995, S.544 und (IR) UNSC Res.1022 (1995), UNYB 1995, S.545, durch Resolution 1026 (1995) vom 30. November 1995, (IR) UNSC Res.1026 (1995), UNYB 1995, S.541 und durch Resolution 1031 (1995) vom 15. Dezember 1995, (IR) UNSC Res.1031 (1995), UNYB 1995, S.548. Die ersten beiden Absätze des operativen Teils von Resolution 1031 (1995), mit dem der Sicherheitsrat des Abkommens durch Zeichnung in Paris gewürdigt wurde, zeigt deutlich, daß der Sicherheitsrat das Abkommen nicht nur begrüßte, sondern sich zu eigen machte und seinem Kompetenzbereich unterwarf:

1. *Welcomes and supports* the Peace Agreement and *calls upon* the parties to fulfil in good faith the commitments entered into in that Agreement;

2. *Expresses* its intention to keep the implementation of the Peace Agreement under review;

Entscheidend ist schließlich, daß die Aufhebung der Sanktionen gegen die Serben von der Einhaltung der Verpflichtungen aus dem Abkommen abhängig gemacht wurde, bzw. eine Verletzung der Verpflichtungen die Wiedereinsetzung der Sanktionen automatisch bewirkte:

*Christian B. Fulda*

der UN getragenen zivilen Komponenten der Polizei und Zivilverwaltung[307] die Implementierung überhaupt ermöglichte, erscheint es gerechtfertigt, das trilaterale[308] Abkommen innerhalb der UN-Praxis einzuordnen.

Die im Anhang 4 zum Rahmenabkommen niedergelegte Verfassung für Bosnien-Herzegowina[309] nennt bereits im dritten Absatz der Präambel Demokratie als Grundlage für das friedliche Zusammenleben in einer pluralistischen Gesellschaft,[310] und Art.I Nr.2 verankert Demokratie und Rechtstaat an prominenter Stelle:

„2. Democratic Principles. Bosnia and Herzegovina shall be a democratic state, which shall operate under the rule of law and with free and democratic elections."

Eine nähere Ausgestaltung der subjektiven Rechte erfolgt nicht, vielmehr wird durch Art.II Nr.2 die Europäische Menschenrechtskonvention[311] samt aller Protokolle für direkt anwendbar erklärt und ihr Rang über dem innerstaatlichen Recht eingeräumt.[312] Zusätzlich finden nach Art.II Nr.4 in der Einkleidung einer Nichtdiskriminierungsklausel weitere internationale Menschenrechtsabkommen Anwendung, die im Anhang der Verfassung aufgeführt sind,

---

3. *Further decides* that if at any time, with regard to a matter within the scope of their respective mandates and after joint consultation if appropriate, either the High Representative described in the Peace Agreement, or the commander of the international force to be deployed in accordance with the Peace Agreement, on the basis of a report transmitted through the appropriate political authorities, informs the Council via the Secretary-General that the Federal Republic of Yugoslavia or the Bosnian Serb authorities are failing significantly to meet their obligations under the Peace Agreement, the suspension referred to in paragraph 1 above shall terminate on the fifth day following the Council's receipt of such a report, unless the Council decides otherwise taking into consideration the nature of the non-compliance;

[306] Durch Resolution 1031 (1995), (IR) UNSC Res.1031 (1995). Zu beachten ist, daß IFOR keine Friedenstruppe unter der Autorität des Sicherheitsrates ist, sondern auf einer von Anhang 1A des Abkommens geschaffenen komplizierten Gemengelage aus Bereitschaft der „international community", Zustimmung des Empfangsstaates, Errichtung durch die NATO unter ihrem Kommando und Autorisierung durch den Sicherheitsrat unter Kapitel VII der UN-Charta beruht. Vgl. im einzelnen dazu DÖRR, Dayton, in: AVR 1997, S.129, 148ff.

[307] Durch Resolution 1035 (1995) vom 21. Dezember 1995, (IR) UNSC Res.1035 (1995), UNYB 1995, S.551.

[308] Tatsächlich handelt es sich um eine komplizierte Komposition multilateraler Verträge, da die Anhänge nicht integraler Bestandteil des Abkommens sind, sondern vielmehr eigenständige Abkommen mit unterschiedlichen Parteien, die durch das Rahmenabkommen gebündelt werden. Vgl. dazu DÖRR, Dayton, in: AVR 1997, S.129, 130.

[309] (IR) Dayton Constitution (IFOR), (IR) Dayton Constitution (OHR). Gegen die Verfassungsqualität des Anhang 4 SARCEVIC, Völkerrechtlicher Vertrag als Gestaltungsinstrument, in: 39 AVR 2001, S.297, 302-317, der allerdings nicht den normativen Charakter in Frage stellt, sondern die Effektivität des Dokumentes als „tragfähige Basis für die rechtliche Gestaltung einer selbsterhaltenden, reproduktionsfähigen staatlichen Gemeinschaft" verneint. Er räumt ein, daß unter normativen Gesichtspunkten die Verfassungsqualität von der herrschenden Meinung anerkannt ist, a.a.O., S.324 m.w.N.

[310] Der Absatz lautet:
Convinced that democratic governmental institutions and fair procedures best produce peaceful relations within a pluralist society,

[311] (IR) EConvHR

[312] Art.II Nr.2 lautet:
2. International Standards. The rights and freedoms set forth in the European Convention for the Protection of Human Rights and Fundamental Freedoms and its Protocols shall apply directly in Bosnia and Herzegovina. These shall have priority over all other law.

darunter der Internationale Pakt für bürgerliche und politische Rechte[313] mit seinen Zusatzprotokollen.[314] Die Partizipation der Bürger an der Ausübung der staatlichen Gewalt im Gesamtstaat erfolgt über die Parlamentarische Versammlung nach Art.IV, die sich aus Repräsentantenhaus und Volkskammer zusammensetzt, sowie über die Direktwahl der Präsidentschaft nach Art.V.[315] Zu den Kompetenzen der Parlamentarischen Versammlung zählt die Zustimmung zu völkerrechtlichen Verträgen, Art.IV Nr.4 d),[316] wohingegen der Präsidentschaft die internationale Vertretung obliegt.[317]

Betrachtet man den Status der Verfassung, so zeigt sich eine ungewöhnliche Konstellation. Schwierigkeiten bereitet bereits die Einordnung des Anhangs 4 zum Rahmenabkommen.[318] Während die übrigen Anhänge zum Rahmenabkommen als Vereinbarungen ausgestaltet sind, mit unterschiedlichen Parteien,[319] trägt Anhang 4 weder die Überschrift „Agreement", noch

---

[313] (IR) ICCPR.

[314] Zur Einbettung von Menschenrechtsgewährleistungen in das Dayton-Abkommen siehe SZASZ, Human Rights through Dayton, in: 90 AJIL 1996, S.301-316.

[315] Die Präsidentschaft setzt sich nach Art.V aus drei Mitgliedern zusammen, von denen zwei direkt in der Föderation Bosnien-Herzegowina und eines in der Republik Srbska gewählt werden.

[316] Der Passus lautet:
4. Powers. The Parliamentary Assembly shall have responsibility for:
[...]
d. Deciding whether to consent to the ratification of treaties.

[317] Die außenpolitischen Kompetenzen der Präsidentschaft figurieren auffällig prominent und zahlenmäßig überwiegend unter den acht explizit aufgezählten Kompetenzen:
3. Powers. The Presidency shall have responsibility for:
a. Conducting the foreign policy of Bosnia and Herzegovina.
b. Appointing ambassadors and other international representatives of Bosnia and Herzegovina, no more than two-thirds of whom may be selected from the territory of the Federation.
c. Representing Bosnia and Herzegovina in international and European organizations and institutions and seeking membership in such organizations and institutions of which Bosnia and Herzegovina is not a member.
d. Negotiating, denouncing, and, with the consent of the Parliamentary Assembly, ratifying treaties of Bosnia and Herzegovina.
e. Executing decisions of the Parliamentary Assembly.
f. Proposing, upon the recommendation of the Council of Ministers, an annual budget to the Parliamentary Assembly.
g. Reporting as requested, but not less than annually, to the Parliamentary Assembly on expenditures by the Presidency.
h. Coordinating as necessary with international and nongovernmental organizations in Bosnia and Herzegovina.
i. [...]
Dem Außenminister und dem Außenhandelsminister, den einzigen festgelegten Portfolios im Ministerrat nach Art.V Nr.4, bleibt entsprechend nur die Wahrnehmung ihrer Aufgaben im Namen der Präsidentschaft.

[318] Zu den vorhergehenden internationalen Versuchen, die Verfassung zunächst der Bundesrepublik Jugoslawiens und dann Bosnien-Herzegowinas zu ändern, siehe SZASZ, Human Rights through Dayton, in: 90 AJIL 1996, S.301, 301-303.

[319] Es lassen sich vier Kategorien unterscheiden: Trilaterale Verträge zwischen dem Gesamtstaat und den beiden Gliedstaaten (Anhang 1A, 2, 3, 6, 7, 8 und 11), fünfseitige Verträge unter weiterer Einbeziehung der Bundesrepublik Jugoslawien und Kroatien (Anhang 1B und 10), sowie bilaterale Verträge lediglich zwischen den beiden Gebietseinheiten (Anhang 5 und 9). Schließlich finden sich im Anhang B (Appendix B)

## 3. Internationale Praxis

ist er unterzeichnet. Vielmehr wird als Urheber das Staatsvolk von Bosnien-Herzegowina genannt.[320] Angesichts der politischen Lage in dem durch den Krieg zerrütteten Land konnte das Staatsvolk nicht durch demokratisch legitimierte Vertreter über seine Verfassung Beschluß fassen.[321] Dennoch wurde versucht, dem Verfassungsdokument die Weihen einer Legitimation durch das Staatsvolk zu geben, indem dem Anhang 4 drei Deklarationen angefügt sind, die die Zustimmung des Gesamtstaates sowie der beiden Gliedstaaten zu der Verfassung bekunden, allerdings nur im Fall des einen Gliedstaates, der Föderation Bosnien-Herzegowina, im Namen des repräsentierten Volkes.[322] Dieses Verfahren kann man als kollektiven Akt der Verfassungsgebung bezeichnen.[323] Es ist jedoch zweifelhaft, ob man Anhang 4 einen Vereinbarungscharakter zubilligen kann.[324] Zwar spricht ein Artikel der Übergangsvorschrif-

---

zum Anhang 1A drei Abkommen zwischen den Vertragsstaaten des Rahmenabkommens und der NATO. Zusätzlich finden sich noch eine Reihe unilateraler Erklärungen. Zum völkerrechtlichen Status der Gebietseinheiten Bosnien Herzegowinas und der von ihnen geschlossenen Vereinbarungen siehe DÖRR, Dayton, in: AVR 1997, S.129, S.164ff. Abweichend GAETA, Dayton, in: 7 EJIL 1997 1996, S.147, 158ff.

[320] Der Schlußsatz der Präambel lautet:

Bosniacs, Croats, and Serbs, as constituent peoples (along with Others), and citizens of Bosnia and Herzegovina hereby determine that the Constitution of Bosnia and Herzegovina is as follows:

[321] Zum Entstehungsprozeß vor dem Hintergrund der alten Verfassung für Bosnien-Herzegowina YEE, New Constitution, in: 7 EJIL 1996, S.176, 177ff. (ab Fn.16), mit Hinweis auf die vergleichbar außerhalb der Artikel der Konföderation entstandene Verfassung der USA. Die frühere Verfassung vom 18. März 1994 für die Föderation findet sich bei TRIFUNOVSKA, Former Yugoslavia, 1999, S.94ff.

[322] Die Deklarationen lauten:

Declaration On Behalf Of The Republic Of Bosnia And Herzegovina

The Republic of Bosnia and Herzegovina approves the Constitution of Bosnia and Herzegovina at Annex 4 to the General Framework Agreement.

For the Republic of Bosnia and Herzegovina

Declaration On Behalf Of The Federation Of Bosnia And Herzegovina

The Federation of Bosnia and Herzegovina, on behalf of its constituent peoples and citizens, approves the Constitution of Bosnia and Herzegovina at Annex 4 to the General Framework Agreement.

For the Federation of Bosnia and Herzegovina

Declaration On Behalf Of The Republika Srpska

The Republika Srpska approves the Constitution of Bosnia and Herzegovina at Annex 4 to the General Framework Agreement.

For the Republika Srpska

Kritisch zu fehlendem Ratifikationserfordernis und unklarer Zustimmung durch die Legislativorgane YEE, New Constitution, in: 7 EJIL 1996, S.176, 180f. (I. B.).

[323] So DÖRR, Dayton, in: AVR 1997, S.129, 175.

[324] So aber DÖRR, Dayton, in: AVR 1997, S.129, 174 und SARCEVIC, Völkerrechtlicher Vertrag als Gestaltungsinstrument, in: 39 AVR 2001, S.297, 300 und 317ff. Letzter irrt in seiner Prämisse, daß Anhang 4 ein (völkerrechtlicher) Vertrag ist, wenn er als integraler Bestandteil des Rahmenabkommens angesehen werden kann. Es kommt vielmehr darauf an, ob mindestens zwei Staaten durch das Dokument gegenseitige Verpflichtungen übernommen haben. Sein Versuch, Anhang 4 als völkerrechtlichen Vertrag einzuordnen, ist erkennbar von dem Bestreben geprägt, die Wiener Vertragsrechtskonvention zur Anwendung zu bringen, insbesondere ihre Nichtigkeitsgründe (a.a.O., S.325ff.). Seine Auffassung, Anhang 4 verletze Art.53 WVK – *ius cogens*, weil die Verfassung „ein normatives Mittel zur Unterstützung und Erhaltung der Ergebnisse eines Krieges, in dessen Mittelpunkt die Politik der „Ethnischen Säuberung" stand" (a.a.O., S.329) gewesen sei, ist abwegig. GAETA, Dayton, in: 7 EJIL 1997 1996, S.147, 147 bezeichnet alle zwölf Anhänge als internationale Vereinbarungen, ohne jedoch auf die Besonderheiten des Anhang 4 einzugehen.

ten im Anhang 2 zur Verfassung von „Parties",[325] dies läßt sich aber eher durch die Umstände des Zustandekommens der Verfassung[326] denn als Ausdruck einer vertraglichen Bindung verstehen. Nähme man einen Vereinbarungscharakter an, stünde man vor dem Problem des statischen Inhaltes des Vertrages und damit der Verfassung, der nach klassischen Regeln nur durch die Vertragsparteien geändert werden könnte. Dem steht aber gegenüber, daß Art.X der Verfassung ein Verfahren zur Veränderung der Verfassung vorsieht, wonach die Parlamentarische Versammlung darüber beschließen kann.[327] Zwar wird durch die Voraussetzung einer Zweidrittelmehrheit in der „Gliedstaatenkammer", dem Repräsentantenhaus, eine Beteiligung der Gliedstaaten sichergestellt, jedoch im Rahmen des Legislativorgans des Gesamtstaates, wohingegen die Deklarationen unter der Verfassung von den beteiligten Exekutiven abgegeben wurden. Es ließe sich eine vertragliche Bindung auf einen dynamischen Text konstruieren, der sich nach den enthaltenen Regeln, eben Art.X, fortentwickeln kann, aber das ist eine unnötig komplizierte Konstruktion. Näher liegt es, den Wortlaut und die Systematik der Deklarationen zu respektieren und in ihnen einmalige unilaterale Zustimmungsakte zu sehen,[328] mit denen der Verfassung zum Leben verholfen wird, die jedoch keine darüberhinausgehende Bindung der Parteien in der Zeit begründen.[329]

Neben dem Status des Verfassungsdokumentes selber wirft auch seine Einbeziehung in das Rahmenabkommen Fragen auf. Die Verfassung wird von den Parteien genauso wie jede der anderen Verpflichtungen aus dem Rahmenabkommen behandelt.[330] Das ist ein Unikum, denn

---

[325] Ziff.1 a. des Anhang 2 zur Verfassung, der durch Art.XI der Verfassung in diese eingebunden wird, lautet:
1. Joint Interim Commission.
a. The Parties hereby establish a Joint Interim Commission with a mandate to discuss practical questions related to the implementation of the Constitution of Bosnia and Herzegovina and of the General Framework Agreement and its Annexes, and to make recommendations and proposals.

[326] Vgl. insoweit auch DÖRR, Dayton, in: AVR 1997, S.129, 174 Fn.141.

[327] Das übersieht SARCEVIC, Völkerrechtlicher Vertrag als Gestaltungsinstrument, in: 39 AVR 2001, S.297, 317ff.

[328] Unentschieden diesbezüglich GAETA, Dayton, in: 7 EJIL 1997 1996, S.147, 160f. (bei Fn.30).

[329] Ein weiteres Indiz dafür, daß die Verfassung nicht den Status eines völkerrechtlichen Vertrages erhalten sollte, läßt sich aus dem Menschenrechtsregime innerhalb des Rahmenabkommens ableiten. Durch das Abkommen über Menschenrechte zwischen dem Gesamtstaat und den beiden Gliedstaaten (Anhang 6) wurden zwei internationale Behörden (so DÖRR, Dayton, in: AVR 1997, S.129, 169) geschaffen, nämlich das Amt des Ombudsman (Art.IV des Anhang 6) und die Menschenrechtskammer (Art.VII des Anhang 6), die zusammen die Menschenrechtskommission (Art.II des Anhang 6) bilden. Ihre Jurisdiktion ist jedoch auf die internationalen Menschenrechtsinstrumente beschränkt (dies ergibt sich für die Menschenrechtskommission insgesamt aus Art.II Abs.2, auf den für den Ombudsman Art.V Abs.2, für die Menschenrechtskammer Art.VIII Abs.1 Bezug nimmt). Die Verfassung inkorporiert nun zwar die EMRK (Art.II Abs.2 des Anhang 4) und nimmt selber bezug auf die Menschenrechtskommission (Art.II Abs.1 des Anhang 4). Sie unterfällt jedoch nicht der Jurisdiktion der Menschenrechtskommission, obwohl sie eine Reihe von Abwehrrechten ausdrücklich selber auflistet (Art.II Abs.3 des Anhang 4). Dies spricht dafür, daß die Parteien in der Verfassung kein völkerrechtliches Instrument sahen, das ebenfalls der Kontrolle dieser Behörden unterläge. Zu den umgekehrten Kollisionsfällen zwischen Verfassungsgericht und den Überwachungsorganen der inkorporierten EMRK und anderen völkerrechtlichen Menschenrechtsinstrumenten siehe DÖRR, Dayton, in: AVR 1997, S.129, 171ff.

[330] Der relevante Artikel im Rahmenabkommen lautet:
Article V

## 3. Internationale Praxis

dadurch wird eine vertragliche Beziehung zwischen Kroatien, Bosnien-Herzegowina und der Bundesrepublik Jugoslawien über die Verfassung hergestellt. Es ist schwierig, die Natur dieser Beziehung zu bestimmen. Da die Verfassung keine rechtlichen *spill-over* Effekte für die Nachbarstaaten hat, scheidet eine Zustimmung zu einem Vertrag zu Lasten Dritter nach Art.35 WVK aus. Erörtert wird für die Drittstaaten eine Treuepflicht entsprechend Art.18 WVK, als zwar nicht gebundene aber beteiligte Parteien den Sinn und Zweck des Vertrages nicht zu vereiteln,[331] konkret also das Verfassungsgefüge des Staates Bosnien-Herzegowina zu respektieren und insbesondere, mit Blick auf die Bundesrepublik Jugoslawien, eine Einmischung in die öffentlichen Angelegenheit in der Republik Srpska zu unterlassen. Es handelte sich also um eine Verstärkung der in Art.I festgestellten souveränen Gleichheit der Parteien sowie der vornehmlich politisch motivierten besonderen Klausel des Art.X, nach dem sich die Bundesrepublik Jugoslawien und Bosnien-Herzegowina als „sovereign independent states" anerkennen. Die Verpflichtung „to promote fulfillment" des Art.V könnte darüberhinaus als Garantie aufgefaßt werden,[332] wobei der Grad zwischen Unterstützung und Behinderung des Verfassungsgefüges durch Maßnahmen von außen so dünn ist, daß konkrete Inhalte dieser Garantie schwer im voraus bestimmt werden können.

Die Bedeutung der Verfassung geht jedoch über die Beteiligung der drei Parteien hinaus. Zwar ist die Verbindung zur internationalen Gemeinschaft, abgesehen von der Zeugenstellung der westlichen Staaten, nicht an einem bestimmten Dokument festzumachen. Sie ergibt sich jedoch aus der Praxis. Während im Fall Kambodscha die UN die Aufgabe des *nation building* übernahm, nicht zuletzt in Ermangelung einer regionalen Organisation, die diese Operation hätte bewältigen können, ist der Fall Bosnien-Herzegowina von einer intensiven Verzahnung internationaler Akteure geprägt. Es spricht allerdings einiges dafür, daß in diesem Fall durch die Zahl der Akteure, die eine institutionelle Rolle übernahmen, die Komplexität ein Ausmaß erreicht hat, die einer erfolgreichen Reintegration der Region in die internationale Gemeinschaft eher im Wege steht denn hilft.[333] Im Hinblick auf das Demokratieprinzip ist jedoch der

---

The Parties welcome and endorse the arrangements that have been made concerning the Constitution of Bosnia and Herzegovina, as set forth in Annex 4. The Parties shall fully respect and promote fulfillment of the commitments made therein.

Anders als Anhang 1A und Anhang 2 wurde die Verfassung selber nicht von der Bundesrepublik Jugoslawien und Kroatien mitunterzeichnet, bzw. mit einer Deklaration versehen. Daraus aber zu schließen, die Verpflichtung dieser beiden Staaten gegenüber Bosnien-Herzegowina bezüglich der Verfassung sei *res inter alios acta* im Verhältnis zu den beiden Gliedstaaten – so GAETA, Dayton, in: 7 EJIL 1997 1996, S.147, 154ff. (zw. Fn.21 u. 22) – verkennt, daß die Verpflichtung gegenüber dem Gesamtstaat sich notwendigerweise auch auf die Gliedstaaten erstreckt. Eine andere Frage ist, inwieweit die Gliedstaaten gegenüber der Bundesrepublik Jugoslawien und Kroatien aus dem Rahmenabkommen berechtigt werden.

[331] DÖRR, Dayton, in: AVR 1997, S.129, 141.

[332] So allgemein zum Rahmenabkommen GAETA, Dayton, in: 7 EJIL 1997 1996, S.147, 153f. (bei Fn.20); zust. DÖRR, Dayton, in: AVR 1997, S.129, 141. Ähnlich AUST, Treaty Law and Practice, 2000, S.52.

[333] Zur UN und ihren Unterorganisationen wie dem UNHCR, zu dem durch das Dayton-Abkommen geschaffenen, von der Londoner Durchführungskonferenz ernannten sowie durch Sicherheitsratsresolution 1031 bestätigten High Representative (Anhang 10, Abkommen über die zivile Implementation und (IR) UNSC Res.1031 (1995); die Conclusions der internationalen Konferenz vom 8./9. Dezember 1995 sind abgedruckt in: 35 ILM 1996, S.223ff.), sowie zu dem vom Generalsekretär eingesetzten und vom Sicherheitsrat mit Resolution 1035 (1995) abgesegneten UN-Koordinator für die zivile Verwaltung, zur NATO, zur EU und zur OSZE, der die Organisation und Beobachtung der Wahlen oblag, gesellte sich 1999 noch der Koordinator des Stabilitätspaktes.

Resolution 1031 (1995) des Sicherheitsrates deutlich die Erleichterung anzumerken,[334] daß das Dayton-Abkommen die OSZE mit der Organisation und Überwachung der Wahlen beauftragte[335] und sich der Sicherheitsrat ausschließlich auf sicherheitspolitischen Aspekte konzentrieren konnte. Dennoch war die internationale Gemeinschaft durch das Forum der Internationalen Jugoslawienkonferenz maßgeblich an dem Entwurf der Verfassung beteiligt.[336] Dabei ist offensichtlich, daß keineswegs der *blue-print* einer Idealverfassung über Bosnien-Herzegowina gestülpt wurde, sondern vielmehr ein komplexes Verfassungsgefüge entwickelt wurde, das den komplizierten politischen Verhältnissen vor Ort Rechnung tragen sollte. Ob diese komplexe Struktur wirklich die richtige Lösung war, mag dahinstehen.[337] Auf jeden Fall hat die internationale Gemeinschaft für die Verfassungsstruktur eines Landes das Demokratieprinzip zugrundegelegt und, wesentlich detaillierter als im Fall von Kambodscha, als pluralistische, repräsentative Demokratie ausgestaltet, mit Vorgaben sogar zu den außenpolitischen Beziehungen und dem „innerstaatlichen Recht" zum Abschluß völkerrechtlicher Verträge i.S.d. Art.46 WVK.

*5)    Kosovo*

Der Fall Kosovo[338] nimmt eine Sonderstellung innerhalb der hier behandelten Praxis der UN ein, weil sich die internationale Gemeinschaft bisher noch nicht dazu durchringen konnte, die Sezession des Kosovo von der Bundesrepublik Jugoslawien zu akzeptieren bzw. aktiv durchzuführen. Deshalb bewegen sich die Maßnahmen insbesondere des Sicherheitsrates und der eingesetzten UN-Verwaltung zwischen *de jure*-Anerkennung der jugoslawischen

---

[334] Vgl. den sechsten Absatz des operativen Teils:

6. *Welcomes* the agreement by the Organization for Security and Cooperation in Europe (OSCE) to adopt and put in place a programme of elections for Bosnia and Herzegovina, at the request of the parties to Annex 3 of the Peace Agreement;

Die neue Verfassung fand in dieser Resolution keinerlei Beachtung. (IR) UNSC Res.1031 (1995).

[335] Durch Art.1 Abs.2, Art.2 des Anhang 3.

[336] DÖRR, Dayton, in: AVR 1997, S.129, 174, insbesondere Fn.140. Nicht zuletzt wurde die Verfassung in Englisch entworfen und nicht in einer der drei Landessprachen. Vgl. GAETA, Dayton, in: 7 EJIL 1997 1996, S.147, 160 (bei Fn.32).

[337] Skeptisch aufgrund der schwachen Kompetenzen bzw. der komplizierten Entscheidungsprozesse für Organe des Gesamtstaates bereits YEE, New Constitution, in: 7 EJIL 1996, S.176, 181ff. (II. D.). Diese Befürchtungen haben sich bewahrheitet. So mußte inzwischen der Nachfolger des Schweden BILDT im Amt des High Representative, der Österreicher PETRITSCH, aufgrund der Blockade der rivalisierenden Volksgruppen eine Reihe von Gesetzen auf dem Verordnungswege erlassen, um die gesamtstaatlichen Institutionen zu stärken und ausländische Investititonen zu sichern. So hat er die Gründung eines Gerichtshofes für den Gesamtstaat angeordnet, ein Arbeitsgesetz erlassen und die Handelsgesetze mit den internationalen Bestimmungen harmonisiert sowie eine Rentenreform durchgesetzt. Siehe MATTHIAS RÜB, FAZ vom 15. November 2000, S.8: Ein Fiasko trotz des friedlichen Verlaufs. Die Wahlen in Bosnien-Hercegovina. Überaus kritisch auch SARCEVIC, Völkerrechtlicher Vertrag als Gestaltungsinstrument, in: 39 AVR 2001, S.297, *passim*. Nach WAGNER, UNMIK, in: VN 2000, S.132, 138 haben diese Erfahrungen dazu geführt, daß im Fall Kosovo sofort eine Konzentration der exekutiven und legislativen Gewalt auf den Sonderbeauftragten erfolgte, der mit ungewöhnlicher Machtfülle ausgestattet wurde.

[338] Dazu RUFFERT, Kosovo and East-Timor, in: 50 ICLQ 2001, S.613-631; WAGNER, UNMIK, in: VN 2000, S.132-139; YANNIS, Kosovo, in: 43-2 Survival 2001, S.31-43.

*Christian B. Fulda*

## 3. Internationale Praxis 59

Souveränität über das Territorium und der *de facto*-Schaffung eines unabhängigen Staates.[339] Maßgaben zu demokratischen Strukturen, die notwendigerweise in die Verfassung der Bundesrepublik Jugoslawien eingreifen, müssen zwangsläufig diesen Spagat reflektieren. Innerhalb dieses Rahmens lautet das Schlüsselwort „Autonomie", für die demokratische Strukturen zugrundegelegt werden. So stimmte die Bundesrepublik Jugoslawien am 2. Juni 1999 im Vorfeld der Sicherheitsratsresolution 1244 (1999)[340] einem Prinzipienkatalog zu, der dazu folgende Aussage trifft:

> 5. Establishment of an interim administration for Kosovo as a part of the international civil presence under which the people of Kosovo can enjoy substantial autonomy within the Federal Republic of Yugoslavia, to be decided by the Security Council of the United Nations. The interim administration to provide transitional administration while establishing and overseeing the development of provisional democratic self-governing institutions to ensure conditions for a peaceful and normal life for all inhabitants in Kosovo.[341]

Die Sicherheitsratsresolution 1244 (1999) greift dieses Mandat für die Gewährleistung eines Autonomie-Status in Absatz 10 des operativen Teils im Wortlaut auf. Gestützt auf diese Resolution hat die United Nations Interim Administration Mission in Kosovo (UNMIK)[342] in der Person des Sonderbeauftragten des Generalsekretärs neben einer Flut von Verordnungen über Autozulassungen bis zu Verbrauchssteuern im Jahr 2000 zunächst die Grundlage für Kommunalwahlen gelegt, die operativ dann von der OSZE durchgeführt wurden. So wurde zunächst durch Verordnung 16 aus 2000[343] die Zulassung von politischen Parteien geregelt und durch Verordnung 21 aus 2000,[344] in Kraft getreten am 18. April 2000, eine Zentrale Wahlkommission eingerichtet, die für alle folgenden Wahlen Verfahren ausarbeiten und vorschlagen sollte, und bestimmte das aktive Wahlrecht für die ersten Kommunalwahlen 2000, bei denen – im Gegensatz zu den Wahlen in Kambodscha und zur Verfassungsgebenden Versammlung in Ost-Timor 2001 – auch die im Ausland befindlichen Albaner zugelassen werden konnten.[345] Die Verordnung 39 aus 2000 vom 8. Juli 2000[346] über die Kommunalwahl

---

[339] Vgl. YANNIS, Kosovo, in: 43-2 Survival 2001, S.31, 34f. WAGNER, UNMIK, in: VN 2000, S.132, 138 spricht in diesem Zusammenhang von der internationalen Fiktion des Kosovo als autonomen Bestandteils Jugoslawiens.

[340] (IR) UNSC Res.1244 (1999).

[341] Annex 2 zu (IR) UNSC Res.1244 (1999). Es handelt sich um die „Übereinkunft über das Ende der Kosovo-Krise", die vom EU-Ratspräsidenten AHTISAARI, dem russischen Außenminister TSCHERNORMYRDIN und dem jugoslawischen Präsidenten MILOSEVIC unterzeichnet wurde. Sie stellt Jugoslawiens Einlenken nach den NATO-Luftangriffen dar und basiert auf den „allgemeinen Grundsätzen zur politischen Lösung der Kosovo-Krise", die auf der Außenministerkonferenz der G8 am 6. Mai 1999 beschlossen worden war.

[342] Dazu WAGNER, UNMIK, in: VN 2000, S.132-138.

[343] (IR) UNMIK, Reg.2000/16, geändert durch Verordnung 16 aus 2001, (IR) UNMIK, Reg.2001/16. Ausschlußgründe sind nach Section 3 insbesondere der Verstoß der Partei-Statuten gegen UNMIK-Verordnungen oder anwendbares Recht, sowie die Funktionsträgerschaft von verurteilten Kriegsverbrechern in der Partei.

[344] (IR) UNMIK, Reg.2000/21.

[345] Vgl. Section 7.1 und 7.2 der Verordnung 2000/21:
Section 7 Voter Eligibility for the First Municipal Elections
7.1 A person residing in Kosovo shall be registered to vote provided he or she is registered in the Central Civil Registry established by UNMIK and meets the voter eligibility requirements as established by administrative direction. Such person may, at his or her option, vote for either the municipality of his or her residence on 1 January 1998 or for the municipality of current residence.

sah nicht nur ein proportionales, repräsentatives, pluralistisches Wahlsystem vor, sondern legte sogar einen Mindestanteil an Frauen auf der Kandidatenliste fest.[347]

Da eine Selbstorganisation der Kosovaren vermutlich die Fiktion einer Zugehörigkeit zu Jugoslawien gefährdet hätte, wurde auch nach den Kommunalwahlen der Weg zur Autonomie von „oben", d.h. durch die UNMIK gestaltet. Ein entsprechendes Phasen-Modell zur Erlangung der Autonomie war bereits im Bericht des Generalsekretärs vom 12. Juli 1999 in Ergänzung der Sicherheitsratsresolution 1244 (1999) vorgesehen worden.[348] Nachdem mit Verordnung 1 aus 2000[349] eine Joint Interim Administration Structure geschaffen worden war, die eine Beteiligung der Kosovaren an der Verwaltungsstruktur der UNMIK einleitete, wobei gleichzeitig die existierenden kosovarischen Strukturen aufgelöst wurden (Section 1 der Verordnung 2000/1),[350] erließ der Sonderbeauftragte durch Verordnung 9 aus 2001 am 15. Mai 2001 ein „Constitutional Framework for Provisional Self-Government".[351] Es sich handelt sich also um eine Autonomie-Verfassung, die auf dem Verordnungswege geschaffen wurde.[352]. Mit der Folge, daß die durch den „Verfassungsrahmen" geschaffene Versammlung (=Parlament; vgl. Chapter 9, Section 1) zwar

„the highest representative and legislative Provisional Institution of Self-Government of Kosovo"

ist, allerdings ohne verfassungsgebende Kompetenz. Denn der verordnete Verfassungsrahmen kann nicht geändert werden.[353] Nun ist diese Struktur der Selbstregierung eine vorläufige, und es liegt auf der Hand, daß die UN nicht zuletzt aufgrund ihrer nominellen

---

7.2 A person who is residing outside Kosovo and who left Kosovo on or after 1 January 1998, may register to vote on a separate voters' register, provided that he or she meets the criteria in UNMIK Regulation No. 2000/13 of 17 March 2000 on the Central Civil Registry for being a habitual resident of Kosovo and the voter eligibility requirements as established by administrative direction. Such a person shall be eligible to vote for the municipality where he or she resided on 1 January 1998.

[...]

[346] (IR) UNMIK, Reg.2000/39.

[347] Vgl. Section 4 der Verordnung 2000/39:
Section 4 Electoral System
4.1 The election of municipal assemblies shall be conducted by a system of proportional representation on the basis of political party, citizens' initiative and coalition's candidates' lists and independent candidates named on the ballot pursuant to the Electoral Rules of the Central Election Commission.
4.2 Each candidates' list shall include at least thirty percent of female candidates in the first fifteen candidates. Within the first fifteen candidates on each candidates' list, at least one female shall be placed among the first three candidates, and at least one female shall be placed in each full set of three candidates thereafter. This rule shall not apply to those lists comprised of less than three candidates.

[348] (IR) UNSG Report 779 (1999), UN Doc. S/1999/779, Kapitel VII. General Strategy.

[349] (IR) UNMIK, Reg.2000/1.

[350] Ausführlicher dazu WAGNER, UNMIK, in: VN 2000, S.132, 134ff. Nach Ansicht von YANNIS, Kosovo, in: 43-2 Survival 2001, S.31, 39f. sicherte angesichts der vorangegangenen Rivalitäten der albanischen Machteinheiten untereinander und im Verhältnis zur UNMIK erst dieser Schritt das politische Überleben der Mission.

[351] (IR) UNMIK, Reg.2001/9 Constitutional Framework.

[352] Die Machtfülle des Sonderbeauftragten sieht WAGNER, UNMIK, in: VN 2000, S.132, 137 zum einen durch die Kontrolle des Sicherheitsrates, zum anderen durch die notwendige Kooperation mit den anderen internationalen Organisationen begrenzt.

[353] Unter den Aufgaben der Versammlung finden sich in Section 9.1.26 nur einfachgesetzliche Kompetenzen und Section 14.1 stipuliert den Vorrang des „Verfassungsrahmens" vor „any law" der Versammlung.

*Christian B. Fulda*

## 3. Internationale Praxis 61

Verpflichtung gegenüber Jugoslawien die Entscheidung über die endgültigen Strukturen eines autonomen Kosovo nicht aus der Hand geben kann.[354] Dennoch fällt auf, daß der Versammlung noch nicht einmal ein Initiativrecht für „Verfassungsänderungen" eingeräumt wurde. Wie im Fall Ost-Timor zeigt sich, daß das Handeln der UN-Verwaltung selbst an erheblichen Legitimationsdefiziten leidet – eine saubere Lösung für den selbstbestimmten Weg in die Selbstbestimmung ist in den „UN-Protektoraten" bisher noch nicht gefunden worden. Das Phasenmodell für die UNMIK sieht zwar vor, daß mit der Konstituierung der Versammlung, die nach den Wahlen vom 17. November 2001 am 10. Dezember 2001 stattfand,[355] die vierte Phase der Mission eingeleitet wurde, während derer

> „UNMIK will oversee and, as necessary, assist elected Kosovo representatives in their efforts to organize and establish provisional institutions for democratic and autonomous self-government. As these are established, UNMIK will transfer its remaining administrative responsibilities while overseeing and supporting the consolidation of Kosovo's local provisional institutions."[356]

Aber wie der Bericht des Generalsekretärs einräumt, hängt die endgültige Ausgestaltung von einem „political settlement",[357] also von einem Arrangement mit Jugoslawien ab. Und da die Staatengemeinschaft bis heute keinen Fahrplan zur Erreichung einer solchen Übereinkunft aufgestellt hat, hängt die Legitimation der vorläufigen Selbstverwaltungsinstitutionen im Kosovo weiterhin am Tropf der UN, genauer der Sicherheitsratsresolution 1244 (1999).

Unbeschadet dieser Fragezeichen ist der „Verfassungsrahmen" jedoch ebenfalls ein Beispiel für die Implementierung des Demokratieprinzips. So heißt es bereits in den Erwägungsgründen:

> Considering that, building on the efforts undertaken by UNMIK and on the achievements of JIAS, including the valuable contribution by the people of Kosovo, and with a view to the further development of self-government in Kosovo, Provisional Institutions of Self-Government in the legislative, executive and judicial fields shall be established through the participation of the people of Kosovo in free and fair elections;

---

[354] Bezeichnend in dieser Hinsicht der sechst Erwägungsgrund des „Verfassungsrahmens":
Determining that, within the limits defined by UNSCR 1244 (1999), responsibilities will be transferred to Provisional Institutions of Self-Government which shall work constructively towards ensuring conditions for a peaceful and normal life for all inhabitants of Kosovo, with a view to facilitating the determination of Kosovo's future status through a process at an appropriate future stage which shall, in accordance with UNSCR 1244 (1999), **take full account of all relevant factors including the will of the people**; [Hervorhebung vom Autor]

[355] Die Modalitäten der Wahl in Ergänzung zum „Verfassungsrahmen" wurden durch Verordnung 33 aus 2001, (IR) UNMIK, Reg.2001/33, geregelt. Daß normative Vorgaben alleine nicht ausreichen, Demokratie vor Ort effektiv zu verwirklichen, zeigt sich an der politischen Entwicklung in der Folge zu den Wahlen der Versammlung. Aufgrund mangelnder Erfahrung in der Erzielung politischer Kompromisse blieb die – unter turbulenten Umständen – neukonstituierte Versammlung aufgrund der gegenseitigen Blockade der führenden Parteien monatelang handlungsunfähig, bis erst am 4. März 2002 ein Präsident und ein Premierminister gewählt werden konnten. Kompromißfähigkeit läßt sich jedoch nicht verordnen, die politischen Unzulänglichkeiten können daher normativ nicht behoben werden.

[356] Bericht des Generalsekretärs vom 12. Juli 1999, (IR) UNSG Report 779 (1999), UN Doc. S/1999/799, Kapitel VII., Absatz 115.

[357] Kapitel VII., Abs. 116 des Berichts lautet:
116. A concluding fifth phase will depend on a final settlement and the dispositions made therein. As provided for in paragraph 11 (f) of Security Council resolution 1244 (1999), in a final stage UNMIK would oversee the transfer of authority from Kosovo's provisional institutions to institutions established under a political settlement.

[...]
Considering that gradual transfer of responsibilities to Provisional Institutions of Self-Government will, through parliamentary democracy, enhance democratic governance and respect for the rule of law in Kosovo;

Die generelle Vorgabe, daß

>1.4 Kosovo shall be governed democratically through legislative, executive, and judicial bodies and institutions in accordance with this Constitutional Framework and UNSCR 1244 (1999),

wird insbesondere durch Section 9.1 ausgefüllt, wodurch die Versammlung des Kosovo errichtet wird – inklusive Vorgaben zur „ethnischen" Repräsentanz. Wie im Fall Dayton wird das demokratische Strukturprinzip flankiert durch eine Absicherung der Menschenrechte, insbesondere der Freiheits- und Partizipationsrechte. So finden sich unter den zu beachtenden Menschenrechtsinstrumenten in Section 3.2 die Allgemeine Erklärung der Menschenrechte[358], die EMRK[359] sowie der IPbpR[360] samt jeweiliger Protokolle. Die Instrumente werden durch Section 3.3 als Teil des „Verfassungsrahmens" für unmittelbar anwendbar erklärt.

Auch in diesem Fall wird also, wenn auch unter dem Vorbehalt der UN-Oberhoheit, dem Demokratieprinzip soweit wie möglich Rechnung getragen. Es wird durch pluralistische, repräsentative Strukturen ausgefüllt und durch politische Menschenrechte abgesichert.

### 6) Ost-Timor

Die jüngste „Demokratisierungs-Mission" der UN läuft seit 1999 in Ost-Timor.[361] Im Nachgang zu einer Volksbefragung, die am 30. August 1999 die Haltung der osttimoresischen Bevölkerung zu einem von Indonesien vorgeschlagenen Autonomiestatut ausloten sollte und deren Ergebnis – eine überwältigende Ablehnung dieses Vorschlags – allgemein, wenn auch zweifelhaft als Votum für die Unabhängigkeit interpretiert wurde,[362] wurde vom Sicherheitsrat durch Resolution 1272 vom 25. Oktober 1999[363] die bisher weitestgehende Verwaltungsmission der UN, die UN Transitional Administration in East Timor (UNTAET) eingesetzt. Ihr Ziel war die provisorische Übernahme der Gebietshoheit[364] und eine Begleitung dieses Quasi-Treuhandgebietes in die Unabhängigkeit.[365] Es fällt auf, daß von seiten des Sicherheitsrates

---

[358] (IR) Universal Declaration, 1948.

[359] (IR) EConvHR

[360] (IR) ICCPR.

[361] Siehe dazu CHOPRA, East Timor, 42-3 Survival 2000, S.27-39 und RUFFERT, Kosovo and East-Timor, in: 50 ICLQ 2001, S.613-631.

[362] Daß auch dem Sicherheitsrat bei der Interpretation der Volksbefragung nicht ganz wohl war, kann man aus der betonten Selbstversicherung in den Erwägungsgründen der Resolution 1272 vom 25. Oktober 1999, (IR) UNSC Res.1272 (1999) herauslesen:
Reiterating its welcome for the successful conduct of the popular consultation of the East Timorese people of 30 August 1999, and taking note of its outcome through which the East Timorese people expressed their clear wish to begin a process of transition under the authority of the United Nations towards independence, which it regards as an accurate reflection of the views of the East Timorese people,

[363] (IR) UNSC Res.1272 (1999).

[364] Kurz und bündig in Resolution 1272 (1999) übertragen:
1. Decides to establish, in accordance with the report of the Secretary-General, a United Nations Transitional Administration in East Timor (UNTAET), which will be endowed with overall responsibility for the administration of East Timor and will be empowered to exercise all legislative and executive authority, including the administration of justice;

[365] Dieser Aspekt wird in Resolution 1272 (1999) erst unter ferner liefen aufgeführt:

## 3. Internationale Praxis

nur verhalten Vorgaben zur Struktur des werdenden Staates gemacht wurden („with a view to the development of local democratic institutions"). Dies wird nicht zuletzt der Tatsache geschuldet gewesen sein, daß entgegen den Beteuerungen von allen Seiten die Stimmungslage hinsichtlich einer Unabhängigkeit im Herbst 2000 keineswegs eindeutig war,[366] so daß Anforderungen an ein Wahlverfahren oder gar an die materielle Verfassung verfrüht erschienen. Erst auf der Grundlage des Berichts des Generalsekretärs vom 16. Januar 2001[367] beschloß der Sicherheitsrat durch Resolution 1338 vom 31. Januar 2001[368], das Mandat der UNTAET vollständig auf den Übergang zur Unabhängigkeit auszurichten. Wenn auch inhaltlich in dieser Resolution auf demokratische Strukturen bezug genommen wurde,[369] so fehlt erstaunlicherweise das Wort „Demokratie" völlig. Dies mag damit zu erklären sein, daß weder die UNTAET noch der Sicherheitsrat die inner-osttimoresische Diskussion, die zweifelsfrei auf eine demokratisch Verfassungsstruktur hinauslief, beeinflussen wollte. So war der „Unabhängigkeitsfahrplan", in dem auf eine Wahl zur Verfassungsgebenden Versammlung am 30. August 2001 die Konstituierung dieser Versammlung, die Erarbeitung einer Verfassung und deren Annahme sowie die Umwandlung der Verfassungsgebenden Versammlung in das erste Parlament folgen sollte, im Konsens durch die gesellschaftlichen Gruppen Ost-Timors beschlossen worden, die im von der UNTAET eingesetzten Nationalrat eine institutionelle Verankerung gefunden hatten. Und die vom Nationalrat gebilligte Verordnung 2 aus 2001 vom 16. März 2001 der UNTAET[370] über die Wahlen zur Verfassungsgebenden Versammlung legte ein pluralistisch-repräsentatives demokratisches Wahlsystem fest. Die Verordnung 1 aus 2002[371] zur Präsidentenwahl geht in Section 1 vom Grundsatz freier, allgemeiner und geheimer Wahlen aus und unterstreicht trotz der Personenwahl den repräsentativen Charakter dadurch, daß Kandidaten nach Section 12 von registrierten Parteien nominiert werden müssen.

Die von der Verfassunggebenden Versammlung am 22. März 2002 angenommene Verfassung für die Demokratische Republik Ost-Timor[372] ist zwar ein nationales Dokument, das jedoch unter den wachsamen Augen der internationalen Gemeinschaft entworfen

---

8. Stresses the need for UNTAET to consult and cooperate closely with the East Timorese people in order to carry out its mandate effectively with a view to the development of local democratic institutions, including an independent East Timorese human rights institution, and the transfer to these institutions of its administrative and public service functions;

[366] Vgl. auch den Bericht des Generalsekretärs an den Sicherheitsrat vom 16. Januar 2001, (IR) UNSG Report 42 (2001), UN doc. S/2001/42, S.1 Abs.2:

2. One of the main developments during the past six months has been the emergence of a growing consensus among the Timorese people to seek independence by the end of 2001.

[367] (IR) UNSG Report 42 (2001), UN doc. S/2001/42.

[368] (IR) UNSC Res.1338 (2001).

[369] So heißt es im vierten Erwägungsgrund der Resolution 1338:

*Expressing* support for the steps taken by UNTAET to strengthen the involvement and direct participation of the East Timorese people in the administration of their territory, and *urging* further measures to delegate authority to the East Timorese people as an essential part of the transition to independence,

[370] (IR) UNTAET, Reg.2001/2, geändert durch Verordnung 1 aus 2002, (IR) UNTAET, Reg.2002/1, und Verordnung 3 aus 2002, (IR) UNTAET, Reg.2002/3.

[371] (IR) UNTAET, Reg.2002/1.

[372] (IR) Constitution East Timor.

wurde.³⁷³ Entsprechend konstituiert sie eine Präsidialdemokratie, in der ein repräsentatives Mehrparteiensystem prominent in Section 7 innerhalb der allgemeinen Grundsätze des Part I verankert ist. Sie enthält einen umfassenden Grundrechtsteil bis hin zu Konsumentenrechten in Part II und errichtet ein System der Gewaltenteilung bis hin zu einer ausdifferenzierten Verfassungsgerichtsbarkeit in Part III.

Dennoch bleiben Zweifel, ob die UN, insbesondere der Sicherheitsrat, in diesem politisch bisher erfolgreichsten Fall nicht hinter den rechtlichen Standards zurückgeblieben ist, die er insbesondere in den Fällen Kambodscha und Kosovo im Hinblick auf demokratische Legitimierung errichtet hatte. Denn aufgrund der gewählten Abfolge des „Unabhängigkeitsfahrplans", nach der sich die Verfassungsgebende Versammlung unmittelbar nach Annahme der Verfassung durch sie selbst am 22. März 2002 mit Erlangung der Unabhängigkeit am 20. Mai 2002 in das erste Parlament verwandeln wird, hängt die Legitimation der Verfassung und damit des politischen Systems mangels Volksabstimmung über die Verfassung einzig an der Wahl zur Verfassungsgebenden Versammlung. Da diese von der UNTAET organisiert und durchgeführt wurde, hängt die Legitimation wiederum dieser Wahl von den Sicherheitsratsresolutionen 1272 (1999)³⁷⁴ und 1338 (2001)³⁷⁵ ab – diese enthielten jedoch keine Vorgaben zur demokratischen Struktur. Damit blieben entscheidende Fragen offen, etwa der nach der Beteiligung von Exil-Timoresen an der Wahl am 30. August 2001 oder nach der Kandidatur von Parteien, die gegen die Unabhängigkeit waren. Sie wurden durch Verordnung 2 aus 2001 der UNTAET teilweise geregelt,³⁷⁶ aber ob diese Verordnung, die in Zusammenarbeit mit dem Nationalrat und damit den lokalen Eliten entstand, hinreichend legitimiert ist, ist angesichts des Schweigens der Sicherheitsratsresolutionen in diesem Punkt sehr zweifelhaft.³⁷⁷

Auf der anderen Seite muß im Hinblick auf das Thema dieser Arbeit darauf hingewiesen werden, daß am 5. Juli 2001 nach 16 monatiger Verhandlungszeit ein Memorandum of Understanding (MoU)³⁷⁸ zwischen Ost-Timor, vertreten durch die von UNTAET eingesetzte Übergangsverwaltung (East Timor Transitional Administration) und Australien unterzeichnet wurde, das die Verteilung der Öl- und Gasvorkommen in dem Gebiet neu regelt, das vom

---

[373] Bereits während der sukzessiven Verabschiedung einzelner Artikel der Verfassung wurden von internationaler Seite Kommentare abgegeben, die dann teilweise zu einer Veränderung des Entwurfes führten. So nahm etwa die UN Hochkommissarin für Menschenrechte, MARY ROBINSON, in einem Brief an die Verfassungsgebende Versammlung kritisch zu den menschenrechtlichen Gewährleistungen in der Verfassung Stellung. Siehe (IR)

[374] (IR) UNSC Res.1272 (1999).

[375] (IR) UNSC Res.1338 (2001).

[376] So haben nach Section 4.2 und 5.2 der Verordnung 2 aus 2001 nur ortsansässige Timoresen das aktive Wahlrecht; nach Art.1 Section 1.1 ist Aufgabe der Versammlung
„to prepare a Constitution for an independent and democratic East Timor".

[377] Sehr kritisch, allerdings unter der Perspektive der fehlenden Gewaltentrennung auch CHOPRA, East Timor, 42-3 Survival 2000, S.27, 29ff.:
„The organisational and juridical status of the UN in East Timor is comparable with that of a pre-constitutional monarch in a sovereign Kingdom."
Wenn man auch seiner Kritik an der fehlenden Kontrolle der Exekutive durch eine Legislative und Judikative zustimmen muß, so ist doch der Vergleich mit einem vorkonstitutionellen Monarchen etwas übertrieben. Schließlich beinhaltet das Sicherheitsratsmandat die Zielvorgabe, die Macht auf lokale Institutionen zu übertragen.

[378] (IR) Timor Sea Arrangement, 2001.

indonesisch-australischen Timor Gap Treaty von 1989[379] betroffen war – dem Vertrag, der durch das Verfahren vor dem IGH zwischen Portugal und Australien[380] mehr als nur eine Fußnote im Völkerrecht hinterlassen hat. Dieses MoU hält fest, daß das als Anlage A beigefügte Timor Sea Arrangement von Ost-Timor und Australien angenommen werden kann, sobald Ost-Timor seine Unabhängigkeit erlangt hat. Abgesehen von der materiellen Regelung, wonach Ost-Timor nunmehr 90% der Vorkommen (statt der Hälfte) sowie die Möglichkeit der Veränderung der Besteuerung der Produktion (statt eines Einfrierens auf dem Stand von 1989) zugestanden werden, ist bemerkenswert, daß implizit besonders auf die Legitimation des Abkommens auf Seiten Ost-Timors geachtet wurde. Statt daß UNTAET das Abkommen für Ost-Timor abschloß, wird das Inkrafttreten von der Zustimmung der neu zu wählenden Regierung abhängig gemacht.[381]

*7) Afghanistan*

Ähnlich wie im Fall Bosnien-Herzegowina war der Sicherheitsrat zwar nicht der Motor der Entwicklung in Afghanistan, jedoch unentbehrlich für die Umsetzung der Bemühungen der internationalen Gemeinschaft um eine neue Ordnung für das Land, nachdem die u.s.-amerikanischen Angriffe das *de facto*-Regime der Taliban gestürzt hatten. Galten die Sicherheitsratsresolutionen daher zunächst der Bekämpfung des Terrorismus in der Folge der Anschläge des 11. September 2001,[382] unterstützte er dann die Vorstöße der internationalen Gemeinschaft zur Einberufung der Afghanistan-Konferenz, verknüpft mit Richtlinien für die Ausgestaltung der neuen Ordnung:

> 1. *Expresses* its strong support for the efforts of the Afghan people to establish a new and transitional administration leading to the formation of a government, both of which:
> – should be broad-based, multi-ethnic and fully representative of all the Afghan people and committed to peace with Afghanistan's neighbours,
> – should respect the human rights of all Afghan people, regardless of gender, ethnicity or religion, [...][383]

Das Ergebnis der Bonner Konferenz, das Agreement on provisional arrangements in Afghanistan pending the re-establishment of permanent government institutions vom 5. Dezember 2001,[384] billigte er mit Resolution 1386 vom 6. Dezember 2001[385] und führte darin aus:

> *Noting* that the provisional arrangements are intended as a first step towards the establishment of a broad-based, gender sensitive, multi-ethnic and fully representative government,

---

[379] (IR) Timor Gap Treaty, 1989.

[380] (IR) ICJ, *East-Timor*, ICJ Rep.1995, S.90.

[381] Vgl. Bericht des Generalsekretärs der UN an den Sicherheitsrat vom 24. Juli 2001, (IR) UNSG Report 719 (2001), UN doc. S/2001/719, S.3 Abs.12. Nach Section 158 im Schlußteil der neuen timoresischen Verfassung, (IR) Constitution East Timor gelten Verträge, die vor Inkrafttreten der Verfassung abgeschlossen wurden, nur, wenn die zuständigen Organe unter der neuen Verfassung ihnen zustimmen.

[382] Siehe dazu die Resolution 1368 (2001) vom 12. September 2001, (IR) UNSC Res.1368 (2001), sowie die Resolutionen 1373 (2001), (IR) UNSC Res.1373 (2001), 1377 (2001), (IR) UNSC Res.1377 (2001) und 1390 (2002), (IR) UNSC Res.1390 (2002).

[383] Resolution 1378 (2001) vom 14. November 2002, (IR) UNSC Res.1378 (2001).

[384] (IR) Afghanistan Agreement, 2001.

[385] (IR) UNSC Res.1383 (2001).

1. *Endorses* the Agreement on provisional arrangements in Afghanistan pending the re-establishment of permanent government institutions as reported in the Secretary-General's letter of 5 December 2001; [...]

Die im Absatz 3 des Anhang 1 des Abkommens erbetene Entsendung einer internationalen Sicherheitstruppe, die die Funktionsfähigkeit der „Interim Authority" unter Sicherheitsgesichtspunkten garantieren sollte, wurde durch Resolution 1386 vom 20. Dezember 2002[386] autorisiert.

Anders als in den Fällen Kambodscha, Kosovo und Ost-Timor sowie mittelbar auch Bosnien-Herzegowina übernimmt die UN in Afghanistan nicht die Administration des Landes. Vielmehr soll die inzwischen eingesetzte United Nations Assistance Mission in Afghanistan (UNAMA),[387] die die UN-Aktivitäten vor Ort bündelt, genau das tun, was ihr Name besagt, nämlich der „Interim Authority" und später der „Transitional Authority" assistieren. Diese ist nach I. 3) Afghanistan-Abkommen „repository of Afghan sovereignty" und besteht nach I. 2) Afghanistan Abkommen aus der „Interim Administration" unter ihrem Vorsitzenden HAMID KARZAI, einer „Special Independent Commission for the Convening of the Emergency Loya Jirga" (Sonderkommission) sowie aus dem Obersten Gerichtshof. Sie wird abgelöst werden durch eine „Transitional Authority", die von einer „Emergency Loya Jirga" ernannt werden soll, wobei die Sonderkommission der „Interim Authority" mit der Einberufung dieser Loya Jirga beauftragt ist. Diese ist für Juni 2002 geplant.

Wie vielschichtig die Probleme einer Neuordnung des Landes durch die internationale Gemeinschaft sind, erhellt bereits ein Absatz der Präambel des Afghanistan-Abkommens:

> *Acknowledging* the right of the people of Afghanistan to freely determine their own political future in accordance with the principles of Islam, democracy, pluralism and social justice[.]

Die Verbindung von islamischen Prinzipien und pluralistischer Demokratie läßt sich als Tribut an Befindlichkeiten der Staaten der Region lesen, das die Akzeptanz der Neuordnung Afghanistans erhöhen soll. Hinsichtlich des längerfristigen Ausblicks heißt es ebenfalls in der Präambel:

> *Noting* that these interim arrangements are intended as a first step toward the establishment of a broad-based, gender-sensitive, multi-ethnic and fully representative government, and are not intended to remain in place beyond the specified period of time[.]

Der „Constitutional Loya Jirga" (Verfassungsversammlung), die nach Art. I. 6) Afghanistan Abkommen innerhalb der ersten 18 Monate nach Amtsantritt der „Transitional Authority" zur Ausarbeitung einer Verfassung einberufen werden soll, werden inhaltlich keine Vorgaben gemacht, lediglich die Beteiligung der UN wird dadurch sichergestellt, daß sie die „Interim Authority" bei der Einsetzung einer vorbereitenden Verfassungskommission unterstützen soll. Immerhin ist die Autorität der „Transitional Authority" zeitlich beschränkt:

---

[386] (IR) UNSC Res.1386 (2001).

[387] Autorisiert durch UNSC Res.1401 (2002), (IR) UNSC Res.1401 (2002). Ihr Mandat wird ausformuliert im Bericht des Generalsekretärs vom 18. März 2002, UN Doc.S/2002/278, (IR) UNSG Report 278 (2002), auf den die Resolution im ersten operativen Absatz verweist. Nach Abs.97 des Berichts soll UNAMA alle Aufgaben der wahrnehmen, die der UN im Afghanistan-Abkommen zugewiesen wurden, daneben durch die Tätigkeit des Sonderbeauftragten des Generalsekretärs zur nationalen Versöhnung beitragen und schließlich alle humanitären und Wiederaufbauanstrengungen der UN durchführen.

### 3. Internationale Praxis

[...] until as a fully representative government can be elected through free and fair elections to be held no later than two years from the date of the convening of the Emergency Loya Jirga.[388]

Die Rahmenbedingungen hinterlassen demnach ihre Spuren im Umfang und in der Reichweite der Maßnahmen der internationalen Gemeinschaft. Während der Sicherheitsrat ohne weiteres den Kampf gegen den internationalen Terrorismus stützen und auf Einladung durch das Afghanistan-Abkommen die Mitgliedstaaten zur Entsendung einer Sicherheitstruppe ermächtigen konnte, ist der Spielraum hinsichtlich der Einwirkung auf die interne Verfaßtheit des Landes nur eingeschränkt. Da auf der einen Seite der unilaterale Einsatz der USA das *de facto*-Regime der Taliban beseitigt hat, auf der anderen Seite aber die UN davor zurückschreckte, in diesem *failed state* die Gebietshoheit zu übernehmen, nicht zuletzt aufgrund der immensen politischen Risiken, die ein solcher Einsatz geborgen hätte, blieb nur die Möglichkeit, die Selbstorganisation der afghanischen Kräfte außer den Taliban zu unterstützen. Da anders als im Fall Kambodscha[389] der Verfassungsversammlung keine materiellen Vorgaben gemacht wurden, bleibt abzuwarten, in welchem Maße die internationale Gemeinschaft dem Demokratieprinzip zur Geltung verhilft. Da der Sicherheitsrat von Afghanistan jedoch immer wieder die Einhaltung der menschenrechtlichen Verpflichtungen gefordert hat,[390] und Afghanistan Mitglied des IPbpR ist, wird die UN nicht umhin können sicherzustellen, daß die Verpflichtung auf „democracy" und die Wahl eines „fully representative government" eingehalten wird.[391]

#### 8) Schlußfolgerung zu den UN-Missionen

Die dargestellten vom Sicherheitsrat autorisierten Missionen der UN bilden einen robusten Korpus der Anwendung des Demokratieprinzips in der Praxis der Organisation. Dabei unterfallen die Missionen in zwei Kategorien. Zum einen kann die UN das Ziel der Errichtung demokratischer Strukturen selber verfolgen, so wie sie das mit zunehmender Regelungsdichte in den Fällen Kambodscha, Bosnien-Herzegovina und Kosovo tat. Zum anderen kann sie aber auch eine eher unterstützende Rolle einnehmen, wie dies im Fall Ost-Timor geschah und wie dies offenbar für Afghanistan angestrebt wird. Daraus ergibt sich als Konsequenz für die völkerrechtliche Bewertung der Praxis, daß die internationale Gemeinschaft, handelnd durch die UN, demokratische Staaten in einem *failed state* oder in ähnlichen Fällen der *tabula rasa* selber errichten kann, aber nicht muß, daß aber in jedem Fall eine Zielorientierung auf das Demokratieprinzip erfolgen muß. Die juristische Bewertung der Fälle wird allerdings dadurch erschwert, daß sie in ihren normativen Komponenten stets auf den konkreten Einzelfall zugeschnitten sind, daher nur wenige Gemeinsamkeiten im Detail vorweisen können. Wesentlicher ist noch, daß normative Aussagen auf der Metaebene fehlen. Es gibt keine abstrakte Sicherheitsratsresolution, die feststellt, daß Missionen stets auf das Demokratieprinzip auszurichten sind. Als Ausdruck einer solchen die Praxis begleitenden *opinio iuris* können aber möglicherweise die Resolutionen der Generalversammlung in diesem Bereich herangezogen werden.

---

[388] Art. I. 4) Afghanistan-Abkommen.

[389] Siehe oben II. 3. a) 1) bei Fn.231.

[390] Siehe etwa den 9. Erwägungsgrund in der Resolution 1386, (IR) UNSC Res.1386 (2001).

[391] Siehe zu den Schwierigkeiten, bereits den repräsentativen Charakter der „Emergency Loya Jirga" sicherzustellen, die im Sommer 2002 die „Transitional Authority" ernennen soll, insbesondere zu dem Problem der ausreichend Vertretung von Frauen THOMAS AVENARIUS, Süddeutsche Zeitung, 22.03.2002, S.8: Qual der Wahl am Hindukusch. Bei der Besetzung der großen Ratsversammlung steht das Land vor großen Schwierigkeiten.

## 9) Demokratieresolutionen der UN

Das Demokratieprinzip hat in einer Reihe von Generalversammlungs-Resolutionen seinen Niederschlag gefunden. Unmittelbar nach dem Fall des Eisernen Vorhangs bemühte sich die Generalversammlung, das Wahlrecht als Kern des Demokratieprinzips zu stärken und die Praxis der UN zu fördern, auf Ersuchen von Staaten Wahlbeobachtungsmissionen zu entsenden. Erstmals geschah dies mit Resolution 45/150 vom 18. Dezember 1990 unter dem Titel „Enhancing the effectiveness of the principle of periodic and genuine elections"[392], worin die Legitimation staatlicher Entscheidungen durch allgemeine Wahlen betont wird:

„1. Underscores the significance of the Universal Declaration of Human Rights and the International Covenant on Civil and Political Rights, which establish that the authority to govern shall be based on the will of the people, as expressed in periodic and genuine elections;

2. Stresses, [sic] its conviction that periodic and genuine elections are a necessary and indispensable element of sustained efforts to protect the rights and interests of the governed and that, as a matter of practical experience, the right of everyone to take part in the government of his or her country is a crucial factor in the effective enjoyment by all of a wide range of other human rights and fundamental freedoms, embracing political, economic, social and cultural rights;

3. Declares that determining the will of the people requires an electoral process that provides an equal opportunity for all citizens to become candidates and put forward their political views, individually and in co-operation with others, as provided in national constitutions and laws;

[...]"

Relativiert wurde dieses Bekenntnis allerdings durch eine Resolution vom gleichen Tage unter dem Titel „Respect for the principles of national sovereignty and non-interference in the internal affairs of States in their electoral processes",[393] die bestätigte, daß die Entscheidung über das angemessene Wahlverfahren jedem Staat überlassen bleibt und daß das Prinzip der Nichteinmischung in die inneren Angelegenheiten zu berücksichtigen sei.[394] Die beiden Resolutionen wurden seitdem jährlich bestätigt, zuletzt in dieser Form 1999 durch Resolutionen 54/173 und 54/168.[395] Dabei sank die Zustimmung zur relativierenden „Nichteinmischungs"-Resolution kontinuierlich.[396] Erst 2001 wurden sie wieder aufgelegt, die „Nichteinmischungs"-Resolution allerdings unter neuer Rubrizierung: Während Resolution 56/159 weiterhin den Titel „Strengthening the role of the UN in enhancing the effectiveness of the principle of periodic and genuine elections and promotion of democratization"[397] trägt,[398]

---

[392] (IR) UNGA Res.45/150 (1990), UNYB 1990, S.569f.

[393] (IR) UNGA Res.45/151 (1990), UNYB 1990, S.570.

[394] Zu den beiden Resolutionsserien siehe SICILIANOS, ONU et démocratisation, 2000, S.162-169. Zum Spannungsverhältnis zwischen dem Prinzip der Nichteinmischung und Wahlbeobachtung vgl. FRANCK, Emerging Right, in: 86 AJIL 1992, S.46, 82ff.

[395] (IR) UNGA Res.54/173 (1999) (Wahlen) und (IR) UNGA Res.54/168 (1999) (Nichteinmischung).

[396] 1999: „Wahlen"-Resolution 54/173: 153-0-11 (1990: 129-8-9), „Nichteinmischungs"-Resolution 54/168: 91-59-10 (1990: 111-29-11). Diesen Abwärtstrend unterschlägt ROTH, Governmental illegitimacy, 1999, S.337, 340, 384 und 418, wenn er die „Nichteinmischungs-Resolution" als Argument für eine Relativierung des Demokratieprinzips heranzieht.

[397] Unter diesem Titel lief die Pro-Wahlen-Resolution seit Resolution 49/190 (1994), (IR) UNGA Res.49/190 (1994), UNYB 1994, S.1062ff.

[398] (IR) UNGA Res.56/159 (2001).

## 3. Internationale Praxis

lautet die „Nichteinmischungs"-Resolution 56/154 nunmehr „Respect for the principles of national sovereignty and non-interference in the internal affairs of States in elctoral processes as an important element for the promotion and protection of human rights".[399] Diese Neuausrichtung, die nicht nur die „Nichteinmischungs-Passagen" relativiert, sondern auch die konkreten Ausprägungen des Partizipationsrechtes (regelmäßige, allgemeine, freie und geheime Wahlen) unmißverständlich zur Grundlage der Legitimation der Regierungen erklärt, erhöhte sofort die Akzeptanz der Resolution.[400] Sie läßt sich durch den zwischenzeitlichen Wandel hinsichtlich des Demokratieprinzips erklären, der im Rahmen der Generalversammlung stattgefunden hat.

Denn 1999 beschloß die Menschenrechtskommission eine Resolution mit dem Titel „Promotion of the right to democracy".[401] Die von den USA initiierte und von 33 Staaten unterstützte Resolution[402] formuliert nicht nur die Partizipationsrechte, sondern ein Bündel an Rechten zur Sicherung des „right of democratic governance". Das „right to democracy" des Titels kommt in der Resolution selber nicht vor; eine Reihe von Delegationen äußerte sich skeptisch bis ablehnend über die Existenz eines solchen Rechtes.[403] Ein kubanischer Änderungsantrag für den Titel wurde jedoch abgelehnt.[404] Es sei an dieser Stelle nochmal auf die „Inter-American Democratic Charter"[405] verwiesen, in der sich ein solches Recht in Art.1 findet und die damit das erste internationale Dokument ist, das ein subjektives Recht auf demokratische Strukturen explizit festschreibt.[406] Im folgenden Jahr griff Rumänien das Anliegen auf und initiierte eine Resolution unter dem Titel „Promoting and consolidating democracy",[407] unterstützt von weiteren 62 Staaten.[408] Sie verzichtete auf der einen Seite auf das umstrittene „right to democracy" im Titel, ging auf der anderen Seite aber inhaltlich noch über die Resolution von 1999 hinaus, indem sie die Partizipationsrechte und Voraussetzungen für *good governance* detailliert ausformulierte. Auch diese Resolution war nicht unumstritten. Zwar blieb Kuba wie im Vorjahr erfolglos mit seinem Versuch, die Resolution durch Änderungen zu verwässern.[409] Streit entzündete sich aber vor allem an einem Ergänzungswunsch Pakistans, in den Erwägungsgründen einen Verweis auf die 1400jährige Tradition der Demokratie im Koran und der Scharia aufzunehmen.[410] Die Resolution 1999/57 hatte diesem

---

[399] (IR) UNGA Res.56/154 (2001).

[400] Das Abstimmungsverhältnis für Resolution 56/154 fiel 99-10-59 aus und invertierte damit das Verhältnis von ablehnenden Stimmen und Enthaltungen, das bei Resolution 54/168 aufgetreten war (91-59-10).

[401] (IR) UNCHR, Res.1999/57. Siehe dazu auch SICILIANOS, ONU et démocratisation, 2000, S.149-151.

[402] Siehe (IR) UNCHR, SR 57, 4 April 1999, Abs.1, 6 und 43.

[403] Vgl. (IR) UNCHR, SR 57, 4 April 1999, Stellungnahmen von Indien (Abs.8f.), Pakistan (Abs.15), Mexiko (Abs.20), Kuba (Abs.22f.), Rußland (Abs.29), Indonesien (Abs.40) und China (Abs.42).

[404] Der Änderungsvorschlag wurde mit 28-12-13 abgelehnt, (IR) UNCHR, SR 57, 4 April 1999, Abs.31-33.

[405] (IR) OAS, Inter-American Democratic Charter, 2001, siehe oben II. 3. a) 3) i) (a).

[406] Im Gegensatz dazu enthalten die europäischen Texten zwar Bekenntnisse zu pluralistischen, demokratischen Systemen, formulieren sie jedoch nicht als subjektives Recht aus, sondern behalten dies den einzelnen Partizipations und Menschenrechten vor, die das Demokratieprinzip stützen und konturieren.

[407] (IR) UNCHR, Res.2000/47.

[408] Vgl. (IR) UNCHR, Report 56th session, 2000, Abs.296.

[409] Vgl. (IR) UNCHR, SR 62, 25 April 2000, Abs.25-36.

[410] Vgl. (IR) UNCHR, SR 62, 25 April 2000, Abs.3.

kulturrelativistischen Ansatz noch mit einem Absatz in den Erwägungsgründen Rechnung getragen:

Recognizing also the rich and diverse natures of the community of the world's democracies,[411]

In der Diskussion einigten sich die Unterstützer der Resolution darauf, auch in der 2000er Resolution einen solchen Passus aufzunehmen, mit einem ausdrücklichen Hinweis auf die sozialen, kulturellen und religiösen Quellen.[412] Allerdings blieb diese Ergänzung offenbar bei der Redaktion des Schlußtextes der Resolution auf der Strecke, sie ist jedenfalls in der Endfassung der Resolution nicht zu finden. Die Resolution 2000/47 der Menschenrechtskommission, die mit 45 Stimmen ohne Gegenstimme bei 8 Enthaltungen angenommen wurde,[413] hat insofern eine herausragende Bedeutung, als sie mehr oder weniger *verbatim* von der Generalversammlung in ihrer Resolution 55/96 vom 4. Dezember 2000,[414] ebenfalls unter dem Titel „Promoting and consolidating democracy", übernommen wurde und damit die Quelle für die bisher umfassendste Stellungnahme zum Demokratieprinzip seitens der UN darstellt. Die Resolution der Generalversammlung wird in ihrem Detailreichtum nur noch vom dem Kopenhagener Dokument der KSZE[415] übertroffen und soll als Meilenstein[416] für die Formulierung des Demokratieprinzips in der UN hier in ihrem wesentlichen operativen Absatz wiedergegeben werden:

„1. *Calls upon* States to promote and consolidate democracy, inter alia, by:

(a) Promoting pluralism, the protection of all human rights and fundamental freedoms, maximizing the participation of individuals in decision-making and the development of effective public institutions, including an independent judiciary, accountable legislature and public service and an electoral system that ensures periodic, free and fair elections;

(b) Promoting, protecting and respecting all human rights, including the right to development, and fundamental freedoms, in particular:

(i) Freedom of thought, conscience, religion, belief, peaceful assembly and association, as well as freedom of expression, freedom of opinion, and free, independent and pluralistic media;

(ii) The rights of persons belonging to national, ethnic, religious or linguistic minorities, including the right freely to express, preserve and develop their identity without any discrimination and in full equality before the law;

(iii) The rights of indigenous people;

(iv) The rights of children, the elderly and persons with physical or mental disabilities;

(v) Actively promoting gender equality with the aim of achieving full equality between men and women;

---

[411] (IR) UNCHR, Res.1999/57, 4. Erwägungsgrund.

[412] (IR) UNCHR, SR 62, 25 April 2000, Abs.22.

[413] Vgl. (IR) UNCHR, Report 56th session, 2000, Abs.314.

[414] (IR) UNGA Res.55/96 (2000).

[415] (IR) CSCE, Copenhagen Document, 1990. Dazu sogleich unten II. 3. b) 1) ii).

[416] Auch wenn die Resolution noch nicht die Weihen einer Annahme durch Akklamation, *adopted without a vote*, erfahren hat, so zeugt das Abstimmungsverhältnis von 157-0-16 von einem breiten Rückhalt in der Staatengemeinschaft.

(vi) Taking appropriate measures to eradicate all forms of racism and racial discrimination, xenophobia and related intolerance;

(vii) Considering becoming parties to international human rights instruments;

(viii) Fulfilling their obligations under the international human rights instruments to which they are parties;

(c) Strengthening the rule of law by:

(i) Ensuring equality before the law and equal protection under the law;

(ii) Ensuring the right to liberty and security of person, the right to equal access to justice, and the right to be brought promptly before a judge or other officer authorized by law to exercise judicial power in the case of detention with a view to avoiding arbitrary arrest;

(iii) Guaranteeing the right to a fair trial;

(iv) Ensuring due process of law and the right to be presumed innocent until proven guilty in a court of law;

(v) Promoting the independence and integrity of the judiciary and, by means of appropriate education, selection, support and allocation of resources, strengthening its capacity to render justice with fairness and efficiency, free from improper or corrupt outside influence;

(vi) Guaranteeing that all persons deprived of their liberty are treated with humanity and with respect for the inherent dignity of the human person;

(vii) Ensuring appropriate civil and administrative remedies and criminal sanctions for violations of human rights, as well as effective protection for human rights defenders;

(viii) Including human rights education in the training for civil servants and law enforcement and military personnel;

(ix) Ensuring that the military remains accountable to the democratically elected civilian government;

(d) Developing, nurturing and maintaining an electoral system that provides for the free and fair expression of the people's will through genuine and periodic elections, in particular by:

(i) Guaranteeing that everyone can exercise his or her right to take part in the government of his or her country, directly or through freely chosen representatives;

(ii) Guaranteeing the right to vote freely and to be elected in a free and fair process at regular intervals, by universal and equal suffrage, conducted by secret ballot and with full respect for the right to freedom of association;

(iii) Taking measures, as appropriate, to address the representation of under-represented segments of society;

(iv) Ensuring, through legislation, institutions and mechanisms, the freedom to form democratic political parties that can participate in elections, as well as the transparency and fairness of the electoral process, including through appropriate access under the law to funds and free, independent and pluralistic media;

(e) Creating and improving the legal framework and necessary mechanisms for enabling the wide participation of all members of civil society in the promotion and consolidation of democracy, by:

(i) Respecting the diversity of society by promoting associations, dialogue structures, mass media and their interaction as a means of strengthening and developing democracy;

(ii) Fostering, through education and other means, awareness and respect for democratic values;

(iii) Respecting the right to freedom of peaceful assembly and the exercise of the right freely to form, join and participate in non-governmental organizations or associations, including trade unions;

(iv) Guaranteeing mechanisms for consultations with and the contribution of civil society in processes of governance and encouraging cooperation between local authorities and non-governmental organizations;

(v) Providing or improving the legal and administrative framework for non-governmental, community-based and other civil society organizations;

(vi) Promoting civic education and education on human rights, inter alia, in cooperation with organizations of civil society;

(f) Strengthening democracy through good governance as referred to in the United Nations Millennium Declaration by, inter alia:

(i) Improving the transparency of public institutions and policy-making procedures and enhancing the accountability of public officials;

(ii) Taking legal, administrative and political measures against corruption, including by disclosing and investigating and punishing all those involved in acts of corruption and by criminalizing payment of commissions and bribes to public officials;

(iii) Bringing government closer to the people by appropriate levels of devolution;

(iv) Promoting the widest possible public access to information about the activities of national and local authorities, as well as ensuring access by all to administrative remedies, without discrimination;

(v) Fostering high levels of competence, ethics and professionalism within the civil service and its cooperation with the public, inter alia, by providing appropriate training for members of the civil service;

(g) Strengthening democracy by promoting sustainable development, in particular by:

(i) Taking effective measures aimed at the progressive realization of economic, social and cultural rights, such as the right to education and the right to a standard of living adequate for health and well-being, including food, clothing, housing, medical care and necessary social services, individually and through international cooperation;

(ii) Taking effective measures aimed at overcoming social inequalities and creating an environment that is conducive to development and to the elimination of poverty;

(iii) Promoting economic freedom and social development and pursuing active policies to provide opportunities for productive employment and sustainable livelihoods;

(iv) Ensuring equal access to economic opportunities and equal pay and other rewards for work of equal value;

(v) Creating a legal and regulatory framework with a view to promoting sustained economic growth and sustainable development;

(h) Enhancing social cohesion and solidarity by:

(i) Developing and strengthening, at the local and national levels, institutional and educational capabilities to resolve conflicts and disputes peacefully, including through mediation, and to prevent and eliminate the use of violence in addressing societal tensions and disagreements;

(ii) Improving social protection systems and ensuring access for all to basic social services;

## 3. Internationale Praxis

(iii) Encouraging social dialogue and tripartite cooperation with respect to labour relations among government, trade unions and employer organizations, as reflected in the core Conventions of the International Labour Organization;"[417]

Der Vergleich der Resolution 2000/47 der Menschenrechtskommission[418] und UNGA Res.55/96 (2000) zeigt abgesehen von redaktionellen Änderungen eine Differenz in der Substanz auf, die symptomatisch für einen der Streitpunkte innerhalb der Diskussion um das Demokratieprinzip ist: Die Menschenrechtskommission hatte mit der Formulierung „open to multiple parties" innerhalb der Formulierung des Wahlrechts (UNCHR Res.2000/47, Abs.1 (d) (iv)) den pluralistischen Charakter des Demokratieprinzips unterstrichen. In der Diskussion hatte der Delegierte von Swaziland Bedenken dagegen als „overly prescriptive" angemeldet, weil er dieses Konzept als nicht von den internationalen Menschenrechtsinstrumenten verlangt ansah.[419] Die Ersetzung des Verweises auf „multiple parties" durch die Formel „with full respect for the right to freedom of association" (Abs.1 (d) (ii)) in der Resolution der Generalversammlung läßt sich als Tribut an diese Bedenken lesen, auch wenn sie materiell an einer Verankerung des pluralistischen Grundsatzes nichts ändert,[420] zumal in Abs.1 (d) (iv) der Resolution das Recht, Parteien zu gründen und mit ihnen an Wahlen teilzunehmen, auf dem Fuße folgt.

Analysiert man die Resolution auf ihren völkerrechtlichen Gehalt, dann fällt auf, daß der Einstieg im operativen Teil über eine Zielvorgabe erfolgt:

„1. Calls upon States **to promote and consolidate** democracy, [...]"[421]

Gleiches gilt für die „weichen" Prinzipien *good governance* (Abs.1 (f)), *sustainable development* (Abs.1 (g)) und *social cohesion and solidarity* (Abs.1 (h)). Demgegenüber wird hinsichtlich der Menschenrechte konkret nicht nur ihre Förderung, sondern auch ihre Respektierung eingefordert (Abs.1 (b)). Eine Mischform stellen die Äußerungen zum Rechtsstaatsprinzip dar (Abs.1 (c)), die sowohl die Einhaltung der Justizgrundrechte einfordern (Abs.1 (c) (i) – (iv) und (vi)) als auch flankierende Maßnahmen wie Förderung einer starken Justiz (Abs.1 (c) (v)), Verfolgung von Menschenrechtsverletzungen und Menschenrechtsausbildung für Staatsbedienstete (Abs.1 (c) (vii), (viii)) und die demokratische Kontrolle des Militärs (Abs.1 (c) (ix)) verlangen. Die Aussagen zum Wahlrecht (Abs.1 (d)) betreffen überwiegend die „harte" Gewährleistung von Partizipationsrechten, wohingegen die Beteiligung der Zivilgesellschaft (Abs.1 (e)) überwiegend mit weichen Zielvorgaben ausformuliert wird und lediglich das Versammlungs- und Vereinigungsrecht (Abs.1 (e)) als organisatorische Grundlage dieser Beteiligung als „hartes" Recht bestätigt wird.

Auch wenn man den unverbindlichen Charakter der Generalversammlungs-Resolution berücksichtigt, kann man aufgrund der differenzierten Formulierungen hinsichtlich der einzelnen Rechte und Ziele die Resolution als Ausdruck der *opinio iuris* der Mitgliedstaaten zur gewohnheitsrechtlichen Geltung des Demokratieprinzips und seiner Bestandteile werten. Zumindest trifft dies für diejenigen Staaten zu, die die Resolution getragen haben; ein Kreis, der noch einmal über denjenigen der Teilnehmer an der Warschauer Konferenz 2000, also aus

---

[417] (IR) UNGA Res.55/96 (2000).
[418] (IR) UNCHR, Res.2000/47.
[419] (IR) UNCHR, SR 62, 25 April 2000, Abs.54.
[420] Siehe dazu oben die Ausführungen zur Bedeutung der Vereinigungsfreiheit nach Art.22 IPbpR.
[421] Hervorhebung vom Autor.

dem gleichen Jahr der Resolution, hinausgeht. Da allerdings das Abschlußdokument dieser Konferenz,[422] die außerhalb des Rahmens der UN stattfand, ebenfalls eine Unterscheidung in der Diktion zwischen „harten" Rechten und politischen Zielen vornimmt, kann diese Deklaration von Warschau als weiterer Beleg für eine entsprechende *opinio iuris* herangezogen werden.

Legitimation staatlicher Gewalt durch demokratische Prinzipien wäre danach eine normative Anforderung, die es als Ziel insgesamt zu erreichen gilt. Demgegenüber ist der Weg zum Erreichen dieses Zieles klar ausgeschildert, nämlich durch die Gewährleistung der Partizipationsrechte, der bürgerlichen und politischen Menschenrechte sowie der Grundsätze der Rechtsstaatlichkeit. Die Verknüpfung von Menschenrechten und Rechtsstaatlichkeit unterstreicht die Strukturkomponente des Demokratieprinzips. Hinsichtlich dieser Gewährleistungen geht die Resolution von einer gewohnheitsrechtlichen Geltung aus. Trennt man normative und politisch-soziale Voraussetzungen für die Erreichung des Demokratieprinzips, so läßt sich seine normative Komponente mit einem pluralistischen, repräsentativen System auf der Grundlage eines Rechtsstaates beschreiben.

Sieht man die Resolutionen der Menschenrechtskommission und der Generalversammlung als Ausdruck verschiedener Meinungen im Kampf um die Deutungshoheit über das Demokratieprinzip, ergibt sich folgendes Bild: Während im ersten Jahrzehnt nach dem Fall des Eisernen Vorhangs der Antagonismus zwischen Stärkung des Wahlrechts und Wahrung des Nichteinmischungsprinzips die Diskussion beherrschte, hat sich nunmehr das Demokratieprinzip durchgesetzt, allerdings in einer komplexeren Diskurslage.[423] Dank UNGA Res. 55/96 (2000)[424] und der sie vorbereitenden UNCHR Res.1999/57[425] und 2000/47[426] ist das Demokratieprinzip nicht nur als allgemeine politische Leitlinie, sondern auch in seiner Zusammensetzung aus rechtlich verbindlichen Verpflichtungen auf Partizipationsrechte, politische und bürgerliche Menschenrechte sowie Gewährleistungen der Rechtsstaatlichkeit und *good governance* durchgesetzt worden. Die politischen Gegner dieser Demokratie-Expansion haben ihr rechtlich nichts mehr entgegenzusetzen, versuchen jedoch, die Transparenz des Diskurses durch Resolutionen zu verringern, die auf die eine oder andere Weise die Geltung, Reichweite oder Implementation des Demokratieprinzips relativieren sollen.

An erster Stelle ist hier die Resolution der Generalversammlung 55/107 (2000) unter dem Titel „Promotion of a democratic and equitable international order"[427] zu nennen.[428] Sie greift zurück auf die von Kuba[429] in der Menschenrechtskommission eingebrachte Resolution

---

[422] (IR) CDI, Warsaw Final Act, 2000. Siehe dazu kurz oben II.1 bei Fn.46.

[423] Vgl. auch die Resolution des Institut du Droit International vom 13. September 1989, La protection des droits de l'homme et le principe de non-intervention dans les affaires intérieures des Etats, 63-II AIDI 1990, S.338 zur *erga-omnes*-Wirkung der Menschenrechte, die das Nichteinmischungsprinzip zurückdrängt, insbesondere Art.2 der Resolution.

[424] (IR) UNGA Res.55/96 (2000).

[425] (IR) UNCHR, Res.1999/57.

[426] (IR) UNCHR, Res.2000/47.

[427] (IR) UNGA Res.55/107 (2000).

[428] Im Jahre 2001 wiederaufgelegt durch Resolution 56/151, (IR) UNGA Res.56/151 (2001).

[429] Vgl. (IR) UNCHR, Report 56th session, 2000, Abs.469-473.

2000/62[430] und tritt zumindest im Abstimmungsverhältnis (109-52-7) die legitime Nachfolge der ursprünglichen „Nichteinmischungs"-Resolutionen an. In einer merkwürdigen Mischung findet sich in ihr neben dem Selbstbestimmungsrecht (Abs.3 (a)) u.a. das Recht auf „permanent sovereignty over natural wealth and resources" (Abs.3 (b)), das Recht auf Entwicklung (Abs.3 (c)), Anklänge an die „New international economic order" (Abs.3 (e)), Solidarität im Sinne einer Umverteilung (Abs.3 (f)), die Forderung nach ausgewogener regionaler und geschlechtlicher Vertretung innerhalb der UN-Mitarbeiter (Abs.3 (h)), Respekt für kulturelle Diversität (Abs.3 (j)), Recht auf gesunde Umwelt (Abs.3 (k)), sowie eine Referenz zu dem „common heritage of mankind" (Abs.3 (m)). Im wesentlichen offenbart sich die Stoßrichtung der Resolution in den Absätzen 4 und 5, in denen zum einen auf die „rich and diverse nature of the international community" abgehoben wird (Abs.4) und zum anderen gefordert wird, daß

> „[...] the international community must treat human rights globally in a fair and equal manner, on the same footing and with the same emphasis, [...]" (Abs.5).

Absatz 4 kann dahingehend gelesen werden, daß die „rich and diverse nature of the international community" unterschiedliche Effektivität in der Gewährleistung rechtfertigt und nicht als mangelnder Respekt für Menschenrechte verstanden werden darf. Und Absatz 5 kritisiert implizit, daß gewisse Pariah-Staaten am Pranger der internationalen Gemeinschaft stehen, während strategische Bündnisparter mit durchaus ebenfalls schmutziger Weste von Verurteilungen verschont bleiben.[431] Dies wäre eine sicherlich berechtigte politische Kritik, müßte man nicht befürchten, daß dadurch ein allgemeines Schweigen erzwungen werden soll, im Vertrauen darauf, daß das Interesse an der Aufrechterhaltung guter Beziehung zu Bündnispartnern den Wunsch nach universaler Gewährleistung der Menschenrechte und des Demokratieprinzips überwiegt.

Noch deutlicher wird die Verbindung von Überresten sozialistischer Ideologie und kulturrelativistischen Ansätzen in der ebenfalls von Kuba[432] eingebrachten Resolution 2001/36 der Menschenrechtskommission[433] unter dem Titel „Strengthening of popular participation, equity, social justice and non-discrimination as essential foundations of democracy". Dort heißt es zunächst in den Erwägungsgründen:

> „*Stressing* the variety of forms, modalities and experiences of democratic societies, taking into account national and regional particularities, the various historical, cultural and religious backgrounds, and the diversity of economic, political, cultural and legal systems,
>
> *Recognizing* that while all democracies share common features, differences between democratic societies should be neither feared nor repressed, but cherished as a precious asset of humanity,"

Und im operativen Teil wird u.a. folgende Aussage getroffen:

> „3. *Also reaffirms* that while all democracies share common features, there is no one universal model of democracy;"

---

[430] (IR) UNCHR, Res.2000/62.

[431] Anklänge daran finden sich auch bei (IR) UNGA Res.55/104 (2000) unter dem Titel Strengthening United Nations action in the field of human rights through the promotion of international cooperation and the importance of non-selectivity, impartiality and objectivity, die allerdings per Akklamation angenommen wurde.

[432] Vgl. (IR) UNCHR, Report 57th session, 2001, Part II, Abs.309-316.

[433] (IR) UNCHR, Res.2001/36.

## II. Das Demokratieprinzip im Völkerrecht

Worin allerdings die unterschiedlichen Ausprägungen liegen, an denen die Befürworter der Resolution[434] Interesse haben, wird nicht dargelegt.[435] Vielmehr wird im Gegenteil der Wortlaut von Abs.21 Abs.3 der Allgemeinen Menschenrechtserklärung hinsichtlich der Legitimierung der öffentlichen Gewalt durch den Willen der Wähler über regelmäßige und freie Wahlen zitiert (Abs.8). Damit unterliegen jedoch die Gegner der „westlichen" Position im Kampf um die Deutungshoheit: Da das Demokratieprinzip nicht mehr nur als Schlagwort wie noch in der Wiener Abschlußerklärung von 1993[436] gehandhabt, sondern detailliert ausgefüllt wird, läge es an denjenigen, Gegenpositionen einzubringen, die seine universale Geltung bestreiten. Jedoch wird weder dargelegt, warum sich die 40jährige Herrschaft eines *máximo leader* in Kuba mit demokratischen Prinzipien vereinbaren läßt, noch die Legitimation eines Generalspräsidenten in Pakistan erläutert, der sich an die Macht geputscht hat. Der allgemeine Verweis auf die Scharia als kultureller Ausprägung reicht in letzterem Fall jedenfalls nicht.

Möglicherweise gerade aus diesem Grund des Unterliegens im Demokratiediskurs nährt sich der Versuch, von einer anderen Seite die Basis der rechtlichen Argumentation zu erschüttern, nämlich Menschenrechte durch Menschenpflichten zu relativieren. Anknüpfend an Art.29 Abs.1 der Allgemeinen Erklärung der Menschenrechte[437] hatte Pakistan in der Menschenrechtskommission bereits 1999 einen Resolutionsentwurf vorgelegt, der die Beschäftigung mit diesem Thema einleiten sollte, diesen dann allerdings, vermutlich mangels Erfolgsaussicht, wieder zurückgezogen.[438] Mehr Erfolg[439] war der Delegation im folgenden Jahr beschieden, als mit der von ihr eingebrachten Resolution 2000/63[440] beschlossen wurde,

---

[434] Algerien, Burundi, Kamerun, China, Kuba, Demokratische Republik Kongo, Ecuador, Indien, Indonesien, Kenia, Liberia, Libyen, Madagaskar, Malaysia, Mauritius, Mexiko, Niger, Nigeria, Pakistan, Quatar, Rußland, Sambia, Senegal, Swaziland, Syrien, Thailand, Venezuela, Vietnam, vgl. (IR) UNCHR, Report 57th session, 2001, Part II, Abs.314.

[435] Auch die skeptischen Ausführungen von ROTH, Governmental illegitimacy, 1999, *passim* zur Etablierung des Demokratieprinzips im Völkerrecht entbehren neben dem Ausdruck des Bedauerns über den Verlust der Utopien jeglicher konkreten Alternativvorschschläge. Insbesondere ist sein Verweis auf RAWLS, a.a.O., S.337 Fn.39 unzureichend: Innerhalb der Bestandsaufnahme des geltenden Völkerrechts ist für die Berücksichtigung alternativer Norminhalte des Demokratieprinzips eine positiv formulierte Staatenpraxis erforderlich, nicht lediglich philosophische Erwägungen. Wie er selbst einräumt, werden seine Bedenken hauptsächlich durch die Furcht vor unilateralen Maßnahmen und damit nicht zuletzt Gefährdungen des Friedens motiviert, a.a.O., S.420ff. Unausgesprochen steht dahinter ein schlechtes Gewissen ob der zweifelhaften unilateralen Maßnahmen in der Geschichte der Außenpolitik der USA, wie insbesondere die ausführliche Behandlung der Fälle El Salvador und Nicaragua belegt, a.a.O., S.346-357. Der Ablehnung des US-Unilateralismus ist selbstverständlich zuzustimmen, allerdings schießt ROTH über das Ziel hinaus: Zum einen wird eine zur unilateralen Durchsetzung fähige und gewillte Macht jegliche rechtliche Rechtfertigung heranziehen, die sich ihr bietet, dafür benötigt sie nicht allgemein akzeptierte Stärkung des Demokratieprinzips. Zum anderen sind die Fragen von Rechtsinhalt und Rechtsdurchsetzung strikt zu trennen: Ob das Demokratieprinzip unilateral durchgesetzt werden kann, ergibt sich nicht aus ihm selbst, sondern aus der gesamten völkerrechtlichen Ordnung zwischen Gewaltverbot, Kapitel VII-Maßnahmen und daneben noch eröffnetem einzelstaatlichen Spielraum.

[436] (IR) Vienna Declaration, 1993; siehe oben II. 2. a) 1).

[437] (IR) Universal Declaration, 1948.

[438] Vgl. (IR) UNCHR, SR 65, 26 April 2000, Abs.84.

[439] Das Abstimmungsergebnis war immer noch denkbar knapp: 22-21-10, vgl. UNCHR, SR 65, 26 April 2000, Abs.98f.

[440] (IR) UNCHR, Res.2000/63.

die Sub-Commission on the Promotion and Protection of Human Rights mit der Erstellung einer Studie zu beauftragen, geleitet von der Feststellung:

„1. Stresses the urgent need to give practical effect to the specific responsibilities defined in all human rights instruments;"

Auf Anregung der Unterkommission[441] hin traf die Kommission die Entscheidung 2001/115,[442] mit der sie dem ECOSOC den Entwurf einer Resolution unterbreitete, mit der dieser eine solche Studie in Auftrag geben sollte. Dieser Entwurf wurde vom ECOSOC angenommen.[443] Bisher sind in den Menschenrechtsinstrumenten bis auf den vagen Art.29 Abs.1 der Allgemeinen Erklärung keine Pflichten für das Individuum niedergelegt. Es bleibt daher abzuwarten, wie die Studie die „specific responsibilities" verstehen wird, die angeblich in allen diesen Instrumenten festgeschrieben sind. Ein Versuch, die gewährleisteten Menschenrechte zu relativieren, steht zu befürchten. Möglicherweise schwenkt die Studie aber auch auf den von HANS KÜNG initiierten und vom InterAction Council, dem *elder statesmen* wie HELMUT SCHMIDT, JIMMY CARTER, VALÉRY GISCARD D'ESTAING und andere angehören, vorgelegten Entwurf einer Allgemeinen Erklärung der Menschenpflichten[444] ein. Diese ist eher moralisch den rechtlich abgefaßt ist und enthält insbesondere mit Art.19 eine Klausel, die eine Relativierung der Menschenrechte mittels Menschenpflichten wenn schon nicht ausschließt, so doch erschwert.[445]

Als vermittelnde Position schließlich kann man die schon vor dem Fall des Eisernen Vorhangs begonnenen Bemühungen werten, die neuen oder wiederhergestellten Demokratien zu fördern und zu unterstützen, insbesondere im Dialog zusammenzuführen. Die Generalversammlung verabschiedet inzwischen jährlich eine Resolution,[446] die die Arbeiten der International Conference of New or Restored Democracies on Democracy and Development wohlwollend begleitet und die internationale Gemeinschaft zur Unterstützung dieser Anstrengungen aufruft. Noch deutlicher kommt diese vermittelnde Position in der von Rumänien eingebrachten Resolution 2000/41 der Menschenrechtskommission unter dem Titel „Continuing dialogue on measures to promote and consolidate democracy"[447] zum Ausdruck, die klare Aussagen zum Demokratieprinzip mit dem Aufruf zum Dialog und konstruktiven Austausch über Schwierigkeiten der Demokratisierung verbindet. Diese vermittelnde Position ist nicht zu unterschätzen, denn trotz der Zielorientierung auf das Demokratieprinzip, wie sie UNGA Res. 55/96 (2000) beinhaltet, fehlt es im Rahmen der UN bisher an einem Mechanismus, der bei Störungen der Demokratie in einem Mitgliedsstaat Anwendung findet, vergleichbar der Drohung mit der Suspendierung der Mitgliedschaft in Art.6, 7 EUV, in Art.3, 8 Europarat-

---

[441] E/CN.4/Sub.2/2000/46, chapter I, draft decision 14.
[442] (IR) UNCHR, Dec.2001/115.
[443] Mit Entscheidung 2001/285 vom 24. Juli 2001, in (IR) ECOSOC, Res. and Dec. 2001, S.139.
[444] (IR) Entwurf Menschenpflichtenerklärung.
[445] Art.19 des Entwurfs lautet:
Keine Bestimmung dieser Erklärung darf so ausgelegt werden, daß sich daraus für den Staat, eine Gruppe oder eine Person irgendein Recht ergibt, eine Tätigkeit auszuüben oder eine Handlung vorzunehmen, welche auf die Vernichtung in dieser Erklärung und der Allgemeinen Erklärung der Menschenrechte von 1948 angeführten Pflichten, Rechte und Freiheiten abzielen.
[446] Zuletzt Resolution 56/96 (2001) unter dem Titel „Support by the United Nations system of the efforts of Governments to promote and consolidate new or restored democracies", (IR) UNGA Res.56/96 (2001).
[447] (IR) UNCHR, Res.2001/41.

Satzung[448], in Art.9 OAS-Charta und Art.19ff. der Inter-Amerikanischen Demokratie-Charta[449] sowie nach Art.4 und 5 des Protokolls von Ushuaia[450] und nach dem Millbrook Commonwealth Action Programme on the Harare Commonwealth Declaration 1995.[451] Erst recht fehlt eine – zumindest politische – Beistandsverpflichtung im Fall undemokratischer Zwischenfälle, wie sie in der Charta von Paris und noch ausführlicher im Moskau-Dokument der KSZE vorgesehen ist.[452] Zwar können sich Generalversammlung und/oder Sicherheitsrat ohne weiteres eines solchen Vorfalls annehmen, aber ohne ein strukturiertes Verfahren bleibt dies zum einen von politischen Zufälligkeiten abhängig und schwankt zum anderen zwischen Ohnmacht einer Generalversammlungs-Resolution und dem scharfen und daher selten gezogenen Schwert einer verbindlichen Sicherheitsrats-Resolution. Ein Dialog über das Demokratieprinzip, wie ihn Resolution 2000/41 der Menschenrechtskommission vorsieht, kann daher der erste Schritt zu einem förmlichen Verfahren sein, das im Ernstfall einer schwerwiegenden Verfehlung der Orientierung auf das Demokratieprinzip zu einer Aussetzung der Mitgliedschaft oder gar zu einem Ausschluß führt. Ein solches Verfahren könnte sich im Umfeld von Art.5 UN-Charta entwickeln, verstärkt, wie das Beispiel der Demokratie-Charta der OAS zeigt, durch entsprechende Resolutionen der Generalversammlung.

*10) UN Wahlbeobachtungsmissionen*

Die ersten Beiträge der Literatur von FRANCK[453] und FOX[454], die sich nach dem Fall des Eisernen Vorhangs mit der Entwicklung des Demokratieprinzips im Völkerrecht beschäftigten, stützten sich in ihrer Argumentation umfassend auf die Praxis der Wahlbeobachtungsmissionen der UN.[455] FRANCK zog dabei diese umfangreiche Praxis dazu heran, um die Bestimmtheit des von ihm „democratic entitlement" benannten Demokratieprinzips zu konkretisieren.[456] Auch wenn für die Beurteilung, ob eine Wahl „free and fair" abgelaufen ist, Beurteilungsmaßstäbe herangezogen und gegebenenfalls entwickelt werden müssen, so daß die Wahlbeobachtungspraxis grundsätzlich einen Beitrag zur Konkretisierung des Demokratieprinzips leisten kann, so ist doch zu beachten, daß Wahlbeobachtung ausschließlich auf freiwilliger Basis erfolgt. Dies schwächt die allgemeine Verbindlichkeit des für einen Einzelfall vereinbarten Prüfungsmaßstabes.[457] Innerhalb des Indikators „coherence", den er

---

[448] Siehe oben II.2.b)1).

[449] Siehe oben II.2.b)2)i).

[450] Siehe oben II.1 bei Fn.75.

[451] (IR) Commonwealth, Millbrook Action Programme 1995. Siehe dazu HOSSAIN, Democratic government, in: WEISS/DENTERS/DE WAART (Hrsg.), International economic law, 1998, S.67, 70f.

[452] Siehe dazu unten II. 3. b) 1).

[453] FRANCK, Emerging Right, in: 86 AJIL 1992, S.46-91.

[454] FOX, Right to Political Participation, in: 17 YJIL 1992, S.539-607.

[455] FRANCK, Emerging Right, in: 86 AJIL 1992, S.46, 68-77, 80-87; FOX, Right to Political Participation, in: 17 YJIL 1992, S.539, 570-596, 603f.

[456] FRANCK, Emerging Right, in: 86 AJIL 1992, S.46, 51f., 56f., 68-77.

[457] Zu den Gemeinsamkeiten der Missionen siehe SICILIANOS, ONU et démocratisation, 2000, S.169-172, die allerdings praktische Aspekte betreffen; rechtliche Gemeinsamkeiten kann auch er nicht herausarbeiten.

## 3. Internationale Praxis

für die Analyse des normativen Gehalts des „entitlements" heranzieht,[458] muß FRANCK daher auch einräumen, daß

„a „rule" that only applies self-selectively has far less legitimacy than one of general application."[459]

FOX umging dieses Problem, in dem er diese Praxis nicht als primäre Rechtsquelle heranzog, sondern als eine Praxis, die zur Interpretation der vertraglich kodifizierten Rechte hinsichtlich spezieller Fragen herangezogen werden kann.[460] Danach füllen die Standards der Beobachtungsmissionen inzwischen nach Art.31 Abs.1 WVK die „gewöhnliche Bedeutung" („ordinary meaning") der Begriffe in den Menschenrechtsverträgen aus.[461] Dem Argument fehlender Verbindlichkeit aufgrund der Freiwilligkeit der Beobachtungsmissionen versuchte er mit dem Hinweis darauf zu begegnen, daß alle Mitgliedstaaten der UN im Rahmen der einen oder anderen Wahlbeobachtungsmission an der Formulierung dieser Standards mitgewirkt haben, so daß sie als *opinio iuris* der Staatengemeinschaft angesehen werden können.[462]

Für die Verwendung als Normquelle oder Normkonkretisierung haftet den Standards der Wahlbeobachtungsmissionen neben dem Problem der Verbindlichkeit allerdings das der Unzugänglichkeit ihres Inhalts an. Gerade weil sie allgemeine Grundsätze konkretisieren, erreichen sie eine Detaillierung, insbesondere in der praktischen Durchführung vor Ort, die wiederum eine Ableitung allgemeiner normativer Aussagen erschwert. FOX kam zu dem Ergebnis, daß aus der Praxis im wesentlichen drei weitere Anforderungen abgeleitet werden können, die an Wahlen gestellt werden müssen, nämlich das Recht zur Parteienbildung und der Teilnahme solcher Parteien an der Wahl, die Gewährleistung des Zugangs zu staatlich kontrollierten Medien und die Kontrolle der Wahl durch eine unabhängige, neutrale Institution.[463] Bei letzterem Punkt erscheint allerdings zweifelhaft, ob er überhaupt aus der Beobachtungspraxis gewonnen werden kann: Die Anerkennung einer Wahl als frei und fair setzt denknotwendig eine solche „Zertifizierungsinstanz" voraus, daher muß offen bleiben, ob eine Wahl nicht den allgemeinen Anforderungen genügen kann, wenn sie von keiner solche Kontrollinstitution begleitet wird, aber gleichzeitig auch auf eine „Zertifizierung" verzichtet. Der erste Aspekt der Parteienpluralität ist sicherlich der signifikanteste Beitrag zur Konkretisierung des Demokratieprinzips, wenn auch nicht zu verkennen ist, daß er normativ durch Vereinigungs, Versammlungs- und Meinungsfreiheit auch in den Menschenrechtsinstrumenten schon angelegt ist. Über die Forderung nach Zugang zu staatlichen Medien ist schließlich die Ausprägung des Demokratieprinzips schon hinausgegangen: Inzwischen wird allgemein die Gewährleistung einer freien und unabhängigen Medienlandschaft gefordert.[464] Eine jüngere Bestandsaufnahme von WHITE, gestützt im wesentlichen auf ein Handbuch des

---

[458] FRANCK, Emerging Right, in: 86 AJIL 1992, S.46, S.51f.
[459] FRANCK, a.a.O., S.81.
[460] FOX, Right to Political Participation, in: 17 YJIL 1992, S.539, 571.
[461] Diesen Ansatz übersieht ROTH, Governmental illegitimacy, 1999, S.342, wenn er hinsichtlich der Ausführungen von FOX und FRANCK moniert, daß die Wahlbeobachtungsmissionen keine Praxis im Rahmen etwa des IPbpR wären.
[462] FOX, a.a.O., S.590.
[463] FOX, a.a.O., S.590.
[464] Vgl. Abs.1 (d) (iv) der Resolution 55/96 der Generalversammlung, (IR) UNGA Res.55/96 (2000).

Genfer Menschenrechtszentrums[465] und Berichte des Generalsekretärs[466], hält die folgenden Bedingungen für UN-Missionen fest: Allgemeine, gleiche und geheime wiederkehrende Wahlen, ein Mehrparteiensystem, freie und unabhängige Medien, Transparenz des Wahlprozesses, Rechtsstaatlichkeit und gerichtliche Überprüfbarkeit sowie schließlich „politicians and public officials who serve the public not themselves".[467] Gerade die letzte, etwas naive politische Wunschformel zeigt, daß zwischen abstrakten Handbuch-Vorgaben der UN für solche Missionen und der von Rechtsüberzeugung getragenen Praxis der einzelnen Einsätze deutlich unterschieden werden muß; letztere kann auch WHITE nicht herausarbeiten.

Schließlich müßte sich für die Berücksichtigung der Wahlbeobachtungspraxis als Rechtsquelle, über eine Interpretationshilfe hinaus, auch Staatenpraxis dafür finden, daß gerade diese Praxis als normativ konstituierend betrachtet wird. Ein Jahrzehnt nach Erscheinen der beiden grundlegenden Beiträge zeigt sich aber, daß dies nicht der Fall ist. Weder die Resolution 2000/47 der Menschenrechtskommission[468] noch die grundlegende Resolution 55/96 der Generalversammlung[469] nehmen in ihren Erwägungsgründen auf die Wahlbeobachtungspraxis Bezug, wohingegen die Menschenrechtsverträge sowohl dort wie auch im operativen Teil aufgeführt sind und in den Erwägungsgründen zusätzlich verschiedene internationale Konferenzen zum Thema Demokratie Erwähnung finden. Der Beitrag der Wahlbeobachtungspraxis zur Konkretisierung des Demokratieprinzips muß daher entgegen der Auffassung von FRANCK und FOX als marginal eingestuft werden.[470]

b) Praxis anderer internationaler Organisationen

Neben der UN haben auch andere internationale Organisationen und staatliche Zusammenschlüsse auf regionaler Ebene eine reichhaltige Praxis im Hinblick auf das Demokratieprinzip entfaltet, aus der im folgenden einige Beispiele analysiert werden.

*1)* OSZE

i) Charta von Paris

Am 21. November 1990 wurde der Pariser Gipfel der damaligen KSZE mit einer Erklärung beschlossen, die den Titel „Charta von Paris für ein neues Europa" trägt.[471] Die 34 Teilnehmer[472] legten darin zehn Prinzipien fest. Auch wenn die Charta nicht den Charakter eines

---

[465] CENTRE FOR HUMAN RIGHTS, HR and Elections, 1994.

[466] UN Doc. A/50/332 (1995), Abs.14, 23, 32 94, 104 und 115; sowie UN Doc.A/51/512 (1996), Abs.11, 44, 63 und UN Doc.A/52/513 (1997).

[467] WHITE, UN and Democracy Assistance, in: BURNELL (Hrsg.), Democracy Assistance, 2000, S.67, 84.

[468] (IR) UNCHR, Res.2000/47. Dazu ausführlich oben II. 3. a) 9).

[469] (IR) UNGA Res.55/96 (2000). Dazu ausführlich oben II. 3. a) 9).

[470] Umgekehrt sieht WHITE, UN and Democracy Assistance, in: BURNELL (Hrsg.), Democracy Assistance, 2000, S.67, 72 ähnlich dem hier vertretenen Standpunkt in Art.25 IPbpR „the most important source in the search for a legal standard of democracy assistance by the UN".

[471] (IR) CSCE, Charter of Paris, 1990; Bulletin des Presse- und Informationsamts der Bundesregierung 1990, S.1409; FASTENRATH, KSZE/OSZE, Bd.1, A.2.; SCHWEISFURTH/OELLERS-FRAHM, KSZE-Dokumente, 1993, S.441.

[472] Belgien, Bulgarien, Dänemark, Deutschland, Finnland, Frankreich, Griechenland, Heiliger Stuhl, Irland, Island, Italien (auch als Ratsvorsitz der EG), Jugoslawien, Kanada, Liechtenstein, Luxemburg, Malta, Monaco, Niederlande, Norwegen, Österreich, Polen, Portugal, Rumänien, San Marino, Schweden, Schweiz,

## 3. Internationale Praxis

multilateralen Vertrages trägt, so gehen die in ihr enthaltenen „Verpflichtungen" doch über juristisch unbeachtliche politische Erklärungen hinaus.[473] Sie lassen sich mindestens als Auslegungshilfe verwenden.[474] Man kann sie darüberhinausgehend als Ausdruck der *opinio iuris* der versammelten Staaten auffassen.[475] Oder in ihnen sogar völkerrechtliche Verpflichtungen *in statu nascendi* sehen.[476] Da auf die Charta in anderen völkerrechtlichen Dokumenten Bezug genommen wird,[477] greift die Einordnung lediglich als Auslegungshilfe zu kurz. Sie muß vielmehr als Präzisierung der Rechtsauffassung der erklärenden Staaten zu den festgelegten Prinzipien angesehen werden. Zu beachten ist des weiteren, daß sich seit dem Gipfel in Paris nicht zuletzt durch den Zerfall der Sowjetunion die Zahl der Mitgliedstaaten der nunmehrigen OSZE auf über 60 erhöht hat. Die Neumitglieder wurden bei ihrem Beitritt jeweils auf die Charta verpflichtet, so daß die Konkretisierungen nunmehr von einem nicht unerheblichen Teil der Staatengemeinschaft getragen werden.

Die Charta definiert gleich als erstes der Prinzipien dasjenige der „Menschenrechte, Demokratie und Rechtsstaatlichkeit". Hinsichtlich des Demokratieprinzips konstatiert sie zunächst, daß Demokratie die einzige Regierungsform ihrer Nationen darstellen soll. Abschließend bekräftigen die Staaten, sich gegenseitig zu unterstützen, um zu gewährleisten, daß die Entwicklung der Demokratie nicht mehr rückgängig gemacht werden kann. Im übrigen heißt es:

> „Demokratische Regierung gründet sich auf den Volkswillen, der seinen Ausdruck in regelmäßigen, freien und gerechten Wahlen findet. Demokratie beruht auf Achtung vor der menschlichen Person und Rechtsstaatlichkeit. Demokratie ist der beste Schutz für freie Meinungsäußerung, Toleranz gegenüber allen gesellschaftlichen Gruppen und Chancengleichheit für alle.
>
> Die Demokratie, ihrem Wesen nach repräsentativ und pluralistisch, erfordert Verantwortlichkeit gegenüber der Wählerschaft, Bindung der staatlichen Gewalt an das Recht sowie eine unparteiische Rechtspflege. Niemand steht über dem Gesetz."

Unter den gewährleisteten Menschenrechten finden sich die Meinungsfreiheit, die Versammlungs- und Vereinigungsfreiheit.

Beachtenswert sind als Details, daß bemerkenswert eindeutig ein System repräsentativer Demokratie als Ausprägung des Demokratieprinzips verstanden wird und daß mit der

---

Spanien, Tschechische und Slowakische Föderative Republik, Türkei, Ungarn, Union der Sozialisitschen Sowjetrepubliken, Vereinigtes Königreich, Vereinigte Staaten von Amerika und Zypern.

[473] Zum rechtlichen Status der KSZE/OSCE-Dokumente siehe FASTENRATH, CSCE/OSCE Documents, 1/2 YBOSCE 1995/1996, S.411-427. Er ordnet sie als *soft law* ein, *ibid.*, S.419f.

[474] FASTENRATH, CSCE/OSCE Documents, 1/2 YBOSCE 1995/1996, S.411, S.420-422 und FROWEIN, Demokratie, in: FS Zemanek, 1994, S.365, 367f. Vgl. auch DERS., Interrelationship, in: Buergenthal (Hrsg.), Helsinki Accord, 1977, S.71, 72ff. Er hält eine solche Auslegungshilfe auch für die Pakte für möglich, obwohl der Kreis der beteiligten Staaten differiert, *ibid.*, S.72-74.

[475] So FRANCK, Emerging Right, in: 86 AJIL 1992, S.46, 67; FASTENRATH, a.a.O., S.423f.

[476] So BIEBER, Recognition, 86 ASIL Proc. 1992, S.374, 377; vgl. auch FASTENRATH, a.a.O., S.420: Norms „on Trial".

[477] Etwa in den Richtlinien der EG zur Anerkennung neuer Staaten in Osteuropa und in der ehemaligen UdSSR vom 16.12.1991, (IR) EG, Anerkennungsrichtlinien 1991, EG-Bull. 12-1991, S.1.4.5 = 31 ILM 1992, S.1486, dazu sogleich; außerdem in den Kooperations- und Assoziationsabkommen der EG und ihrer Mitgliedstaaten mit anderen KSZE/OSZE-Staaten, dazu oben II. 2. c). Weitere Nachweise zu Bezugnahmen auf KSZE/OSZE Dokumente in Freundschaftsverträgen der Bundesrepublik Deutschland mit Mittel- und Osteuropäischen Staaten finden sich bei FASTENRATH, CSCE/OSCE Documents, 1/2 YBOSCE 1995/1996, S.411, 417.

Festlegung auf die pluralistische Demokratie den „Volksdemokratien" sozialistischer Prägung eine Absage erteilt wird. Letzteres wird insbesondere durch die Gewährleistungen des Anhang I[478] unterstrichen,[479] die wörtlich die Nummern 6 bis 8 des Kopenhagener Dokuments der Konferenz über die Menschliche Dimension der KSZE (Abschlußerklärung von Kopenhagen)[480] aufnehmen, die das Wahlrecht präzisieren und das Recht festschreiben, Parteien zu gründen (Nr. 7.6).

Entscheidend ist jedoch, daß sich aus der Charta deutlicher noch als aus der Erklärung der Menschenrechtskonferenz in Wien von 1993[481] Demokratie als Strukturprinzip, als ein rechtliches Institut ablesen läßt, das über eine menschenrechtliche Gewährleistung hinausgeht. So spricht die Charta von Demokratie als „Regierungsform" und gründet diese Regierung auf den „Volkswillen", der sich in Wahlen ausdrückt. Selbst wenn man unter Beachtung des methodologischen Individualismus den „Volkswillen" als Aggregation der individuellen Präferenzen auffaßt, so wird aus dieser Wortwahl doch deutlich, daß das Demokratieprinzip sich nicht nur in einem menschenrechtlichen Partizipationsrecht erschöpft, sondern eine Struktur staatlicher Verfaßtheit beschreibt, deren Kernelemente die Legitimation staatlichen Handelns durch die Willensäußerung der Individuen sind. Als solches Strukturprinzip wird das Demokratieprinzip zu einem Rechtsinstitut, das im Völkerrecht auch zwischenstaatlich eingesetzt werden kann. Unterstrichen wird dies durch das Moskau-Dokument, das im Einklang mit der Beistandsverpflichtung in der Charta von Paris die Beachtung von Menschenrechten, Grundfreiheiten, Demokratie und Rechtsstaatlichkeit als

> „matters of direct and legitimate concern to all participating States and [which] do not belong exclusively to the internal affairs of the State concerned"

einfordert, in Absatz 17.1 jegliche gewaltsame Verdrängung einer demokratisch legitimierten Regierung verurteilt und in Absatz 17.2 „vigorous support" für die legitimierten Organe im Fall eines undemokratischen Umsturzes ankündigt.[482] Damit findet die Aufgabe des Nichteinmischungsprinzips, Streitpunkt in der KSZE/OSZE seit der Schlußakte von Helsinki[483], die mit dem Abschlußdokument des follow-up Treffens in Wien 1989[484] begonnen hatte, seinen Abschluß.

---

[478] (IR) CSCE, Charter of Paris, Annex I, 1990 (US State Dept.); Bulletin des Presse- und Informationsamts der Bundesregierung 1990, S.1409, 1419f.; SCHWEISFURTH/OELLERS-FRAHM, KSZE-Dokumente, 1993, S.465.

[479] FROWEIN, Demokratie, in: FS Zemanek, 1994, S.365, 368.

[480] CSCE, Document of the Copenhagen Meeting of the Conference on the Human Dimension, vom 29 Juni1990, (IR) CSCE, Copenhagen Document, 1990; abgedruckt in: 29 ILM 1990, S.1305ff.; FASTENRATH, KSZE/OSZE, Bd.2, H.1. Dazu sogleich.

[481] (IR) Vienna Declaration, 1993.

[482] CSCE, Document of the Moscow Meeting of the Conference on the Human Dimension, vom 3. Oktober 1991, (IR) CSCE, Moscow Document, 1991, Abs.6 der Präambel. Das Dokument limitiert auch die Beschränkungen der Menschenrechte und Grundfreiheiten und des Rechtsstaates in einem Ausnahmezustand, Abs.28, nicht zuletzt unter dem Eindruck des unmittelbar zuvor beendeten Putsches in Moskau.

[483] CSCE, 1975 Summit, Final Act, vom 1. August 1975, (IR) CSCE, Helsinki Final Act, 1975.

[484] CSCE, Follow-up Meeting 1986-1989, Vienna, Concluding Document, vom 10. Januar 1989, (IR) CSCE, Vienna Document, 1989.

*Christian B. Fulda*

## 3. Internationale Praxis

ii) Das Kopenhagen-Dokument

Während die Charta von Paris unmittelbar nach dem Fall des eisernen Vorhangs das Bekenntnis mit dem höchsten Profil für das Demokratieprinzip war, enthält die Abschlußerklärung von Kopenhagen[485] die dichteste Beschreibung des Demokratieprinzips in einem multilateralen Instrument bisher überhaupt. Dreh- und Angelpunkt ist Absatz Nr.7, der detaillierte Vorgaben macht, um die Partizipation der Bürger an der staatlichen Willensbildung zu gewährleisten.[486] Daß die Absätze Nr.6 bis 8 als Anhang 1 der Charta von Paris noch einmal hervorgehoben wurden, betont ihre Bedeutung für die „Verfassung" Europas.

Auf die Absätze Nr.7 und 8 des Dokuments wurde in Art.1 Abs.3 des Anhang 3 des Dayton-Abkommens[487] Bezug genommen und damit zum Bestandteil der Verpflichtungen der Parteien gemacht. Dies zeigt, daß das Dokument, dem als solches nicht die Verbindlichkeit eines multilateralen Abkommens zukommt, doch in so „harten" Klauseln abgefaßt ist, daß es für eine rechtlich verbindliche Verpflichtung herangezogen werden kann.

2) *Richtlinien der EU zur Anerkennung neuer Staaten*

Erstmalig Eingang in die völkerrechtliche Praxis fand das durch die Charta von Paris konturierte Demokratieprinzip in den Richtlinien der EG zur Anerkennung neuer Staaten in

---

[485] CSCE, Document of the Copenhagen Meeting of the Conference on the Human Dimension, vom 29. Juni 1990, (IR) CSCE, Copenhagen Document, 1990; abgedruckt in: 29 ILM 1990, S.1305ff.; FASTENRATH, KSZE/OSZE, Bd.2, H.1. Siehe dazu BUERGENTHAL, Copenhagen CSCE Meeting, in: 11 HRLJ 1990, S.217-246

[486] Absatz Nr.7 lautet:
(7) To ensure that the will of the people serves as the basis of the authority of govermnent, the participating States will
(7.1) - hold free elections at reasonable intervals, as established by law;
(7.2) - permit all seats in at least one chamber of the national legislature to be freely contested in a popular vote;
(7.3) - guarantee universal and equal suffrage to adult citizens;
(7.4) - ensure that votes are cast by secret ballot or by equivalent free voting procedure, and that they are counted and reported honestly with the official results made public;
(7.5) - respect the right of citizens to seek political or public office, individually or as representatives of political parties or organizations, without discrimination;
(7.6) - respect the right of individuals and groups to establish, in full freedom, their own political parties or other political organizations and provide such political parties and organizations with the necessary legal guarantees to enable them to compete with each other on a basis of equal treatment before the law and by the authorities;
(7.7) - ensure that law and public policy work to permit political campaigning to be conducted in a fair and free atmosphere in which neither administrative action, violence nor intimidation bars the parties and the candidates from freely presenting their views and qualifications, or prevents the voters from learning and discussing them or from casting their vote free of fear of retribution;
(7.8) - provide that no legal or administrative obstacle stands in the way of unimpeded access to the media on a non-discriminatory basis for all political groupings and individuals wishing to participate in the electoral process;
(7.9) - ensure that candidates who obtain the necessary number of votes required by law are duly installed in office and are permitted to remain in office until their term expires or is otherwise brought to an end in a manner that is regulated by law in conformity with democratic parliamentary and constitutional procedures.

[487] (IR) Dayton Agreement (OHR); Dayton Agreement (IFOR); 35 ILM 1996, S.75, 89ff., siehe dazu oben II. 3. a) 4).

Osteuropa und in der ehemaligen UdSSR vom 16. Dezember 1991[488]. Die auf einer außerordentlichen Tagung der EG-Außenminister im Rahmen der Europäischen Politischen Zusammenarbeit, dem Vorläufer der Gemeinsamen Außen- und Sicherheitspolitik, beschlossenen Richtlinien sollten eine gewisse Ordnung in die Praxis der EG-Mitgliedstaaten im Hinblick auf die Anerkennung von neuen Staaten jenseits des ehemaligen Eisernen Vorhangs bringen.[489] Die EG begnügte sich im Gemeinsamen Standpunkt nicht mit den klassischen Kriterien staatlicher Anerkennung.[490] Sie fügte vielmehr normative Kriterien hinzu.[491] Gleich im ersten Punkt setzen die Richtlinien neben der Achtung der Bestimmungen der UN-Charta die Achtung der Verpflichtungen aus der Schlußakte von Helsinki[492] und der Charta von Paris voraus.

Das Demokratieprinzip (in seiner durch die Charta definierten Form) wird demnach durch einen unilateralen völkerrechtlichen Akt (Gemeinsamer Standpunkt) auf multilateraler Grundlage (EG) zu einem normativen Kriterium in der Ausgestaltung von bilateralen Verhältnissen.[493] Denn da die Außenpolitik der Mitgliedstaaten der Europäischen Gemeinschaft noch nicht integriert war (und auch mit der GASP noch nicht ist), oblag die Anerkennung der neuen Staaten in Osteuropa und der ehemaligen Sowjetunion den Mitgliedstaaten. Die Prüfung der Einhaltung der Kriterien erfolgte durch die *Badinter*-Kommission, deren Berichte allerdings nicht juristisch verbindlich waren.[494] Die Richtlinie zur Anerkennung blieb demnach nicht nur totes Papier, sondern wurde auch in Praxis umgesetzt. Daß die Politik in den EG-Mitgliedstaaten bei der Anerkennung der Staaten in Osteuropa und der ehemaligen UdSSR dann keine Rücksicht auf die *Badinter*-Berichte nahm, steht auf einem anderen Blatt.[495]

Nimmt man jedoch die Praxis der europäischen Staaten im Rahmen des Europarates, der EG und der OSZE zusammen, so läßt sich feststellen, daß das Demokratieprinzip

---

[488] (IR) EG, Anerkennungsrichtlinien 1991; EG-Bull. 12-1991, S.1.4.5 = 31 ILM 1992, S.1486. Dazu BIEBER, Recognition, 86 ASIL Proc. 1992, S.374-378; CHARPENTIER, Reconnaissance, RGDIP 1992, S.343-355; RICH, Recognition, in: 4 EJIL 1993, S.36, 42ff.; VERHOEVEN, Reconnaissance, in: AFDI 1993, S.7, 9f., 20ff.

[489] Vorangegangen war eine Anküdigung der USA, eine Anerkennung erfolge nur auf der Basis der Befolgung von Demokratie und Rechtsstaatlichkeit, insbesondere der Beachtung der Schlußakte von Helsinki und der Charta von Paris. MURPHY, Democratic Legitimacy, in: 48 ICLQ 1999, S.545, 558.

[490] Dazu etwa LAUTERPACHT, Recognition in International Law, 1948.

[491] Skeptisch zur Normativität allerdings VERHOEVEN, Reconnaissance, in: AFDI 1993, S.7, 20. Vgl. aber auch den Hinweis von FROWEIN, Demokratie, in: FS Zemanek, 1994, S.365, 373 auf die amerikanische Anerkennungspraxis nach dem 2. Weltkrieg, mit der u.a. auch freie Wahlen berücksichtigt wurden. So etwa bei der Nichtanerkennung der DDR, die von Frankreich und Großbritannien geteilt wurde, WHITEMAN, Digest, Bd.2, S.387ff.

[492] (IR) CSCE, Helsinki Final Act, 1975.

[493] Vgl. auch SICILIANOS, ONU et démocratisation, 2000, S.103, der in der Richtlinie, insbesondere in der Nichtanerkennung von Gebieten oder Gebietserweiterung, die durch Gewalt erlangt wurden, eine Verstärkung der *erga-omnes*-Wirkung der Menschenrechte sieht, deren Verletzung ebensowenig wie diejenige von *jus cogens* anerkannt werden darf.

[494] Einen kurzen Überblick gibt HEINTZE, Haiti, in: VRÜ 1996, S.6, 26ff.

[495] Siehe dazu RICH, Recognition, in: 4 EJIL 1993, S.36, 44ff., 55f.; VERHOEVEN, Reconnaissance, in: AFDI 1993, S.7, 25ff., 32ff.

gewohnheitsrechtlichen Status erlangt hat, neben seiner vertraglichen Grundlegung vor allem in der EMRK.[496]

---

[496] So auch SICILIANOS, ONU et démocratisation, 2000, S.258f.

## 4. Schlußfolgerungen zum Demokratieprinzip

Das Demokratieprinzip ist heute durch vertragliche und gewohnheitsrechtliche Normierung fest verankert. Die vertraglichen Bindungen ergeben sich aus mehreren multilateralen Konventionen bzw. Satzungen internationaler Organisationen, die zusammengenommen fast die ganze Staatengemeinschaft einer vertraglichen Verpflichtung auf das Demokratieprinip unterwerfen. Für Dreiviertel der Staatengemeinschaft ergibt sich eine solche aus dem IPbpR[497]. Daß diese Verpflichtung nicht nur menschenrechtlicher Natur ist, sondern ein Strukturprinzip beinhaltet, ergibt sich aus der Wiener Erklärung von 1993[498] und der Demokratieresolution UNGA Res.55/96[499]. Für die Mitgliedstaaten der OAS auf der einen und des Europarates auf der anderen Seite wird diese Festlegung auf das Strukturprinzip durch die jeweiligen Satzungen der beiden Organisationen verstärkt. Die Charta von Paris der KSZE[500] schlägt die Brücke zwischen Nordamerika und Europa hinsichtlich der *opinio iuris*, die Harare Declaration des Commonwealth von 1991, ergänzt durch das Millbrook Commonwealth Action Programme on the Harare Commonwealth Declaration 1995 leisten gleiches in der afrikanischen und asiatischen Region. Die Abkommen der EG sichern das Demokratieprinzip über Europa hinaus vertraglich in Afrika und Asien ab. Von den 193 Mitgliedern der Staatengemeinschaft[501] verbleiben abgesehen vom Heiligen Stuhl nur noch 12 Staaten,[502] die weder durch die EMRK, oder durch die Satzung der OAS, oder durch den IPbpR multilateral, noch durch die Demokratieklauseln in Verträgen mit der EG bilateral vertraglich bereits auf das Demokratieprinzip verpflichtet sind oder es in absehbarer Zukunft sein werden – wobei die Ratifizierung des Paktes durch China wahrscheinlich den größten Unsicherheitsfaktor darstellt.[503]

Die große Anzahl und die Konsistenz der vertraglichen Regelungen sind gleichzeitig ein Indiz für die gewohnheitsrechtliche Geltung des Demokratieprinzips. So hat der IGH in der Entscheidung *North Sea Continental Shelf* als Voraussetzung für die gewohnheitsrechtliche Geltung von Konventionsnormen folgende Bedingungen aufgestellt: Sie müssen von grundlegendem, normsetzendem Charakter sein, eine weite und repräsentative Verbreitung erfahren, und die *opinio iuris* muß in uniformer, ausgedehnter Staatenpraxis reflektiert werden.[504] Die vertraglichen Fixierungen des Demokratieprinzips erfüllen diese Bedingungen, da sie unzweifelhaft Normierungen fundamentaler Natur sind, über die verschiedenen Vertragsinstrumente eine universale Verbreitung erfahren und insbesondere im Rahmen der UN jedenfalls insoweit von einer uniformen Staatenpraxis begleitet werden, als daß eine etwaige entgegenstehende *opinio iuris* sich nicht mehr konkret artikuliert.

---

[497] (IR) ICCPR.

[498] (IR) Vienna Declaration, 1993.

[499] (IR) UNGA Res.55/96 (2000).

[500] (IR) CSCE, Charter of Paris, 1990.

[501] Siehe oben Fn.91.

[502] Bahrain, Bhutan, Brunei Daressalam, Indonesien, Kuba, Malaysia, Myanmar, Oman, Quatar, Saudi Arabien, Singapur und die Vereinigten Arabischen Emirate.

[503] Siehe oben Fn.89.

[504] Urteil des IGH vom 20. Februar 1969 im Rechtsstreit zwischen Deutschland und den Niederlanden bzw. Deutschland und Dänemark in der Rechtssache *North Sea Continental Shelf*, ICJ Rep.1969, S.3, 41ff. Abs.71ff.

*Christian B. Fulda*

## 4. Schlußfolgerungen zum Demokratieprinzip

Während die vertraglichen Verpflichtungen ihren normativen Gehalt ohne weiteres offenbaren, bedarf es einer Klärung, welchen Beitrag die Praxis der UN zum völkerrechtlichen Demokratieprinzip über die normative Aussage im konkreten Fall hinaus leistet. Die Fälle von Kambodscha bis Ost-Timor belegen zunächst, daß im Rahmen des kollektiven Handelns der internationalen Gemeinschaft das Demokratieprinzip als Verfassungsstrukturprinzip anerkannt ist. Die Konsistenz dieser Praxis legt die Schlußfolgerung nahe, daß es sich um das einzig zulässige Prinzip handelt. Dabei ist aus rechtstatsächlicher Perspektive auf der einen Seite zu berücksichtigen, daß Festlegungen zu Verfassungsstrukturprinzipien von seiten der internationalen Gemeinschaft nur in Fällen der *tabula rasa* möglich, aber auch nur dann notwendig sind.[505] Denn eine Verfassungstransformation in einem funktionierenden Gemeinwesen kann zwar von der Staatengemeinschaft begleitet, jedoch nicht gestaltet werden. Auf der anderen Seite steht heute das *nation building* auch nur der internationalen Gemeinschaft zu, gegebenfalls vertreten durch eine regionale Sonderorganisation. Denn einer einzelstaatlichen Einwirkung fehlte die Legitimation. Wenn aber zum einen die internationale Gemeinschaft nur in den Fällen des Zusammenbruchs überhaupt tätig wird und werden kann, zum anderen in diesen Fällen aber auch nur die internationale Gemeinschaft legitimiert handeln darf, dann beinhaltet die geschilderte Praxis der UN den völkerrechtlichen *corpus* der Normen für das *nation building*. Somit gesellt sich neben die vertraglichen Verpflichtungen auf das Demokratieprinzip die gewohnheitsrechtliche Norm, einen *blueprint* für einzelstaatliche Verfassungen am Demokratieprinzip auszurichten.

Es kann dahinstehen, ob daneben aus den Fällen Haiti und Sierra Leone ein Interventionsrecht der internationalen Gemeinschaft bei gewaltsamer Absetzung einer demokratisch legitimierten Regierung abzuleiten ist. Zumindest belegen diese Fälle, daß das Demokratieprinzip kein „zahnloses" Rechtsinstitut ist, seine Verletzung vielmehr gerechtfertigte Sanktionen seitens der Staatengemeinschaft nach sich ziehen kann. Eine Verletzung liegt danach vor, wenn von einem bereits erreichten Standard demokratischer Strukturen faktisch oder normativ abgewichen wird. Die beiden Fälle können als gewohnheitsrechtliches Pendant auf universaler Ebene zu den vertragsrechtlich festgelegten Sanktionsmöglichkeiten gesehen werden. Multilateral sind solche vorgesehen in Art.6, 7 EUV, Art.3, 8 Europarat-Satzung, in Art.9 OAS-Charta und in Art.19ff. der Inter-Amerikanischen Demokratie-Charta sowie in Art.4 und 5 des Protokolls von Ushuaia des MERCOSUR, außerdem in den Mechanismen nach der Charta von Paris und dem Moskau-Dokument der KSZE sowie nach dem Millbrook Commonwealth Action Programme on the Harare Commonwealth Declaration 1995. Bilateral findet sich ein Äquivalent in den Demokratieklauseln der Verträge der EG.

Sind diese Sanktionsmöglichkeiten auf „negative" Abweichungen von einem erreichten demokratischen Standard ausgerichtet, so zielen die Demokratie-Resolutionen der Generalversammlung und der Menschenrechtskommission der UN auf eine „positive" Entwicklung. Sie reflektieren damit den dritten Pfeiler des völkerrechtlichen Demokratieprinzips. Danach ist es nicht nur untersagt, demokratisch gewählte Regierungen gewaltsam zu verdrängen. Sondern alle Staaten sind verpflichtet, auf die Verwirklichung des Demokratieprinzips im eigenen Land hinzuarbeiten. Man könnte dies die Pflicht zur Demokratisierung nennen.[506] Als

---

[505] Vgl. ROTH, Governmental illegitimacy, 1999, S.345.

[506] Vgl. SICILIANOS, ONU et démocratisation, 2000, S.284. Auf diese Weise, als ein programmatisches Recht, versuchte bereits STEINER, Political Participation as Human Right, in: 1 HHRYB 1988, S.77, 130ff. in der

Zielbestimmung führt diese gewohnheitsrechtliche Norm nicht dazu, daß sich Staaten, die dem Demokratieprinzip nicht genügen, in völkerrechtswidrigem Zustand befinden. Dies gilt selbstverständlich nur vorbehaltlich vorrangiger vertraglicher Verpflichtungen, sowie der Verpflichtung auf Menschenrechte und Strukturprinzipien, die sich gewohnheitsrechtlich ergeben, wie sie etwa UNGA Res.55/96 (2000) formuliert. Die Zielbestimmung bewirkt aber, daß die Staatengemeinschaft die Erreichung des Ziels mit Mitteln unterhalb der Gewaltschwelle einfordern kann und Bewertungen der internen Lage keine unzulässige Einmischung darstellt. Daß diese gewohnheitsrechtliche Geltung auch umgesetzt wird, belegt z.B. der Rechtsstaatsdialog zwischen der Bundesrepublik Deutschland und China. Insbesondere müssen aber alle Staaten Anstrengungen zum Erhalt oder der Förderung der Demokratisierung erkennen lassen. Stillstand wie etwa in Nord-Korea ist nicht mit der Zielbestimmung vereinbar.

Für die – wenigen – Staaten, die keiner vertraglichen Verpflichtung unterliegen und die – noch – als Staatswesen funktionieren, so daß die internationale Gemeinschaft sich noch nicht zum Eingreifen veranlaßt gesehen hat, bedeutet dies, daß auch an sie das Erfordernis der demokratischen Legitimation staatlichen Handelns herangetragen werden kann. Insbesondere Staaten wie China, die nicht den Pakt ratifiziert haben, sind daher dem völkerrechtlichen Demokratieprinzip zumindest in seiner Spielart als Zielbestimmung sowie dessen gewohnheitsrechtlicher Untermauerung durch Menschenrechte unterworfen.[507]

Es bedarf daher keiner abschließenden völkerrechtlichen Definition des Demokratieprinzips, um seine normative Geltung zu bejahen.[508] Zwar lassen Verweise auf „repräsentative Demokratie" und die Grundlegung der Demokratie im

„freely expressed will of the people to determine their own political, economic, social and cultural systems and their full participation in all aspects of their lives"[509]

keine detaillierten Schlußfolgerungen hinsichtlich der Ausgestaltung des Demokratieprinzips zu. Dies ist aber auch nicht notwendig, um ihm einen normativen Gehalt zu geben. Denn es wird konturiert durch kohärente Anforderungen aus Verträgen und Praxis, vor allem

---

Zeit vor der explosionsartigen Vermehrung der pro-demokratischen Staatenpraxis, eine normative Grundlage herauszuschälen.

[507] Wobei angesichts Chinas Beteiligung an der Praxis der UN als ständiges Sicherheitsratsmitglied und etwa der Beteiligung am Abkommen von Paris bezüglich Kambodschas sich die Frage stellt, ob tatsächlich eine konsistente *rechtliche* Ablehnung vorliegt oder ob nicht vielmehr politisch die Anwendung einer internationalen Norm auf das eigene Land zurückgewiesen wird. Während China sich bei der Ermächtigung des Gewalteinsatzes im Fall Haiti enthielt (UNSC Res.940 (1994), vgl. UNYB 1994, S.426f.), stimmte es für die Mission in Kambodscha (UNSC Res.718 (1991) – Pariser Abkommen, vgl. UNYB 1991, S.155f. und UNSC Res.745 (1992) – UNTAC, vgl. UNYB 1992, S.246), für den Einsatz in Somalia (UNSC Res.897 (1994) – UNSOM II, vgl. UNYB 1994, S.318f.), für Dayton und seine Implementierung (UNSC Res.1021 und 1022 (1995) vgl. UNYB 1995, S.544ff.; UNSC Res.1031 (1995), – IFOR, und UNSC Res.1035 (1995) – UN Zivilverwaltung, vgl. UNYB 1995, S.551).

[508] So aber DÖHRING, Demokratie und Völkerrecht, in: FS Steinberger, 2002, S.127, 128 und IPSEN, Völkerrecht, 4. Aufl. 1999, § 30 Rz.7 (HEINTZE), dessen Verweis auf FARER, HRQ 1989, 309 allerdings ins Leere führt. Und in FARER, Elections, Democracy, and Human Rights, in: 11 HRQ 1989, S.504, 508f. postuliert dieser nicht die Voraussetzung einer Definition für die Geltendmachung eines Anspruches, sondern prüft, ob südamerikanische Regierungen (zu der Zeit) die Tatbestandsmerkmale einer institutionelle Definition der Demokratie erfüllen.

[509] Art.25 IPbpR.

## 4. Schlußfolgerungen zum Demokratieprinzip

der UN, wonach staatliches Handeln legitimiert werden muß durch ein pluralistisches, repräsentatives Regierungssystem auf der Grundlage von regelmäßigen, allgemeinen und freien Wahlen, flankiert von Menschenrechten, Gewaltenteilung und Rechtsstaatlichkeit.[510] Für diese Arbeit bedeutet dies, daß staatliche Entscheidungen einer legitimierenden Rückbindung an den frei geäußerten Willen des konstituierenden Staatsvolkes bedürfen, wobei die Freiheit dieser Willensäußerung in dynamischer Perspektive die Freiheit der Willensänderung garantiert. Dies ist für den Kontext dieser Arbeit ausreichend, da es nicht darum geht, die Verfaßtheit einzelner Staaten daraufhin zu untersuchen, ob sie der Verpflichtung auf das Demokratieprinzip genügen, sondern um die Anerkennung dieses Prinzips im Völkerrecht mit seinen Implikationen für die Legitimation staatlichen Handelns. Die inzwischen erfolgte gegenseitige Verpflichtung zur Aufrechterhaltung bzw. zur Etablierung genereller verfassungsrechtlicher Normen, insbesondere solcher bezüglich demokratischer Kontrolle, unterscheidet die heutige Völkerrechtslage von der vor vierzig Jahren.[511]

---

[510] Zurückhaltend noch SICILIANOS, ONU et démocratisation, 2000, S.286.
[511] Vgl. zur damaligen Einschätzung BLIX, Treaty-Making Power, 1960, S.394.

## 5. Das Demokratieprinzip in der Kritik – zwei Mißverständnisse

Wenn Rechtsentwicklungen kritisch analysiert werden, die eine mindestens ambivalente Auswirkung in der sozialen Wirklichkeit aufweisen, überrascht das nicht. Im wirtschaftlich-sozialen Bereich können dafür Entwicklungen des Wirtschaftsvölkerrechts zur Deregulierung und des Abbaus von Handelshemmnissen genannt werden, die von „Globalisierungs-Gegnern" skeptisch beurteilt werden; im sicherheitspolitischen Bereich schlagen die Fragen nach der Legitimität von gewaltsamen Interventionen hohe Wellen. Daß die Entwicklung des Demokratieprinzips, das wohl eher positiv konnotiert ist, ebenfalls von Kassandra-Rufen begleitet wird,[512] ist demgegenüber weniger augenfällig. Aber auch diese Kritik hat ihre Berechtigung dort, wo sie vor euphorischer Übertreibung warnt: Gerade die völkerrechtliche Literatur, der es im wesentlichen zufällt, Rechtsentwicklungen zu beschreiben und zu analysieren, verfällt oft der Gefahr des Wunschdenkens. Fragwürdig wird die Kritik jedoch dann, wenn sie methodische Schwächen aufweist oder selber aufgrund Wunschdenkens über das Ziel hinausschießt.

### a) Illegitimität gleich Illegalität?

Der ersteren Kategorie ist die Auffassung zuzuordnen, die aus der Staatenpraxis der Regierungsanerkennung ableitet, daß eine *opinio iuris* der Staaten hinsichtlich des Demokratieprinzips nicht existiert. Die Bewährung des Demokratieprinzips wird dabei an der Frage festgemacht, ob illegitime Regime und ihre Rechtshandlungen anerkannt werden können.[513] Zu berücksichtigen ist jedoch, daß die Art und Weise, wie Rechtsakte und –handlungen zustandekommen, zwar einen Einfluß auf die Bewertung ihrer Gültigkeit hat. Ein Fehler im Entstehungsprozeß, in diesem Fall ein Mangel der Legitimation, hat aber nicht notwendigerweise die Ungültigkeit des Rechtsaktes oder der Rechtshandlung zur Folge. Um dies zu erkennen, genügt bereits ein kursorischer Blick in den Teil V. der Wiener Vertragsrechtskonvention, nach dem Fehler beim Vertragsschluß wie Verletzung innerstaatlichen Rechts (Art.46), Irrtum (Art.48), Betrug (Art.49), Bestechung (Art.50) und sogar Zwang gegen den Staatenvertreter (Art.51) keineswegs automatisch die Ungültigkeit des geschlossenen Vertrages nach sich ziehen, sondern höchstens zu einem Kündigungsrecht führen. Lediglich in den Ausnahmefällen der Gewalt gegen die Vertragspartei selber (Art.52) oder des Verstoßes gegen *ius cogens* (Art.53) ist Nichtigkeit die Folge. Es erstaunt daher, daß die Frage nach der Anerkennungsmöglichkeit illegitimer Regierungen und ihrer Rechtsakte, also die Frage nach ihrer rechtlichen Gültigkeit,[514] überhaupt gestellt wird, geschweige denn daß der offensichtliche Befund – Anerkennung ist möglich – als Beleg gegen die Geltung des Demokratieprinzips ins Feld geführt wird.[515]

---

[512] Abgesehen von den kursorischen Repliken auf den Aufsatz von Fox/Nolte, Intolerant Democracies, 35 HILJ 1995, S.1-70, von Koskenniemi, Whose intolerance, which democracy, 37 HILJ 1996, S.231-234 und Roth, Democratic intolerance: observations on Fox and Nolte, 37 HILJ 1996, S.235-238 siehe nur Crawford/Marks, Democracy Deficit, in: Archibugi u.a. (Hrsg.), Re-imagining political community, 1998, S.72-90; Roth, Evaluating Democratic Progress, in: 9 EIA 1995, S.55ff., nochmals abgedruckt in: Fox/Roth (Hrsg.), Democratic Governance, 2000, S.493-516; ausführlich Ders., Governmental illegitimacy, 1999.

[513] Vgl. nur Fox/Roth, Introduction, in: Dies., Democratic Governance, 2000, S.1, 19f.

[514] Roth, Governmental illegitimacy, 1999, *passim*.

[515] Roth, Governmental illegitimacy, 1999, S.417ff.; noch einmal bekräftigt in Roth, Evaluating democratic progress, in: Fox/Roth (Hrsg.), Democratic Governance, 2000, S.493, 509 und Fn.15. Wesentlich zurückhaltender und differenzierender Murphy, Democratic Legitimacy, in: 48 ICLQ 1999, S.545, 580, der in

## 5. Das Demokratieprinzip in der Kritik – zwei Mißverständnisse

Ein wesentlicher Schwachpunkt dieser Auffassung liegt in den engen Anforderungen an die Gültigkeit einer völkerrechtlichen Norm. ROTH fordert die ausnahmslose De-Legitimierung von Regierungen, die sich nicht auf die Zustimmung der Wähler stützen können, um ein Demokratieprinzip im Völkerrecht anerkennen zu wollen. Aufgrund der Gegenbeispiele von Myanmar, Nigeria und anderen sei diese ausnahmslose Befolgung des Prinzips jedoch nicht gegeben. Zum einen verwechselt er dabei Norminhalte: Ob eine Regierung legitimiert sein muß und im Zweifelsfall nicht anerkannt werden kann, ist eine andere Norm als die Pflicht zur Nichtanerkennung, die er offenbar aus dem Demokratieprinzip ableitet. Diese Verwechslung rührt aus einer ausschließlichen Verknüpfung des Demokratieprinzips mit dem Problem der Anerkennung her[516] – nicht nur eine Verkürzung des inhaltlichen Anwendungsgebietes, wie diese Arbeit zeigt, sondern auch eine unglückliche Argumentationsbasis, da Anerkennungsfragen kaum in politische und normative Aspekte zu trennen sind.[517] Zum anderen geht bereits die Prämisse fehl: Wenn an jeder völkerrechtlichen Norm gezweifelt werden müßte, die nicht ausnahmslos befolgt wird, könnte man nicht nur die gesamten Menschenrechte als völkerrechtliche Verpflichtungen in Frage stellen, sondern ebenfalls Grundpfeiler des Völkerrechts wie die Staatenverantwortlichkeit.

b)    Das Demokratieprinzip – ungenügend für „echte" Demokratie?

Einen anderen Blickwinkel nehmen Stimmen ein, die das völkerrechtliche Demokratieprinzip mit einem Ideal vergleichen und – nicht überraschend – Defizite in der bisherigen normativen Ausgestaltung feststellen.[518] Wenn auch ein solcher Vergleich Fragen nach der Herleitung des Ideals und seiner Begründung aufwerfen, so sind sind sie unproblematisch, solange sie die kategoriale Trennung zwischen juristischer Normativität und politischen Wünschen beachten.[519] Bei ROTH wird diese Trennung aufgehoben, wenn er seinen Wunsch nach „substantive democracy", die auf der Gleichheit der Bürger insbesondere in wirtschaftlicher Hinsicht beruht,[520] zur Norm erhebt und aufgrund der unzureichenden Berücksichtigung dieses Aspektes dem Demokratieprinzip in seiner bisherigen Ausgestaltung

---

normativer Hinsicht lediglich die Verpflichtung verneint, einen Staat wegen Mißachtung des Demokratieprinzips nicht anzuerkennen, und die Möglichkeit bejaht, daß die internationale Gemeinschaft ein illegitimes Regime nicht anerkennt. Diesem Befund ist nachdrücklich zuzustimmen.

[516] Einer Verengung, der allerdings die Befürworter des Demokratieprinzips Vorschub leisten, wenn sie bei der Frage der Durchsetzung ausschließlich die Anerkennung thematisieren, vgl. FRANCK, Emerging Right, in: 86 AJIL 1992, S.46, 63ff. und insbesondere FOX, Right to Political Participation, in: 17 YJIL 1992, S.539, 596ff.

[517] Im übrigen gibt es sehr gute politische Gründe, normativ keine Verknüpfung zwischen Legitimität und Anerkennung herzustellen. Jede Auseinandersetzung mit einem undemokratischen Staat, mit einer illegitimen Regierung unterhalb der Gewaltschwelle, setzt einen offiziellen Umgang mit dem Staat, mit der Regierung nur beschränkt möglich. Wesentlich erfolgreicher als eine Konfrontationsstrategie scheint eine Form des Dialogs bis hin zur klassischen „Umarmungsstrategie", die einen intensiven Austausch zu beiderseitigem Nutzen (nicht zuletzt ökonomischer Art) auf allen Ebenen mit einem Insistieren auf demokratischen Entwicklungen verbindet.

[518] CRAWFORD/MARKS, Democracy Deficit, in: ARCHIBUGI u.a. (Hrsg.), Re-imagining political community, 1998, S.72, 79ff.; ROTH, Evaluating democratic progress, in: FOX/ROTH (Hrsg.), Democratic Governance, 2000, S.493-516, *passim*.

[519] Hart an der Grenze CRAWFORD/MARKS, Democracy Deficit, in: ARCHIBUGI u.a. (Hrsg.), Re-imagining political community, 1998, S.72, 79ff.

[520] ROTH, Evaluating democratic progress, in: FOX/ROTH (Hrsg.), Democratic Governance, 2000, S.493, 498ff.

im Völkerrecht seine normative Geltung weitgehend abspricht.[521] Selbst wenn man die Existenz einer solchen „Über-Norm" als Einbruch des Naturrechts akzeptierte – nicht umsonst stützt sich ROTH auf ROUSSEAU –,[522] bleibt die Maßstabsetzung methodisch unzulässig, da er die „substantive democracy" nicht ausfüllt. „[E]galitarian social policies"[523] sind genau solche – politische Ziele, keine normativen Kriterien, die ein Urteil darüber erlaubten, ob die Norm erfüllt ist oder nicht. Noch weiter geht ROTH, wenn er argumentiert, daß zum einen eine liberal-demokratische Verfassung alleine noch keine Garantie für effektive Bürgerbeteiligung und Kontrolle der Machtausübenden durch das Volk ist und daß zum anderen Diktaturen durch die Mehrheit der Bevölkerung als legitim angesehen werden können. Daraus zieht er den Schluß, daß nicht *a priori* bestimmt werden könne, ob ein Putsch, Ausnahmezustände oder längere Perioden von Ein-Parteien- oder Koalitions-Diktaturen das Prinzip verletzten, das er „popular sovereignty" nennt, oder mit anderen Worten, daß ein Urteil über die fehlende Legitimität der Regierung nicht alleine aufgrund demokratischer Defizite in der Verfassung gefällt werden kann.[524] Es ist fraglich, ob diese argumentative Volte einer Nachprüfung standhält. Abgesehen davon, daß er zunächst Belege schuldig bleibt und mit dem Ausnahmezustand unter seine abstrakten Beispiele eines aufnimmt, das sehr wohl mit Prinzipien eines liberal-demokratischen Verfassungsstaates vereinbar sein kann, begegnen seiner Argumentation methodische Bedenken. Er will aus der empirischen Beobachtung undemokratischer Verhältnisse in demokratischen Verfassungsstaaten normativ begründen, daß undemokratische Verfassungsstaaten Legitimationsanforderungen genügen können. Das ist nicht möglich. Denn sowohl das Demokratieprinzip wie Legitimationsanforderungen sind normativer Natur und können nicht empirisch falsifiziert werden. Der liberal-demokratische Verfassungsstaat ist notwendige, aber nicht hinreichende Bedingung für effektive, also sich in der Welt des Seins manifestierende Legitimation. Im übrigen fällt bei ROTHS Prinzip der *popular sovereignty* jegliche Frage des Minderheitenschutzes unter den Tisch. Daher gilt weiterhin, daß autoritäre Regime nicht den Anforderungen eines normativen Demokratieprinzips genügen können.

---

[521] ROTH, a.a.O., S.505.
[522] ROTH, a.a.O., 500ff.
[523] ROTH, Evaluating democratic progress, in: FOX/ROTH (Hrsg.), Democratic Governance, 2000, S.493, S.505.
[524] ROTH, Governmental illegitimacy, 1999, S.344.

# III. DER GRUNDSATZ *PACTA SUNT SERVANDA* IM VÖLKERRECHT

Der völkerrechtliche Grundsatz *pacta sunt servanda*, der wichtigste Grundsatz des Vertragsrechts,[525] scheint solche inhärente Plausibilität zu besitzen, daß er inhaltlich kaum auf seine Legitimation überprüft wird.[526] HUGO GROTIUS hatte zwar noch die Bindung eines zeitlich nachfolgenden Souveräns, ausdrücklich auch eines „freien Volkes", an Verpflichtungen, die ein früherer Souverän eingegangen war, mit dem „vernünftigen Grund" legitimiert, der in dieser Verpflichtung angesichts der Autorität des früheren Souveräns gesehen werden müsse.[527] Die Frage, ob eine Bindungswirkung auch dann noch bejaht werden kann, wenn das „freie Volk" den Grund nicht mehr als vernünftig ansieht, hat er allerdings nicht gestellt.[528] Schon CHRISTIAN WOLFF verlangte zwar als Voraussetzung für die Bindung einer Demokratie eine Entscheidung über den Vertrag nach den internen Regeln,[529] leitete dann aber die Bindungswirkung formal aus der Verpflichtung ab, die eingegangen wurde,[530] ohne sein Augenmerk auf eine spätere gegenteilige demokratische Entscheidung zu lenken.[531] Im 20. Jahrhundert[532] formulierte PIERRE CHAILLEY die These, ausgehend von der

---

[525] Siehe nur SINCLAIR, Vienna Convention, 2. Aufl. 1984, S.2: „the most fundamental principle of treaty law". Nach KELSEN, Théorie du traité international, in: X RITD 1936, S.253, 255 und *passim* handelt es sich um eine höherrangige völkerrechtliche Norm als der Vertrag. Noch weitergehend OPPENHEIM/LAUTERPACHT, International Law, Bd.1, 8.Aufl.1955, S.880f. § 493, wonach es sich zunächst zwar um einen völkergewohnheitsrechtlichen Satz handelt, dessen Bindungswirkung aber wiederum gegründet ist „in the last resort on the fundamental assumption, which is neither consensual nor necessarily legal, of the objectively binding force of International Law."

[526] WALDOCK verwies in seinem dritten Bericht (WALDOCK, Report III, YBILC 1964-II, S.5, 7 Abs.1) auf den Harvard Research Draft, AJIL 1935, Suppl.3, S.977 anstelle einer umfassenden Erörterung des Grundsatzes.

[527] GROTIUS, De Jure Belli ac Pacis Libri Tres, 1625, Buch 2, Kap.XIV, Abschnitt XII, § 2, zit. nach Classics ed., No.3 vol.2, 1925/1995, S.387f.

[528] In der Neuzeit gab es Beispiele dafür, daß die Bindungswirkung internationaler Übereinkommen genau entgegengesetzt mit der Deklarierung als „gentlemen's agreement", also einer reinen Bindung *ad personam*, bestritten wurde, so ein britisch-russischer Geheimvertrag von 1878 über die Annexion des heutigen Georgiens, den der britische Außenminister Lord Salisbury aufgrund öffentlicher Entrüstung nach Bekanntwerden auf seine "Kappe" nahm (CHAILLEY, Nature juridique des traités, 1932, S.89) oder die Beistandsverpflichtung Finnlands gegenüber dem nationalsozialistischen Deutschen Reich im Zweiten Weltkrieg, die als lediglich vom finnischen Präsidenten abgegeben und daher nach seinem Rücktritt nicht mehr bindend angesehen wurde.

[529] WOLFF, Jus gentium, 1764, Kapitel 4, § 371, zit. nach Classics ed., No.13 vol.2, 1931/1995, S.192.

[530] WOLFF, Jus gentium, 1764, Kapitel 4, § 377, zit. nach Classics ed., No.13 vol.2, 1931/1995, S.195.

[531] Mit einem interessanten Beispiel begründet BYNKERSHOEK, Quaestionum juris publici, 1737, Buch 2, Kapitel XXV, S.372f. Abs.I, zit. nach Classics ed., No.14 vol.2, 1930/1995, S.276 die Fortgeltung der Vertragsverpflichtung trotz der Auswechslung des Souveräns: Sowohl die englische Krone hinsichtlich eines Fischereiabkommens, geschlossen mit dem Erzherzog von Österreich für die Niederlande, als auch der dänische König hinsichtlich eines Zollabkommens, geschlossen mit Kaiser Karl V für die Niederlande, wollten nicht länger an ihren Verpflichtungen festhalten, nachdem die Niederlande unabhängig geworden waren und durch die Generalstände vertreten wurden. Zu Unrecht, so BYNKERSHOEK, da die Verträge keineswegs dem Erzherzog persönlich das Fischen in englischen Gewässern ermöglichen bzw. Kaiser Karl V das Handeln mit dem Baltikum erleichtern sollten, sondern zugunsten der Untertanen abgeschlossen worden waren.

Charakterisierung eines Vertrages als Norm, daß der Vertrag durch seinen Entstehungsprozeß seine bindende Wirkung erhalte und dieser Bindungswirkung nur durch einen entsprechenden *actus contrarius* entkleidet werden könne.[533] Die Wiener Vertragsrechtskonvention (WVK) von 1969[534] hat schließlich den Rechtsgrundsatz *pacta sunt servanda* in Art.26 kodifiziert und dabei in Art.46 die von CHRISTIAN WOLFF noch geforderte Gültigkeitsvoraussetzung des Zustandekommens nach internem Recht stark beschnitten.

Wenn im folgenden das Vertragsvölkerrecht einer Bestandsaufnahme im Hinblick auf die Kompatibilität mit dem Demokratieprinzip unterzogen wird, so wird aus systematischen Gründen die Wiener Vertragsrechtskonvention zum Ausgangspunkt genommen.[535] Dies nicht nur, weil sie inzwischen von 94 Staaten ratifiziert wurde[536] und daher für einen signifikanten Teil der internationalen Gemeinschaft das Vertragsrecht verbindlich regelt. Soweit sie Gewohnheitsrecht kodifiziert, ist sie ohnehin Ausgangspunkt für dessen Analyse, darüberhinausgehend sind einige ihrer Normen selber zu Gewohnheitsrecht auch unter den nicht beteiligten Staaten geworden.[537] Der IGH hat bisher keiner Norm der Konvention, die für ein Urteil rele-

---

[532] Ein Abriß der verfassungsrechtlichen Entwicklung der Gewaltenteilung beim Vertragsschluß im 19. Jahrhundert findet sich bei WILDHABER, Treaty-Making Power, 1971, S.9-13.

[533] CHAILLEY, Nature juridique des traités, 1932, S.121f., Abs.42, mit Bezug auf einen Schiedsspruch des US-amerikanischen Außenministers in einem Schiedsverfahren zwischen Chile und Peru vom 7. April 1875: „It is a well established principle of international law that after a treaty possessing all of the elements of validity has been formally executed, it can only be altered or amended before its proper expiration by the same authority and under the same formality of procedure as the original." (LA FONTAINE, Pasicrisie, 1902, S.156, 165).

Er übersieht dabei, daß das Vertragsschlußverfahren und entsprechend ein *actus contrarius*, an entscheidender Stelle eine rechtliche Lücke aufweist, die politisch gefüllt wird: Nämlich bei der Entscheidung des „ob" der rechtlichen Bindung (siehe oben I. 2. b) 2) am Ende). Damit kann der rechtliche Schienenweg des *actus contrarius* nicht durchgängig befahren werden und ist daher als normativer Maßstab für die Beurteilung einer Vertragsfortdauer untauglich.

[534] (IR) Vienna Convention on the Law of Treaties, 1969, 1155 UNTS 1980, No.18232, S.331-512. In Auszügen abgedruckt in Anhang I.

[535] Demgegenüber wird die zweite Wiener Vertragsrechtskonvention von 1986 über die Verträge unter Beteiligung internationaler Organisationen nicht separat herangezogen. Die ILC hat für ihre Abfassung die WVK von 1969 als Ausgangspunkt genommen und bereits während der vorbereitenden Arbeiten Veränderungen nur dort in den Blick genommen, wo sie aufgrund der besonderen Aspekte internationaler Organisationen notwendig waren, vgl. REUTER, Report I, YBILC 1972-II, S.171, 194f. Abs.76. Zu den hier interessierenden Problemen trägt sie daher nichts Neues bei.

[536] Die Datenbank „Multilateral Treaties Deposited with the Secretary General" vom Stand 16. April 2002, (IR) UN Multilateral Treaties, Part I, Chapter XXIII, No.1 weist 94 Vertragsstaaten aus. Weitere 19 Staaten haben die Konvention gezeichnet, aber noch nicht ratifiziert.

[537] Zur Entwicklung von Konventionsnormen zu Gewohnheitsrecht vgl. das Urteil des IGH vom 20. Februar 1969 im Rechtsstreit zwischen Deutschland und den Niederlanden bzw. Deutschland und Dänemark in der Rechtssache *North Sea Continental Shelf*, ICJ Rep.1969, S.3, 41ff. Abs.71ff. Der IGH hält es für möglich, daß Konventionsnormen selber Gewohnheitsrecht schaffen, stellt allerdings strenge Anforderungen: „[they] must be of fundamentally norm-creating character such as could be regarded as forming the basis of a general rule of law" (IGH a.a.O., S.42 Abs.72). Die Konvention muß eine weite und repräsentative Verbreitung vorweisen können und die *opinio iuris* der Staaten in praktisch uniformer, ausgedehnter Staatenpraxis reflektiert werden. Vgl. SINCLAIR, Vienna Convention, 2. Aufl. 1984, S.22; dazu auch D'AMATO, Manifest Intent, in: 64 AJIL 1970, S.892-902; BAXTER, Treaties and Custom, in: 129 RdC 1970, S.25, 57ff. und THIRLWAY, Customary Law and Codification, 1972, S.81-84.

*Christian B. Fulda*

vant war, den gewohnheitsrechtlichen Status abgesprochen.[538] In der völkerrechtlichen Praxis wird entsprechend auch von Nichtvertragsstaaten auf die Konvention verwiesen, ohne daß eine solche Bezugnahme stets den Geltungsgrund nach den Rechtsquellen *lege artis* ausformuliert.[539] Hinzu kommt, daß die Entstehungsgeschichte der WVK innerhalb der Arbeiten der ILC einen Bruch aufweist, der sie als Fundstelle für Vertragsvölkerrecht besonders interessant macht: Während die ersten beiden Berichterstatter der ILC, BRIERLY und LAUTERPACHT, offenbar von der Voraussetzung ausgingen, daß das Ziel eine Vertragsrechtskonvention sei, ohne daß darüber in der ILC bis zu dem Zeitpunkt diskutiert worden war,[540] schlug der dritte Berichterstatter FITZMAURICE in seinem ersten Bericht die Form eines detaillierten beschreibenden Kodex vor,[541] der von der ILC und gegebenenfalls von der Generalversammlung angenommen werden und kraft seiner Autorität wirken sollte.[542] Dieser Entwurf für einen umfangreichen Kodex, der aufgrund der Berufung des Berichterstatters zum Richter am IGH nicht vollendet wurde, gibt wegen seines synthetisierenden Ansatzes eine Reihe von Anhaltspunkten für die Analyse des Vertragsvölkerrechts. Wohl nicht zuletzt aufgrund der Fülle des vorgelegten Materials und aufgrund des Drängens des vierten Berichterstatters WALDOCK, der eine Konventionsform zur Bedingung seiner Tätigkeit machte, vornehmlich allerdings aufgrund Effektivitätsüberlegungen schwenkte die ILC jedoch wieder auf das Projekt der Kodifikation um.[543]

---

[538] AUST, Treaty Law and Practice, 2000, S.11.
[539] Vgl. AUST, Treaty Law and Practice, 2000, S.10f.
[540] Vgl. SINCLAIR, Vienna Convention, 2. Aufl. 1984, S.3.
[541] FITZMAURICE, Report I, YBILC 1956-II, S.104, 106 Abs.4f. Zur Diskussion siehe ILC, 368th – 370th meeting, YBILC 1956-I, S.216ff.
[542] Vgl. SINCLAIR, Vienna Convention, 2. Aufl. 1984, S.3.
[543] SINCLAIR, Vienna Convention, 2. Aufl. 1984, S.3ff.

## 1. Interpretation

Die schonendste Lösung eines Konfliktfalles im Vertragsrecht ist stets das Festhalten am bestehenden Text und seine Anpassung an neue Herausforderungen durch Interpretation. Zu prüfen ist daher, inwieweit das geltende Völkerrecht eine „demokratiefreundliche" Auslegung kennt. Grundsätzlich steht das Völkerrecht einer dynamischen Interpretation eher reserviert gegenüber. Dennoch ist in der WVK der rechtlichen Umgebung eines Vertrages Rechnung getragen worden. Nach Art.31 Abs.3 c) WVK sind neben den Vertragsbestimmungen in ihrem Zusammenhang in gleicher Weise

> „jeder in den Beziehungen zwischen den Vertragsparteien anwendbare einschlägige Völkerrechtssatz" (englisch: any relevant rules of international law applicable in the relations between the parties)

zu berücksichtigen.[544] Dazu zählen nicht nur die allgemeinen Regeln des Völkerrechts, sondern auch vertragliche Verpflichtungen für die Parteien.[545] Allerdings ist diese Auslegungsvorschrift der WVK selber interpretationsbedürftig. Denn während der Wortlaut von Art.31 Abs.3 c) WVK sich wie eine Aufforderung zur materiellen Konkordanz konfligierender völkerrechtlicher Verpflichtungen zum Zeitpunkt der Interpretation liest, weckt die Entstehungsgeschichte daran Zweifel. Diese beziehen sich zum einen auf die Frage der Intertemporalität, zum anderen auf den Anwendungsbereich.

### a) Entstehungsgeschichte

Artikel 69 - General rule of interpretation - des Entwurfs der ILC von 1964 lautete in Abs.1 b):

1. A treaty shall be interpreted in good faith in accordance with the ordinary meaning to be given to each term:

(a) [...]

(b) In the light of the rules of general international law in force at the time of its conclusion.[546]

Der Entwurf statuierte also, daß einzelne Begriffe im Vertrag unter Berücksichtigung der Bedeutung auszulegen sind, die sie im allgemeinen Völkerrecht zum Zeitpunkt des Vertragsschlusses haben. Es handelte sich demnach um eine Bestimmung des zeitlichen Bezugsrahmens für die Interpretation von Wortbedeutungen, nicht jedoch um eine Normenkonfliktregel. Der Berichterstatter setzte sich ausführlich mit der Kritik an diesem Entwurf auseinander, die vornehmlich das Problem der Entwicklung von Begriffsbedeutungen über die Zeit betraf, wies aber auch auf das Problem des Anwendungsvorrangs hin.[547] Art.31 WVK fand seine heutige Fassung dann im Final Draft der ILC (Art.27). Da eine Mehrheit der Mitglieder der

---

[544] Über Art.31 WVK hinaus handelt es sich dabei um einen gewohnheitsrechtlichen Satz des Vertragsrechts, vgl. (IR) ECourtHR, *Golder v. UK*, Urteil vom 21.2.1975, Series A, No.18, S.14 Abs.29 und S.17 Abs.35; ICSID Arbitration Tribunal, Case No. ARB/87/3, *Asian Agricultural Products Ltd v. Sri Lanka*, 106 ILR 1997, S.417, 439f.; allgemein zu Art.31ff. WVK als Kodifikation von Völkergewohnheitsrecht siehe den Schiedsspruch vom 18. Februar 1977 im Rechtsstreit zwischen Argentinien und Chile in der Sache *Beagle Channel*, 52 ILR 1979, S.93, 124 sowie den Spruch des Arbitral Tribunal for the Agreement on German External debts vom 16. Mai 1980 in der Rechtssache *Young Loan*, 59 ILR 1980, S.494, 529.

[545] FLEISCHHAUER, in: UNCLT, OR 69, Second session, 13th plenary meeting, S.57 Abs.64; ihm folgend SINCLAIR, Vienna Convention, 2. Aufl. 1984, S.119.

[546] YBILC 1964-II, S.176, 199.

[547] WALDOCK, REPORT VI, YBILC 1966-II, S.51, 96f., Abs.9-13.

## 1. Interpretation

ILC der Auffassung war, Auswirkungen von Rechtsänderungen auf einen Vertrag wären eher eine Frage der Veränderung von Vertragsbestimmungen durch späteres Recht, also ein Problem der Intertemporalität des Rechts, als eine Frage der Interpretation, wurde die zeitliche Bezugnahme im Entwurf gestrichen.[548] Nach Meinung der ILC sollte die Neufassung das Problem der Intertemporalität dadurch beheben, daß die Interpretation nach Treu und Glauben ausgerichtet sei und damit gegebenenfalls Begriffsentwicklungen aufnehmen könne.[549] Während Ausgangspunkt der Interpretation also die Bedeutung innerhalb des Völkerrechts zum Zeitpunkt des Vertragsschlusses ist, kann in einzelnen Fällen eine Entwicklung berücksichtigt werden.

b) Völkerrechtliche Praxis

Daß die Rechtslage zur Zeit des Vertragsschlusses als Ausgangspunkt der Interpretation gewählt werden muß, konstatierte HUBER im Schiedsspruch *Island of Palmas* von 1928:

> "...a juridical fact must be appreciated in the light of the law contemporary with it, and not of the law in force at the time when a dispute in regard to it arises or falls to be settled."[550]

Dem gleichen Grundsatz war der IGH im Fall *US Nationals in Morocco* verpflichtet.[551] Den Wandel des Rechts demgegenüber berücksichtigte er im Fall *Aegean Sea Continental Shelf*.[552] Der evolutiven Interpretation öffnete er aber bereits im Namibia-Gutachten dezidiert eine Tür:

> "Mindful as it is of the primary necessity of interpreting an instrument in accordance with the intentions of the parties at the time of its conclusion, the Court is bound to take into account the fact that the concepts embodied in Article 22 of the Covenant [...] were not static, but were by definition evolutionary [...]. The parties to the Covenant must consequently be deemed to have accepted them as such. That is why, viewing the institutions of 1919, the Court must take into consideration the changes which have occurred in the supervening half-century, and its interpretation cannot remain unaffected by the subsequent development of law, through the Charter of the United Nations and by way of customary law. Moreover, an international instrument has to be interpreted and applied within the framework of the entire legal system prevailing at the time of the interpretation."[553]

---

[548] Vgl. die Stellungnahmen in der ILC, 679th – 682nd meeting, YBILC 1966-I, S.183ff. von REUTER (a.a.O., S.188 Abs.43), CASTRÉN (a.a.O., S.188f. Abs.50) und EL-ERIAN (a.a.O., S.195f. Abs.31) gegenüber denen von DE LUNA (a.a.O., S.185 Abs.10), BRIGGS (a.a.O., S.187 Abs.33) und JIMÉNEZ DE ARÉCHAGA (a.a.O., S.190 Abs.71f.). Vgl. ELIAS, Intertemporal Law, in: 74 AJIL 1980, S.285, 302ff. und KONTOU, Termination and Revision, 1994, S.134f. Eine andere Einschätzung der Diskussion findet sich im abweichenden Sondervotum von AMELI zur Entscheidung vom 12. August 1985 des Iran-United States Claims Tribunal im Fall *INA Corporation v. The Government of the Islamic Republic of Iran*, 8 IRAN-US CTR S.373 = 75 ILR 1987, S.595, wonach die Kommission die zeitliche Bezugnahme fallenließ, um gerade die Berücksichtigung des Rechts zum Zeitpunkt der Interpretation zu ermöglichen (8 IRAN-US CTR S.373, 447f. = 75 ILR 1987, S.595, 671f.).

[549] Kommentar der ILC zum Final Draft, Art.27 (jetzt Art.31 WVK), YBILC 1966-II, S.177, 222, Abs.16.

[550] Schiedsspruch vom 4. April 1928 im Rechtsstreit zwischen den Niederlanden und den Vereinigten Staaten in der Sache *Sovereignty over the Island of Palmas*, RIAA Bd.II, S.829, 845.

[551] IGH, Urteil vom 27. August 1952 in der Rechtssache *Rights of nationals of the United States of America in Morocco (France v. United States of America)*, ICJ Rep.1952, S.176, 189.

[552] IGH, Urteil vom 19. Dezember 1978 in der Rechtssache *Aegean Sea Continental Shelf (Greece v. Turkey)*, ICJ Rep.1978, S.3, 32 Abs.77. Zu den Besonderheiten des Falls siehe SINCLAIR, Vienna Convention, 2. Aufl. 1984, S.125f.

[553] IGH, Gutachten vom 21. Juni 1972 in der Rechtssache *Legal Consequences for States of the Continued Presence of South Africa in Namibia (South West Africa) notwithstanding Security Council Resolution 276*

Ähnlich argumentierte das Schiedsgericht in der Entscheidung zum französisch-britischen Streit um die Abgrenzung des Festlandsockels, als es das durch die Verhandlungen zur dritten Seerechtskonferenz begründete Gewohnheitsrecht zur Interpretation der – zu dem Zeitpunkt nicht wirklich alten – Convention on the Continental Shelf von 1958[554] heranzog.[555]

Unabhängig von der Entwicklung des Rechts kann Art.31 Abs.3 c) WVK als Einfallstor für allgemeine Rechtsprinzipien genutzt werden, jedenfalls nach Auffassung des EuGHMR im *Golder*-Fall: Danach zählen zu den zu berücksichtigenden Völkerrechtssätzen

> „general principles of law and especially "general principles of law recognized by civilized nations" (Article 38 § 1 (c) of the Statute of the International Court of Justice)."[556]

Beispiele für eine klassische Anwendung des Art.31 Abs.3 (c) WVK sind in Fällen des Iran-U.S. Claims Tribunal zu finden. So die Auffassung des abweichenden Sondervotums von HOLTZMANN,[557] wonach allgemein Völkergewohnheitsrecht, zumindest in Form internationaler Schieds- und Gerichtsentscheidungen zu berücksichtigen sei.[558] Über das Völkergewohnheitsrecht hinaus zog das Schiedsgericht selber in einer anderen Entscheidung[559] auch die Lehrmeinung heran.[560] Diese Entscheidung und weitere des gleichen Inhalts führten zu

---

*(1970)*, ICJ Rep.1971, S.16, 31 Abs.53. Vgl. auch das Sondervotum von WEERAMANTRY zur Entscheidung des IGH im Fall *Gabcíkovo-Nagymaros*, wonach der Gerichtshof in seinem Urteil Rücksicht auf die Entwicklung der Umweltstandards seit dem Abschluß des Vertrages zwischen Ungarn und der Tschechoslowakei hätte nehmen müssen und sich dabei ausdrücklich auf das Namibia-Gutachten berufi, (IR) ICJ, *Gabcíkovo-Nagymaros*, Sep. op. Weeramantry, ICJ Rep.1997, S.7, 113f. Skeptisch demgegenüber BEDJAOUI in seinem Sondervotum zur gleichen Entscheidung, (IR) ICJ, *Gabcíkovo-Nagymaros*, Sep. op. Bedjaoui, ICJ Rep.1997, S.7, 120ff.

[554] (IR) Convention on the Continental Shelf, 1958; 499 UNTS 1964, No.7302, S.311-354.

[555] Schiedsspruch vom 30. Juni 1977 in der Sache *United Kingdom of Great Britain and Northern Ireland and the French Republic on the Delimitation of the Continental Shelf*, abgedruckt in: 18 ILM 1979, S.397 sowie Interpretationsentscheidung vom 14. März 1978, a.a.O., S.462. Das Schiedsgericht führte aus, daß Völkergewohnheitsrecht herangezogen werden könne als

> „[...] a relevant and even essential means for interpreting and completing the provisions of Article 6 [...]" (a.a.O., S.422, Abs.75).

[556] (IR) ECourtHR, *Golder v. UK*, Urteil vom 21.2.1975, Ser. A, No.18, S.17 Abs.35. *In concreto* sah der Gerichtshof ein Recht auf Zivilgerichtsbarkeit von Art.6 Abs.1 EMRK erfaßt als einem der „fundamental principles of law".

[557] *Grimm v. The Government of the Islamic Republic of Iran*, Entscheidung vom 18. Februar 1983, Iran-United States Claims Tribunal, 2 IRAN-US CTR S.78 = 71 ILR 1986, S.650.

[558] 2 IRAN-US CTR S.78, 82 = 71 ILR 1986, S.650, 655. Es ging um die Schadensersatzansprüche einer Witwe wegen des Todes ihres Mannes, die nach Auffassung des Schiedsgerichts nicht als „property right" zu qualifizieren waren und daher nicht unter die Schiedsvereinbarung fielen (die Schiedsvereinbarung beruht auf einem komplexen Zusammenspiel mehrere Dokumente, abgedruckt in 20 ILM 1981, S.223ff.). Demgegenüber führt HOLTZMANN eine Reihe internationaler Entscheidungen an, die die Rechte Hinterbliebener als „property right" qualifizeren und die daher nach Art.31 Abs.3 (c) WVK bei der Auslegung des Begriffs „property right" in der Schiedsvereinbarung zu berücksichtigen seien.

[559] *Esphahanian v. Bank Tejarat*, Entscheidung vom 29. März 1983, Iran-United States Claims Tribunal, 2 IRAN-US CTR S.178 = 72 ILR 1987, S.478. Es ging um die Frage nach der Behandlung von Doppelstaatsangehörigkeiten, die aufgrund der internationalen Entscheidungspraxis und ihrer Bewertung in der Literatur zugunsten der Theorie der effektiven Staatsangehörigkeit gelöst wurde.

[560] 2 IRAN-US CTR S.178, 161 = 72 ILR 1987, S.478, 483f.

einer des Plenums des Schiedsgerichts,[561] die dem Interpretationsansatz gestützt auf allgemeines Völkergewohnheitsrecht und Literaturmeinung folgten.[562]

c) Würdigung

Bei der Interpretation schlägt sich die Akzentsetzung bei der Bewertung eines Vertrages zwischen Rechtsgeschäft und Norm nieder.[563] Steht das Rechtsgeschäft im Vordergrund, wird vornehmlich nach der Intention der Parteien zum Zeitpunkt des Vertragsschluß gefragt, wohingegen der Normcharakter einer davon sich ablösenden Interpretation zugänglich ist.[564] Während der Charakter des Rechtsgeschäfts unzweifelhaft der Ausgangspunkt der geltenden Regeln zur Interpretation völkerrechtlicher Verträge ist, ist die Öffnung der Regeln im Hinblick auf den Wandel der Begriffsbedeutung und der Relevanz rechtlichen Umgebung, in die die Norm eingebettet ist, nur durch die Berücksichtigung des Normcharakters erklärlich. Für das Demokratieprinzip spielt diese Öffnung die entscheidende Rolle. Denn soweit der rechtsgeschäftliche Charakter betroffen ist, also die Intentionen der Parteien in den Vordergrund gestellt werden, kann das Demokratieprinzip keine inhaltlichen Aussagen treffen. Eine Divergenz der Intentionen zwischen Prinzipal und Agent, zwischen Souverän und Regierung, läßt sich nur durch die Einhaltung eines legitimierenden Verfahrens ausschließen. Dies bedeutet umgekehrt, daß die Frage nach der demokratisch legitimierten Intention automatisch eine Frage nach dem fehlerhaften Vertragsschluß ist.[565] Demgegenüber läßt die Interpretation eines Vertrages als Norm die Anpassung an nachfolgende Entwicklungen zu und ermöglicht damit die Aktualisierung der Legitimation im Wege der Interpretation. Innerhalb der Lösungsansätze wird daher kurz darauf eingegangen werden, wie das Demokratieprinzip auf die Interpretation völkerrechtlicher Verträge einwirken kann.[566]

---

[561] *Iran-United States, Case No.A/18*, Entscheidung vom 6. April 1984, Iran-United States Claims Tribunal, 5 IRAN-US CTR S.251 = 75 ILR 1987, S.175.

[562] 5 IRAN-US CTR S.251, 260 = 75 ILR 1987, S.175, 188. Auch das gemeinsame abweichende Sondervotum der iranischen Schiedsrichter stützt sich implizit auf diesen Ansatz (5 IRAN-US CTR S.251, 290ff. = 75 ILR 1987, S.175, 220ff.), auch wenn es zu einem anderen Ergebnis kommt.

[563] Siehe oben I. 2. b) 3).

[564] REUTER, Law of Treaties, 2. Aufl. 1995, S.26f. Abs.55. Er greift diese Feststellung im folgenden jedoch nicht mehr auf, vgl. S.95ff., Abs.138-148.

[565] Siehe unten III. 2. a).

[566] Siehe unten V. 1. d).

## 2. Sollbruchstellen im Vertragsrecht

Keine Regel ohne Ausnahme – auch der Grundsatz *pacta sunt servanda* kennt Ausnahmen.[567] Im folgenden werden die Möglichkeiten im geltenden Völkerrecht, die Gültigkeit eines Vertrages in Frage zu stellen oder seine Gültigkeit durch Kündigung zu beenden daraufhin untersucht, inwiefern sie eine Schnittstelle zum Demokratieprinzip darstellen können.

### a) Fehlerhafter Vertragsschluß

Die WVK erkennt im 2. Abschnitt des V. Teils implizit an, daß die beim Vertragsschluß handelnden Akteure, die Staatenvertreter, nicht notwendigerweise im Sinne des Vertretenen handeln.[568] Dieses von der Institutionenökonomik als *principal-agent* beschriebene Problem[569] führt jedoch nur im schwerwiegendsten Fall der Verfolgung von monetären Eigeninteressen des Vertreters zur Ungültigkeit des Vertrages, wenn nämlich der Vertreter besto-

---

[567] Interessanterweise bedeutete die Einfügung von Teil V der WVK, überschrieben mit Ungültigkeit, Beendigung und Suspendierung von Verträgen, einen Perspektivenwechsel im Völkerrecht. Wie es SINCLAIR, Vienna Convention, 2. Aufl. 1984, S.162 ausdrückt:

„The spelling out in conventional form of a long series of separate and unrelated grounds for the avoidance of treaties is a disturbing phenomenon for the vast majority of international lawyers, who see in the principle *pacta sunt servanda* the principal safeguard for the security of treaties and other international transactions."

Zuvor war die Aufmerksamkeit auf die Gültigkeit der Verträge gerichtet worden, und unter dieser Rubrik wurden Fehler abgehandelt, etwa bei MCNAIR, Law of Treaties, 1961, S.206-236 unter dem Kapitel „Essential validity". Auch die Berichterstatter FITZMAURICE (vgl. FITZMAURICE, Report I, YBILC 1956-II, 104ff.: First chapter. The validity of treaties und als Ausnahme FITZMAURICE, Report III, YBILC 1958-II, S.20ff.: First chapter. The validity of treaties. Part II Essential validity. Section B. The specific conditions of essential validity und Section C. Legal effects of lack of essential validity [...]) und WALDOCK (WALDOCK, Report II, YBILC 1963-II, S.36ff.: The Essential Validity, duration and Termination of Treaties) gingen an das Thema mit einem positiven Ansatz, von der Gültigkeit her, heran. In der ILC setzte sich dann jedoch der eher theoretisch-abstrakte, negative Ansatz durch. Als Konzession wurde jedoch Art.42 WVK vorangestellt, wonach die Gültigkeit und Bindung an einen Vertrag nur nach den folgenden Bestimmungen angefochten werden kann. Kritisch zum impliziten Anspruch von Art.42 WVK auf Vollständigkeit der Regelungen im Kapitel V. SINCLAIR, Vienna Convention, 2. Aufl. 1984, S.163ff. mit Verweis auf Nichtanwendung, Erlöschen der Völkerrechtspersönlichkeit einer Partei, vollständige Ausführung und Verzicht.

[568] Explizit hat diese theoretische Trennung zwischen Vertreter und Vertretenem nur PAREDES, ILC, 675th meeting, YBILC 1963-I, S.11 Abs.29ff. aufgezeigt, ohne damit auf großen Wiederhall zu stoßen.

[569] Siehe etwa RICHTER/FURUBOTN, Neue Institutionenökonomik, 1996, S.163ff. Die Terminologie ist auch der völkerrechtlichen Literatur geläufig, vgl. etwa BLIX, Treaty-Making Power, 1960, S.3. Allerdings wird dort das Problem nur unsystematisch an Beispielen dargestellt, vgl. etwa SEIDL-HOHENVELDERN, Völkerrecht, 10. Aufl. 2000, Rz.223. Vgl. auch PCIJ, Series B, No.6, *Upper Silesia (Advisory opinion)*, S.6, 22 und KLABBERS, Concept of treaty, 1996, S.69. Dem *principal-agent* Modell liegt das Axiom des Eigennutztheorems zugrunde, nach dem handelnde Akteure stets versuchen, ihren eigenen Nutzen gemäß ihren Präferenzen zu maximieren. Das Modell ist nicht auf geldwerte Transaktionen beschränkt, da die Präferenzen jeglicher Art, auch nicht-materieller sein können (und meistens sind). Sobald sich die Präferenzen zwischen Agent und Prinzipal unterscheiden, kommt es zum Konflikt; der Kontrolle des Agenten durch den Prinzipal sind aufgrund des weiteren Axioms der begrenzten Ressourcen Grenzen gesetzt, da die Kontrolle mit Aufwand (Zeit, Arbeitskraft, Geld) verbunden ist.

## 2. Sollbruchstellen im Vertragsrecht

chen wurde, Art.50 WVK.[570] Im übrigen wird die Legitimation des Vertragsschlusses nur eingeschränkt zur Gültigkeitsvoraussetzung gemacht. Art.46, 47 WVK[571] relativieren den Einfluß von Regeln, die der Kontrolle des Handelns der Staatenvertreter dienen. Die Mißachtung innerstaatlichen Rechts beim Abschluß des Vertrages ist nach Art.46 WVK als Einwendung nur dann beachtlich, wenn sie eine doppelte Qualifizierung erfüllt: Sie muß offenkundig (englisch: „manifest") sein und eine Rechtsvorschrift von grundlegender Bedeutung betreffen. Während die „Offenkundigkeit" der Verletzung in Art.46 Abs.2 WVK wenig präzise, aber immerhin als objektiv für jeden Staat im Einklang mit der allgemeinen Übung (englisch: „normal practice") nach den Grundsätzen von Treu und Glauben erkennbar definiert wird, fehlt eine Ausführung zur Voraussetzung „Rechtsvorschrift von grundlegender Bedeutung". Der Blick in die Entstehungsgeschichte[572] enthüllt die Vorschrift als einen Kompromiß zwischen zwei unvereinbaren Positionen, dessen Praktikabilität allerdings fragwürdig ist.

### 1) Entstehungsgeschichte

Das erste Mal, allerdings nur kursorisch, war das Problem des Vertragsschlusses unter Verstoß gegen innerstaatliches Recht 1949 im Zusammenhang mit der Draft Declaration on Rights and Duties of States[573] erörtert worden. Im Zusammenhang mit Artikel 13, der eine Kombination der Art.26 und 27 WVK darstellt, allerdings nicht nur vertragliche Pflichten erfaßt, war in der Diskussion die Auffassung vertreten worden, ein solcher Verstoß sei unbeachtlich.[574] Es dauerte dann allerdings fast 10 Jahre, bis in der ILC mit Berichterstatter FITZMAURICE[575] wieder die „modernere", „völkerrechtliche" Position der Unbeachtlichkeit des nationalen Rechts die Überhand gegenüber der älteren, „verfassungsrechtlichen" Doktrin gewann,[576] die noch von den früheren Berichterstattern BRIERLY[577] und LAUTERPACHT[578]

---

[570] Der Fall, daß der Vertreter Zwang ausgesetzt wurde, Art.51 WVK, soll hier außer Betracht bleiben, da abgesehen von der eher akademischen Natur dieser Fallkonstellation die fehlende Legitimation offenkundig ist.

[571] Art.47 WVK, der die Beschränkung der Abschlußmacht behandelt, wird hier als Detailproblem nicht weiter behandelt.

[572] Siehe dazu BRIGGS, Codification, in: 126 RdC 1969, S.233, 257-266 und KEARNEY, Internal Limitations, in: 4 IL 1969, S.1-21.

[573] (IR) ILC, Draft Declaration on Rights and Duties of States, 1949, YBILC 1949, S.286, 287-288.

[574] ILC, First session, 14th meeting, YBILC 1949, S.104, 105. Vgl. KEARNEY, Internal Limitations, in: 4 IL 1969, S.1, 6.

[575] FITZMAURICE, Report III, First Chapter. The validity of treaties. Part II. Essential validity (intrinsic legality and operative force of treaties). Section B. The specific conditions of essential validity. Sub-section 3. Requirements (other than formal) attaching to the origin and method of procurement of the treaty (Impediment of defective consent). Article 10. The question of compliance with constitutional or other domestic requirements. Kommentar, YBILC 1958-II, S.20, 33ff.

[576] Siehe statt aller MCNAIR, Law of Treaties, 1961, S.61ff.

[577] BRIERLY, Report I, Kommentar zu Art.4, YBILC 1953-II, S.222, 230. Auf der Grundlage dieses Berichtes nahm die ILC 1951 vorläufig einen entsprechenden Artikel an, vgl. Art.2 des Text of articles tentatively adopted by the Commission at its third session, YBILC 1951-II, S.73 (soweit Art.2 dort unter den Artikeln steht, die auf der Grundlage des zweiten Berichts von BRIERLY angenommen wurden, ist dies eine Verwechslung):

Assumption of treaty obligations - Article 2

A treaty becomes binding in relation to a State by signature, ratification, accession or any other means of expressing the will of the State, in accordance with its constitutional law and practice through an organ competent for that purpose.

vertreten worden war. Nach dieser bestimmt sich die Gültigkeit des Vertragsschlusses nach internem Verfassungsrecht. Gespeist wurde sie dabei im Fall von LAUTERPACHT explizit aus der Berücksichtigung des Demokratieprinzips.[579] Da der dritte Bericht von FITZMAURICE in der ILC nicht diskutiert wurde, kam es zunächst nicht zu einer Auseinandersetzung mit der Abwendung von der älteren Doktrin. Berichterstatter WALDOCK[580] führte dann eine Kompromißlösung ein,[581] die eine intensive und ausführliche Diskussion in der ILC erfuhr.[582] Der Entwurf der ILC von 1963, der die ausdifferenzierte Regelung der vorhergehenden Entwürfe zusammenfaßte, sah in Art.31 – Provisions of internal law regarding competence to enter into treaties – vor, daß

> [w]hen the consent of a State to be bound by a treaty has been expressed by a representative considered under the provisions of article 4 to be furnished with the necessary authority, the fact that a provision of the internal law of the State regarding competence to enter into treaties has not been complied with shall not invalidate the consent expressed by its representative, unless the violation of its internal law was manifest.[...].[583]

Dabei war der letzte Halbsatz die Konzession der dominanten „völkerrechtlichen" Doktrin in der ILC an die in der Diskussion unterlegenen Anhänger der „verfassungsrechtlichen" Auffassung.[584] Die ILC führte in ihrem Kommentar nicht aus, was unter einer „manifest violation" zu verstehen sei.[585] WALDOCK hatte in seinem zweiten Bericht als Beispiele für eine offenkundige Verletzung die Fälle aufgeführt, in denen im Parlament oder in der Presse die Frage der „constitutional authority" (gemeint ist offenbar die Absegnung durch das Parlament) aufgeworfen wurde oder in denen aufgrund des Gegenstands des Vertrages dies auf der Hand liege.[586] Da dennoch eine Reihe von Staaten die Unbestimmtheit der Formulierung „of-

---

[578] LAUTERPACHT, Report I, Kommentar zu Art.11, YBILC 1953-II, S.90, 141ff. Wenn LAUTERPACHT für sich auch den Kompromiß zwischen „völkerrechtlicher" und „verfassungsrechtlicher" Doktrin reklamierte, vgl. a.a.O., S.142 Abs.4, und mit einer Form der *acquiescence* in Abs.2, einer Entschädigungspflicht in Abs.3 und obligatorischer Gerichtsbarkeit in Abs.5 die verfassungsrechtliche Position relativierte, so war Ausgangspunkt doch Abs.1:
 1. A treaty is voidable, at the option of the party concerned, if it has been entered in disregard of the limitations of its constitutional law and practice.

[579] So führte er im Kommentar zu Art.11 aus:
 „[...] that the notion that a State may become bound by acts of persons acting outside the scope of their authority **is unacceptable as being totally out of harmony with modern conceptions of representative government and principles of democracy.**"
 LAUTERPACHT, Report I, YBILC 1953-II, S.90, 142 Abs.3, Hervorhebung vom Autor.

[580] WALDOCK, Report II, Kommentar zu Art.5, YBILC 1963-II, S.36, 41ff.

[581] Vgl. SINCLAIR, Vienna Convention, 2. Aufl. 1984, S.169f. Siehe auch die Bewertung der endgültigen Fassung in der WVK von REUTER, Report VIII, Kommentar zu Art.46, YBILC 1979-II-1, S.125, 132 Abs.2:
 „In so far as it is necessary [...] to establish a rule for the consent of States, there would certainly be no question of proposing any rule other than that embodied in the delicate balance adopted in 1969."

[582] ILC, 674th-676th meeting, YBILC 1963-I, S.3-21.

[583] YBILC 1963-II, S.189, 190.

[584] Vgl. WALDOCK, ILC, 677th meeting, YBILC 1963-I, S.21 Abs.76; TUNKIN, ILC, 704th meeting, a.a.O., S.205 Abs.35ff.; ROSENNE, ILC, 704th meeting, a.a.O., S.206 Abs.54.

[585] Vgl. ILC, Draft 1963, YBILC 1963-II, S.189, 193 Abs.13.

[586] WALDOCK, Report II, Kommentar zu Art.5, YBILC 1963-II, S.36, 46 Abs.21.

## 2. Sollbruchstellen im Vertragsrecht

fenkundige Verletzung" („manifest violation") gerügt hatte,[587] schlug WALDOCK in seinem vierten Bericht folgende Fassung vor:

*Violation of internal law*
The fact that a treaty has been concluded in violation of its internal law may be invoked by a State as invalidating its consent to be bound by the treaty only if the violation of its internal law was known to the other States concerned or was so evident that they must be considered as having notice of it.[588]

Er räumte allerdings ein, daß es offenkundig unmöglich sei, im voraus alle Fälle zu definieren, in denen eine Verletzung „offensichtlich" ist, da dies von den Umständen des Einzelfalles abhänge.[589]

Sowohl Luxemburg[590] als auch die panamesische Delegation[591] wiesen darauf hin, daß nicht nur die Zuständigkeit zum Abschluß eines Vertrages[592] ein Problem darstelle, sondern daß auch andere interne Bestimmungen, etwa über das Verbot von Streitkräften, zur Übertragung von Kompetenzen an internationale Organisationen oder Grundrechtsgewährungen im Konflikt mit dem Vertrag stehen könnten, daß der Artikel diese Probleme aber nicht lösen könne. Demgegenüber vertrat WALDOCK die Auffassung, daß nicht nur Verfahrensrecht, sondern auch materielles Verfassungsrecht eine Beschränkung darstellen solle; sein Vorschlag zielte mit der Formulierung „concluded in violation of its internal law" darauf ab, diese weite Fassung zu reflektieren.[593]

Der neue Vorschlag von WALDOCK fand Zustimmung,[594] das Drafting Committee verwandelte die positive Fassung allerdings in eine negative, die die Beachtlichkeit des internen Rechts als Ausnahme herausstreicht.[595] Warum aber das WALDOCK'sche Substitut für „manifest violation" fallengelassen wurde, ist nicht nachvollziehbar. Die Fassung von Art.43 des Final Draft lautete:

Article 43. Provisions of internal law regarding competence to conclude a treaty
A State may not invoke the fact that its consent to be bound by a treaty has been expressed in violation of a provision of its internal law regarding competences to conclude treaties as invalidating its consent unless that violation of its internal law was manifest.[596]

---

[587] So die Regierung von Portugal, die bulgarische, die iranische, die panamesische, die philippinische und die thailändische Delegation, vgl. WALDOCK, Report IV, YBILC 1965-II, S.3, 68f.
[588] WALDOCK, Report IV, YBILC 1965-II, S.3, 71 Abs.9.
[589] WALDOCK, Report IV, YBILC 1965-II, S.3, 70 Abs.3.
[590] Vgl. WALDOCK, Report IV, YBILC 1965-II, S.3, 67.
[591] Vgl. WALDOCK, Report IV, YBILC 1965-II, S.3, 69.
[592] Art.31 des Entwurfs von 1963 enthielt die Formulierung „a provision of the internal law of the State regarding the competence to enter into treaties has not been complied with", YBILC 1963-II, S.189, 190.
[593] WALDOCK, Report IV, YBILC 1965-II, S.3, 71 Abs.6. Auch MCNAIR, Law of Treaties, 1961, S.62 ging sowohl von formellen wie materiellen Beschränkungen aus.
[594] ILC, 824th meeting, YBILC 1966-I-1, S.9-11.
[595] ILC, 841st meeting, YBILC 1966-I-1, S.124 Abs.42. Eine entsprechende Anregung hatte BRIGGS gegeben, ILC, 824th meeting, YBILC 1966-I-1, S.10 Abs.88.
[596] YBILC 1966-II, S.177, 240.

104  *III. Der Grundsatz* pacta sunt servanda *im Völkerrecht*

In der Kommentierung findet sich nur noch ein ferner Nachhall des Streits der beiden Positionen.[597] Betont wurde demgegenüber das Argument, daß aus praktischen Gründen (erhebliche Unterschiede in den nationalen Rechtsordnungen, Verfassungspraxis, die vom geschriebenen Recht abweicht und zwischen den Staatsorganen „ausgehandelt" wird) dem nationalen Recht keine Beachtung geschenkt werden sollte.[598] Die Ausnahme wurde begründet mit Fällen, wie sie bereits vorgekommen seien, in denen ein Staatsoberhaupt im Alleingang einen Vertrag unter Verstoß gegen eine unmißverständliche Verfassungsbestimmung abschließt.[599] Die Präzedenzfälle wurden allerdings nicht dargestellt. Die Verknüpfung des Vertragsrechts mit dem Demokratieprinzip durch diese Ausnahme, die in der Diskussion der ILC vielfach vorgenommen wurde,[600] blieb unerwähnt.

Auf der Konferenz wurde zum einen ein Vorschlag von Japan und Pakistan[601] abgelehnt, mit dem die Ausnahme gänzlich beseitigt werden sollte. Auf der anderen Seite wurde einem Änderungsantrag von Peru und der Ukraine gefolgt, wonach die interne Vorschrift von „grundlegender Bedeutung" (englisch: „of fundamental importance") sein mußte.[602] Außerdem wurde der Vorschlag von Großbritannien aufgegriffen,[603] wonach die Offenkundigkeit dadurch festgestellt wird, daß sie objektiv nach Treu und Glauben erkennbar ist, wobei die allgemeine Übung als Bezugspunkt dient, Art.46 Abs.2 WVK. Befürworter des Kompromißvorschlags der ILC auf der Konferenz vertraten die Ansicht, daß mit „rule of internal law of fundamental importance" Verfassungsnormen gemeint seien.[604] Während der ILC-Entwurf von 1963 noch eine Art Rechtsscheinhaftung[605] für das Handeln anerkannter

---

[597] ILC, Kommentierung zum Final Draft, Art.43 (jetzt Art.46), YBILC 1966-II, S.177, 240f. Abs.2-5.

[598] Kommentar zum Final Draft, Art.43 (jetzt Art.46), YBILC 1966-II, S.177, 240ff., Abs.4-9.

[599] Kommentar zum Final Draft, Art.43 (jetzt Art.46), YBILC 1966-II, S.177. S.242, Abs.10.

[600] Vgl. die Ausführungen von DE LUNA, ILC, 674th meeting, YBILC 1963-I, S.3 Abs.8 zur historischen Entwicklung hin zu demokratischen Systemen, Anerkennung des Demokratieprinzips als ein Gesichtspunkt in der Debatte, ILC, 674th meeting, a.a.O., S.7 Abs.58, sowie insbesondere ROSENNES Forderung nach einer Berücksichtigung der Verfassung beim Vertragsschluß aus Gründen des Demokratieprinzips, ILC, 674th meeting, a.a.O., S.7 Abs.46, geteilt von PAREDES, ILC, 675th meeting, a.a.O., S.11 Abs.32, EL-ERIAN, ILC, 676th meeting, a.a.O., S.16 Abs.33, YASSEEN, ILC, 676th meeting, a.a.O., S.19 Abs.57 und BARTOŠ, ILC, 704th meeting, a.a.O., S.205 Abs.41. Siehe auch WALDOCK, Report II, YBILC 1963-II, S.36, 41f. Abs.2:
„The weakening of the security of treaties which this doctrine entails is said by those who advocate it to be outweighed by the need to give the support of international law to democratic principles in treaty-making."

[601] A/Conf.39/C.1/L.184 und Add.1, abgedruckt in: UNCLT, OR Doc., Rep. CoW, S.165.

[602] A/Conf.39/C.1/L.228 und Add.1, abgedruckt in: UNCLT, OR Doc., Rep. CoW, S.165.

[603] A/Conf.39/C.1/L.274, abgedruckt in: UNCLT, OR Doc., Rep. CoW, S.166.

[604] Vgl. die Beiträge in: UNCLT, OR 68, First session, CoW, 43rd meeting, S.238ff. Abs.2ff. von CALLE, S.239 Abs.9; CARMONA, S.239 Abs.10; SUAREZ, S.240 Abs.22ff.; MAKAREVICH, S.242 Abs.44; ALVAREZ TABIO, S.242 Abs.47; RUIZ VARELA, S.243 Abs.52; DONS, S.243 Abs.56; MARESCA, S.243 Abs.59f.; MIRAS, S.244 Abs.64 und YASSEEN, S.245 Abs.72; vgl. auch PINTO, in: UNCLT, OR 69, Second session, 18th plenary meeting, S.85 Abs.9.

[605] Vgl. JIMÉNEZ DE ARÉCHAGA, ILC, 676th meeting, YBILC 1963-I, S.18 Abs.51. Siehe auch Art.21 der Harvard Draft Convention on the Law of Treaties (abgedruckt im Anhang zum BRIERLY, Report I, YBILC 1950-II, S.222, 243ff. und in Research in International Law, Harvard Law School, Part III, Law of Treaties, Supplement 3 to the AJIL 1935, S.653ff.), wonach der Abschluß durch einen nicht ermächtigten Vertreter den Staat zwar nicht verpflichtete, jedoch Schadensersatzforderungen des Vertragspartners begründet, der auf die Vertretungsbefugnis vernünftigerweise vertraute. Siehe dazu KEARNEY, Internal Limitations, in: 4 IL 1969, S.1, 4f.

## 2. Sollbruchstellen im Vertragsrecht

Staatenvertreter enthielt, ergibt sich nun systematisch aus Art.7 WVK, daß eine unwiderlegliche Vermutung[606] für die Vertragsschlußkompetenz bestimmter handelnder Akteure besteht. Für Staatsoberhäupter, Regierungschefs und Außenminister gilt dies generell, Art.7 Abs.2 a) WVK, für akkreditierte Botschafter hinsichtlich der bilateralen Verträge, Art.7 Abs.2 b) WVK, sowie für die akkreditierten Repräsentanten bei internationalen Organisationen hinsichtlich Akte dieser Organisationen, Art.7 Abs.2 c) WVK. Die „Offensichtlichkeit" der Verletzung interner Vorschriften wird damit punktuell negativ konturiert. Denn hinsichtlich eines Aspektes des formalen Verfahrens, nämlich der Legitimation des handelnden Akteurs, ist es durch Art.7 Abs.2 WVK ausgeschlossen, daß die andere Vertragspartei nach Treu und Glauben einen Verstoß gegen interne Vorschriften annehmen muß,[607] es sei denn, ihr war ausnahmsweise die fehlende Ermächtigung positiv bekannt. Hinsichtlich eines anderen Aspektes des formalen Verfahrens, der internen Billigung durch Ratifikation, schweigt die WVK hingegen. Angesichts erheblicher Kontroversen über die Frage, ob bei Fehlen einer ausdrücklichen Regelung im Vertrag bereits die Zeichnung ausreichend oder ob die – völkerrechtliche – Ratifikation die allgemeine Regel sei, ließ die ILC diese Frage bewußt offen.[608] Bei der lebhaften Debatte auf der Konferenz, die allerdings ebensowenig zu einem Ergebnis führte, wiesen die Fürsprecher einer von neun lateinamerikanischen Staaten unterbreiteten Ergänzung[609] zur Festlegung der Ratifikation als Residualvorschrift u.a. darauf hin, daß dies die Einhaltung der internen verfassungsrechtlichen Vorschriften ermöglichen würde.[610] Zwar ist die völkerrechtliche Ratifikation nicht zu verwechseln mit dem internen Verfahren der Zustimmung zum Vertrag.[611] Doch auch wenn kein Automatismus zwischen innerstaatlicher Zustimmung und völkerrechtlicher Ratifikation besteht, so macht es das Erfordernis der völkerrechtlichen Ratifikation doch unwahrscheinlich, daß die innerstaatlichen Zustimmungsverfahren umgangen werden, insbesondere wenn man den Vergleich zum vereinfachten Vertragsschluß durch Austausch der Vertragsinstrumente zieht. Da die Frage auch auf der Konferenz nicht geklärt wurde, läßt sich keine mittelbare Vermutung der Verletzung internen Rechts bei Fehlen einer Ratifikation bilden. Die Frage ist allerdings eher akademischer Natur, da die überwältigende Mehrheit völkerrechtlicher Verträge Bestim-

---

[606] So SINCLAIR, Vienna Convention, 2. Aufl. 1984, S.32.

[607] Vgl. auch Kommentar der ILC zum Final Draft, Art.43 (jetzt Art.46 WVK), YBILC 1966-II, S.177, 240, Abs.2.

[608] Vgl. Kommentar der ILC zum Final Draft, Art.11 (jetzt Art.12 WVK), YBILC 1966-II, S.177, 198, Abs.7.

[609] UN Doc. A/Conf.39/C.1/L.105, abgedruckt in: UNCLT, OR Doc., Rep. CoW, S.125.

[610] Zur gesamten Frage, ob es eine Residualvorschrift der – innerstaatlichen – Ratifikation gibt oder nicht, sowie insbesondere zu den Bemühungen der lateinamerikanischen Länder, ihre Verfassungslage bei der Kodifikation berücksichtigt zu sehen, siehe ausführlich BRIGGS, Codification, in: 126 RdC 1969, S.233, 244-256.

[611] Vgl. dazu und zu Sinn und Zweck eines völkerrechtlichen Ratifikationserfordernisses AUST, Treaty Law and Practice, 2000, S.81 und 158.

mungen zum Vertragsschluß durch Zeichnung oder Ratifikation enthalten[612] und die Frage bisher keine praktische Relevanz erlangt hat.[613]

## 2) Staatenpraxis

Die völkerrechtliche Praxis vor der Wiener Vertragsrechtskonvention wurde von WALDOCK als Bestätigung seines Ausgangspunktes herangezogen, daß interne Beschränkungen völkerrechtlich nicht beachtlich sind.[614] Dabei räumte er ein, daß die internationale Rechtsprechung überwiegend nicht die genaue Fragestellung betraf und im übrigen widersprüchlich ausfiel.[615] Unter den von ihm zitierten Entscheidungen finden sich lediglich im *Französisch-Schweizer Zoll*-Fall von 1912[616] und im *Rio Martin*-Fall von 1924[617] eindeutige Aussagen zur Unbeachtlichkeit des Verfassungsrechts im Zusammenhang mit einem Vertragsschluß; eine Bemerkung im *Metzger*-Fall geht in die gleiche Richtung.[618] Demgegenüber wurde im älteren *Cleveland award* von 1888[619] der Einwand der Verletzung des Verfassungsrechts lediglich durch den Hinweis auf eine nicht erfüllte Beweislast verworfen,[620] und ein *obiter dictum* im *George Pinson*-Fall[621] bestritt die Gültigkeit völker-

---

[612] Vgl. BLIX, Ratification, in: XXX BYIL 1953, S.353, 359f. (1125 der zwischen 1946 und 1951 in UNTS wiedergegebenen Texte), FRANKOWSKA, Ratification, in: RGDIP 1969, S.62, 78 (1446 der 1597 zwischen 1963 und 1965 in UNTS wiedergegebenen Texte). Siehe dazu aber auch BOLINTINEANU, Expression of consent, in: 68 AJIL 1974, S.672, 677 Fn.30.

[613] Zum Problem der deutsch-französischen und deutsch-britischen Verträge über Atommüllaufarbeitung siehe unten IV. 2.

[614] WALDOCK, Report II, YBILC 1963-II, S.36, 43f. Abs.12f. Die ILC übernahm diese Passage wörtlich in den Kommentar zum Entwurf von 1963, YBILC 1963-II, S.191f. Abs.8f.

[615] WALDOCK, Report II, YBILC 1963-II, S.36, 44 Abs.12.

[616] Schiedsspruch vom 3 August 1912 im Rechtsstreit zwischen Frankreich und der Schweiz, in: RIAA Bd.XI, S.411, 418 = 7 Riv DI 1913, S.518-523 m. Anm. Anzilotti S.510-517 = 6 AJIL 1912, S.995-1002. Der Fall weist die Besonderheit auf, daß Frankreich hinsichtlich verschiedener Interpretationsmöglichkeiten eine mit der Begründung ausgeschlossen hatte, sie hätte das Protokoll zum Wirtschaftsabkommen zustimmungsbedürftig gemacht. Da dies nicht geschehen sei, könne ein solcher Vertragsinhalt nicht gewollt gewesen sein. Das Schiedsgericht folgte jedoch einer ausschließlich völkerrechtlichen Interpretation und verwarf damit die Beachtlichkeit innerstaatlichen Rechts. Siehe BLIX, Treaty-Making Power, 1960, S.361, 363f. und GECK, Verfassungswidrige Verträge, 1963, S.345f.

[617] Schiedsspruch vom 1. Mai 1925 im Rechtsstreit zwischen Spanien und dem Vereinigten Königreich in der Sache *Biens britanniques au Maroc espagnol*, RIAA Bd.II, S.615, 722, 724. Dazu BLIX, Treaty-Making Power, 1960, S.366f. und GECK, Verfassungswidrige Verträge, 1963, S.347f.

[618] Schiedsspruch im Rechtsstreit zwischen den Vereinigten Staaten und Haiti in der Sache John D. Metzger & Co. vom 27. September 1900, Foreign Relations of the US Papers 1901, S.262, 271. Siehe auch BLIX, Treaty-Making Power, 1960, S.360f.

[619] Schiedsspruch des Präsidenten der Vereinigten Staaten, CLEVELAND, im Rechtsstreit zwischen Nicaragua und Costa Rica um den Grenzvertrag von 1858, vom 22. März 1988, Foreign Relations of the US Papers 1888-I, S.456 = MOORE, History and Digest, 1898, vol.2, S.1945 = LA FONTAINE, Pasicrisie, 1902, S.298. Siehe dazu BLIX, Treaty-Making Power, 1960, S.355-360 und GECK, Verfassungswidrige Verträge, 1963, S.341-345.

[620] Siehe RIVES' Report zum *Cleeveland award*, Foreign Relations of the US Papers 1888 I, S.459, 465 = MOORE, History and Digest, 1898, vol.2, S.1946, 1957f.; vgl. BLIX, Treaty-Making Power, 1960, S.355-360 und GECK, Verfassungswidrige Verträge, 1963, S.341-345, insbesondere 342.

## 2. Sollbruchstellen im Vertragsrecht

rechtlicher Verträge unter Verletzung verfassungsrechtlicher Vorgaben. Im *Ostgrönland-Fall*[622] hatte Norwegen hinsichtlich der notorisch bekannten IHLEN-Erklärung geltend gemacht, sie könne mangels Ratifikation durch den König keine Bindungswirkung entfalten.[623] Demgegenüber gestand Dänemark zwar zu, daß ein Ratifikationsbedürfnis durch das Parlament die völkerrechtliche Bindungswirkung angreife,[624] daß aber ein Außenminister seine Regierung wirksam vertreten könne und daher die fehlende Zustimmung des Königs (als Mitglied der Exekutive) völkerrechtlich unbeachtlich sei.[625]

Hinsichtlich der Staatenpraxis rekurrierte WALDOCK auf die 1960 erschienene Studie von BLIX, die zwar eine Reihe von Fällen nachweist, in denen internes Recht geltend gemacht wurde, aber keinen einzigen, in dem dieser Einwand durchdrang.[626] Die von WALDOCK aufgeführte[627] Praxis der Vertragsdepositare scheint in diesem Zusammenhang weniger von Belang, da die formelle Funktion des Depositars keine Würdigung der materiellen Wirksamkeit eines Vertrages beinhaltet. Die völkerrechtliche Praxis vor der Vertragsrechtskonvention war demnach dünngesät und keineswegs eindeutig, tendierte jedoch eher zur Irrelevanz der nationalen Verfassung.

Bereits kurz nach dem Abschluß der Staatenkonferenz wurde prognostiziert, daß die Fälle, in denen Art.46 und 47 WVK zur Anwendung gelangten, sehr selten sein würden.[628] Der Maßstab der allgemeinen Übung, die bedeutendste Regel im Vertragsrecht,[629] ist daher schwer anzulegen.

Eine Entscheidung des Obersten Niederländischen Strafgerichts über die Gültigkeit eines Verwaltungsabkommens zwischen Deutschland und den Niederlanden, geschlossen durch die Transportminister,[630] ist unergiebig. Zwar wurde in ihr festgestellt, daß das niederländische

---

[621] Entscheidung der Commission franco-mexicaine des réclamations vom 19. Oktober 1928 im Rechtsstreit *Georges Pinson (France) v. United Mexican States*, in: RIAA Bd.V, S.327, 394; dazu BLIX, Treaty-Making Power, 1960, S.367f.

[622] StIGH, Urteil vom 5. April 1933 im Rechtsstreit zwischen Dänemark und Norwegen in der Sache *Legal Status of Eastern Greenland*, PCIJ, Series A/B, No.53.

[623] PCIJ, Series C, No.62, S.566-568.

[624] PCIJ, Series C, No.63, S.880.

[625] PCIJ, Series C, No.63, S.880. Der Gerichtshof schloß sich dieser Auffassung an, PCIJ, Series A/B, No.53, S.71. Siehe dazu BLIX, Treaty-Making Power, 1960, S.34, 37 und GECK, Verfassungswidrige Verträge, 1963, S.362-372.

[626] BLIX, Treaty-Making Power, 1960, Kapitel 20, S.302-349. Siehe insbesondere den Beitritt Luxemburgs 1920 zum Völkerbund, in dem der Völkerbundsrat ausdrücklich feststellte, daß entgegenstehendes luxemburgisches Verfassungsrecht hinsichtlich der Neutralität nicht die völkerrechtlich verbindliche Mitgliedschaft hinderte, BLIX, a.a.O., S.324-328. Die folgenden Analysen von GECK und WILDHABER zeigten, daß die besseren Argumente für eine Unbeachtlichkeit des nationalen Rechts sprechen, GECK, Verfassungswidrige Verträge, 1963, *passim*, insbesondere S.412ff.; WILDHABER, Treaty-Making Power, 1971, S.154-182, insbesondere S.172ff.

[627] WALDOCK, Report II, YBILC 1963-II, S.36, 44 Abs.12.

[628] NAHLIK, Invalidity and Termination, in: 65 AJIL 1971, S.736, 741; ebenso SINCLAIR, Vienna Convention, 2. Aufl. 1984, S.172.

[629] REUTER, Law of Treaties, 2. Aufl. 1995, S.19f.

[630] Entscheidung vom 21. Oktober 1969, Nederlandse Jurisprudentie 1970, Nr.126, S.293-298; vgl. KLABBERS, Concept of treaty, 1996, S.224.

Parlament seinen Willen bekundet hatte, die Anerkennung von Führerscheinen zu regeln, und daß daher das Verwaltungsabkommen ohne Beteiligung des Parlamentes keine rechtliche Bindung entfalte.[631] Aus der Entscheidung läßt sich jedoch nicht entnehmen, ob die völkerrechtliche oder die innerstaatliche Bindungswirkung bestritten wurde. Die Diktion des Urteils läßt letzteres vermuten.[632] Demgegenüber hat noch vor der Wiener Vertragsrechtskonvention das Bundesverfassungsgericht 1963 in einem Beschluß festgestellt, daß

> „[o]bwohl die niederländische Regierung Kenntnis von den Zweifeln haben dürfte, die hinsichtlich der Verfassungsmäßigkeit des Vertragsgesetzes und der Bestimmungen des Zusatzabkommens geltend gemacht worden sind, [...] nach dem gegenwärtigen Stand des Völkerrechts nicht ausgeschlossen werden [kann], daß die völkerrechtliche Bindung der Bundesrepublik Deutschland an das Zusatzabkommen auch dann einträte und bestehen bliebe, wenn das Bundesverfassungsgericht später die Verfassungswidrigkeit des Vertragsgesetzes feststellen sollte".[633]

Im Fall eines schweizerischen Auslieferungsersuchens an Israel hatten israelische Gerichte darüber zu entscheiden, ob das Auslieferungsabkommen zwischen den beiden Staaten wirksam geschlossen worden war.[634] Es ging auf der einen Seite um die wirksame Autorisierung des israelischen Botschafters durch den Außenminister zur Zeichnung des Abkommens, zum anderen um die anschließende – völkerrechtliche – Ratifikation des Abkommens durch den Außenminister im Namen der Regierung. Die verschiedenen mit dem Fall befaßten Gerichte kamen mit teilweise unterschiedlicher Begründung zum Ergebnis, daß das Abkommen auch nach internem israelischem Recht wirksam geschlossen worden sei, so daß sich die Frage der Anwendung des Art.46 WVK gar nicht erst stellte.

---

[631] KLABBERS, Concept of treaty, 1996, S., S.217.

[632] Ähnlich unfruchtbar die Entscheidung des LG Coburg vom 6. Juli 1955, NJW 1955, S.1408 (englische Zusammenfassung in: 22 ILR 1955, S.560-561), nach der ein Abkommen zwischen dem österreichischen und deutschen Justizminister mangels Beachtung der Zustimmungserfordernisse nach Art.59 GG kein „für die Bundesrepublik verbindliche[s] zwischenstaatliche[s] Abkommen" nach § 6 StGB sei. Ob das Abkommen völkerrechtlich gültig geschlossen wurde, ließ die Entscheidung ausdrücklich offen. Ebenso ließ das FG Schleswig-Holstein in seiner Entscheidung vom 29. Juli 1971, EFG 1971, S.578, 580 (englische Fassung in: 72 ILR 1987, S.210-217) die – völkerrechtliche – Wirksamkeit einer Vereinbarung zwischen den dänischen und deutschen Finanzbehörden ausdrücklich offen, verneinte jedoch seine innerstaatliche Gültigkeit. Dies übersieht KLABBERS, Concept of treaty, 1996, S.224, wenn er diesen Fall unter die positiven Entscheidung zu *ultra vires* subsumiert. Ebenso betreffen die Entscheidung des Obersten Gerichts von Mexiko vom 15. November 1955 in der Sache *Bautista v. Martinez*, zusammengefaßt in: 23 ILR 1956 (1960), S.486 sowie die Entscheidungen des französischen Conseil d'Etat in den Sachen *Chatelain*, Urteil vom 18. Juni 1965, abgedruckt in: RGDIP 1966, S.201f. m. Anm. ROUSSEAU = 47 ILR 1974, S.113-115 (englische Übersetzung) und *Chauvineau*, Urteil vom 24. Februar 1967, in: AFDI 1968, S.820, englische Übersetzung in: 48 ILR 1975, S.213f., lediglich die Frage der innerstaatlichen Anwendung internationaler Abkommen, die nur im Wege eines Verwaltungsabkommens geschlossen wurden (in der Sache *Bautista v. Martinez*) oder die nicht veröffentlicht worden waren bzw. eines Zustimmungsgesetzes bedurft hätten (so in den Entscheidungen des Conseil d'Etat), nicht jedoch die völkerrechtliche Gültigkeit.

[633] BVerfG, Beschluß vom 24. Juni 1963, *Aku-Aktionäre*, 2 BvQ 1/63, BVerfGE 16, S.220 (englische Fassung in: 43 ILR 1971, S.246-253), mit Verweis auf BVerfG, Urteil vom 30. Juli 1952, *Wiederbewaffnungsverträge*, 1 BvF 1/52, BVerfGE 1, S.396, 412f.

[634] Rechtssache *The Attorney-General of Israel v. Kamiar*, in: 44 ILR 1972, S.197-290. Der Fall zeigt besonders schön den Unterschied zwischen völkerrechtlicher Bewertung und Überprüfung nach innerstaatlichem Recht.

## 2. Sollbruchstellen im Vertragsrecht

Demgegenüber gelangte der Supreme Court von Bangladesh 1974 zu der Auffassung, daß ein Gebietszessionsvertrag mit Indien der parlamentarischen Zustimmung bedurfte[635] und daß es sich bei dieser Beschränkung der Kompetenzen des Regierungsoberhauptes um eine „manifest and notorious restriction" handele.[636] Das Urteil trennt allerdings nicht sauber zwischen Ansichten zum Verfassungsrecht von Bangladesh und zum Völkerrecht. So zieht es zunächst Positionen der angelsächsischen Völkerrechtslehre zur britischen Verfassungstradition in Fällen der Territorialzession heran, um mit dem Argument, was für ein Land mit ungeschriebener Verfassung gelte, gelte um so mehr für ein Land wie Bangladesh, das Gebietsänderungen in der Verfassung einem Gesetz vorbehält, das Zustimmungserfordernis des Parlamentes zum Vertrag mit Indien zu begründen.[637] Allerdings stellt es ebenfalls fest, daß ein solcher Vertrag, der ohne die Zustimmung des Parlamentes abgeschlossen wird, „will be ultra vires and cannot pass title",[638] und zitiert am Schluß seiner Ausführungen Art.46 WVK im vollen Wortlaut, ohne jedoch den Fall darunter zu subsumieren. Systematisch läßt sich daher aus den Ausführungen erschließen, daß nach Ansicht des Supreme Court von Bangladesh die Zustimmungspflicht zu Zessionsverträgen eine innerstaatliche Vorschrift von „grundlegender Bedeutung" und ein Verstoß gegen sie in jedem Falle offensichtlich i.S.d. Art.46 Abs.2 WVK wäre. Im Vergleich dazu beschränkt sich die Entscheidung des indischen Supreme Court,[639] die die vorangegangene Übertragung des in Frage stehenden Territoriums an das damalige Pakistan zum Gegenstand hatte, wohl auf die innerstaatliche Umsetzung eines solchen völkerrechtlichen Vertrages, trotz unklarer Formulierungen zum allgemeinen Recht der Staaten, Gebiete abzutreten.

Die Entscheidungen in Streitigkeiten um die Verstaatlichung von Ölproduktionen im Iran können nur als negative Abgrenzung herangezogen werden.[640] Im Streit um die Verstaatlichung von Ölförderungen wandte die iranische Seite unter anderem ein, daß Streitigkeiten aus der Verstaatlichung durch nationales Gesetz, dem Single Article Act vom 8. Januar 1980, einer Sonderkommission zugewiesen worden seien und daß dieses Gesetz als zeitlich vorrangig die Iran-US Claims Settlement Declaration vom 19. Januar 1981 *ratione materiae* beschränke. Dem folgte das Schiedsgericht nicht. Es verneinte sowohl die Anwendbarkeit von Art.46 als auch Art.47 WVK.[641] Letzterer scheide aus, da den USA eine Beschränkung des Schiedsabkommens durch den Single Article Act nicht notifiziert worden sei, so daß unbeachtlich bleibe, daß der iranische Unterhändler beim Abschluß dieses Abkommens davon ausging, durch das Gesetz gebunden zu sein. Hinsichtlich Art.46 WVK stellte das Schieds-

---

[635] Bangladesh, Supreme Court, Appellate Division, Urteil vom 3. September 1974 in der Rechtssache *Kazi Mukhlesur Rahman v. Bangladesh and another*, in: 70 ILR 1986, S.37, 46ff. Abs.31-39.

[636] A.a.O., S.48 Abs.35.

[637] A.a.O., S.46ff. Abs.31-36.

[638] A.a.O., S.48 Abs.35.

[639] Indien, Supreme Court, Urteil vom 14. März 1960 in der Rechtssache *The Berubari Union and Exchange of Enclaves*, in: 53 ILR 1979, S.181, 203f.

[640] Iran-United States Claims Tribunal, Interlocutory Awards, vom 30. Dezember 1982 in den Rechtssachen *Phillips Petroleum Company, Iran v. Islamic Republic of Iran, National Iranian Oil Company* und *Amoco Iran Oil Co. v. Islamic Republic of Iran, National Iranian Oil Company, Iranian Offshore Oil Company and Iranian Oil Company*, 1 IRAN-US CTR S.487 = 70 ILR 1986, S.483 und 1 IRAN-US CTR S.493 = 70 ILR 1986, S.490.

[641] 1 IRAN-US CTR S.487, 489f. und S.493, 495 = 70 ILR 1982, S.483, 485f. und 490, 492f.

gericht lapidar fest, daß kein Argument dafür ins Feld geführt wurde, daß der Single Article Act „eine innerstaatliche Vorschrift von grundlegender Bedeutung" sei und daß daher nach Art.27 WVK entgegenstehendes innerstaatliches Recht für den Rechtsstreit unbeachtlich blieb.[642]

Im *Nicaragua*-Fall enthob sich der IGH der Notwendigkeit, daß Argument Nicaraguas zu prüfen, die 1984 erfolgte Modifizierung der US-amerikanischen Unterwerfungserklärung nach Art.36 IGH-Statut[643] wäre deshalb nichtig, weil sie lediglich durch den US-Außenminister ausgesprochen worden und daher offensichtlich nicht von der US-amerikanischen Verfassung gedeckt sei.[644] Denn der Gerichtshof löste das Problem in der Entscheidung über die Zulässigkeit des Verfahrens dadurch, daß er auf die sechsmonatige Kündigungsfrist verwies, die in der Unterwerfungserklärung enthalten war und die die Erklärung von 1984 nicht einhielt.[645]

Eine etwas unklare Passage findet sich in einem Schiedsspruch zu einem Rechtsstreit zwischen dem Europäischen Molekularbiologielabor (EMBL) und der Bundesrepublik, in dem es hauptsächlich um Fragen der Steuerbefreiung, aber auch um den Kompetenzwirrwarr deutscher Behörden gegenüber dem EMBL ging.[646] Nach Ansicht des Schiedsgerichts konnte sich die Bundesrepublik gegenüber dem vertraglich abgesicherten Wunsch des EMBL, einen Ansprechpartner auf Seiten des Sitzstaates zu besitzen, der für die Bundesrepublik verbindliche Aussagen treffen kann, nicht auf ihre interne Kompetenzstruktur berufen und diese als Voraussetzung für die vertragliche Verpflichtung betrachten. Denn die Verletzung einer Rechtsvorschrift von grundlegender Bedeutung nach Art.46 WVK sei nicht dargelegt worden.[647] In diesem Fall geht der Verweis auf Art.46 WVK wohl fehl, handelte es sich doch um die Interpretation des Umfangs der Verpflichtung des Sitzstaatsabkommens und der nachfolgenden Vereinbarungen, nicht aber um die Frage nach deren wirksamen Zustandekommen.

Offensichtlich fehlgehend ist schließlich ein Passus in einem Urteil des belgischen Verfassungsgerichtes (Schiedshof), wonach das Völkerrecht Staaten nicht ermögliche, Verträge zu schließen, die im Widerspruch zu ihrer Verfassung stehen.[648]

---

[642] A.A. abweichendes Sondervotum SHAFEIEI, 3 IRAN-US CTR S.297, 305ff. = 78 ILR 1988, 637, 647ff.

[643] (IR) ICJ Statute.

[644] Vgl. (IR) ICJ, *Nicaragua (Jurisdiction)*, ICJ Rep.1984, S.392, 421 Abs.66.

[645] ICJ Rep.1984, S.392, 418f. Abs.60f.

[646] Schiedsspruch vom 29. Juni 1990 im Rechtsstreit zwischen dem European Molecular Biology Laboratory und der Bundesrepublik Deutschland, in: 105 ILR 1997, S.1-74.

[647] 105 ILR 1997, S.1, 30.

[648] Belgiens Schiedshof, Urteil Nr.12/94, vom 3. Februar 1994, *Schola Europaea gegen L. Hermans-M. Jacobs bzw. Fr. Heuvelmans-L.-M. Van Iersel*, , (IR) Belgiens Schiedshof, Schola Europaea, Nr.12/94, englische Übersetzung abgedruckt in: 108 ILR 1998, S.642, 646:

„Andererseits erteilt keine eigentliche Norm des Völkerrechtes, das durch die Staaten ins Leben gerufen wurde - und nicht einmal Artikel 27 des Wiener Übereinkommens von 1969 über das Völkervertragsrecht - den Staaten die Zuständigkeit, völkerrechtliche Verträge zu schließen, welche im Widerspruch zu ihren jeweiligen Verfassungen stehen."

Das Gericht setzt sich nicht mit Art.46 WVK auseinander. Es handelt sich bei diesem Passus offenbar um eine Verwechslung zwischen Völker- und Verfassungsrecht. Denn im Absatz zuvor führt das Gericht aus, daß der nationale Gesetzgeber nicht über den indirekten Weg der Zustimmung zu einem völkerrechtlichen Vertrag Normen erlassen kann, die im Widerspruch zur Verfassung stehen. Dies ist aber eine verfassungsrechtliche, keine völkerrechtliche Perspektive.

*Christian B. Fulda*

## 2. Sollbruchstellen im Vertragsrecht

Da Art.46 WVK für den betroffenen Staat lediglich die Möglichkeit eröffnet, die Gültigkeit eines Vertrages zu bestreiten, wird die Staatenpraxis dadurch unübersichtlicher, daß Staaten trotz fehlender Ratifikation[649] an Verträgen festgehalten haben. Daß entsprechend über die Gültigkeit eines Vertrages innerhalb des schiedsgerichtlichen Verfahrens im *Cysne*-Fall zwischen dem Deutschen Reich und Portugal entschieden wurde,[650] ist nicht weiter überraschend, lag es doch nahe, daß sich das Schiedsgericht an die Praxis der Parteien hielt, die der Londoner Deklaration von 1909 Verbindlichkeit zuerkannten. Erstaunlich ist demgegenüber, daß auch der kanadische Oberste Gerichtshof eine fehlende Ratifikation und mittelbar eine Verletzung des nationalen Rechts unbeanstandet ließ, als er 1974 ein Freihandelsabkommen von 1933 zwischen Frankreich und Kanada aufgrund der nachfolgenden Staatenpraxis für verbindlich hielt.[651]

In zwei Fällen wurde Art.46 WVK nicht im zwischenstaatlichen Bereich, sondern im Streit zwischen Senat und Regierung in den USA ins Feld geführt.[652] Zum einen ging es um Verträge im Zusammenhang mit dem Sinai II-Abkommen von 1975[653], mit dem der Abzug Israels vom Sinai geregelt wurde, und die Frage, ob Verträge als „agreement" allein durch den Präsidenten abgeschlossen werden durften oder ob sie als „treaties" des „advice and consent" des Senats bedurft hätten. Der Senat konnte sich mit seiner Einschätzung, daß zumindest ein Vertrag mit Israel die Qualität eines „treaty" habe, nicht gegenüber dem State Department durchsetzen. Interessant ist dabei, daß der Senat bei zwei Verträgen selber unsicher hinsichtlich ihrer verfassungsrechtlichen Beurteilung war. Dies bestärkt natürlich diejenigen Auffassungen, nach denen die Antwort auf die Frage der Zustimmungsbedürftigkeit durch den Senat in den USA nicht vorhersehbar ist, womit es im Hinblick auf Art.46 WVK jedenfalls an der Offenkundigkeit, wenn nicht schon an der Verletzung grundlegenden innerstaatlichen

---

Nachweise zu nationaler Rechtsprechung, die Verletzungen des innerstaatlichen Rechtes monierten, finden sich bei CONFORTI, International Law and Domestic Legal Systems, 1993, S.84ff. Er vertritt allerdings die Auffassung, daß die Unterscheidung zwischen innerstaatlicher Wirksamkeit und völkerrechtlicher Gültigkeit überflüssig sei, a.a.O., S.87f. und analysiert daher nicht, zu welchem Rechtsgebiet die Urteile Aussagen treffen. Unter den von ihm zitierten Fällen, die nach der Annahme der Wiener Vertragsrechtskonvention entschieden wurden, bestätigt die Entscheidung des Supreme Court von Bangladesh die Geltung von Art.46 WVK (siehe unten bei Fn.635). Die Entscheidung des Supreme Court von Kolumbien vom 25. Juni 1987, Case File No.1558 in der Sache *Suit alleging unenforceability of Law 68, 1986 "Through which the Extradition Treaty between the Republic of Colombia and the United States of America is approved"*, in: 27 ILM 1988, S.498-511, die ein Auslieferungsabkommen mit den USA betraf, nach dem kolumbianische Staatsangehörige wegen Begehung von Drogendelikten ausgeliefert werden konnten, betraf zum einen ausschließlich kolumbianisches Verfassungsrecht und erging zum anderen unter Lebensrisiko für die Richter im Falle einer anderen Entscheidung. Siehe die Einführung zum Fall von KAVASS, a.a.O., S.492.

[649] Vertraglich vereinbart war die völkerrechtliche Ratifikation. In den beiden folgend erwähnten Fällen ging es jedoch um innerstaatliche Zustimmungserfordernisse, lag also gleichzeitig eine Verletzung nach Art.46 WVK vor.

[650] Schiedsspruch vom 30. Juni 1930 im Rechtsstreit zwischen Portugal und dem Deutschen Reich in der Sache *The Cysne*, Sentence Arbitrale, 1930, S.25; zitiert nach der Zusammenfassung in: 5 Annual Digest 1929-1930 (1935), S.487, 488.

[651] Entscheidung vom 2. April 1974, *Chateau-Gai Wines Ltd. v. Institut National des Appellations d'Origine des Vins et Eaux-de-vie et. al.*, in: 69 ILR 1985, S.284-294.

[652] Die beiden Fälle sind dargestellt bei MERON, Recent Cases, in: XLIX BYIL 1978, S.175-200.

[653] (IR) Sinai II Agreement, 1975.

Rechts fehlt.[654] Zum anderen ging es um die Einigung mit Panama im Streit um den Kanal durch den Panamakanal-Vertrag von 1977[655] und die Frage, ob ein Joint Statement of Understanding zwischen den Regierungen sowie Bedingungen, Vorbehalte und Erklärungen, die der Senat im innerstaatlichen Ratifkationsverfahren anbrachte, lediglich als Interpretationserklärung zu den zuvor geschlossenen Verträgen oder als deren Ergänzung eingeordnet werden mußten. Letzteres hätte möglicherweise ein erneutes Plebiszit in Panama notwendig gemacht. Einige Senatoren befürchteten nun, daß ein Verzicht auf das erneute Plebiszit die Gefahr der Geltendmachung von Art.46 WVK durch Panama in der Zukunft berge, sie scheiterten jedoch an der pragmatischen Haltung des State Department, das eine Ablehnung der Verträge bei einem erneuten Plebiszit befürchtete. Interessant ist dabei, daß Panama zum einen in seiner Ratifikationsurkunde die Zusätze des US-Senates wiedergab und zum anderen ausdrücklich auf die Erfüllung des Plebisziterfordernisses hinwies. Auch wenn möglicherweise tatsächlich eine materiell verschiedene Einschätzung zwischen den panamesischen Vertretern und Senat und Regierung der USA hinsichtlich der Qualität der ergänzenden Texte vorlag,[656] ist der Fall ein Beispiel dafür, daß eine Regierung, die gerade einen Vertrag geschlossen hat, kaum selber einräumen wird, daß innerstaatliches Recht verletzt wurde. Zur Konturierung der Tatbestandsmerkmale von Art.46 WVK tragen die beiden Fälle jedoch nicht bei. Höchstens ließe sich aus den Befürchtungen des Senats, die dem Grunde nach vom State Department geteilt wurden, ableiten, daß nach Auffassung der USA ein Plebiszitvorbehalt zu den innerstaatlichen Vorschriften von „grundlegender Bedeutung" gezählt werden muß.

*3) Würdigung*

Das Scharnier zwischen innerstaatlichem Recht und Vertragsvölkerrecht, das durch Art.46 WVK gebildet wird, ist nicht gut geölt. Zunächst ist festzustellen, daß die Berücksichtigung des Demokratieprinzips, mit der LAUTERPACHT noch die „verfassungsrechtliche" Doktrin begründete,[657] bei der Hinwendung zum völkerrechtlichen Suprematismus von FITZMAURICE wieder zurückgestellt wurde, obwohl eine beeindruckende Anzahl von Mitgliedern der ILC ihm zur Geltung verhelfen wollten.[658] Darauf wird im Verlauf der Arbeit zurückgekommen.[659] An dieser Stelle sollen nur Probleme aufgezeigt werden, die sich unabhängig davon ergeben.

Zum einen führt die Ergänzung um die Anforderung „Rechtsvorschrift von grundlegender Bedeutung" nach dem Wortlaut dazu, daß Verstöße, die der anderen Vertragspartei bekannt sind, nicht geltend gemacht werden können, wenn sie keine Vorschrift von grundlegender Bedeutung betreffen. Zum anderen bleibt weiterhin unklar, ob lediglich formelle Vorschriften relevant sind (Zuständigkeit, Verfahren, Form) oder ob auch materielles (Verfassungs-) Recht zu berücksichtigen ist. Bei der Entstehung der Vorschrift herrschte hinsichtlich des Ausnah-

---

[654] Vgl. MERON, Recent Cases, in: XLIX BYIL 1978, S.175, 182 und 191f.

[655] (IR) Panama Canal Treaty, 1977. Zu den völkerrechtlichen Aspekten des Falles vor der Einigung siehe unten III. 2. c) 2) i).

[656] Vgl. MERON, Recent Cases, in: XLIX BYIL 1978, S.175, 187 und 189.

[657] Siehe unten III. 2. a) 1) bei Fn.579.

[658] Siehe unten Fn.600.

[659] Siehe unten V. 1. a) und V. 2. a).

## 2. Sollbruchstellen im Vertragsrecht

mefalles offensichtlich die Vorstellung eines amoklaufenden Staatenvertreters vor.[660] Daß eine amtierende Regierung ein Interesse daran haben könnte, Schwierigkeiten des innerstaatlichen Zustimmungsprozesses aus dem Weg zu gehen oder gar bewußt den Spielraum nachfolgender Regierungen aus der Opposition durch völkerrechtliche Verträge einzuengen und dafür auch eine Verletzung von Partizipationsrechten in Kauf zu nehmen, ist nicht bemerkt worden. In der Literatur wurde festgestellt, daß in der Regel eine gewisse Zeit vergeht, in der der Vertrag auch angewendet wird, bis – nach internem Politikwechsel – die Vereinbarkeit der Zustimmung zum Vertrag mit innerstaatlichem Recht in Zweifel gezogen wird.[661] Nach Auffassung von REUTER sind diese Fälle jedoch über *acquiescence* zu lösen, denn der betreffende Staat habe die Vorstellung der Gültigkeit des Vertrages bei seinem Vertragspartner hervorgerufen und müsse nun die Konsequenzen tragen.[662] In ähnlicher Form sah der Entwurf von LAUTERPACHT, der noch die „verfassungsrechtliche" Doktrin zugrundelegte, die Annahme eines „waiver" in solchen Fällen vor,[663] ohne daß LAUTERPACHT dies in seinem Kommentar begründet hätte. Die Meinung von REUTER ist möglicherweise einer Betonung des Normcharakters völkerrechtlicher Verträge geschuldet, einer „more restrictive position [...] taken in view of the legislative needs of international society".[664] Auch wenn für diese Auffassung zunächst Art.45 b) WVK spricht, wonach der Verstoß gegen internes Recht nicht mehr geltend gemacht werden kann, wenn aufgrund des Verhaltens der betroffenen Vertragspartei angenommen werden muß, sie habe der Gültigkeit stillschweigend zugestimmt, ist dies ein absonderliches Ergebnis. Da die amtierende Regierung, die bewußt gegen innerstaatliches Recht verstoßen haben wird,[665] selbstverständlich im folgenden ihren eigenen Verstoß nicht

---

[660] Vgl. etwa das Beispiel von VERDROSS, ILC, 674th meeting, YBILC 1963-I, S.3 Abs.6, des Staatsoberhauptes, das auf einem Staatsbesuch vor Ort ohne Zustimmung von Regierung oder Parlament einen Vertrag schließt und das Beispiel von PAREDES, ILC, 675th meeting, YBILC 1963-I, S.11 Abs.35, des Staatsoberhauptes, das einen Kredit aufnimmt, ohne die Zustimmung der Verfassungsorgane einzuholen. Siehe auch ELIAS, Law of Treaties, 1974, S.148f.

[661] REUTER, Law of Treaties, 2. Aufl. 1995, S.175 Abs.257; ebenso SINCLAIR, Vienna Convention, 2. Aufl. 1984, S.171.

[662] REUTER, Law of Treaties, 2. Aufl. 1995, S.175 Abs.257; ihm offensichtlich folgend SINCLAIR, Vienna Convention, 2. Aufl. 1984, S.171; ebenso WILDHABER, Treaty-Making Power, 1971, S.182. AUST, Treaty Law and Practice, 2000, S.253 wendet auf diese Fälle mit gleichem Ergebnis das anglo-amerikanische Rechtsprinzip des *estoppel* an.

[663] LAUTERPACHT, Report I, YBILC 1953-II, S.90, 92. Art.11 Abs.2 lautete:
2. A contracting party may be deemed, according to the circumstances of the case, to have waived its right to assert the invalidity of a treaty concluded in disregard of constitutional limitations if for a prolonged period it has failed to invoke the invalidity of the treaty or if it has acted upon or obtained an advantage from it.

[664] REUTER, Law of Treaties, 2. Aufl. 1995, S.26 Abs.55. Genau entgegengesetzt jedoch CONFORTI, International Law and Domestic Legal Systems, 1993, S.82f., wonach Lösungen entsprechend Art.46 WVK „rely on the anachronistic notion of the treaty as a purely exterior act of the State, thereby overstating the contractual nature of the treaty" (*ibid.*, S.83).

[665] Denkbar sind folgende Konstellationen: 1) Der Verstoß geschah unabsichtlich. Dies kann in zwei Varianten geschehen: a) Entweder er wird einfach nicht bemerkt. Dann wird eine relative unbedeutende Vorschrift betreffen, die übersehen wurde. Nach Art.46 WVK wäre ein solcher Verstoß irrelevant. Oder b) die Inkompatibilität wurde bereits bei den Vertragsverhandlungen bemerkt, eben weil er eine zentrale Vorschrift betraf. Dann folgt notwendigerweise eine Diskussion der Vereinbarkeit des Vertrags mit der Verfassung noch vor seinem Abschluß. Diese Diskussion sollte nach dem normalen Gang der Dinge öffentlich sein und damit auch zur Kenntnis des Vertragspartners gelangen. Erst durch eine nachträgliche Entscheidung, etwa

offenlegen wird, trägt sie dazu bei, den Mantel der völkerrechtlichen *acquiescence* über den Verstoß zu legen, und hindert damit die später an die Macht kommende Opposition, sich des Vertrages zu entledigen. Diese Auffassung höhlt damit Art.46 WVK aus. Zu berücksichtigen ist daneben, daß auf der Konferenz in Wien ein australischer Vorschlag, nachdem der Verstoß innerhalb Jahresfrist geltend gemacht werden muß, abgelehnt wurde.[666] Implizit wurde damit der Anwendung von *acquiescence* in diesen Fällen eine Absage erteilt. Es ist des weiteren fraglich, ob Art.45 WVK tatsächlich auf diese Fälle des Art.46 WVK anwendbar ist. Denn bereits seinem Wortlaut nach geht Art.45 WVK von einem unabsichtlich herbeigeführten Mangel aus („nachdem dem Staat der Sachverhalt bekanntgeworden ist"). Art.46 WVK (damals Art.31 WVK) gelangte erst 1966 auf Vorschlag mehrerer Regierungen[667] unter die Aufzählung der Artikel, die von *acquiescence* erfaßt werden können.[668] Der Kommentar der ILC zum Final Draft[669] läßt zum einen ausdrücklich erkennen, daß die ILC nur die Mängel im Auge hatte, die nachträglich bekannt werden, zum anderen, daß ebensowenig wie bei Art.46 WVK in Betracht gezogen wurde, daß eine Regierung bewußt gegen internes Recht verstoßen würde. Bereits von seinem Anwendungsbereich erfaßt Art.45 WVK daher diese Fälle nicht. Er zielt auf die Verhinderung von Mißbrauch: Staaten sollen nicht von einem Vertrag profitieren, dessen Mangel sie bereits erkannt haben, um sich zu einem für sie günstigen Zeitpunkt von ihm lösen zu können.[670] Sofern aber eine neue Regierung Mängel des Vertragsschlusses durch die alte geltend macht, handelt sie nicht mißbräuchlich. Schließlich ist die Auffassung von REUTER nicht mit Art.46 Abs.2 WVK vereinbar. Denn wenn die Verletzung derart offenkundig ist, daß sie nach Treu und Glauben objektiv erkannt werden kann, kann der Vertragspartner nicht das in Treu und Glauben gründende Institut der *acquiescence*[671] gegenüber einer Haltung anführen, von der er weiß, daß sie gegen Treu und Glauben verstößt.[672] Selbst wenn man mit REUTER Ziel und Zweck der Vorschrift an den Sicherheitsbedürfnissen der völkerrechtlichen Rechtssetzung ausrichtet, so folgt daraus nicht eine weitere Beschränkung des ohnehin enge Anwendungsbereich des Art.46 WVK. Denn gerade die Normsetzung im Völkerrecht bedarf einer legitimierenden Absicherung durch Verfahren. Die Auffassung ist daher abzulehnen.[673]

---

durch das Verfassungsgericht, wird festgestellt, daß die Auffassung der Regierung, zu der sie sich schließlich durchgerungen hat, unzutreffend war. *Acquiescence* scheidet aus, da der Vertragspartner von Anfang an von dem möglichen „Makel" des Vertrages wußte. 2) Es bleibt die Variante, in der die Regierung bewußt gegen eine - unbedeutende oder wichtige - Vorschrift verstößt und dies unter der Decke hält.

[666] UNCLT, OR Doc., Rep. CoW, S.166.

[667] Kommentar der israelischen Regierung zu damals Art.31 (jetzt Art.46 WVK), vgl. WALDOCK, Report IV, YBILC 1965-II, S.3, 67, und die Kommentare der niederländischen, der portugiesischen und der schwedischen Regierung zu damals Art.47 (jetzt Art.45 WVK), vgl. WALDOCK, Report V, YBILC 1966-II, S.1, 5f.

[668] WALDOCK, Report V, Art.47 (jetzt Art.45), YBILC 1966-II, S.1, 6 Abs.1.

[669] Kommentar der ILC zum Final Draft, Art.42 (jetzt Art.45), YBILC 1966-II, S.177, 239f.

[670] ELIAS, Law of Treaties, 1974, S.143.

[671] Vgl. ILC, Kommentar zum Final Draft, Art.42 (jetzt Art.45), YBILC 1966-II, S.177, 239 Abs.1, 4f.

[672] Vgl. auch COT, Bonne foi, in: RBDI 1968, S.140, 142 Fn.9.

[673] Im *Cleveland award* von 1888 vertrat der Berichterstatter des Schiedsrichters Präsident CLEVELAND, Assistant Secretary of State RIVES, die Auffassung, daß ein etwaiger Ratifikationsmangel nicht durch *acquiescence* aufgrund der zehnjährigen Beachtung des Grenzvertrages zwischen Nicaragua und Costa Rica geheilt werden könne, MOORE, History and Digest, 1898, vol.2, S.1947, 1959. Es handelt sich allerdings um

## 2. Sollbruchstellen im Vertragsrecht

Im Hinblick auf das Verhältnis zur Staatenverantwortlichkeit schließlich läßt sich argumentieren, daß aus der Negativfassung des Artikel 21 Harvard Draft[674] und Art.11 des ersten Berichts von LAUTERPACHT[675] durch Art.46 WVK eine Haftung entfällt, wenn sich ein Staat aufgrund Verletzung innerstaatlichen Rechts von einem Vertrag löst: Hatten jene noch die Befreiung vom Vertrag kombiniert mit einer Schadensersatzpflicht zum Grundsatz, liegt diesem nunmehr das Prinzip der vertraglichen Haftung zugrunde, und die Ausnahmen muß der Vertragspartner nach Treu und Glauben gegen sich gelten lassen. Dann erscheint es aber nicht konsequent, das „Vertrauen" auf einen Vertrag, das notwendigerweise entgegen Treu und Glauben erfolgt, mit einer Kompensation zu honorieren. Diese Frage ist allerdings soweit erkennbar nach Abschluß der Konvention weder in Literatur noch Praxis jemals erörtert worden.[676]

b) Ordentliches Kündigungsrecht

Systematisierungen der Gründe, aus denen ein Vertrag beendet werden kann, sind rein heuristischer Natur und haben keine normative Implikation. Wenn hier also zwischen ordentlichem und außerordentlichem Kündigungsrecht unterschieden wird, anstatt zwischen intrinsischen und extrinsischen Beendigungsgründen[677] oder zwischen Beendigung durch eine Vertragsklausel, durch einen nachfolgenden Vertrag oder durch allgemeines Völkerrecht,[678] so soll damit keine Aussage über die materielle Einordnung der verschiedenen Kündigungsgründe getroffen werden. Unter der Bezeichnung „ordentliches Kündigungsrecht" werden diejenigen Beendigungsgründe abgehandelt, deren *telos* die Beschränkung der Vertragsgeltung *ratione temporis* ist. Außerordentliche Kündigungsrechte sollen demgegenüber nachträglichen Entwicklungen Rechnung tragen, die den Konsens der Parteien nachhaltig gefährden. Sie sind in der Regel nicht explizit im Vertrag niedergelegt, können dies aber sein.

*1) Das explizite Kündigungsrecht nach Art.54 WVK*

Die Regelung in Art.54 WVK, nach der ein Vertrag nach Maßgabe der Vertragsbestimmungen beendet werden kann, ist selbstverständlich.[679] Die ILC wies im Kommentar zu ihrem Final Draft auf die unterschiedlichen Formen hin, die solche Bestimmungen annehmen

---

ein *obiter dictum*, da Nicaragua die Verletzung internen Rechts nicht ausreichend substantiiert hatte, siehe unten III. 2. a) 2) bei Fn.619.

[674] Siehe unten Fn.605.

[675] Siehe unten Fn.578.

[676] Vergleiche aber aus der Zeit davor den Bericht des International Committee of Comparative Law, mit PAUL GUGGENHEIM als Berichterstatter: Im „Survey on the Ways in Which States Interpret Their International Obligations" findet sich folgender Passus:
„2. Constitutional provisions limiting the State's competence to accept international obligations are only of relative value with regard to obligations resulting from international law. It is, in fact, generally admitted that a State is also internationally responsible for damage caused by acts contrary to international obligations, performed by organs of the said State acting outside the field of their competence but in their official capacity, **provided that their incompetence is not manifest.**"
In: UNESCO Report and Papers on the Social Sciences No.1, 1955, S.18, zitiert nach KEARNEY, Internal Limitations, in: 4 IL 1969, S.1, 11. Hervorhebung vom Autor.

[677] So JIMENEZ DE ARECHAGA, International Law, in: 159 RdC 1978, S.1, 69f.

[678] So CAPOTORTI, Extinction et suspension des traités, in: 134 RdC 1971, S.417, 471f.; ihm folgend SINCLAIR, Vienna Convention, 2. Aufl. 1984, S.181ff.

[679] Vgl. SINCLAIR, Vienna Convention, 2. Aufl. 1984, S.182: „self-evident".

können.[680] Im Rahmen dieser Arbeit werden im Kapitel V. 1. f) 1) verschiedene dieser Klauseln hervorgehoben, die sich besonders eignen, um dem Spannungsverhältnis von Demokratieprinzip und Vertragsgeltung Rechnung zu tragen.

*2) Das implizite Kündigungsrecht nach Art.56 WVK*

Enthält ein Vertrag kein ausdrückliches Kündigungsrecht, allerdings auch keine Bestimmung über seine Dauer oder über den Ausschluß der Kündigungsmöglichkeit, so sieht Art.56 WVK ein qualifiziertes implizites Kündigungsrecht vor. Ein solches kann sich in zwei Fällen ergeben: Entweder läßt sich feststellen (etwa durch die *travaux préparatoires* oder durch Erklärungen beim Vertragsschluß), daß die Parteien ein solches Kündigungsrecht intendierten. Oder ein Kündigungsrecht folgt aus der Natur des Vertrages. Zum Verständnis insbesondere dieser zweiten Variante ist ein Blick in die Entstehungsgeschichte notwendig.[681]

i) Entstehungsgeschichte

Im Rahmen der Arbeiten der ILC behandelte erstmals der zweite Bericht von FITZMAURICE 1957 die Beendigung von Verträgen.[682] Hinsichtlich eines impliziten Kündigungsrechts schlug er eine vor, allgemein den Ausschluß eines Kündigungsrechts zu vermuten, sofern keine Regelung getroffen wurde. Er kehrte diese Vermutung jedoch für bestimmte Fälle um.[683] FITZMAURICE nahm dabei als Ausgangspunkt die Deklaration von London vom 17. Januar 1871,[684] die ein unilaterales Kündigungsrecht negiert, sofern es nicht vom Willen

---

[680] Kommentar der ILC zum Final Draft, Art.51 (jetzt Art.54), YBILC 1966-II, S.177, 249 Abs.2 mit Verweis auf United Nations, Handbook of Final Clauses (ST/LEG/6), S.54-73; weitere Klauseln in: BLIX/EMERSON, Treaty Maker's Handbook, 1973, S. 96-116.

[681] Vgl. dazu etwa BARDONNET, Dénonciation sénégalaise, in: AFDI 1972, S.123, 155f.; SINCLAIR, Vienna Convention, 2. Aufl. 1984, S.186-188.

[682] FITZMAURICE, Report II, YBILC 1957-II, S.16ff.

[683] Die Bestimmung lautete, unter voller Angabe der Systematik:

First chapter. The validity of treaties. Part III. Temporal validity (duration, termination, revision and modification of treaties). B. Termination and suspension. Section 1. General Principles. Article 4. General conditions of validity of termination and suspension A. The Treaty

(ii) *Case of non-inclusion*: Absence of any provision for termination or suspension in the treaty. Where this is the case, it is to be assumed, *prima facie*, that, subject to any rule of law operating to terminate it in certain events, the treaty is intended to be of indefinite duration, and only terminable (whether in itself or as regards any individual party) by mutual agreement on the part of all the parties. This assumption may, however, be negatived in any given case (*a*) by necessary inference to be derived from the terms of the treaty generally, indicating its expiry in certain events, or an intention to permit unilateral termination or withdrawal; (*b*) should the treaty belong to a class in respect of which, *ex naturae*, a faculty of unilateral termination or withdrawal must be deemed to exist for the parties if the contrary is not indicated – such as treaties of alliance, or treaties of a commercial character. In these cases, (a) or (b), termination or withdrawal may be effected by giving such period of notice as is reasonable, having regard to the character of the treaty and the surrounding circumstances.

Fundstelle: FITZMAURICE, Report II, YBILC 1957-II, S.16, 22.

[684] Anhang zum Protokoll 1 der Londoner Konferenz, British and Foreign State Papers, 1870-1871, Bd. LXI, S.1198f. Sie betraf die unilaterale Kündigung der Friedensverträge nach dem Krimkrieg, stellte aber auch den Konsens der europäischen Mächte hinsichtlich des Prinzips *pacta sunt servanda* dar, WALDOCK, Report II, YBILC 1963-II, S.36, 64 Abs.1. Sie lautet, zit. nach MCNAIR, Law of Treaties, 1961, S.497:

[Les Puissances] reconnaissent que c'est un principe essentiel du droit des gens qu'aucune Puissance ne peut se délier des engagements d'un Traité, ni en modifier les stipulations, qu'à la suite de l'assentiment des Parties Contractantes, au moyen d'une entente amicale.

## 2. Sollbruchstellen im Vertragsrecht

beider Parteien getragen ist, und die er als anerkanntermaßen deklaratorisch für das Vertragsrecht ansah.[685] Genauso festgefügt sah er allerdings die Ausnahmen an, die in der Natur bzw. dem Charakter des Vertrages begründet liegen[686] und für die bereits im Artikel die Beispiele des Bündnis- oder Handelsvertrages angegeben wurden.[687] Dieser zweite Bericht wurde in der ILC nicht diskutiert. Der folgende Berichterstatter WALDOCK nahm sich der Frage der Vertragsbeendigung in seinem zweiten Bericht an.[688] Dieser sah noch ein kompliziertes Regime vor, nach dem zunächst nur solche Verträge unkündbar sein sollten, die dies ausdrücklich festlegten,[689] und enthielt im übrigen als Auffangregel für ungeregelte Fälle eine Differenzierung nach dem Inhalt. Sein Vorschlag zielte darauf, durch eine Umkehrung von Regel und Ausnahme zu Gunsten der Kündbarkeit, eingefangen in ein verfahrensrechtliches Korsett, die Stabilität und den Respekt der völkerrechtlichen Verpflichtungen zu gewährleisten.[690] Da im Verlaufe dieser Arbeit wiederholt auf diese Differenzierungen Bezug genommen werden soll, wird dieser Artikel hier wiedergegeben:[691]

Article 17 – Treaties containing no provisions regarding their duration or termination

1. Subject to Articles 18-22, the duration of a treaty which contains no provision regarding its duration or termination shall be governed by the rules laid down in this article.

2. In the case of a treaty whose purposes are by their nature limited in duration, the treaty shall not be subject to denunciation or withdrawal by notice, but shall continue in force until devoid of purpose.

3. (a) In cases not falling under paragraph 2, a party shall have the right to denounce or withdraw from a treaty by giving twelve months' notice to that effect to the depositary, or to the other party or parties, when the treaty is –

---

Siehe dazu auch CAPOTORTI, Extinction et suspension des traités, in: 134 RdC 1971, S.417, 514ff., MCNAIR, Law of Treaties, 1961, S.494-497 und OPPENHEIM/LAUTERPACHT, International Law, Bd.1, 8.Aufl.1955, S.943 § 539.

[685] FITZMAURICE, Report II, YBILC 1957-II, S.16, 38f. Abs.16. Vgl. auch den Hinweis auf die bestätigende Resolution des Völkerbundes vom 17. April 1935 (Völkerbund, Official Journal, Mai 1935, Nr.5, S.551f.) von ROSENNE, ILC, 689th meeting, YBILC 1963-I, S.103 Abs.40.

[686] FITZMAURICE, Report II, YBILC 1957-II, S.16, 38f. Abs.16.

[687] Diese Beispiele finden sich bereits bei OPPENHEIM/LAUTERPACHT, International Law, Bd.1, 8.Aufl.1955, S.938 § 538.

[688] WALDOCK, Report II, YBILC 1963-II, S.36.

[689] Die Bestimmung lautete, unter voller Angabe der Systematik:
The Essential Validity, Duration and Termination of Treaties. Section I – General provisions. Article 16 – Treaties expressed to be of perpetual duration
1. Subject to articles 18-22, and more particularly to articles 18 and 19, a treaty shall continue in force perpetually, if –
(a) the treaty expressly states that it is to remain in force indefinitely and does not provide for any right of denunciation or withdrawal; or
(b) the treaty expressly states that it is not to be subject to denunciation or withdrawal and does not prescribe any limits to its duration.
Fundstelle: WALDOCK, Report II, YBILC 1963-II S.36, 63.

[690] WALDOCK, ILC, 689th meeting, YBILC 1963-I, S.100 Abs.4.

[691] WALDOCK, Report II, YBILC 1963-II, S. 36, 64.

(i) a commercial or trading treaty, other than one establishing an international régime for a particular area, river or waterway;

(ii) a treaty of alliance or of military co-operation, other than special agreements concluded under article 43 of the Charter;

(iii) a treaty for technical co-operation in economic, social, cultural, scientific, communications or any other such matters, unless the treaty is one falling under sub-paragraph (b);

(iv) a treaty of arbitration, conciliation or judicial settlement.

(b) In the case of a treaty which is the constituent instrument of an international organization, unless the usage of the organization otherwise prescribes, a party shall have the right to withdraw from the treaty and from the organization by giving such notice as the competent organ of the organization, in accordance with its applicable voting procedure, shall decide to be appropriate.

(c) When a treaty is terminable upon notice under sub-paragraph (a) or (b), its duration shall be determined by article 15, paragraphs 3 and 4.

4. A treaty shall continue in force indefinitely with respect to each party where the treaty –

(a) is one establishing a boundary between two States, or effecting a cession of territory or a grant of rights in or over territory;

(b) is one establishing a special international régime for a particular area, territory, river, waterway, or airspace;

(c) is a treaty of peace, a treaty of disarmament, or for the maintenance of peace;

(d) is one effecting a final settlement of an international dispute;

(e) is a general multilateral treaty providing for the codification or progressive development of general international law;

provided always that the treaty does not lack essential validity under any of the provisions of section II of this part, and is not one entered into merely for the purpose of establishing a *modus vivendi*.

5. In the case of any other treaty not covered by paragraphs 2-4, the duration of the treaty shall be governed by the rule in paragraph 4, unless it clearly appears from the nature of the treaty or the circumstances of its conclusion that it was intended to have only a temporary application.

6. [...]

Zusammengefaßt schließt dieser Entwurf die Kündigung in den Absätzen 4 und 5 im wesentlichen aus, es sei denn, es handelt sich um Verträge, die kooperativer Natur sind, Absatz 3. WALDOCK ging dabei davon aus, daß die Vielzahl von Verträgen bestimmter Kategorien, die eine Kündigungsklausel enthalten, dafür spreche, daß auch Verträge dieser Kategorien, die keine Kündigungsklausel enthalten, implizit ein Kündigungsrecht gewährten,[692] wohingegen er aus den Fällen, in denen in der Staatenpraxis Einwände gegen die unilaterale Kündigung erhoben worden waren, die Kategorien der Verträge destillierte, die ein solches implizites Kündigungsrecht nicht vorsehen.[693] Die Ausweitung der Kündigungsmög-

---

[692] Vgl. WALDOCK, Report II, YBILC 1963-II, S.36, 65 Abs.3 und S.67 Abs.11.

[693] Vgl. WALDOCK, Report II, YBILC 1963-II, S.36, 69 Abs.22.

## 2. Sollbruchstellen im Vertragsrecht

lichkeiten begegnete einem Sturm an Protesten in der ILC,[694] und die Befürworter des Entwurfs betonten eher seine pragmatischen Vorteile denn die Wiedergabe geltenden Völkerrechts.[695] Gegen jede einzelne der Ausnahmen vom Grundsatz *pacta sunt servanda*, die Absatz 3 vorsah, wurden Einwände vorgebracht, wobei sich allerdings kaum ein Einwand auf Völkerrechtspraxis stützte,[696] sondern eher rechtspolitische Erwägungen zum Zuge kamen,[697] bis hin zu naturalistischen Fehlschlüssen.[698] Hinzu kam, daß die detaillierte Regelung mit ihrer Technik der Ausnahmen und Gegenausnahmen keine Gnade vor den Augen der Kommission fand.[699] Bereits der auf den zweiten WALDOCK-Bericht folgende Entwurf der ILC faßte die Klausel zusammen und verschmolz im wesentlichen ihren Absatz 5 und den Einleitungssatz von Absatz 3 (a).[700] Zu beachten ist, daß mit dem Bezug auf den „Charakter" des Vertrages zwar noch die Differenzierung nach dem Inhalt aufgegriffen wird, jedoch durch den erkennbaren Willen der Parteien beim Vertragsschluß qualifiziert wird. Inhalt und Parteiwille müssen kumulativ die Kündbarkeit indizieren. Der Final Draft der ILC von 1966

---

[694] Vgl. die Stellungnahmen von CASTRÉN, TSURUOKA, DE LUNA, AMADO, VERDROSS, BARTOŠ, BRIGGS, TUNKIN, JIMÉNEZ DE ARÉCHAGA; zurückhaltend AGO, LACHS; in: ILC, 689th meeting, YBILC 1963-I, S.99ff.

[695] Vgl. die Stellungnahmen von PAL und YASSEEN; ROSENNE befürwortete ausdrücklich die Regelung *de lege ferenda*, in: ILC, 689th meeting, *ibid*.

[696] Lediglich TSURUOKA, in: ILC, 689th meeting, YBILC 1963-I, S.101 Abs.16 verwies auf die Proteste, die Japan erhielt, als es in den Zwanziger Jahren ankündigte, mehrere multilaterale Verträge bezüglich Chinas zu kündigen.

[697] So etwa die Kritik an der Kündbarkeit von Streitbeilegungsverträgen nach Abs.3 (a) (iv) durch CASTRÉN, in: ILC, 689th meeting, YBILC 1963-I, S.100 Abs.12, AMADO, in: ILC, a.a.O., S.101 Abs.23, VERDROSS, in: ILC, a.a.O., S.101f., Abs.25, BARTOŠ, in: ILC, a.a.O., S.102 Abs.29, TUNKIN, in: ILC, a.a.O., S.105 Abs.68, zustimmend allerdings ROSENNE, in: ILC, a.a.O., S.103 Abs.44, oder an der Austrittsmöglichkeit aus internationalen Organisationen nach Abs.3 (b) durch BRIGGS, in: ILC, a.a.O., S.103 Abs.36, ROSENNE, in: ILC, a.a.O., S.104 Abs.45 und LACHS, in: ILC, a.a.O., S.104f, Abs.57, oder an der Ausnahme für Handelsverträge nach Abs.3 (a) (i) durch TUNKIN, in: ILC, a.a.O., S.105 Abs.68 – der allerdings im gleichen Atemzug technische Kooperationsverträge berücksichtigen wollte und JIMÉNEZ DE ARECHAGA mit Hinweis auf die Anerkennungsverträge zwischen den lateinamerikanischen und europäischen Ländern, die überwiegend als Verträge wirtschaftlicher Natur ausgestaltet seien, in: ILC, a.a.O., S.106 Abs.76.

[698] So verweist CASTRÉN in: ILC, 689th meeting, YBILC 1963-I, S.100 Abs.7 auf Handels- sowie Kooperationsverträge in den Bereichen Soziales, Kultur und Wissenschaft, die Finnland Mitte der zwanziger Jahre abgeschlossen hatte. Diese Verträge enthielten teilweise keine Kündigungsklausel und waren noch in Kraft. Daraus wollte er ableiten, daß diese Art Verträge kein implizites Kündigungsrecht enthalten. Dies ist ein Fehlschluß. Denn aus der Tatsache, daß alte Verträge ohne Kündigungsklausel noch nicht gekündigt wurden, kann nicht normativ geschlossen werden, daß sie nicht kündbar wären.

[699] Vgl. die Alternativentwürfe von CASTRÉN und BRIGGS, in: ILC, 688th meeting, YBILC 1963-I, S.94 Abs.9, und die kritische Anmerkung von AGO, in: ILC, 689th meeting, YBILC 1963-I, S.104 Abs.48.

[700] Nach dem Entwurf von 1963 lautete der Artikel wie folgt:

Article 39 – Treaties containing no provisions regarding their termination

A treaty which contains no provision regarding its termination and which does not provide for denunciation or withdrawal is not subject to denunciation or withdrawal unless it appears from the character of the treaty and from the circumstances of its conclusion or the statements of the parties that the parties intended to admit the possibility of a denunciation or withdrawal. In the latter case, a party may denounce or withdraw from the treaty upon giving to the other parties or to the depositary not less than twelve months' notice to that effect.

Fundstelle: ILC Draft 1963, YBILC 1963-II, S.200.

hatte zwischenzeitlich die Bezugnahme auf den Inhalt gänzlich aufgegeben und stellte nur noch auf den erkennbaren Willen der Vertragsparteien ab.[701] Damit setzte sich in der ILC die Auffassung durch, wonach es entscheidend auf den Willen der Vertragsparteien ankommt und für dessen Bestimmung nicht alleine der Charakter des Vertrages herangezogen werden kann, sondern alle Umstände des Falles berücksichtigt werden müssen.[702] Demgegenüber gewann auf der Vertragskonferenz die von der Staatenpraxis getragene und auch zuvor schon in der Literatur[703] erfaßte Meinung die Oberhand, nach der sich bereits aus der Natur des Vertrages ein implizites Kündigungsrecht ergibt. Es wurde sogar die Auffassung vertreten, Art.53 Final Draft ILC einschließlich der Änderungen, die er auf der Konferenz erfuhr, schaffe dadurch neues Völkerrecht, indem er ein existierendes gewohnheitsrechtliches Kündigungsrecht beschneide und damit die Staaten zur Aufnahme von Kündigungsklauseln in Verträge zwinge.[704] Die kubanische, peruanische und die britische Delegation sowie die kolumbische, spanische und venezolanische Delegationen gemeinsam legten bei der ersten Sitzung der Vertragskonferenz unterschiedliche Ergänzungsvorschläge mit Bezug auf die Natur des Vertrages vor, von denen der britische Eingang in den Vertragstext fand.[705] Die kodifizierte Fassung des jetzigen Art.56 WVK rekurriert daher zum einen in Absatz 1 (b) wieder auf den Inhalt des Vertrages, allerdings mit den Worten „Natur des Vertrages" statt „Charakter" (englisch: „nature of the treaty" in der Vertragsfassung statt „character of the treaty" im Entwurf von 1963),[706] und, wesentlicher, die logische Verknüpfung von Inhalt des Vertrages und Wille der Vertragsparteien hat sich von einem „und" in ein „oder" verwandelt.[707] Inhalt und Parteiwille stehen nunmehr alternativ als Kündigungsgrund zur Verfügung. Damit liest sich die Endfassung wieder wie eine Zusammenfassung des Art.17 aus dem zweiten WALDOCK-Bericht, da die Gegenausnahme in Art.17 Abs.5 (Parteiwille) ebenfalls alternativ zu dem inhaltlich begründeten Kündigungsrecht nach Art.17 Abs.3 (a) stand.

Bezüglich der „Natur des Vertrages" wies die ILC in ihrem Kommentar darauf hin, daß keine Schlußfolgerungen alleine aus der Tatsache gezogen werden könnten, daß ein Vertrag eine allgemeine Kodifikationen zum Gegenstand hat.[708] Denn die Genfer

---

[701] Article 53. Denunciation of a treaty containing no provision regarding termination.

1. A treaty which contains no provision regarding its termination and which does not provide for denunciation or withdrawal is not subject to denunciation or withdrawal unless it is established that the parties intended to admit the possibility of denunciation or withdrawal.

2. A party shall give not less than twelve months' notice of its intention to denounce or withdraw from a treaty under paragraph 1 of this article.

Fundstelle: ILC Final Draft, YBILC 1966-II S.177, 183.

[702] Vgl. den Kommentar der ILC zum Final Draft, Art.53 (jetzt Art.56), YBILC 1966-II, S.177, 251, Abs.4f.

[703] BRIERLY, Law of Nations, 1963, S.330f.; DETTER, Essays on the Law of Treaties, 1967, S.87f.

[704] CARMONA, in: UNCLT, OR 69, Second session, CoW, 100th meeting, S.316f. Abs.64.

[705] UNCLT, OR Doc., Rep. CoW, S.177f.; vgl. SINCLAIR, Vienna Convention, 2. Aufl. 1984, S.186f.

[706] Der Wortlaut nimmt damit den allerersten Entwurf im zweiten Bericht von FITZMAURICE wieder auf, vgl. FITZMAURICE, Report II, YBILC 1957-II, S.16, 22: *ex naturae*.

[707] Nach SINCLAIR, Vienna Convention, 2. Aufl. 1984, S.249 mit Verweis auf CARMONA, in: UNCLT, OR 69, Second session, CoW, 100th meeting, S.316f. Abs.64 führte Art.56 eine Änderung des bisherigen Gewohnheitsrechts ein. Dies ist zweifelhaft, da die Bezugnahme auf frühere Fassungen der Entwürfe durch den britischen Vorschlag gerade die Staatenpraxis aufnehmen sollte.

[708] ILC, Kommentar zum Final Draft, Art.53 (jetzt Art.56 WVK), YBILC 1966-II, S.250 Abs.3.

## 2. Sollbruchstellen im Vertragsrecht

Seerechtskonventionen von 1958[709] und die Wiener Diplomatenkonvention[710] auf der einen Seite enthielten keine Kündigungsklauseln, wohingegen auf der anderen Seite solche in den Genfer Rot-Kreuz-Konventionen von 1949 (Art.142 der Kriegsgefangenen-[711] und Art.158 der Zivilbevölkerungs-Konvention[712]) und in der Genozid-Konvention[713] (Art.XIV) aus demselben Jahr zu finden seien. Dies trifft im übrigen ebenfalls auf eine Reihe von Konventionen jüngeren Datums zu, die allgemeine Interessen der Weltgemeinschaft verfolgen und die erst während oder nach den Arbeiten der ILC zur Vertragsrechtskonvention oder gar nach ihrer Verabschiedung auf der Konferenz in Wien angenommen wurden.[714]

ii) Staatenpraxis

Nicht einmal zwei Jahre nach der Annahme der Wiener Vertragsrechtskonvention erklärte Senegal 1971 die Kündigung zweier[715] der Genfer Seerechtskonventionen von 1958.[716] Die Konventionen enthalten kein Kündigungsrecht. Es kam zu einer außergewöhnlichen Auseinandersetzung zwischen dem Generalsekretariat der UN als Depositar für die Konventionen

---

[709] Die (IR) Convention on the Territorial Sea and the Contiguous Zone, 1958; 516 UNTS 1964, No.7477, S.205-282, die (IR) Convention on the High Seas, 1958; 450 UNTS 1963, No.6465, S.11, 82-167; die (IR) Convention on Fishing and Conservation of the Living Resources of the High Seas, 1958; 559 UNTS 1966, No.8164, S.285-342 und die (IR) Convention on the Continental Shelf, 1958; 499 UNTS 1964, No.7302, S.311-354.

[710] (IR) Vienna Convention on Diplomatic Relations, 1961; 500 UNTS 1964, No.7310, S.95-220.

[711] (IR) Protection of Prisoners of War Convention, 1949.

[712] (IR) Protection of Civilian Persons in War Convention, 1949.

[713] Convention on the Prevention and Punishment of the Crime of Genocide, (IR) Genocide Convention, 1948.

[714] So etwa Art.46 der Drogenkonvention (Single Convention on Narcotic Drugs, (IR) UN Single Convention, 1961/1972; 520 UNTS 1964, No.7515, S.204-417) – nach 2 Jahren nach Inkrafttreten mit Halbjahres- bis Anderthalbjahresfrist; Art.21 der Konvention gegen Rassendiskriminierung (International Convention on the Elimination of All Forms of Racial Discrimination, (IR) Elimination of Racial Discrimination Convention, 1966; 660 UNTS 1969, No.9464, S.195-318) – mit Jahresfrist; Art.35 der Weltkulturerbe-Konvention (Convention for the protection of the world cultural and natural heritage, (IR) World Cultural Heritage Convention, 1972; 1037 UNTS 1977, No. 15511, S.151-211) – mit Jahresfrist; Art.18 der Konvention und Art.VII des Protokolls zur Konvention zum Schutz vor Verschmutzung durch Schiffe (International Convention for the prevention of pollution from ships, 1973, (IR) Prevention of Pollution from Ships Convention, 1973 und Protocol of 1978 relating to the International Convention for the prevention of pollution from ships, 1973, (IR) Prevention of Pollution from Ships Convention, Protocol 1978; 1340 UNTS 1983, No.22484, S.60-356) – nach fünf Jahren nach dem Inkrafttreten mit Jahresfrist oder gewählter längerer Frist; Art.17 der Luftverschmutzungs-Konvention (Convention on long-range transboundary air pollution, (IR) Air Pollution Convention, 1979; 1302 UNTS 1983, No.21623, S.217-245) – nach fünf Jahren nach dem Inkrafttreten mit 90 Tagefrist; Art.20 des Mondabkommens (Agreement governing the activities of States on the moon and other celestial bodies, (IR) Moon Agreement, 1979; 1363 UNTS 1984, No.23002, S.3-86) – nach einem Jahr nach dem Inkrafttreten mit Jahresfrist; Art.317 Abs.1 der Seerechtskonvention von 1982 (United Nations Convention on the Law of the Sea, (IR) UNCLOS, 1982; 1833 UNTS 1994, No.31363, S.3-581 = 21 ILM 1982, S.1261-1354) sowie Art.52 der Kinderrechtskonvention (United Nations Convention on the Rights of the Child, (IR) Rights of Child Convention, 1989; 1577 UNTS 1990, No.27531, S.3ff.) – beide mit Jahresfrist.

[715] Der Konvention über Territorialgewässer, (IR) Convention on the Territorial Sea and the Contiguous Zone, 1958, 516 UNTS 1964, No.7477, S.206-282, und der Fischfangkonvention, (IR) Convention on Fishing and Conservation of the Living Resources of the High Seas, 1958, 559 UNTS 1966, No.8164, S.285-342.

[716] Siehe dazu BARDONNET, Dénonciation sénégalaise, in: AFDI 1972, S.123-180; SATOW, Guide to Diplomatic Practice, 1979, S.296, Kap.33 Abs.33; SINCLAIR, Vienna Convention, 2. Aufl. 1984, S.187f.

und der senegalesischen Regierung um die Zulässigkeit der Kündigung. Unter den Fallbeispielen für Konfliktfälle wird dieser Streit ausführlicher erörtert,[717] an dieser Stelle sei festgehalten, daß die streitenden Parteien an ihrer jeweiligen Rechtsauffassung festhielten und ein „Kompromiß" lediglich dahingehend erreicht wurde, daß auf der einen Seite die Kündigungserklärung vom Generalsekretariat registriert,[718] auf der anderen Seite Senegal weiterhin als Vertragspartei geführt wurde.[719] Der Streit verlief aber auch deshalb im Sande, weil die Verhandlungen der dritten United Nations Conference on the Law of the Sea ab 1970 materiell die Forderungen nach einer ausgedehnten ausschließlichen Wirtschaftszone berücksichtigte, die Senegal zur Kündigung getrieben hatten.

Die Möglichkeit der Kündigung der Mitgliedschaft einer internationalen Organisation, deren Satzung eine solche Kündigung nicht vorsieht,[720] wird durch den Austritt Indonesiens aus der UN 1965 bestätigt.[721] Dies entspräche einer Anwendung von Art.17 Abs.3 b) aus dem zweiten WALDOCK-Entwurf.[722] Dieser Austritt wurde zwar vom reuigen Indonesien bereits ein Jahr später in eine „ruhende Mitgliedschaft" umgedeutet, die durch die Wiederaufnahme der aktiven Beteiligung beendet werden sollte.[723] Der Generalsekretär und die Generalversammlung schlossen sich dieser Sichtweise an, wohl nicht zuletzt in Anbetracht der Bereitschaft Indonesiens, rückwirkend Beiträge zu bezahlen.[724] Dies kann jedoch nicht darüber

---

[717] Siehe unten IV. 2.

[718] 781 UNTS 1971, No.7477 und 8164, S.332; vgl. BARDONNET, Dénonciation sénégalaise, in: AFDI 1972, S.123, 174ff.

[719] (IR) UN Multilateral Treaties, Part I, Chapter XXI, No.1.

[720] Diese Möglichkeit hatte den Mitgliedern der ILC noch große Bauchschmerzen verursacht, siehe oben Fn.697. Das Beispiel fand keine Berücksichtigung bei der Erarbeitung des Final Draft 1966, wohl weil es rechtspolitisch nicht thematisiert werden sollte.

[721] Indonesien hatte mit Schreiben vom 20. Januar 1965 seine Mitgliedschaft zum 1. März 1965 gekündigt, aus Protest gegen die einjährige Mitgliedschaft Malaysias im Sicherheitsrat als Nicht-Ständiges Mitglied. Mit Verweis auf eine Deklaration der Konferenz von San Francisco über den Austritt aus der UN (UNCIO, Documents, Bd. I, S.616-620 – Kommentar der Commission I, 9th plenary session) sowie die vorhergehende Diskussion (UNCIO, Documents, Bd. VII, S.262-267, 327-329 – Diskussion und Bericht des Committee I/2 und UNCIO, Documents, Bd. VI, S.163-166 – Diskussion des Berichts des Committe I/2 in der Commission I) akzeptierte der Generalsekretär mit Bedauern den Austritt, wohingegen Großbritannien bestritt, daß ein Austrittsgrund vorlag, UNYB 1964, S.189ff. Vgl. auch die Stellungnahme Italiens, die das Fehlen von Voraussetzungen in der Deklaration von San Francisco moniert, UNYB 1965, S.237. WALDOCK führt den Wortlaut der Deklaration in seinem zweiten Bericht als Unterstützung für seinen Vorschlag eines Austrittsrechts aus internationalen Organisationen an, WALDOCK, Report II, YBILC 1963-II, S.36, 69 Abs.20. Siehe zum Fall auch DEHOUSSE, Droit de retrait, in: RBDI 1966, S.8, 21-27; LIVINGSTONE, Withdrawal from UN, in: 14 ICLQ 1965, S.637-646; SATOW, Guide to Diplomatic Practice, 1979, S.297ff., Kapt.33 Abs.34-42.

[722] WALDOCK, Report II, YBILC 1963-II, S. 36, 64. Siehe oben III. 2. b) 2) i) bei Fn.691. Allerdings sah der Entwurf etwas umständlich vor, daß das zuständige Organ eine Kündigungsfrist festlegen solle – etwas umständlich deshalb, weil in Abwesenheit einer Kündigungsklausel in der Satzung eine solche Festlegung kaum erfolgen wird.

[723] Vgl. UNYB 1966, S.207f. Der Präsident der Generalversammlung stellte diese Umdeutung, die in einem Gespräch des indonesischen Außenministers mit dem Generalsekretär gefunden wurde, der Generalversammlung vor, die keine Einwände machte. Der Text der Stellungnahme des Präsidenten der Generalversammlung, UN Doc. A/PV.1420 vom 28. September 1966 ist teilweise abgedruckt bei SATOW, Guide to Diplomatic Practice, 1979, S.299, Kap.33 Abs.41.

[724] Vgl. UNYB 1966, S.208.

## 2. Sollbruchstellen im Vertragsrecht

hinwegtäuschen, daß 1965 ein Austritt von Indonesien intendiert und von den anderen Staaten auch so verstanden wurde.[725]

Ebenfalls ein Indiz für die Kündbarkeit einer integrierten multilateralen Vertragsstruktur ist der „Austritt" Frankreichs aus der NATO 1966.[726] Auch dieser Streit wird – als chronologisch erster – innerhalb der Fallbeispiele ausführlicher erörtert.[727] Er entspräche einer Anwendung von Art.17 Abs.3 a) ii) und Art.17 Abs.3 b) aus dem zweiten WALDOCK-Bericht.[728] Der Fall ist allerdings deshalb nur als ein Indiz für ein implizites Kündigungsrecht zu werten, weil Frankreich den NATO-Vertrag[729] selber – der in Art.13 ein Kündigungsrecht und in Art.12 ein Revisionsverfahren enthält – gerade nicht kündigen wollte,[730] demgegenüber das Hauptquartiersabkommen kündigte und auch kündigen konnte[731] und die bilateralen Verträge über die Nutzung französischen Territoriums durch die Bündnispartner[732] summarisch kündigte, obwohl sie nur zum Teil Kündigungsklauseln enthielten und für den Fall der Kündigung ein Verfahren vorsahen, das nicht eingehalten wurde.

Im Verfahren vor dem IGH im Fall *Fisheries Jurisdiction* machte Island geltend, die Vereinbarung, die die Schiedsklausel enthielt, sei nicht von dauerhafter Geltung.[733] Dieses Argument interpretierte der Gerichtshof dahingehend, daß Island postuliere, eine Vereinbarung ohne Zeitbegrenzung müsse als eine solche von dauerhafter Geltung verstanden werden, eine Schiedsklausel könne jedoch nicht dauerhaft Geltung behalten und sei daher einem impliziten Kündigungsrecht zugänglich.[734] Island hätte sich damit auf die Natur des Vertrages bezogen und für Schiedsklauseln ein implizites Kündigungsrecht angenommen. Dies entspräche Art.17 Abs.3 a) iv) aus dem zweiten WALDOCK-Bericht.[735] Der IGH sah jedoch keine Notwendigkeit, zur Kündbarkeit von Schiedsklauseln allgemein Stellung zu nehmen, da er für die in Streit stehende Klausel einen hinreichend konkreten Streitgegenstand

---

[725] Vgl. die Stellungnahme des Generalsekretärs vom 26. Februar 1965 und Großbritanniens vom 8. März 1965, beide zusammengefaßt in: UNYB 1964, S.191, sowie Italiens vom 13. Mai 1965, zusammengefaßt in: UNYB 1965, S.237. Siehe auch die zeitgenössische Analyse des Falles bei LIVINGSTONE, Withdrawal from UN, in: 14 ICLQ 1965, S.637ff., der ganz selbstverständlich von einer Kündigung ausgeht, obwohl ihm die Praxis der „ruhenden Mitgliedschaft" aus Fällen der WHO bekannt war, a.a.O., S.643. Zustimmend zur Austrittsmöglichkeit aus Internationalen Organisationen und insbesondere der UN mit Bezug auf die Materialien AUST, Treaty Law and Practice, 2000, S.234f.

[726] Dazu STEIN/CARREAU, „Withdrawal" of France from NATO, in: 62 AJIL 1968, S.577-640.

[727] Siehe unten IV. 1.

[728] WALDOCK, Report II, YBILC 1963-II, S. 36, 64. Siehe oben III. 2. b) 2) i).

[729] (IR) NATO, Treaty, 1949, 34 UNTS 1949, No.541, S.243-255.

[730] Vgl. das französische Memorandum, abgedruckt in: 70 RGDIP 1966, S.543f., englische Übersetzung in: 5 ILM 1966, S.428, 429. Für ein wörtliches Zitat siehe unten Fn.894.

[731] Die französische Note der Kündigung ist abgedruckt in: 5 ILM 1966, S.440f. Ein Kündigungsrecht bestand nach Art.16 Abs.1 des Hauptquartier-Protokolls von 1952 (200 UNTS 1954, No.2678, S.340-356) und Art.XIX Abs.1, 2 des Truppenstatutabkommens von 1951 (199 UNTS 1953, No.2678, S.67-105). Siehe ausführlich unten Fn.899.

[732] Siehe Nachweise unten Fn.900.

[733] IGH, Urteil vom 2. Februar 1973 (*Jurisdiction*) im Rechtsstreit zwischen Großbritannien und Island bzw. Deutschland und Island in der Sache *Fisheries Jurisdiction*, ICJ Rep.1973, S.3, 14 Abs.25.

[734] ICJ Rep.1973, S.3, 14f. Abs.25.

[735] WALDOCK, Report II, YBILC 1963-II, S. 36, 64. Siehe oben III. 2. b) 2) i).

und eine korrespondierende Beschränkung der zeitlichen Geltung gegeben sah, die jedoch noch andauerte, so daß Island sich nicht auf ein implizites Kündigungsrecht berufen könne.[736]

Im Gutachten zum *WHO Regional Office in Egypt* nahm der IGH Bezug auf Art.56 WVK bzw. seine korrespondierende Norm in der WVK II, die damals noch im Entwurfsstadium war, mit der impliziten Aussage, daß Sitzstaatabkommen ihrer Natur nach ein Kündigungsrecht beinhalteten.[737]

Nach Ansicht von Judge MOSLER in seinem Sondervotum zum Nicaragua-Fall des IGH[738] können alle Rechtsgeschäfte, ob unilateraler oder bilateraler Natur, unter bestimmten Umständen beendet werden; Art.56 WVK sieht er als Ausdruck dieses Prinzips.[739]

Im Gegensatz dazu nimmt der Menschenrechtsausschuß in seinem General Comment 26 zumindest für den IPbpR[740] als Menschenrechtsinstrument eine Unkündbarkeit an:

> 3. Furthermore, it is clear that the Covenant is not the type of treaty which, by its nature, implies a right of denunciation. Together with the simultaneously prepared and adopted International Covenant on Economic, Social and Cultural Rights, the Covenant codifies in treaty form the universal human rights enshrined in the Universal Declaration of Human Rights, the three instruments together often being referred to as the "International Bill of Human Rights". As such, the Covenant does not have a temporary character typical of treaties where a right of denunciation is deemed to be admitted, notwithstanding the absence of a specific provision to that effect.
>
> 4. The rights enshrined in the Covenant belong to the people living in the territory of the State party. The Human Rights Committee has consistently taken the view, as evidenced by its long-standing practice, that once the people are accorded the protection of the rights under the Covenant, such protection devolves with territory and continues to belong to them, notwithstanding change in government of the State party, including dismemberment in more than one State or State succession or any subsequent action of the State party designed to divest them of the rights guaranteed by the Covenant.
>
> 5. The Committee is therefore firmly of the view that international law does not permit a State which has ratified or acceded or succeeded to the Covenant to denounce it or withdraw from it.[741]

    iii)    Würdigung

Es ist nicht verwunderlich, daß der strenge dogmatische Ansatz der ILC während der Staatenkonferenz aufgeweicht wurde. Denn daß das Schlupfloch[742] eines Kündigungsrechts,

---

[736] ICJ Rep.1973, S.3, 15f. Abs.26ff. Siehe zu diesem Aspekt des Urteils BRIGGS, Unilateral Denunciation, in: 68 AJIL 1974, S.51, 63f.

[737] IGH, Gutachten vom 20. Dezember 1980 in der Rechtssache *Interpretation of the Agreement of 25 March 1951 between the WHO and Egypt*, ICJ Rep.1980, S.73, 91 Abs.40, S.95 Abs.47.

[738] (IR) ICJ, *Nicaragua (Jurisdiction)*.

[739] ICJ Rep.1984, S.392, 466f.

[740] (IR) ICCPR.

[741] (IR) HRC, General Comment 26, 1997, Abs.3ff., abgedruckt in: 34 ILM 1995, S.839-846; zustimmend AUST, Treaty Law and Practice, 2000, S.234.

[742] Vgl. DE LUNA, ILC, 689th meeting, YBILC 1963-I, S.101 Abs.17:
„On the other hand, experience of international life showed that States sometimes suffered restrictions on their freedom without being able to rely on the grounds for invalidation set out in section II of the draft, and were unable to secure the inclusion of denunciation clauses in a treaty. Out of sympathy for the weaker

## 2. Sollbruchstellen im Vertragsrecht

beruhend auf der vagen Natur bzw. dem Charakter des Vertrages,[743] aus politischen Gründen interessant ist, liegt auf der Hand. Die vage Formulierung des Art.56 WVK hat Präzisierungen der Literatur widerstanden. Zwar läßt sich aus den im Verlauf der Entstehung genannten Beispielen als eine Gemeinsamkeit herausdestillieren, daß das implizite Kündigungsrecht bei Verträgen Anwendung finden soll, deren Regelungsgegenstand die temporäre Eigenschaft des Vertrages inhärent mit sich bringt, ohne daß aber ein Enddatum fixiert wäre. Allerdings tauscht man damit den vagen Tatbestand der „Natur des Vertrages" nicht unbedingt gegen einen präziseren ein.[744]

Verwunderlich ist demgegenüber, daß in der ganzen Debatte bis auf eine Ausnahme das Problem der fortdauernden demokratischen Legitimation nicht zur Sprache kam.[745] Verwunderlich deshalb, weil dieser Gesichtspunkt bei der Frage des Vertragsschlusses immerhin erwähnt worden war.[746] Angesichts der dünnen Staatenpraxis zum impliziten Kündigungsrecht und dem Oszillieren der Literaturmeinung zwischen Pragmatismus und rechtspolitischen Wünschen, ohne Verankerung in Staatenpraxis, bleibt nur, den geltenden Text der Wiener Vertragsrechtskonvention als Ausgangspunkt für Erwägungen zu nehmen, die zwischen einer Interpretation des geltenden Völkerrechts unter einem neuen Gesichtspunkt und einer Interpretation *de lege ferenda* angesiedelt sind. Erstere werden insbesondere bei der Erörterung der Konfliktfälle[747] angeführt werden, letztere insbesondere bei den Lösungsvorschlägen.[748]

c) Außerordentliches Kündigungsrecht

Soweit eine nachträgliche Entwicklung, die den Konsens der Parteien nachhaltig stört, nicht antizipiert und durch ein vertragliches Kündigungsrecht nach Art.54 WVK geregelt wird,[749] kennt die Wiener Vertragsrechtskonvention als Kündigungsgrund neben der *clausula*

---

party, he would therefore be inclined to leave the door ajar for certain possibilities of denunciation, as the Special Rapporteur proposed."

[743] Vgl. BRIGGS, ILC, 829th meeting, YBILC 1966-I-1, S.45 Abs.23: „the pseudo-scientific concept of the "character" of treaties."

[744] Vgl. CAPOTORTI, Extinction et suspension des traités, in: 134 RdC 1971, S.417, 539.

[745] Und auch die Ausnahme erwähnte nur den Fall eines ursprünglich nicht-legitimierten Vertrages, vgl. YASSEEN, ILC, 689th meeting, YBILC 1963-I, S.102 Abs.31:

„He was thinking mainly of political treaties, such as treaties of alliance, which were not always freely consented to, yet could not readily be avoided by reason of defective consent. The Special Rapporteur had been right to place such treaties in the category of treaties which could be denounced even though they did not contain an express denunciation clause. That applied especially where such a treaty was concluded by a government not incontestably enjoying the people's support."

Ähnlich DE LUNA, ILC, 689th meeting, YBILC 1963-I, S.101 Abs.17. In derselben Diskussion hob PAL, ILC, 689th meeting, YBILC 1963-I, S.103 Abs.26 ab auf die Verantwortung der Regierenden für die Regierten.

[746] Siehe oben III. 2. a) 1), insbesondere Fn.600.

[747] Siehe unten IV. 1. b) 1), IV. 2. b), IV. 3. b) 2) vi) und IV. 4. b) IV.

[748] Siehe unten V. 1. d).

[749] Als Beispiel für ein solches qualifiziertes Kündigungsrecht führt SINCLAIR, Vienna Convention, 2. Aufl. 1984, S.182f. u.a. Art.IV Teststopabkommen von 1963, (IR) Test Ban Treaty, 1963 und das Nichtverbreitungsabkommen von 1968, (IR) Nuclear Non-Proliferation Treaty, 1968, an. So lautet Art.X Abs.1 des Nichtverbreitungsabkommens:

*rebus sic stantibus,* die anschließend gesondert behandelt wird, nur den des Vertragsbruchs einer Partei, der die andere Partei zur Vertragsbeendigung ermächtigt, Art.60 WVK.

### 1) Vertragsbruch

Der IGH hat festgestellt, daß es sich dabei um eine Kodifikation von Gewohnheitsrecht handelt.[750] Für die Fragestellung dieser Arbeit ist dieser Kündigungsgrund als solcher nicht von Belang, da er im Verhalten der anderen Partei begründet liegt und nicht mit einer möglichen internen demokratisch legitimierten Willensänderung zusammenhängt. Allerdings soll an dieser Stelle an die Möglichkeit der Umkehrung der Konstellation erinnert werden, also die Gewährleistung demokratischer Strukturen durch vertragliche Verpflichtung (außerhalb der Menschenrechtstexte). Die EG hat in einer Vielzahl von Fällen den Verstoß gegen die Demokratieklauseln,[751] mithin den Vertragsbruch hinsichtlich der Gewährleistung des Demokratieprinzips, mit der Aussetzung der Vertragserfüllung beantwort.[752]

### 2) Späteres Gewohnheitsrecht?

In der Literatur wurde die These aufgestellt, daß späteres Gewohnheitsrecht, das früherem Vertragsrecht widerspricht, einen unilateralen Kündigungsgrund für den inkompatiblen Vertrag darstellen kann.[753] Der Entwurf der ILC von 1964 sah in Art.68 vor, daß späteres Gewohnheitsrecht eine Modifikation von Verträgen bewirken könne.[754] Zwar fand Art.68 ILC-

---

Each Party shall in exercising its national sovereignty have the right to withdraw from the treaty if it decides that extraordinary events, related to the subject matter of this Treaty, have jeopardized the supreme interests of its country. It shall give notice of such withdrawal to all other Parties to the Treaty and to the United Nations Security Council three months in advance. Such notice shall include a statement of the extraordinary events it regards as having jeopardized its supreme interests.

[750] IGH, Gutachten vom 21. Juni 1972 in der Rechtssache *Legal Consequences for States of the Continued Presence of South Africa in Namibia (South West Africa) notwithstanding Security Council Resolution 276 (1970),* ICJ Rep.1971, S.8, 47 Abs.96. Siehe auch das Urteil des IGH vom 18. August 1972 im Rechtsstreit zwischen Indien und Pakistan in der Sache *Appeal Relating to the Jurisdiction of the ICAO Council,* ICJ Rep.1972, S.46, 66f. Abs.37f. Einen umfassenden Überblick über die Völkerrechtslehre, die Rechtsprechung und Staatenpraxis bis zur Vertragsrechtskonvention sowie Vergleiche mit verschiedenen Privatrechtsordnungen gibt SINHA, Unilateral Denunciation, 1966. Einige Fälle der Anwendung von Art.60 WVK finden sich bei ROSENNE, Breach of Treaty, 1985, S.30-35.

[751] Siehe dazu oben II. 2. c).

[752] Siehe die umfangreiche Darstellung der Praxis bei HOFFMEISTER, Menschenrechts- und Demokratieklauseln, 1998, S.452-459 (für den Zeitraum 1989-1995) und S.598-602 (für den Zeitraum 1996/1997), sowie die Nachweise zur Anwendung von Art.366a Lomé-IV-Abkommen in der Fassung von 1995 gegenüber Togo 1998 und Nigeria 1999 bei SICILIANOS, ONU et démocratisation, 2000, S.111 Fn.371.

[753] Statt aller KONTOU, Termination and Revision, 1994, S.145-157. Eine solche These kann sich auf einen Passus des IGH im *Fisheries jurisdiction-*Fall stützen, wonach

„changes in the law may under certain conditions constitute valid grounds for invoking a change of circumstances affecting the duration of a treaty".

IGH, Urteil vom 2. Februar 1973 *(Jurisdiction)* im Rechtsstreit zwischen Großbritannien und Island bzw. Deutschland und Island in der Sache *Fisheries Jurisdiction,* ICJ Rep.1973, S.3, 17 Abs.32.

[754] Art.68 Entwurf ILC 1964 (Art.38 des Final Draft; der Artikel wurde auf der Vertragskonferenz gestrichen):
Art.68 - Modification of a treaty by a subsequent treaty, by subsequent practice or by customary law
The operation of a treaty may also be modified [...]
(c) By the subsequent emergence of a new rule of customary law relating to matters dealt with in the treaty and binding upon all the parties.
Fundstelle: YBILC 1964-II, S.198.

Entwurf 1964 weitgehend Zustimmung in der Staatengemeinschaft,[755] doch erwies sich das Problem als zu komplex, um zufriedenstellend geregelt werden zu können. Nicht zuletzt betraf er das Verhältnis von Völkerrechtsquellen zueinander und fiel damit außerhalb des Regelungsbereichs der Vertragsrechtskonvention. Daher wurde er wieder gestrichen.[756]

Im Verhältnis von Verträgen und sich weiterentwickelndem Gewohnheitsrecht lassen sich zwei Fälle unterscheiden: Zum einen können die Regelung des Vertrages, also der konkrete Inhalt, und neues Gewohnheitsrecht für die gleiche Regelungsmaterie auseinanderfallen.[757] Zum anderen kann neues Gewohnheitsrecht unabhängig von der Regelungsmaterie des Vertrages diesen in einen neuen Kontext setzen, der mit der Konzeption des Vertrages divergiert. Unter der Perspektive des Demokratieprinzips ist die erste Variante hier nicht interessant. Denn abgesehen von – unbekannten – zeitgenössischen Verträgen, die eine Verpflichtung auf autoritäre Strukturen festschreiben und sich im Gegensatz zum gewohnheitsrechtlichen Demokratieprinzip befinden können, hieße es, daß vertragliche Ausgestaltungen des Demokratieprinzips, etwa in den Pakten, mit späterer Praxis, etwa im Rahmen der UN, auseinanderfallen. Dies ist aber eher unwahrscheinlich. Aufgrund der offenen Struktur des Demokratieprinzips dürfte es sich vielmehr um Praxis handeln, die bei der Interpretation eines der Entwicklung zugänglichen Rechtsbegriffs Berücksichtigung findet,[758] wie etwa die Abwendung von einer möglichen volksdemokratischen Interpretation hin zu einer Verengung auf eine pluralistische, teilweise sogar auf eine ausschließlich pluralistisch-repräsentative Demo-

---

Vorangegangen war im dritten WALDOCK-Bericht eine Klausel zur Interpretation, die allerdings auch eine Vorrangregel zwischen Vertrags- und späterem Gewohnheitsrecht darstellen sollte:

Art.73 - Effect of a later customary rule or of a later agreement on interpretation of a treaty

The interpretation at any time of the terms of a treaty [...] shall take account of:

(a) the emergence of any later rule of customary international law affecting the subject-matter of the treaty and binding upon all parties; [...]

Fundstelle: WALDOCK, Report III, YBILC 1964-II, S.53 sowie der begleitende Kommentar, a.a.O., S.61 Abs.32. Dazu ausführlich KONTOU, Termination and Revision, 1994, S.135ff.

[755] Vgl. KONTOU, Termination and Revision, 1994, S.137.

[756] KONTOU, Termination and Revision, 1994, S. S.138.

[757] Vgl. etwa die Einschätzung der Richter FORSTER, BENGZON, JIMÉNEZ DE ARÉCHAGA, SINGH und RUDA in ihrer Joint Separate Opinion zum Urteil des IGH vom 25. Juli 1974 (*Merits*) im Rechtsstreit zwischen Großbritannien und Island bzw. Deutschland und Island in der Sache *Fisheries Jurisdiction* bezüglich des Verhältnisses der gewohnheitsrechtlichen 12 Seemeilenzone zur Seerechtskonvention von 1958, ICJ Rep.1974, S.3, 46f. Abs.6:

„It is true that a general practice has developed around that proposal [gemeint ist die 6+6 Seemeilen Formel, die um eine Stimme die Mehrheit auf der Seerechtskonferenz 1960 verfehlte] and has in fact amended the 1958 Convention *praeter legem*: an exclusive fishery zone beyond the territorial sea has become an established feature of contemporary international law."

Es ist allerdings fraglich, ob sich der IGH in der Hauptentscheidung diesem Urteil anschloß. Vgl. KONTOU, Termination and Revision, 1994, S.114f. Ebenfalls aus dem Seerecht stammt das bereits zitierte Diktum (siehe oben III. 1. b), insbesondere Fn.555) des Schiedsspruches im britisch-französischen Streit um den Festlandssockel vom 30. Juni 1977 (18 ILM 1979, S.397; Interpretationsentscheidung vom 14. März 1978, a.a.O., S.462) mit Blick auf die Regeln zur Abgrenzung des Festlandssockels:

„[...] a development in customary law may, under certain conditions, evidence the assent of the States concerned to the modification, or even termination of previously existing treaty rights and obligations [...]". A.a.O., S.417, Abs.47.

[758] Siehe oben III. 1. c).

kratie zeigt.⁷⁵⁹ Interessant ist daher vor allem die zweite Variante, in der die Konzeption eines Vertrages nicht mit dem Demokratieprinzip vereinbar ist. Es besteht dabei eine Verwandtschaft zu dem Problem der grundlegenden Änderung der Umstände (*clausula rebus sic stantibus*), insbesondere im Fall der Staatensukzession. Bevor die *clausula* eingehender erörtert wird, sollen im folgenden Fälle analysiert werden, die für ein Kündigungsrecht aufgrund späteren Gewohnheitsrecht fruchtbar gemacht werden können und damit systematische Präzedenzfälle für die Anwendung des Demokratieprinzips zum gleichen Zwecke darstellen.

i) Staatenpraxis

Zunächst ist der Streit zwischen den USA und Panama um den Kanal zu erwähnen.⁷⁶⁰ Der 1903 geschlossene Kanalvertrag wurde 1936 und 1955 geändert, blieb jedoch aufgrund seiner Einseitigkeit zugunsten der USA ein Stein des Anstoßes. So erhielt Panama nur einen kleinen Teil der Erträge aus dem Kanalbetrieb, und die Kanalzone unterfiel weiterhin US-amerikanischer Jurisdiktion, auch wenn anerkannt wurde, daß es sich um panamesisches Territorium handelte. In den sechziger Jahren verschlechterte sich die Stimmung zwischen den Parteien drastisch, und 1973 brachte Panama den Fall vor den UN-Sicherheitsrat. Es machte geltend, daß der Vertrag unvereinbar sei mit

„the principles of international law concerning friendly relations and co-operation among States, and particularly those pertaining to respect for the territorial integrity and political independence of States, non-intervention, equality of rights and self-determination of peoples, the sovereign equality of States, the elimination of all forms of foreign domination, the right of peoples and nations to permanent sovereignty over their natural resources, and international co-operation in the economic and social development of all nations."⁷⁶¹

Nicht nur lateinamerikanische Länder, sondern auch Australien verliehen im Rahmen der vom Sicherheitsrat anberaumten Treffen der Überzeugung Ausdruck, daß der Vertrag nicht mehr mit der Völkerrechtsordnung im Einklang stand.⁷⁶² Allerdings vertrat die Staatengemeinschaft die Auffassung, daß die Beendigung des Vertrages und seine Ersetzung durch Verhandlungen der Parteien erfolgen müsse.⁷⁶³ Nachdem die USA sich ebenfalls der Einschätzung angeschlossen hatten, daß der Vertrag von der Rechtsentwicklung überholt worden sei, war der Weg 1974 frei zu einer Einigung auf die grundsätzlichen Prinzipien des neuen Vertrages, darunter die Aufgabe der Jurisdiktion durch die USA und eine langfristige Übertragung des Betriebs auf Panama. Ein entsprechendes Abkommen wurde 1977 geschlossen.⁷⁶⁴ Panama hat also erfolgreich die Veränderung der Rahmenbedingungen durch Gewohnheitsrecht für eine Veränderung des Vertrages geltend gemacht. Ihm wurde allerdings kein unilaterales Kündigungsrecht zugestanden. Vielmehr mußten beide Parteien gemeinsam eine Anpassung vornehmen, die den Grundsätzen der souveränen Gleichheit Rechnung trug.⁷⁶⁵ Eine solche *duty to negotiate* ist allgemein die Lösung, die die völkerrechtliche

---

⁷⁵⁹ Siehe oben II. 4.
⁷⁶⁰ Dazu ausführlich KONTOU, Termination and Revision, 1994, S.74-78.
⁷⁶¹ 28 Security Council Official Records 1973, 1704th meeting, Abs.6-7; zit. nach KONTOU, Termination and Revision, 1994, S.75.
⁷⁶² Vgl. KONTOU, a.a.O., S.76f.
⁷⁶³ Vgl. KONTOU, Termination and Revision, 1994, S.77.
⁷⁶⁴ Zu den Aspekten der Legitimation des Vertragsschlusses siehe oben III. 2. a) 2).
⁷⁶⁵ Siehe auch das Beispiel der „ungleichen" Verträge, die China und Japan mit den Westmächten abgeschlossen hatten und die sukzessive ersetzt wurden. Ähnlich wie bei den Vertragsrevisionen des Panamakanal-

## 2. Sollbruchstellen im Vertragsrecht 129

Spruchpraxis vorzugsweise für Konstellationen wählt, in denen aufgrund der Entwicklung ein Festhalten am Vertrag wenig sachdienlich oder sinnlos, eine Entscheidung zugunsten einer Partei jedoch dem Charakter des Vertrages als gegenseitiger Verpflichtung zur Regelung der Materie zuwiderläuft.[766]

Ebenfalls um Beschränkungen der nationalen Souveränität ging es in zwei Fällen, in denen sich zum einen die Türkei, zum anderen Ägypten gegen Privilegien der Konsularmächte (die Großmächte Europas einschließlich Rußlands, aber auch die USA und Kanada) hinsichtlich der Behandlung ihrer Staatsangehörigen wandten.[767] Diese Privilegien umfaßten neben Steuerfreiheit insbesondere eine eigene Gerichtsbarkeit über die Staatsangehörigen in den beiden Ländern. Im 20. Jahrhundert wandte sich zunächst die Türkei, sodann Ägypten gegen diese Verträge. Die Türkei kündigte 1914 die Verträge mit der Begründung, daß

„a treaty may be denounced when it has become incompatible with the common international law of civilised States to which the contracting parties subscribe."[768]

Dieser Kündigung widersprachen die Konsularmächte, räumten allerdings auf der Konferenz in Lausanne 1922 ein, daß ihre Privilegien nicht mehr im Einklang mit der Souveränität eines unabhängigen Staates standen. Der auf der Konferenz geschlossene Friedensvertrag hob daher die Privilegien auf, sicherte jedoch den üblichen fremdenrechtlichen Schutz der westlichen Staatsangehörigen.[769] Einen anderen Weg beschritt Ägypten, das auf eine einseitige Aufkündigung der Verträge verzichtete, vielmehr 1937 die begünstigten Staaten zu einer Konferenz in Montreux einlud.[770] Nicht zuletzt unter dem Hinweis auf den türkischen Präzedenzfall argumentierte es, daß die Verträge nicht im Einklang mit modernem Völkerrecht stünden und daher beendet werden müßten. Hatten die Konsularmächte die Kündigung durch die Türkei noch bestritten, so konzedierten nun Großbritannien und die USA in Entgegnung auf die ägyptische Einladung zur friedlichen Streitbeilegung, daß Ägypten möglicherweise ein solches Kündigungsrecht zustände. Auf der Konferenz wurde daher ein Vertrag abgeschlossen, der die Privilegien aufhob.

Die beiden Fälle sprechen dafür, daß das Aufkommen neuer, grundlegender Prinzipien im Völkerrecht zwar nicht zur unmittelbaren Kündigung eines Vertrages berechtigt, der mit diesen Prinzipien nicht im Einklang steht, aber ein solches Kündigungsrecht nicht ausge-

---

Vertrages gelang es nicht immer, durch die Substitution eine dauerhafte Regelung zu schaffen. So kündigte MAOS China 1950 den Vertrag von Washington von 1943, den die USA mit der Kuomintang-Regierung geschlossen hatte, da es sich um einen „ungleichen" Vertrag handele. Die USA protestierten gegen die Kündigung. Siehe dazu KONTOU, Termination and Revision, 1994, S.96-98.

[766] Vgl. etwa Urteil des IGH vom 25. Juli 1974 (*Merits*) im Rechtsstreit zwischen Großbritannien und Island bzw. Deutschland und Island in der Sache *Fisheries Jurisdiction*, ICJ Rep.1974, S.3, 30ff. Abs.68ff., dazu KONTOU, Termination and Revision, 1994, S.115; und die Entscheidung des IGH im Fall *Gabcíkovo-Nagymaros*, (IR) ICJ, *Gabcíkovo-Nagymaros*, ICJ Rep.1997, S.7ff., dazu unten IV. 4.

[767] Dazu ausführlich KONTOU, Termination and Revision, 1994, S.78-85 und VAMVOUKOS, Termination, 1985, S.83-86 und 92-94 (unter der Perspektive der *clausula*).

[768] Lausanne Conference on Near Eastern Affairs 1922-1923. London: HMSO 1923, S.479; zit. nach KONTOU, Termination and Revision, 1994, S.80.

[769] KONTOU, a.a.O., S.80f.

[770] Dazu KONTOU, a.a.O., S.82-85.

schlossen ist, wenn die Vertragspartner nicht ihrer Verpflichtung nachkommen, Verhandlungen zur Aufhebung und Ersetzung des Vertrages nach Treu und Glauben zu führen.[771]

Ein besonders wichtiges Beispiel auf der Grenze zwischen inhaltlicher Überholung von Vertragspflichten durch völkerrechtliche Fortentwicklung und der Kollision von Vertragspflichten mit neuen Strukturprinzipien des Völkerrechts findet sich auf dem Gebiet des menschenrechtlichen Minderheitenschutzes. Die Minderheitenschutzverträge, die nach dem ersten Weltkrieg unter dem Völkerbundregime von den osteuropäischen Ländern eingegangen wurden, wurden durch das allgemeine Menschenrechtssystem abgelöst, das nach dem zweiten Weltkrieg aufkam.[772] Vor allem die Balkan-Staaten, aber auch Polen, Österreich und Griechenland hatten mit den Westmächten Verträge abgeschlossen,[773] die einen Schutz ethnischer, sprachlicher und religiöser Minderheiten sicherten, sowohl in Form von Gleichstellungs- als auch Begünstigungsrechten. Begünstigt waren allerdings nur Minderheitengruppen in spezifischen Staaten, nicht Individuen allgemein. Mit dem Aufkommen des Menschenrechtsgedankens während und nach dem zweiten Weltkrieg stellte sich die Frage nach der Fortgeltung dieser Verträge, da sie als unvereinbar mit dem System des individuellen Menschenrechtsschutzes angesehen wurden. Die 1947 geschlossenen Friedensverträge mit den Alliierten enthielten zwar Menschenrechtsgewährleistungen, aber keine Minderheitenrechte mehr. Entsprechend herrschte die Überzeugung vor, daß die Minderheitenschutzverträge obsolet seien, wobei die Begründungen allerdings divergierten:[774] Nach der Ansicht eines Gutachtens des Generalsekretariats der Vereinten Nationen konnte das neue Gewohnheitsrecht als Kündigungsgrund nach der *clausula* herangezogen werden,[775] nach anderer Ansicht konnte eine stillschweigende Übereinkunft der Parteien angenommen werden, die Verträge als nicht länger bindend zu betrachten (*desuetudo*).[776]

Dieses Beispiel verstärkt nicht nur das Argument für ein Kündigungsrecht aufgrund neuer Rechtsentwicklungen, sondern kann auch bei der Auslegung und Anwendung von Art.46 und 56 WVK herangezogen werden. Da nämlich die Berücksichtigung innerstaatlichen Rechts und die impliziten Kündigungsgründe zu einem Zeitpunkt geregelt wurden, als das Demokratieprinzip noch in den Kinderschuhen steckte, liegen die beiden Normen nunmehr ähnlich mit letzterem über Kreuz, wie die Minderheitenverträge nicht mit dem Menschenrechtssystem vereinbar waren. Daraus folgt nun kein Kündigungsrecht für die Vertragsrechtskonvention. Genausowenig ist es angemessen, die Normen der Nichtanwendung anheim fallen zu lassen. Es ergeben sich jedoch Möglichkeiten der evolutiven Anwendung der Vertragsrechtskonvention, die innerhalb der Lösungsmöglichkeiten dargestellt werden sollen.[777]

Am Rande sei darauf hingewiesen, daß Anfang der 80er Jahre einige Entwicklungsländer, die nicht Mitglieder des Antarktikvertrages von 1959[778] waren, in der Generalversammlung

---

[771] KONTOU, a.a.O., S.84f.

[772] Dazu ausführlich KONTOU, a.a.O., S.91-96.

[773] Nachweise bei KONTOU, a.a.O., S.91 Fn.131.

[774] KONTOU, Termination and Revision, 1994, S., S.95f.

[775] Vgl. GIRAUD, Modification et terminaison, in: 49-I AIDI 1961, S.5, 56f.

[776] So CAPOTORTI, Minorities, in: Encyclopedia III, 1997, S.410, 413, vgl. auch GIRAUD, Modification et terminaison, in: 49-I AIDI 1961, S.5, 57. Zu *desuetudo* siehe unten V. 1. c) sowie Fn.808.

[777] Siehe insbesondere unten V. 1. a), V. 1. d) und V. 2. a).

[778] (IR) Antarctic Treaty, 1959; 402 UNTS 1961, No.5778, S.71-85.

der UN das Thema seiner Revision zur Sprache brachten.[779] Gestützt wurde der Vorstoß auf die angebliche Entwicklung des Völkerrechts, wonach zum einen der Grundsatz der demokratischen Entscheidungsfindung, resultierend aus der Gleichheit der Staaten, zum anderen das Prinzip der „common heritage of mankind" im Gegensatz zum exklusiven Antarktisvertrag standen. Der Vorstoß wurde abgeschmettert, da der Vertrag gerade auf den Prinzipien der souveränen Gleichheit und Kooperation zwischen Staaten beruhe, jedoch eine Einbeziehung weiterer Länder mangels Anerkennung des „common heritage"-Prinzips nicht notwendig sei. Die Notwendigkeit der Vertragsrevision im Lichte neuen Gewohnheitsrechts dem Grunde nach wurde jedoch nicht bestritten.[780]

ii) Würdigung

Unter der Voraussetzung, daß das nach dem Vertragsschluß entstandene Gewohnheitsrecht alle Vertragsparteien bindet und die Parteien für den Vertrag keine Priorität als *lex specialis* auch für die Zukunft vereinbart haben,[781] kann späteres Gewohnheitsrecht zunächst ein Recht auf Revision, dann ein Recht zur Kündigung begründen. Das Demokratieprinzip könnte zum einen gegen „ungleiche" Verträge[782] angeführt werden (so sie noch existieren), zum anderen gegen Verträge, die unter Verstoß gegen demokratische Legitimationsanforderungen geschlossen wurden. Demgegenüber läßt sich die Konstellation des „späteren Sinneswandels" nicht darunter fassen, da dadurch das Verhältnis von Vertrag zu existierendem Gewohnheitsrecht nicht betroffen ist.

d) *Clausula rebus sic stantibus*

Neben der Kündigung wegen Vertragsbruchs der anderen Partei nach Art.60 WVK spielt unter den außerordentlichen Kündigungsgründen im wesentlichen der Rechtssatz der *clausula rebus sic stantibus* eine Rolle, der durch Art.62 WVK seine Kodifikation gefunden hat.[783] Nach Ansicht des IGH handelt es sich um eine Kodifikation von Gewohnheitsrecht.[784] Dieser

---

[779] Dazu KONTOU, Termination and Revision, 1994, S.105-107.

[780] KONTOU, a.a.O., S.107.

[781] KONTOU, a.a.O., S.146f.

[782] Die Figur der „*unequal treaties*", also eines Vertrages, der einem schwächeren Staat von einem stärkeren aufgezwungen wurde, mit der Konsequenz, daß der schwächere sich von dieser Verpflichtung lösen könne, ist im Völkerrecht nicht akzeptiert worden. Vgl. AUST, Treaty Law and Practice, 2000, S.257.

[783] Soweit im folgenden von der *clausula* gesprochen wird, handelt es sich nur um begriffliche Praktikabilität; es soll nicht die Weitergeltung der veralteten Vorstellung postuliert werden, nach der in jedem Vertrag implizit eine solche Klausel stehe, sondern es wird der modernen Auffassung gefolgt, wonach es sich um eine Norm des allgemeinen Völkerrechts handelt. Vgl. REUTER, Law of Treaties, 2. Aufl. 1995, S.188 Abs.287; SINCLAIR, Vienna Convention, 2. Aufl. 1984, S.192.

[784] IGH, Urteil vom 2. Februar 1973 (*Jurisdiction*) im Rechtsstreit zwischen Großbritannien und Island bzw. Deutschland und Island in der Sache *Fisheries Jurisdiction*, ICJ Rep.1973, S.3, 18 Abs.36, bestätigt in (IR) ICJ, *Gabcíkovo-Nagymaros*, ICJ Rep.1997, S.7, 38 Abs.46 und S.62 Abs.99. Ein recht kühner Befund angesichts der Ablehnung, die der Entwurf von 1963 durch einige Staaten (kolumbische und rumänische Delegation, Regierungen der Türkei und der USA) erfuhr, zudem angesichts der Stimmen, die einer Einführung nur bei einer Verknüpfung mit Streitbeilegungsverfahren zustimmen wollten (Delegation von Italien, Regierungen von Dänemark, Großbritannien und der Vereinigten Staaten), sowie nicht zuletzt der Stimmen, die die erstmalige Normierung begrüßten (Delegation von Ecuador und Venezuela), vgl. WALDOCK, Report V, YBILC 1966-II, S.1, 39ff.

Kündigungsgrund[785] setzt aber gerade nachträgliche Entwicklungen voraus, die außerhalb des Einflußbereiches der Vertragsparteien stehen; ein interner Sinneswandel kann ihn grundsätzlich nicht begründen.[786]

Der IGH elaborierte die gewohnheitsrechtlichen Voraussetzungen der *clausula* in Anlehnung an Art.62 WVK in der Entscheidung *Fisheries Jurisdiction*.[787] Danach muß erstens der von der Veränderung betroffene Umstand die Grundlage für die Zustimmung **beider** Parteien gewesen sein, entsprechend der Bedingung des Art.62 Abs.1 a) WVK.[788] Des weiteren muß die Umstandsänderung nachhaltig den Umfang der Verpflichtungen einer Partei verändert haben, wie dies Art.62 Abs.1 b) WVK vorsieht:

„The change must have increased the burden of the obligations to be executed to the extent of rendering the performance something essentially different from that originally undertaken."[789]

Wenn er auch im selben Urteil die Möglichkeit erwähnte, daß eine Rechtsänderung eine Umstandsänderung begründen könne,[790] so handelt es sich hierbei um ein *obiter dictum*, da Islands Einwände auf die Veränderung der Rechtslage in der Hauptsache zielten und es zu diesem Zeitpunkt lediglich um die Zuständigkeit ging. Fraglich ist, ob politische Änderungen unter die *clausula* fallen.

*1) Entstehungsgeschichte*

Noch im zweiten WALDOCK-Bericht wurden im damaligen Art.22 politische Änderungen in einem Vertragsstaat, die dem Vertrag die Geschäftsgrundlage entziehen, vom Anwendungsbereich der *clausula* ausdrücklich ausgenommen.[791] Als der betreffende Absatz im Entwurf von 1963 (Art.44)[792] entfallen war,[793] meldeten die Regierungen von Portugal und

---

[785] Die Auffassung der türkischen Regierung (vgl. WALDOCK, Report V, YBILC 1966-II, S.1, 40), eine Änderung der Umstände berechtige nicht zur Kündigung, sondern lediglich zu Neuverhandlungen, um den Vertrag den veränderten Umständen anzupassen, ggf. gefolgt von (schieds-)gerichtlicher Streitlösung, konnte sich nicht durchsetzen.

[786] Diese Problematik kommt beim Fall *Gabcíkovo-Nagymaros* zum Tragen, wo die Hinwendung von der sozialistischen Plan- zur kapitalistischen Marktwirtschaft dem Großprojekt die politische Grundlage entzog. MALJEAN-DUBOIS, L'arrêt Gabcíkovo-Nagymaros, in: AFDI 1997, S.286, 315. Siehe ausführlich unten IV. 4.

[787] IGH, Urteil vom 2. Februar 1973 (*Jurisdiction*) im Rechtsstreit zwischen Großbritannien und Island bzw. Deutschland und Island in der Sache *Fisheries Jurisdiction*, ICJ Rep.1973, S.3.

[788] ICJ Rep.1973, S.3, 17 Abs.32:

„But in the present case, the object and purpose of the 1961 Exchange of Notes, and therefore **the circumstances which constituted an essential basis of the consent of both parties to be bound by the agreement** embodied therein, had a much wider scope." (Hervorhebung vom Autor)

Vgl. aber auch S.19, Abs.38:

„This interpretation would correspond to the traditional view that the changes of circumstances which must be regarded as fundamental or vital are those which imperil the existence or vital development of one of the parties."

[789] ICJ Rep.1973, S.3, 21 Abs.43.

[790] ICJ Rep.1973, S.3, 17 Abs.32.

[791] WALDOCK, Report II, YBILC 1963-II, S.36, 79f. Art.22 Abs.3 (jetzt Art.62 WVK) lautete:

A change in the policies of the State claiming to terminate the treaty, or in its motives or attitude with respect to the treaty, does not constitute an essential change in the circumstances forming the basis of the treaty within the meaning of paragraph 2.

[792] ILC Draft 1963, YBILC 1963-II, S.189, 207.

## 2. Sollbruchstellen im Vertragsrecht

Großbritannien Bedenken an, ob politische Änderungen nicht vom Wortlaut erfaßt wären.[794] Einige Mitglieder der Kommission favorisierten daher die Wiederaufnahme eines entsprechenden Passus.[795] Demgegenüber stimmten andere Mitglieder dieser Auffassung zwar im Grundsatz zu, hielten es jedoch für zu weitgehend, kategorisch auszuschließen, daß eine Politikänderung jemals einen Fall der *clausula* darstellen könne, und führten als Beispiel einen Bündnisvertrag an, der durch die radikale Neuausrichtung der Politik eines der Vertragspartner aus der Sicht beider Seiten obsolet würde.[796] Die Kommission vertrat die Auffassung, daß die Definition in Abs.1 ausreiche, mißbräuchliche Versuche auszuschließen, einen Vertrag auf der Grundlage einer bloßen politischen Änderung zu beenden.[797] Dagegen wurde auf der Konferenz eingewandt, daß das Beispiel des Bündnisvertrages kein Fall der *clausula* sei, sondern eines impliziten Kündigungsrechtes nach der Natur des Vertrages,[798] und daß eine Änderung der Regierungspolitik in keinem Fall als Grund für die Beendigung eines Vertrages angeführt werden könne.[799]

Daneben gab es den Vorschlag der jamaikanischen Delegation, nochmals vorgetragen durch die Regierung,[800] die *clausula* möge so abgefaßt werden, daß sie zumindest Fälle erfaßt, in denen

„a newly independent state finds the terms of a treaty so manifestly unjust or inequitable that that State may be justified in not recognizing such a treaty as one which it should inherit".[801]

Ihm wurde nicht gefolgt, allerdings wurde er vom Berichterstatter mit der Begründung abgelehnt, daß es sich hierbei um einen Aspekt der Staatennachfolge handele und den Arbeiten der ILC zu diesem Thema nicht vorgegriffen werden solle.[802] Art.62 WVK läßt

---

[793] Gegen Art.22 Abs.3 und damit den kategorischen Ausschluß politischer Änderungen im Rahmen der *clausula* sprachen sich BARTOŠ (ILC, 695th meeting, YBILC 1963-I, S.149 Abs.62), JIMENÉZ DE ARÉCHAGA (ILC, 695th meeting, YBILC 1963-I, S.149f. Abs.70), PAL (ILC, 669th meeting, YBILC 1963-I, S.150 Abs.6), TUNKIN (ILC, 695th meeting, YBILC 1963-I, S.145 Abs.22) und YASSEEN (ILC, 695th meeting, YBILC 1963-I, S.142 Abs.61) aus; ELIAS empfahl, den von WALDOCK vorgeschlagenen Art.22 Abs.3 zu streichen und seinen Inhalt im Kommentar zu berücksichtigen, in: ILC, 695th meeting, YBILC 1963-I, S.147 Abs.49, ähnlich ROSENNE, in ILC, 696th meeting, YBILC 1963-I, S.151 Abs.20.

[794] Vgl. WALDOCK, Report V, YBILC 1966-II, S.1, 40.

[795] ILC, Kommentar zum Final Draft, Art.59 (jetzt Art.62 WVK), YBILC 1966-II, S.177, 259 Abs.10.

[796] ILC, ibid:

„Other members, while not dissenting from the view that mere changes of policy on the part of a Government cannot normally be invoked as a ground as bringing the principle into operation, felt that it would be going too far to state that a change of policy could never in any circumstances be invoked as a ground for terminating a treaty. They instanced a treaty of alliance as a possible case where a radical change of political alignment by the Government of a country might make it unacceptable, *from the point of view of both parties*, to continue with the treaty."

Hervorhebung im Original. Das Beispiel stammt von YASSEEN, in: ILC, 694th meeting, YBILC 1963-I, S.142 Abs.61.

[797] ILC, Kommentar zum Final Draft, Art.59 (jetzt Art.62 WVK), YBILC 1966-II, S.177, 259 Abs.10.

[798] VALLAT, in: UNCLT, OR 68, First session, CoW, 63rd meeting, S.369 Abs.38.

[799] HARRY, in: UNCLT, OR 68, First session, CoW, 64th meeting, S.372 Abs.23.

[800] Vgl. WALDOCK, Report V, YBILC 1966-II, S.1, 39.

[801] In die gleiche Stoßrichtung zielte offenbar die Auffassung der bolivianischen Delegation (vgl. WALDOCK, Report V, YBILC 1966-II, S.1, 40f.), die Lehre der *clausula* sei auch auf „imposed treaties" anzuwenden.

[802] WALDOCK, Report V, YBILC 1966-II, S.1, 42f. Abs.3.

demnach zwei Fragen offen: In welchen Fällen können politische Änderungen als Grundlage angeführt werden, und wie werden Fälle der Staatensukzession behandelt?

### 2) Politische Änderungen

Das in den Diskussionen der ILC vorgebrachte Beispiel des Bündnisvertrages[803] ist ein schlechtes Beispiel für die Berücksichtigung politischer Änderungen innerhalb der *clausula*. Erstens bedarf es keines unilateralen Kündigungsgrundes, wenn es für beide Parteien „unacceptable" ist, am Vertrag festzuhalten. Es liegt dann einfach eine Aufhebung im Konsens vor, sei sie auch nur konkludenter Art, oder eine stillschweigende Übereinkunft, den Vertrag nicht mehr als bindend anzusehen (*desuetudo*). Wenn dieses Detail des Beispiels möglicherweise auch weniger in seiner rechtlichen Implikation durchdacht wurde, sondern vielmehr als Zucker im Lebertran diente, um die Möglichkeit der Berücksichtigung politischer Änderungen schmackhaft zu machen, so ist zweitens in der Regel nicht Art.62 WVK einschlägig, sondern selbst bei echter unilateraler Kündigung das implizite Kündigungsrecht nach Art.56 WVK.[804] Denn vor einem außerordentlichen Kündigungsrecht ist zu prüfen, ob nicht ein ordentliches zur Grundlage gemacht werden kann, und ein solches liegt bei Bündnisverträgen nahe.[805]

Im übrigen müssen Fälle der „politischen Änderung" die Voraussetzungen des Art.62 WVK erfüllen, die der IGH im Fall *Fisheries Jurisdiction* gleichfalls für die gewohnheitsrechtliche Geltung der *clausula* aufgestellt hat,[806] also das Beruhen des Konsens auf dem – geänderten – Umstand sowie die nachhaltige Veränderung der Vertragsverpflichtung durch die Umstandsänderung. Es müssen folgende Fälle unterschieden werden: Zum einen kann sich der Sach- und Kenntnisstand, auf dem der Konsens beruhte, geändert und einen politischen Meinungsumschwung bei einer Vertragspartei herbeigeführt haben.[807] Hierbei handelt es sich um einen unechten Fall der politischen Änderung. Die politische Änderung ist lediglich der Auslöser für den Versuch der einseitigen Kündigung, relevant ist jedoch die Bewertung der Veränderung des Umstandes entsprechend den Voraussetzungen der *clausula*.[808] Hat sich der Sach- und Erkenntnisstand jedoch nicht wesentlich verändert,

---

[803] ILC, Kommentar zum Final Draft, Art.59 (jetzt Art.62 WVK), YBILC 1966-II, S.177, 259 Abs.10. Siehe Zitat oben Fn.796.

[804] Vgl. die Wiedergabe der Auffassung einiger Mitglieder der ILC im Kommentar zum Final Draft, Art.53 (jetzt Art.56 WVK), YBILC 1966-II, S.177, 251 Abs.4.

[805] Vgl. Art.17 Abs.3 a) ii) aus dem zweiten Bericht von WALDOCK, Waldock, Report II, YBILC 1963-II, S. 36, 64, siehe oben III. 2. b) 2) i), sowie ausführlich die Diskussion des Austritts Frankreichs aus der NATO, unten IV. 1. b) 1).

[806] Siehe oben III. 2. d) bei Fn.787.

[807] Wenn diese Änderung unstrittig ist, werden die Parteien den Vertrag anpassen. In der Regel wird es sich also um Fälle handeln, in denen die Bewertung strittig ist, etwa im Umweltbereich (Frage der Konsequenzen aus der Erwärmung der Atmosphäre, Gefahren der Atomenergie).

[808] Insoweit ist der von SIMMLER, Change of policy, in: AVR 1999, S.226, 233f. angeführte Fall der österreichischen (Teil-)Obsoleterklärung des Staatsvertrags von 1955 (217 UNTS 1955, No.2249, S.223) mit den Siegermächten im Jahre 1990 kein gutes Beispiel für eine politische Änderung, da sich mit dem Fall des Eisernen Vorhangs und des Abschlusses des 2+4-Vertrages tatsächlich in der Außenwelt erhebliche Veränderungen ergeben hatten, die notwendigerweise einen Niederschlag auf den Konsens von Parteien eines Vertrages finden mußten, mit dem Sieger und Besiegter eine Regelung für die Nachkriegszeit finden wollten. Zur Obsoleterklärung des Staatsvertrages siehe ERMACORA, Obsoleterklärung, in: ÖZöRV 1991, S.319, 323ff.; HAFNER, Obsolescence, in: AFDI 1991, S.239, 246ff.; KÖCK, Österreichischer Staatsvertrag, in: 50

## 2. Sollbruchstellen im Vertragsrecht

sondern lediglich eine möglicherweise vorher bereits vorhandene skeptische Haltung die Oberhand gewonnen, fehlt es bereits an der ersten Voraussetzung. Denn dann handelt es sich bei dem geänderten Umstand genau um die Zustimmung der einen Partei. Diese ist *conditio sine qua non* für die Vereinbarung, jedoch nicht Grundlage des Konsenses der Vertragspartner.

Im Fall *Gabcíkovo-Nagymaros*[809] stützte sich Ungarn im Verfahren vor dem IGH auf Art.62 WVK zur Rechtfertigung seiner Vertragskündigung und führte dafür u.a. den Wegfall der „sozialistischen Integration" und die Hinwendung zur Marktwirtschaft auf der einen und Umweltbelange auf der anderen Seite, also politische Änderungen an.[810] Dem entgegnete der IGH zum einen durch einen Rekurs auf den engeren Sinn und Zweck des Vertrages, nämlich einer gemeinsamen Investition zur Energiegewinnung, Überschwemmungskontrolle und Verbesserung der Schiffbarkeit auf der Donau, den er nicht durch die politischen Veränderungen wesentlich berührt sah. Zum anderen wären Veränderungen im Kenntnisstand über Umweltbelange vorherzusehen gewesen; der Vertrag enthalte Regelungen, um diesen Entwicklungen Rechnung zu tragen.[811]

### 3) Staatensukzession

Es geht an dieser Stelle nicht allgemein um die Frage der Fortgeltung oder Beendigung vertraglicher Verpflichtungen in Fällen der Staatennachfolge.[812] Das Problem der demokratischen Legitimation von völkerrechtlichen Verpflichtungen für den Nachfolgestaat ist ein eigenes Thema. Die Analyse muß sich hier auf die Frage beschränken, ob das Recht der Staatensukzession der „politischen Änderung", die über die reine Strukturveränderung etwa bei der Separation oder dem Zusammenschluß von Staaten hinausgeht, eine eigene Bedeutung zumißt. Oder, um den Vorstoß Jamaikas[813] aufzugreifen: Gibt es ein Kündigungsrecht aufgrund politischer Änderung in Fällen, in denen das Recht der Staatensukzession eigentlich eine Fortgeltung der Verpflichtung stipuliert, oder gibt es in solchen Fällen womöglich von vorneherein keine Fortgeltung?

---

ÖZöRV 1996, S.75ff. Abgesehen davon bestehen Zweifel daran, daß es sich um eine einseitige Kündigungserklärung handelt. Näher liegt es angesichts des Wortlauts des Regierungsbeschlusses (abgedruckt bei ERMACORA, a.a.O., S.324f.) und der Entgegnungen der Vertragsparteien (abgedruckt bei ERMACORA, a.a.O., S.334ff.), in der Erklärung einen Ausdruck der Rechtsauffassung dahingehend zu sehen, daß aufgrund der konkludenten Praxis der Vertragsstaaten die betreffenden Bestimmungen als nicht mehr in Kraft anzusehen sind (*desuetudo*). Dieser Rechtsauffassung haben die anderen Vertragsparteien beigepflichtet. Ähnlich HAFNER, a.a.O., 254f. und KÖCK, a.a.O., S.108ff., die allerdings beide von Obsoleszenz sprechen und diese von der *desuetudo* abgrenzen wollen. AUST, Treaty Law and Practice, 2000, S.251 erwähnt den Fall unter der Überschrift „Desuetude (disuse) or obsolescence", nimmt also keine solche Differenzierung vor.

[809] Dazu ausführlich unten IV. 4.
[810] (IR) ICJ, *Gabcíkovo-Nagymaros*, ICJ Rep.1997, S.7, 59f. Abs.95.
[811] (IR) ICJ, *Gabcíkovo-Nagymaros*, ICJ Rep.1997, S.7, 74f. Abs.104.
[812] Umfangreich dazu ZIMMERMANN, Staatennachfolge, 2000. Einen kurzen Überblick über die jüngste Praxis bietet AUST, Treaty Law and Practice, 2000, S.305-331.
[813] Siehe oben III. 2. d) 1) bei Fn.801.

Der berühmteste Schiedsspruch zu dieser Angelegenheit ist der *Tinoco*-Fall,[814] in dem es um vertragliche Verpflichtungen ging, die nach einem Putsch von FREDERICO TINOCO für Costa Rica eingegangen wurden. Nach seiner Flucht ins Ausland wurde die verfassungsmäßige Ordnung wiederhergestellt, und das Land versuchte, sich der Vertragsbindung zu entledigen. Dem folgte das Schiedsgericht nicht und verwies auf umfangreiche völkerrechtliche Literatur, wonach auch eine *de facto*-Regierung einen Staat wirksam binden könne.[815] Es ist aber fraglich, ob dieser Fall für die heutige Rechtslage noch große Aussagekraft hat.[816]

Die Konvention von 1978 über Staatennachfolge in Verträge[817] ist im Kontext dieser Frage wenig ergiebig. Ein besonderer Fokus wurde lediglich auf die Interessen der *newly independent States* gerichtet. Für diese findet die *clean slate*-Doktrin Anwendung, nach der die Verpflichtungen der Kolonialmächte nicht übernommen werden, es sei denn, der unabhängige Staat verpflichtet sich ausdrücklich dazu, Teil III, Art.16ff. der Konvention. Demgegenüber gilt für die Staatengemeinschaft im übrigen in Fällen der Staatenvereinigung oder -separation grundsätzlich die Transmission der geltenden Verpflichtungen, Teil IV, Art.31ff. der Konvention.[818] Die Frage des Systemwechsels wurde ausgeblendet, im Einklang mit den herrschenden Vorstellungen zur Staatensukzession,[819] nach denen eine Änderung des politischen Systems eines Staates wie etwa im historischen Beispiel des Übergangs vom zaristischen Rußland zur UdSSR von ihrem Anwendungsbereich ausgeschlossen ist.[820] Wie die ILC in ihrem Bericht an die Generalversammlung 1974 in der Einleitung der Draft articles on succession of States in respect of treaties ausführte:

„[...] it was appropriate to exclude from the scope of the draft articles problems of succession arising as a result of changes of regime brought about by social or other forms of revolution. In its view, in the majority of cases, a revolution or a coup d'état of whatever kind brings about a change of *government* while the identity of the State remains the same. [...] It might be argued that a distinction should be drawn between different kinds of revolution; but such a course would involve very difficult questions of definition which would not be solved simply by describing a particular kind of régime as a "social revolution". Moreover, such questions go beyond the realm of succession and relate to the very conception

---

[814] Schiedsspruch im Rechtsstreit zwischen Großbritannien und Costa Rica vom 18. Oktober 1923 (*Tinoco*), 18 AJIL 1924, S.147-174; Zusammenfassung in: 2 Annual Digest 1923-1924 (1933), S.34-39.

[815] 18 AJIL 1924, S.147, 149-154.

[816] Vgl. AUST, Treaty Law and Practice, 2000, S.305:
„The value of state practice before the Second World War as a guide to today's problems of treaty succession must now be doubtful."

[817] Vienna Convention on the Succession of States in respect of Treaties, (IR) Vienna Convention on Succession in Treaties, 1978. Abgedruckt in: 17 ILM 1978, S.1488-1517. In Kraft seit 6. November 1996. Die Konvention haben bisher (Stand 18. April 2002) 17 Staaten ratifiziert, 15 weitere gezeichnet, aber noch nicht ratifizert. (IR) UN Multilateral Treaties, Part I, Chapter XXIII, No.2.

[818] Vgl. zu dieser Bipolarität REUTER, Law of Treaties, 2. Aufl. 1995, S.112f. Abs.172. Das besondere Augenmerk auf die *newly independent states* war der ILC bereits 1962 von der Generalversammlung empfohlen worden; kritische Stimmen in der ILC, die den Sinn einer solchen Unterscheidung bezweifelten, konnten sich nicht durchsetzen. Siehe ZIMMERMANN, Staatennachfolge, 2000, S.194ff.

[819] Aber auch mit den vertragsrechtlichen Ansichten, siehe nur OPPENHEIM/LAUTERPACHT, International Law, Bd.1, 8.Aufl.1955, S.925 § 521.

[820] ZIMMERMANN, Staatennachfolge, 2000, S.37ff. Siehe auch den Hinweis von ZIMMERMANN, Staatennachfolge, 2000, S.38 Fn.107 m.w.N., wonach selbst in der sozialistischen Doktrin seit den 70er Jahren Stimmen von der Auffassung der „sozialen Revolution" als Tatbestand der Staatensukzession abwichen.

of what a State is, and are, therefore, inevitably charged with overtones of a political and philosophical character which make them more appropriate to be dealt with by other bodies."[821]

Auch wenn man von der Differenzierung der Konvention abstrahiert und unterscheidet, ob es sich bei der Persönlichkeit des neuen Staates um eine „genuine and autonomous social reality" handelt oder ob er beim Zustandekommen der alten Verpflichtungen beteiligt war,[822] löst dies die Frage bei Systemwechseln nicht. Denn es handelt sich auf der einen Seite um die gleiche soziale Entität, was eine „Beteiligung" an den alten Verträgen indiziert. Auf der anderen Seite legt der Systemwechsel als solcher nahe, daß die vorhergehende Repräsentation dieser sozialen Entität nicht legitimiert war, zumindest in den Fällen der demokratischen Emanzipation. Immerhin läßt sich argumentieren, daß die Konvention von 1978 im Hinblick auf die *newly independent States* im Fall der Dekolonisierung eine so grundlegende politische Änderung vermutet, daß sie von dem Postulat der Fortgeltung der Verpflichtung grundsätzlich absieht. Der Aussagegehalt der Konvention in diesem Punkt ist aber abgesehen von ihrer geringen Verbreitung schon dadurch beschränkt, daß es kaum noch Fälle der Entkolonialisierung geben kann.[823] Und die zweite Unabhängigkeitswelle nach 1989 lief nach anderen Regeln ab. Zur Staatenpraxis im Einzelnen:[824]

Im Fall des griechischen Militärputsches 1967 argumentierte die Junta im Verfahren vor der Europäischen Menschenrechtskommission,[825] daß sie zwar auch als revolutionäre Regierung an die Verpflichtungen der EMRK als solche gebunden sei, die ihre Vorgängerregierung eingegangen war, daß allerdings aus der Situation der Revolution folge,

---

[821] ILC, Report of the Commission to the General Assembly. Report of the International Law Commission on the work of its twenty-sixth session, 6 May-26 July 1974, UN Doc. A/9610/Rev.1, YBILC 1974-II-1, S.157, 170f. Abs.66, Hervorhebung im Original. Die ILC hatte 1949 in ihrer ersten Sitzung das Thema „Succession of States and Governments" auf die Liste der für eine Kodifikation geeigneten Bereiche gesetzt (ILC, First session, 5th meeting 19 April 1949, YBILC 1949, S.39, Abs.14f. und ILC, Report to the General Assembly, YBILC 1949, S.277, 281). Ein Unterausschuß der Kommission, der sich 1963 erstmalig mit dem Thema beschäftigte, hatte über diesen Titel diskutiert und bezweifelt, daß die Nachfolge von Regierungen wirklich innerhalb desselben Themas wie die Staatennachfolge liege (vgl. WALDOCK, Report I on State Succession, YBILC 1968-II, S.87, 89). Der Unterausschuß beließ es jedoch dann dabei, eine Empfehlung dahingehend abzugeben, daß die Staatennachfolge prioritär bearbeitet werden sollte und die „Regierungsnachfolge" nur insoweit als zur Ergänzung nötig. Siehe Report by Mr. Manfred Lachs, Chairman of the Sub-Committee on Succession of States and Governments (Approved by the Sub-Committee), vom 7. Juni 1963, UN Doc. A/CN.4/160 and Corr.1, YBILC 1963-II, S.260, 261 Abs.9. Entsprechend enthielt der erste Bericht von WALDOCK noch unter den Definitionen in Art.I den Terminus „successor Government". Siehe WALDOCK, Report I on State Succession, YBILC 1968-II, S.90. In der Diskussion des Berichts folgten die Mitglieder der Empfehlung des Unterausschusses und sprachen sich für eine Beschränkung auf die Staatennachfolge aus, vgl. EUSTATHIADES, ILC, 965th meeting, YBILC 1968-I, S.133 Abs.73; CASTRÉN, ILC, 966th meeting, YBILC 1968-I, S.134 Abs.3; REUTER, a.a.O., S.134 Abs.13; ALBÓNICO, a.a.O., S.135 Abs.18; USHAKOV, a.a.O., S.138 Abs.51; YASSEEN, ILC, 967th meeting, YBILC 1968-I, S.142 Abs.41; EL-ERIAN, a.a.O., S.144 Abs.58.

[822] So REUTER, Law of Treaties, 2. Aufl. 1995, S.113 Abs.173.

[823] Vgl. ZIMMERMANN, Staatennachfolge, 2000, S.837. Er spricht von einer „zeitlichen Verspätung" der Konvention.

[824] Eine ausführliche Darstellung der allgemeinen Staatenpraxis nach 1978 findet sich bei ZIMMERMANN, Staatennachfolge, 2000, S.221-818.

[825] EComHR, *The Greek Case*, Entscheidung vom 24.1.1968; 11 ECHRYB 1968, S.690ff. Siehe dazu auch oben II. 2. b) 1) ii) bei Fn.145.

daß die Gewährleistungen der Menschenrechtskonvention zumindest zeitweilig nicht eingehalten werden könnten und daß eine Kontrolle durch die Kommission unzulässig sei, weil sie eine Bewertung der Revolution und damit einer inneren Angelegenheit darstelle.[826] Dem setzten die beschwerdeführenden Staaten entgegen, daß die Regel *pacta sunt servanda* für nachfolgende Regierungen unabhänig davon gelte, ob sie im Einklang oder im Widerspruch zur Verfassung an die Macht gelangten.[827] Die Kommission mußte die Frage der Bindungswirkung nicht entscheiden, da die griechische Junta selber einräumte, daß Griechenland weiterhin Vertragsstaat und durch die EMRK gebunden war. Bezüglich der Bewertung revolutionärer Vorgänge konnte die Kommission darauf verweisen, daß die Konvention auch eine Kontrolle von innerstaatlichen Extremsituationen vorsah.[828]

Im Fall der islamischen Revolution im Iran wurde teilweise Art.62 WVK gegenüber dem Freundschaftsvertrag zwischen den U.S.A. und dem Iran angeführt,[829] ohne daß sich diese Auffassung jedoch durchgesetzt hätte, geschweige denn von den Regierungen, insbesondere der des Iran, konsistent zu eigen gemacht worden wäre.[830]

Der Zerfall der UdSSR verlief aus der Perspektive der Drittstaaten entsprechend Art.34 der Konvention von 1978. Denn überwiegend wurden die Nachfolgestaaten als durch die Verträge der UdSSR gebunden angesehen, obwohl in allen zumindest formal die Abkehr vom sozialistischen Einparteiensystem vollzogen wurde. Demgegenüber gingen die Nachfolgestaaten teilweise davon aus, daß keine automatische Überleitung stattgefunden habe.[831]

Demgegenüber betrachtete sich die Bundesrepublik Jugoslawien nach dem Zerfall ihrer sozialistischen Vorgängerrepublik zwar als weiterhin von allen Verträgen gebunden,[832]

---

[826] A.a.O., S.714f.

[827] A.a.O., S.720.

[828] A.a.O., S.722f.

[829] Vgl. das abweichende Sondervotum AMELI in der Entscheidung des Iran-United States Claims Tribunal vom 12. August 1985 im Fall *INA Corporation v. Islamic Republic of Iran*, 8 IRAN-US CTR S.373, 441ff. = 75 ILR 1987, S.595, 665ff. Vgl. auch die Teilentscheidung vom 14. Juli 1987 im Fall *Amoco International Finance Corporation v. Government of the Islamic Republic of Iran, National Iranian Oil Company, National Petrochemical Company and Kharg Chemical Company*, 15 IRAN-US CTR S.189, 217 = 83 ILR 1990, S.500, 217.

[830] Dies muß auch AMELI (8 IRAN-US CTR S.373, 442 = 75 ILR 1987, S.595, 666) einräumen, sieht allerdings aufgrund einer etwas forcierten Interpretation der Schiedsklausel das Gericht dazu angehalten, *ex officio* eine solche Beendigung des Vertrages zu berücksichtigen. Dagegen das Gericht in der Entscheidung *Amoco* (15 IRAN-US CTR S.189, 217 = 83 ILR 1990, S.500, 536). Diese Entscheidung enthält auch einen Hinweis darauf, daß Iran sich noch 1985 vor US-Gerichten auf den Freundschaftsvertrag berufen hat (15 IRAN-US CTR S.189, 215 = 83 ILR 1990, S.500, 534); einen Nachweis zu einem der Prozesse findet sich im Sondervotum von MOSK zum Fall *American International Group Inc and American Life Insurance Company v. Islamic Republic of Iran and Central Insurance of Iran (Bimeh Markazi Iran)*, 4 IRAN-US CTR S.96, 113 = 84 ILR 1991, S.645, 664. Auch der IGH stützte sich in seinem Urteil vom 24. Mai 1980 in der Rechtssache *United States Diplomatic and Consular Staff in Tehran (United States of America v. Iran)* auf den Freundschaftsvertrag, für den er – unmittelbar nach der Geiselnahme in der Botschaft – jede Kündigungserklärung aufgrund Art.62 WVK vermißte, ICJ Rep.1980, S.3, 28 Abs.54.

[831] Siehe im einzelnen ZIMMERMANN, Staatennachfolge, 2000, S.372-421.

[832] Dem lag allerdings die – von der übrigen Staatengemeinschaft nicht anerkannte – These der Identität mit der Sozialistischen Föderativen Republik Jugoslawien zugrunde. Siehe zum Problem Jugoslawien und seine Nachfolgestaaten ZIMMERMANN, Staatennachfolge, 2000, S.303-334.

## 2. Sollbruchstellen im Vertragsrecht

ebenso wie die übrigen Nachfolgestaaten. Von den Drittstaaten wurden aber trotz einer grundsätzlichen Annahme der Universalsukzession zumindest in einem Fall seitens der EG ein Vertrag als nicht mehr gültig betrachtet und dabei ausdrücklich auf die Änderung der Umstände abgehoben.[833]

Die baltischen Staaten, die die Besetzung durch die Sowjetunion stets als illegal betrachtet hatten – eine Sichtweise, die von den westlichen Staaten geteilt wurde –,[834] konnten sich mit Wiedererlangung ihrer Unabhängigkeit erfolgreich der sowjetischen Verträge entledigen, mußten allerdings pragmatisch angesichts der langen Besatzungsdauer einige Regelungen weitergelten lassen, die die Besatzungsmacht hinterlassen hatte.[835]

Die Wiedervereinigung Deutschlands läßt sich als weiteres Beispiel für den Einfluß einer Systemänderung auf die Vertragsgeltung anführen, da überwiegend festgestellt wurde, daß die Verträge der DDR entgegen Art.31 Abs.2 der Konvention von 1978 erloschen waren. Allerdings erfolgten zuvor Konsultationen mit den betroffenen Vertragspartnern.[836] Das Ergebnis beruht aber nicht auf einer Entlegitimierung der DDR-Verträge seitens der Bundesrepublik, sondern ist Konsequenz des Aufgehens der DDR in der Bundesrepublik durch den Beitritt. Die Anwendung der Verträge der Bundesrepublik auf das erweiterte Staatsgebiet entspricht den Regeln für die Vergrößerung des Staatsgebietes und ist intern durch die Zustimmung der ostdeutschen Bevölkerung zum Beitritt statt zur Staatenfusion legitimiert.

Der ungarisch-slowakische Streit um das Staudammprojekt Gabcíkovo-Nagymaros[837] spielte sich unter umgekehrten Vorzeichen ab und ist daher für die Fragestellung nicht ergiebig: Hier wollte sich Ungarn von dem Vertrag über das Projekt mit dem hilfsweisen Argument lösen, daß die Slowakei nicht Rechtsnachfolgerin der Tschechoslowakei in den Vertrag geworden sei.[838] Demgegenüber hielt die Slowakei an dem Vertrag fest.[839] Obwohl in Ungarn selber ein Systemwandel stattgefunden hatte, der nicht zuletzt den Versuch der Kündigung des Vertrages motiviert hatte, war doch seine Völkerrechtspersönlichkeit unverändert geblieben, es konnte sich daher nach der klassischen Lehre nicht selber auf eine

---

[833] Vgl. die Entscheidung 91/586/EGKS/EWG vom 11. November 1991 des Rats der Europäischen Gemeinschaften, mit der das Kooperationsabkommen der EG und ihrer Mitgliedstaaten mit Jugoslawien suspendiert wurde, und die Verordnung 3300/91/EWG vom gleichen Tage, mit der die Handelspräferenzen ausgesetzt wurden. Dies führte zu einer Vorlage des Bundesfinanzhofes an den EuGH im Rechtsstreit *Racke gegen Hauptzollamt Mainz*, in dessen Rahmen die Anwendung von Art.62 WVK auf Verträge der EG sowie das Vorliegen seiner Voraussetzungen ausführlich erörtert wurden. Siehe Schlußantrag des Generalanwalts Jacobs, (IR) HJEG, *Racke ./. HZA Mainz*, Conclusie Jacobs (NL), vom 4.12.1997; EuGH Slg. 1998-I, S.3655, 3669ff. Abs.38f. Der Gerichtshof befand, daß die EG an den in Art.62 WVK enthaltenen Rechtssatz gebunden sei, daß aber dem Rat ein weites Ermessen zustehe, was seine Anwendung angehe, und daß aufgrund des Charakters des Vertrages sowie der Vorfälle in Jugoslawien die Grenzen dieses Ermessens bei der Suspendierung des Kooperationsabkommens nicht überschritten worden seien, (IR) EuGH, *Racke ./. HZA Mainz*, Urteil vom 16.6.1998; EuGH Slg. 1998-I, S.3688, 3703ff. Abs.40ff.

[834] Siehe dazu MÄLKSOO, Illegal Annexation and State Continuity: Case of the Baltic States, erscheint demnächst.

[835] AUST, Treaty Law and Practice, 2000, S.314f.

[836] Ausführlich ZIMMERMANN, Staatennachfolge, 2000, S.257-282. Siehe auch PAPENFUSS, Fate of International Treaties of the GDR, in: 92 AJIL 1998, S.463-488.

[837] Siehe dazu ausführlich unten IV. 4.

[838] (IR) ICJ, *Gabcíkovo-Nagymaros*, ICJ Rep.1997, S.7, 69 Abs.117.

[839] (IR) ICJ, *Gabcíkovo-Nagymaros*, ICJ Rep.1997, S.7, 70 Abs.120.

*clean slate*-Theorie berufen. Es hat allerdings auch keine Anstalten gemacht, einen Vorstoß zur Weiterentwicklung des Völkerrechts zu unternehmen. Und die Slowakei, für die eine Loslösung vom Vertrag zumindest nicht ausgeschlossen gewesen wäre, hatte daran kein Interesse. Der IGH ließ die Frage der allgemeinen automatischen Nachfolge in Verträge offen und stützte sich für die Annahme der Fortgeltung auf die Vereinbarung eines internationalen *régime* für die Donau durch den Vertrag.[840]

Vor dem Hintergrund der bisherigen völkerrechtlichen Praxis bildet die im Rahmen des Dayton-Abkommens angenommene Verfassung[841] einen sehr interessanten Fall. Auf der einen Seite postuliert Art.I Abs.1 der Verfassung (Anhang 4 des Rahmenabkommens)[842] die Kontinuität der Republik Bosnien und Herzegowina, nunmehr unter dem Namen Bosnien und Herzegowina. Auf der anderen Seite stipuliert in den Übergangsvorschriften Ziff.5 des Anhang 2 der Verfassung ein Verfahren, nach dem Verträge, die von der Republik Bosnien und Herzegowina zwischen dem 1. Januar 1992 und dem 14. Dezember 1995 geschlossen wurden, gekündigt werden können.[843] Bei Annahme der Kontinuität ist ein solches Kündigungsrecht nur schwer in Einklang mit bisherigem Vertragsrecht zu bringen, aber auch das Recht der Staatensukzession kennt bisher keine solche Wahlmöglichkeit.[844] Die Konstruktion könnte jedoch ein Baustein auf dem Weg zu einer Staatenpraxis sein, wonach in den Fällen ein Kündigungsrecht besteht, in denen zwar die Kontinuität gewahrt wird, jedoch eine substantielle Veränderung der internen Struktur erfolgte. Zu einem ähnlichen Ergebnis kommt AUST, wenn er eine Sukzession in Verträge ablehnt, deren Inhalt eng mit den Beziehungen zwischen dem Vorgängerstaat und dem Vertragspartner verknüpft waren. Er nennt dafür als Beispiele politische Verträge wie Bündnisverträge oder der Verteidigungszusammenarbeit, ohne jedoch seine Auffassung durch Staatenpraxis zu belegen.[845]

Im Vergleich zu der bosnischen Lösung orientiert sich die 2002 angenommene neue Verfassung der Demokratischen Republik Ost-Timor[846] am klassischen Völkerrecht: Das ehemalige Treuhandgebiet läßt Verträge, die vor dem Inkrafttreten der neuen Verfassung geschlossen wurden, nach Section 158 im Schlußteil Part V der Verfassung nur fortgelten, wenn ihnen die zuständigen Organe in einer fallweisen Entscheidung zustimmen. Ost-Timor wendet damit die *clean slate*-Doktrin für zuvor unselbständige Gebiete an.

---

[840] (IR) ICJ, *Gabcikovo-Nagymaros*, ICJ Rep.1997, S.7, 71f. Abs.123. Kritisch zur Begründung dieses Ergebnisses KLABBERS, State Succession and Gabcíkovo-Nagymaros, in: 11 LJIL 1998, S.345, 353f. und WECKEL, Convergence droit des traités - droit de la responsabilité: Gabcíkovo-Nagymaros, in: 102 RGDIP 1998, S.647, 670-677.

[841] Dazu ausführlich oben II. 3. a) 4).

[842] (IR) Dayton Constitution (IFOR), Dayton Constitution (OHR).

[843] Die Vorschrift lautet:
5. Treaties.
Any treaty ratified by the Republic of Bosnia and Herzegovina between January 1, 1992 and the entry into force of this Constitution shall be disclosed to Members of the Presidency within 15 days of their assuming office; any such treaty not disclosed shall be denounced. Within six months after the Parliamentary Assembly is first convened, at the request of any member of the Presidency, the Parliamentary Assembly shall consider whether to denounce any other such treaty.

[844] Skeptisch daher DÖRR, Dayton, in: AVR 1997, S.129, 176.

[845] AUST, Treaty Law and Practice, 2000, S.307.

[846] (IR) Constitution East Timor. Siehe dazu oben II. 3. a) 6).

## 2. Sollbruchstellen im Vertragsrecht

Die Bewertung der Staatenpraxis wird dadurch erschwert, daß ähnlich wie bei der Frage der Anerkennung von Regierungen normative Maßstäbe durch politische Überlegungen überlagert werden. Deutlich wird dies in der unterschiedlichen Behandlung der Fälle Jugoslawien (*dismembratio*) und UdSSR (Sezession). Unter der Fragestellung dieser Arbeit lassen sich jedoch zumindest zwei Erkenntnisse festhalten: Erstens berücksichtigt das Recht der Staatennachfolge explizit an keiner Stelle die Frage, ob ein interner Systemwechsel stattgefunden hat. Im Fall der islamischen Revolution im Iran wurde ein solches Argument sogar ausdrücklich zurückgewiesen. Entsprechend trägt das Sukzessionsrecht bisher noch nicht den Bedenken Rechnung, die sich gegen die Legitimation der Verträge des Vorgängerstaates richten können. Auslöser für einen Sukzessionstatbestand ist lediglich eine territoriale, keine konstitutionelle Veränderung – treffen beide zusammen, ist dies aus Sicht der Völkerrechts Zufall.[847] Zweitens spielt der Systemwechsel möglicherweise implizit doch auch bisher schon eine Rolle. Denn die *clean slate*-Theorie der Konvention von 1978 für die *newly independent States* und der Fall der baltischen Staaten, in gewisser Weise auch die Wiedervereinigung Deutschlands können als Konstellationen interpretiert werden, in denen abstrakt (so die Konvention von 1978) oder konkret (so im Fall der baltischen Staaten) von einer Delegitimierung der Verpflichtungen ausgegangen wird, die durch die Kolonial- bzw. Besatzungsmacht begründet wurden. Diese Konstellationen werden allerdings vom Völkerrecht bisher unter der Überschrift „Selbstbestimmungsrecht" rubriziert, die Antwort für die Frage nach der Vertragsfortgeltung wird nicht unter der Perspektive des Demokratieprinzips gesucht. Dem wird innerhalb der Lösungsansätze deshalb noch einmal nachgegangen.[848]

*e)* Verstoß gegen *ius cogens*

Das zwingende Völkerrecht, *ius cogens*, gehört sicherlich zu den ungeklärtesten Rechtsinstituten des Völkerrechts. Es hat unter erheblichen Kontroversen Eingang in die Wiener Vertragsrechtskonvention gefunden.[849] Nach Art.53 WVK ist ein Vertrag nichtig, der gegen *ius cogens* verstößt, nach Art.64 WVK wird ein Vertrag durch neues zwingendes Völkerrecht „nichtig und erlischt". Dabei ergibt der systematische Zusammenhang mit Art.71 WVK, in dem die Folgen der Ungültigkeit präzisiert werden und der zwischen Art.53 WVK (Art.71 Abs.1 WVK) und Art.64 WVK (Art.71 Abs.2 WVK) differenziert, daß neues zwingendes Völkerrecht einen Vertrag beendet, nicht jedoch seine Nichtigkeit *ex tunc* herbeiführt.[850] Die tautologische Definition von Art.53 WVK des *ius cogens*, wonach ein Vertrag nichtig ist, wenn er im Widerspruch zu einer Norm steht, von der nach Auffassung „der internationalen Staatengemeinschaft in ihrer Gesamtheit" nicht abgewichen werden kann (i.e. die u.a. einen Vertrag nichtig macht), ist nicht besonders hilfreich. Auf der anderen Seite kann als gesichert angesehen werden, daß das Völkerrecht Normen kennt, die so grundlegend für die Bewahrung

---

[847] Wie es ZIMMERMANN, Staatennachfolge, 2000, S.38f. treffend zusammenfaßt:
„Etwas anderes [als die Unbeachtlichkeit der Veränderung der Binnenstruktur, Anm. des Autors] kann nur dann gelten, wenn diese politische Veränderung zugleich mit territorialen Veränderungen Hand in Hand gehen. Auch in einem solchen Fall knüpfen die sukzessionsrechtlichen Folgen aber gerade nicht an die Änderung der politischen Rahmenbedingungen an, sondern statt dessen vielmehr an die Veränderungen im Gebietsbestand des fraglichen Staates, so daß die gleichzeitig eintretenden politischen Veränderungen aus der Sicht der Völkerrechtsordnung eher zufällige Begleiterscheinungen sind."

[848] Siehe unten V. 2. b).

[849] Vgl. zu einem kurzen Überblick zur Genese SINCLAIR, Vienna Convention, 2. Aufl. 1984, S.203-220.

[850] SINCLAIR, Vienna Convention, 2. Aufl. 1984, S.225.

der internationalen Rechtsordnung sind, daß Verträge im Widerspruch zu ihnen nichtig sind.[851] An dieser Stelle kann zwar keine umfassende Auseinandersetzung mit den Grundlagen und der Reichweite des zwingenden Völkerrechts erfolgen. Da ungeachtet der Definitionsschwierigkeiten und der Verwirrung mit den verwandten, teilweise überlappenden Rechtsinstituten der zwischenzeitlich von der ILC ins Spiel gebrachten, nunmehr wieder gestrichenen, „International Crimes"[852] und der Verpflichtungen *erga omnes*[853] es unzweifelhaft um eine Hierarchisierung der völkerrechtlichen Normen geht,[854] die notwendigerweise Auswirkungen auf das von Parteien geschaffene Vertragsrecht hat, und es sich beim Demokratieprinzip um eine Norm handelt, von der nicht von vorneherein ausgeschlossen werden kann, daß sie zu den „grundlegenden Normen der internationalen Rechtsordnung" zählt, soll ein Überblick über die Erstreckung von *ius cogens* auf das Demokratieprinzip versucht werden.

Die umfangreichste Abhandlung zum zwingenden Völkerrecht von HANNIKAINEN führt das Demokratieprinzip nicht als eine der zwingenden Normen (etwa den wichtigsten Menschenrechten zugeordnet) auf.[855] Da das Demokratieprinzip als Strukturprinzip offen für die unterschiedlichsten Ausprägungen ist, ist es ausgeschlossen, daß konkrete Anforderungen an die Legitimation des Vertragsschlusses den Status zwingenden Völkerrechts erreichen könnten. Läßt man einmal den materiellen Verstoß gegen *ius cogens* durch den Inhalt des Vertrages außer acht, ist auch unwahrscheinlich, daß gegen die Fortdauer das Demokratieprinzip in Anschlag gebracht werden könnte (Nichtigkeit wegen Knebelung mangels Kündigungsmöglichkeit). Denn rechtstechnisch wird die unzumutbare Fortdauer eines Vertrages eher durch eine Kündigungsmöglichkeit denn durch die Ungültigkeit des Vertrages berücksichtigt.

Ein beliebtes Argumentationsmuster zugunsten der Existenz von *ius cogens* ist die Anführung von Extrembeispielen.[856] Wäre ein Vertrag etwa zwischen zwei Staaten der Europäischen Union gültig, der explizit zum Ziel hat, ein autoritäres Regime in einem dritten Staat vor einem demokratisch inspirierten Systemwechsel zu schützen? Oder würde das heutige Völkerrecht einem Vertragssystem analog der Heiligen Allianz des 19. Jahrhunderts

---

[851] Vgl. SINCLAIR, Vienna Convention, 2. Aufl. 1984, S.222:
„[...] the majority of jurists [...] may be taken to have accepted the principle that there may exist norms of international law so fundamental to the maintenance of an international legal order that a treaty concluded in violation of them is a nullity."
Eine unklare Passage findet sich im Urteil des IGH zum Fall Gabčíkovo-Nagymaros, nach der der Gerichtshof davon Abstand nimmt, die *ius cogens*-Qualität des neuen Umweltvölkerrechts zu prüfen, weil keine der Parteien sie geltend gemacht habe, (IR) ICJ, *Gabčíkovo-Nagymaros*, ICJ Rep.1997, S.7, 67 Abs.112. Wenn *ius cogens* die Funktion der Nichtigkeit bei Verstoß zukommt, müßte sie *ex officio* geprüft werden. Kritisch daher auch WECKEL, Convergence droit des traités - droit de la responsabilité: Gabčíkovo-Nagymaros, in: 102 RGDIP 1998, S.647, 669.

[852] Art.19 Abs.2 der Draft Articles on State Responsibility, provisionally adopted by the Commission on first reading. Report of the ILC on the work of its 48th session, 51 GAOR, Suppl. No.10. UN Doc. A/51/10, S.125 = YBILC 1996-II-2, S.60.

[853] IGH, *Barcelona Traction*, ICJ Rep.1970, S.3, 32 Abs.33f. Siehe zu diesem Konzept RAGAZZI, Erga Omnes Obligations, 1997.

[854] MAREK, Jus Cogens, in: Hommage Paul Guggenheim, 1968, S.426, 429-436.

[855] HANNIKAINEN, Peremptory norms, 1988.

[856] Vgl. SINCLAIR, Vienna Convention, 2. Aufl. 1984, S.207.

## 2. Sollbruchstellen im Vertragsrecht

seinen Segen geben, in dem autoritäre Regime sich untereinander Beistand im Fall von Umsturzversuchen zusichern,[857] gewissermaßen eine spiegelbildliche Klausel zu den Unterstützungsvereinbarungen unter demokratischen Staaten in der Charta von Paris? Nicht nur, wenn man den Ursprung von *ius cogens* in völkerrechtlichen Verträgen sieht,[858] kommt eine lediglich regionale Geltung zwingenden Völkerrechts in Betracht. Es fällt schwer, angesichts der nicht nur in Verträgen ausgedrückten völkerrechtlichen Praxis in Europa dem Demokratieprinzip nicht einen überragenden Status einzuräumen, der möglicherweise mit zwingendem Völkerrecht nicht zutreffend beschrieben ist, weil Tatbestand und Rechtsfolgen des Instituts so weit gefaßt sind. Funktional stellt jedoch das Demokratieprinzip zumindest in Europa und auf dem amerikanischen Doppelkontinent ein den übrigen Rechtsinstituten mit *ius cogens*-Qualität gleichwertiges Ordnungsprinzip dar, von dem die Staaten nicht mehr abweichen können.

f) Trennbarkeit

Ausgehend vom Grundsatz der Integrität eines völkerrechtlichen Vertrages, stellt Art.44 WVK hohe Anforderungen an die Abtrennbarkeit einer Bestimmung, gegen deren Gültigkeit Gründe ins Feld geführt werden können. Nicht nur muß die betreffende Bestimmung funktional abtrennbar sein (Art.44 Abs.3 a) WVK), sondern aus dem Vertrag und seiner Entstehungsgeschichte muß sich ergeben, daß mit der Klausel nicht der Vertrag stehen und fallen sollte (Art.44 Abs.3 b) WVK). Schließlich berücksichtigt eine Billigkeitsprüfung des verbleibenden Vertragswerkes nach Art.44 Abs.3 c) WVK die relative Verschiebung der Bedeutung von Klauseln innerhalb eines Vertrages über die Zeit. Im Rahmen der Lösungsansätze wird vertieft darauf eingegangen, inwiefern eine punktuelle Aussetzung vertraglicher Bindungen möglich und sinnvoll erscheint.[859]

g) Verfahren

Art.65ff. WVK sehen ein ausdifferenziertes Verfahren für den Fall streitiger einseitiger Inanspruchnahme eines Rechts auf Beendigung eines Vertrages vor. Einer Verpflichtung zur friedlichen Streitbeilegung nach Art.33 UN-Charta in Art.65 Abs.3 WVK folgt nach Art.66 a) WVK die obligatorische Gerichtsbarkeit des IGH oder eines alternativ vereinbarten Schiedsgerichts in Fällen von *ius cogens* bzw. nach Art.66 b) WVK i.V.m. dem Anhang zur WVK eine nichtverbindliche Mediation in allen übrigen Fällen.

Da diese Arbeit sich dem Verhältnis der Primärrechte Demokratieprinzip und Vertragsrecht widmet, kann in diesem Rahmen nicht der Frage nachgegangen werden, inwieweit sich etwa aus dem Demokratieprinzip Implikationen für anschließende Streitbeilegungsverfahren ergeben.

---

[857] Vgl. nur Art.25f. der (IR) Wiener Schlußakte, 1820 für ein Beistands- und Eintrittsrecht der Mitgliedstaaten des Deutschen Bundes
„im Fall einer Widersetzlichkeit der Unterthanen gegen die Regierung, eines offenen Aufruhrs, oder gefährlicher Bewegungen in mehreren Bundesstaaten, [...]"

[858] Vgl. zu dieser insbesondere von sowjetischer Seite vorgetragenen Auffassung REUTER, Law of Treaties, 2. Aufl. 1995, S.145 Abs.224.

[859] Siehe untenV. 1. f) 3).

## 3. Vertragsänderung

Die Frage nach der Änderung des Vertragsinhaltes spielt in dreierlei Hinsicht eine Rolle für das Problem der Legitimation des Vertrages und die Kongruenz mit innerstaatlichen Meinungsänderungen. Einmal kann die Vertragsänderung auf einem Wege erfolgen, der die innerstaatliche Zustimmungsbedürftigkeit unterläuft. Sodann kann eine Vertragsänderung gegen den Willen einer Partei eintreten. Zuletzt kann eine Vertragspartei eine Änderung wünschen, ohne daß sich die anderen Parteien diesem Wunsch öffnen. Dann stellt sich die Frage nach dem Recht auf Revision eines Vertrages.

a) Vertragsänderung ohne innerstaatliche Zustimmung

Die Wiener Vertragsrechtskonvention eröffnet zwei Möglichkeiten, einen Vertrag zu ändern, ohne einen Änderungsvertrag zu schließen und somit möglicherweise innerstaatliche Zustimmungserfordernisse nach Art.46 WVK zu umgehen: Durch nachfolgende Übereinkunft, Art.31 Abs.3 (a) WVK, und durch nachfolgende Praxis, Art.31 Abs.3 (b) WVK. Zwar behandelt Art.31 WVK dem Wortlaut nach lediglich die Interpretation eines Vertrages. Der Grat zwischen Interpretationsabkommen und Vertragsänderung sowie zwischen interpretierender Praxis und Änderung durch Praxis ist jedoch schmal, und es gibt vielfältige Beispiele dafür, daß nachfolgende Übereinkünfte und Staatenpraxis materiell eine Vertragsänderung bewirken.[860] Die Frage, ob lediglich ein interpretierender Akt vorliegt oder ob materiell eine Vertragsänderung erfolgt, kann nur im Einzelfall geklärt werden, ebenso die Frage, ob im Falle einer Vertragsänderung das innerstaatliche Recht eine Zustimmung verlangte.[861] Abstrakt betrachtet kann aber festgestellt werden, daß die Vereinbarung nach Art.31 Abs.3 (a) WVK das größere Risiko birgt, eine Vertragsänderung durch die Hintertür einzuführen, als die nachfolgende Staatenpraxis nach Art.31 Abs.3 (b) WVK. Denn im Konflikt zwischen Praxis und geschriebener Norm muß das Verhalten der Staaten sehr konsistent erfolgen und einen klaren Aussagegehalt haben, um als Modifikation des Textes akzeptiert werden zu können, wohingegen eine Vereinbarung einen Konsens der Parteien über eine Modifikation festhält. Und gerade daß eine Vereinbarung über einen Vertrag nicht unbedingt die Vertragsform annehmen muß, die möglicherweise eine Ratifikation und gegebenfalls innerstaatliche Zustimmung erforderlich machen würde, läßt diesen Weg für Regierungen mitunter attraktiv erscheinen, um Änderungen vorzunehmen.[862]

b) Vertragsänderung ohne oder gegen den Willen einer Vertragspartei

Diese Konstellation ist nur bei multilateralen Verträgen denkbar, die einen Änderungsmechanismus beinhalten, nach dem mehrheitlich angenommene Änderungen auch die Staaten

---

[860] Siehe die Beispiele bei AUST, Treaty Law and Practice, 2000, S.191ff. Umfassend dazu MEYRING, Entwicklung zustimmungsbedürftiger Verträge, 2001, S.27-266.

[861] Zu Verträgen der Bundesrepublik siehe FASTENRATH, Inhaltsänderung völkerrechtlicher Verträge ohne Beteiligung des Gesetzgebers, in: Geiger (Hrsg.), Völkerrechtlicher Vertrag und staatliches Recht, 2000, S.93-116; MEYRING, Entwicklung zustimmungsbedürftiger Verträge, 2001, S. 267-366.

[862] Siehe insbesondere das Beispiel bei AUST, Treaty Law and Practice, 2000, S.192 zur Einführung der Benennung „Euro" in den EG-Vertrag 1995 anstelle der vertraglich festgelegten abstrakten Beschreibung als ECU (European Currency Unit) durch Schlußfolgerung des Vorsitz des Europäischen Rates in Madrid, (IR) Europäischer Rat Madrid 1995, Schlußfolgerungen unter I. A. I. Abs.5, EU-Bulletin 12-1995, S.10.

## 3. Vertragsänderung

binden, die der Änderung nicht zustimmten.[863] Typischerweise finden sich solche Mechanismen in den Satzungen internationaler Organisationen, allen voran in der UN-Charta (Art.109).[864] Diese Änderungsmechanismen sind hier allerdings von geringer Relevanz, zum einen, weil selten bis nie auf sie zurückgegriffen wird, zum anderen, weil die Satzungen im wesentlichen das institutionelle Gefüge der Organisationen betreffen und nur wenige materielle Regelungen enthalten. Entsprechend kommt es kaum zu Konfliktfällen aufgrund internen demokratischen Meinungswandels.[865] Materiellrechtliche Verträge, die sich nicht lediglich auf die Festlegung einer Revisionsmöglichkeit beschränken, also die Änderung unter Zustimmung der Vertragsparteien, enthalten zumeist Mechanismen, nach denen Anhänge zum Vertrag mit technischem Inhalt einer flexiblen Änderungsmöglichkeit unterliegen. In diesen Fällen stimmt in der Regel ein Gremium mehrheitlich über eine Änderung ab, die dann für die Vertragsstaaten verbindlich wird, sofern sie nicht ausdrücklich widersprechen (tacit consent/opting out). Beispiele dafür sind die von der International Civil Aviation Organisation (ICAO) nach der Convention on International Civil Aviation (Chicago Convention)[866] erlassenen „international standards".[867] Da die Staaten in diesen Fällen eine Bindungswirkung ablehnen können, bleibt es beim Konsensprinzip, nur unter umgekehrten Vorzeichen. Anders sieht es bei Verträgen aus, die eine Änderungsmöglichkeit auch gegen den Willen eines Vertragsstaates enthalten. Eine komplexe Klausel dieser Art ist etwa Art.XV des Chemiewaffen-Übereinkommens (Chemical Weapons Convention, CWC),[868] und, ihm nachgebildet, Art.VII des Atomteststop-Vertrages von 1996 (Comprehensive Nuclear-Test-Ban Treaty, CTBT).[869] Differenziert wird in diesen Klauseln zwischen den Änderungen der Verträge selber, die nicht gegen den Willen eines Vertragsstaates möglich sind, aber auch einen Staat binden, der sich bei der Abstimmung über die Änderungen enthält,[870] und Änderungen der Anhänge zu den Verträgen mit technischem Inhalt, die nach einem komplizierten Vorschlags-, Zustimmungs- und Ablehnungsverfahren schließlich auf einer Änderungskonferenz mit

---

[863] Siehe dazu AUST, Treaty Law and Practice, 2000, S.215- 219; ausführlich KIRGIS, Specialized Law-Making Processes, in: Schachter/Joyner (Hrsg.), UN Legal Order, 1995, S.109, 121-135.

[864] Siehe auch die Darstellung entsprechender Mechanismen bei KIRGIS, Specialized Law-Making Processes, in: Schachter/Joyner (Hrsg.), UN Legal Order, 1995, S.109, 122ff. für die International Atomic Energy Agency (IAEA), die International Telecommunication Union (ITU), den International Monetary Fund (IMF), die Worldbank und die World Health Organisation (WHO).

[865] Es ist symptomatisch, daß Frankreichs „Ausstieg" aus der NATO vor dem Hintergrund einer „schleichenden" Änderung des Institutionengefüges durch die Praxis der Mitglieder erfolgte, dazu sogleich unten IV. 1.

[866] (IR) Chicago Convention, 1944.

[867] Siehe dazu und zu vergleichbaren Mechanismen bei der World Meteorological Organization (WMO), der International Maritime Organization (IMO) – der ICAO nachgebildet –, und der World Health Organization (WHO) KIRGIS, Specialized Law-Making Processes, in: Schachter/Joyner (Hrsg.), UN Legal Order, 1995, S.109, 124ff. Siehe auch TIETJE, Changing Legal Structure of Treaties, in: 42 GYBIL 1999, S.26, 38f. Speziell zur Einführung des Verfahrens im Rahmen der technischen Abkommen der IMO – damals noch IMCO – siehe ADEDE, Amendmend Procedures: IMCO Experience, in: 17 VJIL 1977, S.201-215.

[868] Der volle Titel lautet „Convention on the Prohibition of the Development, Production, Stockpiling and Use of Chemical Weapons and on their Destruction". (IR) Chemical Weapons Convention, 1993, abgedruckt in: 32 ILM 1993, S.804.

[869] (IR) Comprehensive Test Ban Treaty, 1996, abgedruckt in: 35 ILM 1996, S.1443ff.

[870] Art.XV Abs.3 (b) CWC und Art.VII Abs.5 CTBT: „adopted by the Amendment Conference by a positive vote of a majority of all States Parties with no State Party casting a negative vote".

einfacher Mehrheit auch gegen den Willen einzelner Vertragsstaaten angenommen werden können.[871] Eine etwas einfacherere Änderungsklausel findet sich im Montrealer Protokoll zum Schutze der Ozonschicht[872], nach der das Wirkungspotential von und die Produktionsbeschränkungen für Stoffe, die die Ozonschicht schädigen, durch qualifizierten Mehrheitsbeschluß geändert werden können.[873] Diese Konstruktionen bewegen sich auf halbem Wege zwischen statischem Vertrag und Sekundärrechtsetzung einer internationalen Organisation durch Mehrheitsbeschluß. Ihre Legitimation – ebenso wie die der eingangs geschilderten Möglichkeiten der Satzungsänderungen – liegt entsprechend in der Zustimmung zum ursprünglichen Vertrag, der dieses Verfahren zum Hervorbringen von Vertragsänderungen vorsieht. Die inhaltliche Beschränkung der auf diese Weise änderbaren Vertragsteile auf technische Aspekte und die Mitwirkungsbefugnisse der Vertragsstaaten im Änderungsverfahren lassen diese Legitimation späterer Normsetzung durch antizipierte Verfahrensfestlegung unproblematisch erscheinen.

c) Recht auf Revision?

Hat sich die innerstaatliche Meinung zu einem Vertragsinhalt geändert, ohne daß aus dieser Änderung notwendigerweise die vollständige Ablehnung der Regelung resultierte, die sich nur im Wege der Kündigung manifestieren könnte, kann eine Vertragsänderung Abhilfe schaffen. Diese bedarf allerdings der Zustimmung der Vertragsparteien, denn abgesehen von der geringen Zahl der oben beschriebenen Vertragsänderungsmöglichkeiten gegen den Willen einer Partei werden innerstaatliche Meinungsänderungen nicht technische Details, sondern Grundsatzfragen betreffen, die in einem Vertrag ohnehin nicht auf diesem Wege modifiziert werden können. Eine Vertragspartei kann jederzeit eine Änderung vorschlagen. Ob dieser Vorschlag einen unverbindlichen Wunsch darstellt oder ein formalisiertes Vertragsänderungsverfahren einleitet, bestimmt sich zunächst nach dem Vertrag selber. In Ermangelung einer Regelung stellt sich dann die Frage, ob das Völkerrecht ein Recht auf Revision kennt.

Ein solches Recht findet sich nicht in der WVK. Die Residualvorschrift des Art.40 Abs.2 WVK regelt lediglich das Recht zur Beteiligung für alle Vertragsparteien an einem Vertragsänderungsverfahren, das bereits auf den Weg gebracht wurde, gewährleistet jedoch nicht, daß und wie ein Beschluß über einen Änderungsvorschlag gefaßt wird. Frankreich schlug im *Free Zones*-Fall vergeblich eine Regelung vor, nach der der umstrittene Vertrag vorläufig Anwendung finden sollte, bis entweder ein neues Abkommen den veränderten Umständen Rechnung

---

[871] Art.XV Abs.4 und 5 CWC in Verbindung mit Art.VIII B. Abs.18 CWC und Art.VII Abs.7 und 8 CTBT in Verbindung mit Art.II B. Abs.22 CTBT.

[872] Montreal Protocol on Substances that Deplete the Ozone Layer, gezeichnet am 16. September 1987 in Montreal, (IR) Montreal Protocol, 1987 as amended, ursprüngliche Fassung abgedruckt in: 26 ILM 1987, S.1550-1561, geändert durch die Änderungen und Ergänzungen von London zum Protokoll von 1990, von Kopenhagen 1992, von Montreal 1997 und von Beijing 1999. Siehe zum ursprünglichen Text und der ersten Änderung CARON, Protection de la couche d'ozone, in: AFDI 1990, S.704-726.

[873] Art.2 Abs.9 Montreal Protocol. Zunächst ist auf eine Änderung im Konsens hinzuwirken, dann können jedoch für alle Vertragsstaaten verbindliche Änderungen durch Zweidrittel-Mehrheit der anwesenden Staaten angenommen werden, vorausgesetzt, diese Mehrheit repräsentiert eine kombinierte Mindestgesamtproduktion von 50% der kontrollierten Stoffe aller Vertragsstaaten.

*Christian B. Fulda*

## 3. Vertragsänderung

trage oder eine richterliche Entscheidung gefallen sei.[874] REUTER vermutet, daß bei den Arbeiten der ILC im Rahmen der *clausula* deshalb keine Vertragsanpassung als Rechtsfolge (statt der Kündigung) vorgesehen wurde, weil man im Verlangen nach Revision der Versailler Verträge einen Grund für den Ausbruch des Zweiten Weltkrieges sah.[875] Tatsächlich bekämpfte Frankreich lange Zeit jede Anwendung des Art.19 der Völkerbundsatzung,[876] nach dem die Völkerbundsversammlung

> [...] may from time to time advise the reconsideration by Members of the League of treaties which have become inapplicable [...],

weil es einen Präzedenzfall für die Revision des Versailler Vertrages fürchtete.[877] Jedenfalls wurde von der ILC aus diesem Grund bei der Wahl zwischen „amendment" und „revision" im jetzigen Art.39 WVK (Allgemeine Regeln über die Veränderung von Verträgen) aus diesem Grund ersterem der Vorzug gegeben.[878]

Abgesehen davon, daß abschließend mit dem von Reichskanzler VON PAPEN ausgehandelten Moratorium der Reparationszahlungen noch vor der Machtergreifung Hitlers der Versailler Vertrag im wesentlichen revidiert worden war, sollte diese Argumentation heutzutage dem vernünftigen Rekurs auf ein essentielles Instrument des Vertragsrechtes nicht mehr im Wege stehen. Interessanterweise wurden Vorstöße in diese Richtung während der Arbeiten der ILC unternommen. Bereits GLOS hatte im Streit um das implizite Kündigungsrecht als Alternative ein implizites *pactum de negotiando* in die Diskussion eingebracht.[879] Ebenso schlug die algerische Delegation im Sechsten Ausschuß vor, Art.39 des ILC-Entwurfs von 1963 (Treaties containing no provisions regarding their termination)[880] um die Möglichkeit der Revision des Vertrages zu ergänzen. Dies sei in manchen Fällen, in denen unter den gegebenen Umständen ein Vertrag seine Effektivität verloren habe, gegenüber einer Kündigung vorzugswürdig.[881] Radikaler noch schlug die Türkei in ihrem Kommentar zum selben Artikel vor, das implizite Recht zur Beendigung eines Vertrages gänzlich durch einen Anspruch auf Revision zu ersetzen, da dies den Bedürfnissen der Zeit entgegenkomme und zum Vorteil der internationalen Gemeinschaft gereiche.[882] Ebenso wurde im Kontext der

---

[874] PCIJ, Urteil vom 7. Juni 1932 im Rechtsstreit zwischen Frankreich und der Schweiz in der Rechtssache *Free Zones of Upper Savoy and the District of Gex*, Series A/B, No.46, S.96, 98-99. Das Gericht sah keine Änderung der Umstände als gegeben an und damit den strittigen Vertrag noch in Kraft, a.a.O., S.158.

[875] REUTER, Law of Treaties, 2. Aufl. 1995, S. 191 Abs.292. Seine Hoffnung, die er in die internationale Gerichtsbarkeit in diesem Punkt setzt, erscheint allerdings eher illusorisch; wesentlich effektiver wäre die Bereinigung des Konfliktes durch die Parteien. Zu einer politikwissenschaftlichen Formulierung der Revisionismus-These im Hinblick auf den Zweiten Weltkrieg siehe die Position eines Anhängers der realpolitischen Schule, LIPPMANN, Public Philosophy, 1955, Kapitel 2. Den Hinweis verdanke ich NINCIC, Democracy and Foreign Policy, 1992, S.8 bei Fn.23.

[876] (IR) League of Nations Covenant.

[877] WALTERS, History of the League of Nations, 1952, Bd.2, S.718. Den Hinweis verdanke ich STEIN/CARREAU, „Withdrawal" of France from NATO, in: 62 AJIL 1968, S.577, 614 Fn.147.

[878] Kommentar der ILC zum Final Draft, Art.35f. (jetzt Art.39f. WVK), YBILC 1966-II, S.177, 232 Abs.3.

[879] ILC, 689th meeting, YBILC 1963-I, S.106 Abs.72.

[880] Wortlaut siehe oben Fn.700; Fundstelle: ILC Draft 1963, YBILC 1963-II, S.189, 200.

[881] Vgl. WALDOCK, Report V, YBILC 1966-II, S.1, 26.

[882] Vgl. WALDOCK, Report V, YBILC 1966-II, S.1, 26.

*clausula* ein Recht auf Revision als Rechtsfolge diskutiert.[883] Der Berichterstatter griff die Vorschläge jedoch nicht auf. So wie er bereits GLOS' Alternativvorschlag in der ILC kursorisch zurückgewiesen hatte,[884] lehnte WALDOCK in seinem 5. Bericht diese Vorstöße ab. Er gestand zwar zu, daß das Recht zur Beendigung eines Vertrages oft lediglich als Hebel für einen Kompromiß genutzt werde und damit eine Revision erleichtere.[885] Der Anspruch auf Revision sei jedoch ein unvollkommener, da die andere Vertragspartei einen Vorschlag auf Änderung nicht annehmen müsse und man daher nicht von einem echten „Anspruch" reden könne. Auf der anderen Seite sei es jeder Partei unbenommen, eine Vertragsänderung vorzuschlagen. Ließen sich der oder die Vertragspartner auf das Ansinnen einer Änderung grundsätzlich ein, könne die Revision schließlich mit übereinstimmendem Willen beschlossen werden.[886]

Diese Betrachtungsweise des Berichterstatters ist zwar formal richtig, verkennt jedoch die Dimension des Verfahrens, die ein festgelegter Anspruch beinhaltet. Nicht umsonst beinhaltet inzwischen eine Vielzahl multilateraler Verträge von vorneherein eine Klausel über eine Revisionskonferenz.[887] Über den verhandlungspsychologischen Aspekt hinaus, daß sich Vertragsänderungswünsche, die in einem formalen Verfahren vorgetragen werden, wesentlich schwieriger ablehnen lassen als lediglich politisch herangetragene Wünsche, ist der Aspekt der Einbeziehung der Öffentlichkeit zu berücksichtigen. Der politische Wunsch einer Neuverhandlung wird von der Exekutive eines Staates an diejenige des oder der Vertragspartner herangetragen. Der Wunsch wird in der Regel im eigenen Staat auch öffentlich ventiliert werden, wenn es sich nach der Prämisse der Arbeit um eine „demokratische Wende" handelt. Die Einwirkung auf die Öffentlichkeit der Vertragspartner bleibt jedoch zufällig und vom politischen Geschick (und den Einflußmöglichkeiten) des initiierenden Staates abhängig. Demgegenüber eröffnet eine rechtliche Ausgestaltung der Revision zum einen die Möglichkeit der Partizipation des Parlamentes des Vertragspartners und vereinfacht zum anderen die „Einmischung in innere Angelegenheiten" durch den initiierenden Staat. Denn auch wenn die Beteiligung nationaler Parlamente am Zustandekommen völkerrechtlicher Verträge noch unzureichend und im übrigen international sehr unterschiedlich geregelt ist,[888] so erzwingt insbesondere bei zustimmungsbedürftigen Verträgen eine rechtliche Verpflichtung auf eine Vertragskonferenz die frühe Einbeziehung der Volksvertretungen. Zum anderen erleichtert ein formales Verfahren die politische Einflußnahme auf den Entscheidungsprozeß der Vertragspartner, z.B. durch zwischenparlamentarische Kontakte oder durch Anstrengungen zivilgesellschaftlicher Gruppierungen.

---

[883] Vgl. KONTOU, Termination and Revision, 1994, S.153.

[884] ILC, 689th Meeting, YBILC 1963-I, S.107 Abs.87.

[885] WALDOCK, Report V, YBILC 1966-II, S.1, 28 Abs.5, unter Verweis auf den Kommentar der ILC zur *clausula*, Art.44 im Entwurf von 1963, YBILC 1963-II, S.188, 209 Abs.6. Vgl. auch Kommentar der ILC zum Final Draft, Art.59 (jetzt Art.62 WVK), YBILC 1966-II, S. 177, 258 Abs.6.

[886] WALDOCK, Report V, YBILC 1966-II, S.1, 28 Abs.5.

[887] An prominentester Stelle steht Art.109 UN-Charta, der eine Revisionskonferenz als separates Instrument neben die Charta-Änderung nach Art.108 UN-Charta stellt. Art.312 Seerechtskonvention gewährt das Antragsrecht zu einer Revisionskonferenz 10 Jahre nach Inkrafttreten. Sowohl ein solches Antragsrecht nach 7 Jahren als auch eine explizite Festsetzung einer Revisionskonferenz nach diesem Zeitraum enthalten Art.121-123 Statut des Internationalen Strafgerichtshof, (IR) ICC Statute.

[888] Siehe oben III. 2. a).

## 3. Vertragsänderung

Ein Recht auf Revision, wie es bereits in einer Reihe von Verträgen kautelarjuristisch ausgestaltet ist,[889] das jedoch dem geltenden allgemeinen Vertragsvölkerrecht fremd ist, ist daher zu fordern. Entsprechend wird die Arbeit innerhalb der Lösungsansätze *de lege ferenda* noch einmal auf die Frage zurückkommen.[890]

---

[889] Siehe unten V. 1. e) 2). Eine in dieser Hinsicht allerdings unzureichend ausgestaltete Klausel ist Art.26 Abs.2 der Convention on the Elimination of all Forms of Discrimination Against Women (CEDAW) von 1979, (IR) CEDAW, 1979, 1249 UNTS 1981, No.20378, S.13-142 = 21 ILM 1980, S.33, nach dem dem UN-Generalsekretär anheimgestellt wird, ob und wenn ja wie einem Verlangen nach Revision Folge geleistet wird. Denn hier fehlt gerade die Formalisierung des Revisionsverfahrens, die den Mehrwert gegenüber einem lediglich politisch geäußerten Wunsch darstellt.

[890] Siehe unten V. 2. c).

## IV. FALLBEISPIELE

### 1. Frankreichs Austritt aus der NATO

a) Sachverhalt

Seit dem Beginn der Fünften Republik unter der Präsidentschaft DE GAULLES 1958 hatten die Spannungen zwischen Frankreich und den übrigen NATO-Partnern, insbesondere den USA, zugenommen.[891] Zugrunde lagen divergierende Auffassungen über die Ausdehnung des regionalen Zuständigkeitsbereichs der NATO zu einer weltweiten Sicherheitsstrategie und über die hervorgehobene Beteiligung Frankreichs an einer solchen, insbesondere im Hinblick auf Atomwaffeneinsätze. In Memoranden vom 8. und 10. März 1966,[892] adressiert an die Botschafter der NATO-Staaten in Frankreich, teilte die französische Regierung mit, daß Frankreich sich aus der NATO zurückziehen würde. Dabei wollte es weiterhin Vertragspartner des Nordatlantikvertrages[893] bleiben und sich lediglich aus der etablierten militärischen Kommandostruktur herauslösen.[894] Dies verweist auf eine Besonderheit der NATO. Sie besitzt keinen eigentlichen Gründungsvertrag im Sinne einer Satzung einer internationalen Organisation. Der Nordatlantikvertrag von 1949 war zunächst ein traditionelles Militärbündnis. Die „Institutionalisierung" als Organisation beruht auf Art.9, der den Nordatlantikrat einsetzt, mit der Befugnis, zur Umsetzung dieses Vertrages auch Unterorgane zu bilden. Erst durch eine Vielzahl von Beschlüssen und einige Folgeverträgen[895], mit denen die Mitgliedstaaten ihre Streitkräfte dem Oberbefehl unterstellten, wurde die Integration geschaffen, die heute mit der NATO verbunden wird.[896] Während also die Bündnisverpflichtung bestehen bleiben sollte,

---

[891] Siehe zur Vorgeschichte CHARPENTIER, Retrait français de l'O.T.A.N, in: AFDI 1966, S.409, 410ff. und STEIN/CARREAU, „Withdrawal" of France from NATO, in: 62 AJIL 1968, S.577, 580-584.

[892] Abgedruckt in: La politique étrangère de la France, Textes et Documents, 1966, S.45-47; 54 Dept. of State Bulletin 1966, S.617; 14 NATO Letter 1966, S.23f. und 70 RGDIP 1966, S.543-546; die amerikanische Übersetzung des an die USA adressierten Dokuments vom 10. März 1966 findet sich in 54 Dept. of State Bulletin 1966, S.617f. = 5 ILM 1966, S.426f., die von der französischen Botschaft in New York angefertigte englische Übersetzung des Dokumentes in seinen unterschiedlichen Fassungen, je nach Adressat, findet sich in 5 ILM 1966, S.428. Eine inoffizielle deutsche Übersetzung findet sich in NATO Brief 5/1966, S.22.

[893] (IR) NATO, Treaty, 1949, 34 UNTS 1949, No.541, S.243-255.

[894] Das „aide-mémoire" vom 10. März 1966 führt aus:
„Cette évolution ne conduit en aucune façon le gouvernement français à remettre en question le traité signé à Washington le 4 avril 1949. En d'autres termes, et sauf événements qui, dans les années à venir, viendraient à modifier de manière fondamentale les rapports entre l'Est et l'Ouest, il n'entend pas se prévaloir, en 1969, des dispositions de l'article 13 du traité, et considère que l'alliance doit se poursuivre aussi longtemps qu'elle apparaîtra nécessaire."
Fundstelle: 70 RGDIP 1966, S.543, englische Übersetzung in: 5 ILM 1966, S.426.
Vgl. dazu auch STEIN/CARREAU, „Withdrawal" of France from NATO, in: 62 AJIL 1968, S.577, 605.

[895] Insbesondere das Agreement between the Parties to the North Atlantic Treaty Regarding the Status of Their Forces, London, 19. Juni 1951, (IR) NATO, Status of Forces Agreement, 1951, 199 UNTS 1953, No.2678, S.67-105. Siehe auch CHARPENTIER, Retrait français de l'O.T.A.N, in: AFDI 1966, S.409, 420f. zum Beschluß des NATO-Rates 1954, die Truppen einem Oberkommando zu unterstellen.

[896] Siehe dazu DELBEZ, France, OTAN et droit des gens, in: RPII 1966, S.239, 239-246; STEIN/CARREAU, „Withdrawal" of France from NATO, in: 62 AJIL 1968, S.577, 587-590 und ZORGBIBE, Alliance atlantique, in: RGDIP 1969, S.617-624. Die offizielle Verwendung des Namens North Atlantic Treaty Organization findet sich erstmals im Agreement on the Status of the North Atlantic Treaty Organization, National

## 1. Frankreichs Austritt aus der NATO    151

wollte Frankreich sich der Integration in die Organisation entziehen. In einem zweiten Memorandum vom 29. März 1966[897] spezifizierte Frankreich die angestrebten Maßnahmen. Es hob die Zuweisung von in Deutschland stationierten französischen Streitkräften an die NATO[898] auf und zog das französische Personal aus der NATO ab, kündigte das Hauptquartierabkommen für Paris,[899] sowie eine Reihe bilateraler Verträge mit den USA und Kanada betreffend der Stationierung von Streitkräften in Frankreich, jeweils mit einer Frist zum 1. April 1967.[900] Verschiedene Gründe politisch-strategischer Natur wurden vorgebracht, insgesamt die gesamte Angelegenheit als eine politische betrachtet, so daß rechtliche Erwägungen nicht zugelassen wurden.[901] Auch wenn die übrigen NATO-Mitglieder am 18. März in einer gemeinsamen Erklärung darauf hinwiesen, daß die Organisation nicht durch bilaterale Abkommen ersetzt werden könne,[902] erklärten sich die USA in einem Memorandum vom 12. April 1966 unter Vorbehalt der rechtlichen Verpflichtung Frankreichs aus den verschiedenen multi- und bilateralen Abkommen politisch dazu bereit, den Forderungen Frankreichs nachzukommen.[903]

b) Würdigung

Der nur 14 Artikel umfassende Nordatlantikvertrag von 1949 sieht zwar in Art.13 ein Kündigungsrecht für die Mitgliedstaaten vor, allerdings erst nach einer Mindestvertragslaufzeit von 20 Jahren, die erst 1969 abgelaufen wäre. Doch wollte

---

Representatives and International Staff, Ottawa, vom 20. September 1951 (200 UNTS 1954, No.2691, S.3-23; 48 AJIL 1954 Suppl.4, S.153ff.), STEIN/CARREAU, „Withdrawal" of France from NATO, in: 62 AJIL 1968, S.577, 605 Fn.116; ZORGBIBE, Alliance atlantique, in: RGDIP 1969, S.617, S.625. Im folgenden wird allerdings wie in der übrigen völkerrechtlichen Literatur vom NATO-Vertrag gesprochen. Vgl. nur IPSEN, Völkerrecht, 4. Aufl. 1999, § 60 Rz.39 (FISCHER), der sogar – nicht ganz zutreffend – von der Gründung der NATO durch den NATO-Vertrag am 4.4.1949 spricht.

[897] 70 RGDIP 1966, S.547-550. Die amerikanische Übersetzung des an die USA adressierten Dokuments findet sich in 5 ILM 1966, S.434-435, die englische Übersetzug des Dokuments der französischen Botschaft in New York ist in seinen verschiedenen Fassungen, je nach Adressat, abgedruckt in: 5 ILM 1966, S.428-431.

[898] Zu den Formen der Zuweisung von Streitkräften an die NATO siehe STEIN/CARREAU, „Withdrawal" of France from NATO, in: 62 AJIL 1968, S.577, 592.

[899] Durch Note der französischen Botschaft in Washington vom 29. März 1966, übersandt an die USA als Depositar, englische Übersetzung abgedruckt in: 5 ILM 1966, S.440f., nach Art.16 Abs.1 des Protocol on the Status of International Military Headquarters Set Up Pursuant to the North Atlantic Treaty, Paris, 28. August 1952, (IR) NATO, Headquarter Protocol, 1952, 200 UNTS 1954, No.2678, S.340-356 und Art.XIX Abs.1, 2 des Agreement between the Parties to the North Atlantic Treaty Regarding the Status of Their Forces, London, 19. Juni 1951, (IR) NATO, Status of Forces Agreement, 1951, 199 UNTS 1953, No.2678, S.67-105. Vgl. das an die 14 NATO-Mitgliedstaaten adressierte französische „aide-mémoire" vom 29. März 1966, abgedruckt in: 70 RGDIP 1966, S.547f.

[900] Die bilateralen Verträge zwischen Frankreich und den USA, die im Memorandum vom 29. März 1966 nur mit Schlagwörtern aufgeführt werden, vgl. 70 RGDIP 1966, S.549 und 5 ILM 1966, S.426, 427 und 428, 431, sowie die kanadisch-französischen Verträge, ebenfalls nur summarisch erwähnt, vgl. 70 RGDIP 1966, S.550 werden nachgewiesen bei STEIN/CARREAU, „Withdrawal" of France from NATO, in: 62 AJIL 1968, S.577, 585 Fn.32. Die US-französischen Verträge in amerikanischer Fassung aus dem State Department sind abgedruckt in: 5 ILM 1966, S.690-717.

[901] Vgl. die Aussage des Außenministers vor der Assemblée Nationale: „L'affaire est essentiellement politique." Journal Officiel, Débats de l'Assemblée Nationale, 15. April 1966, S.691, zit. nach STEIN/CARREAU, „Withdrawal" of France from NATO, in: 62 AJIL 1968, S.577, 587.

[902] 54 Dept. of State Bulletin 1966, S.536 = 5 ILM 1966, S.425.

[903] 54 Dept. of State Bulletin 1966, S.699, 701 = 5 ILM 1966, S.425, 432.

Frankreich explizit nicht auf diese Kündigungsmöglichkeit rekurrieren.⁹⁰⁴ Des weiteren enthält Art.12 eine Revisionsklausel, nach der 10 Jahren nach Inkrafttreten⁹⁰⁵ auf Antrag eines Mitgliedes ein Verfahren der Vertragsrevision eingeleitet werden kann. Auch dieses Verfahren wollte Frankreich nicht beschreiten. Das Hauptquartierprotokoll⁹⁰⁶ enthielt in Art.16 Abs.1 i.V.m. Art.XIX Truppenstatutabkommen⁹⁰⁷ eine Kündigungsklausel, die Frankreich auch ausübte. Demgegenüber waren die bilateralen Verträge zwischen den USA und Frankreich bis auf eine Ausnahme in ihrer Gültigkeit an den Nordatlantikvertrag geknüpft.⁹⁰⁸ Die Ausnahme bildete der einzige Vertrag, der seit 1958 unter DE GAULLES' erneuter Ägide abgeschlossen worden war und der ein Revisionsrecht nach drei Jahren Vertragslaufzeit vorsah, verbunden mit einem Kündigungsrecht, sollten die Bemühungen zur Vertragsrevision vergeblich bleiben.⁹⁰⁹ Die USA boten in ihrem Memorandum vom 12. April 1966 an, diese Konstruktion auch auf die älteren bilateralen Verträge zu erstrecken, insistierten aber nachdrücklich auf der damit verbundenen Verhandlungspflicht Frankreichs vor einer Kündigung und wiesen darauf hin, daß Frankreichs

> „actions in withdrawing from, abrogating or repudiating existing agreements will entail financial problems and responsibilities that must be taken into account in any discussion of these actions".⁹¹⁰

---

[904] Vgl. das Zitat oben Fn.894.

[905] Nach Art.11 des Vertrages am 24. August 1949, vgl. STEIN/CARREAU, „Withdrawal" of France from NATO, in: 62 AJIL 1968, S.577, 623 Fn.180.

[906] (IR) NATO, Headquarter Protocol, 1952, 200 UNTS 1954, No.2678, S.340-356.

[907] (IR) NATO, Status of Forces Agreement, 1951, 199 UNTS 1953, No.2678, S.67-105.

[908] Vgl. die Klausel im Agreement Regarding the establishment of an Air Depot at Déols-La Martinierie, Paris, 26 Februar 1951 (5 ILM 1966, S.690, 694):

15. The present agreement will remain in effect during the period of validity of the North Atlantic Treaty, unless the two Governments decide beforehand to terminate it by mutual consent, such decision being particularly appropriate upon advice of the North Atlantic Council.

Eine identische Klausel, Art.X, findet sich im Agreement Regarding Certain Air Bases and Facilities in Metropolitan France Placed at the Disposition of the United States Air Force, Paris, 4. Oktober (5 ILM 1966, S.695, 700).

Gleichlautend bis auf die fehlende Bezugnahme auf den Nordatlantikrat ist Art.XI des Agreement Regarding the Construction, Operation and Maintenance of a Pipeline, Paris, 30. Juni 1953 (5 ILM 1966, S.706, 711).

Die Autorisierung des Hauptquartiers in Frankreich des stellvertretenden Kommandeurs der amerikanischen Streitkräfte durch Notenwechsel vom 17. Juni 1953 (5 ILM 1966, S.705) war ebenfalls an den Nordatlantikvertrag gekoppelt.

[909] Das Agreement Concerning the System of Communications and Depots of the United States Army in Metropolitan France, Paris, 8. September 1958 enthielt folgende Klausel (5 ILM 1966, S.712, 717):
Article IX
a) The present Agreement will remain in force as long as the North Atlantic Treaty.

b) After the present Agreement shall have been in effect for three years, or at any subsequent date, the Parties will consult at the request of one of them with a view to revising the Agreement to adapt it to new circumstances which might present themselves.

c) If the Parties cannot come to agreement on effecting modifications judged necessary by one of them within a period of one year after the request for revision, the interested Party will be able to denounce the Agreement after one year's notice.

[910] 54 Dept. of State Bulletin 1966, S.699, 701 = 5 ILM 1966, S.432, 434.

## 1. Frankreichs Austritt aus der NATO

Die entscheidende Weichenstellung in der Würdigung von Frankreichs Maßnahmen liegt wie so oft in der Festlegung des „Streitgegenstandes". Geht es um eine qualitative Veränderung an der Beteiligung der NATO als Ganzes oder handelt es sich um eine Vielzahl von Einzelmaßnahmen hinsichtlich der Beteiligung in der Organisation und verschiedener multi- und bilateraler Verträge? Mit anderen Worten: Ist das Ganze mehr als die Summe seiner Teile? Da es Frankreich nicht um Details der Partizipation im Bündnis ging, sondern essentiell um das Verhältnis seiner militärischen Souveränität zur Einbindung in der NATO, und die französische Regierung, allen voran DE GAULLE darauf abzielte, wieder ausschließliche Kontrolle über die französischen Streitkräfte und die militärische Nutzung französischen Territoriums zu erlangen,[911] wird nur eine Gesamtbetrachtung den Verhältnissen gerecht.[912] Im folgenden wird daher der Austritt Frankreichs aus der NATO zum Gegenstand der Untersuchung gemacht, wobei „Austritt" als verkürzende Formel für den Rückzug aus allen Verpflichtungen und organisatorischen Einheiten (im folgenden: NATO-Vertragswerk) bis auf den Nordatlantikvertrag selber und die Mitgliedschaft im Nordatlantikrat[913] verwendet wird.

Vorrangig ist das Recht der NATO als Organisation, Art.5 WVK[914]. Da das Kündigungsrecht nach Art.13 und das Revisionsverfahren nach Art.12 NATO-Vertrag jedoch nicht gewählt wurde, bleibt nur der Rückgriff auf allgemeines Vertragsrecht, unter Berücksichtigung der besonderen Umstände der Organisation. Zur Rechtfertigung des Austritts kommt auf der einen Seite ein implizites Kündigungsrecht entsprechend Art.56 WVK in Betracht, auf der anderen Seite die *clausula* entsprechend Art.62 WVK.

*1) Implizites Kündigungsrecht*

Unter den Verträgen, die ihrer Natur nach ein Kündigungsrecht enthalten, auch wenn es nicht explizit statuiert ist, wurden vor allem Bündnisverträge genannt: Der Entwurf des Art.17 im zweiten WALDOCK Bericht enthielt unter den Vertragstypen, die als Residualvorschrift die Kündigungsmöglichkeit beinhalten, in Abs.3 (a) (ii) den Typ des „treaty of alliance or military co-operation" und in Abs.3 (b) den Typ der Satzungen internationaler Organi-

---

[911] STEIN/CARREAU, „Withdrawal" of France from NATO, in: 62 AJIL 1968, S.577, 601-605.

[912] Anders DELBEZ, France, OTAN et droit des gens, in: RPII 1966, S.239, 247-249, der die multilateralen und bilateralen Abkommen einzeln untersucht und für letztere eine wirksame Kündigung verneint, und STEIN/CARREAU, „Withdrawal" of France from NATO, in: 62 AJIL 1968, S.577-640, die die Beteiligung in der Organisation und an den multilateralen Verträgen (S. 605-622) und die bilateralen Abkommen (S.622-625) gesondert behandeln. Es scheint aber nicht sinnvoll zu konstatieren, daß Frankreich den Nordatlantikvertrag nicht gekündigt habe – womit die bilateralen Verträge ebenfalls geendet hätten – (S.623), und deshalb diese Verträge separat zu würdigen. Denn eine Veränderung der Beteiligung an der Organisation mußte gleichfalls Konsequenzen auf die Verträge haben, ohne daß diese dies explizit vorsahen. Für beide Bereiche kommen sie aber offenbar zum Ergebnis, daß die Maßnahmen Frankreichs rechtlich unzulässig waren.

[913] STEIN/CARREAU, „Withdrawal" of France from NATO, in: 62 AJIL 1968, S.577, 628.

[914] Frankreich ist nicht Mitglied der Wiener Vertragsrechtskonvention, vgl. BGBl.2001-II, Fundstellennachweis B, S.517 (Stand 31. Dezember 2001). Abgesehen davon ist nach Art.4 WVK die Vertragsrechtskonvention ohnehin nicht auf den Nordatlantikvertrag von 1949 anwendbar. Der Rekurs auf die Vorschriften der Konvention ist die übliche Chiffre für den Verweis auf die entsprechenden gewohnheitsrechtlichen Regelungen, die hinsichtlich Kündigung und Revision zum Zeitpunkt des Geschehens in den sechziger Jahren nicht von der Kodifikation unterschieden werden können.

sationen,[915] und der Kommentar der ILC zum Final Draft nannte als einziges Beispiel für Verträge, die unter Art.56 WVK fallen könnten, Bündnisverträge.[916] Allerdings steht Art.56 WVK stets unter dem Vorbehalt fehlender Laufzeitbestimmung und Kündigungsmöglichkeit. Über die Hürde der vorhandenen Kündigungsmöglichkeit nach Art.13 NATO-Vertrag kommt man noch relativ einfach hinweg, läßt sich doch argumentieren, daß das NATO-Vertragswerk insgesamt gesehen eben kein Kündigungsrecht mehr vorsah, also aufgrund der Zusammensetzung aus multi- und bilateralen Verträgen sowie Organisationspraxis den Mitgliedstaaten kein explizites Kündigungsrecht einräumte, um die Organisation, nicht aber den Grundvertrag zu verlassen. Demgegenüber eröffnete das Revisionsrecht nach Art.12 NATO-Vertrag durchaus eine Möglichkeit, das gesamte Vertragswerk auf den Prüfstand zu stellen, etwa die zwischenzeitliche Organisationspraxis zu kodifizieren und gleichzeitig im Sinne Frankreichs zu modifizieren.[917] Ist also eine Revisionsklausel wie Art.12 NATO-Vertrag Befristungs- und Kündigungsklauseln nach Art.56 WVK gleichzustellen, so daß ein implizites Kündigungsrecht ausgeschlossen wäre? Bei den Arbeiten zur Vertragsrechtskonvention wurde wiederholt auf die Entstehungsgeschichte der Genfer Seerechtskonventionen Bezug genommen, in die Revisionsklauseln[918] als Kompromiß zwischen dem Wunsch und der Ablehnung einer Kündigungsmöglichkeit eingeführt wurde.[919] Legt man die Auffassung des damaligen Drafting Committee zugrunde, wonach eine Revisionsklausel eine Kündigungsmöglichkeit obsolet macht,[920] könnte man von einer Äquivalenz ausgehen, die die Anwendung von Art.56 WVK versperrt. Die Gleichwertigkeit von Vertragsklauseln kann jedoch nur im Kontext des konkreten Vertrages bestimmt werden, da die spezifischen Intentionen der Parteien berücksichtigt werden müssen. Und in dieser Hinsicht unterscheiden sich Seerechtskonventionen und NATO-Vertrag. Erstere sollten normierend für die Weltgemeinschaft wirken, woraus gewisse Vorbehalte gegenüber Kündigungsmöglichkeiten abgeleitet werden können, wobei der Fall der Kündigung von zwei der vier Konventionen durch Senegal zeigt, daß auch für

---

[915] WALDOCK, Report II, YBILC 1963-II, S. 36, 64, siehe oben III. 2. b) 2) i) bei Fn.691. Soweit CASTRÉN (ILC, 689th Meeting, YBILC 1963-I, S.100 Abs.12) einen Widerspruch zwischen Abs. 3 (a) (ii) und Abs. 4 (c) sieht, der ein „treaty of peace, a treaty of disarmament, or for the maintenance of peace" von der Residualvorschrift der Kündigungsmöglichkeit ausnimmt, da Bündnisverträge unter dem Aggressionsverbot nur defensiv sein könnten und damit zwingend friedenserhaltend sein müßten, zeigt die Zusammenstellung der Vertragstypen, daß konfliktbeilegende oder konfliktminimierende Verträge gemeint sind, nicht jedoch Bündnisverträge, die nur faktisch, nicht normativ friedenserhaltend sein können, weil sie den potentiellen Aggressor nicht vertraglich einbinden.

[916] ILC, Kommentar zum Final Draft, Art.53 (jetzt Art.56 WVK), YBILC 1966-II, S.177, 251 Abs.4. Siehe auch LACHS (ILC, 689th Meeting, YBILC 1963-I, S.104f.), der zwar ein implizites Kündigungsrecht für internationale Organisationen ablehnt (Abs.57), jedoch zugesteht, daß Bündnis- und militärische Kooperationsverträge nur zeitweiliger Natur sein können, bis es zur Ausarbeitung eines effektiven Systems kollektiver Sicherheit kommt (Abs.60).

[917] ZORGBIBE, Alliance atlantique, in: RGDIP 1969, S.617, 625f.

[918] Art.30 der Konvention über Territorialgewässer, (IR) Convention on the Territorial Sea and the Contiguous Zone, 1958; Art.35 der Konvention über die Hohe See, (IR) Convention on the High Seas, 1958; Art.20 der Fischfang-Konvention, (IR) Convention on Fishing and Conservation of the Living Resources of the High Seas, 1958; und Art.13 der Kontinentalschelf-Konvention, (IR) Convention on the Continental Shelf, 1958.

[919] WALDOCK, Report II, YBILC 1963-II, S.36, 65f. Abs.9 und ILC, Kommentar zum Final Draft, Art.53 (jetzt Art.56 WVK), YBILC 1966-II, S.177, 251 Abs.3.

[920] "[M]ade unnecessary any clause of denunciation", zit. nach: WALDOCK, Report II, YBILC 1963-II, S.36, 65f. Abs.9.

## 1. Frankreichs Austritt aus der NATO

solche Normverträge ein solches Kündigungsrecht denkbar ist.[921] Demgegenüber lag die Intention der Vertragsstaaten zum Zeitpunkt des Abschlusses des NATO-Vertrags im Schutzbündnis gegen die Bedrohung durch den Kommunismus, insbesondere in der Erlangung des amerikanischen Atomschildes als Abschreckung gegen einen sowjetischen Angriff auf Westeuropa.[922] Zwar führte die nachfolgende Praxis, die schnell zur Institutionalisierung führte und die von Frankreich mitgetragen wurde,[923] dazu, daß die Intentionen des Vertragswerkes ausdifferenzierter wurden. So wurde die Integration der militärischen Führungsstrukturen für den Kriegsfall ein Schwerpunkt der Organisation,[924] und wenn diese Integration letztendlich der besseren Abwehr eines sowjetischen Angriffs dienen sollte, so wurde sie doch als solche ein Primärziel des Bündnisses. Dennoch lassen sich die sicherheitspolitischen Intentionen, die auf das engste mit Fragen der staatlichen Souveränität verknüpft sind, nicht mit denen einer abstrakten Normsetzung vergleichen. Eine Bündnisverpflichtung ist eine Sache, eine Integration der nationalen militärischen Strukturen in eine internationale Organisation (insbesondere unter „ausländischem" Oberbefehl) eine andere. Zwar trifft es zu, daß Frankreich nur halbherzig den Versuch unternommen hat, den Bündnispartnern, insbesondere den USA, eine Modifikation vorzuschlagen. Dennoch erscheint unter Berücksichtigung der Besonderheit eines Bündnissystems eine Revisionsklausel zwar angemessen, um Veränderungen innerhalb des Systems zu gewährleisten, doch nicht ausreichend, um dem legitimen Interesse eines Mitgliedstaates an dem gänzlichen oder teilweisen Verlassen des Systems Rechnung zu tragen. Dies spricht dafür, bei Bündnisverträgen auch neben einer Revisionsklausel ein implizites Kündigungsrecht i.S.d. Art.56 WVK anzunehmen,[925] und den französischen Austritt aus der NATO als dadurch grundsätzlich gerechtfertigt anzusehen. Einen ähnlichen Ansatz wählte der IGH im Gutachten zur Verlegung des *WHO Regional Office in Egypt*, als er die Sonderregelung im Sitzstaatabkommen über eine Vertragsrevision beiseiteschob und allgemein auf das bestehende Vertragsverhältnis abhob.[926] Das IGH-Gutachten zeigt allerdings auch die Kehrseite der Medaille im Falle Frankreichs auf: So wie für den Sitzstaat und die Organisation die Verpflichtung gilt, in Treu und Glauben zusammen die Probleme aus der Beendigung des Abkommens zu lösen,[927] so muß für das Mitglied eines multilateralen Vertragswerkes, das sich aus einem Großteil der Vertragsbindungen zurückziehen will, die Pflicht gelten, gemeinsam mit den anderen Mitgliedern die Beendigung zu gestalten. Zwar räumte Frankreich den NATO-Partnern eine Jahresfrist ein, um nicht nur das NATO-Hauptquartier in Paris, sondern alle Anlagen auf französischem Territorium zu räumen, und gewährte damit einen Zeitraum,

---

[921] Siehe dazu ausführlich sogleich unten IV. 2.

[922] STEIN/CARREAU, „Withdrawal" of France from NATO, in: 62 AJIL 1968, S.577, 595

[923] STEIN/CARREAU, a.a.O., S.588, insb. Fn.44.

[924] STEIN/CARREAU, a.a.O., S.588ff.

[925] A.A. ROSENNE, ILC, 689th Meeting, YBILC 1963-I, S.104 Abs.45, der bezweifelt, daß die Satzung einer internationalen Organisation innerhalb der Auffangregel für die Kündigung von Verträgen liege und daß ein solches Kündigungsrecht in einer allgemeinen Kodifikation des Vertragsrechts erfaßt werden sollte. Ebenso BRIGGS ILC, 689th Meeting, a.a.O., S.103 Abs.36 und LACHS, 689th Meeting, a.a.O., S.104f. Abs.57. Die Aufnahme von Art.4 und 56 WVK belegen jedoch, daß sich diese Auffassung nicht durchsetzen konnte.

[926] IGH, Gutachten vom 20. Dezember 1980 in der Rechtssache *Interpretation of the Agreement of 25 March 1951 between the WHO and Egypt*, ICJ Rep.1980, S.73, 90ff. Abs.38ff., S.92ff. Abs.42ff. Siehe dazu auch oben III. 2. b) 2) ii) bei Fn.737.

[927] ICJ Rep.1980, S.73, 94f. Abs.46ff.

wie ihn der IGH im WHO-Gutachten als nach allgemeinem Völkerrecht, insbesondere nach Art.56 WVK erforderlich ansah.[928] Jedoch kann nicht davon gesprochen werden, daß Frankreich die Beendigung seiner Mitwirkung in der NATO in Kooperation mit den Bündnispartnern beschloß, vielmehr wurden diese mit der einseitigen Entscheidung DE GAULLES lediglich konfrontiert. Der Austritt geschah damit in einer Form, die nicht dem Gebot von Treu und Glauben entspricht.[929] Den mit der Ausübung eines grundsätzlich bestehenden Kündigungsrechtes möglicherweise verbundenen kompensatorische Pflichten insbesondere in finanzieller Hinsicht ist Frankreich ebensowenig nachgekommen. Dies kann aber an dieser Stelle im einzelnen nicht weiter untersucht werden.

*2) Änderung der Umstände*

In der Literatur wird der Austritt Frankreichs unter dem Blickwinkel der Anwendungsmöglichkeit der *clausula* diskutiert. So ordnet REUTER ihn als ein Beispiel dafür ein, daß zu den veränderten Umständen auch die Änderung der Politik gehören könnte.[930] Demgegenüber setzen sich STEIN/CARREAU mit Frankreichs Hinweisen auf eher faktische Veränderungen zur Begründung seines Ausstieges auseinander.[931] Gespeist werden diese Ansätze[932] durch den Hinweis der ILC in ihrem Kommentar zum Final Draft auf die Meinung einiger ihrer Mitglieder, nach der politische Veränderungen nicht *a priori* vom Anwendungsbereich der *clausula* ausgeschlossen sein sollten, verbunden mit dem weniger geglückten Beispiel eines Bündnisvertrages, dessen Fortsetzung aufgrund einer radikalen politischen Neuausrichtung eines Vertragsstaates für beide Seiten nicht in Frage komme. Es wurde bereits oben dargelegt, warum dieses Beispiel unter zwei Gesichtspunkten ungeschickt gewählt ist.[933] Zu berücksichtigen wäre darüber hinaus, daß der IGH für die Anwendung der *clausula* verlangt, daß die Änderung der Umstände eine radikale Veränderung der vertraglichen Verpflichtungen im Sinne einer unzumutbaren Belastung bewirken muß.[934] Implizit kann daraus abgeleitet werden, daß der Vertrag keine Möglichkeit der Anpassung vorsehen darf, um die vertraglichen Verpflichtungen wieder ins Lot zu bringen. Eine solche Anpassungsmöglichkeit wäre jedoch mit Art.12 NATO-Vertrag gegeben gewesen. Dagegen ließe sich noch einwenden, daß dieser eine 10jährige Mindestlaufzeit vorsah, bevor eine Revision eingeleitet werden konnte, und daß daher vorher die Zuflucht nur in der *clausula* liegen konnte. Dem kann aber entgegengehalten werden, daß durch die 10jährige Frist die Vertragsparteien bewußt für diesen Zeitraum eine mögliche nachträgliche Veränderung der Verpflichtungen innerhalb des Systems in Kauf genommen hatten.

Abgesehen davon begegnen diesem Ansatz deshalb grundsätzliche Bedenken, weil er der Entwicklung des NATO-Vertrages zum System einer internationalen Organisation nur unge-

---

[928] ICJ Rep.1980, S.73, 94f. Abs.47ff.

[929] STEIN/CARREAU, „Withdrawal" of France from NATO, in: 62 AJIL 1968, S.577, 620.

[930] REUTER, Law of Treaties, 2. Aufl. 1995, S.190f. Abs.291

[931] STEIN/CARREAU, „Withdrawal" of France from NATO, in: 62 AJIL 1968, S.577, 618ff.; unentschieden VAMVOUKOS, Termination, 1985, S.111-115, 115.

[932] Vgl. STEIN/CARREAU, „Withdrawal" of France from NATO, in: 62 AJIL 1968, S.577, 621.

[933] Siehe oben III. 2. d) 2).

[934] IGH, Urteil vom 2. Februar 1973 (*Jurisdiction*) im Rechtsstreit zwischen Großbritannien und Island bzw. Deutschland und Island in der Sache *Fisheries Jurisdiction*, ICJ Rep.1973, S.3, 21 Abs.43. Siehe dazu oben III. 2. d).

## 1. Frankreichs Austritt aus der NATO

nügend Rechnung zu tragen vermag. Eine solche dynamische, nicht statische Ausgestaltung und insbesondere Ausfüllung des Vertragswerks durch die Praxis ermöglicht es, veränderten Umständen zu begegnen. So mag zwar mit DE GAULLES Amtsantritt 1958 ein markanter Wandel in der französischen Sicherheitspolitik von einer kollektiven Verteidigung zu einer unabhängigen politischen Führungsrolle Frankreichs innerhalb Europas eingesetzt haben.[935] Doch war das System nicht so starr aufgebaut, als daß ein Vorstoß zu einer Hinwendung zu mehr freiwilliger Kooperation und weniger Integration unmöglich gewesen wäre.[936] Und auch die objektiven Umstände, durch die sich die NATO 1966 in einem veränderten Umfeld gegenüber 1949 wiederfand, nämlich die Verlagerung von Krisenherden in Europa nach Asien und dem daraus folgenden Risiko einer Involvierung Frankreichs in eine Auseinandersetzung, die die USA dort begonnen hatten, die verringerte Bedrohung durch die Sowjetunion, die weitreichende Ausklammerung der Atomwaffen aus der NATO-Struktur sowie die Veränderung des Mächtegleichgewichts durch die Atomwaffen der UdSSR,[937] alle diese Entwicklungen veränderten die vertraglichen Verpflichtungen Frankreichs nicht unzumutbar, da die NATO auf diese Veränderungen innerhalb ihres Systems antworten konnte. Dies läßt sich heute, da inzwischen Polen, die Tschechische Republik und Ungarn[938] Mitglieder geworden sind und Rußland in Konsultationen eingebunden wird, natürlich leicht feststellen, zumal im Jahre 2002 die Frage nach Sinn und Zweck der NATO wesentlich schwieriger zu beantworten ist als 1966. Aber auch ohne diesen *hindsight* läßt sich begründen, daß die Anwendung der *clausula* auf das Vertragswerk der NATO nicht möglich ist, weil es einem kontinuierlichen Wandel unterworfen war (und ist) und zunächst nicht berücksichtigte Umstände durch die dynamische Weiterentwicklung berücksichtigen konnte (und kann).[939] Mit anderen Worten muß zwischen der Mitwirkung an der Weitergestaltung des Systems (Mitgliedschaft) und der Ablehnung des Systems als solchem (Kündigung) entschieden werden, eine Kündigungsmöglichkeit aufgrund veränderter Umstände entbehrt daher der Grundlage und ist auch nicht vonnöten.

---

[935] Vgl. STEIN/CARREAU, „Withdrawal" of France from NATO, in: 62 AJIL 1968, S.577, 621.
[936] So STEIN/CARREAU, a.a.O., S.620.
[937] STEIN/CARREAU, a.a.O., S.618.
[938] Durch Protokolle zum NATO-Vertrag vom 16. Dezember 1997, (IR) NATO, Accession Poland, 1997, (IR) NATO, Accession Czech Republic, 1997 und (IR) NATO, Accession Hungary, 1997.
[939] Eine Anwendung der *clausula* mit Hinweis auf die Verhandlungspflicht Frankreichs ablehnend auch CHARPENTIER, Retrait français de l'O.T.A.N, in: AFDI 1966, S.409, 427f.

## 2. Senegals Kündigung der Seerechtskonventionen

Es wurde bereits in der Einleitung festgestellt, daß das Spannungsverhältnis insbesondere auf zwei Gebieten zu Tage tritt: In der Sicherheitspolitik als letztem Refugium autonomer staatlicher Souveränität auf der einen und in der Umweltpolitik im weiteren Sinne auf der anderen Seite als Gebiet, auf dem der Wandel der technologischen Möglichkeiten, wissenschaftlichen Erkenntnisse und in der öffentlichen Meinung am raschesten voranschreitet. Ist der Austritt Frankreichs aus der NATO ein Beispiel für erstere Fallgruppe, so ist der Streit Senegals um die Zulässigkeit der Kündigung von zwei[940] der vier Genfer Seerechtskonventionen von 1958 mit dem Generalsekretariat der UN als Depositar dieser Konventionen ein Beispiel für die zweite.

a) Sachverhalt

Senegal war als unabhängiger „newly independent state" 1961 den Seerechtskonventionen beigetreten.[941] Der durch die Kodifikationen verfolgte Zweck, das öffentliche Gut „Weltmeere" möglichst öffentlich zu erhalten, hatte nicht der Industrialisierung des Fischfangs Rechnung getragen, die sich parallel zu der Kodifikation, aber insbesondere nach ihrem Abschluß entwickelte. Unzufrieden mit den Möglichkeiten, die die Seerechtskonventionen boten, um der Überfischung der senegalesischen Küstengewässer durch die Fischfangflotten der Industrieländer Einhalt zu gebieten, hatte Senegal bis 1968 Gesetze erlassen, die den Fischfang in den Küstengewässern bis 18 Seemeilen regelten. Allerdings war diese Gesetzgebung unanwendbar auf Mitglieder der Konvention über Territorialgewässer, da Art.24 der Konvention Fischfang unter den regelbaren Materien nicht aufführte. Die Mitglieder der Konvention stellten jedoch den größten Teil der ausländischen Fischfangflotten. Entsprechend erweiterte die Gesetzgebung 1972 die senegalesischen Hoheitsansprüche auf eine „ausschließliche Wirtschaftszone" von 110 Seemeilen jenseits der Territorialgewässer. Zuvor kündigte die Regierung mit Schreiben vom 3. Juni 1971, adressiert an den Generalsekretär der UN als Depositar der Seerechtskonventionen von 1958, mit Frist von 30 Tagen ab Empfang die erwähnten Abkommen, um nicht durch seine interne Gesetzgebung in Konflikt mit seinen völkerrechtlichen Verpflichtungen zu geraten. Es sah es nicht für notwendig an, sich auf eine (nicht vorhandene) Kündigungsklausel zu berufen, sondern stützte sich unter Verweis auf die Diskussionen in der ILC auf ein übergeordnetes Gewohnheitsrecht. Dem hielt der Juristische Dienst des Generalsekretariats der UN entgegen,[942] daß Art.56 WVK als Ausdruck des geltenden Völkerrechts ein solches Kündigungsrecht ausschließe.[943] Auch Großbritannien widersprach 1973 der Kündigung als unzulässig.[944] Strittig war zunächst, ob die Seerechts-

---

[940] Der Konvention über Territorialgewässer, (IR) Convention on the Territorial Sea and the Contiguous Zone, 1958, 516 UNTS 1964, No.7477, S.206-282; und der Fischfang-Konvention, (IR) Convention on Fishing and Conservation of the Living Resources of the High Seas, 1958, 559 UNTS 1966, No.8164, S.285-342.

[941] Siehe zu einer umfassenden Schilderung des Sachverhaltes BARDONNET, Dénonciation sénégalaise, in: AFDI 1972, S.123ff. Hier wird eine Zusammenfassung der wesentlichen Aspekte gegeben.

[942] Zur Rolle, die das Generalsekretariat als Depositar in diesem Fall spielte, siehe BARDONNET, a.a.O., S.160ff.

[943] BARDONNET, a.a.O., S.142f.

[944] Multilateral Treaties deposited with the Secretary-General depositary Functions, as at 31 December 1974, S.436, Fn.3, sowie in den folgenden Ausgaben, siehe zuletzt (IR) UN Multilateral Treaties, Part I, Chapter XXI, No.1 Fn.6. Die britische Stellungnahme ist auch – teilweise – abgedruckt bei SATOW, Guide to Diplomatic Practice, 1979, S.297, Kap.33 Abs.33. Sie setzt sich nicht im Detail mit den Rechtsproblemen

konventionen nicht nach Art.56 Abs.1 a) WVK eine Kündigung zuließen. Unter Verweis auf die Entstehungsgeschichte, die während der Arbeiten der ILC an der Vertragsrechtskonvention ausführlich dargestellt wurde, verneinte das Generalsekretariat dies.[945] Denn die Vorschläge für eine Kündigungsmöglichkeit in der Kontinentalschelf-Deklaration wurden auf der Genfer Konferenz mit der Begründung abgelehnt, eine solche würde der Intention der Konventionen als „law-making treaties" sowohl in ihrer kodifizierenden wie in ihrer Völkerrecht fortschreibenden Spielart widersprechen.[946] Senegal stützte sich demgegenüber darauf, daß zwar die Einfügung einer Kündigungsklausel abgelehnt worden war, allerdings mit nur 25 zu 6 Stimmen bei 35 Enthaltungen, also mit weniger als der Hälfte der an der an der Konferenz teilnehmenden Staaten.[947] Neben Art.56 Abs.1 a) WVK stand auch Art.56 Abs.1 b) im Streit, wobei das Generalsekretariat sich darauf berief, daß die Konventionen zu keiner der beiden Kategorien (Bündnisverträge und von Natur aus zeitlich begrenzter Dauer) gehöre, die während der Entstehung der Vertragsrechtskonvention beschrieben worden seien, wohingegen Senegal auf die Uneinigkeit bei der Kategorienbildung verwies und demnach das Kündigungsrecht keineswegs auf diese beiden Kategorien beschränkt sei.[948]

b)   Würdigung

Die Bewertung des Falles enthält zwei Dimensionen, eine allgemeiner Natur mit Bezug auf Art.56 WVK, die andere konkreter im Hinblick auf das Schicksal der Seerechtskonventionen. Relativ einfach läßt sich zunächst der Einwand Senegals entkräften, es läge eine Ausnahme nach Art.56 Abs.1 a) WVK vor. Abgesehen davon, daß die Arbeiten zur Fischfang-Konvention die Frage der Kündigungsmöglichkeit gar nicht behandelt hatten,[949] so daß keine Anzeichen dafür vorhanden sind, daß die Parteien eine solche zulassen wollten, verfängt der Hinweis auf die parallelen Arbeiten zur Kontinentalschelf-Konvention nicht, da angesichts der Praxis der Mehrheitsentscheidung auf Staatenkonferenzen die Ablehnung einer Kündigungsmöglichkeit es ausschließt, die Enthaltungen der Mehrheit der Staaten in dieser Frage als ein konkludentes positives Votum für eine solche zu deuten.[950] Schwieriger ist naturgemäß die Frage nach der „Natur" der Seerechtskonventionen zu beantworten und ob sie deshalb kündbar nach Art.56 Abs.1 b) WVK sind. Wenn auch die Seerechtskonventionen konkreten Interessen der Staaten dienen, vornehmlich an der wirtschaftlichen Nutzung der Meere, so beinhalten sie doch Komponenten eines normativen Regimes, das unabhängig von den Interessen einzelner Staaten gilt. Für solche „Norm-Verträge" spricht allerdings der Ausschluß der Kündigungsmöglichkeit und an Stelle dessen die Anpassung der Norm an verändernde Um-

---

auseinander, sondern verleiht lediglich der Auffassung Ausdruck, daß Großbritannien Senegal weiterhin als durch die Konventionen gebunden ansieht. Nach BARDONNET, a.a.O., S.180 ist das Schweigen der übrigen Staaten auf die Kündigungserklärung politisch damit zu erklären, daß eine Unterstützung des Generalsekretariats in dieser Frage angesichts der gerade angelaufenen dritten UN-Seerechtskonferenz als inopportun eingeschätzt wurde, da eine solche Unterstützung möglicherweise als Festhalten am „alten" Regime von 1958 gedeutet worden wäre. Senegal wird vom Depositar weiterhin als Mitglied der Konvention geführt, siehe (IR) UN Multilateral Treaties, Part I, Chapter XXI, No.1.

[945] BARDONNET, a.a.O., S.149f.
[946] Vgl. WALDOCK, Report II, YBILC 1963-II, S.36, 65f. Abs.9 sowie BARDONNET, a.a.O., S.150.
[947] BARDONNET, a.a.O., S.150f.
[948] BARDONNET, a.a.O., S.153.
[949] BARDONNET, a.a.O., S.150f.
[950] BARDONNET, a.a.O., S.152.

stände durch Revisionen.[951] Die Völkerrechtspraxis zeigt jedoch, daß auch in solche Verträge Kündigungsklauseln aufgenommen werden.[952] Daher läßt sich nicht argumentieren, daß von ihrer „Natur" her eine Kündigung der Seerechtskonventionen unmöglich wäre. Diese rein vertragsrechtlichen Überlegungen werden jedoch überlagert vom Schicksal, das die gekündigten Seerechtskonventionen ereilte. Kaum in Kraft,[953] wurden sie durch die zunehmende Etablierung von ausschließlichen Wirtschaftszonen bis 200 Seemeilen durch die Staatenpraxis in zentralen Punkten schon überholt. Zwar wurde durch die dritte United Nations Conference on the Law of the Sea, die in der Annahme der UN Convention on the Law of the Sea am 10. Dezember 1982[954] mündete, der Versuch unternommen, diesen Entwicklungen und der generellen Unzufriedenheit der Entwicklungsländer mit den Seerechtskonventionen von 1958 Rechnung zu tragen. Allerdings trat diese Konvention erst Ende 1994 in Kraft und zunächst auch ohne Unterstützung der Industrieländer, die erst durch das Abkommen von 1994 gewährleistet wurde,[955] durch das Teil XI der Konvention, der den Tiefseebergbau regelt, letztlich modifiziert wurde. Die Kündigung Senegals muß in diesem Kontext gesehen werden: Heute wissen wir, daß es fast ein Vierteljahrhundert hätte warten müssen, bis seine damalige Gesetzgebung vom revidierten Konventionsrecht gedeckt gewesen wäre. Verträge, die eine Kündigungsmöglichkeit durch Revisionsklauseln ersetzen, müssen letzteren eine hohe zeitliche Effektivität zukommen lassen, wenn die Verträge nicht durch parallele Staatenpraxis überholt werden sollen. Es spricht also die Effektivität des Rechts dafür, in diesem Fall die Kündigung Senegals auf Art.56 Abs.1 b) WVK zu stützen und somit der innerstaatlichen Meinungsänderung, die sich im Gleichklang mit internationalen Entwicklungen befand, Raum zu verschaffen.

---

[951] Demgegenüber führt GIRAUD, Modification et terminaison, in: 49-I AIDI 1961, S.5, 73f. den Norm-Charakter gerade als Argument dafür ins Feld, daß ein implizites Kündigungsrecht existieren müsse, da ein „régime de droit" nie für die Ewigkeit gelte. Die Frage der Revision erörtert er nicht.
[952] Siehe oben III. 2. b) 2) i) am Ende.
[953] Die Konvention über Territorialgewässer trat am 10. September 1964 in Kraft (516 UNTS 1964, S.206 Fn.1), die Fischfang-Konvention am 20. März 1966 (559 UNTS 1966, S.286 Fn.1).
[954] (IR) UNCLOS, 1982; 1833 UNTS 1994, No.31363, S.3-581 = 21 ILM 1982, S.1261-1354.
[955] (IR) UNCLOS Agreement, 1994, abgedruckt in: 33 ILM 1994, S.1313.

## 3. Der Atomausstieg

Die 1998 neugewählte rot-grüne Koalition in Deutschland hatte gleich zu Beginn ihrer Regierungszeit den Ausstieg aus der Kernenergie auf die politische Agenda gesetzt.[956] Als Einwand gegen den Einstieg in den Ausstieg und das damit verbundene Verbot der Wiederaufarbeitung[957] von verbrannten Kernelementen wurde u.a. auch geltend gemacht, völkerrechtliche Verpflichtungen der Bundesrepublik im Rahmen von Verträgen mit Frankreich und Großbritannien, die die Atommüllwiederaufarbeitung betreffen, stünden ihm entgegen.[958]

### a) Sachverhalt

Die deutschen Energieversorgungsunternehmen haben mit der Betreiberin der französischen Wiederaufarbeitungsanlage La Hague, der Compagnie Générale des Matières Nucléaires (COGEMA) sowie mit der Betreiberin der britischen Anlage in Sellafield, der British Nuclear Fuels Limited (BNFL), privatrechtliche Verträge geschlossen, die die Wiederaufarbeitung von spaltfähigem Material betreffen, das in deutschen Kernkraftwerken anfällt. Eine Zäsur erfolgte 1989, als auf deutscher Seite politisch entschieden wurde, keine Wiederaufarbeitungsanlage in Wackersdorf zu errichten und zu betreiben, und damit auf einen deutschen Standort zu verzichten. Die davor geschlossenen Verträge werden als Altverträge bezeichnet, sie beinhalten im wesentlichen eine garantierte Zahlungsverpflichtung unabhängig von der Inanspruchnahme der Leistung der Anlagenbetreiber durch die deutschen Unternehmen. Auf der anderen Seite ist eine Freistellungsklausel enthalten, die beide Parteien von der Haftung in Fällen höherer Gewalt befreit. Dazu zählen auch hoheitliche Maßnahmen.[959] Diese privatrechtlichen Verträge, die bereits geschlossenen und noch zu schließende, wurden von Notenwechseln zwischen den Regierungen begleitet, mit denen die Rückführung radioaktiven Abfalls, Fragen der Transportsicherheit sowie nicht zuletzt der Einhaltung der Nichtverbreitungsverpflichtungen hinsichtlich des gewonnenen Plutoniums geregelt wurden. Mit der französischen Regierung erfolgten die Notenwechsel 1979,[960] mit der britischen 1980.[961]

---

[956] Zu den damit verbunden völkerrechtlichen Fragen siehe HEINTSCHEL V. HEINEGG, Wiederaufarbeitung, in: ET 1999, S.72-79; KADELBACH, Wiederaufarbeitung, in: ZUR 1999, S.257-261; Nolte, Wiederaufarbeitung, in: Pelzer (Hrsg.), Rechtsfragen des Umgangs mit abgebrannten Brennelementen und radioaktiven Abfällen, 2002, S.157, 159-162; WARG/HANENBURG, Atomausstieg, in: JZ 2000, S.88-92 mit Nachweisen unveröffentlichter Gutachten; (IR) WOLLTENTEIT, Greenpeace Kurzgutachten, 1999.

[957] Siehe dazu ROßNAGEL, Rechtsprobleme des Ausstiegs, in: ZUR 1999, S.241, 242.

[958] (IR) HÄCKEL, Ausstieg, in: IP 1999 Nr.10, S.38, 39 (bei Fn.4); HEINTSCHEL V. HEINEGG, Wiederaufarbeitung, in: ET 1999, S.72, 79; WARG/HANENBURG, Atomausstieg, in: JZ 2000, S.88, 89ff.

[959] Die Klausel lautet:
If the performance of this Agreement or of any obligation hereunder by either party is prevented, hindered or delayed by reason of any circumstances beyond such party's reasonable control, which circumstances shall include but not be limited to war, hostile or criminal act, revolution, riot, civil comotion, blockade, embargo, industrial action (including strikes) by workpeople, lock-out, act or restraint of government or any other authority having jurisdiction in respect of the performance of any obligation under this Agreement or damage by fire or flood, that party shall upon giving notice to the other be excused [...] from any liability for failure to fulfil any obligation hereunder to the extent that such obligation is so prevented, hindered or delayed.

[960] Vier Notenwechsel vom 25. April 1979, betreffend 1. die Wiederaufarbeitung, 2. die Rückführung des Plutoniums, 3. den Reexport dieses Plutoniums, sowie 4. der Erstreckung dieser Vereinbarungen auf das

IV. Fallbeispiele

Das Aus für Wackersdorf machte eine Neufassung der privatrechtlichen Verträge notwendig. Dazu wurden zwischen der Deutschen Gesellschaft für die Wiederaufarbeitung von Kernbrennstoffen (DWK) mit der COGEMA und der BNFL Musterverträge ausgehandelt. Sie wurden gemeinsam mit den Regierungen erarbeitet und erst nach der Billigung durch die Kabinette abgeschlossen.[962] Sie treffen u.a. Vorkehrungen für den Fall, daß in Deutschland die Wiederaufarbeitung verboten wird,[963] und sehen im übrigen vor, daß Gesetzesänderungen in einem der beiden Staaten für die – privatwirtschaftlichen – Unternehmen als *force majeure*, als nicht zu vertretende Unmöglichkeit zu werten ist.[964]

Auf Regierungsebene wurde 1989 zwischen den Staaten Gemeinsame Erklärungen über die Zusammenarbeit im Bereich der friedlichen Nutzung der Kernenergie abgegeben,[965]

---

Bundesland West-Berlin. Auf französischer Seite zeichnete JEAN MARIE SOUTOU, Ambassadeur de France, Generalsekrtetär des Ministeriums für auswärtige Angelegenheiten, auf deutscher der Botschafter der Bundesrepublik Deutschland in Frankreich, AXEL HERBST.

[961] Notenwechsel vom 18. Juli 1980, betreffend die Wiederaufarbeitung (britische Noten 114 und 116, deutsche Note Nr.491.09/01) und die Rückführung des Plutoniums (britische Noten 115 und 117, deutsche Note Nr.491.09/02). Für die britische Seite zeichnete der Botschafter des Vereinigten Königreichs von Großbritannien und Nordirland in Bonn, SIR J. OLIVER WRIGHT, für die deutsche der Staatssekretär des Auswärtigen Amtes VAN WELL.

[962] So billigte das Bundeskabinett in seiner Sitzung am 14. März 1990 nach vorheriger Prüfung durch das Auswärtige Amt, das Bundeswirtschafts- und das Bundesumweltministerium (federführend) sowie durch das Kanzleramt die Musterverträge.

[963] Die Klausel im Mustervertrag mit der COGEMA lautet:

If the Reprocessor is prevented from REPROCESSING by German laws, regulations or political decisions the fuel assemblies not yet REPROCESSED shall be returned to the Company, at the Company's expense, not later than [ ] after the date of applicability of such laws and/or regulations or political decisions, and the Reprocessor shall refund to the Company all sums paid by the Company which will not correspond to services actually performed. The point of DELIVERY shall be AGREED between the Company and the Reprocessor.

Die Musterverträge mit der BNFL enthalten eine entsprechende Vereinbarung (Klausel 3.3).

[964] In den Musterverträgen lautet die Vereinbarung mit COGEMA in Klausel 14:

Force Majeure and Consequences Thereof

14.1 Neither Party shall be responsible to the other for the financial or other consequences of any failure or delay on its part in fulfilling any of its obligations under this Contract by reason such as acts or restraints of Government, war, revolution, riot, civil commotion, blockade, embargo, strike, lock-out or damage by fire or flood or by any other circumstances beyond its control.

14.2 If the performance of this Contract or of any obligation thereunder by either party is prevented or delayed by reason of any circumstances falling within the scope of Clause 14.1, the party so affected shall upon giving notice to the other be excused from such prevention or for such delays PROVIDED THAT it shall do its best to avoid or remove or minimize the cause of non-performance or delay.

Eine vergleichbare Klausel findet sich in den Musterverträgen mit der BNFL (Klausel 10).

[965] Gemeinsame Erklärung über die Zusammenarbeit zwischen Frankreich und der Bundesrepublik Deutschland im Bereich der friedlichen Nutzung der Kernenergie, ausgearbeitet und abgegeben von einer Arbeitsgruppe zur Fortentwicklung der deutsch-französischen Kooperation bei der friedlichen Nutzung der Kernenergie im Rahmen der deutsch-französischen Gipfelkonsultationen in Paris am 20. April 1989, gebilligt vom Bundeskabinett am 6. Juni 1989 (siehe dazu Pressemitteilungen des BMU 44/89 und 45/89 vom 6. Juni 1989); Gemeinsame Erklärung über die deutsch-britische Zusammenarbeit im Bereich der friedlichen Nutzung der Kernenergie, vereinbart von Bundesumweltminister TÖPFER und dem britischen Energiestaatssekretär SPICER am 25. Juli 1989 (siehe dazu Pressemitteilung des BMU 66/89 vom 25. Juli 1989).

wobei die Bundesregierung nach der Aufgabe einer nationalen Wiederaufarbeitung das Ziel verfolgte, den Entsorgungsvorsorgenachweis durch die dauerhafte Wiederaufarbeitung im Bereich der EG zu sichern und damit das Konzept[966] der europäischen Kooperation in Form einer arbeitsteiligen Zusammenarbeit bei der friedlichen Nutzung der Kernenergie umzusetzen.[967] Diesem Ziel diente auch die abermalige Absicherung der privatrechtlichen Verträge durch Notenwechsel, 1990 mit Frankreich[968] und 1991 mit Großbritannien.[969]

b) Würdigung

*1) Einordnung als rechtsverbindliches (Verwaltungs-)Abkommen*

Durch die Notenwechsel ist jeweils ein völkerrechtlicher Vertrag zustandegekommen,[970] den man aufgrund seines technisch-kooperativen Inhalts als Verwaltungsabkommen bezeichnen kann.[971] Die vertragliche Bindung ist entgegen dem Wortlaut[972] zwischen der

---

[966] Niedergelegt im Kabinettsbeschluß vom 6. Juni 1989.

[967] Vgl. auch WARG/HANENBURG, Atomausstieg, in: JZ 2000, S.88, 89 m.w.N.

[968] Notenwechsel vom 25. April 1990, abgedruckt in: Journal officiel de la République française vom 17. August 1990, S.10051. Für die deutsche Seite zeichnete der Staatssekretär des Auswärtigen Amts, HANS WERNER LAUTENSCHLAGER, für die französische der Botschafter der Französischen Republik in Deutschland, SERGE BOIDEVAIX. In den Erwägungsgründen wird ausdrücklich auf die Gemeinsame Erklärung vom 6. Juni 1989 Bezug genommen.

[969] Notenwechsel vom 21. März 1991 (deutsches AZ: 431-466.21 GRO SB 2, britische Note Nr.73), abgedruckt in: British Treaty Series 1991, No.59, Cm 1639. Für die deutsche Seite zeichnete der Staatssekretär des Auswärtigen Amts, HANS WERNER LAUTENSCHLAGER, für die britische der Botschafter des Vereinigten Königreichs Großbritannien und Nordirland in Deutschland, SIR CHRISTOPHER MALLABY.

[970] KADELBACH, Wiederaufarbeitung, in: ZUR 1999, S.257, 258. Zum Abschluß völkerrechtlicher Verträge im Wege des Notenwechsels (exchange of letters/exchange of notes) siehe kurz REUTER, Law of Treaties, 2. Aufl. 1995, S.62 Abs.101 und Fußnote 101*, S.86f. sowie AUST, Treaty Law and Practice, 2000, S.18f., 21f., 80f. und 355f. Ausführlich dazu siehe WEINSTEIN, Exchanges of Notes, in: XXIX BYIL 1952, S.205-226. Die bestätigende Note des britischen Botschafters vom 21. März 1991 verwendet eine Formel unterhalb des auf Englisch wiedergegebenen deutschen Vorschlags, die der von AUST, Treaty Law and Practice, 2000, S.356 für einen Vertrag in Form eines Notenwechsels vorgeschlagenen sehr ähnelt.

[971] WARG/HANENBURG, Atomausstieg, in: JZ 2000, S.88, 90; WOLLTENTEIT, Greenpeace Kurzgutachten, 1999, II.1. Letzterer verwechselt allerdings die Frage der unmittelbaren Wirkung („innerstaatliche Geltung") mit der Frage der völkerrechtlichen Bindungswirkung und kommt daher zum unzutreffenden Ergebnis, der Bundestag sei jedenfalls nicht gebunden, II.2. Zu Verwaltungsabkommen allgemein KLABBERS, Concept of treaty, 1996, S.20ff., 97ff. Er weist insbesondere nach, daß eine Differenzierung nach „treaty" und „administrative agreement" in der ILC bei den Arbeiten zur WVK als überflüssig betrachtet wurde, da es sich auch bei letzterem um eine bindende völkerrechtliche Übereinkunft handelt, a.a.O., S.44ff. Zu solchen „agreements in simplified form", also nicht zustimmungsbedürftigen Verträgen, siehe auch rechtsvergleichend und völkerrechtlich WILDHABER, Treaty-Making Power, 1971, S.106-145.

[972] In der deutschen Antwort aus dem Notenwechsel mit Frankreich von 1979 heißt es:
„Ihre Note und diese Antwortnote bilden somit eine Vereinbarung zwischen unseren Regierungen, die mit dem Datum dieser Note in Kraft tritt."
In der französischen Antwort aus dem Notenwechsel mit Deutschland von 1990 lautet der Passus:
„[...], votre lettre et la présente réponse constituant l'Accord intervenu entre nos deux Gouvernements relatif à la coopération Franco-Allemande dans le domaine du [...], accord qui entre en vigueur à la date de ce jour."

Bundesrepublik und Frankreich einerseits und Großbritannien andererseits entstanden.[973] Denn eine rechtliche Bindung zwischen einzelnen Regierungen als Organen eines Staates oder gar einzelnen Ministerien sind dem Völkerrecht unbekannt. Weder sind Staatsorgane, hier Regierungen, eigenständige Völkerrechtssubjekte, noch existiert neben dem nationalen und dem Völkerrecht eine dritte Rechtsordnung, die man als internationales Recht der Staatsorgane bezeichnen müßte.[974] Gerade das Problem der Bindung folgender Regierungen wird in der Literatur darüberhinaus gegen die Existenz von Übereinkünften angeführt, die lediglich Bindungen bezüglich eines Staatsorgans und nicht des Staates entfalten.[975] Auch ein Rechtsbindungswille läßt sich für die Abkommen grundsätzlich bejahen.[976]

### 2) Klauseln wider den Atomausstieg?

Während also den Notenwechsel im Ganzen, mit ihren unterschiedlichen Regelungsgegenständen des Transports, der Nichtverbreitung, sowie der Bestätigung von internationalen Sicherheitsstandards und Überwachungsregimen unschwer und unproblematisch eine völkerrechtliche Verbindlichkeit zugewiesen werden kann, werfen einzelne Klauseln Probleme auf.

Die relevanten Passagen, die einen Bezug zu künftiger Gesetzgebungstätigkeit haben und daher eine politische Umorientierung im Parlament in Richtung Atomausstieg und Verbot der Wiederaufarbeitung betreffen könnten, besitzen grundsätzlich eine identische inhaltliche Stoßrichtung. Sie zielen nämlich darauf ab, den Zugang der deutschen Energieversorger zu der französischen und britischen Wiederaufarbeitungsanlage sowie den Rücktransport nach Deutschland des aufgearbeiteten Materials und insbesondere des bei der Aufarbeitung angefallenen Restmülls zu gewährleisten. Die Klauseln unterscheiden sich jedoch in den vier Notenwechseln.

### i) Die deutsch-französische Vereinbarung von 1979

Die Zustimmung der französischen Behörden zu den privatrechtlichen Verträgen war an die Bedingung gekoppelt, daß sie der COGEMA das Recht einräumen, den Abfall, der bei der

---

Im deutsch-britischen Notenwechsel von 1980 fehlt eine entsprechende ausdrückliche Vereinbarung. Demgegenüber heißt es in der britischen Antwortnote vom 21. März 1991 aus dem zweiten deutsch-britischen Notenwechsel:
„Your Excellency's Note and this Note in reply thereto shall constitute an Agreement between our two Governments to enter into force on the date of this Note."

[973] Zutreffend WARG/HANENBURG, Atomausstieg, in: JZ 2000, S.88, 90. Unzutreffend allerdings ihr Verweis auf Art.6 WVK, der nach ihrer Ansicht festlegt, daß nur Staaten Verträge schließen können. Sie verkennen dabei, daß die Wiener Vertragsrechtskonvention vom Anwendungsbereich nach Art.1 WVK überhaupt nur Verträge zwischen Staaten erfaßt und bereits Verträge mit oder unter internationalen Organisationen außen vor läßt. Entsprechend kann die Konvention keine Aussage darüber treffen, ob es im Völkerrecht auch „Regierungsverträge" gibt, also solche, die Rechte und Pflichten konkret zwischen Regierungen begründen. Art.6 WVK stellt demgegenüber lediglich fest, daß es keine Pariahs unter den Staaten gibt, denen es an einer Vertragsschlußfähigkeit (etwa aufgrund „fehlender Geschäftsfähigkeit") mangelt.

[974] KLABBERS, Concept of treaty, 1996, S.101ff. Interessant insbesondere sein Hinweis (a.a.O., S.103f) auf das neue mexikanische Gesetz über das Recht der Verträge (abgedruckt in: 31 ILM 1992, S.390ff.), wonach sowohl die durch die Regierung (für Mexiko, allerdings erwähnt der Gesetzeswortlaut das nicht) abgeschlossenen Verträge (Art.2 Abs.1) als auch durch Ministerien und Ämter eingegangene „inter-institutional agreements" (Art.2 Abs.2) dem Völkerrecht unterfallen.

[975] MCNAIR, Law of Treaties, 1961, S.20.

[976] Siehe die in Fn.972 zitierten Schlußformeln der Notenwechsel, die auch WARG/HANENBURG, Atomausstieg, in: JZ 2000, S.88, 89 für den Rechtsbindungswillen anführen.

## 3. Der Atomausstieg

Aufarbeitung anfällt, den deutschen Betreibern als Verursachern zu liefern.[977] Frankreich sollte also nicht auf Atommüll „sitzenbleiben", der durch die Aufarbeitung deutscher Brennstäbe verursacht wurde.[978] Dieses Recht mußte im Hinblick auf die atomrechtlichen Genehmigungen der Transporte zwischenstaatlich abgesichert werden. Die Vertragspartner wählten allerdings nicht den naheliegenden Weg, daß sich die Bundesrepublik zur Erteilung der erforderlichen Genehmigungen verpflichtet. Vielmehr stipuliert die erste französische Note vom 25. April 1979:

> 4. Le Gouvernement de la République française souhaiterait donc recevoir l'assurance, au nom du Gouvernement de la République Fédérale [sic] de l'Allemagne, que ce dernier n'entend prendre aucune initiative législative ou réglementaire qui empêcherait la COGEMA d'user de la faculté de livrer les déchets radioactifs aux sociétés et que, dans le cadre des dispositions légales s'y rapportant le Gouvernement de la République Fédérale [sic] d'Allemagne s'engage à faciliter la mise en oeuvre de cette faculté.

Die vereinbarte deutsche Fassung lautet nach der bestätigenden Note des deutschen Botschafters in Paris vom gleichen Tage wie folgt:

> [...] 4. Die Regierung der Französischen Republik möchte daher die Zusicherung im Namen der Regierung der Bundesrepublik erhalten, daß diese keinerlei Initiative in Form von Gesetzen oder Verordnungen zu ergreifen gedenkt, die die COGEMA an der Wahrnehmung der Befugnis, die radioaktiven Abfälle an die Gesellschaft zu liefern, hindern würde, und daß sich die Regierung der Bundesrepublik im Rahmen der diesbezüglichen Rechtsvorschriften verpflichtet, die Wahrnehmung dieser Befugnis zu erleichtern.
>
> [...] Ich beehre mich, Ihnen mitzuteilen, daß meine Regierung [die deutsche, Anm.d. Autors] mit den in ihrer Note [der französischen, Anm. d. Autors] enthaltenen Vorschlägen einverstanden ist, [sic] Ihre Note und diese Note bilden somit eine Vereinbarung zwischen unseren beiden Regierungen, die mit dem Datum dieser Note in Kraft tritt.

Für die französische Seite wurde eine entsprechende Verpflichtung übernommen:

> Le Gouvernement français déclare, de son côté, qu'il n'entend prendre aucune initiative qui empêcherait l'entrée et le transport en France des éléments de combustibles irradiés en provenance de la République Fédérale [sic] d'Allemagne pourvu qu'ils aient été mis sous une forme qui permette leur transport en toute sécurité à l'usine de retraitement de la COGEMA.[979]

---

[977] Vgl. Nr.3 des Notenwechsels in der französischen Fassung:
3. Une clause desdits contrats [zwischen der COGEMA und den deutschen Betreibern, Anm. d. Autors] prévoit que la COGEMA aura la faculté de livrer aux Sociétés [den deutschen Betreibern, Anm. d. Autors] les déchets radioactifs résultant du retraitement du combustible irradié en question (ou l'équivalent desdits déchets) pourvu qu'ils aient été mis sous une forme qui permette leur transport en toute sécurité au lieu de stockage et qui permette leur stockage conformément aux règlements applicables. Aussi, les contrats précisent-ils par ailleurs que les opérations de retraitement ne commenceron qu'à partir du moment où un accord se sera fait sur les conditions du retour des déchets.
L'approbation desdits contrats par les autorités de la République française est subordonnée à l'insertion dans ces contrats des dispositions mentionnées ci-dessus.

[978] KADELBACH, Wiederaufarbeitung, in: ZUR 1999, S.257, 258f. In atomrechtlicher Diktion handelt es sich um das „Prinzip der nationalen Verantwortung", siehe Antwort der Bundesregierung auf eine kleine Anfrage, BT-Drucks.12/5042 vom 26. Mai 1993, S.2.

[979] Die deutsche Fassung lautet:
Die französische Regierung erklärt ihrerseits, daß sie keinerlei Initiative zu ergreifen gedenkt, die die Einfuhr und den Transport der bestrahlten Brennelemente aus der Bundesrepublik Deutschland nach bzw. in Frankreich verhindern würde, sofern sie in eine Form gebracht sind, die ihren völlig abgesicherten Transport zur Wiederaufarbeitungsanlage der COGEMA ermöglicht.

Statt einer Genehmigungspflicht erhält damit die französische Regierung die Zusicherung der Bundesregierung („assurance, au nom du Gouvernment de la République Fédérale [sic] d'Allemagne"), daß diese „n'entend prendre aucune initiative législative ou réglementaire" („keinerlei Initiative in Form von Gesetzen oder Verordnungen zu ergreifen gedenkt"), die die Rückführung des Atommülls behindern würde, der bei der Aufarbeitung anfällt. Im Gegenzug gilt gleiches für den Transport der Brennelemente in die französische Anlage.

Die Negativfassung in Form einer Unterlassungserklärung schafft erhebliche Probleme bei der Auslegung des Inhalts der Klausel. Auf französisch würde man eine solche Vereinbarung „flou" nennen, auf deutsch ist das Attribut „windelweich" noch euphemistisch. Geht man vom Wortlaut aus, ist überhaupt keine Verpflichtung übernommen worden: Daß die deutsche Regierung etwas nicht zu tun gedenkt, ist eine reine Beschreibung der momentanen politischen Absichten, nicht aber eine Restriktion des Verhaltens in der Zukunft.[980] Sollte die Klausel eine Verpflichtung enthalten, müßte sie lauten „keinerlei Initiative [...] ergreifen **wird**."

Geht man großzügig darüber hinweg, etwa indem man argumentiert, daß die Zusicherung nicht nur zum Zeitpunkt des Notenwechsels, sondern dauerhaft gilt und damit auch zukünftige Absichten umfaßt, sind die Schwierigkeiten noch nicht aus dem Weg geräumt. Zunächst werden zwei Regelungsinstrumente in einem Atemzug genannt, die strukturell voneinander verschieden sind. Während die „initiative législative" einen gesonderten Bestandteil innerhalb eines Gesetzgebungsverfahrens beschreibt, fällt es schwer, eine „initiative [...] réglementaire" innerhalb der Verordnungsgebung zu isolieren. Denn eine Regierung erläßt entweder eine Verordnung oder unterläßt dies, aber eine „Verordnungsinitiative" ist als Bestandteil eines Prozesses, den die Regierung von Anfang bis Ende in der Hand hat, kein sinnvoller Ansatzpunkt für eine Unterlassungspflicht. Natürlich kann man *a fortiori* argumentieren, daß erst recht keine Verordnung erlassen werden darf, wenn schon „Initiativen" in diese Richtung zu unterlassen sind. Aber dennoch hätte es besser geheißen „wird keine Gesetzesinitiativen ergreifen und keine Verordnungen erlassen".

Damit kommt man aber zum letzten Stolperstein der Klausel: Die „initiative législative" ist unzweifelhaft ein gesonderter Bestandteil des Gesetzgebungsprozesses, den die Regierung unterlassen kann. Man kann diese Verpflichtung auf zweierlei Weise lesen. Entweder wollte die Bundesregierung sich selber verpflichten. Dann stünde man vor zwei Problemen. Zum einen weist das Völkerrecht – bisher – Staatsorganen keine eigene, auch nur partielle, Rechtsfähigkeit zu, kennt also keine gesonderte Verpflichtung der Regierung. Zwar sind gerade in Verwaltungsabkommen regelmäßig die Regierungen als Träger von Rechten und Pflichten aufgeführt, völkerrechtlich ist jedoch etwa jede Erwähnung der Bundesregierung durch „Bundesrepublik Deutschland" zu ersetzen, sofern es nicht genau um die Vertreterrolle der Regierung für den Staat geht. Zum anderen bliebe offen, ob nur die aktuelle Regierung verpflichtet ist, also keine Initiative ergreifen wird (oder eben „zu ergreifen gedenkt"), oder ob auch folgende Regierungen dieser Verpflichtung unterliegen. Auf diese beiden Aspekte wird im Anschluß an die Erörterung der einzelnen Klauseln aller Notenwechsel noch einmal zurückzukommen sein.

Die andere Lesart geht vom klassischen Völkerrecht aus und sieht die Bundesrepublik verpflichtet. Dann müßte aber immer noch der Verpflichtungsinhalt geklärt werden: Soll nur die

---

[980] Vgl. WOLLTENTEIT, Greenpeace Kurzgutachten, 1999, II. 3. b) zu der insoweit gleichstrukturierten Klausel Nr.3 im deutsch-britischen Notenwechsel von 1991.

## 3. Der Atomausstieg

Regierung nicht tätig werden (dürfen), oder sind alle Staatsorgane betroffen? Die erste Variante ist nicht ausgeschlossen, da es den Staaten natürlich frei steht, lediglich für einzelne staatlichen Akteure Verpflichtungen einzugehen und *de facto* der größte Teil der Gesetzgebung ohnehin aus der Regierung erwächst. Dennoch würde dadurch das Ziel des gesamten Notenwechsels, nämlich die privatrechtlichen Verhältnisse auch öffentlich-rechtlich abzusichern, nur lückenhaft erreicht: Die anderen Staatsorgane mit Gesetzesinitiativrecht wären nicht von der Unterlassungspflicht erfaßt, und auch wenn sie prozentual gesehen seltener aktiv werden, wäre die gewünschte Sicherheit nicht erreicht.[981] Die Klausel hätte also eine asymmetrische Struktur: Während eine Regulierung durch Verordnungen bei einer nach Ziel und Zweck ausgerichteten Betrachtung insgesamt ausgeschlossen ist, wäre die Regulierung durch Gesetze nur partiell unterbunden.

Legt man nun auch dem Passus „initiative législative" eine teleologische Interpretation zugrunde, könnte man die Klausel so verstehen, daß die Bundesrepublik sich verpflichtet, „weder durch Gesetzgebungsmaßnahmen noch auf dem Verordnungswege [...] zu behindern", wobei man zur Vervollständigung des normativen Dreiklangs noch zusätzlich „administrative Maßnahmen" hätte aufnehmen können. Die Klausel wäre also wie folgt zu lesen:

> 4. Die Bundesrepublik Deutschland sichert der Republik Frankreich zu, daß sie keinerlei Gesetze oder Verordnungen erlassen oder administrative Maßnahmen ergreifen wird, die die COGEMA an der Wahrnehmung der Befugnis, die radioaktiven Abfälle an die Gesellschaft zu liefern, hindern würde, und daß sich die Bundesrepublik Deutschland im Rahmen der diesbezüglichen Rechtsvorschriften verpflichtet, die Wahrnehmung dieser Befugnis zu erleichtern.

Legte man jedoch einen solchen Inhalt in die Klausel, wäre nicht nur der Wortlaut der Vereinbarung weit überschritten und die Vereinbarkeit einer solchen Interpretation mit Art.31 WVK[982] höchst zweifelhaft. Auch wäre es erstaunlich, daß in den privatrechtlichen Musterverträgen, die ebenfalls von den Regierungen mit ausgearbeitet wurden, zum einen ausdrücklich Vorkehrung für den Fall einer regulatorischen Maßnahme in Deutschland getroffen,[983] und eine Freistellung für den Fall einer Gesetzesänderung aufgenommen,[984] und im gleichen Atemzug eine solche zwischen den Staaten ausgeschlossen wird.[985] Die Musterverträge gehören zwar möglicherweise nicht zu den „vorbereitenden Arbeiten" der Notenwechsel im engeren Sinne, aber doch zumindest zu den „Umständen des Vertragsschlusses" nach Art.32 WVK, da ihre Ausarbeitung von den Regierungen begleitet wurde und auf sie ausdrücklich in den Erwägungsgründen Bezug genommen wird.[986]

---

[981] Vgl. den Vorschlag von WOLLTENTEIT, Greenpeace Kurzgutachten, 1999, II. 3. c), zur Vermeidung von völkerrechtlicher Haftung die Gesetzesvorlage nicht von der Bundesregierung einbringen zu lassen.

[982] Frankreich hat die Vertragsrechtskonvention nicht ratifiziert, vgl. BGBl.2001-II, Fundstellennachweis B, S.517f. (Stand 31. Dezember 2001). Sowohl die Grundsätze der Interpretation wie die im folgenden angesprochene Berücksichtigung der Verletzung innerstaatlichen Rechts gelten gewohnheitsrechtlich, siehe oben III. 1. und III. 2. a). Ebenso WARG/HANENBURG, Atomausstieg, in: JZ 2000, S.88, 90.

[983] Vgl. den Wortlaut der Klausel oben Fn.963.

[984] Vgl. den Wortlaut der Klausel oben Fn.964.

[985] Das übersehen WARG/HANENBURG, Atomausstieg, in: JZ 2000, S.88, 91.

[986] Der Erwägungsgrund lautet:
unter Bezugnahme auf die Gespräche zwischen der Compagnie générale des matières nucléaires (nachstehend „COGEMA" genannt) und der Deutschen Gesellschaft für Wiederaufarbeitung von Kernbrennstoffen (nachstehend „DWK" genannt) im Jahr 1989 über die Wiederaufarbeitung bestimmter Mengen

Vor allem aber bestünden zumindest auf deutscher Seite auch verfassungsrechtliche Bedenken. Der Abschluß eines Abkommens mit diesem Inhalt ohne Zustimmung des Bundestags wäre verfassungswidrig, da eine Unterlassungspflicht hinsichtlich gesetzgeberischer Tätigkeit Art.59 Abs.2 GG unterfällt.[987] Dabei kann die Frage offenbleiben, ob Art.59 Abs.2 GG konkret oder abstrakt verstanden werden muß, also ob die Zustimmungspflicht dadurch ausgelöst wird, ob der Gesetzgeber für die Umsetzung des Abkommens konkret tätig werden müßte oder ob das Abkommen abstrakt in der Zukunft seine Gesetzgebungstätigkeit berühren könnte.[988] Denn anders als in typischen Verwaltungsabkommen, die lediglich Maßnahmen beinhalten, die im Kompetenzbereich der Exekutive liegen, wird hier in der weiten Auslegung eine explizite gesetzgeberische Unterlassungspflicht zu einem konkreten Sachgebiet festgeschrieben. Auch nach der engen Auslegung von Art.59 Abs.2 GG bezieht sich daher der Notenwechsel auf „Gegenstände der Bundesgesetzgebung" und wäre in diesem Fall zustimmungspflichtig gewesen. Daß eine solche Vereinbarung parlamentarischer Zustimmung bedürfte, wäre für Frankreich auch offensichtlich gewesen, so daß Art.46 WVK einschlägig wäre.

Es spräche daher viel dafür, in der Klausel lediglich eine Erklärung politischen *goodwills* zu sehen, ohne rechtlichen Gehalt. Dem steht jedoch der systematische Zusammenhang mit Nr.3 des Notenwechsels[989] entgegen (vgl. Nr.4 des Notenwechsels: „donc", „daher"). Die Sicherstellung des Rücktransports war ein Erfordernis für die atomrechtliche Genehmigung der Verträge in Frankreich, eine politische Absichtserklärung hätte dem nicht genügt. Man muß daher entweder von einer inhaltlich unvollständigen oder von einer verfassungswidrigen Verpflichtung ausgehen. Da der Notenwechsel allerdings nur Altverträge absichert, die inzwischen ausgelaufen sind,[990] berührt die Frage des Ausstiegs ihn nicht.

ii) Die deutsch-britische Vereinbarung von 1980

Dem parallelen deutsch-britischen Notenwechsel des Folgejahres lag die gleiche Konstellation zugrunde. Auch hier sollte die Rücklieferung des Atommülls abgesichert werden. Fast wortgleich zu Nr.4 des deutsch-französischen Notenwechsels von 1979 lautet die Klausel in der britischen Note 114 vom 18. Juli 1980:

> The United Kingdom Government would accordingly be grateful for an assurance on behalf of the Government of the Federal Republic of Germany, that the latter do not intend to take any legislative or regulatory initiative which would prevent the due execution of the contract referred to above and which in particular would prevent BNFL from exercising its contractual option to deliver the radioactive waste to RWE; and that, within the framework of relevant national legal requirements, they intend to facilitate the operation of the above option.

Die deutsche Fassung, die nicht vereinbart wurde, unterscheidet sich im Wortlaut in zwei Punkten von der britischen und lautet nach der bestätigenden Note des Staatssekretärs des Auswärtigen Amtes vom gleichen Tage wie folgt:

> bestrahlter Kernbrennstoffe aus der Bundesrepublik Deutschland durch die COGEMA innerhalb festgesetzter Zeitabschnitte, die zur gemeinsamen Ausarbeitung zweier Musterverträge geführt haben, [...]

[987] So ausdrücklich KADELBACH, Wiederaufarbeitung, in: ZUR 1999, S.257, 260; implizit auch WARG/HANENBURG, Atomausstieg, in: JZ 2000, S.88, 90f.

[988] Zum Streitstand siehe KADELBACH, Wiederaufarbeitung, in: ZUR 1999, S.257, 260 und WARG/HANENBURG, Atomausstieg, in: JZ 2000, S.88, 90f.

[989] Siehe oben Fn.977.

[990] Vgl. WARG/HANENBURG, Atomausstieg, in: JZ 2000, S.88, Fn.2.

## 3. Der Atomausstieg

> Ich beehre mich, Ihnen die Zusicherung der Regierung der Bundesrepublik Deutschland zu übermitteln, daß sie nicht beabsichtigt, Gesetzgebungs- oder Verwaltungsmaßnahmen zu ergreifen, welche die ordnungsgemäße Durchführung des Vertrages verhindern und insbesondere die BNFL daran hindern würden, ihre vertragliche Option zur Lieferung des radioaktiven Abfalls an das RWE auszuüben, und daß die Regierung der Bundesrepublik Deutschland im Rahmen der einschlägigen innerstaatlichen gesetzlichen Voraussetzungen beabsichtigt, die Wahrnehmung dieser Option zu erleichtern.

Zunächst ist die Formulierung „due execution of the contract" mit „ordnungsgemäße Durchführung des Vertrages" untechnisch im Sinne juristischer Diktion und damit nicht ganz zutreffend übersetzt. Denn statt mit „Durchführung", die der deutschen Rechtsterminologie fremd ist, kann „execution" angenähert mit „Erfüllung" übersetzt werden – so etwa in der deutschen Fassung des deutsch-britischen Notenwechsels von 1991 (Nr.3). Die deutsche Fassung spricht des weiteren nicht von Gesetzgebungs- und Verordnungsinitiativen wie der britische Text, sondern von -maßnahmen.

Eine spiegelbildliche Klausel betraf Großbritannien:

> I would state in this connection that the United Kingdom Government for their part do not intend to take any legislative or regulatory initiative which would prevent the due execution of the contract, including the provisions in that contract relating to the delivery of irradiated fuel to BNFL and its transport to the reprocessing site in the United Kingdom.[991]

Die deutsch-britische Klausel ist fast identisch mit der deutsch-französischen, aber eben nur fast. Die „nicht-gedenken"-Formel („n'entend pas") findet sich hier in einer „nicht-beabsichtigen"-Fassung („do not intend"). Vom Wortlaut her deutet auch dies auf eine lediglich politische Absichtserklärung und eine fehlende rechtliche Verbindlichkeit. Übergeht man diese Unebenheit, die man dem stilistischen Überschwang der Autoren zuschreiben kann, dann fällt auf, daß die deutsche Formulierung „Gesetzgebungs- und Verwaltungsmaßnahmen" zwar nicht durch sprachliche Eleganz besticht, dafür aber hinsichtlich des regulatorischen Handelns durch die Exekutive (Verwaltungsmaßnahmen = Verordnungen und Verwaltungsakte) inhaltlich konkreter ist als die englische „initiative" und der parallele deutsch-französische Notenwechsel. Die Abweichung nach Art.33 Abs.4 WVK durch Auslegung nach Ziel und Zweck des Vertrages aufzulösen fällt schwer. Denn da man unter „Gesetzgebungsmaßnahmen" auch lediglich Gesetzesinitiativen der Regierung verstehen kann, bleibt wiederum offen, ob Ziel und Zweck der Regelung sein soll, daß der Staat als solcher sich jeglicher behindernder regulatorischer Tätigkeit enthält, gleich durch welches Organ, oder ob eine Beschränkung alleine der Regierungstätigkeit gemeint ist.

Signifikanter ist die Abweichung zwischen französisch-deutscher und britisch-deutscher Klausel aber hinsichtlich des Gegenstandes, der durch die Unterlassung geschützt werden soll. Es geht nicht lediglich darum, die Rückführung des Atommülls abzusichern, sondern insgesamt um die „ordnungsgemäße Durchführung [lies: Erfüllung] der Verträge". Die Klausel geht damit weit über ihren Anlaß hinaus. Denn die ordnungsgemäße Erfüllung der Verträge umfaßt nicht nur die operative und technische Abwicklung der Transporte unter atomrechtlichen Gesichtspunkten, sondern auch den Grundsatz der Verpflichtung deutscher Kernkraftbetreiber, ihre bestrahlten Brennelemente gegen Entgelt in den ausländischen, in diesem Fall britischen Anlagen aufarbeiten zu lassen – mithin das gesamte System der arbeitsteiligen Atomwirtschaft in Europa. Es ist nicht von vornherein abwegig, dieses System zwischenstaatlich abzusichern, handelt es sich doch auf beiden Seiten um Unternehmen, die

---

[991] In der deutschen Bestätigung fehlt diese Klausel.

überwiegend im staatlichen Besitz sind und deren Rentabilitätsprognosen auf einer Gewährleistung dieses Systems beruhen. Auf der anderen Seite erscheint die Ausweitung der Klausel auf eine solche Systemabsicherung im Kontext des Notenwechsels unmotiviert, und es liegt auf der Hand, daß verfassungsrechtlich eine solche Absicherung nicht im Wege eines Verwaltungsabkommens hätte geschehen dürfen.

Auch dieser Notenwechsel betrifft Altverträge, so daß eine trotz diffusem Wortlaut und unklarem Inhalt enthaltene Verpflichtung heutzutage nicht mehr relevant ist.

       iii)   Die deutsch-französische Vereinbarung von 1990

Anders als in den Klauseln des Notenwechsels von 1979 wurden diesmal weite Formulierungen verwendet, die unterschiedliche Gegenstände betreffen. So heißt es in der deutschen Note vom 25. April 1990 an den französischen Botschafter:

> 2. Beide Regierungen setzen dem Zugang der Stromerzeuger der Bundesrepublik Deutschland zu den Wiederaufarbeitungskapazitäten der Anlage UP3 kein Hindernis entgegen.
>
> 3. Beide Regierungen ergreifen keinerlei Initiative, die den Transport der bestrahlten Brennstoffe zum Zweck der Wiederaufarbeitung durch die COGEMA in ihrem jeweiligen Hoheitsgebiet verhindern würde, sofern sie in eine Form gebracht sind, die ihren völlig sicheren Transport ermöglicht.
>
> 4. [...] Die Regierung der Bundesrepublik sichert zu, daß sie keinerlei Initiative zu ergreifen gedenkt, die die COGEMA daran hindern würde, die radioaktiven Abfälle in Übereinstimmung mit den einschlägigen Klauseln der Musterverträge an die jeweiligen Vertragspartner zu liefern, sofern diese Abfälle in eine Form gebracht sind, die ihren völlig sicheren Rücktransport in die Bundesrepublik Deutschland ermöglicht.

Die deutsche Fassung wurde anders als 1979 nicht vereinbart, und die französische Antwort vom gleichen Tage divergiert im Wortlaut vom deutschen Vorschlag:

> 2) Les deux Gouvernement ne mettront pas d'obstacle à l'accès des producteurs d'électricité de [sic] République fédérale d'Allemagne aux capacités de retraitement de l'usine UP3.
>
> 3) Les deux Gouvernements ne prendront aucune initiative susceptible d'empêcher sur leurs territoires respectifs le transport des combustibles irradiés en vue de leur retraitement par la COGEMA, pourvu qu'ils aient été mis sous une forme qui permette leur transport en toute sécurité.
>
> 4) [...] Le Gouvernement de la République fédérale de l'Allemagne garantit qu'il ne prendra aucune initiative qui empêcherait la COGEMA de livrer les déchets radioactifs à ses partenaires respectifs conformément aux clauses pertinentes des contras-types, pourvu qu'ils aient été mis sous une forme qui permette leur retour en République fédérale d'Allemagne en toute sécurité.

Zum einen umgeht die französische Fassung also die im Deutschen mögliche Substitution des Futurs durch den Indikativ und unterstreicht damit den Verpflichtungscharakter gegenüber einer reinen Aussageform: „Les deux Gouvernements **ne mettrons pas** d'obstacle [...]" (Ziff.2), „**ne prendront aucune initiative** susceptible d'empêcher [...]" (Ziff.3) und die Bundesregierung „**garantit qu'il ne prendra aucune initiative** qui empêcherait [...]" (Ziff.4 a.E., Hervorhebungen jeweils vom Autor). Zum anderen wird die „nicht-gedenken"-Formel in Ziff.4 a.E. des deutschen Vorschlages ohne Bedenken ignoriert und durch eine harte Garantieerklärung ersetzt. Mangels deutschen Widerspruchs gegen die eigenmächtige französische Abänderung wird man die französische Fassung als gültigen Vertragstext zugrundelegen müssen, da zum einen die Ziel und Zweck-Interpretation nach Art.33 Abs.4 WVK einer Garantie den Vorzug gegenüber einer Erklärung zum Zustand der aktuellen Willensrichtung gibt. Zum

3. *Der Atomausstieg* 171

anderen macht schon der Vergleich von Ziff.3 und Ziff.4 a.E. des deutschen Vorschlages klar, daß die „nicht-gedenken"-Formel lediglich eine „Altlast" aus der Vereinbarung von 1979 ist. Denn es ergibt keinen Sinn, den Transport der Brennelemente zur Anlage (Ziff.3) und die Rückführung des Restmülls nach Deutschland (Ziff.4 a.E.) unterschiedlich zu regeln.

Während der Verpflichtungscharakter der Klauseln deutlicher als im Notenwechsel von 1979 zu Tage tritt, bleibt der Inhalt der Verpflichtung weiterhin vage. Die Formulierung in Ziff.2, dem Zugang der deutschen Energiekonzerne zu der französischen Wiederaufarbeitungsanlage kein Hindernis entgegenzusetzen, ist denkbar weit gefaßt. Darunter könnte auch die grundsätzliche Aufrechterhaltung der Option der Wiederaufarbeitung für Atommüll zu verstehen sein,[992] entsprechend der deutsch-britischen Klausel von 1980. Der systematische Zusammenhang mit Ziff.1, die die Beachtung der Londoner Richtlinien für die nukleare Weitergabe einfordert, und Ziff.3, die spezifisch den Transport bestrahlter Brennstoffe behandelt, läßt eine solche weite Auslegung jedoch fernliegend erscheinen. Näher liegt es, in Ziff.2 eine generelle Regelung zu der operationellen, technischen Abwicklung der Wiederaufarbeitung zu sehen.[993]

Der Wortlaut der Ziff.3 und Ziff.4 a.E. wirft im Grunde auch in der präziseren französischen Fassung noch mehr Fragen auf als die entsprechende Klausel im Notenwechsel von 1979. Denn hier fehlt jede Erläuterung, welcher Art die zu unterlassende „Initiative" sein könnte. Es bleibt rätselhaft, warum nicht der Terminus „Maßnahme" gewählt wurde, wie in der deutschen Fassung des Notenwechsels mit Großbritannien von 1980, denn eine Initiative als solche ist unschädlich, erst ihre Umsetzung oder Durchführung kann Hindernisse für die privaten Akteure errichten. Man könnte wiederum von einer politischen Absichtserklärung ausgehen, widerspräche dem nicht der systematische Zusammenhang mit Ziff.2, die kompromißlos als Verpflichtung ausgestaltet ist. Da nicht Gesetzgebung und Verordnung als Gegenstand der Initiative benannt sind, könnte es sich dem Wortlaut nach um eine echte Beschränkung auf exekutivisches Tätigwerden handeln, also eine Unterlassungspflicht bezüglich administrativer Hemnisse. Eine solche restriktive Auslegung wäre aber nicht nur eine Abkehr zu der weiten Fassung der Notenwechsel von 1979 und 1980, sondern stünde auch in Kontrast zu dem parallelen deutsch-britischen Notenwechsel von 1991.

iv) Die deutsch-britische Vereinbarung von 1991

Denn dieser enthält Klauseln, die noch weiter gefaßt sind, und kombiniert gewissermaßen den deutsch-britischen Notenwechsel von 1980 mit dem deutsch-französischen von 1990. So heißt es in der Note des Staatssekretärs des Auswärtigen Amts vom 21. März 1991 an den britischen Botschafter:

> 2. Beide Regierungen erklären, daß sie der Lieferung von bestrahlten Brennelementen deutscher Stromerzeuger an die Wiederaufarbeitungsanlagen der BNFL kein rechtliches oder verwaltungsmäßiges Hindernis entgegensetzen werden.
>
> 3. Beide Regierungen erklären, daß sie keinerlei Initiative in Form von Gesetzen oder Verordnungen zu ergreifen gedenken, die die ordnungsgemäße Erfüllung der Verträge verhindern würde. [...]
>
> 5. Die Regierung der Bundesrepublik Deutschland sichert der Regierung des Vereinigten Königreichs Großbritannien und Nordirland zu, daß sie keinerlei Initiative in Form

---

[992] So HEINTSCHEL V. HEINEGG, Wiederaufarbeitung, in: ET 1999, S.72, 74f.
[993] Vgl. KADELBACH, Wiederaufarbeitung, in: ZUR 1999, S.257, 259.

von Gesetzen oder Verordnungen zu ergreifen gedenkt, die die Rückgabe von bei der Wiederaufarbeitung in Sellafield von bestrahlten Kernbrennstoffen aus der Bundesrepublik Deutschland entstehendem Abfall verhindern würde, sofern er in eine Form gebracht ist, die seinen sicheren Transport ermöglicht.

Die bestätigende Note des britischen Botschafters vom gleichen Tage lautet:

2. The two governments declare that they will not impede by legal or administrative means the delivery of irradiated fuel elements from German electricity producers to BNFL's reprocessing facilities.

3. The two Governments declare that they do not intend to take any legislative or regulatory initiative which would prevent the due execution of the Contracts. [...]

5. The Government of the Federal Republic of Germany assures the Government of the United Kingdom of Great Britain and Northern Ireland that it does not intend to take any legislative or regulatory initiative which would prevent the return of any of the waste arising from the reprocessing at Sellafield of irradiated nuclear fuel from the Federal Republic of Germany, provided it has been put in a form in which it can be transported safely.

Während Nr.2 des Notenwechsels als Zusammenfassung der Ziff.2 und 3 des deutsch-französischen Notenwechsels aus dem Vorjahr gelesen werden kann und Nr.5 seine Entsprechung in Ziff.4 a.E. findet, entspricht Nr.3 der Klausel im deutsch-britischen Notenwechsel von 1980. Das zu diesen Klauseln gesagte gilt daher *mutatis mutandis*.

v) Die Klauseln als „Regierungsverpflichtungen"?

Bevor der Versuch einer abschließenden Bewertung unternommen wird, soll die Frage nach einer Einordnung der Klauseln als Verpflichtungen, die lediglich die Regierungen als solche berechtigen und verpflichten, aufgegriffen werden. Dies würde zwar voraussetzen, daß die drei beteiligten Regierungen zumindest partielle Völkerrechtssubjektivität genössen. Dies ist jedoch nicht *a priori* auszuschließen, hat doch die Staatengemeinschaft mit der Möglichkeit der partiellen Völkerrechtssubjektivität internationaler Organisationen einen Präzedenzfall für die Erweiterung des Kreises der Völkerrechtssubjekte geschaffen. Die vier Notenwechsel könnten implizit, gewissermaßen als Meta-Vereinbarung, die Übereinkunft enthalten, daß im Verhältnis von Deutschland zu Frankreich bzw. zu Großbritannien, mithin relativ, die Regierungen eine partielle Völkerrechtssubjektivität genießen. Eine solche Konstruktion entspräche am ehesten dem Wortlaut der Klauseln, sei es, daß sie allgemein die Erfüllung der privatrechtlichen Verträge oder konkret den Hin- oder Rücktransport betreffen, und sei es, daß sie schnörkellos final jegliches Hindernissetzen untersagen oder in gewundener Diktion Initiativen unterbinden wollen: Die Regierungen wären verpflichtet, die Vertragsverhältnisse nicht zu stören. Die Konstruktion hätte im Kontext dieser Arbeit den Charme, daß sie eine Bindungswirkung erzielt, die das Parlament unberührt läßt und damit dem Meinungswandel keinen Riegel vorschiebt – vorausgesetzt, daß man vom Prinzip der Diskontinuität ausgeht. Dort beginnen allerdings die Probleme: Denn welche Regierung wäre gebunden? Wohl kaum diejenige in der konkreten personellen Zusammensetzung, da dann bereits eine Kabinettsumbildung zur Beendigung führte. Aber auch die Verknüpfung mit einer Wahlperiode ist als generelles Kriterium nicht geeignet, weil auch zwischenzeitlich ein Regierungswechsel stattfinden kann. So ist bereits die Reichweite einer solchen Verpflichtung mit erheblichen Zweifeln behaftet, die jedenfalls die Notenwechsel als Präzedenzfälle nicht ausgeräumt hätten. Auch müßte dann bei jeder Vereinbarung zwischen Regierungen geklärt werden, ob ein traditionelles Verwaltungsabkommen abgeschlossen werden soll oder ein „Regierungsvertrag". Das Problem der „Regierungsverantwortlichkeit" könnte nur

## 3. Der Atomausstieg

unvollkommen durch eine Übertragung der Prinzipien der Staatenverantwortlichkeit gelöst werden, da etwa Fragen des Schadensersatzes das Budgetrecht des Parlamentes berühren würden, das unter dieser Konstruktion einem distinkten Rechtssubjekt, nämlich dem Staat, zuzuordnen wäre. Sofern nicht weitere „Verwaltungsabkommen" bekannt werden, die ähnliche Klauseln wie die vier Notenwechsel enthalten, wird es daher bis auf weiteres kein „Recht der Regierungsverträge" geben.

vi) Abschließende Bewertung

Da die Bundesregierung die außenpolitischen Aspekte des Atomausstieges genauso lösen will, wie sie die innenpolitischen gelöst hat, nämlich im Konsens, ist es nicht zum Schwur über die Notenwechsel gekommen. Die Bemühungen um eine einvernehmliche Lösung mit den Vertragspartnern entheben jedoch nicht der Notwendigkeit einer abschließenden Bewertung der diskutierten Klauseln der Notenwechsel. Zunächst drängt sich angesichts der ungewöhnlichen Abfassung der Klauseln, insbesondere der unpräzisen Formulierung und der teilweise überschießenden Innentendenz der Verdacht auf, daß die Klauseln bewußt so abgefaßt wurden, daß sie gegebenfalls einer ausstiegswilligen Regierung nach einem Machtwechsel als Knüppel zwischen die Beine geworfen werden konnten, ohne aber auf den ersten Blick erkennbar die verfassungsrechtliche Kompetenz zu überschreiten. Abgesehen von dieser politischen Einschätzung läßt sich völkerrechtlich folgendes festhalten: Aufgrund des systematischen Zusammenhangs und dem Ziel und Zweck der Verwaltungsabkommen kann man trotz ihres mitunter unglücklichen Wortlautes nicht lediglich von einer politischen Absichtserklärung ausgehen, sondern muß in ihnen eine völkerrechtlich verbindliche Vereinbarung sehen. Die Vereinbarungen können allerdings sowohl eine Unterlassungsverpflichtung lediglich bezüglich exekutivischen Handelns, als auch bezüglich staatlichen Handelns insgesamt enthalten. Letztere Verpflichtung hätte allerdings nach deutschem Verfassungsrecht nicht auf diesem Wege eingegangen werden können, was auch nach Art.46 WVK beachtlich wäre. Eine Entscheidung zwischen den Varianten könnte sich am völkerrechtlichen Demokratieprinzip ausrichten, als Bestandteil des rechtlichen Umfelds der Klauseln: Danach wäre bei unklaren Vertragsbestimmungen derjenigen Auslegung der Vorzug zu geben, die keine Verletzung des Demokratieprinzips bedeutet.[994] Daraus ergäbe sich für diesen Fall, daß die restriktive Auslegung den Vorzug erhält.[995] Folgt man dieser „demokratiefreundlichen" Auslegungsmethode nicht, führt die klassische Interpretation nach Ziel und Zweck zu der weiten Variante. Die Bundesrepublik wäre danach zwar völkerrechtliche Verpflichtungen eingegangen, die dem Verbot der Wiederaufarbeitung entgegenstehen. Einer solchen Verpflichtung könnte sie sich allerdings nach Art.46 WVK entledigen.

Im übrigen ist zu berücksichtigen, daß es sich um Kooperationsverträge technisch-wirtschaftlichen Inhalts handelt. Für solche Verträge liegt die Annahme eines impliziten Kündigungsrechts nach Art.56 Abs.1 b) WVK nahe.[996] So ging Art.17 Abs.3 a) iii) des zweiten WALDOCK-Entwurfes[997] davon aus, daß technische Kooperationsverträge u.a. auf

---

[994] Siehe zu einem solchen Prinzip der „demokratiefreundlichen" Auslegung unten V.1.d).

[995] Ähnlich KADELBACH, Wiederaufarbeitung, in: ZUR 1999, S.257, 261, der von einem allgemeinen Grundsatz der Anwendung der „schonendsten" Auslegung ausgeht.

[996] Ähnlich wie im Fall *Gabcíkovo-Nagymaros*, dazu sogleich, wurde soweit ersichtlich ein implizites Kündigungsrecht für die Notenwechsel in der Literatur nicht erörtert.

[997] WALDOCK, Report II, YBILC 1963-II, S. 36, 64. Siehe dazu oben III. 2. b) 2) i).

wirtschaftlichem Gebiet auch ohne explizites Kündigungsrecht beendet werden können.[998] Es spricht viel dafür, daß Verträge wie die Notenwechsel ihrer Natur nach ein implizites Kündigungsrecht enthalten, gerade weil ihr Gegenstand, die Abwicklung von Atommülltransporten und die Wiederaufarbeitung, eng an wirtschaftliche und technologische Entwicklungen geknüpft ist. Ein solches Kündigungsrecht würde allerdings die behandelten Klauseln in ihrer extensiven Interpretation weitgehend leerlaufen lassen; geht man von dieser Auslegung aus, wäre der Konflikt zwischen subjektiver Tendenz des Vertrages, auf die Art.56 Abs.1 a) WVK abhebt und die im Umkehrschluß den Ausschluß eines Kündigungsrechts nahelegen, und den objektiven Kriterien des Art.56 Abs.1 b) WVK zu lösen. Aufgrund der dargelegten Probleme der extensiven Interpretation sprechen die besseren Gründe dafür, hier auf den objektiven Tatbestand der „Natur des Vertrages" nach Art.56 Abs.1 b) WVK zurückzugreifen. Die Bundesrepublik hätte demnach die Notenwechsel auch unilateral beenden können.

---

[998] Vgl. auch AUST, Treaty Law and Practice, 2000, S.234f. und MCNAIR, Law of Treaties, 1961, S.504, der zur Begründung des impliziten Kündigungsrechtes ausführt:
„[it] can readily be inferred from the very nature of the treaty on the ground that it requires revision from time to time in order to bring it into harmony with changing conditions."

### 4. Das Staudammprojekt Gabcíkovo-Nagymaros

Unabhängig von der Interpretation des deutsch-britischen Verwaltungsabkommens dürften Fälle, in denen explizit eine Willensänderung für die Zukunft außerhalb des Vertragsbereiches unterbunden werden soll, eher selten sein. Wesentlich häufiger wird es sein, daß die inhaltliche Verpflichtung des Vertrages selber eine Bürde darstellt, die eine neue Mehrheit nicht zu tragen gewillt ist. Um eine solche Konstellation handelte es sich im Fall Gabcíkovo-Nagymaros, den der IGH zu entscheiden hatte.[999]

a) Sachverhalt

Ursache des Streites war ein Staudammprojekt zur Regulierung der Donau zwischen der Slowakei und Ungarn, ein gemeinsames Investitionsprojekt zur Nutzung der natürlichen Ressourcen der Donau.[1000] Grundlage des Projektes war ein Vertrag von 1977 und damit zusammenhängende Vereinbarungen.[1001] In Ungarn hatte in und nach der Wende 1989 ein Stimmungswandel stattgefunden,[1002] nicht zuletzt in Folge massiver Proteste von Umweltschutzorganisationen. Aufgrund der befürchteten ökologischen Folgen des geplanten massiven Eingriffs in den Wasserhaushalt setzte Ungarn seit 1989 den Bau des auf seinem Territorium belegenen Teil der Anlage zunächst aus, um vertiefte Studien durchzuführen.[1003] Dies begegnete scharfer Kritik seitens der Tschechoslowakei, die sich ihrerseits dazu entschloß, eine alternative Realisierung ohne ungarische Beteiligung ins Auge zu fassen.[1004] Nachdem Verhandlungen fehlgeschlagen waren,[1005] ermächtigte das ungarische Parlament mit Beschluß vom 24. März 1992 die Regierung, den Vertrag zu „kündigen", was diese auch tat,[1006] obwohl der Vertrag ein einseitiges Kündigungsrecht nicht vorsah.[1007] Daraufhin setzte die Slowakei die zwischenzeitlich errichtete Dammanlage in Betrieb und leitete eigenmächtig den Fluß um.

Der IGH gab keiner der Parteien recht. Zwar hätten beide völkerrechtswidrig gehandelt. Denn Ungarn könne sich für die Aussetzung der Arbeiten nicht auf Notstand (in Form des ökologischen Notstandes) berufen.[1008] Noch sei die Kündigung des Vertrages berechtigt: Weder wäre Ungarn die Erfüllung unmöglich,[1009] noch könne es sich auf die *clausula* berufen,[1010] noch habe zum Zeitpunkt der Kündigung ein Vertragsbruch seitens der Slowakei

---

[999] Urteil vom 25. September 1997, *Gabcíkovo-Nagymaros Project (Hungary/Slovakia), Judgment*, (IR) ICJ, *Gabcíkovo-Nagymaros*; ICJ Rep.1997, S.7ff. = 116 ILR 2000, S.1-250.

[1000] (IR) ICJ, *Gabcíkovo-Nagymaros*; ICJ Rep.1997, S.7, 17f. Abs.15.

[1001] (IR) ICJ, *Gabcíkovo-Nagymaros*, ICJ Rep.1997, S.7, 28 Abs.26. Der Vertrag von 1977 findet sich inklusive englischer Übersetzung in 1109 UNTS 1978, No.17134, S.210ff. Die englische Übersetzung ist ebenfalls abgedruckt in 32 ILM 1993, S.1247, 1249-1258.

[1002] (IR) ICJ, *Gabcíkovo-Nagymaros*; ICJ Rep.1997, S.7, 25 Abs.22; S.31 Abs.32. Siehe auch MALJEAN-DUBOIS, L'arrêt Gabcíkovo-Nagymaros, in: AFDI 1997, S.286, 292.

[1003] (IR) ICJ, ibid., S.25 Abs.22; S.31ff. Abs.33ff.;

[1004] (IR) ICJ, ibid., S.25 Abs. 23; S.47 Abs.61ff.

[1005] (IR) ICJ, ibid., S.33ff. Abs.36ff.

[1006] (IR) ICJ, ibid., S.57f. Abs.90. Die Deklaration ist abgedruckt in 32 ILM 1993, S.1260ff.

[1007] (IR) ICJ, ibid., S.25 Abs.39; S.62f. Abs.100.

[1008] (IR) ICJ, ibid., S.35f. Abs.40; S.42ff. Abs.55ff.

[1009] (IR) ICJ, ibid., S.56 Abs.94; S.63 Abs.102f.

[1010] (IR) ICJ, ibid., S.56f. Abs.95; S.64f. Abs.104.

vorgelegen,[1011] noch habe eine zwischenzeitliche Entwicklung des Umweltvölkerrechts es zu einer Kündigung des Vertrages berechtigt.[1012] Aber auch die Slowakei sei nicht zur Umleitung der Donau berechtigt gewesen.[1013] Selbst im Lichte beiderseitigen Fehlverhaltens sei eine jeweils ein-seitige Aufkündigung der Vertragspflichten unzulässig gewesen, da das Prinzip *pacta sunt servanda* Vorrang habe.[1014] Doch sei weder Ungarn zum Bau der Anlage noch die Slowakei zum Abriß der ihren verpflichtet. Vielmehr müßten die Parteien gemeinsam eine Lösung finden.[1015] Diese Rechtsfolge leitete er aus dem Grundsatz *pacta sunt servanda* und dem kooperativen Charakter des Vertrages ab.[1016] Da der Vertrag ein „régime" enthalte, müsse dieses „régime" wiederhergestellt werden, solange die Parteien nichts anderweitiges vereinbaren.[1017] Der ungewohnte Spruch hat bisher noch nicht zur Einigung der Parteien geführt, vielmehr hat die Slowakei inzwischen den IGH um ein weiteres Urteil angerufen hat, das die Modalitäten für die Ausführung des ersten festlegen soll.[1018]

b) Würdigung

Der Fall ist im wesentlichen im Hinblick auf seine Bedeutung für das Umweltvölkerrecht rezipiert worden.[1019] Einige Autoren haben sich allerdings auch explizit den vertragsrechtlichen Aspekten zugewandt, bzw. den Problemen der Staatenverantwortlichkeit.[1020] Abgesehen von den vielfältigen Problemen, die der komplexe Fall aufwirft und den unterschiedlichen Aspekten der Entscheidung, die erstmals das Umweltvölkerrecht behandelt und das Recht der Staatenverantwortlichkeit mit dem Vertragsrecht verknüpft, soll an dieser Stelle ausschließlich das Problem interessieren, wie Ungarns politisch motivierter Versuch bewertet wurde, sich von dem Vertrag zu lösen.

Es fällt zunächst auf, daß der Gerichtshof lapidar feststellt, der Vertrag enthalte keine Kündigungsmöglichkeit, und eine solche sei von den Parteien auch nicht intendiert gewesen:

„100. The 1977 Treaty does not contain any provision regarding its termination. Nor is there any indication that the parties intended to admit the possibility of denunciation or withdrawal. On the

---

[1011] (IR) ICJ, ibid., S.65ff. Abs.105ff.

[1012] (IR) ICJ, ibid., S.62 Abs.97; S.67ff. Abs.111ff.

[1013] (IR) ICJ, ibid., S.51 Abs.67; S.53ff. Abs.76ff.

[1014] (IR) ICJ, *Gabcíkovo-Nagymaros*; ICJ Rep.1997, S.7, 67 Abs.111.

[1015] (IR) ICJ, ibid., S.77ff. Abs.136ff.

[1016] (IR) ICJ, ibid., S.78 Abs.142.

[1017] (IR) ICJ, ibid., S.79 Abs.144.

[1018] (IR) ICJ, Communiqué No.98/28, 1998, vom 3. September 1998. Siehe zu dem fehlgeschlagenen Versuch des Abschlusses eines neuen Abkommens LAMMERS, Gabcíkovo-Nagymaros, in: 11 LJIL 1998, S.287, 319f. und LEFEBER, Gabcíkovo-Nagymaros - state responsibility, in: 11 LJIL 1998, S.609, 621.

[1019] Siehe etwa (auch vor Ergehen des Urteils): BOSTIAN, Gabcíkovo-Nagymaros, in: YBCJIELP 1997 (1998), S.186-195; BOTCHWAY, Gabcíkovo-Nagymaros, in: EELR 1999, S.76-82; ECKSTEIN, Slovak-Hungarian dispute, in: STLR 1995, S.67-116; LAMMERS, Gabcíkovo-Nagymaros, in: 11 LJIL 1998, S.287-320; VERHOOSEL, Gabcíkovo-Nagymaros, in: EELR 1997, S.257-253; WILLIAMS, Gabcíkovo and Nagymaros Dam, in: CJEL 1994, S.1-37.

[1020] FITZMAURICE, M., Gabcíkovo-Nagymaros case – law of treaties, in: 11 LJIL 1998, S.321-344; LEFEBER, Gabcíkovo-Nagymaros - state responsibility, in: 11 LJIL 1998, S.609-623; MALJEAN-DUBOIS, L'arrêt Gabcíkovo-Nagymaros, in: AFDI 1997, S.286-332; REICHERT-FACILIDES, Vienna Convention and Gabcíkovo-Nagymaros, in: 47 ICLQ 1998, S.837-854; WECKEL, Convergence droit des traités - droit de la responsabilité: Gabcíkovo-Nagymaros, in: 102 RGDIP 1998, S.647-684.

## 4. Das Staudammprojekt Gabcíkovo-Nagymaros

contrary, the Treaty establishes a long-standing and durable régime of joint investment and joint operation. Consequently, the parties not having agreed otherwise, the Treaty could be terminated only on the limited grounds enumerated in the Vienna Convention."[1021]

Allerdings gehört zu den „limited grounds" der Vertragsrechtskonvention unzweifelhaft auch das implizite Kündigungsrecht nach Art.56.[1022] Nun hatte Ungarn auch kein solches geltend gemacht,[1023] und der Gerichtshof scheint ein solches vorab zu verneinen, in Ermangelung eines Anzeichens, daß die Parteien ein solches Kündigungsrecht beabsichtigten. Es fällt dennoch auf, daß Art.56 WVK mit keinem Wort auch nur gestreift wird.[1024] Immerhin sah Art.17 Abs.3 (a) (iii) des zweiten WALDOCK-Entwurfs ein Kündigungsrecht für technische Kooperationsverträge wirtschaftlicher Art vor. Art.17 Abs.3 (a) (i) nahm ein solches allgemein für Wirtschaftsverträge an und erst die Gegenausnahme für ein „international régime" über einen Fluß in Art.17 Abs.3 (a) (i) hätte in diesem Fall zum Ausschluß geführt, nicht jedoch das „long-standing and durable régime of joint investment and joint cooperation", auf das sich der Gerichtshof stützt. Denn gerade hinter einem Investitions- und Kooperationsprojekt stehen vornehmlich wirtschaftliche Erwägungen; eine Fesselung an ein Engagement in alle Ewigkeit unabhängig von seiner Rentabilität widerspräche der Logik eines solchen Projektes.

Was Ungarns Argument der Unmöglichkeit angeht, so stand es auf tönernen Füßen, nachdem Ungarns eigener Unwille, den Vertrag zu vollziehen, zur bestehenden Situation geführt hatte.[1025] Demgegenüber stieß der Kunstgriff des IGH, mit dem ein Kündigungsrecht aufgrund des Vertragsbruchs durch die Slowakei abgelehnt wurde,[1026] bereits in den eigenen Reihen auf Kritik.[1027] Tragender Grund der Entscheidung scheint auch in diesem Fall das vor-

---

[1021] (IR) ICJ, *Gabcíkovo-Nagymaros*; ICJ Rep.1997, S.7, 25 Abs.39; S.62f. Abs.100.

[1022] Das übersieht REICHERT-FACILIDES, Vienna Convention and Gabcíkovo-Nagymaros, in: 47 ICLQ 1998, S.837, 842. Die Vertragsrechtskonvention ist auf den Vertrag von 1977 nicht direkt anwendbar, da sie von den Parteien erst später ratifiziert wurde. Der Gerichtshof löste das Problem auf die übliche Weise, nämlich die Verankerung der Art.60-62 WVK im Gewohnheitsrecht, (IR) ICJ, *Gabcíkovo-Nagymaros*, ICJ Rep.1997, S.7, 38 HU, Abs.46. Gleiches gilt jedoch auch für Art.56 WVK, siehe oben III. 2. b) 2).

[1023] (IR) ICJ, *Gabcíkovo-Nagymaros*; ICJ Rep.1997, S.7, 58 Abs.92. Obwohl bereits die Kündigungserklärung sich ausführlich mit der völkerrechtlichen Zulässigkeit der Kündigung beschäftigte und darauf hinwies, daß Verträge nach allgemeinem Völkerrecht auch ohne explizites Kündigungsrecht beendet werden können, enthält sie nicht den naheliegenden Verweis auf Art.56 WVK, vgl. 32 ILM 1993, S.1260, 1282ff.

[1024] FITZMAURICE, M., Gabcíkovo-Nagymaros case – law of treaties, in: 11 LJIL 1998, S.321, 326-331 beschäftigt sich demgegenüber mit der Entstehungsgeschichte der Norm, geht allerdings in der Schlußfolgerung nicht über die kursorische Entscheidung des Gerichtshofes hinaus.

[1025] (IR) ICJ, *Gabcíkovo-Nagymaros*; ICJ Rep.1997, S.7, 63f. Abs.103; zustimmend FITZMAURICE, M., Gabcíkovo-Nagymaros case – law of treaties, in: 11 LJIL 1998, S.321, 331f. Vgl. auch REICHERT-FACILIDES, Vienna Convention and Gabcíkovo-Nagymaros, in: 47 ICLQ 1998, S.837 844: „the claim of impossibility of performance was probably the most far-fetched".

[1026] Der IGH argumentierte, daß die Vorbereitungen zu einer eigenen Dammanlage noch keinen Verstoß gegen den Vertrag darstellten und erst die Inbetriebnahme zu einem Vertragsbruch führe – diese sei aber erst nach der Kündigung durch Ungarn erfolgt, könne ein Kündigungsrecht also nicht begründen, (IR) ICJ, *Gabcíkovo-Nagymaros*; ICJ Rep.1997, S.7, 74ff. Abs.105ff.

[1027] Siehe insbesondere das Separatvotum von Bedjaoui, (IR) ICJ, *Gabcíkovo-Nagymaros*, Sep. op. Bedjaoui, ICJ Rep.1997, S.7, 120, 127ff. Abs.28ff.; und die abweichenden Voten von Ranjeva und Fleischhauer, (IR) ICJ, *Gabcíkovo-Nagymaros*, Diss. op. Ranjeva, ICJ Rep.1997, S.7, 170, 173ff. und (IR) ICJ, *Gabcíkovo-Nagymaros*, Diss. op. Fleischhauer, ICJ Rep.1997, S.7, 204ff. Kritisch auch LAMMERS, Gabcíkovo-

hergehende Fehlverhalten Ungarns durch die Aussetzung des Vertrages gewesen zu sein.[1028] Sowohl der Aspekt der Unmöglichkeit wie auch des Vertragsbruches sollen hier aber als für das Thema nicht weiterführend nicht vertieft werden.

Demgegenüber ist von Interesse, daß der Gerichtshof das umfassende Plädoyer Ungarns für eine Anwendung der *clausula* rundum zurückwies. Ungarn hatte insbesonde angeführt, daß die angestrebte „sozialistische Integration", die durch das Projekt gefördert werden sollte, entfallen war und daß überdies das gemeinsame Investitionsprojekt seiner ökonomischen Grundlage entbehrte, nachdem beide Staaten in der Marktwirtschaft angelangt waren.[1029] Der IGH räumte zwar ein, daß die politische Situation des real-existierenden Sozialismus eine Grundlage für den Abschluß des Vertrages 1977 darstellte, befand jedoch, daß das Ziel des Vertrages ein gemeinsames Investitionsprojekt gewesen sei, mit dem Energie produziert, Überflutungen vorgebeugt und die Schiffbarkeit der Donau verbessert werden sollte, und daß dieses Ziel auch jetzt noch zu erreichen sei, ohne daß sich aufgrund der veränderten Umstände der Umfang der Pflichten der Parteien radikal verändert hätten.[1030] Zugespitzt formuliert ist ein ökonomisch und ökologisch nicht unproblematisches Mammutprojekt auch zwischen demokratischen und marktwirtschaftlich agierenden Staaten denkbar. Wenn auch die Ablehnung der *clausula* im Ergebnis zutreffen dürfte, hat der IGH es doch versäumt, sich mit der Frage auseinanderzusetzen, ob über die Änderung der politischen Rahmenbedingungen hinaus die konkrete politische Meinungsänderung in Ungarn, die sich in der Ermächtigung der Regierung durch das Parlament zunächst zur Neuverhandlung,[1031] schließlich zur Kündigung manifestiert,[1032] einen Fall für eine Kündigung nach Art.62 WVK darstellt.[1033]

Wenn also Ungarns politische Abkehr vom Vertrag nicht durch eine klassische Lösung von seinen Verpflichtungen ermöglicht wurde, ist zu prüfen, inwieweit die vom IGH „gefundene" Lösung der Verhandlungspflicht der Parteien dem internen Sinneswandel Rechnung trägt.

Strukturell fällt in der Argumentation zunächst die Ähnlichkeit mit der Nordsee-Festlandssockel-Entscheidung des IGH[1034] auf: Dort sah der Gerichtshof die Pflicht der streitenden Anreinerstaaten, sich – vertraglich – über die Abgrenzung des Festlandssockels zu einigen, als speziellen Ausdruck der allgemeinen Pflicht, Konflikte durch Verhandlungen zu lösen.[1035] Ebenso entschied er in der Sache *Fisheries Jurisdiction* und gab den Parteien Leitlinien für

---

Nagymaros, in: 11 LJIL 1998, S.287, 315f. und MALJEAN-DUBOIS, L'arrêt Gabcíkovo-Nagymaros, in: AFDI 1997, S.286, 306f. Zustimmend demgegenüber WECKEL, Convergence droit des traités - droit de la responsabilité: Gabcíkovo-Nagymaros, in: 102 RGDIP 1998, S.647, 655ff.

[1028] (IR) ICJ, *Gabcíkovo-Nagymaros*; ICJ Rep.1997, S.7, 67 Abs.110; vgl. FITZMAURICE, M., Gabcíkovo-Nagymaros case – law of treaties, in: 11 LJIL 1998, S.321, 337f. und LEFEBER, Gabcíkovo-Nagymaros - state responsibility, in: 11 LJIL 1998, S.609, 619.

[1029] (IR) ICJ, *Gabcíkovo-Nagymaros*; ICJ Rep.1997, S.7, 59f. Abs.95.

[1030] (IR) ICJ, *Gabcíkovo-Nagymaros*; ICJ Rep.1997, S.7, 64f. Abs.104.

[1031] (IR) ICJ, *Gabcíkovo-Nagymaros*; ICJ Rep.1997, S.7, 31f. Abs.33.

[1032] (IR) ICJ, *Gabcíkovo-Nagymaros*; ICJ Rep.1997, S.7, 57f. Abs.90.

[1033] Siehe oben III. 2. d) 2).

[1034] IGH, Urteil vom 20. Februar 1969 im Rechtsstreit zwischen Deutschland und den Niederlanden bzw. Deutschland und Dänemark in der Rechtssache *North Sea Continental Shelf*, ICJ Rep.1969, S.46ff.

[1035] ICJ Rep.1969, S.46, 85f.

## 4. Das Staudammprojekt Gabcíkovo-Nagymaros

die folgenden Verhandlungen an die Hand.[1036] Hier konnte die normative Kraft des Faktischen, die die Abweichungen sowohl Ungarns wie der Slowakei vom Vertrag ausgeübt hatte, dank der künstlichen Aufrechterhaltung des Vertrages von 1977 in eine vertragliche Verhandlungspflicht gekleidet werden. Für die Parteien ist die Lösung aus der statischen Perspektive auf die Rechte und Pflichten aus dem Vertragswerk unbefriedigend, da sie sich im Vorfeld trotz intensiver Verhandlungen gerade nicht hatten einigen können.[1037] Dennoch geht das Ergebnis möglicherweise in die richtige Richtung.[1038] Da Ungarn implizit von der Verpflichtung befreit wird, den auf seinem Gebiet geplanten Teil zu bauen,[1039] und beiden Parteien aufgegeben wird, die existierenden Strukturen im Sinne des Vertragswerks nunmehr gemeinschaftlich zu betreiben,[1040] hat Ungarn im Ergebnis seinen politischen Willen durchsetzen können, ein ökologisch und ökonomisch zweifelhaftes Projekt nicht wie geplant in vollem Umfang umzusetzen. Auf der anderen Seite hat sich Ungarn nicht unilateral aufgrund seiner Willensänderung vom Vertrag lösen können, sondern es muß über die gemeinsame Revision dem Umstand Rechnung tragen, daß mit dem Abschluß des Vertrages auch eine zweite Partei den Vertrag und damit seine Veränderung legitimiert.[1041] Funktional betrachtet kann man darüber hinaus das Ergebnis als erforderliche Integration einordnen: Ein gemeinsames Projekt – das tatsächlich nur gemeinsam in Angriff genommen werden konnte[1042] – mit so weitreichenden faktischen Folgen, bei dem der einseitige Ausstieg aus der Natur der Sache heraus nicht möglich ist und das auf eine langfristige Dauer, wenn nicht sogar zeitlich unbegrenzt angelegt ist, läßt sich möglicherweise nicht mehr nur mit einem einmal abzuschließenden völkerrechtlichen Vertrag regeln. Vielmehr bedarf es, nicht zuletzt um dem Wandel gesellschaftlicher Anschauungen Rechnung zu tragen, einer Integration, der institutionellen Verankerung eines Verfahrens, in dem die Vertragsparteien etwa in Form einer gemeinsam getragenen Kommission die statische Bindung des Vertrages durch eine dynamischen Entscheidungsfindung ersetzen.[1043] Die Lösung des IGH über eine teleologische und evolutive Auslegung,[1044] also nach dem Ziel des Vertrages und unter Berücksichtigung der zwischenzeitlichen Entwicklung insbesondere im Umweltvölkerrecht,[1045] greift zwar nicht auf eine Institutionalisierung zurück. Sie ist in der Sache aber nichts anderes. Denn nur eine solche Institutionalisierung kann der zugrundegelegten dynamischen Auslegung Rechnung tragen.

---

[1036] IGH, Urteil vom 25. Juli 1974 (*Merits*) im Rechtsstreit zwischen Großbritannien und Island bzw. Deutschland und Island in der Sache *Fisheries Jurisdiction*, ICJ Rep.1974, S.3, 32f. Abs.74f.

[1037] Vgl. daher kritisch zum Ergebnis OKOWA, Gabcíkovo-Nagymaros, in: 47 ICLQ 1998, S.688, 697.

[1038] Auch nach der abweichenden Meinung von Richter Fleischhauer, (IR) ICJ, *Gabcíkovo-Nagymaros*, Diss. op. Fleischhauer, ICJ Rep.1997, S.7, 204ff., nach der der Vertrag von Ungarn wirksam gekündigt wurde, bedurfte es angesichts der Umstände einer Verhandlung über das Wasser-Regime für die Donau (a.a.O., S. 217) – also auch einer konsensualen Lösung.

[1039] (IR) ICJ, *Gabcíkovo-Nagymaros*; ICJ Rep.1997, S.7, 76 Abs.134.

[1040] (IR) ICJ, *Gabcíkovo-Nagymaros*; ICJ Rep.1997, S.7, 77 Abs.136-139.

[1041] Vgl. oben I. 2. b) 2) a.E.

[1042] (IR) ICJ, *Gabcíkovo-Nagymaros*; ICJ Rep.1997, S.7, 18f. Abs.17.

[1043] Vgl. WECKEL, Convergence droit des traités - droit de la responsabilité: Gabcíkovo-Nagymaros, in: 102 RGDIP 1998, S.647, 682f., der in den Ausführungen des Gerichtshof zur zukünftigen Ausgestaltung des Vertragsverhältnisses einen Versuch der Mediation sieht.

[1044] (IR) ICJ, *Gabcíkovo-Nagymaros*; ICJ Rep.1997, S.7, 76f. Abs.135ff.

[1045] Vgl. MALJEAN-DUBOIS, L'arrêt Gabcíkovo-Nagymaros, in: AFDI 1997, S.286, 325f.

## 5. Drogenkonsumräume in deutschen Bundesländern

a) Sachverhalt

Im Bemühen, der sozialen und gesundheitlichen Verelendung von Suchtkranken Einhalt zu gebieten, wurden seit 1994 in einzelnen deutschen Städten, zunächst in Frankfurt und Hamburg, sogenannte „Fixerstuben" (Drogenkonsumräume) eingerichtet, in denen die Suchtkranken unter ärztlicher Aufsicht, aber ohne deren aktive Hilfe Drogen zu sich nehmen können. Bis Ende 1999 war die Zahl der Drogenkonsumräume in Deutschland auf 13 angewachsen.[1046] Ab 1998 nahm sich die rot-grüne Regierungskoalition des Problems der gesetzlichen Grundlage dieser Praxis an. Das Dritte Gesetz zur Änderung des Betäubungsmittelgesetzes führte einen neuen § 10a BtMG[1047] ein, der die Bundesländer zu Rechtsverordnungen ermächtigt, die die Erlaubnis von Drogenkonsumräumen regeln. Als erstes Bundesland hat Hamburg von dieser Ermächtigung Gebrauch gemacht und am 25. April 2000 eine solche Verordnung erlassen, es folgten Nordrhein-Westfalen, das Saarland und Hessen.[1048]

Die völkerrechtliche Dimension gewinnt der Fall dadurch, daß die Bekämpfung des Drogenmißbrauchs Gegenstand gleich mehrerer Konventionen ist – ein schlagendes Beispiel für das Ausgreifen des Völkerrechts in Gebiete, die traditionell innerstaatlicher Regelung vorbehalten waren. Es handelt sich um die Single Convention on Narcotic Drugs von 1961 in der Fassung des Protokolls von 1972 (Single Convention),[1049] die Convention on Psychotropic Substances von 1971[1050] und die United Nations Convention Against Illicit Traffic in Narcotic Drugs and Psychotropic Substances von 1988 (Convention Against Illicit Traffic)[1051].

Gleich zwei Gremien wachen über diese Konventionen,[1052] zum einen das International Narcotics Control Board (INCB), ein Expertengremium, dem das Vertrags-Monitoring obliegt und die beim UN Office for Drug Control and Crime Prevention (ODCCP) angesiedelte Commission on Narcotic Drugs (CND), zusammengesetzt aus Regierungsvertretern, die das INCB in seinen Aufgaben unterstützt, gleichzeitig aber auch dem ECOSOC zuarbeitet. Diese beiden Gremien haben sich explizit und implizit mit der Frage der Vereinbarkeit von Drogenkonsumräumen mit den Konventionen beschäftigt. Zunächst äußerte sich das INCB in seinem Jahresbericht 1999[1053] in Kapitel II. F. Drug Injection Rooms zwar abstrakt, aber deutlich negativ zu der Frage:

---

[1046] Für eine knappe Darstellung der Entwicklung und der angebotenen Hilfeleistungen siehe den Rauschgiftjahresbericht des Bundeskriminalamtes für die Bundesrepublik 1999, (IR) BKA, RG Bericht 1999, Kapitel 5.1. Eine Würdigung des Konzepts „Drogenkonsumräume" aus praktischer Sicht findet sich bei ULLMANN, Drogenkonsumräume, in: Kriminalistik 2000, S.578, 580-584.

[1047] (IR) BtMG § 10a.

[1048] (IR) HH VO Drogenkonsumräume, 2000; (IR) NRW VO Drogenkonsumräume, 2000; (IR) Saarland VO Drogenkonsumräume 2001; (IR) Hessen VO Drogenkonsumräume, 2001.

[1049] (IR) UN Single Convention, 1961/1972, 520 UNTS 1964, No.7515, S.204-417

[1050] (IR) UN Convention Psychotropic Substances, 1971.

[1051] (IR) UN Convention Against Illicit Traffic, 1988.

[1052] Nach Art.5 der (IR) UN Single Convention, 1961/1972, Art.17 und Art.18 der (IR) UN Convention Psychotropic Substances, 1971 und Art.21 und Art.22 der (IR) UN Convention Against Illicit Traffic, 1988.

[1053] (IR) INCB, Report 1999, UN Doc. E/INCB/1999/1. Im folgenden Jahresbericht kam das INCB nicht mehr auf das Thema zurück, vgl. (IR) INCB, Report 2000.

F. Drug injection rooms

176. Drug injection rooms, where addicts may inject themselves with illicit substances, are being established in a number of developed countries, often with the approval of national and/or local authorities. The Board believes that any national, state or local authority that permits the establishment and operation of drug injection rooms or any outlet to facilitate the abuse of drugs (by injection or any other route of administration) also facilitates illicit drug trafficking. The Board reminds Governments that they have an obligation to combat illicit drug trafficking in all its forms. Parties to the 1988 Convention are required, subject to their constitutional principles and the basic concepts of their legal systems, to establish as a criminal offence the possession and purchase of drugs for personal (non-medical) consumption. By permitting drug injection rooms, a Government could be considered to be in contravention of the international drug control treaties by facilitating in, aiding and/or abetting the commission of crimes involving illegal drug possession and use, as well as other criminal offences, including drug trafficking. The international drug control treaties were established many decades ago precisely to eliminate places, such as opium dens, where drugs could be abused with impunity.

177. The Board, recognizing that the spread of drug abuse, human immunodeficiency virus (HIV) infection and hepatitis are serious concerns, encourages Governments to provide a wide range of facilities for the treatment of drug abuse, including the medically supervised administration of prescription drugs in line with sound medical practice and the international drug control treaties, instead of establishing drug injection rooms or similar outlets that facilitate drug abuse.

Auch wenn das INCB keinen Artikel direkt zitiert, so bezieht es sich doch offensichtlich auf Art.3 der Convention Against Illicit Traffic 1988, in dem es heißt:

Article 3 OFFENCES AND SANCTIONS

1. Each Party shall adopt such measures as may be necessary to establish as criminal offences under its domestic law, when committed intentionally:

[...]

(iv) Participation in, association or conspiracy to commit, attempts to commit and aiding, abetting, facilitating and counselling the commission of any of the offences established in accordance with this article.

2. Subject to its constitutional principles and the basic concepts of its legal system, each Party shall adopt such measures as may be necessary to establish as a criminal offence under its domestic law, when committed intentionally, the possession, purchase or cultivation of narcotic drugs or psychotropic substances for personal consumption contrary to the provisions of the 1961 Convention, the 1961 Convention as amended or the 1971 Convention.

Dabei ist die Sprache des INCB nicht ganz eindeutig. Während es im zweiten Satz von Abs.176 des Berichts von 1999 ohne weitere Differenzierung die Erlaubnis und den Betrieb von Drogenkonsumräumen, in denen Drogenkonsum ermöglicht wird, als Ermöglichung des illegalen Drogenhandels ansieht, relativiert es diese Aussage im vierten Satz von Abs.176 des Berichts, wenn es meint, Vertragsstaaten „could be considered in contravention" der Konventionen wegen Beihilfe zum Drogenbesitz und –konsum. Abgeschlossen wird die Stellungnahme jedoch mit einem weniger juristischen denn politischen Fazit in Abs.177, das einer Generalverdammung gleichkommt.

Die CND äußerte sich im folgenden Jahr in indirekter Weise zu der Frage und versuchte offensichtlich, dem Verdikt des INCB gegenzusteuern. Denn ihre Resolution 43/3 (2000) vom 15. März 2000,[1054] verabschiedet also kurz vor Inkrafttreten der Änderung des BtMG, steht unter der Überschrift „Enhancing Assistance to Drug Abusers". In ihren Erwägungsgründen heißt es zwar noch im vorletzten Absatz als *caveat*:

> *Aware* that under article 4 (c) of the Single Convention on Narcotic Drugs of 1961, States parties have an obligation to limit exclusively to medical and scientific purposes, *inter ali*a, the distribution, use and possession of drugs,

Der operative Teil jedoch soll den Weg zu neuen Methoden der Bekämpfung des Drogenmißbrauchs ebnen:

> [...]
> 
> 2. *Requests* Member States to find strategies and increase access to and availability of services designed to reach drug abusers who are not integrated into or reached by existing services and programmes and are at high risk of severe health damage, drug-related infectious diseases and even fatal incidents, in order to assist such drug abusers in reducing individual and public health risks;
> 
> 3. *Invites* Member States to exchange with other Member States and with relevant national and international bodies information on their strategies, programmes and services as described in paragraphs 1 and 2 above. In this matter, the importance of the development and subsequent practical use of evaluation methodologies is stressed;
> 
> [...]

Ohne daß Drogenkonsumräume explizit erwähnt werden, sind sie implizit Gegenstand der Resolution. Denn der Vorbehalt in den Erwägungsgründen ist ein Tribut an die Gegner von Drogenkonsumräumen, da er den juristischen Rahmen setzt. Art.4 (c) der Single Convention 1961/1972 lautet:

> Article 4 GENERAL OBLIGATIONS
> 
> The parties shall take such legislative and administrative measures as may be necessary:
> 
> [...]
> 
> (c) Subject to the provisions of this Convention, to limit exclusively to medical and scientific purposes the production, manufacture, export, import, distribution of, trade in, use and possession of drugs.

Auf der anderen Seite soll der operative Teil einer Interpretation den Weg bahnen, die Drogenkonsumräume mit den Konventionen für vereinbar ansieht. Denn die Aufforderung in Nr.2 an die Staaten, Strategien zu finden, um Drogenabhängige zu erreichen, die noch nicht von existierenden Programmen erfaßt werden, bedeutet gerade, neue Wege zu beschreiten, und Nr.3 zielt auf den Streit um die Evaluation der Erfahrung mit solchen neuen Ansätzen, wie er gerade über Sinn und Unsinn von Drogenkonsumräumen ausgetragen wird. Diese Resolution wurde unterstützt von der deutschen Delegation.[1055]

---

[1054] Abgedruckt im Bericht über die 43. Sitzung, S.8, (IR) CND, Report 43rd session, 2000, UN Doc. E/2000/28 (CND Report 43rd session) und E/CN.7/2000/11 (ECOSOC, OR 2000, Suppl. No.8).

[1055] (IR) CND, Report 43rd session, 2000, S.23 Abs.70.

b) Würdigung

In diesem Fall handelt es sich weniger um einen Konflikt zwischen vertraglicher Bindungswirkung und zwischenzeitlicher demokratischer Meinungsänderung. Denn die Konventionen enthalten sämtlich Kündigungsklauseln.[1056] Es geht vielmehr zum einen um die Frage der Interpretationshoheit bei multilateralen Verträgen. Denn in der Regel werden Staaten, in denen ein Meinungswandel stattgefunden hat und die daraufhin neue Wege beschreiten, nach innen und außen zunächst die Auffassung vertreten, daß sich ihr Verhalten weiterhin im Rahmen der völkerrechtlichen Anforderungen hält. So auch die Bundesrepublik in diesem Fall durch Pressemitteilung des Bundesgesundheitsministeriums.[1057] Aus einem solchen Ringen um die Interpretation kann aber ein Konflikt hinsichtlich der Bindungswirkung werden, wenn nämlich der Staat mit seiner Interpretation unterliegt und die obsiegende Interpretation sich verbindlich durchsetzen kann.[1058] Zu klären ist also die Frage, ob dem INCB ein letztverbindliches Entscheidungsmonopol zukommt.

Die drei Konventionen sind in dieser Hinsicht nicht eindeutig abgefaßt. Zwar obliegt es dem INCB, das vertragsgemäße Verhalten der Mitgliedstaaten zu überwachen, gegebenenfalls Mahnungen auszusprechen und einen erachteten Verstoß gegenüber den Mitgliedstaaten zur Sprache zu bringen.[1059] Dies könnte dahingehend gelesen werden, daß dem INCB die Kompetenz zur autoritativen Auslegung zufällt. Allerdings enthalten alle Konventionen Streitbeilegungsklauseln, die die Jurisdiktion des Internationalen Gerichtshofs für den Fall eines Streites zwischen zwei oder mehr Mitgliedstaaten um die Interpretation oder Anwendung der Konventionen vorsehen.[1060] Es ist nicht vorgesehen, einen Streit zwischen einem Mitgliedstaat und dem INCB vor dem IGH auszutragen. Dies wäre zwar direkt nicht möglich, mangels Parteifähigkeit des INCB als Organ einer internationalen Organisation,[1061] doch schlösse dies eine Streitentscheidung durch den IGH in solchen Fällen nicht aus: Der Mitgliedstaat könnte den ECOSOC um einen Gutachten-Auftrag nach Art.65 IGH-Statut bitten und das Gutachten könnte für verbindlich erklärt werden. Ein solches Procedere ist in Art.32 Abs.3 Convention Against Illicit Traffic für Auseinandersetzungen zwischen einem oder mehreren Mitgliedstaaten und einer regionalen Wirtschaftsgemeinschaft vorgesehen, die nach Art.26 c) Convention Against Illicit Traffic der Konvention beitreten können. Da eine solche indirekte Gerichtsbarkeit des IGH nicht vorgesehen wurde, kommt man im Umkehrschluß zu dem Ergebnis, daß im Streitfall andere Mitgliedstaaten sich die Auslegung der Konventionen durch

---

[1056] In Art.46 der (IR) UN Single Convention, 1961/1972 (nach zwei Jahren nach Inkrafttreten, mit halb- bis anderthalbjähriger Frist), Art.29 der (IR) UN Convention Psychotropic Substances, 1971 (nach zwei Jahren nach Inkrafttretetn, mit halb- bis anderthalbjähriger Frist) und Art.30 der (IR) UN Convention Against Illicit Traffic, 1988 (mit Jahresfrist).

[1057] (IR) BMG, Pressemitteilung 16/2000. Vgl. allerdings ULLMANN, Drogenkonsumräume, in: Kriminalistik 2000, S.578, 581, der in der Synopsis der Gegenargumente als letzten Punkt die Unvereinbarkeit mit internationalen Verpflichtungen aufführt.

[1058] Siehe zu Fällen der autoritativen Interpretation TIETJE, Changing Legal Structure of Treaties, in: 42 GYBIL 1999, S.26, 39f.

[1059] Art.14 Single Convention, Art.19 Convention on Psychotropic Substances und Art.22 Convention Against Illicit Traffic.

[1060] Art.48 Single Convention, Art.31 Convention on Psychotropic Substances und Art.32 Convention Against Illicit Traffic.

[1061] Art.34 IGH-Statut.

das INCB zu eigen machen und vor dem IGH aufrechterhalten müssen; erst wenn dieser die Auslegung bestätigt, ist ein Verstoß durch einen Mitgliedstaat letztverbindlich festgestellt. Damit bleibt es auch im Fall der Drogenkonventionen beim Regelfall für multilaterale Verträge, daß die Mitgliedstaaten Herren der Interpretation ihrer vertraglichen Verpflichtungen sind. Die Ausführungen des INCB in seinem Bericht von 1999 waren daher Ausdruck einer Rechtsauffassung, die nicht das letzte Wort darstellte und der durch die in der Resolution 43/3 (2000) vom 15. März 2000 der CND implizit enthaltenen Interpretation der Mitgliedstaaten bereits widersprochen wurde.

Läßt man dieses konkrete Ergebnis für den Fall beiseite und betrachtet abstrakt das Problem der Vereinbarkeit von parlamentarisch artikulierten Meinungsänderungen hinsichtlich der Regelungsgegenstände eines multilateralen Vertrages, der im wesentlichen „innere Angelegenheiten" betrifft, stößt man auf das Problem, daß gerade bei komplexen Sachverhalten zunächst eine solide Entscheidungsgrundlage für Meinungsänderungen geschaffen werden muß. Sofern diese Entscheidungsgrundlagen Praxiserfahrung enthalten soll, etwa empirische Daten, die z.b. in Pilotprojekten gewonnen werden könnten, stellt sich das Problem, daß bereits solche Pilotprojekte unvereinbar sein können mit völkerrechtlichen Verpflichtungen – wodurch das Völkerrecht nicht nur eine höhere Entscheidungsrationalität verhinderte, sondern letztendlich sich selber zementiert, weil es den Staaten verunmöglicht, Einsichten zu gewinnen, die dann im Dialog der Staatengemeinschaft neue Entwicklungen anstoßen können. Das Problem stellt sich deshalb besonders, weil in der Regel die Staaten den Inhalt der Konventionen grundsätzlich bejahen, wie in diesem Fall die Bundesrepublik die Drogenkonventionen, eine Kündigung daher nicht der Interessenlage entspricht. Eine Kündigung nur einer Klausel ist denkbar, allerdings mit den Problemen der Trennbarkeit nach Art.44 WVK behaftet. Eine Kündigung insgesamt und anschließender Neubeitritt, versehen mit einem Vorbehalt, wäre ein Alternative, die allerdings umständlich und nicht sonderlich elegant ist, zumal sich das Problem der Trennbarkeit hier im Gewande der Zulässigkeit des Vorbehaltes präsentiert. Lösungen sollten daher kautelarjuristisch herbeigeführt werden, in Form von Experimentierklauseln.[1062]

---

[1062] Siehe dazu unten V. 1. e) 4).

## 6. Aminoil

Der Fall AMINOIL nimmt im Kontext dieser Arbeit eine Sonderstellung ein, da es sich um einen Vertrag zwischen einem Staat und einem Unternehmen, nicht um einen zwischenstaatlichen handelt.

### a) Sachverhalt

Im Rechtsstreit zwischen Kuwait und der American Independent Oil Company (Aminoil)[1063] hatte ein Schiedsgericht u.a. die Frage zu klären, ob Kuwait sich in einem Konzessionsvertrag wirksam verpflichtet hatte, die Nationalisierung der überlassenen Ölfelder zu unterlassen.

Aminoil hatte 1948 vom kuwaitischen Scheich eine Konzession erhalten.[1064] Der Vertrag von 1948 enthielt folgenden Art.17:

> The Shaikh shall not by general or special legislation or by administrative measures or by any other act whatsoever annul this Agreement except as provided in article 11. No alteration shall be made in the terms of this Agreement by either the Shaikh or the Company except in the event of the Shaikh and the Company jointly agreeing that it is desirable in the interest of both parties to make certain alterations, deletions or additions to this agreement.[1065]

Unmittelbar nach Erlangung der vollen Unabhängigkeit von Großbritannien 1961 handelte die Regierung Kuwaits ein „Supplemental Agreement" aus, das im wesentlichen höhere Einnahmen aus der Produktion für den Staat garantierte, sowie die Besteuerung der Firma nach kuwaitischem Recht festlegte. Die Konzession von 1948 blieb im übrigen unverändert in Kraft. In der Nachfolge der OPEC-Abkommen traten die Vertragspartner in Verhandlungen ein, um die Konzession anzupassen. Aminoil strebte dabei eine Übertragung des Eigentums auf Kuwait und die Annahme einer ausschließlich ausführenden Rolle an, worauf der Staat allerdings nicht einging. Vor der Ratifikation des Vertrages durch Kuwait brach 1973 der Oktober-Krieg aus, woraufhin zum einen die OPEC die Preisgestaltung selber in die Hand nahm, zum anderen die Regierung von Aminoil Zahlungen nach dem Vertragsentwurf von 1973 verlangte, ohne daß dieser bereits in Kraft getreten wäre. Dies geschah nicht, und 1974 wurde der Vertragsentwurf von der Regierung mehrfach unilateral geändert und seine Befolgung durchgesetzt. 1976 wurden wieder Verhandlungen aufgenommen, während derer Aminoil wiederum den Vorschlag einer Übertragung des Eigentums und Abschluß eines Dienstleistungsvertrages zum Management der Ölfelder durch die Firma unterbreitete. Diesmal wurde der Vorschlag vom Ministerrat grundsätzlich angenommen, doch die Verhandlungen scheiterten über disparaten finanziellen Vorstellungen. 1977 erließ Kuwait ein Gesetz, nach dem die Konzession von 1948 beendigt und das Eigentum der Firma auf kuwaitischem Territorium gegen eine zu bestimmende Entschädigung verstaatlicht wurde.

Die finanziellen Aspekte können hier unberücksichtigt bleiben. Von Interesse ist die Behandlung des Art.17, der gesetzgeberische Tätigkeiten bezüglich des Konzessionsvertrages einschränkte. Das Schiedsgericht befand in seiner Entscheidung, daß vertragliche Be-

---

[1063] Arbitration Tribunal in the matter of an arbitration between the Government of the State of Kuwait and The American Independent Oil Company (Aminoil), Final Award vom 24. März 1982, 21 ILM 1982, S.976ff. Dazu LALIVE, Contrats, in: 181 RdC 1983, S.9, 155 und PAASIVIRTA, Participation of States in International Contracts, 1990, S.208-212.

[1064] Zum im folgenden gerafft dargestellten Sachverhalt siehe 21 ILM 1982, S.989-998.

[1065] A.a.O., S.990f Abs.xxiv.

schränkungen des Rechts eines Staates zur Nationalisierung zwar rechtlich möglich, jedoch an Voraussetzungen gebunden seien:

„95. No doubt contractual limitations on the State's right to nationalise are juridically possible, but what that would involve would be a particularly serious undertaking which would have to be expressly stipulated for, and be within the regulations governing the conclusion of State contracts; and it is to be expected that it should cover only a relatively limited period. [...]"[1066]

### b) Würdigung

Wenn auch dieser Befund eher die Zulässigkeit der vertraglichen Souveränitätsbeschränkung eines Staates im Hinblick auf seine natürlichen Ressourcen im Auge hat, als daß ein Ausgleich zum Demokratieprinzip geschaffen werden sollte, so drängt es sich geradezu auf, die Lösung zu übertragen: Eine Beschränkung nachfolgender Gesetzgebung muß ausdrücklich im Vertrag vorgesehen sein, eine solche Klausel muß durch die Verfassung des verpflichteten Staates oder durch Ratifikation gedeckt sein, und die Klausel muß zeitlich beschränkt sein.

Das Problematische der Entscheidung ist weniger die Tatsache, daß es sich um einen Vertrag zwischen einem Staat und einer privaten Gesellschaft handelt. Denn vom Sinn und Zweck einer solchen Stabilitätsklausel ist sie eher in einem Vertrag zwischen ungleichen Partnern gerechtfertigt, in dem der Staat als der stärkere kraft der ihm eigenen Rechtsetzungsbefugnis das Austauschverhältnis einseitig zu seinen Gunsten verändern kann, als in einem zwischenstaatlichen Vertrag, in dem sich zumindest juristisch gleichberechtigte Partner gegenüberstehen. Das Schiedsgericht hat auf den Vertrag zumindest teilweise Völkerrecht für anwendbar erklärt,[1067] und die kuwaitische Regierung hat ausdrücklich gegen die Stabilitätsklausel *ius cogens*, zwingendes Völkerrecht, ins Feld geführt: Eine solche Klausel verstoße gegen die „permanent sovereignty over natural resources", und diese Regel der dauerhaften Souveränität über die natürlichen Ressourcen habe den Rang zwingenden Völkerrechts erlangt. Das Schiedsgericht hat diese Meinung allerdings verworfen.[1068]

Schwerer wiegt vielmehr, daß es sich um ein *obiter dictum* handelt. Denn das Schiedsgericht führt auf dem Hintergrund der vertraglichen Entwicklung von 1948 bis 1977 aus, daß die Parteien immer stärker zusammenarbeiteten, bis hin zu einer Beteiligung Kuwaits an der wirtschaftlichen Unternehmung, so daß der Vertrag – und damit auch die Klausel – durch einvernehmliche Praxis der Parteien einen anderen Inhalt erhalten habe.[1069] Zudem

---

[1066] A.a.O., S.1023 Abs.95.

[1067] A.a.O., S.999ff. Abs.1ff. Vgl. auch den Schiedsspruch vom 10. Oktober 1973 im Rechtsstreit *BP Exploration Company (Libya) Limitid v. Governement of the Libyan Arab Republic*, 53 ILR 1979, S.297, 327ff., insbesondere S.332ff., dem eine gleichlautende Schiedsklausel zugrundelag und in dem ebenfalls Völkerrecht Anwendung fand, nachdem das lybische Recht sich als unergiebig erwiesen hatte. Die Frage des anwendbaren Rechts ist zu unterscheiden von derjenigen, ob ein völkerrechtlicher Vertrag vorliegt, wie sie der IGH mit Urteil vom 22. Juli 1952 im Rechtsstreit zwischen Großbritannien und dem Iran in der Sache *Anglo-Iranian Oil Co. (Preliminary Objections)*, ICJ Rep.1952, S.93, 111f. zu klären hatte. Dort war das Vorliegen eines völkerrechtlichen Vertrages im Sinne der iranischen Unterwerfungserklärung Voraussetzung für die Gerichtsbarkeit des IGH. Hier geht es um die Frage des anwendbaren Rechts, und nachdem das Schiedsgericht Völkerrecht für anwendbar hält, sind seine Äußerungen in diesem normativen Kontext zu würdigen, nicht zuletzt angesichts seiner Zusammensetzung aus eminenten Völkerrechtlern (Vorsitz PAUL REUTER, SIR GERALD FITZMAURICE und HAMED SULTAN)

[1068] A.a.O., S.1021f. Abs.90.

[1069] A.a.O., S.1023f. Abs.97ff.

interpretiert es den *telos* der Klausel dahingehend, daß sie jede konfiskatorische Maßnahme habe verhindern sollen, Enteignungen, die nach Völkerrecht ohnehin gegen Entschädigungen zu erfolgen hätten, davon demgegenüber nicht primär betroffen seien.[1070]

Das Hauptproblem liegt allerdings darin, daß das Schiedsgericht seinen Befund nicht begründet hat.[1071] Und eine solche Begründung liegt auch nicht auf der Hand. Die Zuordnung des Ausspruches zu einer Rechtsordnung bereitet zunächst Schwierigkeiten, weil das Gericht nicht angibt, ob es diese Schlußfolgerung aus Völkerrecht, kuwaitischem Recht oder einem transnationalen Privatrecht zieht.[1072] Anhaltspunkte im Umfeld der betreffenden Passage deuten jedoch daraufhin, daß eine Aussage zum Völkerrecht intendiert war. Denn zuvor verwirft das Schiedsgericht den Rekurs Kuwaits auf die „permanent sovereignty of the State over its natural resources" als *ius cogens* und damit der Gültigkeit der Klausel entgegenstehend.[1073] Und es äußert sich skeptisch zu der von Kuwait als Argument eingeführten verwaltungsrechtlichen Figur des „administrative contract", wonach bestimmte Verträge des Staates mit einem einseitigen Leistungsbestimmungs- und Kündigungsrecht versehen sind.[1074] Im betreffenden Absatz selber findet sich zwei Sätze weiter das Argument, daß

> „[...] a limitation on the sovereign rights of the State is all the less to be presumed [...]",[1075]

was in der Diktion ebenfalls auf das Völkerrecht verweist. Und schließlich enthalten die folgenden Ausführungen über die Veränderung des Vertragsverhältnisses nicht nur einen Verweis auf das

> „fundamental principle of pacta sunt servanda",[1076]

der auch für andere Rechtsordnungen gelten würde, sondern ein ausdrückliches *caveat*, daß die aufgeführten Veränderungen keinen Fall eines

> „fundamental change of circumstances (rebus sic stantibus) within the meaning of Article 62 of the Vienna Convention on the Law of Treaties"[1077]

darstellen. Ordnet man die Passage demnach als Aussage über geltendes Völkerrecht ein, fällt es schwer, die unbegründete Feststellung zu stützen. Zum einen läßt sich kein Anhaltspunkt dafür feststellen, daß es eine allgemeine Völkerrechtsnorm gäbe, wonach vertragliche Beschränkungen der Verstaatlichung innerhalb der

> „regulations governing the conclusion of State contracts"[1078]

---

[1070] A.a.O., S.1022f. Abs.93.

[1071] Vgl. LALIVE, Contrats, in: 181 RdC 1983, S.9, 155. Nach Auffassung von PAASIVIRTA, Participation of States in International Contracts, 1990, S.212 liegt dies darin begründet, daß das Schiedsgericht von der grundsätzlichen Überzeugung ausging, daß Verstaatlichungen und mithin Beendigungen eines solchen Vertrages zulässig waren, und es deshalb vermied, die Rechte und Pflichten der Parteien genau aufzuschlüsseln, sondern vielmehr sein Heil in einer interpretatorischen Lösung suchte.

[1072] Obwohl FITZMAURICE den in Frage stehenden Passus in seinem Sondervotum explizit ablehnt, geschieht das lediglich hinsichtlich der Frage, ob die Unterlassung einer Verstaatlichung ausdrücklich hätte vorgesehen werden müssen oder sich die Pflicht, seiner Meinung nach, implizit aus Art.17 ergab. Er geht weder auf die Rechtsquelle der Aussage, noch auf ihre anderen Aspekte ein. Vgl. 32 ILM 1982, S.1043, 1050.

[1073] 32 ILM 1982, S.976, 1021f. Abs.90.

[1074] A.a.O., S.1022 Abs.91.

[1075] A.a.O., S.1023 Abs.95.

[1076] A.a.O., S.1023 Abs.97, Hervorhebung im Original.

[1077] A.a.O., S.1024 Abs.101, Hervorhebung im Original.

## IV. Fallbeispiele

geregelt sein müßten, noch gibt es eine allgemeine Regel der zwingenden zeitlichen Beschränkung solcher Verträge.[1079] Zwar könnte der Schiedsspruch die Keimzelle für eine neue völkerrechtliche Norm und damit den Nukleus einer völkerrechtlichen Praxis bilden, nur hat sich eine solche in der Folge nicht entwickelt. Soweit also eine normative Aussage zum Völkerrecht beabsichtigt war, geht sie fehl. Der Schiedsspruch läßt sich lediglich als Gedankenanregung verwenden.

---

[1078] A.a.O., S.1023 Abs.95.

[1079] Vgl. den Nachweis zur Schiedsrechtsprechung in gleichgelagerten Fällen bei PAASIVIRTA, Participation of States in International Contracts, 1990, S.197-234. Siehe allerdings seinen Verweis auf vereinzelte Stimmen in der Literatur, a.a.O., S.169 Fn.69 a.E. und S.170 Fn.76 und 77. Sein Verweis auf den *Revere*-Fall, Schiedsspruch vom 24. August 1978 in der Rechtssache *Revere Copper and Brass, Inc. and Overseas Private Investment Corporation*, abgedruckt in: 56 ILR 1980, S.258, 260ff. an derselben Stelle, S.170 Fn.76, geht allerdings fehl. Das Schiedsgericht unterstrich ausdrücklich, daß ein Staat sich in dieser Weise binden könne (56 ILR 1980, S.258, 284) und hob hervor, daß die in einem jamaikanischen Urteil festgestellte Unzulässigkeit einer vertraglichen Unterlassungspflicht hinsichtlich zukünftiger Gesetzgebung ausschließlich nach nationalem, jamaikanischen Recht bemaß (56 ILR 1980, S.258, 285).

*Christian B. Fulda*

## 7. National Missile Defense (NMD)

Der prominenteste Fall einer Kollision von demokratisch legitimierter politischer Neuausrichtung und vertraglicher Bindung der Gegenwart wurde durch Kündigung gelöst: Der Streit um den US-amerikanischen Raketenabwehrschild (National Missile Defense, NMD) und die Verpflichtungen für die USA unter dem ABM-Vertrag[1080] wurde durch die Kündigung der USA am 13. Dezember 2001 beendet.[1081]

### a) Sachverhalt

Der ABM-Vertrag enthält im wesentlichen das Verbot, ein flächendeckendes, das gesamte Staatsgebiet umfassendes Abwehrsystem gegen Nuklearraketen zu errichten. Damit soll das strategische Gleichgewicht der beiden größten Nuklearmächte erhalten werden, denn das Vertrauen auf ein eigenes Abwehrsystem könnte die Furcht vor einem atomaren Vergeltungsschlag vermindern und damit einen Erstschlag als strategische Alternative erscheinen lassen. Die rüstungstechnischen Details des Vertragssystems interessieren hier nicht, die USA haben selber eingeräumt, daß die Pläne für das NMD-System mit dem ABM-Vertrag nicht vereinbar waren.[1082] Entscheidend sind politische Ursache und rechtliche Rahmenbedingung des Konfliktes. Anders als die Pläne für ein see-, luft- und weltraumgestütztes Raketenabwehrsystem, wie es insbesondere während der 80er Jahre unter der REAGAN-Administration propagiert wurde (SDI) und das unverhohlen gegen die Bedrohung durch die Sowjetunion ausgerichtet war, hat das NMD eine strategische Ausrichtung, die Rußland und die vormaligen Sowjetrepubliken als Rechtsnachfolger im ABM-Vertrag[1083] nicht betreffen soll. Es geht vielmehr um die Bedrohung der USA durch „Risikostaaten" mit Massenvernichtungswaffen. Dem politischen Prozeß zugrunde liegt der Bericht der vom Kongreß eingesetzten überparteilichen RUMSFELD-Kommission vom 15. Juli 1998 (RUMSFELD Report),[1084] der vor einer Bedrohung der USA durch Langstreckenwaffen bereits ab 2005 warnt. Der republikanisch dominierte Kongreß verabschiedete im März 1999 daraufhin ein Gesetz zum Aufbau des NMD-Systems, dem Präsident CLINTON im Juli 1999 zustimmte. Das Gesetz fordert die Administration zu Verhandlungen mit Rußland über eine Anpassung des ABM-Vertrages auf, entsprechend hatten die USA einen Protokoll-Entwurf unterbreitet,[1085] der die Kompatibilität dadurch erreichen sollte, daß das Abwehrsystem zwar in der Lage sein soll, einen einzelnen Angriff

---

[1080] (IR) ABM Treaty, 1972. Eine umfangreiche Textsammlung zum Thema ABM-Vertrag/NMD ist zu finden auf der Seite der Federation of American Scientists, (IR) FAS on Ballistic Missile Defense.

[1081] Erklärung des Präsidenten der Vereinigten Staaten, GEORGE W. BUSH, am 13. Dezember 2001, (IR) ABM Treaty, US Denunciation 2001, BUSH press statement.

[1082] Vgl. das von der amerikanischen Seite bei den Verhandlungen vom 19. bis 21. Januar 2000 vorgelegte Dokument unter dem Titel „NMD Protocol: Topics for Discussion", (IR) US Government, NMD Topics, 2001:
„We recognize that this system contravenes the current provisions of the ABM Treaty."
Siehe auch die Stellungnahme des Under Secretary for Arms Control and International Security des State Department, John R. Bolton, im Rahmen der Anhörung des US Senats zu NMD und dem ABM-Vertrag vom 24. Juli 2001, S.12, (IR) US Senate, Hearing NMD/ABM, 2001.

[1083] Geregelt durch ein Abkommen (Memorandum of Understanding) der USA mit den atomaren Nachfolgestaaten der Sowjetunion Rußland, Weißrußland, Kasachstan und Ukraine vom 26. September 1997, (IR) ABM MoU, 1997.

[1084] (IR) RUMSFELD Report, 1998.

[1085] (IR) US Government, ABM Treaty Draft Protocol, 2000.

abwehren zu können, nicht jedoch einen flächendeckenden Vergeltungsschlag einer „echten" Atomwaffenmacht.[1086] Wenn auch die USA relativ frühzeitig in der Auseinandersetzung bereits mit einer einseitigen Kündigung gedroht hat,[1087] so war doch nicht ausgeschlossen, daß mit Rußland am Verhandlungstisch doch noch eine Modifikation des ABM-Vertrages auszuhandeln gewesen wäre.[1088]

### b) Würdigung

Rechtlich war der Streit eingebettet in ein Vertragssystem,[1089] das zum einen im Vertrag selber in Art.XIV einen Revisionsmechanismus[1090] sowie in Art.XV ein qualifiziertes ordentliches Kündigungsrecht[1091] vorsah und das zum anderen wenn schon keine Institutionalisierung wie der Nordatlantik-Vertrag so doch eine Implementierungsdichte durch Vertragsorgane und ergänzende Abkommen erreicht hatte, die eine Einordnung als statisches Vertrags-

---

[1086] In dem während der Verhandlungen im Januar 2000 vorgelegten Protokoll-Entwurf heißt es in den Erwägungsgründen:

Considering changes in the strategic situation that have occurred as a result of the proliferation among states of weapons of mass destruction and long-range ballistic missiles which threaten international peace and security,

Recognizing the necessity of protecting their citizens and, consequently, their territories from the threat that these states will use long-range ballistic missiles and recognizing that this threat is increasing and that the defensive capabilities necessary to protect against this threat must also increase, from which it follows that the Treaty must be updated as necessary to permit the creation of the necessary defense,

Intending to adapt the Treaty to these changes in the strategic situation,

Proceeding from the understanding that the deployment of ABM systems for limited defense of their respective national territories will neither threaten nor allow a threat to the strategic deterrent forces of either Party,

[1087] Vgl. HORST BACIA, FAZ vom 23. Juli 2001, S. 12: Wann kommt es zur Kollision mit dem ABM-Vertrag? und FAZ vom 26. Juli 2001, S.5: Amerika will gemeinsames Abrücken vom ABM-Vertrag.

[1088] Eine Lösung des Konfliktes, die wahrscheinlich unter politischen Gesichtspunkten auch für die US-amerikanische Seite vorteilhaft gewesen wäre, vgl. WILKENING, Amending ABM Treaty, in: 42-1 Survival 2000, S.28-45.

[1089] Siehe dazu MÜLLERSON, ABM Treaty, in: 50 ICLQ 2001, S.509-539.

[1090] Die Klausel im ABM-Vertrag lautet:

Article XIV

1. Each Party may propose amendments to this Treaty. Agreed amendments shall enter into force in accordance with the procedures governing the entry into force of this Treaty.

2. Five years after entry into force of this Treaty, and at five-year intervals thereafter, the Parties shall together conduct a review of this Treaty.

Eine Vertragsänderung nach Art.XIV Abs.1 erfolgte bereits durch das erste Protokoll vom 3. Juli 1974, (IR) ABM Treaty Protocol, 1974, das eine Reduzierung der erlaubten geschützten Zonen von zwei auf eine vereinbarte. Vertragsrevisionskonferenzen (ohne Vertragsänderungen) fanden statt 1977, 1982, 1988 und 1993.

[1091] Die Klausel im ABM-Vertrag lautet:

Article XV

1. This Treaty shall be of unlimited duration.

2. Each Party shall, in exercising its national sovereignty, have the right to withdraw from this Treaty if it decides that extraordinary events related to the subject matter of this Treaty have jeopardized its supreme interests. It shall give notice of its decision to the other Party six months prior to withdrawal from the Treaty. Such notice shall include a statement of the extraordinary events the notifying Party regards as having jeopardized its supreme interests.

## 7. National Missile Defense (NMD)

werk verhindern. Bereits vor der Kündigung durch die USA hat MÜLLERSON die Ansicht vertreten, daß eine Beendigung des Vertrages auf eine Kombination des Kündigungsrechts nach Art.XV des Vertrages und der *clausula* nach Art.62 WVK gestützt werden könnte.[1092] In diese Richtung können die Erläuterungen von Präsident BUSH zur amerikanischen Kündigungserklärung gelesen werden, die auf der einen Seite auf die neue Bedrohung der USA hinweisen:

> „I have concluded the ABM treaty hinders our government's ability to develop ways to protect our people from future terrorist or rogue state missile attacks."

Auf der anderen Seite verweisen sie auf die grundlegende Veränderungen in der politischen Großwetterlage im allgemeinen und den Beziehungen zu Rußland:

> "The 1972 ABM treaty was signed by the United States and the Soviet Union at a much different time, in a vastly different world. One of the signatories, the Soviet Union, no longer exists. And neither does the hostility that once led both our countries to keep thousands of nuclear weapons on hair-trigger alert, pointed at each other. The grim theory was that neither side would launch a nuclear attack because it knew the other would respond, thereby destroying both.
>
> Today, as the events of September the 11th made all too clear, the greatest threats to both our countries come not from each other, or other big powers in the world, but from terrorists who strike without warning, or rogue states who seek weapons of mass destruction."

Nun sah die Qualifizierung des vertraglichen Kündigungsrechts vor, daß die betreffende Partei zu der Entscheidung gekommen sein müsse, daß

> extraordinary events related to the subject matter of this Treaty have jeopardized its supreme interests.

Es ist fraglich, ob die erwartete Bedrohung durch Terroristen oder „rogue states" als „extraordinary events" angesehen werden können. Wenn auch der 11. September 2001 sicherlich ein „extraordinary event" war, so unterfällt er nicht der Regelungsmaterie des Vertrages. Und das Potential von Drittstaaten, die USA demnächst mit Mittel- und Langstreckenraketen zu erreichen, kann man schwerlich als „Ereignis" bezeichnen. Allerdings trägt möglicherweise der Wortlaut dieses Vertrages angesichts des Kontexts nicht weit. Der ABM-Vertrag sollte den Aufbau eines flächendeckenden Raketenabwehrschildes verhindern. Die Errichtung eines solchen Schildes dauert jedoch Jahre, insbesondere wenn man die Entwicklungszeiten hinzunimmt. Eine Kündigung, die erst nach dem tatsächlichen Eintritt eines außerordentlichen Ereignisses erfolgen könnte, wäre demnach fruchtlos. Geht man davon aus, daß die Parteien damals eine Klausel aufnehmen wollten, die auch effektiv umgesetzt werden kann, wird man ihr eine weite Auslegung geben müssen, die auch Einschätzungen über zukünftige Ereignisse umfaßt. Dieser Auslegung scheint sich Rußland als Vertragspartner der USA angeschlossen zu haben. Denn wenn auch die russische Staatsführung politisch die Kündigung des Vertrages bedauerte, so erhob sie jedoch keine rechtlichen Einwände gegen die Kündigung. Ein Protest blieb aus.[1093]

Ob die Kündigung daneben auch auf Art.62 WVK gestützt werden kann, erscheint jedoch zweifelhaft. Zwar ist der Wandel vom Kalten Krieg der Supermächte zu einem distanierten Kooperationsverhältnis sicherlich ein Umstand, den die Parteien nicht vorhergesehen haben. Und legt man das von den USA entworfene Bedrohungsszenario einmal als berechtigt zugrunde, könnte man auch vertreten, daß dadurch die vertraglichen Verpflichtungen

---

[1092] MÜLLERSON, ABM Treaty, in: 50 ICLQ 2001, S.509, 516-535.
[1093] Vgl. LITVINOVICH, ABM Treaty, in: Pravda.RU 14.12.2001 (translation).

grundlegend umgestaltet würden.[1094] Allerdings enthielt der Vertrag in Art.XIV einen Revisionsmechanismus, mit dem die Vertragsparteien eine Anpassung an die veränderten Umstände hätten vornehmen können.[1095] Daß die Bemühungen der USA um eine Revision nicht vom Erfolg gekrönt waren, lag politisch nicht zuletzt am Bestreben Rußlands, eine Vertragsänderung mit weiteren Abrüstungszielen zu verbinden. Diesem Ansinnen einer Verknüpfung der beiden sicherheitspolitischen Themen haben sich die USA jedoch verschlossen. Dennoch bestand aus rechtlicher Perspektive die Möglichkeit, innerhalb des Vertragssystems auf die veränderte Weltlage zu reagieren. Nach der hier bereits im Zusammenhang mit Frankreichs Austritt aus der NATO vertretenen Auffassung[1096] ist in diesen Fällen eine Anwendung der *clausula* ausgeschlossen. Wenn man das vertragliche Kündigungsrecht nach Art.XV nicht für ausreichend erachtet, liegt es näher, in diesem Fall ein Beispiel für ein subsidiäres Kündigungsrecht nach dem Fehlschlagen von Revisionsverhandlungen zu sehen, wie es hier zur Stärkung eines Rechtes auf Revision *de lege ferenda* empfohlen wird.[1097]

Entscheidend für eine Gesamtwürdigung des Falles ist aber, daß im politischen Streit, der aus dem Spannungsverhältnis zwischen demokratisch legitimierter Meinungsänderung und vertraglicher Bindung resultiert, rechtliche Strukturen geschriebener – Kündigungs- und Revisionsklauseln – und ungeschriebener Art – Verpflichtung zur Verhandlung aufgrund der intensiven und langjährigen Zusammenarbeit innerhalb des Vertrags[1098] – zur Verfügung standen, um den Streit zu lösen.

---

[1094] So die Bedingung des IGH im Urteil vom 2. Februar 1973 (*Jurisdiction*) im Rechtsstreit zwischen Großbritannien und Island bzw. Deutschland und Island in der Sache *Fisheries Jurisdiction*, ICJ Rep.1973, S.3, 21 Abs.43. Siehe oben III. 2. d) bei Fn.789.

[1095] Dies übersieht MÜLLERSON, ABM Treaty, in: 50 ICLQ 2001, S.509, 539.

[1096] Siehe oben IV. 1. b) 2).

[1097] Siehe unten V. 2. c).

[1098] Vgl. die Einschätzung des IGH im Fall *Gabcíkovo/Nagymaros*, ICJ, *Gabcíkovo-Nagymaros*, ICJ Rep.1997, S.7, 78f. Abs.142f. im Hinblick auf das „régime" zwischen Ungarn und der Slowakei.

## V. LÖSUNGSANSÄTZE

Die behandelten Fallbeispiele sollten das Problemfeld illustrieren. Weitere Konfliktfälle zwischen demokratisch legitimierter Willensänderung und vertraglicher Bindung existieren gewiß. Um dem Einwand vorzugreifen, daß dennoch die Staatenpraxis eher dürftig ausfällt, als daß ein gesteigertes Bedürfnis zur Beschäftigung mit Lösungsmöglichkeiten bestünde, sei nochmals auf die zentrale Prognose dieser Arbeit verwiesen,[1099] daß die Zahl der Konfliktfälle sich in Zukunft signifikant erhöhen wird. Denn die Zahl der Verträge, die „innere Angelegenheiten" der Gesellschaften regeln und damit unmittelbar die Fähigkeit dieser Gesellschaften zur demokratischen Selbstbestimmung tangieren, nimmt stetig in Anzahl und Regelungsdichte zu. Dazu tragen entscheidend zwei Faktoren bei: Zum einen die mit dem Stichwort Globalisierung gekennzeichnete internationale Vernetzung, zum anderen und damit verbunden die rückläufige Halbwertszeit gesellschaftlicher Verhältnisse. Das Phänomen der Globalisierung hat für das Vertragsvölkerrecht zwei Aspekte: Zum einen müssen aufgrund der Entgrenzung von Kapital-, Güter- und Personenverkehr viele Aspekte der zuvor nationalen Gesetzgebung inzwischen international geregelt werden, um überhaupt effektiv den Regelungsbereich zu erfassen. Zum anderen führt die faktische globale Vernetzung dazu, daß normative Gestaltungen (meist in Form von Unterlassungen) unmittelbare Auswirkungen auf andere Gesellschaften haben. Prominentestes Beispiel sind stets die niedrigen Umweltstandards in einem Land, die in anderen Ländern Schäden hervorrufen. Aber auch unzureichende Regulierung der Finanzmärkte, sowie Fragen der inneren Sicherheit (Terrorismus, organisierte Kriminalität) sind nur Beispiele dieser „spill-overs", die in der Ökonomie externe Effekte genannt werden. Liegen aber externe Effekte vor, dann weitet sich der Kreis der von einer Regelung Betroffenen und somit unter legitimationstheoretischen Gesichtspunkten der Kreis der Mitbestimmungsberechtigten. Sowohl Effektivitäts- als auch Legitimationsanforderungen im Zusammenhang mit der Globalisierung werden also zu einer Verdichtung des gesellschaftsintern relevanten Völkerrechts führen. Die Erhöhung des Konfliktpotentials in materieller Hinsicht wird verschärft durch den temporalen Aspekt der zunehmenden Beschleunigung gesellschaftlichen Wandels. Durch technologischen Fortschritt induzierte wirtschaftliche Veränderungen, die sich dank der globalen Vernetzung wie ein Flächenbrand ausbreiten, aber auch neue wissenschaftliche Erkenntnisse im übrigen ziehen gesellschaftlichen Wandel nach sich, der ein Überdenken überkommener Regelungen notwendig macht. Es ist noch nicht absehbar, daß der durch die Informationstechnologie hervorgerufene Wandel ein Plafond erreicht hätte, und schon folgt ein wissenschaftsinduzierter in Form der Biotechnologie auf dem Fuße. Es läßt sich daher ohne weiteres prognostizieren, daß eine Reihe von völkerrechtlichen Regelungen, auf dem Wissen und den Anschauungen von heute fußend, morgen schon überholt sein werden. Wenn das Vertragsvölkerrecht, und damit letztlich die Fähigkeit der internationalen Gemeinschaft überhaupt, regulierend tätig werden zu können, seine Effektivität kraft Akzeptanz behalten soll, muß es Lösungsmöglichkeiten im Konflikt mit demokratisch legitimierten Willensänderungen bereithalten.

Zunächst sollen im geltenden Völkerrecht normative Ansatzpunkte aufgezeigt werden, um im letzten Unterkapitel der Arbeit ergänzend mögliche Weiterentwicklungen aufzuzeigen. Zu berücksichtigen ist dabei, daß das in der Arbeit aufgezeigte Spannungsverhältnis zwischen Demokratieprinzip und vertraglicher Verpflichtung bisher weder in der Staatenpraxis noch

---

[1099] Siehe oben I.

soweit ersichtlich in der Literatur thematisiert wurde. Damit fehlt es zwangsläufig bisher an praktizierten Lösungen für das Problem. Die Lösungsansätze können daher eben nur solche sein, nämlich Ansätze, die an vorgefundenen Instrumenten des Völkerrechts ansetzen und sie zur Lösung des aufgezeigten Problems heranziehen.

## 1. De lege lata

### a) Legitimation des Vertragsschlusses

Aus der Perspektive des Demokratieprinzips stellen Art.46 und 47 WVK Beschränkungen dar. Beim Abschluß der WVK wurden diese Artikel demgegenüber aus völkerrechtlicher Sicht teilweise mit Erstaunen aufgenommen, als unzulässige Verknüpfung des Völker- mit dem innerstaatlichen Recht angesehen.[1100] Ihre Existenzberechtigung mit dem Bedürfnis nach Stabilität im Vertragsrecht zu begründen, die durch verfassungsmäßige Verträge eher gewährleistet sei als durch verfassungswidrig zustandegekommene,[1101] trifft zwar zu, greift aber zu kurz. Die Herausbildung des Demokratieprinzips im Völkerrecht selber läßt diese Artikel nicht mehr ausschließlich als Scharnier zwischen innerstaatlichem und Völkerrecht erscheinen. Sie müssen vielmehr vor dem Hintergrund gelesen werden, daß das Völkerrecht selber nunmehr Anforderungen an die Legitimation staatlichen Handelns, also auch an den Abschluß völkerrechtlicher Verträge stellt. Zwar darf man nicht dem Kurzschluß verfallen, Verträge, die unter Verstoß gegen innerstaatliches Recht abgeschlossen wurden, entbehrten jeglicher demokratischer Legitimation. Denn unter der Voraussetzung eines demokratischen Verfassungsstaates sind die am Abschluß beteiligten Akteure durchaus legitimierte Vertreter ihres Staates: Sei unmittelbar wie gewählte Präsidenten, sei es mittelbar wie Regierungschefs in Parlamentsdemokratien (und jeweilige Minister, Botschafter etc., auf die die Aufgabe delegiert wurde).[1102] Doch bedeutet der Verstoß gegen innerstaatliches Recht, daß die Legitimationskette fehlerhaft ist: Zu jeder Delegation gehört funktional ihre Kontrolle. Daher beeinträchtigen Verstöße gegen innerstaatliches Recht als Legitimationsfehler das Demokratieprinzip. Die Stimmen, die eine Berücksichtigung des Demokratieprinzips bei der Abfassung der WVK, gerade bei der Frage der Legitimation des Vertragsschlusses forderten,[1103] müssen deshalb jetzt Gehör finden. Denn nachdem nunmehr das Völkerrecht selber das Demokratieprinzip aufgenommen hat, muß es im Kontext von Art.46 WVK besonderen Stellenwert erhalten.[1104]

Zumindest ein Einwand gegen die Berücksichtigung des nationalen Rechts kann unter der Geltung des Demokratieprinzips entkräftet werden, daß nämlich die Prüfung der Vertragsschlußkompetenz durch die andere Vertragspartei eine Einmischung in die inneren Angele-

---

[1100] Vgl. CRAWFORD, Democracy, 1994, S.24. Er verkennt offensichtlich die nachhaltige Strömung der „constitutionalists", die sich in der früheren Literatur manifestierten.

[1101] So CRAWFORD, ebenda.

[1102] Solche verkürzte Betrachtungsweisen sind besonders häufig in der Diskussion des angeblichen „Demokratiedefizites" in der Europäischen Union. Siehe nur jüngst DÖHRING, Demokratie und Völkerrecht, in: FS Steinberger, 2002, S.127, 135. Ausführlich zu der Frage STEIN, International Integration and Democracy, in: 95 AJIL 2001, S.489, 521ff.

[1103] Siehe Nachweise oben Fn.600.

[1104] Dies entzieht insbesondere Argumenten die Grundlage, daß eine Verletzung des innerstaatlichen Rechts eine interne Angelegenheit sei und nicht vom „unschuldigen" Vertragspartner „auszubaden" – so WILDHABER, Treaty-Making Power, 1971, S.179.

## 1. De lege lata

genheiten darstellt.[1105] Denn unabhängig davon, ob das Demokratieprinzip eine generelles Prüfungsrecht oder gar eine Prüfungspflicht seiner Einhaltung für andere Staaten schafft, so kann zumindest im Rahmen von Vertragsverhandlungen der anderen Vertragspartei nicht verwehrt werden, die Einhaltung solcher Vorschriften zu überprüfen, die zur demokratischen Legitimation des Vertrages beachtet werden müssen. Hinsichtlich der Frage, ob die Verletzung eine „innerstaatliche Vorschrift von grundlegender Bedeutung" betraf, könnte das Demokratieprinzip als Auslegungshilfe herangezogen werden. Soweit nämlich die innerstaatlichen Vorschriften primär der Kontrolle der Exekutive, der Partizipation der Legislative und schließlich der Begrenzung des Handlungsspielraums der staatlichen Organe überhaupt (materielles Verfassungsrecht) dienen, handelt es sich unter Geltung des Demokratieprinzips um eine „Vorschrift von grundlegender Bedeutung". Verfahrensvorschriften und materielles Verfassungsrecht sind demnach zu berücksichtigen, wohingegen Form- und Fristvorschriften sekundärer Natur sind. Darüberhinaus findet das Demokratieprinzip insoweit Eingang in Art.46 Abs.2 WVK, als interne Rechtsvorschriften, die vom Demokratieprinzip gefordert werden, rechtssystematisch notwendigerweise objektiv erkennbar sind und nach Treu und Glauben von den Staaten berücksichtigt werden müssen. Nur läßt sich bisher aus dem Demokratieprinzip keine eindeutige interne Rechtsvorschrift hinsichtlich der Legitimation eines Vertragsschlusses ableiten. Zwar wurde in der Verfassung von Bosnien Herzegowina in Art.V Nr.3 d. festgelegt, daß die Präsidentschaft völkerrechtliche Verträge nur mit Zustimmung der Parlamentarischen Versammlung ratifizieren kann.[1106] Und aus einer Zusammenschau der Verfassungen demokratischer Staaten[1107] ließe sich zum einen für Parlamentsdemokratien vermutlich ein grundsätzliches parlamentarisches Zustimmungserfordernis für völkerrechtliche Verträge ableiten, allerdings qualifiziert nach Art des Vertrages. Zum anderen dürfte für Präsidialdemokratien eine autonome Ratifikationskompetenz die Regel sein, allerdings kann wiederum abhängig von der Art des Vertrages auch ein Zustimmungserfordernis des Parlamentes als Kontrollmechanismus existieren. Doch schon die in beiden Systemen vorhandene Differenzierung nach Art des Vertrages verhindert es, daß aus den allgemeinen Grundsätzen demokratischer Staaten ein rudimentärer Korpus allgemeinverbindlicher Regeln gewonnen werden kann, zu unterschiedlich sind die jeweiligen nationalen Ausprägungen.[1108]

---

[1105] So etwa WALDOCK in seinem zweiten Bericht, WALDOCK, Report II, YBILC 1963-II, S.36, 44 Abs.14, und die Stellungnahme der spanischen Delegation, vgl. WALDOCK, Report IV, YBILC 1965-II, S.3, 69. Siehe auch die Zusammenfassung der Gründe für eine Unbeachtlichkeit des nationalen Rechts bei WILDHABER, Treaty-Making Power, 1971, S.175. Vgl. allerdings BLIX, Treaty-Making Power, 1960, S.260-264, der einige Fälle aus der US-amerikanischen Praxis aufführt, jedoch Zweifel äußert, ob es sich um einen rechtlichen Hinderungsgrund (gegenüber unverbindlicher Höflichkeit) handelt.

[1106] (IR) Dayton Constitution (IFOR). Siehe oben II. 3. a) 4).

[1107] Vgl. auch WILDHABER, Treaty-Making Power, 1971, S.181, der allerdings die Zustimmungsbedürftigkeit nur hinsichtlich der Vertragsbeziehungen zwischen pluralistisch-demokratischen Staaten berücksichtigen will.

[1108] Einen kursorischen Überblick über die Situation in Frankreich, Deutschland, den Niederlanden, Polen, Rußland, der Schweiz, Großbritannien und den USA gibt AUST, Treaty Law and Practice, 2000, S.146-160. Eine vergleichende Studie zum Abschluß von „formal treaties", also nicht Verwaltungsabkommen, in Großbritannien, Kanada, Australien, Indien, Belgien, Frankreich, Deutschland, Österreich, der Schweiz und den USA findet sich bei WILDHABER, Treaty-Making Power, 1971, S.27-67. Literatur zu den unterschiedlichen nationalen Systemen wird nachgewiesen bei REUTER, Law of Treaties, 2. Aufl. 1995,

Erst recht erscheint es schwierig, aus dem Demokratieprinzip Aussagen über den Vertragsschluß zu treffen, die sich aus dem Inhalt des Vertrages herleiten. TUNKIN hatte in der Diskussion der ILC – vergeblich – gefordert, daß in Fällen, in denen es um die Existenz des Staates als solchen gehe, ein Vertragsschluß durch die Vertreter des Staates nicht ausreichen könne, sondern daß ein solcher Vertrag durch das Volk abgesegnet werden müsse.[1109] Er begründete dies mit dem Selbstbestimmungsrecht der Völker; richtigerweise wird man die gleiche Schlußfolgerung aus dem Demokratieprinzip ziehen müssen.[1110] Nach Ansicht WILDHABERS sollten Verträge, die innerstaatliches Recht verändern, Verträge, die signifikante budgetäre Konsequenzen nach sich ziehen, sowie Verträge von erheblicher politischer Bedeutung der Zustimmung durch die Legislative bedürfen.[1111] Er sieht in der staatlichen Praxis eine Annäherung an diese Grundsätze, muß aber einräumen, daß die Handhabung des Instruments der „agreements in simplified form", also der nicht zustimmungsbedürftigen Verträge, bei allen Staaten diese Grundsätze durchlöchert.[1112]

Da die Grenze zwischen systematischer Interpretation geltenden Völkerrechts und seiner Neuausrichtung durch Interpretation fließend ist und keinerlei Staatenpraxis für die hier vertretene Interpretation nachgewiesen werden kann, bewegen sich diese Aussagen möglicherweise schon auf dem Gebiet *de lege ferenda*. In jedem Fall wird auch im letzten Unterkapitel dieser Arbeit die Frage nach der Legitimation des Vertragsschlusses noch einmal aufgenommen.

b) Vorrang des nationalen Rechts

Die in Art.27 WVK kodifizierte Dominanz der vertragsvölkerrechtlichen Verpflichtung über innerstaatliches Recht, und sei sie noch so demokratisch legitimiert, stellt den einen Randpunkt der Spannbreite möglicher Lösungen zwischen Vertrag und demokratischer Meinungsänderung dar. Der andere Randpunkt wäre eine Auffassung, die das Vertragsrecht in jedem Fall hinter – neuem – nationalem Recht, das einer demokratischen Entscheidungsfindung entstammt, zurückstehen ließe. Wenn auch eine solche Auffassung im Völkerrecht nicht vertreten wird, so kommt sie in nationalen Perspektiven durchaus vor, etwa in der US-amerikanischen Verfassungsrechts-Dogmatik, die einen völkerrechtlichen Vertrag wie ein innerstaatliches Gesetz behandelt. Sie führt zum Vorrang des jeweils jüngsten Ausdrucks der demokratisch legitimierten Meinung, unabhängig davon, ob dieser Ausdruck als völkerrechtlicher Vertrag oder als innerstaatliches Gesetz erfolgte. Diese Dogmatik ist zwar innerstaatlicher, verfassungsrechtlicher Natur. Da sie aber funktional das andere Ende des Spektrums der Lösungsmöglichkeiten abdeckt, kann anhand ihrer die Auswirkung eines solchen

---

S.53 Fn. 85* zu S.39 Abs.85. Siehe auch die Beiträge in: FRANCK (Hrsg.), Delegating state powers, 2000, die allerdings im Gegensatz zum weit formulierten Titel des Sammelbandes lediglich die US-amerikanische verfassungsrechtliche Situation behandeln, ergänzt durch zwei rechtsvergleichende Beiträge zu Deutschland und Frankreich. Einen weitgreifenden Überblick gab die von der UN herausgegebene Zusammenstellung der relevanten nationalen Vorschriften, teilweise ergänzt durch Memoranden der Regierungen, UN (Hrsg.), Conclusion of Treaties, 1952.

[1109] ILC, 674th Meeting, YBILC 1963-I, S.4 Abs.16.

[1110] TUNKIN hätte es sich allerdings wohl nicht träumen lassen, daß sich seine Forderung in der Staatenpraxis im Beitritt der DDR zur Bundesrepublik realisierte: Der Abschluß des 2+4 Vertrages war durch die ersten freien Wahlen zur Volkskammer und den Sieg der die Einheit anstrebenden Parteien legitimiert.

[1111] WILDHABER, Treaty-Making Power, 1971, S.73.

[1112] WILDHABER, Treaty-Making Power, 1971, S.74.

## 1. De lege lata

Ansatzes analysiert und seine Tauglichkeit für eine Übernahme ins Völkerrecht geprüft werden.

Die US-amerikanische Position beruht auf Art.VI der Verfassung, wonach

> [t]his Constitution, and the laws of the United States which shall be made in pursuance thereof; and all treaties made, or which shall be made, under the authority of the United States, shall be the supreme law of the land; [...][1113]

Dieser Artikel wird von der US-Rechtsprechung dahingehend interpretiert, daß völkerrechtliche Verträge den gleichen Rang wie Bundesgesetze haben, mit der Konsequenz, daß der Konflikt zwischen Bundesgesetz (=demokratischer nationaler Entscheidung) und einer Vertragsnorm[1114] mit *self-executing*-Charakter über die Formel *lex posterior derogat legi priori* gelöst wird.[1115]

Völkerrechtlich bleibt es selbstverständlich bei der Bindungswirkung der USA durch den Vertrag.[1116] Eine andere Auffassung würde dem Völkerrecht auch den Todesstoß versetzen, führte doch die uneingeschränkte einseitige Dispositionsfreiheit einer Partei über einen Vertrag dazu, daß die Funktion eines Vertrages als dauerhafte Basis für eine Kooperation oder eine normative Regelung verloren geht. Die Beurteilung ausschließlich aus der Perspektive des Vertrags als schützenswertem Element der Völkerrechtsordnung vernachlässigt jedoch auf der anderen Seite das Demokratieprinzip, das in dieser „Lösung" unzweifelhaft einen – extremen – Ausdruck findet. Die Frage darf daher nicht sein, ob die unilaterale Entscheidung über einen Vertrag *per se* unzulässig ist, sondern ob sie eine akzeptable Lösung für das Spannungsverhältnis zwischen demokratischer Entscheidungsfindung und vertraglicher Bindung bietet. Nachdem sie im Spektrum der denkbaren Lösungen das dem totalen Primat der vertraglichen Bindung gegenüberliegende Extrem bildet, liegt es nahe, dies zu verneinen. Diese Hypothese der „goldenen Mitte" bedarf jedoch einer Unterfütterung. Der in der Einleitung

---

[1113] (IR) US Constitution.

[1114] Zumindest einer vom Kongress gebilligten; Zweifel bestehen bei „executive agreements", die der Präsident aus eigener Kompetenz geschlossen hat.

[1115] BUERGENTHAL, US and International Human Rights, in: 9 HRLJ 1988, S.141, 143 m.N. aus der Rechtsprechung. Einen kurzen Überblick gibt AUST, Treaty Law and Practice, 2000, S.157-160. Eine ausführlichere Darstellung insbesondere zur Entstehung und zur Anwendungspraxis der *„later-in-time" rule* findet sich bei VAGTS, US and its treaties, in: 95 AJIL 2001, S.313,-334. Er kommt zum Ergebnis, daß im Vergleich zu den völkerrechtlichen Verpflichtungen, die von den USA befolgt werden, die Verstöße, sei es durch die *„later-in-time" rule*, sei es durch sonstige staatliche Maßnahmen, nicht ins Gewicht fallen, daß aber eine zunehmend antagonistische US-Rhetorik, verbunden mit den zwei aufsehenerregenden Versäumnissen, nämlich den UN-Rückständen und den Verletzungen der Konsularrechtskonvention, die USA in einem schlechten Licht dastehen lassen. Er relativiert damit substantiell seinen Leitartikel, den er drei Jahre zuvor an gleicher Stelle veröffentlicht hat und der eine andere Sprache spricht, vgl. VAGTS, Taking Treaties Less Seriously, in: 92 AJIL 1998, S.458-462. Wesentlich kritischer die jüngst erschienene Studie von DELLER/MAKHIJANI/BURROUGHS (Hrsg.), Rule of Power or Rule of Law, 2002, die das Verhältnis der USA zu Verträgen im Sicherheitsbereich beleuchtet, allerdings eher einen politischen Maßstab anlegt, zumindest die völkerrechtlichen Verpflichtungen sehr weit faßt und z.B. auch aus allgemeinen Abrüstungsvereinbarungen konkrete Handlungspflichten ableitet. Siehe zum Verhältnis des amerikanischen Verfassungsrechts zu völkerrechtlichen Verträgen auch die Beiträge in: FRANCK (Hrsg.), Delegating state powers, 2000. Zum allgemeinen Thema der demokratischen Kontrolle der amerikanischen Außenpolitik, mit besonderer Berücksichtigung des vertragsrechtlichen Problems, siehe HENKIN, Constitutionalism, Democracy, and Foreign Affairs, 1990.

[1116] Siehe nur SHAW, International Law, 4. Aufl.1997, S.120.

vorgestellte theoretische Lösungsansatz des Problems[1117] kann auch hier als Maßstab herangezogen werden. Die einseitige Gesetzgebung über die Vertragsmaterie ist nur scheinbar demokratisch. Denn es erzeugt einen negativen externen Effekt bei der anderen Vertragspartei, die sich in ihrer Erwartungshaltung hinsichtlich der Fortgeltung des Vertrages getäuscht sieht. So, wie es bisher im Völkerrecht an einem allgemeinen rechtlichen Mechanismus fehlt, eine Überprüfung des Vertrages einzuleiten, so negiert die unilaterale Entscheidung das Interesse des Vertragspartners, im nationalen Entscheidungsfindungsprozeß Argumente zu Gehör zu bringen, die für eine Fortführung des Vertrages sprechen. Anders gewendet wird durch einen innerstaatlichen Meinungswandel die Legitimation eines Vertrages nur auf einer Seite und von einer Seite überprüft, das Ergebnis, im äußersten Fall die Abkehr vom Vertrag, ist entsprechend nur einseitig legitimiert, es fehlt der Konsens der Parteien über den neuen *status quo*. Daher ist auch unter legitimationstheoretischen Gesichtspunkten ein Lösungsansatz, der einer einseitigen Entscheidung den Vorrang einräumt, abzulehnen, mag diese Entscheidung noch so demokratisch zustandegekommen sein.

c) Nichtanwendung

Die einfachste Lösung des Umgangs mit überholten Normen ist ihre übereinstimmende Nichtanwendung (*obsolescence, desuetudo*).[1118] Die ILC vertrat die Auffassung, daß die Fälle der Nichtanwendung in Wirklichkeit solche der konkludenten Beendigung im Konsens (Art.54 b) WVK) darstellen.[1119] Kaum abzugrenzen von dieser legalen Form des Vertragsfortfalls ist die einseitige Nichtanwendung. Das Dunkelfeld dieser pragmatischen Umgehung völkerrechtlicher Verpflichtungen, die nicht notwendigerweise auf einem gesellschaftlichen Umdenken beruhen muß, sondern zumeist auf praktischer Notwendigkeit beruht, ist schwer abzuschätzen, da Staaten naturgemäß nicht offenlegen, welche Verpflichtungen sie nicht mehr erfüllen, im Gegenteil stets dann noch die Völkerrechtskonformität ihres Verhaltens postulieren, wenn der Verstoß offensichtlich ist. Eine solche „Lösung" ist unter normativen Gesichtspunkten nicht akzeptabel und steht diametral einer Legitimation des Völkerrechts. Obwohl die Nichtanwendung ein interessantes Feld für empirische rechtstatsächliche völkerrechtliche Analysen wäre, soll sie daher hier nicht weiterverfolgt werden.[1120]

d) „Demokratiefreundliche" Auslegung

Das Demokratieprinzip kann auf zweierlei Weise in die Interpretation eines Vertrages einfließen. Zum einen können unter seiner Geltung bestimmte Begriffe einen anderen, neuen Inhalt als zur Zeit des Vertragsschlusses erhalten. In der Regel wird es sich dabei um ab-

---

[1117] Siehe oben I. 2. b) 2) am Ende.

[1118] Vgl. dazu CAPOTORTI, Extinction et suspension des traités, in: 134 RdC 1971, S.417, 516ff.

[1119] Kommentar der ILC zum Final Draft, Art.39, (jetzt Art.42), YBILC 1966-II, 177, 237 Abs.5. Dagegen BLIX, in: UNCLT, OR 68, First session, CoW, 40th meeting, S.222 Abs.16; CAPOTORTI, Extinction et suspension des traités, in: 134 RdC 1971, S.417, 519. Vgl. auch REUTER, Law of Treaties, 2. Aufl. 1995, S.160 Fn. 216*.

[1120] Zu einer wenn auch kurzen so doch kritischen Bestandsaufnahme der US-amerikanischen Versäumnisse in dieser Hinsicht siehe VAGTS, Taking Treaties Less Seriously, in: 92 AJIL 1998, S.458-462. Er hat seine Auffassung allerdings später relativiert, siehe VAGTS, US and its treaties, in: 95 AJIL 2001, S.313-334. Ausführlich zu Verpflichtungen im Sicherheitsbereich die jüngst erschienene Studie von DELLER/MAKHIJANI/BURROUGHS (Hrsg.), Rule of Power or Rule of Law, 2002.

strakte Begriffe handeln.[1121] Eine solche Interpretation würde nach Treu und Glauben und den Grundsätzen des Art.31 Abs.3 c) WVK erfolgen. Zum anderen deutet insbesondere der letzte Satz des Zitats aus dem *Namibia*-Gutachten des IGH[1122] an, daß sich die verdichtende Völkerrechtsordnung einer Interpretationsweise öffnet, die eine Konkordanz der verschiedenen Rechtsnormen herstellt.[1123] Das Ganze wäre mehr als die Summe seiner Teile: Verträge erscheinen in dieser Perspektive nicht als Anhäufung unabhängiger und selbständiger Quellen völkerrechtlicher Verpflichtung,[1124] sondern als Bestandteile eines Netzes, das das Rechtssystem der internationalen Ordnung bildet. Eine „demokratiefreundliche" Interpretation ist danach nicht nur an bestimmte Begriffe und ihre Entwicklung geknüpft, sondern beeinflußt generell die Auslegung und Anwendung von Verträgen. Diese Auslegungsmethode greift in moderner Form das Prinzip der „souveränitätsschonendsten" Auslegung aus der früheren völkerrechtlichen Rechtsprechung auf.[1125]

e) Vertragsanpassung

Die beste Lösung für einen Konflikt ist stets die einvernehmliche. Entsprechend sollten divergierende Auffassungen über Sinn und Zweck eines Vertrages möglichst im Konsens einer neuen Übereinkunft zugeführt werden. Unterschiedliche Konstellationen ergeben sich dabei abhängig davon, ob die Möglichkeit der Anpassung des Vertrages im Vertrag selber vorgesehen ist oder ob eine solche fehlt.

*1) Allgemeines Vertragsvölkerrecht*

Es wurde bereits festgestellt, daß das allgemeine Vertragsvölkerrecht ein Recht auf Revision nicht kennt.[1126] Dies bedeutet jedoch nicht, daß keinerlei Vorgaben für die Behandlung eines Ansinnens auf Vertragsanpassung existieren. Diese lassen sich aus dem Grundsatz von Treu und Glauben ableiten, der zum einen das Vertragsrecht bestimmt, Art.26

---

[1121] Im Namibia-Gutachten ging es um Konzepte des Art.22 Völkerbundsatzung, (IR) League of Nations Covenant, wie „the strenuous conditions of the modern world", „the well-being and development" der betroffenen Völker sowie den „sacred trust of civilisation". SINCLAIR, Vienna Convention, 2. Aufl. 1984, S.140 sieht solche Begriffe wie „public policy", „the protection of morals", „domestic jurisdiction"als von relativer Natur.

[1122] Siehe oben III.1.b) bei Fn.553.

[1123] Für eine solche Einbeziehung nicht nur des Rechts des Vertragsschlußzeitpunktes sondern auch desjenigen des Zeitpunktes der Interpretation auch AUST, Treaty Law and Practice, 2000, S.195.

[1124] Vgl. REUTER, Law of Treaties, 2. Aufl. 1995, S.130 Abs.196.

[1125] Siehe die Rechtsprechung des Ständigen Internationalen Gerichtshofs, Urteil vom 17. August 1923 im Rechtsstreit zwischen Großbritannien, Frankreich, Italien, Japan und Polen auf der einen und dem Deutschen Reich auf der anderen Seite in der Sache *„S.S. Wimbledon"*, PCIJ, Series A, No.1, S.15, 24, im Gutachten vom 21. November 1925 zur Auslegung von Art.3 Abs.2 des Versailler Vertrags (Grenze zwischen der Türkei und dem Irak), Rechtssache *Mossul*, PCIJ, Series B, No.12, S.25, und in dem Urteilen vom 10. September 1929 im Rechtsstreit zwischen Großbritannien u.a. und Polen in der Sache *Jurisdiction of the International Commission of the River Oder*, PCIJ, Series A, No.16, S.26 und vom 7. Juni 1932 im Rechtsstreit zwischen Frankreich und der Schweiz in der Sache *Free Zones of Upper Savoy and the District of Gex*, PCIJ, Series A/B, No.46, S.96, 167, sowie die Schiedssprüche vom 18. Juli 1932 im Rechtsstreit zwischen Schweden und den Vereinigten Staaten in der Sache *„Kronprins Gustaf Adolf"*, RIAA Bd.II, S.1241, 1254 und vom 19. September 1949 zur *UNESCO-Satzung*, Annual Digest 1949, S.331, 335f. Relativierend bereits der Schiedsspruch vom 16. November 1957 im Rechtsstreit zwischen Spanien und Frankreich in der Sache *Lac Lanoux*, RIAA Bd.XII, S.281, 300f.

[1126] Siehe oben III. 3. c).

WVK. Zum anderen folgt er auch aus dem Umstand, daß jeder Wunsch nach Vertragsanpassung die potentielle Keimzelle eines Konfliktes über die Vertragsdurchführung ist und damit die Verpflichtung zur friedlichen Streitbeilegung auf dem Verhandlungswege nach Treu und Glauben auslöst.[1127] Auch wenn also ein *pactum de contrahendo* fehlt, so trifft den Vertragspartner zunächst die Verpflichtung, sich auf den Wunsch nach Änderung einzulassen, sodann die Verhandlungen nicht ungerechtfertigt abzubrechen, nicht ungebührlich zu verzögern, die gegebenenfalls vereinbarten Verfahren nicht zu mißachten und sich nicht systematisch den Vorschlägen und Interessen des Vertragspartners zu verschließen.[1128] Da der Grundsatz von Treu und Glauben jedoch nicht erfordert, durch die Verhandlungen zu einem Ergebnis zu gelangen,[1129] also einer materiellen Finalität entbehrt, kann die Verhandlungspflicht nur durch prozedurale Aspekte gestärkt werden. Solche müssen aber besonders vereinbart werden; dies geschieht in der Regel in Revisionsklauseln.

*2) Revisionsklauseln*

Insbesondere multilaterale Verträge, aber nicht ausschließlich[1130] enthalten Revisionsklauseln. Diese „Dynamisierung"von Verträgen scheint zunehmend angelegt zu werden, sei es, um vorsorglich ein Ventil für potentielle Konflikte einzubauen, sei es um auf dem Stand der tatsächlichen Entwicklung zu bleiben, insbesondere auf dem Gebiet des Umweltschutzes.[1131]

---

[1127] Siehe IGH, Urteile vom 20. Februar 1969 in den Rechtsstreiten zwischen der Deutschland und den Niederlanden bzw. Deutschland und Dänemark in der Sache *North Sea Continental Shelf*, ICJ Rep.1969, S.46f., Abs.85f. mit Bezug auf das Gutachten des StIGH vom 15. Oktober 1931 in der Rechtssache *Railway traffic between Lithuania and Poland (Railway sector Landwaréw-Kaisiadorys)*, PCIJ Series A/B, No.42, 1931, S.107, 116. Der IGH hat seine Auffassung bestätigt im Urteil vom 25. Juli 1974 (*Merits*) im Rechtsstreit zwischen Großbritannien und Island bzw. Deutschland und Island in der Sache *Fisheries Jurisdiction*, ICJ Rep.1974, S.3, 32 Abs.74f.

[1128] Diese Anforderungen an den Vertragspartner stellt der Schiedsspruch vom 16. November 1957 im Rechtsstreit zwischen Spanien und Frankreich in der Sache *Lac Lanoux*, RIAA Bd.XII, S.281, 306f. auf. In dem Fall lag ein *pactum de contrahendo* vor, aber nichts anderes kann sich im Fall der Vertragsanpassung aufgrund der dargelegten Verhandlungspflicht ergeben, siehe (IR) ICJ, *Gabcíkovo-Nagymaros*; ICJ Rep.1997, S.7, 78ff. Abs.141ff. mit Verweis auf das Urteil des IGH vom 20. Februar 1969 im Rechtsstreit zwischen Deutschland und den Niederlanden bzw. Deutschland und Dänemark in der Rechtssache *North Sea Continental Shelf*, ICJ Rep.1969, S.47, 85:

„[the Parties] are under an obligation so to conduct themselves that the negotiations are meaningful, which will not be the case when either of them insists upon its own position without contemplating any modification of it.

[1129] So der Schiedsspruch vom 20. Juli 1922 im Rechtsstreit zwischen Chile und Peru in der Sache *Tacna-Arica*, RIAA Bd.II, S.921, 929f. und das Gutachten des StIGH vom 15. Oktober 1931 in der Rechtssache *Railway traffic between Lithuania and Poland (Railway sector Landwaréw-Kaisiadorys)*, PCIJ Series A/B, No.42, 1931, S.107, 116. Siehe dazu auch unten V. 2. c) bei Fn.1206.

[1130] Vgl. nur die Revisionsklausel im bilateralen Vertrag der USA mit Frankreich (siehe oben Fn.909) sowie Art.XIV des ABM-Vertrags zwischen den USA und der Sowjetunion bzw. ihren Nachfolgestaaten.

[1131] Vgl. die Erklärung des brasilianischen Delegierten (40 GAOR, 1st Committee, 49th Meeting, UN Doc. A/C.1/40/PV.49, S.27) im Streit um den Antarktisvertrag unter Hinweis auf die Revisionsklausel in Art.XII Abs.2:

"The Antarctic Treaty system is not static. It has been evolving in responsce to the increasing demands of the management of Antarctica, the widening participation in the Treaty and the growing international interest, as witnessed in this debate. [...] We believe that in its capacity to anticipate events by adapting

## 1. De lege lata

Zu prüfen ist, wie die unterschiedliche Ausgestaltung solcher Vertragsanpassungsklauseln sich auswirkt. Zu berücksichtigen ist allerdings, daß es sich hierbei um eine Lösung handelt, die im Vertrag angelegt sein muß. Mit Blick auf zukünftige Rechtsentwicklungen wird diese Frage daher im letzten Unterkapitel unter der Perspektive „Recht auf Revision" noch einmal aufgegriffen.[1132]

i) Bilaterale Verträge

Als Minimumstandard bei der Ausgestaltung bilateraler Verträge wird man das Recht eines Vertragspartners ansehen müssen, Vertragsänderungen zu unterbreiten, sowie unabhängig von der Eigeninitiative eines Vertragsstaates die Festlegung einer Revisionskonferenz nach einem bestimmten Intervall. Ein Beispiel für eine solche Klausel war im ABM-Vertrag[1133] enthalten:

Article XIV
1. Each Party may propose amendments to this Treaty. Agreed amendments shall enter into force in accordance with the procedures governing the entry into force of this Treaty.
2. Five years after entry into force of this Treaty, and at five-year intervals thereafter, the Parties shall together conduct a review of this Treaty.

Die in Art.XIV Abs.1 S.2 ABM-Vertrag enthaltene Verfahrensvorschrift zum Inkrafttreten ist zwar zwecklos wie alle Regelungen, die die Vertragsänderung durch die Parteien formal begrenzen wollen. Denn jede im Konsens gefaßte Änderung beinhaltet gegebenenfalls implizit eine Abänderung der Formvorschrift. Dennoch sprechen pragmatische Gründe für eine solche Verfahrensvorschrift, nicht zuletzt die der Rechtssicherheit und der Kanalisierung des Verhaltens der Parteien. Denn die Beweislast für die Behauptung einer Partei, man habe den Vertrag anders als durch das vorgesehene Verfahren geändert, etwa durch nachfolgende Praxis, wird schwerer.

Handelt es sich um Verträge von grundsätzlicherer Bedeutung, deren Änderungsmöglichkeit restriktiver gehandhabt werden soll, empfiehlt es sich, eine qualifizierte Revisionsklausel zu verwenden, die etwa Vorsorge für eine Änderung der Umstände trifft.[1134] So heißt es etwa in einem Nachkriegs-Kreditvertrag zwischen den USA und dem Vereinigten Königreich vom 6. Dezember 1945[1135] über einen Kredit von 3,75 Mrd. US$:

12. *Consultation on Agreement.* Either government shall be entitled to approach the other for a reconsideration of any of the provisions of this Agreement, if in its opinion the prevailing conditions of international exchange justify such reconsideration, with a view to agreeing upon modifications for presentation to their respective legislatures.

Im Abkommen der Westmächte mit der Bundesrepublik vom 26. Mai 1952 in der Fassung des Protokolls vom 23 Oktober 1954[1136] lautet es ähnlich:

Article 10

---

itself lies the foundation of the Treaty's durability. Brazil's support of the Antarctic Treaty is based on the notion that it must not remain indifferent to a rapidly evolving international reality."

[1132] Siehe unten V. 2. c).
[1133] (IR) ABM Treaty, 1972.
[1134] Siehe dazu VAMVOUKOS, Termination, 1985, S.127ff.
[1135] 126 UNTS 1952, No.1679, S.13-37; 303 UNTS 1958, No.1679, S.332ff.
[1136] 331 UNTS 1959, No. 4759, S.328-338.

The Signatory States will review the terms of the present Convention and the related Conventions

*(a)* [...]^1137

*(b)* in any situation which all of the Signatory States recognise has resulted from a change of a fundamental character in the conditions prevailing at the time of the entry into force of the present Convention.

In either case they will, by mutual agreement, modify the present Convention and the related Conventions to the extent made necessary or advisable by the fundamental change in the situation.

Eine Kombination von modifizierter *clausula* und Revisionsrecht findet sich im Truppenstatut-Abkommen der NATO-Staaten:^1138

*Artikel 82*

Dieses Abkommen wird überprüft

*(a)* [...]

*(b)* auf Antrag einer Vertragspartei nach Ablauf einer Frist von drei Jahren nach seinem Inkrafttreten;

*(c)*   (i) [...]

(ii) jederzeit auf Antrag einer Vertragspartei hinsichtlich einer oder mehrerer Bestimmungen, wenn ihre weitere Anwendung nach Auffassung dieser Partei für sie besonders belastend oder unzumutbar sein würde; in diesem Fall werden Verhandlungen spätestens drei Monate nach der Stellung des Antrags aufgenommen; ist nach dreimonatigen Verhandlungen eine Einigung nicht erzielt worden, so kann jede Vertragspartei den Generalsekretär der Nordatlantikvertragsorganisation gemäß der Entschliessung des Nordatlantikrates vom 13. Dezember 1956 um seine guten Dienste und um die Einleitung eines der in dieser Entschließung genannten Verfahren ersuchen; die Vertragsparteien schenken Empfehlungen, mit denen ein solches Verfahren abgeschlossen wird, volle Beachtung;

(iii) [...]

Die Beschränkung auf eine grundlegende Änderung der Umstände wird allerdings in den meisten Fällen zu restriktiv sein; es ist daher vorzugswürdig, ein Revisionsrecht an eine grundlegende Änderung auch der politischen Linie im Regelungsbereich des Vertrages zu knüpfen.

Effektiv wird eine Revisionsklausel allerdings erst, wenn sie mit dem Schwert einer subsidiären Kündigungsklausel verbunden wird,^1139 wie im Agreement Concerning the System of Communications and Depots of the United States Army in Metropolitan France zwischen Frankreich und den USA von 1958:

*Article IX*

a) The present Agreement will remain in force as long as the North Atlantic Treaty.

---

[1137] Absatz (a) sah eine Anpassung im Fall der Wiedervereinigung oder der europäischen Einigung vor.

[1138] Vom 3. August 1959, (IR) NATO, Status of Forces Agreement, 1951, 481 UNTS 1963, No.6986, S. 262-329

[1139] Skeptisch gegenüber einem solchen Ausweg allerdings das Schiedsgericht im Fall Aminoil, 32 ILM 1982, S.976, 1025 Abs.107.

b) After the present Agreement shall have been in effect for three years, or at any subsequent date, the Parties will consult at the request of one of them with a view to revising the Agreement to adapt it to new circumstances which might present themselves.

c) If the Parties cannot come to agreement on effecting modifications judged necessary by one of them within a period of one year after the request for revision, the interested Party will be able to denounce the Agreement after one year's notice.[1140]

ii) Multilaterale Verträge

Das für bilaterale Verträge gesagte gilt selbstverständlich *mutatis mutandis* auch für multilaterale. Allerdings ergeben sich aus der höheren Komplexität eines multilateralen Vertrages Probleme, die eine Betonung einzelner Aspekte rechtfertigen. So ist dringend anzuraten, ein festes Intervall für Revisionskonferenzen zu legen. Die UN hätte nicht solche Probleme mit der Neustrukturierung des Sicherheitsrates und der Entwicklung neuer Tätigkeitsfelder (*peace-keeping*, Verwaltung von *failed states*), wenn statt der erforderlichen Zweidrittel-Mehrheit in der Generalversammlung zuzüglich der neun Stimmen aus dem Sicherheitsrat nach Art.109 UN-Charta z.B. alle dreißig Jahre automatisch eine Revisionskonferenz stattfände. Des weiteren bedarf die Frage der asymmetrischen Vertragsentwicklung durch unterschiedliche Ratifikationen der Änderungen unter den Mitgliedsstaaten der besonders sorgfältigen Klärung. Abgewogen werden muß zwischen einer möglichst einheitlichen Geltung des Vertragswerkes, die eine Kündigungsmöglichkeit oder gar einen Kündigungszwang bei Nichtratifikation von Vertragsänderungen nahelegen würde, und einer möglichst breiten Basis des Vertrages innerhalb der Staatengemeinschaft. Als *state of the art* kann die Regelung im Gründungsstatut des Internationalen Strafgerichtshofs, Art.121-123 IStGH-Statut,[1141] angesehen werden, in denen nicht nur eine Revisionskonferenz sieben Jahre nach Inkrafttreten vorgesehen wird, sondern auch detaillierte Regelungen zur Vertragsänderung getroffen werden, inklusive zum Verfahren der Vertragsänderung, zur Geltung für Staaten, die bei der Abstimmung unterlagen einschließlich Gegenausnahmen für bestimmte Bereiche (Erweiterung des materiellen Strafrechts), sowie schließlich einer Kündigungsmöglichkeit für Staaten, die sich einer Vertragsänderung nicht anschließen möchten.

*3) Verweistechniken*

Eine andere Möglichkeit der Vertragsgestaltung, um zumindest auf dem „Stand von Wissenschaft und Technik" bleiben zu können, wenn schon nicht dem gesellschaftlichen Wandel Rechnung zu tragen, ist die Delegation von Normausfüllung an internationale Organisationen. Aus den in dieser Arbeit behandelten Vertragsmaterien seien zwei Beispiele herausgegriffen, nämlich die Seerechtskonvention (UNCLOS) und die Drogenkonventionen.[1142]

Die UN Seerechtskonvention von 1982[1143] verweist explizit und implizit auf Sekundärrechtsetzung insbesondere der International Maritime Organization (IMO). Zunächst

---

[1140] Fundstelle: 5 ILM 1966, S.712, 717. Siehe dazu oben IV. 1. a).

[1141] (IR) ICC Statute.

[1142] Dazu und zum Beispiel der Definitionstätigkeit der IAEA im Rahmen der Londoner Konvention gegen Meeresverschmutzung, (IR) London Marine Pollution Prevention Convention, 1972, siehe KIRGIS, Specialized Law-Making Processes, in: Schachter/Joyner (Hrsg.), UN Legal Order, 1995, S.109, 130, 139ff.

[1143] (IR) UNCLOS, 1982.

bestimmen Art.41 Abs.4 und Art.53 Abs.9 UNCLOS, daß bei der Ausweisung von Schiffahrtswegen die „competent international organization" beteiligt werden soll; als solche sieht sich die IMO.[1144] Sodann finden sich Verweise auf „generally accepted international rules/ standards/ regulations/ procedures/ practices" insbesondere im Bereich der Sicherheit der Seeschiffahrt und dem Schutz vor Umweltverschmutzung,[1145] die als Generalklauseln ausfüllungsbedürftig sind und durch Standards der IMO konkretisiert werden. Ein multilaterales Vertragswerk ohne eine eigene Organisation erhält damit eine institutionelle Unterstützung, die eine Dynamisierung der Vertragsverpflichtungen ermöglicht, ohne daß für diese Detailfragen stets eine Revisionskonferenz zusammenkommen muß. Auf der anderen Seite bringt diese Konstruktion mit sich, daß Vertragsparteien der Seerechtskonvention Sicherheits- und Umweltbestimmungen unterliegen, an deren Mitwirkung sie nicht beteiligt waren, weil sie nicht Mitglieder der IMO sind. Zwar haben sie einer solchen Normkonkretisierung von dritter Seite zugestimmt. Und die Standardsetzung im Rahmen der IMO erfolgt nicht ohne jeglich Legitimation, sofern ihre Mitgliedstaaten von demokratisch legitimierten Regierungen vertreten werden. Dennoch wird die Legitimationskette dünn. Gestützt werden kann sie argumentativ durch die Erwägung, daß es zum einen keinem Vertragsstaat der Seerechtskonvention verwehrt ist, auch Mitglied der IMO zu werden und an der Standardsetzung mitzuwirken. Zum anderen handelt es sich beim Regelungsbereich um ein internationales öffentliches Gut, so daß partikulare politische Vorstellungen einzelner Staaten ohnehin nicht so schwer ins Gewicht fallen: Es geht um die möglichst breite Absicherung der Regelung der Weltmeere durch die internationale Gemeinschaft. Und schließlich kann ein Vergleich zur Delegation von Normkonkretisierungen durch Experten im innerstaatlichen Verwaltungsrecht (TA Luft/TA Lärm) gezogen werden.

Einen anderen Mechanismus als die Seerechtskonvention wählen die Drogenkonventionen[1146] im Hinblick auf die Beteiligung der Weltgesundheitsorganisation (WHO). Dieser obliegt das „fact-finding", das der normativen Behandlung von Suchtmitteln zugrundeliegt. Nach Art.2 Abs.4 und 5 der Convention on Psychotropic Substances hat die Commission on Narcotic Drugs (CND) die Mitteilung der WHO in medizinischer und wissenschaftlicher Hinsicht zugrundezulegen, wenn sie eine Substanz klassifizieren möchte, wobei es in ihrem Ermessen bleibt, die Substanz auf eine Liste zu setzen oder von ihr herunterzunehmen oder zwischen Listen zu verschieben. Demgegenüber sind im Rahmen der Single Convention on Narcotic Drugs die Vorschläge der WHO nach Art.3 in dem Maße verbindlich, daß die Commission ihnen lediglich folgen oder untätig bleiben kann. Obwohl mit der Commission und dem International Narcotics Control Board (INCB) die Konventionen gleich durch zwei Organe unterstützt werden, wird also noch eine weitere Organisation an der Normausgestaltung beteiligt. Dies läßt sich in diesem Falle ausschließlich durch das Bemühen um Einbindung fachlicher Expertise auf der Grundlage funktionaler Arbeitsteilung erklären.[1147] Die unterstellte Objektivität der wissenschaftlichen Erkenntnis, gekoppelt mit der Möglichkeit einer Revision der Entscheidungen der Commission durch den ECOSOC nach Art.3 Abs.8 Single Convention und Art.2 Abs.8 Convention on Psychotropic

---

[1144] KIRGIS, Specialized Law-Making Processes, in: Schachter/Joyner (Hrsg.), UN Legal Order, 1995, S.109, 138 m.w.N. Fn.138.

[1145] Siehe etwa Art.39 Abs.2 und Art.54, Art.60 Abs.3 sowie Art.211 Abs.1, 2 und 5, 6 UNCLOS.

[1146] (IR) UN Single Convention, 1961/1972 und (IR) UN Convention Psychotropic Substances, 1971.

[1147] Vgl. STEIN, International Integration and Democracy, in: 95 AJIL 2001, S.489, 498f.

## 1. De lege lata

Substances (die nach Art.2 Abs.7 darüberhinaus die Möglichkeit für Vertragsstaaten enthält, ausnahmsweise einer Maßnahme nicht zu folgen), begrenzt den Einfluß dieses Drittbestimmungsrechtes. Wie oben gezeigt wurde, ist darüber hinaus die Gefahrerkennung nur ein Teil des Regelungsbereiches, die Frage des Umgangs mit der Drogengefahr läßt sich demgegenüber nicht so ohne weiteres an Experten delegieren.[1148]

### 4) Experimentierklauseln

Auch wenn Experimentierklauseln materiell der Kündigung bzw. der nicht vollzogenen Vertragsänderung (*opting-out*-Klauseln)[1149] vergleichbar sind, sollen sie hier im Rahmen der Vertragsanpassung behandelt werden. Denn der Wunsch eines Vertragsstaates, grundsätzlich einer Vertragsverpflichtung nachzukommen, jedoch auf einem Wege, der konkret im Vertrag nicht vorgesehen ist, wie dies am Beispiel der Drogenkonsumräume diskutiert wurde,[1150] unterscheidet sich substantiell vom Wunsch, sich von einer Verpflichtung lösen (Teilkündigung) oder sie gar nicht erst eingehen zu wollen (*opting-out* bei Vertragsänderung). Dabei geht es nicht um die Zulässigkeit einer gegenüber den völkerrechtlichen Verpflichtungen verschärften innerstaatlichen Regelung, die in den meisten Verträgen möglich ist (Klausel über weitergehende Maßnahmen), da sie lediglich Mindeststandards setzen.[1151] Die hier propagierten Experimentierklauseln könnte man auch qualifizierte *opting-out*-Klauseln nennen: Eine Entbindung von einer konkreten materiellen Vertragsverpflichtung, verbunden jedoch mit der Aufrechterhaltung prozeduraler Pflichten hinsichtlich des Regelungsgegenstandes, wie z.B. Anzeigepflicht der im Rahmen der Experimentierklausel alternativ getroffenen Regelung, deren Begründung und regelmäßige Berichterstattung über ihre Anwendung. Solche Verfahrenspflichten existieren rudimentär bereits in den meisten Fällen einer *opting-out*-Klausel,[1152] eine Experimentierklausel wäre demnach eine Kombination aus einer Klausel über weitergehende Maßnahmen und den Verfahrenspflichten einer *opting-out*-Klausel. Sie könnte etwa wie folgt lauten:

> Ist ein Mitgliedstaat der Ansicht, daß zur Erreichung von Ziel und Zweck dieser Konvention eine Maßnahme notwendig ist, die möglicherweise im Widerspruch zu einer konkreten Verpflichtung aus dieser Konvention steht, ist es ihm möglich, diese Verpflichtung auszusetzen, vorausgesetzt, daß er:
>
> (a) die Maßnahme anzeigt, mit der er das Ziel und den Zweck dieser Konvention zu erreichen gedenkt;
>
> (b) die konkrete Verpflichtung aus dieser Konvention benennt, zu der die Maßnahme möglicherweise im Widerspruch steht;
>
> (c) begründet, warum und in welcher Weise die Maßnahme zur Erreichung von Ziel und Zweck dieser Konvention notwendig ist;
>
> (d) jährlich über die Umsetzung der Maßnahme Bericht erstattet und darlegt, wie sie zur Erreichung von Ziel und Zweck dieser Konvention beiträgt.

---

[1148] Siehe oben IV. 5.

[1149] Siehe oben III. 3. b).

[1150] Siehe oben IV. 5.

[1151] Vgl. etwa Art.39 Single Convention, (IR) UN Single Convention, 1961/1972; Art.23 Convention on Psychotropic Substances, (IR) UN Convention Psychotropic Substances, 1971 und Art.24 Convention Against Illicit Traffic, (IR) UN Convention Against Illicit Traffic, 1988.

[1152] Vgl. etwa Art.38 Chicago Convention, (IR) Chicago Convention, 1944.

## f) Kündigungsrecht

### 1) Vertraglich vereinbartes Kündigungsrecht

Wie Frankreichs Austritt aus der NATO zeigt, bietet ein Kündigungsrecht nicht immer die Gewähr für eine problemlose Beendigung eines Vertragsverhältnisses. Es kann jedoch helfen, Spannungen zu vermeiden, und wenn es nur als Hebel genutzt wird, um den Partner zu Verhandlungen über den Vertrag zu zwingen, wie es im amerikanisch-russischen Streit um die Anpassung des ABM-Vertrages versucht wurde. Für die Frage, ob Kündigungsklauseln einer demokratisch legitimierten Meinungsänderung den völkerrechtlichen Weg bahnen können, sind zum einen zeitliche Aspekte, nämlich Mindestlaufzeit und Kündigungsfrist, zum anderen formelle und materielle Beschränkungen relevant.

### i) Mindestlaufzeit und Kündigungsfrist

Der NATO-Vertrag[1153] war noch mit einer Mindestlaufzeit von 20 Jahren ausgestattet worden (Art.13), allerdings kombiniert mit einer Revisionsklausel (Art.12), die bereits nach 10 Jahren Modifikationen (mithin auch der Mindestlaufzeit) ermöglichte. Legt man eine durchschnittliche Periode von 4 bis 5 Jahren für Parlaments- und gegebenenfalls Präsidentenwahlen zugrunde,[1154] umfassen 20 Jahre vier bis fünf Wahlperioden – in schnellebigen Zeiten eine Ewigkeit. Handelt es sich daher um eine Materie, bei der es sich grundsätzlich empfiehlt, den Vertragsstaaten eine Ausstiegsmöglichkeit auszuräumen, sind Mindestlaufzeiten angemessener, die keine Verpflichtungen gleich für mehrere Wahlperioden begründen.[1155] Ob dabei die Konstruktion eines zeitlich beschränkten Vertrages mit automatischer Verlängerung bei Fehlen einer Kündigung oder eines zeitlich unbeschränkten Vertrages mit Kündigungsfrist nach einer Mindestlaufzeit gewählt wird, ist funktional gleichwertig.[1156] Bedenken begegnen allerdings die Klauseln, die in die ILO Übereinkommen eingefügt werden, nach denen eine Kündigung frühestens nach zehn Jahren erfolgen kann, aber auch nur innerhalb eines Jahres – nutzt ein Mitgliedstaat die Kündigungsmöglichkeit nicht, bleibt er für weitere 10 Jahre gebunden.[1157] Damit vergehen gegebenenfalls über 2 Wahlperioden, bis die Frage einer Kündigung wieder aktuell wird.[1158]

---

[1153] (IR) NATO, Treaty, 1949.

[1154] Selbst die Amtszeit der französischen Präsidenten hat sich inzwischen mit 5 Jahren diesem Rahmen angeglichen, Art.6 Abs.1 der französischen Verfassung, (IR) Constitution française 1958.

[1155] Vgl. auch MEYRING, Entwicklung zustimmungsbedürftiger Verträge, 2001, S.463.

[1156] Daß die Wahl einer sehr kurzen Vertragslaufzeit mit intendierter Verlängerung, allerdings nicht automatisch, sondern durch separate Übereinkunft, gerade den Zweck haben kann, Mitwirkungsbefugnisse zu unterlaufen, zeigt das Beispiel des britisch-niederländischen Abkommens über das Lockerbie-Gericht, das seinen Sitz in den Niederlanden nahm, (IR) Lockerbie-Agreement (Draft), Endfassung abgedruckt in: ILM 1999, S.926-936. Um das Abkommen schneller zustande zu bringen, wurde von der Möglichkeit Gebrauch gemacht, Verträge mit Laufzeit bis zu einem Jahr nicht dem niederländischen Parlament vorlegen zu müssen, und das Abkommen auf ein Jahr befristet (Art.29 des Abkommens). Verschärft wurde diese Strategie noch dadurch, daß die Parteien sich einigten, sich über das Inkrafttreten noch einigen zu wollen und zwischenzeitlich das Abkommen vorläufig anzuwenden, um der Notwendigkeit der Verlängerung aus dem Weg zu gehen. Dies gelang jedoch nicht. Siehe AUST, Treaty Law and Practice, 2000, S.227 und, zum Fall allgemein, DERS., Lockerbie: The Other Case, in: 49 ICLQ 2000, S.278-296.

[1157] Siehe zuletzt Art.24 des Übereinkommens 184 über den Arbeitsschutz in der Landwirtschaft, (IR) ILO, Arbeitsschutzübereinkommen für die Landwirtschaft 2001. Die zehnjährige Mindestlaufzeit war schon im ersten Übereinkommen von 1919 über die Begrenzung der Arbeitszeit in gewerblichen Betrieben auf acht Stunden täglich und achtundvierzig Stunden wöchentlich enthalten (Art.20), (IR) ILO, Arbeitszeitüber-

Gerechtfertigt erscheinen längere Mindestlaufzeiten lediglich bei Projektverträgen, die mit nicht unerheblichem Aufwand insbesondere finanzieller Art für die Vertragspartner verbunden sind. So wurde 1988 das Übereinkommen über den neuen Beschleunigerring am Genfer CERN, die Convention on the Construction and Operation of a European Synchrotron Radiation Facility (ESRF Convention),[1159] immerhin ein Projekt über 600 Mio. US$, für knapp 20 Jahre geschlossen; nach dem 31. Dezember 2007 ist es jeweils zum Ende von Dreijahres-Phasen kündbar (Art.13 Abs.1 des Übereinkommens).

   ii) Formelle Beschränkung

Eine seltene, aber für den Interessenausgleich der Parteien sehr sinnvolle Klausel ist die Verknüpfung des Kündigungsrechtes mit einem vorhergehenden Revisionsverfahren, das erst fruchtlos geendet haben muß, bevor die Kündigung ausgesprochen werden kann. Eine solche Klausel fand sich etwa im letzten der zwischen Frankreich und den USA über die Stationierung von US-Truppen abgeschlossenen bilateralen Abkommen.[1160] Auch wenn sie in dem Fall nicht verhinderte, daß Frankreich die Verträge ohne vorhergehende Konsultationen kündigte, ist eine Konditionalisierung des Kündigungsrechtes durch ein Verfahren zumindest für bilaterale Verträge deshalb empfehlenswert, weil sie die von beiden Vertragspartner legitimierte Normierung durch den Vertrag soweit wie möglich fortführt, anstatt den Konsens bereits bei der ersten Abkehr durch nur einen Vertragspartner zusammenbrechen zu lassen.

Funktional ähnlich stipuliert Art.13 Abs.2 der ESRF Convention[1161], daß die Modalitäten einer Kündigung insbesondere in finanzieller Hinsicht vor der Beendigung des Vertragsverhältnisses durch Vereinbarung zwischen den Vertragsparteien gelöst werden müssen.

   iii) Materielle Beschränkung

Ebenfalls noch ausbaufähig sind die Möglichkeiten, Kündigungsrechte materiell Beschränkungen zu unterwerfen. Bisher wird ein solches qualifiziertes Kündigungsrecht hauptsächlich in Rüstungsverträgen genutzt; die Öffnung erfolgt im Hinblick auf die noch nicht völlig aufgegebene nationale Souveränität, die durch außerordentliche Ereignisse die Aufgabe der vertraglichen Verpflichtungen notwendig erscheinen läßt. Entsprechend gestaltet ist zum Beispiel Art.X des Nichtverbreitungs-Vertrages von 1968[1162]:

Article X

1. Each Party shall in exercising its national sovereignty have the right to withdraw from the Treaty if it decides that extraordinary events, related to the subject matter of

---

  einkommen 1919. Die Perpetuierung erfolgte erstmals im Übereinkommen 26 über die Einrichtung von Verfahren zur Festsetzung von Mindestlöhnen von 1928 (Art.9 Abs.2), (IR) ILO, Mindestlohnübereinkommen 1928, allerdings zunächst nur für Fünfjahreszeiträume. Schon 1933 erhielt die Klausel allerdings die heute noch verwendete Fassung, wonach die Verlängerung für weitere 10 Jahre eintritt, siehe Art.11 Abs.2 des Übereinkommen über Büros für entgeltliche Arbeitsvermittlung, (IR) ILO, Arbeitsvermittlungsbüros-Übereinkommen 1933.

[1158] Auf eine auch in der Abfassung elegante Klausel verweist AUST, Treaty Law and Practice, 2000, S.230: Art.4 des Freundschaftsvertrages zwischen Großbritannien und Qatar, 824 UNTS 1972, No.11810, S.93-99, ermöglicht die unkomplizierte Kündigung mit Jahresfrist, allerdings nach einer doch langen Mindestlaufzeit von 10 Jahren.

[1159] (IR) ESRF Convention 1988.

[1160] Art.IX c) des Abkommens von 1966, siehe dazu oben IV. 1. b) bei Fn.909 und V. 1. e) 2) i) bei Fn.1140.

[1161] (IR) ESRF Convention 1988.

[1162] (IR) Nuclear Non-Proliferation Treaty, 1968, 729 UNTS 1970, No.10485, S.161 = ILM 1968, S.809-817.

this Treaty, have jeopardized the supreme interests of its country. It shall give notice of such withdrawal to all other Parties to the Treaty and to the United Nations Security Council three months in advance. Such notice shall include a statement of the extraordinary events it regards as having jeopardized its supreme interests.
[...]

Dieser Artikel diente sowohl Art.15 des ABM-Vertrages von 1972[1163] als auch Art.XVI Abs. 2 des Chemiewaffen-Übereinkommens von 1993[1164] sowie Art.IX des Atomteststop-Vertrages von 1996[1165] zum Vorbild.[1166] Die in der Arbeit behandelten Fallbeispiele haben gezeigt, daß nicht nur im Sicherheitsbereich, dem vermeintlich letzten Refugium nationaler Souveränität, sondern auch in anderen Gebieten die innerstaatliche Meinung andere Wege beschreiten kann. Empfehlenswert wäre es daher, Verträge, die innerstaatliche Aspekte wie etwa das neuralgische Thema Umwelt behandeln, mit qualifizierten Kündungsklauseln auszustatten, die eine Beendigung nicht schon bei jedem Mißfallen gegenüber einer konkreten technischen Regelung, sondern erst bei einer grundsätzlichen Neuorientierung der innerstaatlichen Politik ermöglichen.

*2) Kündigungsrecht nach allgemeinem Vertragsvölkerrecht*

Geht man von Art.56 Abs.1 (b) WVK aus, stellt sich die Frage, woran man erkennen soll, daß ein Vertrag seiner „Natur" nach implizit kündbar ist. Die Versuche der Literatur, Typologien zu bilden,[1167] sind in dieser Hinsicht unfruchtbar. Für fast jeden Typus, der als unkündbar angesehen wird, gibt es Gegenbeispiele, also Verträge des jeweiligen Typus, in die Kündigungsklauseln aufgenommen wurden, und für die Typen, die kündbar sein sollen, ebenfalls Beispiele solcher Verträge, die es nicht sind.[1168] Wichtiger erscheint daher, die Grundlage für eine funktionale Interpretation zu legen. Das Augenmerk auf eine typologische Systematik in der bisherigen Diskussion hat den Blick auf Sinn und Zweck einer solchen Regelung vernachlässigt. Der Hinweis, es handele sich um Verträge, deren Regelungsgegenstand von zeitlich beschränkter Dauer sei,[1169] ist letztendlich eine *petitio principii*: Die Frage ist genau diejenige nach der beschränkbaren Dauer der vertraglichen Regelung. Und der prag-

---

[1163] (IR) ABM Treaty, 1972, siehe dazu oben IV. 7.

[1164] (IR) Chemical Weapons Convention, 1993, abgedruckt in: 32 ILM 1993, S.804.

[1165] (IR) Comprehensive Test Ban Treaty, 1996, abgedruckt in: 35 ILM 1996, S.1443ff.

[1166] Zur - zurückgezogenen - Kündigung des Nichtverbreitungs-Vertrages durch Nordkorea 1993 siehe AUST, Treaty Law and Practice, 2000, S.228.

[1167] Siehe jüngst AUST, Treaty Law and Practice, 2000, S.234f. Er sieht Bündnisverträge, Wirtschafts- oder Handelsverträge, Verträge über kulturelle Beziehungen, Satzungen internationaler Organisationen sowie Streitschlichtungsverträge als implizit kündbar an, wohingegen Territorialübertragungsverträge sowie Grenzverträge, Friedensverträge und Abrüstungsverträge sowie solche, die ein „permanent regime" etablieren, unkündbar sein sollen. Er greift damit eine Reihe von Typen auf, die stets in diesem Zusammenhang genannt werden, vgl. nur Art.17 im zweiten WALDOCK-Bericht, WALDOCK, Report II, YBILC 1963-II, S. 36, 64, siehe oben III. 2. b) 2) i) bei Fn.691.

[1168] Greift man etwa den Typus Abrüstungs-Vertrag auf, den AUST, Treaty Law and Practice, 2000, S.234 nennt, läßt sich dem der ABM-Vertrag mit seiner Kündigungsmöglichkeit in Art.XV entgegenhalten, (IR) ABM Treaty, 1972. Auf der anderen Seite kann man den EG-Vertrag sowohl als Vertrag über wirtschaftliche Beziehungen als auch als Satzung einer internationalen Organisation einordnen, dennoch spricht systematisch die Geltung auf „unbegrenzte Zeit" nach Art.312 EGV und das Fehlen eines ausdrücklichen Kündigungsrechtes dafür , daß er nicht kündbar ist, (IR) EGV. Siehe dazu unten V. 1. g).

[1169] Vgl. CAPOTORTI, Extinction et suspension des traités, in: 134 RdC 1971, S.417, 539.

matische Hinweis, die Regelungen einer Reihe von „law-making conventions" gälten ohnehin gewohnheitsrechtlich,[1170] verdeckt innerhalb der Gruppe solcher normierenden Verträge den kategorialen Unterschied zwischen denjenigen, die Normen für das zwischenstaatliche Miteinander in der internationalen Gemeinschaft setzen (etwa der Seerechtskonvention von 1982), und denjenigen, die Harmonisierungen innerstaatlicher Belange vornehmen (etwa die Anti-Drogenkonventionen). Die Natur des Vertrages ließe sich demgegenüber nach der Struktur der Völkerrechtsordnung beurteilen. Solche Verträge, die die Verfaßtheit der internationalen Gemeinschaft betreffen, sind in Ermangelung einer vertraglichen Regelung lediglich reformierbar, nicht jedoch kündbar. Dabei ist Verfaßtheit weit zu verstehen: Beginnend mit der Abgrenzung der Staaten voneinander (Grenzverträge) über den Umgang miteinander (Diplomatenkonventionen, Vertragsrechtskonventionen), die gemeinsamen Belange (Seerechtskonventionen) hin zu den menschenrechtlichen Gewährleistungen, der „International Bill of Rights",[1171] als Garantie für die Legitimationssubjekte des Völkerrechts. Es kann für solche „Verfassungsverträge" gute und weniger gute Gründe geben, eine Kündigungsklausel aufzunehmen.[1172] Fehlt aber eine solche Klausel, hilft ein solcher Interpretationsansatz, das Normengeflecht der internationalen Gemeinschaft in seiner unterschiedlichen Struktur zu berücksichtigen. Demgegenüber kann dem Demokratieprinzip Rechnung getragen werden, wenn man solchen Verträgen ein implizites Kündigungsrecht zugesteht, die „innere Angelegenheiten" betreffen, also unterhalb der „Verfassungsebene" sozusagen „einfaches Recht" schaffen.

*3) Rechtsfolgen*

Die Wiener Vertragsrechtskonvention geht in Art.44 vom Prinzip der Integrität völkerrechtlicher Verträge aus. Entscheidend ist das vertragliche Gleichgewicht, danach richtet sich die Trennbarkeit.[1173] Einzelne Klauseln können nur ausnahmsweise abgetrennt werden,[1174] bemüht wird dabei die vermutete Intention der Parteien beim Vertragsschluß. Diese Betrachtungsweise stellt den Rechtsgeschäfts-Charakter der Verträge in den Vordergrund;[1175] berücksichtigte man ihren Norm-Charakter, wäre eine Abtrennbarkeit leichter zu rechtfertigen.[1176] Einzelne Klauseln erscheinen leichter angreifbar, wenn man ihren abstrakten Normcharakter

---

[1170] So AUST, Treaty Law and Practice, 2000, S.234

[1171] So der Menschenrechtsausschuß in seinem General Comment 26, Abs.4. Siehe oben III.2.b)2)ii) a.E.

[1172] So ist das Kündigungsrecht in Art.317 Abs.1 der UN Seerechtskonvention von 1982, (IR) UNCLOS, 1982, angesichts der Ausdifferenziertheit der Regelungen und nicht zuletzt des Streitschlichtungsmechanismusses nicht ganz abwegig, wohingegen man den Sinn der Kündigungsklausel in Art.14 Genozid-Konvention, (IR) Genocide Convention, 1948 höchstens in der Entpflichtung von der Zuständigkeit des IGH nach Art.9 der Konvention sehen kann.

[1173] CAPOTORTI, Extinction et suspension des traités, in: 134 RdC 1971, S.417, 461.

[1174] Als einen Fall aus der Praxis benennen JENNINGS/WATTS, Oppenheim's International Law, Bd.1, Teil 2, 9. Aufl. 1992, S.1299 § 647, Fn.2 die Kündigung lediglich des Artikel 6 des Persisch-Sowjetischen Freundschaftsvertrages von 1921 (9 LNTS 1922, No.268, S.384) im Jahre 1979 durch den Iran. Dazu ROUSSEAU, Chronique des faits internationaux, in: RGDIP 1980, S.587, 653, der sich skeptisch gegenüber der Kündigung eines einzelnen Artikels zeigt, jedoch ohne Art.44 WVK zu erwähnen, und ausführlich REISMAN, Termination of USSR's Treaty Right, in: 74 AJIL 1980, S.144-154, der verschiedene Gründe zur Rechtfertigung der Kündigung anführt, sich aber mit dem Problem der Abtrennbarkeit nicht beschäftigt.

[1175] Siehe dazu oben I. 2. b) 3).

[1176] Obwohl REUTER, Law of Treaties, 2. Aufl. 1995, S.25f. Abs.55 die beiden Aspekte betont, erörtert er die Frage der Abtrennbarkeit nur noch unter dem Aspekt des Rechtsgeschäftes, S.168ff. Abs.242ff.

betont, als wenn man das Gesamtgefüge der vertraglichen Verpflichtungen berücksichtigen muß, und zwar nicht nur bei den im Völkerrecht eher seltenen Fällen eines Normenhierarchiekonfliktes oder dem bisher nur ansatzweise gelösten Problem der Konkordanz gleichwertiger Verpflichtungen, sondern auch bei Mängeln beim Vertragsschluß. Als Beispiel ließe sich ein Vertragswerk heranziehen, das als Verwaltungsabkommen geschlossen wurde und das mehrere inhaltliche Gebiete abdeckt, wovon ein Regelungsbereich der parlamentarischen Zustimmung bedurft hätte, während andere Bereiche durchaus von der Regierung alleine hätten geregelt werden können. Erst recht gilt dies, wenn man Art.46 WVK eine weite Interpretation zugrunde legt und nicht nur Kompetenznormen, sondern auch materielles Verfassungsrecht davon erfaßt sieht. Paradoxerweise impliziert gerade diejenige Norm der WVK den Normcharakter von Verträgen, die eine Trennbarkeit ausschließt, nämlich Art.44 Abs.5 WVK. Soweit ein Verstoß gegen *ius cogens*, Art.53 WVK, vorliegt oder der Vertrag unter Zwang (gegen den Staat oder seinen Vertreter, Fälle der Art.51 und 52 WVK) zustandekam, fällt stets der gesamte Vertrag. In den Fällen des Art.51 und 52 WVK kann dies durchaus den Interessen der verletzten Partei entgegenlaufen. Diese Brüskierung der Intention der Parteien wird als Sanktion der internationalen Gemeinschaft gedeutet.[1177] Eine solche Vernachlässigung des Parteiwillens ist nur durch die Referenz an den Norm-Charakter einer solchen Klausel zu erklären; im Fall von *ius cogens* liegt ein Normenhierarchiekonflikt vor, während der Ausschluß der unter Zwang geschlossenen Verträge von der selektiven Ungültigkeit sich als Minimalanforderung an das gültige Zustandekommen völkerrechtlicher Normen deuten läßt.

Vor diesem Hintergrund spricht vieles dafür, in Fällen, in denen sich das Demokratieprinzip auswirkt, Art.44 Abs.3 WVK anzuwenden und nur einzelne Klauseln etwa von der Unwirksamkeit nach Art.46 oder der Kündigung nach Art.56 WVK erfaßt anzusehen. Denn die Verletzung von Zustimmungserfordernissen oder die Inkompatibilität mit materiellem Verfassungsrecht nach Art.46 WVK sowie der demokratisch legitimierte Sinneswandel, der zur Kündigung nach Art.56 WVK führt, können sich lediglich auf einzelne Aspekte des Vertrages beziehen. Dem „Rosinenpicken" insbesondere bei Paket-Lösungen (z.B. der Überführung des GATT in die WTO-Abkommen, bei denen zum GATT 1994 insbesondere das GATS und das TRIPS hinzukamen[1178]) steht Art.44 Abs.3 b) und c) WVK entgegen, die das vertragliche Gleichgewicht gegenüber dem Norm-Charakter betonen. Bei multilateralen Verträgen, insbesondere „law-making treaties", dürfte allerdings die Kündigung des ganzen Vertrages und gegebenenfalls ein neuer Beitritt mit entsprechendem Vorbehalt die vorzugswürdige Lösung sein.

g) Integration

In Verträgen, die von ihrer Natur her nicht auf Beendigung angelegt sind, erscheint nur eine integrative Regelung denkbar, soll das Demokratieprinzip gewährleistet bleiben. Als Beispiel soll die Europäische Union dienen. Weder der EU-Vertrag[1179] noch der EG-Vertrag[1180] enthalten ein Kündigungsrecht. Aus der Festlegung der Geltungsdauer auf

---

[1177] Vgl. REUTER, Law of Treaties, 2. Aufl. 1995, S.170 Abs.245; SINCLAIR, Vienna Convention, 2. Aufl. 1984, S.167.

[1178] (IR) WTO Agreement, 1994, (IR) GATT 1994, (IR) GATS, 1994 und (IR) TRIPS, 1994.

[1179] (IR) EUV.

[1180] (IR) EGV.

*1. De lege lata* 211

„unbegrenzte Zeit" nach Art.51 EUV n.F. (Art.Q EUV a.V.) und Art.312 EGV (Art.240 EGV a.F.) kann daher systematisch geschlossen werden, daß eine ordentliche Kündigung ausgeschlossen ist, Art.56 WVK.[1181] Dennoch sind beide Verträge in der Lage, dem Wandel der Zeit Rechnung zu tragen. Angesichts der Weite der Verpflichtungen, die zumindest der selber bereits enthält, ist das Zusammenspiel von Beteiligung der Mitgliedstaaten an der Setzung von Sekundärrecht, der partiellen Mitwirkung und Kontrolle des Europaparlamentes und insbesondere der unabhängigen Gerichtsbarkeit des EuGH eine beispielhafte Regelung eines dynamischen Verfahrens, mit dem dem Demokratieprinzip Rechnung getragen wird. Allerdings wird hier weder abstrakt behauptet, daß integrative System *a priori* demokratisch legitimiert sind, noch konkret, daß die Ausgestaltung der EU im Hinblick auf demokratische Legitimation nicht noch verbessert werden könnte. Eine Stellungnahme dazu würde den Rahmen dieser Arbeit sprengen.[1182] Es geht lediglich darum festzustellen, daß in Fällen, in denen von vornherein feststeht, daß ein statisches Vertragswerk nicht adäquat auf Entwicklungen im gesellschaftlich-realen Bereich des Regelungsgegenstandes reagieren kann, eine funktionale Lösung über ein integratives System gefunden werden kann, die größere demokratische Legitimation (nicht notwendigerweise perfekte) gewährleistet. In pragmatischer Hinsicht ist natürlich zu berücksichtigen, daß eine Integration mindestens eine bipolare Gewaltenteilung nach sich zieht (Legislative/Judikative), sofern auf eine eigene Exekutivkompetenz verzichtet wird. Sie ist daher mit einem gewissen institutionellen Aufwand verbunden, der sich nur dadurch rechtfertigen läßt, daß die Institutionen nicht nur einen Regelungsgegenstand, sondern gleich mehrere behandeln und dadurch Größenvorteile erzielen.

h) Intelligente Vertragsklauseln

Schließlich gibt es Fälle, in denen eine unbegrenzte Laufzeit geplant, eine Integration zu aufwendig ist, aber die Konfliktpotentiale überschaubar sind. Dann können intelligente Vertragsklauseln helfen, die unerwünschte Bindung potentiell andererer Mehrheiten zumindest überschaubar zu halten. Als Beispiel sei dafür der Vertrag vom 29. Januar 1998 über die internationale Raumstation (ISS)[1183] genannt. Das multilaterale Projekt, für das über einen Zeitraum von 30 Jahren Kosten von 100 Mrd. Euro veranschlagt werden, birgt vom Ansatz her als technologisches Großprojekt für folgende Legislaturperioden die Gefahr explodierender Kosten in sich.[1184] Entsprechend wurde in Art.15 Abs.4 des Vertrages eine Kosten-

---

[1181] GTE-HILF, EU-/EG-Kommentar, 1997, Art.240 EGV (a.F.) Rz.8 m.w.N. Er lehnt allerdings eine Anwendung von Art.56 WVK ab und leitet das Ergebnis aus der „Gemeinschaftsrechtsordnung" ab. Es ist jedoch zweifelhaft, ob die Kündigung von Verträgen ausschließlich nach einer Rechtsordnung beurteilt werden kann, die durch genau diese Verträge gebildet wird. Eine Kündigung auch ablehnend GRABITZ/HILF-SCHWEITZER, EU-Recht, Losebl. Mai 2001, Art.312 EGV Rz.5 m.w.N. Anderer Ansicht offenbar das Bundesverfassungsgericht in seinem Urteil vom 12. Oktober 1993, 2 BvR 2134, 2159/92, *Maastricht*, BVerfGE 89, 155, 190 zu Art.Q EUV a.F. Kritisch dazu TOMUSCHAT, EU unter Aufsicht des BVerfG, in: EuGRZ 1993, S.489, 494f.

[1182] Siehe eine vergleichende Analyse mehrerer unterschiedlich stark integrierter internationaler Systeme, mit besonderem Augenmerk auf WHO, WTO, NAFTA und EU bei STEIN, International Integration and Democracy, in: 95 AJIL 2001, S.489-534.

[1183] Abgedruckt in: BGBl. 1998 II, S.2445; 2 ZLW 1998, S.149 und BÖCKSTIEGEL/BENKÖ, Space Law, D.II.4.1.

[1184] Vgl. die Diskussion in Deutschland um die Beschaffung der militärischen Transportflugzeuge vom Typ A400M – ein Beschaffungsvorgang, bei dem zeitweilig unklar war, inwieweit die Bundesregierung bereits

minimierung festgelegt. Ausgefüllt wurde diese Verpflichtung durch mehrere Memorandum of Understanding zwischen den Betreibern der ISS – den technischen Raumfahrtagenturen –,[1185] in denen nicht nur eine jährliche Budgetrestriktion vereinbart wurde (für den europäischen Partner in Höhe von 0,6 Arianestarts), sondern auch das Prinzip des „operating to cost" erstmalig eingeführt wurde. Danach müssen die Betreiber im Laufe des Jahres die Nutzung der Raumstation an der Höhe des bereits verbrauchten Jahresbudgets ausrichten und gegebenenfalls geplante Nutzungen streichen.[1186] Dadurch werden die Betreiber daran gehindert, das Jahresbudget zu überschreiten und die Vertragsstaaten zum Nachschuß zu nötigen.

---

Verpflichtungen eingegangen war, ohne sich der Zustimmung des Parlamentes zu versichern. Siehe KARL FELDMEYER, FAZ vom 22. Februar 2002, S.5: Schwankende Obergrenze. Wieviel kosten die Airbus-Transporter?

[1185] Abgedruckt in: BÖCKSTIEGEL/BENKÖ, Space Law, D.II.4.2-4

[1186] Vgl. etwa Art.9.4. des Memorandum of Understanding zwischen der NASA und der ESA über die Kooperation zur ISS vom 29. Januar 1998, abgedruckt in: BÖCKSTIEGEL/BENKÖ, Space Law, D.II.4.2.

*Christian B. Fulda*

## 2. De lege ferenda

### a) Legitimation des Vertragsschlusses

Da Art.46 WVK die adäquate Berücksichtigung der demokratischen Legitimation vertragsvölkerrechtlicher Verpflichtungen nicht lösen kann,[1187] sollen im folgenden Überlegungen zu einer Berücksichtigung des Demokratieprinzips beim Vertragsschluß angestellt werden. Daß ein Versuch der Vereinheitlichung des innerstaatlichen Rechts über den Abschluß völkerrechtlicher Verträge nicht aus der Luft gegriffen ist, zeigt Art.54 der Modellverfassung der 14 Staaten der African and Malagasy Union, nach dem Friedensverträge, Gründungsverträge internationaler Organisationen und Verträge, die eine Gesetzesänderung erforderlich machten, innerstaatlich der Zustimmung durch ein Gesetz bedürfen, also durch ein parlamentarisches Organ.[1188] Über die lediglich politisch angestrebte Vereinheitlichung dieses historischen Beispiels hinaus können aus dem Demokratieprinzip normative Anforderungen an die Ausgestaltung des innerstaatlichen Rechts abgeleitet werden. Dabei müßte eine Entwicklung des allgemeinen Vertragsvölkerrechtes in zwei Richtungen erfolgen, zum einen hinsichtlich der Beteiligung eines Gesetzgebungsorgans überhaupt, zum anderen hinsichtlich der konkreten innerstaatlichen Kompetenzverteilung. Gestützt wird dieser rechtspolitische Vorstoß auf die Überzeugung, daß die Effektivität völkerrechtlicher Normen, die in ihren komplexeren Bereichen fast ausschließlich vertraglicher Natur sind, nicht ohne einen grundlegenden Wandel im Umfang der demokratischen Kontrolle der Außenbeziehungen erreicht werden kann.[1189] Das Völkerrecht kann nicht hoffen, erfolgreich Materien zu regeln, die zu den „inneren Angelegenheiten" von Gesellschaften gehören, wenn es die Legitimation dieser Regeln nicht verstärkt. Aber auch der Versuch zur dauerhaften Regelung der Angelegenheiten der internationalen Staatengemeinschaft wird scheitern, wenn die Bevölkerungen dieser Gemeinschaft ihr Plazet zu dieser Weltordnung nur mittelbar geben können.[1190]

Ohne den fruchtlosen Versuch einer Differenzierung nach dem Inhalt der Verträge vorzunehmen, sollte mittels eines funktionalen Ansatzes der Grundsatz etabliert werden, daß normsetzende und budgetrelevante Verträge sowie Verträge mit besonderer politischer Relevanz für eine Gesellschaft der parlamentarischen Zustimmung bedürfen. Im Sinne einer Gewaltenteilung blieben somit lediglich Verträge, die ausschließlich mit exekutivischen Maßnahmen umgesetzt werden können, von der Zustimmungspflicht befreit. Eine Flexibilisierung wäre dadurch zu erreichen, daß die nationale Verfassung oder ein Parlamentsbeschluß für bestimmte Verträge von der Zustimmungspflicht absieht. Es obläge dann aber der Regierung, dem Vertragspartner darzulegen, daß entweder eine solche „Verordnungsermächtigung" vorliegt oder daß das Thema im eigenen Lande nicht von solcher politischer Relevanz ist, daß eine parlamentarische Zustimmung erforderlich ist. Ein Verstoß gegen ein Zustimmungserfordernis zöge dann in jedem Fall die Anfechtbarkeit nach sich. Im Ergebnis liefe dies auf eine Lage hinaus, wie sie verfassungsrechtlich bereits in den meisten westlichen Demokratien vorherrscht – allerdings unter Umkehrung der Vorzeichen im Vergleich zum Art.46 WVK.

---

[1187] Siehe oben III. 2. a) 3) und V. 1. a).

[1188] Vgl. PESSOU, ILC, 676th Meeting, YBILC 1963-I, S.19 Abs.62.

[1189] Ähnlich CRAWFORD, Democracy, 1994, S.8f.

[1190] Womit der Einschätzung von WALDOCK, Report II, YBILC 1963-II, S.36, 41f. Abs.2, eine Berücksichtigung des Demokratieprinzips schwäche das Institut der völkerrechtlichen Verträge (siehe Zitat oben Fn.600) eine diametral entgegengesetzte gegenübergestellt wird.

Der andere Aspekt betrifft die interne Kompetenzverteilung insbesondere in Präsidialdemokratien. Zwar entbehren Vertragsschlüsse durch direkt gewählte Präsidenten offensichtlich nicht der demokratischen Legitimation. Doch sind in der Regel die vorgesehenen Kontrollmechanismen nicht mehr zeitgemäß. Dies wird besonders augenfällig am US-amerikanischen Beispiel der schwierigen Frage nach der Zustimmungspflicht des Senats. Der verfassungsrechtlichen Konstruktion liegt ein Leitbild der Außenbeziehungen zugrunde, nach dem grundsätzlich die Außenbeziehungen auf die Zentralgewalt (den Präsidenten) konzentriert werden und nur in besonderen Fällen die konstituierenden Mitglieder des Staatenbundes (über den Senat) ein Mitspracherecht haben. Im 18. Jahrhundert war dies möglicherweise eine adäquate Lösung;[1191] heute, da völkerrechtliche Verträge weitgehend nicht mehr die Außenbeziehungen betreffen, sondern Kerngebiete der gesellschaftlichen Binnenstruktur regeln, ist es unsinnig, das Organ nicht zu berücksichtigen, das für eine Umsetzung in interne Gesetzgebung zuständig ist, in diesem Fall das Repräsentantenhaus.[1192] Das Völkerrecht sollte daher Vorkehrungen treffen, daß die Kontrolle der Exekutive durch die Zustimmung zu Verträgen durch das Organ, gegebenenfalls die Organe ausgeübt wird, das oder die für die Umsetzung der Verpflichtungen zuständig ist bzw. sind.

Die vorstehenden Vorschläge gelten für alle Staaten, unabhängig von der Frage, ob sie bereits als Demokratie konstituiert sind oder nicht. Es liegt allerdings auf der Hand, daß sich in Staaten, die die Verpflichtung aus dem Demokratieprinzip verletzen,[1193] das Problem der Legitimation besonders gravierend stellt. Darauf soll im folgenden ein gesondertes Augenmerk geworfen werden.

b) Umgang mit demokratischen Systemwechseln

Das geltende Vertragsvölkerrecht ist hinsichtlich einer innerstaatlichen Emanzipation hin zu einer demokratischen Verfassung blind. Weder das Recht der Staatensukzession[1194] noch die *clausula* nach Art.62 WVK[1195] berücksichtigen einen grundlegenden internen politischen Wandel. Dabei ist das Problem der Legitimation völkerrechtlicher Vertragsverpflichtungen, die unter einem autoritären oder totalitären Regime eingegangen wurden, offensichtlich. Und auch wenn der Großteil der Staatengemeinschaft auf das Demokratieprinzip verpflichtet ist,[1196] finden sich nicht nur auf der vom US-amerikanischen Präsidenten BUSH so bezeichneten „Achse des Bösen" unter ihren Mitgliedern Kandidaten, denen ein Demokratisierungsprozeß zu wünschen ist – und in dessen Nachfolge sich das Problem der Fortgeltung „alter" Verträge stellen würde. Das *credo* der Vertragsgeltung, das kategorische Festhalten am

---

[1191] Siehe allerdings die Darstellung der Streitfälle aus der Frühzeit der amerikanischen Verfassungsgeschichte bei HENKIN, Constitutionalism, Democracy, and Foreign Affairs, 1990, S.2, 18ff. und 27ff.

[1192] Siehe den Vorschlag von HENKIN, Constitutionalism, Democracy, and Foreign Affairs, 1990, S.60, die demokratische Legitimation von Vertragsschlüssen durch die USA dadurch zu erhöhen, daß die bisher erratische Praxis der „congressional-executive agreements", also Abkommen, die nicht lediglich vom Präsidenten geschlossen werden, sondern von beiden Häusern des Kongresses abgesegnet werden, verstetigt wird und durch eine konsistente Verfassungspraxis eine Verfassungsänderung herbeiführt.

[1193] Siehe dazu oben II. 4.

[1194] Siehe dazu oben III. 2. d) 3).

[1195] Siehe oben III. 2. d).

[1196] Siehe oben II. 4.

## 2. De lege ferenda

Grundsatz *pacta sunt servanda*, hat bis heute verhindert, eine adäquate Lösung zu finden. Dabei kann sie von zwei Seiten erfolgen. Ausgangspunkt muß dabei die Erkenntnis sein, daß zum einen der Vertragsschluß durch nicht-demokratische Regime normativ möglich ist. Denn Art.6 WVK kennt keinen „Ausschluß der Geschäftsfähigkeit" für „Schurkenstaaten". Zum anderen ist er auch auch politisch zu wünschen. Genausowenig wie es opportun ist, nicht-demokratisch regierten Staaten die Anerkennung zu verweigern,[1197] läge ein Status dieser Staaten als vertragsrechtlicher Pariah im Interesse der demokratischen Welt – jedenfalls solange sich die Staatengemeinschaft nicht dazu durchgerungen hat, durch ein Embargo das Regime in die Knie zu zwingen. Unterhalb einer solchen Interventionsschwelle bedürfen die zwischenstaatlichen Beziehungen in der globalisierten Welt einer rechtlichen Ausgestaltung, und die geschieht am besten im Wege von Verträgen. Und sei es nur, um Landerechte für Charterflugzeuge zu sichern, weil die eigenen Staatsangehörigen unbedingt an den Stränden einer Diktatur in der Sonne liegen wollen – was wiederum die Absicherung zumindest konsularischer Beziehungen erfordert. Räumt man also grundsätzlich aus pragmatischen Gründen die Möglichkeit vertraglicher Bindungen ein, die offensichtlich materiell nicht legitimiert sind (auch wenn sie formal den Kriterien der staatlichen Verfassung genügen mögen), bedeutet dies jedoch noch nicht, daß es nicht möglich und wünschenswert wäre, der Ungleichheit der Vertragspartner zumindest unter der Perspektive des Demokratieprinzips Rechnung zu tragen.

Zum einen empfiehlt es sich für die demokratischen Vertragspartner, die Möglichkeit eines Systemwandels bei ihrem Vertragspartner kautelarjuristisch zu berücksichtigen. Dies muß nicht zwangsläufig dadurch geschehen, daß man die Verträge mit einer auflösenden Bedingung für den Fall der demokratischen Revolution oder Transition versieht. Gesichtswahrender, funktional aber ebenso effektiv wären sehr kurze Laufzeiten von 2-3 Jahren mit automatischer Verlängerung um denselben Zeitraum, wenn nicht einer der Vertragspartner der Verlängerung widerspricht. Dies ermöglichte einer zukünftigen demokratisch strukturierten Gesellschaft, ihre völkerrechtlichen Verpflichtungen auf den Prüfstand zu stellen – und gegebenenfalls neu zu verhandeln.

Während eine im Vergleich zu sonstigen Verträgen gewissermaßen beschränkte Haltbarkeit von Verträgen mit „Wackelkandidaten" in bilateralen Beziehungen relativ leicht umzusetzen wäre, erscheint eine solche Lösung für multilaterale Verträge unangebracht. Eine allgemeine Einführung dieses Prinzips gefährdete die Stabilität eines solchen Vertrages, da so mancher Staat unabhängig von seinem politischen System zum einen oder anderen Zeitpunkt die Gelegenheit nutzen würde, sich des Vertrages zu entledigen. Da eine gesonderte Regelung der Laufzeit für nicht-demokratisch regierte Staaten einem öffentlichen Pranger gleichkäme (an den die betreffenden Staaten durchaus gehören, was aber den diplomatischen Umgang mit ihnen nicht erleichtert), liegt es nahe, im allgemeine Vertragsvölkerrecht ein außerordentliches Kündigungsrecht für die „demokratisierten" Staaten einzuführen, über etwaige vorgesehene vertragliche Kündigungsmöglichkeiten und Art.56 WVK hinaus, in Anlehnung an die in der Übergangsvorschrift Ziff.5 des Anhang 2 der Verfassung von Bosnien-Herzegowina niedergelegten Kündigungsmöglichkeit.[1198] Ein solches Kündigungsrecht wäre selbstverständlich auch in bilateralen Verträgen zu gewähren, sofern die Lösung über die Laufzeit nicht gewählt wurde – wobei im System des Völkerrechts ein Pendant in einem

---

[1197] Siehe dazu oben II. 5. a).
[1198] Siehe oben III. 2. d) 3).

Suspensions- und Kündigungsrecht wie in den Demokratieklauseln der EG[1199] läge: Ein demokratischer Staat hätte das Recht, bei einem Abgleiten seines vormals ebenfalls demokratischen Vertragspartners oder bei einer Verschlechterung der Demokratie- und Menschenrechtslage in einem ohnehin schon autoritären Regime, den Vertrag auszusetzen oder zu kündigen.

### c) Recht auf Revision

Bereits in der Problemstellung wurde angedeutet, daß eine Lösungsmöglichkeit des Konfliktes zwischen vertraglicher Bindung und demokratisch legitimiertem Meinungswandel in einem Recht auf Revision liegen könnte.[1200] Ein solches wäre das völkerrechtliche Äquivalent zum innerstaatlichen Initiativrecht, mit dem nationale Normen auf ihre weiterbestehende demokratische Legitimation hin überprüft werden können. Denn unabhängig von der konkreten Ausgestaltung des Initiativrechts in den einzelnen Verfassungen, ob als reine Prärogative parlamentarischer Fraktionen oder als Recht auch anderer Verfassungsorgane, etwa der Regierung oder einer zweiten Kammer, oder gar auf der Grundlage eines Volksentscheides, bildet das Initiativrecht die Möglichkeit für neue oder gewandelte Mehrheiten, überkommene Normen zu verändern, und für Minderheiten die Möglichkeit festzustellen, ob solche überkommenen Normen noch eine Mehrheit finden. Entscheidend ist dabei, daß es sich um ein präzise ausgestaltetes Verfahren handelt, das nicht nur die öffentliche Debatte über die Initiative ermöglicht, sondern auch zwingend eine Entscheidung über ihre Annahme oder Ablehnung erfordert. Dem Institut der Norminitiative entspricht im Völkerrecht die Vertragsrevision.

Im Rahmen der Vertragsrechtsanalyse wurde bereits dargelegt, daß ein „Recht auf Revision" trotz seiner formaljuristischen Unzulänglichkeiten einen Mehrwert schafft, der für die demokratische Legitimation völkerrechtlicher Verträge fruchtbar gemacht werden kann.[1201] *De lege ferenda* könnte ein solches Recht auf zweierlei Weise Einzug ins Völkerrecht halten. Zum einen durch Revision der Wiener Vertragsrechtskonvention. Entsprechend dem algerischen Vorschlag bietet sich eine Ergänzung von Artikel 56 um einen Absatz 2 an, der etwa wie folgt lauten könnte:

> Bei einem bilateralen Vertrag, der die Regelung innerstaatlicher Verhältnisse zum Gegenstand hat, ist eine Vertragspartei nach jeweils fünf Jahren berechtigt, die Revision des Vertrages zu verlangen. Bei einem multilateralen Vertrag muß unbeschadet der Vorschriften des Vertrages spätestens alle 10 Jahre nach Inkrafttreten eine Revisionskonferenz stattfinden.

Da die Chancen auf eine Revision der Vertragsrechtskonvention allerdings eher schlecht stehen, kommt eher die Ausprägung eines völkergewohnheitsrechtlichen Grundsatzes in Betracht. Anknüpfungspunkt könnte der Grundsatz von Treu und Glauben sein, wie er etwa in Art.26 (*pacta sunt servanda*) und Art.31 WVK (allgemeine Auslegungsregel) kodifiziert ist. Unter Berufung auf Treu und Glauben[1202] und unter Beziehung auf das Demokratieprinzip könnten Staaten die Revision eines Vertrages verlangen und damit beginnen, eine Praxis zu einem Recht auf Revision zu formen. Als Beispiel könnten Verträge herangezogen werden, in

---

[1199] Siehe dazu oben II. 2. c) und III. 2. c) 1).
[1200] Siehe oben I. 2. b) 2) a.E.
[1201] Siehe oben III. 3. c).
[1202] Dazu ROSENNE, Developments, 1989, S.135-180; ZOLLER, Bonne foi, 1977.

## 2. De lege ferenda

denen für Fälle der Änderung der Umstände Revisionsverfahren vorgesehen sind – also einer integrierten *clausula* mit anderer Rechtsfolge als Art.62 WVK.[1203]

Über eine Änderung der Umstände hinaus wäre nach dem Prinzip von Treu und Glauben ein Recht auf Revision in jedem Fall zu fordern. REUTER verweist darauf, daß die internationale Rechtsprechung der *duty to negotiate*[1204] implizit bereits in ihren Entscheidungen eine ergebnisorientierte Effektivität einräumt, auch wenn formal die Verhandlungspflicht keine Pflicht zum Ergebnis enthält.[1205] Die Gerichte können zwar keine Vertragsanpassungen vornehmen, aber entweder den Vertrag zulasten der nichtverhandelnden Partei beenden oder im Gegenteil zulasten der die Veränderung wünschenden aber nicht ausreichend verhandelt habenden Partei in Kraft lassen.[1206]

Da ein Recht auf Revision nur ein Verfahrensrecht sein kann und keine Vorgaben zu den inhaltlichen Änderungen macht, die durch seine Ausübung erzielt werden können, bleibt das Problem der Ergebnisorientierung zu lösen. Also die Frage, ob am Ende eines Revisionsverfahrens zwingend ein neuer Vertrag abgeschlossen werden muß oder ob sich eine Partei trotz der Verhandlungen schließlich gegenüber einer Veränderung sperren kann. Zwar wäre es theoretisch denkbar, eine Abschlußpflicht bzw. eine Revisionsannahmepflicht einzuführen. Sie wäre aber nicht praktikabel. Denn in Ermangelung inhaltlicher Vorgaben zur Änderung ließe sich weder feststellen, wann eine solche Annahmepflicht eintritt, noch, wer sie beim Scheitern der Verhandlungen verletzt hat: Solange nicht festgestellt werden kann, daß ein letztes Angebot der einen Seite von der anderen Seite angenommen werden mußte – und dazu kann das Völkerrecht keine Aussage treffen – kann weder ausgeschlossen werden, daß ein weiteres Angebot der einen oder anderen Seite nicht doch zum Abschluß geführt hätte, noch entschieden werden, wessen Angebot inhaltlich unzureichend war.

Dennoch kann eine Abschlußpflicht mittelbar begründet werden, indem nämlich das Scheitern der Verhandlungen mit einer Sanktion belegt wird. Die radikalste Lösung wäre ein automatisches Auslaufen des Vertrages nach dem Beginn der Revisionsverhandlungen, etwa sechs Monate später. Kommen die Vertragspartner zu keinem Ergebnis, stehen sie ohne Vertrag da. Dadurch wäre die Seite, die sich Veränderungen widersetzt, gezwungen einzulenken, wenn sie nicht sogar den *status quo* verlieren will. Diese Sanktion hat allerdings eine überschießende Tendenz und würde dadurch wahrscheinlich Vertragsstaaten von der Einleitung eines Revisionsverfahrens abhalten. Denn wenn sich die Änderungswünsche nur auf einzelne Aspekte beziehen, stünde auch der revisionswillige Staat nach fruchtlosen Verhandlungen schlechter da als mit einem nicht revidierten Vertrag. Adäquater erscheint es daher, für eine Kombination aus Revisions- und Kündigungsrecht zu plädieren, wie es teilweise bereits kautelarju-

---

[1203] Siehe dazu oben V. 1. e) 2) i).

[1204] Siehe dazu oben V. 1. e) 1).

[1205] REUTER, Law of Treaties, 2. Aufl. 1995, S.192f. Abs.295.

[1206] So z.B. der Schiedsspruch vom 16. November 1957 im Rechtsstreit zwischen Spanien und Frankreich in der Sache *Lac Lanoux*, RIAA Bd.XII, S.281, 317. Die spanische Seite wünschte Veränderungen, ging aber letztlich nicht auf die französischen Angebote ein und fand daher im Ergebnis vor dem Schiedsgericht kein Gehör. Siehe auch den Ansatz des Schiedsspruchs vom 4. März 1925 im Rechtsstreit zwischen Chile und Peru in der Sache *Tacna-Arica*, RIAA Bd.II, S.921, 929f., nach dem zu prüfen war, ob eine der Parteien willkürlich ihre Verpflichtung, ein ergänzendes Protokoll auszuhandeln, verletzt hatte, und in diesem Fall die andere Partei von ihrer Verpflichtung frei geworden wäre. Der Schiedsrichter kam nach einer Untersuchung des Verhandlungsverlaufs zu dem Schluß, daß dies nicht zutraf, a.a.O., S.930-934.

ristisch ausgestaltet wurde.[1207] Danach wäre nach einer Mindestlaufzeit von 5[1208] Jahren jeder Vertragsstaat nach allgemeinem Vertragsvölkerrecht berechtigt, ein Revisionsverfahren einzuleiten. Kommt innerhalb von einem halben Jahr keine Einigung zustande, steht dem Staat ein Kündigungsrecht zu, das sich differenziert auch auf einzelne Klauseln beziehen kann.[1209] Damit bestünde ein Hebel für den interessierten Vertragspartner, ein Ergebnis herbeizuführen, ganz wie es der damalige Berichterstatter der ILC einräumte,[1210] ohne daß ein solches Ergebnis materiell vorherbestimmt oder -bestimmbar sein müßte.

---

[1207] Siehe oben V. 1. e) 2) i) a.E.
[1208] Angelehnt an Legislaturperioden von 4 bis 5 Jahren.
[1209] Siehe oben V. 1. f) 3).
[1210] WALDOCK, Report V, YBILC 1966-II, S.1, 28 Abs.5. Siehe oben III. 3. c) bei Fn.885.

*Christian B. Fulda*

## VI. ZUSAMMENFASSUNG

Das Demokratieprinzip ist ein Rechtsinstitut des heutigen Völkerrechts, das durch vertragliche und gewohnheitsrechtliche Normierung fest verankert ist. Es verpflichtet die Staaten zur Errichtung und Gewährleistung demokratischer Strukturen und umfaßt neben einer menschenrechtlichen Komponente (insbesondere dem Recht auf regelmäßige, freie, allgemeine, gleiche und geheime Wahlen, dem Recht auf freie Meinungsäußerung sowie dem Vereinigungs- und dem Versammlungsrecht) strukturelle Anforderungen an die Verfaßtheit des Staates, insbesondere im Hinblick auf Gewaltenteilung und Rechtsstaatlichkeit.

Die vertraglichen Bindungen ergeben sich aus mehreren multilateralen Konventionen bzw. aus Satzungen internationaler Organisationen. Wichtigster Pfeiler der multilateralen Verankerung ist dabei der IPbpR. Daneben sind bilateral insbesondere die Demokratieklauseln in den Verträgen der EG von Bedeutung. Nur noch ein Bruchteil der Staatengemeinschaft unterliegt keiner vertraglichen Verpflichtung auf das Demokratieprinzip. Die große Anzahl und die Konsistenz der vertraglichen Regelungen sind gleichzeitig ein Indiz für die gewohnheitsrechtliche Geltung des Demokratieprinzips.

Die UN-Missionen in Kambodscha, Somalia, Bosnien-Herzegowina, im Kosovo, in Ost-Timor und in Afghanistan sind ein Indikator dafür, daß die Neuordnung eines Staates durch die internationalen Gemeinschaft am Demokratieprinzip ausgerichtet werden muß. Die UNO und andere Organisationen der Staatengemeinschaft können dabei die Implementierung selber vornehmen, wie in Kambodscha, Bosnien-Herzegowina und im Kosovo, oder eine innerstaatliche Entwicklung unterstützend begleiten, wie in Ost-Timor und in Afghanistan.

Ob daneben aus den Fällen Haiti und Sierra Leone ein Interventionsrecht der internationalen Gemeinschaft bei gewaltsamer Absetzung einer demokratisch legitimierten Regierung abzuleiten ist, läßt die Arbeit offen. Gesichert ist jedoch, daß die Verletzung des Demokratieprinzips im Sinne einer negativen Abweichung von einem bereits erreichten Standard gerechtfertigte Sanktionen nach sich ziehen kann. Neben den beiden Fällen Haiti und Sierra Leone, die als Ausdruck einer gewohnheitsrechtlich verankerten Zulässigkeit von Sanktionen gelesen werden können, finden sich eine Reihe vertragsrechtlich festgelegter Sanktionsmöglichkeiten. Multilateral sind solche vorgesehen in Art.3, 8 Europarat-Satzung, in Art.9 OAS-Charta und in Art.19ff. der Inter-Amerikanischen Demokratie-Charta sowie in Art.4 und 5 des Protokolls von Ushuaia des MERCOSUR, außerdem in den Mechanismen nach der Charta von Paris und dem Moskau-Dokument der KSZE sowie im Millbrook Commonwealth Action Programme on the Harare Commonwealth Declaration 1995. Bilateral findet sich ein Äquivalent in den Demokratieklauseln der Verträge der EG.

Sind diese Sanktionsmöglichkeiten auf „negative" Abweichungen von einem erreichten demokratischen Standard ausgerichtet, so zielen die Demokratie-Resolutionen der Generalversammlung und der Menschenrechtskommission der UN auf eine „positive" Entwicklung. Sie reflektieren damit den dritten Pfeiler des völkerrechtlichen Demokratieprinzips. Danach ist es nicht nur untersagt, demokratisch gewählte Regierungen gewaltsam zu verdrängen, oder in anderer Weise etablierte demokratische Strukturen zu beeinträchtigen. Sondern alle Staaten sind verpflichtet, auf die Verwirklichung des Demokratieprinzips im eigenen Land hinzuarbeiten. Man könnte dies die Pflicht zur Demokratisierung nennen. Als Zielbestimmung führt diese gewohnheitsrechtliche Norm nicht dazu, daß sich Staaten, die dem Demokratieprinzip nicht genügen, in völkerrechtswidrigem Zustand befinden. Dies gilt selbstverständlich nur vorbehaltlich vorrangiger vertraglicher Verpflichtungen, sowie der Verpflichtung auf

Menschenrechte und Strukturprinzipien, die sich gewohnheitsrechtlich ergeben, wie sie etwa UNGA Res.55/96 (2000) formuliert. Die Zielbestimmung bewirkt aber, daß die Staatengemeinschaft die Erreichung des Ziels mit Mitteln unterhalb der Gewaltschwelle einfordern kann und Bewertungen der internen Lage keine unzulässige Einmischung darstellt. Stillstand ist nicht mit der Zielbestimmung vereinbar.

Für die – wenigen – Staaten, die keiner vertraglichen Verpflichtung unterliegen und die – noch – als Staatswesen funktionieren, so daß die internationale Gemeinschaft sich noch nicht zum Eingreifen veranlaßt gesehen hat, bedeutet dies, daß auch an sie das Erfordernis der demokratischen Legitimation staatlichen Handelns herangetragen werden kann. Es bedarf daher keiner abschließenden völkerrechtlichen Definition des Demokratieprinzips, um seine normative Geltung zu bejahen. Es wird konturiert durch kohärente Anforderungen aus Verträgen und Praxis, vor allem der UN, wonach staatliches Handeln legitimiert werden muß durch ein pluralistisches, repräsentatives Regierungssystem auf der Grundlage von regelmäßigen, allgemeinen und freien Wahlen, flankiert von Menschenrechten, Gewaltenteilung und Rechtsstaatlichkeit.

Staatliche Entscheidungen bedürfen daher einer legitimierenden Rückbindung an den frei geäußerten Willen des konstituierenden Staatsvolkes, wobei die Freiheit dieser Willensäußerung in dynamischer Perspektive die Freiheit der Willensänderung garantiert. Diese Legitimationsfunktion schlägt die Brücke zum Vertragsrecht. Der Rechtsakt des Vertragsschlusses, der die Vertragsnorm legitimiert, ist eine Willensäußerung des Staates, die der Legitimation bedarf. Und für die fortdauernde Legitimation der überwiegend normsetzenden völkerrechtlichen Verträge ist entscheidend, mit welchen Mechanismen Willensänderungen einer Vertragspartei berücksichtigt werden können.

Das geltende Vertragsvölkerrecht ist jedoch bisher mit dem Demokratieprinzip nicht in Einklang zu bringen. Zwar könnte durch eine extensive Auslegung des Art.31 WVK bei der Interpretation vertraglicher Verpflichtungen dem Wandel des Völkerrechts Rechnung getragen werden. Die zentralen Normen des Vertragsrechts, die in der Vertragsrechtskonvention ihren Ausdruck finden, können jedoch weder die demokratische Legitimation des Vertragsschlusses gewährleisten, noch halten sie einen adäquaten Mechanismus für den Umgang mit innerstaatlichen Willensänderungen bereit.

So ist Art.46 WVK, nach dem die Verletzung innerstaatlichen Rechts beim Vertragsschluß als Grund für die Beendigung eines Vertrages geltend gemacht werden kann, sehr restriktiv gefaßt. Er ist bisher auch nicht in der Staatenpraxis zur Anwendung gelangt. Es gibt des weiteren kein Recht auf Revision eines Vertrages, mit dem ein Vertragspartner aufgrund einer Willensänderung in einem strukturierten Verfahren die Legitimation der Vertragsnorm auf den Prüfstand stellen könnte. Enthält ein Vertrag kein ausdrückliches Kündigungsrecht nach Art.54 WVK, ist nach Art.56 Abs.1 b) WVK zu prüfen, ob sich ein solches implizit aus seiner Natur herleiten läßt. Diese Norm ist allerdings in höchstem Maße unklar. Demgegenüber scheint es nicht möglich, politische Meinungsänderungen über die *clausula* nach Art.62 WVK zu berücksichtigen. Und auch wenn man dem Demokratieprinzip auch die Qualität des *ius cogens* nach Art.53 und 64 WVK zumindest insofern zubilligen könnte, daß Verträge gegen zwingendes Recht verstoßen, die auf die Beseitigung demokratischer Verhältnisse in einem Staat ausgerichtet sind, läßt sich keine Staatenpraxis nachweisen, die eine Beschränkung des Demokratieprinzips durch Verträge mit einer Sanktion belegt.

## VI. Zusammenfassung

Diese unzureichende Berücksichtigung des Demokratieprinzips durch das Vertragsrecht ist deshalb besonder gravierend, weil die Konfliktfälle aufgrund der materiellen Ausdehnung des Völkerrechts zunehmen werden. Je mehr Bereiche des innergesellschaftlichen Lebens vom Völkerrecht erfaßt und reguliert werden, desto wichtiger ist die Legitimation der Normsetzung durch Vertragsschluß, und desto häufiger wird es zu Spannungen aufgrund innerstaatlichen Meinungswandels kommen.

Einige Fälle können dieses Spannungsverhältnis illustrieren. So trat Frankreich 1966 aufgrund gewandelter sicherheitspolitischer Auffassungen aus der NATO aus. Die Regelungen des NATO-Vertrages sind für die Beurteilung des Austritts nicht ausreichend, da sie nicht die nachfolgende Institutionalisierung widerspiegeln. Der Austritt kann auf ein implizites Kündigungsrecht für die Organisationsstruktur gestützt werden, wohingegen die Anwendung der *clausula* nach Art.62 WVK aufgrund eines vorhandenen vertraglichen Revisionsverfahrens fraglich ist. Die Kündigung Senegals von zwei der vier Genfer Seerechtskonventionen von 1958 aufgrund der Überfischung seiner Küstengewässer illustriert das Problem der Normsetzung für die „öffentlichen Güter" der Weltgemeinschaft. Außerdem zeigt der Fall, daß ein implizites Kündigungsrecht nach Art.56 WVK nur dann abgelehnt werden sollte, wenn ein effektives Vertragsrevisionsverfahren besteht. Der deutsche Atomausstieg und die damit verbundenen Fragen bezüglich der Wiederaufarbeitung von Brennstäben in Frankreich und Großbritannien können zum einen als Beispiel dafür dienen, daß Regierungen ein Interesse daran haben können, durch vertragliche Verpflichtungen die Handlungsfähigkeit des nationalen Souveräns zu beschränken. Zum anderen machen sie die Notwendigkeit einer „demokratiefreundlichen" Interpretation deutlich. Im Fall Gabcíkovo-Nagymaros hat der IGH unberücksichtigt gelassen, daß die ungarische Kündigung des Staudammprojektes mit der Slowakei auf eine innerstaatliche Willensänderung zurückgeht. Das für die Parteien unbefriedigende Urteil, den Konflikt durch Verhandlungen zu lösen, zeigt auf, daß für bestimmte Konstellationen nur integrative Vertragsstrukturen sinnvoll sind, um Meinungsänderungen aufnehmen zu können. Eine andere Möglichkeit insbesondere für multilaterale Verträge läge in der Einführung von Experimentierklauseln. Dies wird aus dem Problem um die Vereinbarkeit der Einrichtung von Drogenkonsumräumen mit den Drogen-Konventionen ersichtlich. Eine Lösung für die vertragliche Beschänkung zukünftiger parlamentarischer Entscheidungsfindung schlägt scheinbar der Schiedsspruch im Rechtsstreit zwischen Aminoil und Kuwait vor. Doch für die postulierte Notwendigkeit der ausdrücklichen Formulierung der Beschränkung im Vertrag, der Ermächtigung hierzu durch die Verfassung und der zeitlichen Limitierung einer solchen Beschränkung lassen sich im geltenden Völkerrecht keine Belege finden. Die Kündigung des ABM-Vertrages durch die USA schließlich ist ein Musterbeispiel für den Konflikt zwischen Vertragsbindung und innerstaatlicher Willensänderung. Es spricht viel dafür, die Kündigung aufgrund der Kündigungsklausel im Vertrag für gerechtfertigt anzusehen. Darüberhinaus läßt sich der Fall als ein Beispiel für ein Kündigungsrecht nach fehlgeschlagenen Revisionsverhandlungen deuten.

Lösungsansätze für den Konflikt zwischen Vertragsbindung und staatlicher Willensbildung lassen sich erstens durch eine Neuausrichtung existierender allgemeiner Vertragsrechtsnormen finden. Zweitens kann dem Problem durch kautelarjuristische Ausgestaltung der Verträge Rechnung getragen werden. Drittens ist eine Fortbildung des Völkerrechts zu empfehlen.

Art.31 WVK kann zum Ausgangspunkt einer „demokratiefreundlichen" Interpretation genommen werden, wonach die Auslegung gewählt wird, die eine demokratische Entscheidungsfindung am wenigsten beeinträchtigt. Art.46 WVK kann funktional so angewandt werden, daß Normen des formellen und materiellen Verfassungsrechts, die das Handeln der vertragsschließenden Exekutive kontrollieren, berücksichtigt werden müssen. Das implizite Kündigungsrecht nach Art.56 Abs.1 b) WVK kann schließlich in Fällen angewandt werden, in denen der Vertragsgegenstand „innere Angelegenheiten" einer Gesellschaft betrifft, wohingegen Vertragsnormen für die „Verfassung der Staatengemeinschaft" besser durch eine Vertragsrevision überprüft werden.

Revisions-, Experimentier- und Kündigungsklauseln können bei der Abfassung von Verträgen die Vertragsbeziehung so ausgestalten, daß zukünftige innerstaatliche Meinungsänderungen berücksichtigt werden können. Über eine Revisionsklausel wird in einem formalen Verfahren überprüft, ob die Vertragsnorm weiterhin von beiden Vertragsparteien gemeinsam legitimiert wird. Subsidiär sollte sie eine Kündigungsmöglichkeit vorsehen, um die Effektivität des Vertragsänderungsverfahrens zu erreichen. Experimentierklauseln können insbesondere in multilateralen Verträgen den Weg zu neuen Umsetzungen des Vertragszieles bahnen, die bisher nicht mit dem Vertrag vereinbar sind. In einfachen Fällen können Kündigungsklauseln Freiräume für die Umorientierung schaffen. Für komplexe Konstellationen empfehlen sich demgegenüber integrative Lösungen, also Vertragsstrukturen, die dynamisch ausgestaltet sind und Umstandsänderungen ebenso wie Meinungsänderungen einbeziehen können. Ist dafür der Aufwand zu groß, bleiben als letzte Möglichkeit intelligente Vertragsklauseln, die trotz statischer Abfassung des Vertrages eine Kontrolle der zukünftigen Entwicklung möglich machen.

*De lege ferenda* ist schließlich ein Recht auf Revision zu fordern, kombiniert mit einem subsidiären Kündigungsrecht. Dadurch würde im Völkerrecht ein Mechanismus geschaffen, der dem innerstaatlichen Initiativrecht gleicht, mit dem neue normative Lösungen für einen Bereich eingeführt werden und die Legitimation bestehender Normen auf den Prüfstand gestellt werden können.

# SUMMARY

The principle of democracy is now legally rooted in international law, both through treaty obligations and customary law. It requests states to implement and safeguard democratic structures and includes, apart from a human rights component (especially the right to free and fair elections, the right of expression, assembly and association), specific demands on the constitution of states, notably regarding separation of powers and the rule of law.

Treaty law obligations follow from several multilateral conventions and statues of international organisations, respectively. The most important pillar is the International Covenant for Civil and Political Rights. Also, the bilateral obligations regarding democracy imposed by treaties with the EC play an important role. Only a handful of states nowadays is under no treaty obligation towards democracy. The large number and the consistence of treaty obligations indicate a customary rule of the principle of democracy.

The UN-missions in Cambodia, Somalia, Bosnia-Herzegovina, Kosovo, East-Timor and Afghanistan point to an obligation of the international community to implement democratic principles whenever faced with the task of nation-building. The UN and the other organisations of the international community may take over this charge themselves, like in Cambodia, Bosnia-Herzegovina and Kosovo, or can contribute to an internal development like in East-Timor or Afghanistan.

This thesis does not conclude that following from the cases of Haiti and Sierra Leone there exists a right to forcible intervention when democratic governments are ousted by force. It is clear, though, that a negative deviation from an already achieved standard of democratisation may entail justified sanctions. Apart from the cases of Haiti and Sierra Leone which can be read as expressing a customary rule of sanctioning such deviation there are numerous treaty-based regimes providing for such sanctions. In a multilateral context, such are provided by Art.6, 7 Treaty of the European Union, Art.3, 8 Statute of the Council of Europe, Art.9 OAS Charter and Art.19ss. of the Inter-American Democratic Charter as well as by Art.4 and 5 of the Protocol of Ushuaia of the MERCOSUR. Also have to be mentioned the mechanisms of the Charter of Paris and the Moscow document of the CSCE as well as the Millbrook Commonwealth Action Programme on the Harare Commonwealth Declaration 1995. A bilateral equivalent can be found in the clauses on democracy of the treaties with the EC.

If these sanctions aim at "negative" deviations from an already achieved standard of democracy, the resolutions of the General Assembly and of the UN Human Rights Commission aim at a "positive" development of democracy. They reflect the third pillar of the democratic principle. Accordingly, it is not only illegal to oust democratically elected governments by force, or to jeopardise established democratic structures by other means. All states find themselves under the obligation to foster democracy in their own countries. This could be called an obligation towards democratisation. Upholding a goal this customary rule does not entail states being in violation of international law if they do not comply with the democratic principle, unless they are bound by treaty law, and without prejudice to human rights and structural principles following from customary law as expressed e.g. by UNGA Res.55/96 (2000). However, the obligation to achieve this goal implies that the international community is allowed to claim pursuance of this goal with means on levels below the use of force. Appreciations of the internal affairs of states are legitimate. And the obligation is violated if there is no discernible effort of democratisation.

Those few states which are not yet under a treaty-based obligation on democracy and which still function as states, precluding an intervention of the international community, find themselves as well under the obligation to democratically legitimise the conduct of public affairs. Therefore, no all-encompassing definition of the democratic principle is necessary to acknowledge its normative value. It is based on specific obligations following from treaty-law and international practice, especially of the UN, requesting acts of state to be legitimised by a pluralistic, representative system of government on the basis of regular, free and fair and elections, and a constitutional system securing human rights, separation of powers and the rule of law.

Acts of state therefore require the legitimation through the freely expressed will of the people. The freedom to express its political will includes the freedom to change this will in a dynamic perspective. Thus, the democratic principle has this function of legitimacy in common with the law on treaties. The legal act of concluding a treaty, which legitimises the treaty norm is an expression of the will of the state, which in itself needs legitimation. And the on-going legitimacy of the international treaties which in their majority set up international norms require mechanisms to take into account the change of will within in one State party.

The current law of treaties fails to take into account the democratic principle, though. True, an extensive interpretation of Art.31 Vienna Convention on the Law of Treaties might open up the possibility to take into account changes in international law when interpreting treaty obligations. However, the pertinent rules of the law of treaties as expressed in the Vienna Convention fail to guarantee the democratic legitimation of the conclusion of a treaty and do not provide for an adequate mechanism to deal with an internal revision of the political will.

Art.46 Vienna Convention, which allows for claims of violations of internal law regarding the conclusion of treaties, has been drafted very narrowly. State practice does not reveal a positive case of application. Moreover, no right to revision exists which would allow one State party to discuss the on-going legitimacy of a treaty by a structured revision procedure. In case a treaty does not include an explicit right of withdrawal or denunciation according to Art.54 Vienna Convention, an implicit right to such end might ensue according to Art.56 Vienna Convention from the nature of the treaty. This provision is not in the least clear, though. It is not possible to take into account a political change of will when applying the *clausula* according to Art.62 Vienna Convention. Last not least, *ius cogens* according to Art.53 and 64 Vienna Convention might be applicable with regard to the democratic principle where treaties aim at the disposal of democratic structures in a given state. But no state practice can be found questioning the limitation of the democratic principle by treaty obligations.

This insufficient consideration of the democratic principle by the law of treaties is especially serious, as conflicts will increase in number due to the expansion of international law. The more internal affairs of nations are dealt with and regulated by international law, the more important is the legitimation of regulation through treaties, and the more often conflicts will occur due to internal policy revisions.

Some cases may illustrate the conflict. France left NATO in 1966 due to revised considerations on security policy. The NATO treaty is not sufficient to evaluate this withdrawal, as it does not reflect the process of institutionalisation that occurred within NATO since the 1950ies. Withdrawal could be based on an implicit right of withdrawal with

regard to the organisational structure, whereas application of the *clausula* according to Art.62 Vienna Convention is doubtful due to the existence of a clause of revision. Senegal's withdrawal from two of the four Geneva Conventions on the Law of the Sea of 1958 due to the exploitation of its coastal zone by industrialized nations illustrates the problem of regulating the "public goods" of the international community. Also, this case makes a strong point in favour of declining an implicit right of withdrawal only if and so far as effective mechanisms of treaty revision exist. The German decision to terminate the use of nuclear energy and the connected questions regarding the reprocessing of German nuclear waste in France and Great-Britain serve as an example how governments might be inclined to limit the political freedom of succeeding governments. Also, they point to the necessity of an interpretation that is "democracy friendly". In the Gabcíkovo-Nagymaros case the ICJ did not consider the fact that the Hungarian denunciation of the project to build a dam on the Danube was based on an internal revision of policy. The judgement left both sides dissatisfied when stipulating that the conflict should be solved through negotiations. It supports the argument that some constellations can be successfully dealt with only by integrative structures which cope with diverging expressions of political will. Another solution for multilateral treaties could be the inclusion of clauses allowing experiments in deviation from the treaty. The problem of the compatibility of drug consumption rooms with the anti-drug conventions of the UN is an example for cases where such a clause might be put to good use. The Aminoil dispute seems to put forward a solution for the limitation of future decisions of parliaments. Stipulating an explicit statement of this limitation in the treaty itself, a limit to the duration of such a treaty and express provisions for such a treaty in the constitution, this award does not reflect current international law, though. Last not least, the denunciation of the ABM treaty by the US is a striking example for the conflict between treaty obligation and internal change of policy. The denunciation can be based on the denunciation clause of the treaty. But it can also be read as an example for a right of denunciation after negotiations on the revision of a treaty failed.

There are three possibilities of solving the conflict between treaty obligation and the freedom of a people to express its political will. First, general rules of the law of treaties can be realigned to take into account the democratic principle. Second, and most important, problems can be forestalled by including certain provisions when drafting a treaty. Third, a development of international law is recommended.

Art.31 Vienna Convention can be taken as starting point for a "democracy friendly" interpretation, where such interpretation is chosen among several possible which limits democratic shaping of the political will to the least. Art.46 Vienna Convention can be applied in such a way that leads to the respect of constitutional law that controls the executive concluding the treaty. The implicit right of denunciation and withdrawal according to Art.56 Vienna Convention could be applied in cases where the treaty deals with "internal affairs" of a society, whereas treaties concerning the "constitution" of the international community should better be open to revision only.

Including treaty clauses allowing for revision, experiments and denunciation or withdrawal when drafting a treaty contributes to shaping a contractual relation that can take into account future changes of the political will. A revision clause allows for a formal procedure by which the on-going legitimation of the treaty obligation by both or all States parties is validated. A subsidiary clause of denunciation or withdrawal contributes to the effectiveness of such a procedure of revision. Clauses allowing experiments are especially helpful to stabilize

multilateral treaties, opening up new possibilities to achieve the goal of the treaty. In simple cases, clauses of denunciation or withdrawal allow for freedom to change the political will. Complex cases on the other hand require an integrative structure, that is treaty clauses implementing a dynamic system that allows for both changes of circumstances and of the political will. If such an integrative structure is to cumbersome in relation to the goal of the treaty, last resort can be taken to intelligent clauses that allow for control of future developments though leaving the treaty static.

*De lege ferenda* a right to revision is requested, combined with a subsidiary right of denunciation or withdrawal. This would offer a mechanism in international law similar to the right of initiative in parliaments in internal law, whereby new legal solutions for a given problem can be introduced and existing rules can be challenged on their on-going legitimacy.

# Anhang I – Auszüge aus der Wiener Vertragsrechtskonvention

Tabelle 1: Wiener Vertragrechtskonvention (Auszüge)[1211]

| | |
|---|---|
| **Article 1 Scope of the present Convention** | **Art.1 Geltungsbereich dieses Übereinkommens** |
| The present Convention applies to treaties between States. | Dieses Übereinkommen findet auf Verträge zwischen Staaten Anwendung. |
| **Article 2 Use of terms** | **Art.2 Begriffsbestimmungen** |
| 1. For the purposes of the present Convention: | (1) Im Sinne dieses Übereinkommens |
| (a) 'treaty' means an international agreement concluded between States in written form and governed by international law, whether embodied in a single instrument or in two or more related instruments and whatever its particular designation; [...] | a) bedeutet «Vertrag» eine in Schriftform geschlossene und vom Völkerrecht bestimmte internationale Übereinkunft zwischen Staaten, gleichviel ob sie in einer oder in mehreren zusammengehörigen Urkunden enthalten ist und welche besondere Bezeichnung sie hat; [...] |
| **Article 4 Non-retroactivity of the present Convention** | **Art.4 Nichtrückwirkung dieses Übereinkommens** |
| Without prejudice to the application of any rules set forth in the present Convention to which treaties would be subject under international law independently of the Convention, the Convention applies only to treaties which are concluded by States after the entry into force of the present Convention with regard to such States. | Unbeschadet der Anwendung der in diesem Übereinkommen niedergelegten Regeln, denen Verträge unabhängig von dem Übereinkommen auf Grund des Völkerrechts unterworfen wären, findet das Übereinkommen nur auf Verträge Anwendung, die von Staaten geschlossen werden, nachdem das Übereinkommen für sie in Kraft getreten ist. |
| **Article 5 Treaties constituting international organizations and treaties adopted within an international organization** | **Art.5 Gründungsverträge internationaler Organisationen und im Rahmen einer internationalen Organisation angenommene Verträge** |
| The present Convention applies to any treaty which is the constituent instrument of an international organization and to any treaty adopted within an international organization without prejudice to any relevant rules of the organization. | Dieses Übereinkommen findet auf jeden Vertrag Anwendung, der die Gründungsurkunde einer internationalen Organisation bildet, sowie auf jeden im Rahmen einer internationalen Organisation angenommenen Vertrag, unbeschadet aller einschlägigen Vorschriften der Organisation. |
| **Article 6 Capacity of States to conclude treaties** | **Art.6 Vertragsfähigkeit der Staaten** |
| Every State possesses capacity to conclude treaties. | Jeder Staat besitzt die Fähigkeit, Verträge zu schließen. |
| **Article 7 Full powers** | **Art.7 Vollmacht** |
| 1. A person is considered as representing a State for the purpose of adopting or authenticating the text of a treaty or for the purpose of expressing the consent of the State to be bound by a treaty if: | (1) Eine Person gilt hinsichtlich des Annehmens des Textes eines Vertrags oder der Festlegung seines authentischen Textes oder der Abgabe der Zustimmung eines Staates, durch einen Vertrag gebunden zu sein, als Vertreter eines Staates, |
| (a) he produces appropriate full powers; or | a) wenn sie eine gehörige Vollmacht vorlegt oder |
| (b) it appears from the practice of the States concerned or from other circumstances that their intention was to consider that person as representing the | b) wenn aus der Übung der beteiligten Staaten |

---

[1211] Vienna convention on the law of treaties, 1969, (IR) Vienna Convention on the Law of Treaties, 1969, 1155 UNTS 1980, No.18232, S.331-512. Der deutsche Text beruht auf der Schweizer Übersetzung, (IR) WVK (CH).

State for such purposes and to dispense with full powers.

2. In virtue of their functions and without having to produce full powers, the following are considered as representing their State:

(a) Heads of State, Heads of Government and Ministers for Foreign Affairs, for the purpose of performing all acts relating to the conclusion of a treaty;

(b) heads of diplomatic missions, for the purpose of adopting the text of a treaty between the accrediting State and the State to which they are accredited;

(c) representatives accredited by States to an international conference or to an international organization or one of its organs, for the purpose of adopting the text of a treaty in that conference, organization or organ.

**Article 11 Means of expressing consent to be bound by a treaty**

The consent of a State to be bound by a treaty may be expressed by signature, exchange of instruments constituting a treaty, ratification, acceptance, approval or accession, or by any other means if so agreed.

**Article 18 Obligation not to defeat the object and purpose of a treaty prior to its entry into force**

A State is obliged to refrain from acts which would defeat the object and purpose of a treaty when:

(a) it has signed the treaty or has exchanged instruments constituting the treaty subject to ratification, acceptance or approval, until it shall have made its intention clear not to become a party to the treaty; or

(b) it has expressed its consent to be bound by the treaty, pending the entry into force of the treaty and provided that such entry into force is not unduly delayed.

**Article 26 Pacta sunt servanda**

Every treaty in force is binding upon the parties to it and must be performed by them in good faith.

**Article 27 Internal law and observance of treaties**

A party may not invoke the provisions of its internal law as justification for its failure to perform a treaty.

oder aus anderen Umständen hervorgeht, daß sie die Absicht hatten, diese Person als Vertreter des Staates für die genannten Zwecke anzusehen und auch keine Vollmacht zu verlangen.

(2) Kraft ihres Amtes werden, ohne eine Vollmacht vorlegen zu müssen, als Vertreter ihres Staates angesehen

a) Staatsoberhäupter, Regierungschefs und Außenminister zur Vornahme aller sich auf den Abschluß eines Vertrags beziehenden Handlungen;

b) Chefs diplomatischer Missionen zum Annehmen des Textes eines Vertrags zwischen Entsende- und Empfangsstaat;

c) die von Staaten bei einer internationalen Konferenz oder bei einer internationalen Organisation oder einem ihrer Organe beglaubigten Vertreter zum Annehmen des Textes eines Vertrags im Rahmen der Konferenz, der Organisation oder des Organs.

**Art.11 Arten der Zustimmung, durch einen Vertrag gebunden zu sein**

Die Zustimmung eines Staates, durch einen Vertrag gebunden zu sein, kann durch Unterzeichnung, Austausch von Urkunden, die einen Vertrag bilden, Ratifikation, Annahme, Genehmigung oder Beitritt oder auf eine andere vereinbarte Art ausgedrückt werden.

**Art.18 Verpflichtung, Ziel und Zweck eines Vertrags vor seinem Inkrafttreten nicht zu vereiteln**

Ein Staat ist verpflichtet, sich aller Handlungen zu enthalten, die Ziel und Zweck eines Vertrags vereiteln würden,

a) wenn er unter Vorbehalt der Ratifikation, Annahme oder Genehmigung den Vertrag unterzeichnet oder Urkunden ausgetauscht hat, die einen Vertrag bilden, solange er seine Absicht nicht klar zu erkennen gegeben hat, nicht Vertragspartei zu werden, oder

b) wenn er seine Zustimmung, durch den Vertrag gebunden zu sein, ausgedrückt hat, und zwar bis zum Inkrafttreten des Vertrags und unter der Voraussetzung, daß sich das Inkrafttreten nicht ungebührlich verzögert.

**Art.26 Pacta sunt servanda**

Ist ein Vertrag in Kraft, so bindet er die Vertragsparteien und ist von ihnen nach Treu und Glauben zu erfüllen.

**Art.27 Innerstaatliches Recht und Einhaltung von Verträgen**

Eine Vertragspartei kann sich nicht auf ihr inner-

This rule is without prejudice to article 46.

**Article 31 General rule of interpretation**

1. A treaty shall be interpreted in good faith in accordance with the ordinary meaning to be given to the terms of the treaty in their context and in the light of its object and purpose.

2. The context for the purpose of the interpretation of a treaty shall comprise, in addition to the text, including its preamble and annexes:

(a) any agreement relating to the treaty which was made between all the parties in connexion with the conclusion of the treaty;

(b) any instrument which was made by one or more parties in connexion with the conclusion of the treaty and accepted by the other parties as an instrument related to the treaty.

3. There shall be taken into account, together with the context:

(a) any subsequent agreement between the parties regarding the interpretation of the treaty or the application of its provisions;

(b) any subsequent practice in the application of the treaty which establishes the agreement of the parties regarding its interpretation;

(c) any relevant rules of international law applicable in the relations between the parties.

4. A special meaning shall be given to a term if it is established that the parties so intended.

**Article 32 Supplementary means of interpretation**

Recourse may be had to supplementary means of interpretation, including the preparatory work of the treaty and the circumstances of its conclusion, in order to confirm the meaning resulting from the application of article 31, or to determine the meaning when the interpretation according to article 31:

(a) leaves the meaning ambiguous or obscure; or

(b) leads to a result which is manifestly absurd or unreasonable.

staatliches Recht berufen, um die Nichterfüllung eines Vertrags zu rechtfertigen. Diese Bestimmung läßt Artikel 46 unberührt.

**Art.31 Allgemeine Auslegungsregel**

(1) Ein Vertrag ist nach Treu und Glauben in Übereinstimmung mit der gewöhnlichen, seinen Bestimmungen in ihrem Zusammenhang zukommenden Bedeutung und im Lichte seines Zieles und Zweckes auszulegen.

(2) Für die Auslegung eines Vertrags bedeutet der Zu außer dem Vertragswortlaut samt Präambel und Anlagen

a) jede sich auf den Vertrag beziehende Übereinkunft, die zwischen allen Vertragsparteien anläßlich des Vertragsabschlusses getroffen wurde;

b) jede Urkunde, die von einer oder mehreren Vertragsparteien anlässlich des Vertragsabschlusses abgefaßt und von den anderen Vertragsparteien als eine sich auf den Vertrag beziehende Urkunde angenommen wurde.

(3) Außer dem Zusammenhang sind in gleicher Weise zu berücksichtigen

a) jede spätere Übereinkunft zwischen den Vertragsparteien über die Auslegung des Vertrags oder die Anwendung seiner Bestimmungen;

b) jede spätere Übung bei der Anwendung des Vertrags, aus der die Übereinstimmung der Vertragsparteien über seine Auslegung hervorgeht;

c) jeder in den Beziehungen zwischen den Vertragsparteien anwendbare einschlägige Völkerrechtssatz.

(4) Eine besondere Bedeutung ist einem Ausdruck beizulegen, wenn feststeht, daß die Vertragsparteien dies beabsichtigt haben.

**Art.32 Ergänzende Auslegungsmittel**

Ergänzende Auslegungsmittel, insbesondere die vorbereitenden Arbeiten und die Umstände des Vertragsabschlusses, können herangezogen werden, um die sich unter Anwendung des Artikels 31 ergebende Bedeutung zu bestätigen oder die Bedeutung zu bestimmen, wenn die Auslegung nach Artikel 31

a) die Bedeutung mehrdeutig oder dunkel läßt oder

b) zu einem offensichtlich sinnwidrigen oder unvernünftigen Ergebnis führt.

## Article 33 Interpretation of treaties authenticated in two or more languages

1. When a treaty has been authenticated in two or more languages, the text is equally authoritative in each language, unless the treaty provides or the parties agree that, in case of divergence, a particular text shall prevail.

2. A version of the treaty in a language other than one of those in which the text was authenticated shall be considered an authentic text only if the treaty so provides or the parties so agree.

3. The terms of the treaty are presumed to have the same meaning in each authentic text.

4. Except where a particular text prevails in accordance with paragraph 1, when a comparison of the authentic texts discloses a difference of meaning which the application of articles 31 and 32 does not remove, the meaning which best reconciles the texts, having regard to the object and purpose of the treaty, shall be adopted.

## Article 35 Treaties providing for obligations for third States

An obligation arises for a third State from a provision of a treaty if the parties to the treaty intend the provision to be the means of establishing the obligation and the third State expressly accepts that obligation in writing.

## Article 39 General rule regarding the amendment of treaties

A treaty may be amended by agreement between the parties. The rules laid down in Part II apply to such an agreement except in so far as the treaty lay otherwise provide.

## Article 40 Amendment of multilateral treaties

1. Unless the treaty otherwise provides, the amendment of multilateral treaties shall be governed by the following paragraphs.

2. Any proposal to amend a multilateral treaty as between all the parties must be notified to all the contracting States, each one of which shall have the right to take part in:

(a) the decision as to the action to be taken in regard to such proposal;

(b) the negotiation and conclusion of any agreement for the amendment of the treaty.

3. Every State entitled to become a party to the treaty

## Art.33 Auslegung von Verträgen mit zwei oder mehr authentischen Sprachen

(1) Ist ein Vertrag in zwei oder mehr Sprachen als authentisch festgelegt worden, so ist der Text in jeder Sprache in gleicher Weise maßgebend, sofern nicht der Vertrag vorsieht oder die Vertragsparteien vereinbaren, daß bei Abweichungen ein bestimmter Text vorgehen soll.

(2) Eine Vertragsfassung in einer anderen Sprache als einer der Sprachen, deren Text als authentisch festgelegt wurde, gilt nur dann als authentischer Wortlaut, wenn der Vertrag dies vorsieht oder die Vertragsparteien dies vereinbaren.

(3) Es wird vermutet, dass die Ausdrücke des Vertrags in jedem authentischen Text dieselbe Bedeutung haben.

(4) Außer in Fällen, in denen ein bestimmter Text nach Absatz 1 vorgeht, wird, wenn ein Vergleich der authentischen Texte einen Bedeutungsunterschied aufdeckt, der durch die Anwendung der Artikel 31 und 32 nicht ausgeräumt werden kann, diejenige Bedeutung zugrunde gelegt, die unter Berücksichtigung von Ziel und Zweck des Vertrags die Wortlaute am besten miteinander in Einklang bringt.

## Art.35 Verträge zu Lasten von Drittstaaten

Ein Drittstaat wird durch eine Vertragsbestimmung verpflichtet, wenn die Vertragsparteien beabsichtigen, durch die Vertragsbestimmung eine Verpflichtung zu begründen, und der Drittstaat diese Verpflichtung ausdrücklich in Schriftform annimmt.

## Art.39 Allgemeine Regel über die Änderung von Verträgen

Ein Vertrag kann durch Übereinkunft zwischen den Vertragsparteien geändert werden. Teil II findet auf eine solche Übereinkunft insoweit Anwendung, als der Vertrag nichts anderes vorsieht.

## Art.40 Änderung mehrseitiger Verträge

(1) Sofern der Vertrag nichts anderes vorsieht, richtet sich die Änderung mehrseitiger Verträge nach den folgenden Absätzen.

(2) Vorschläge zur Änderung eines mehrseitigen Vertrags mit Wirkung zwischen allen Vertragsparteien sind allen Vertragsstaaten zu notifizieren; jeder von ihnen ist berechtigt,

a) an dem Beschluß über das auf einen solchen Vorschlag hin zu Veranlassende teilzunehmen;

b) am Aushandeln und am Abschluß einer Übereinkunft zur Änderung des Vertrags teilzunehmen.

shall also be entitled to become a party to the treaty as amended.

4. The amending agreement does not bind any State already a party to the treaty which does not become a party to the amending agreement; article 30, paragraph 4(b), applies in relation to such State.

5. Any State which becomes a party to the treaty after the entry into force of the amending agreement shall, failing an expression of a different intention by that State:

(a) be considered as a party to the treaty as amended; and

(b) be considered as a party to the unamended treaty in relation to any party to the treaty not bound by the amending agreement.

**Article 44 Separability of treaty provisions**

1. A right of a party, provided for in a treaty or arising under article 56, to denounce, withdraw from or suspend the operation of the treaty may be exercised only with respect to the whole treaty unless the treaty otherwise provides or the parties otherwise agree.

2. A ground for invalidating, terminating, withdrawing from or suspending the operation of a treaty recognized in the present Convention may be invoked only with respect to the whole treaty except as provided in the following paragraphs or in article 60.

3. If the ground relates solely to particular clauses, it may be invoked only with respect to those clauses where:

(a) the said clauses are separable from the remainder of the treaty with regard to their application;

(b) it appears from the treaty or is otherwise established that acceptance of those clauses was not an essential basis of the consent of the other party or parties to be bound by the treaty as a whole; and

(c) continued performance of the remainder of the treaty would not be unjust.

4. In cases falling under articles 49 and 50 the State entitled to invoke the fraud or corruption may do so with respect either to the whole treaty or, subject to paragraph 3, to the particular clauses alone.

5. In cases falling under articles 51, 52 and 53, no separation of the provisions of the treaty is permitted.

(3) Jeder Staat, der berechtigt ist, Vertragspartei des Vertrags zu werden, ist auch berechtigt, Vertragspartei des geänderten Vertrags zu werden.

(4) Die Änderungsübereinkunft bindet keinen Staat, der schon Vertragspartei des Vertrags ist, jedoch nicht Vertragspartei der Änderungsübereinkunft wird; auf einen solchen Staat findet Artikel 30 Absatz 4 Buchstabe b Anwendung.

(5) Ein Staat, der nach Inkrafttreten der Änderungsübereinkunft Vertragspartei des Vertrags wird, gilt, sofern er nicht eine abweichende Absicht äußert,

a) als Vertragspartei des geänderten Vertrags und

b) als Vertragspartei des nicht geänderten Vertrags im Verhältnis zu einer Vertragspartei, die durch die Änderungsübereinkunft nicht gebunden ist.

**Art.44 Trennbarkeit von Vertragsbestimmungen**

(1) Das in einem Vertrag vorgesehene oder sich aus Artikel 56 ergebende Recht einer Vertragspartei, zu kündigen, zurückzutreten oder den Vertrag zu suspendieren, kann nur hinsichtlich des gesamten Vertrags ausgeübt werden, sofern der Vertrag nichts anderes vorsieht oder die Vertragsparteien nichts anderes vereinbaren.

(2) Ein in diesem Übereinkommen anerkannter Grund dafür, einen Vertrag als ungültig zu erklären, ihn zu beenden, von ihm zurückzutreten oder ihn zu suspendieren, kann nur hinsichtlich des gesamten Vertrags geltend gemacht werden, sofern in den folgenden Absätzen oder in Artikel 60 nichts anderes vorgesehen ist.

(3) Trifft der Grund nur auf einzelne Bestimmungen zu, so kann er hinsichtlich dieser allein geltend gemacht werden,

a) wenn diese Bestimmungen von den übrigen Vertragsbestimmungen getrennt angewendet werden können;

b) wenn aus dem Vertrag hervorgeht oder anderweitig feststeht, daß die Annahme dieser Bestimmungen keine wesentliche Grundlage für die Zustimmung der anderen Vertragspartei oder Vertragsparteien war, durch den gesamten Vertrag gebunden zu sein, und

c) wenn die Weiteranwendung der übrigen Vertragsbestimmungen nicht unbillig ist.

(4) In den Fällen der Artikel 49 und 50 kann ein Staat, der berechtigt ist, Betrug oder Bestechung geltend zu machen, dies entweder hinsichtlich des gesamten Vertrags oder, vorbehaltlich des Absatzes

**Article 45 Loss of a right to invoke a ground for invalidating, terminating, withdrawing from or suspending the operation of a treaty**

A State may no longer invoke a ground for invalidating, terminating, withdrawing from or suspending the operation of a treaty under articles 46 to 50 or articles 60 and 62 if, after becoming aware of the facts:

(a) it shall have expressly agreed that the treaty is valid or remains in force or continues in operation, as the case may be; or

(b) it must by reason of its conduct be considered as having acquiesced in the validity of the treaty or in its maintenance in force or in operation, as the case may be.

**Article 46 Provisions of internal law regarding competence to conclude treaties**

1. A State may not invoke the fact that its consent to be bound by a treaty has been expressed in violation of a provision of its internal law regarding competence to conclude treaties as invalidating its consent unless that violation was manifest and concerned a rule of its internal law of fundamental importance.

2. A violation is manifest if it would be objectively evident to any State conducting itself in the matter in accordance with normal practice and in good faith.

**Article 47 Specific restrictions on authority to express the consent of a State**

If the authority of a representative to express the consent of a State to be bound by a particular treaty has been made subject to a specific restriction, his omission to observe that restriction may not be invoked as invalidating the consent expressed by him unless the restriction was notified to the other negotiating States prior to his expressing such consent.

**Article 48 Error**

1. A State may invoke an error in a treaty as invalidating its consent to be bound by the treaty if the er-

3, nur hinsichtlich einzelner Bestimmungen tun.

(5) In den Fällen der Artikel 51, 52 und 53 ist die Abtrennung einzelner Vertragsbestimmungen unzulässig.

**Art.45 Verlust des Rechtes, Gründe dafür geltend zu machen, einen Vertrag als ungültig zu erklären, ihn zu beenden, von ihm zurückzutreten oder ihn zu suspendieren**

Ein Staat kann Gründe nach den Artikeln 46 bis 50 oder 60 und 62 nicht länger geltend machen, um einen Vertrag als ungültig zu erklären, ihn zu beenden, von ihm zurückzutreten oder ihn zu suspendieren, wenn, nachdem dem Staat der Sachverhalt bekanntgeworden ist,

a) er ausdrücklich zugestimmt hat, dass der Vertrag – je nach Lage des Falles – gültig ist, in Kraft bleibt oder weiterhin angewendet wird, oder

b) auf Grund seines Verhaltens angenommen werden muss, er habe – je nach Lage des Falles – der Gültigkeit des Vertrags, seinem Inkraftbleiben oder seiner Weiteranwendung stillschweigend zugestimmt.

**Art.46 Innerstaatliche Bestimmungen über die Zuständigkeit zum Abschluß von Verträgen**

(1) Ein Staat kann sich nicht darauf berufen, daß seine Zustimmung, durch einen Vertrag gebunden zu sein, unter Verletzung einer Bestimmung seines innerstaatlichen Rechts über die Zuständigkeit zum Abschluss von Verträgen ausgedrückt wurde und daher ungültig sei, sofern nicht die Verletzung offenkundig war und eine innerstaatliche Rechtsvorschrift von grundlegender Bedeutung betraf.

(2) Eine Verletzung ist offenkundig, wenn sie für jeden Staat, der sich hierbei im Einklang mit der allgemeinen Übung und nach Treu und Glauben verhält objektiv erkennbar ist.

**Art.47 Besondere Beschränkungen der Ermächtigung, die Zustimmung eines Staates zum Ausdruck zu bringen**

Ist die Ermächtigung eines Vertreters, die Zustimmung eines Staates auszudrücken durch einen bestimmten Vertrag gebunden zu sein, einer besonderen Beschränkung unterworfen worden, so kann nur dann geltend gemacht werden, daß diese Zustimmung wegen Nichtbeachtung der Beschränkung ungültig sei, wenn die Beschränkung den anderen Verhandlungsstaaten notifiziert worden war, bevor der Vertreter die Zustimmung zum Ausdruck brachte.

**Art.48 Irrtum**

(1) Ein Staat kann geltend machen, daß seine Zustimmung, durch den Vertrag gebunden zu sein,

ror relates to a fact or situation which was assumed by that State to exist at the time when the treaty was concluded and formed an essential basis of its consent to be bound by the treaty.

2. Paragraph 1 shall not apply if the State in question contributed by its own conduct to the error or if the circumstances were such as to put that State on notice of a possible error.

3. An error relating only to the wording of the text of a treaty does not affect its validity; article 79 then applies.

### Article 49 Fraud

If a State has been induced to conclude a treaty by the fraudulent conduct of another negotiating State, the State may invoke the fraud as invalidating its consent to be bound by the treaty.

### Article 50 Corruption of a representative of a State

If the expression of a State's consent to be bound by a treaty has been procured through the corruption of its representative directly or indirectly by another negotiating State, the State may invoke such corruption as invalidating its consent to be bound by the treaty.

### Article 51 Coercion of a representative of a State

The expression of a State's consent to be bound by a treaty which has been procured by the coercion of its representative through acts or threats directed against him shall be without any legal effect.

### Article 52 Coercion of a State by the threat or use of force

A treaty is void if its conclusion has been procured by the threat or use of force in violation of the principles of international law embodied in the Charter of the United Nations.

### Article 53 Treaties conflicting with a peremptory norm of general international law (jus cogens)

A treaty is void if, at the time of its conclusion, it conflicts with a peremptory norm of general international law. For the purposes of the present Convention, a peremptory norm of general international law is a norm accepted and recognized by the international community of States as a whole as a norm from which no derogation is permitted and which can be modified only by a subsequent norm of general international law having the same character.

wegen eines Irrtums im Vertrag ungültig sei, wenn sich der Irrtum auf eine Tatsache oder Lage bezieht, deren Bestehen der Staat im Zeitpunkt des Vertragsabschlusses annahm und die eine wesentliche Grundlage für seine Zustimmung bildete.

(2) Absatz 1 findet keine Anwendung, wenn der betreffende Staat durch sein eigenes Verhalten zu dem Irrtum beigetragen hat oder nach den Umständen mit der Möglichkeit eines Irrtums rechnen mußte.

(3) Ein ausschliesslich redaktioneller Irrtum berührt die Gültigkeit eines Vertrags nicht; in diesem Fall findet Artikel 79 Anwendung.

### Art.49 Betrug

Ist ein Staat durch das betrügerische Verhalten eines anderen Verhandlungsstaats zum Vertragsabschluß veranlaßt worden, so kann er geltend machen, daß seine Zustimmung, durch den Vertrag gebunden zu sein, wegen des Betrugs ungültig sei.

### Art.50 Bestechung eines Staatenvertreters

Hat ein Verhandlungsstaat die Zustimmung eines anderen Staates, durch einen Vertrag gebunden zu sein, mittelbar oder unmittelbar durch Bestechung des Vertreters dieses Staates herbeigeführt, so kann dieser Staat geltend machen, dass seine Zustimmung wegen der Bestechung ungültig sei.

### Art.51 Zwang gegen einen Staatenvertreter

Wurde die Zustimmung eines Staates, durch einen Vertrag gebunden zu sein, durch Zwang gegen seinen Vertreter mittels gegen diesen gerichteter Handlungen oder Drohungen herbeigeführt, so hat sie keine Rechtswirkung.

### Art.52 Zwang gegen einen Staat durch Androhung oder Anwendung von Gewalt

Ein Vertrag ist nichtig, wenn sein Abschluß durch Androhung oder Anwendung von Gewalt unter Verletzung der in der Charta der Vereinten Nationen niedergelegten Grundsätze des Völkerrechts herbeigeführt wurde.

### Art.53 Verträge im Widerspruch zu einer zwingenden Norm des allgemeinen Völkerrechts (ius cogens)

Ein Vertrag ist nichtig, wenn er im Zeitpunkt seines Abschlusses im Widerspruch zu einer zwingenden Norm des allgemeinen Völkerrechts steht. Im Sinne dieses Übereinkommens ist eine zwingende Norm des allgemeinen Völkerrechts eine Norm, die von der internationalen Staatengemeinschaft in ihrer Gesamtheit angenommen und anerkannt wird als eine Norm, von der nicht abgewichen werden darf

national law having the same character.

**Article 54 Termination of or withdrawal from a treaty under its provisions or by consent of the parties**

The termination of a treaty or the withdrawal of a party may take place:

(a) in conformity with the provisions of the treaty; or

(b) at any time by consent of all the parties after consultation with the other contracting States.

**Article 56 Denunciation of or withdrawal from a treaty containing no provision regarding termination, denunciation or withdrawal**

1. A treaty which contains no provision regarding its termination and which does not provide for denunciation or withdrawal is not subject to denunciation or withdrawal unless:

(a) it is established that the parties intended to admit the possibility of denunciation or withdrawal; or

(b) a right of denunciation or withdrawal may be implied by the nature of the treaty.

2. A party shall give not less than twelve months' notice of its intention to denounce or withdraw from a treaty under paragraph 1.

**Article 60 Termination or suspension of the operation of a treaty as a consequence of its breach**

1. A material breach of a bilateral treaty by one of the parties entitles the other to invoke the breach as a ground for terminating the treaty or suspending its operation in whole or in part.

2. A material breach of a multilateral treaty by one of the parties entitles:

(a) the other parties by unanimous agreement to suspend the operation of the treaty in whole or in part or to terminate it either:

(i) in the relations between themselves and the defaulting State, or

(ii) as between all the parties;

(b) a party specially affected by the breach to invoke it as a ground for suspending the operation of the treaty in whole or in part in the relations between itself and the defaulting State;

und die nur durch eine spätere Norm des allgemeinen Völkerrechts derselben Rechtsnatur geändert werden kann.

**Art.54 Beendigung eines Vertrags oder Rücktritt vom Vertrag auf Grund seiner Bestimmungen oder durch Einvernehmen zwischen den Vertragsparteien**

Die Beendigung eines Vertrags oder der Rücktritt einer Vertragspartei vom Vertrag können erfolgen

a) nach Maßgabe der Vertragsbestimmungen oder

b) jederzeit durch Einvernehmen zwischen allen Vertragsparteien nach Konsultierung der anderen Vertragsstaaten.

**Art.56 Kündigung eines Vertrags oder Rücktritt von einem Vertrag, der keine Bestimmung über Beendigung, Kündigung oder Rücktritt enthält**

(1) Ein Vertrag, der keine Bestimmung über seine Beendigung enthält und eine Kündigung oder einen Rücktritt nicht vorsieht, unterliegt weder der Kündigung noch dem Rücktritt, sofern

a) nicht feststeht, daß die Vertragsparteien die Möglichkeit einer Kündigung oder eines Rücktritts zuzulassen beabsichtigten, oder

b) ein Kündigungs- oder Rücktrittsrecht sich nicht aus der Natur des Vertrags herleiten lässt.

(2) Eine Vertragspartei hat ihre Absicht, nach Absatz 1 einen Vertrag zu kündigen oder von einem Vertrag zurückzutreten, mindestens zwölf Monate im voraus zu notifizieren.

**Art.60 Beendigung oder Suspendierung eines Vertrags infolge Vertragsverletzung**

(1) Eine erhebliche Verletzung eines zweiseitigen Vertrags durch eine Vertragspartei berechtigt die andere Vertragspartei, die Vertragsverletzung als Grund für die Beendigung des Vertrags oder für seine gänzliche oder teilweise Suspendierung geltend zu machen.

(2) Eine erhebliche Verletzung eines mehrseitigen Vertrags durch eine Vertragspartei

a) berechtigt die anderen Vertragsparteien, einvernehmlich den Vertrag ganz oder teilweise zu suspendieren oder ihn zu beenden

i) entweder im Verhältnis zwischen ihnen und dem vertragsbrüchigen Staat

ii) oder zwischen allen Vertragsparteien;

b) berechtigt eine durch die Vertragsverletzung besonders betroffene Vertragspartei, die Verletzung als Grund für die gänzliche oder teilweise Suspendierung des Vertrags im Verhältnis zwischen ihr

(c) any party other than the defaulting State to in the breach as a ground for suspending the operation of the treaty in whole or in part with respect to itself if the treaty is of such a character that a material breach of its provisions by one party radically changes the position of every party with respect to the further performance of its obligations under the treaty.

3. A material breach of a treaty, for the purposes of this article, consists in:

(a) a repudiation of the treaty not sanctioned by the present Convention; or

(b) the violation of a provision essential to the accomplishment of the object or purpose of the treaty.

4. The foregoing paragraphs are without prejudice to any provision in the treaty applicable in the event of a breach.

5. Paragraphs 1 to 3 do not apply to provisions relating to the protection of the human person contained in treaties of a humanitarian character, in particular to provisions prohibiting any form of reprisals against persons protected by such treaties.

**Article 62 Fundamental change of circumstances**

1. A fundamental change of circumstances which has occurred with regard to those existing at the time of the conclusion of a treaty, and which was not foreseen by the parties, may not be invoked as a ground for terminating or withdrawing from the treaty unless:

(a) the existence of those circumstances constituted an essential basis of the consent of the parties to be bound by the treaty; and

(b) the effect of the change is radically to transform the extent of obligations still to be performed under the treaty.

2. A fundamental change of circumstances may not be invoked as a ground for terminating or withdrawing from a treaty:

(a) if the treaty establishes a boundary; or

(b) if the fundamental change is the result of a breach by the party invoking it either of an obligation under the treaty or of any other international obligation owed to any other party to the treaty.

3. If, under the foregoing paragraphs, a party may invoke a fundamental change of circumstances as a

und dem vertragsbrüchigen Staat geltend zu machen;

c) berechtigt jede Vertragspartei außer dem vertragsbrüchigen Staat, die Vertragsverletzung als Grund für die gänzliche oder teilweise Suspendierung des Vertrags in bezug auf sich selbst geltend zu machen, wenn der Vertrag so beschaffen ist, dass eine erhebliche Verletzung seiner Bestimmungen durch eine Vertragspartei die Lage jeder Vertragspartei hinsichtlich der weiteren Erfüllung ihrer Vertragsverpflichtungen grundlegend ändert.

(3) Eine erhebliche Verletzung im Sinne dieses Artikels liegt

a) in einer nach diesem Übereinkommen nicht zulässigen Ablehnung des Vertrags oder

b) in der Verletzung einer für die Erreichung des Vertragsziels oder des Vertragszwecks wesentlichen Bestimmung.

(4) Die Absätze 1 bis 3 lassen die Vertragsbestimmungen unberührt, die bei einer Verletzung des Vertrags anwendbar sind.

(5) Die Absätze 1 bis 3 finden keine Anwendung auf Bestimmungen über den Schutz der menschlichen Person in Verträgen humanitärer Art, insbesondere auf Bestimmungen zum Verbot von Repressalien jeder Art gegen die durch derartige Verträge geschützten Personen.

**Art.62 Grundlegende Änderung der Umstände**

(1) Eine grundlegende Änderung der beim Vertragsabschluss gegebenen Umstände, die von den Vertragsparteien nicht vorausgesehen wurde, kann nicht als Grund für die Beendigung des Vertrags oder den Rücktritt von ihm geltend gemacht werden, es sei denn

a) das Vorhandensein jener Umstände bildete eine wesentliche Grundlage für die Zustimmung der Vertragsparteien, durch den Vertrag gebunden zu sein, und

b) die Änderung der Umstände würde das Ausmaß der auf Grund des Vertrags noch zu erfüllenden Verpflichtungen tiefgreifend umgestalten.

(2) Eine grundlegende Änderung der Umstände kann nicht als Grund für die Beendigung des Vertrags oder den Rücktritt von ihm geltend gemacht werden,

a) wenn der Vertrag eine Grenze festlegt oder

b) wenn die Vertragspartei, welche die grundlegende Änderung der Umstände geltend macht, diese durch Verletzung einer Vertragsverpflichtung oder

ground for terminating or withdrawing from a treaty it may also invoke the change as a ground for suspending the operation of the treaty.

### Article 64 Emergence of a new peremptory norm of general international law (jus cogens)

If a new peremptory norm of general international law emerges, any existing treaty which is in conflict with that norm becomes void and terminates.

### Article 65 Procedure to be followed with respect to invalidity, termination, withdrawal from or suspension of the operation of a treaty

1. A party which, under the provisions of the present Convention, invokes either a defect in its consent to be bound by a treaty or a ground for impeaching the validity of a treaty, terminating it, withdrawing from it or suspending its operation, must notify the other parties of its claim. The notification shall indicate the measure proposed to be taken with respect to the treaty and the reasons therefor.

2. If, after the expiry of a period which, except in cases of special urgency, shall not be less than three months after the receipt of the notification, no party has raised any objection, the party making the notification may carry out in the manner provided in article 67 the measure which it has proposed.

3. If, however, objection has been raised by any other party, the parties shall seek a solution through the means indicated in article 33 of the Charter of the United Nations.

4. Nothing in the foregoing paragraphs shall affect the rights or obligations of the parties under any provisions in force binding the parties with regard to the settlement of disputes.

5. Without prejudice to article 45, the fact that a State has not previously made the notification prescribed in paragraph 1 shall not prevent it from making such notification in answer to another party claiming performance of the treaty or alleging its violation.

einer sonstigen, gegenüber einer anderen Vertragspartei bestehenden internationalen Verpflichtung selbst herbeigeführt hat.

(3) Kann eine Vertragspartei nach Absatz 1 oder 2 eine grundlegende Änderung der Umstände als Grund für die Beendigung des Vertrags oder den Rücktritt von ihm geltend machen, so kann sie die Änderung auch als Grund für die Suspendierung des Vertrags geltend machen.

### Art.64 Entstehung einer neuen zwingenden Norm des allgemeinen Völkerrechts (ius cogens)

Entsteht eine neue zwingende Norm des allgemeinen Völkerrechts, so wird jeder zu dieser Norm im Widerspruch stehende Vertrag nichtig und erlischt.

### Art.65 Verfahren bei Ungültigkeit oder Beendigung eines Vertrags, beim Rücktritt von einem Vertrag oder bei Suspendierung eines Vertrags

(1) Macht eine Vertragspartei auf Grund dieses Übereinkommens entweder einen Mangel in ihrer Zustimmung, durch einen Vertrag gebunden zu sein, oder einen Grund zur Anfechtung der Gültigkeit eines Vertrags, zu seiner Beendigung, zum Rücktritt vom Vertrag oder zu seiner Suspendierung geltend, so hat sie den anderen Vertragsparteien ihren Anspruch zu notifizieren. In der Notifikation sind die in bezug auf den Vertrag beabsichtigte Maßnahme und die Gründe dafür anzugeben.

(2) Erhebt innerhalb einer Frist, die – ausser in besonders dringenden Fällen – nicht weniger als drei Monate nach Empfang der Notifikation beträgt, keine Vertragspartei Einspruch, so kann die notifizierende Vertragspartei in der in Artikel 67 vorgesehenen Form die angekündigte Maßnahme durchführen.

(3) Hat jedoch eine andere Vertragspartei Einspruch erhoben, so bemühen sich die Vertragsparteien um eine Lösung durch die in Artikel 33 der Charta der Vereinten Nationen genannten Mittel.

(4) Die Absätze 1 bis 3 berühren nicht die Rechte oder Pflichten der Vertragsparteien auf Grund in Kraft befindlicher und für die Vertragsparteien verbindlicher Bestimmungen über die Beilegung von Streitigkeiten.

(5) Unbeschadet des Artikels 45 hindert der Umstand, daß ein Staat die nach Absatz 1 vorgeschriebene Notifikation noch nicht abgegeben hat, diesen nicht daran, eine solche Notifikation als Antwort gegenüber einer anderen Vertragspartei abzugeben,

**Article 66 Procedures for judicial settlement, arbitration and conciliation**

If, under paragraph 3 of article 65, no solution has been reached within a period of 12 months following the date on which the objection was raised, the following procedures shall be followed:

(a) any one of the parties to a dispute concerning the application or the interpretation of articles 53 or 64 may, by a written application, submit it to the International Court of Justice for a decision unless the parties by common consent agree to submit the dispute to arbitration;

(b) any one of the parties to a dispute concerning the application or the interpretation of any of the other articles in Part V of the present Convention may set in motion the procedure specified in the Annex to the Convention by submitting a request to that effect to the Secretary-General of the United Nations.

**Article 71 Consequences of the invalidity of a treaty which conflict with a peremptory norm of general international law**

1. In the case of a treaty which is void under article 53 the parties shall:

(a) eliminate as far as possible the consequences of any act performed in reliance on any provision which conflicts with the peremptory norm of general international law; and

(b) bring their mutual relations into conformity with the peremptory norm of general international law.

2. In the case of a treaty which becomes void and terminates under article 64, the termination of the treaty:

(a) releases the parties from any obligation further to perform the treaty;

(b) does not affect any right, obligation or legal situation of the parties created through the execution of the treaty prior to its termination; provided that those rights, obligations or situations may thereafter be maintained only to the extent that their maintenance is not in itself in conflict with the new peremptory norm of general international law.

die Vertragserfüllung fordert oder eine Vertragsverletzung behauptet.

**Art.66 Verfahren zur gerichtlichen oder schiedsgerichtlichen Beilegung oder zum Vergleich**

Ist innerhalb von zwölf Monaten nach Erhebung eines Einspruchs keine Lösung nach Artikel 65 Absatz 3 erzielt worden, so sind folgende Verfahren anzuwenden:

a) jede Partei einer Streitigkeit über die Anwendung oder Auslegung des Artikels 53 oder 64 kann die Streitigkeit durch eine Klageschrift dem Internationalen Gerichtshof zur Entscheidung unterbreiten, sofern die Parteien nicht vereinbaren, die Streitigkeit einem Schiedsverfahren zu unterwerfen;

b) jede Partei einer Streitigkeit über die Anwendung oder Auslegung eines sonstigen Artikels des Teiles V dieses Übereinkommens kann das im Anhang zu dem Übereinkommen bezeichnete Verfahren durch einen diesbezüglichen Antrag an den Generalsekretär der Vereinten Nationen einleiten.

**Art.71 Folgen der Ungültigkeit eines Vertrags, der im Widerspruch zu einer zwingenden Norm des allgemeinen Völkerrechts steht**

(1) Im Fall eines nach Artikel 53 nichtigen Vertrags haben die Vertragsparteien

a) soweit wie möglich die Folgen von Handlungen zu beseitigen, die, gestützt auf eine zu der zwingenden Norm des allgemeinen Völkerrechts im Widerspruch stehende Bestimmung, vorgenommen wurden, und

b) ihre gegenseitigen Beziehungen mit der zwingenden Norm des allgemeinen Völkerrechts in Einklang zu bringen.

(2) Im Fall eines Vertrags, der nach Artikel 64 nichtig wird und erlischt, hat die Beendigung folgende Wirkungen:

a) Sie befreit die Vertragsparteien von der Verpflichtung, den Vertrag weiterhin zu erfüllen;

b) sie berührt nicht die vor Beendigung des Vertrags begründeten Rechte und Pflichten der Vertragsparteien und ihre dadurch geschaffene Rechtslage; solche Rechte, Pflichten und Rechtslagen dürfen danach jedoch nur insoweit aufrechterhalten werden, als ihre Aufrechterhaltung als solche nicht im Widerspruch zu der neuen zwingenden Norm des allgemeinen Völkerrechts steht.

# Anhang II – Auszüge aus dem Lomé-IV und dem Cotonou-Abkommen

1. Abkommen zur Änderung des Vierten AKP-EG-Abkommens von Lomé unterzeichnet in Mauritius am 4. November 1995 (Auszüge)

Artikel 5[1212]

(1) Ziel der Zusammenarbeit ist eine auf den Menschen als ihren hauptsächlichen Betreiber und Nutznießer ausgerichtete Entwicklung, die somit die Achtung und die Förderung der Menschenrechte insgesamt voraussetzt. Die Aktionen der Zusammenarbeit erfolgen in dieser positiven Perspektive, bei welcher die Achtung der Menschenrechte als ein Grundfaktor für eine echte Entwicklung anerkannt und die Zusammenarbeit selbst als ein Beitrag zur Förderung dieser Rechte konzipiert wird.

Die Politik der Entwicklung und die Zusammenarbeit werden bei einer solchen Perspektive eng verknüpft mit der Achtung der menschlichen Grundrechte und der Möglichkeit ihrer Nutzung, mit der Anerkennung und Anwendung demokratischer Grundsätze, mit der Festigung des Rechtsstaats und mit verantwortungsvoller Regierungsführung. Zugleich werden die Bedeutung und die Entwicklungsmöglichkeiten von Initiativen, die Einzelpersonen oder Gruppen ergreifen, anerkannt, um eine echte Beteiligung der Bevölkerung an den Entwicklungsbemühungen nach Artikel 13 in der Praxis zu gewährleisten. In diesem Zusammenhang stellt die verantwortungsvolle Regierungsführung ein besonderes Ziel der Aktionen der Zusammenarbeit dar.

Die **Achtung der Menschenrechte, der demokratischen Grundsätze und der Rechtsstaatlichkeit**, die den Beziehungen zwischen den AKP-Staaten und der Gemeinschaft sowie allen Bestimmungen dieses Abkommens zugrunde liegt und sowohl für die Innenpolitik als auch die internationale Politik der Vertragsparteien bestimmend ist, **bildet einen wesentlichen Bestandteil dieses Abkommens.**

[...]

Artikel 366a

(1) Im Sinne dieses Artikels bezeichnet der Ausdruck 'Vertragspartei' die Gemeinschaft und die Mitgliedstaaten der Europäischen Union einerseits und jeden der AKP-Staaten andererseits.

(2) Ist eine Vertragspartei der Auffassung, daß eine andere Vertragspartei eine Verpflichtung im Zusammenhang mit einem der wesentlichen Bestandteile nach Artikel 5 verletzt hat, so ersucht sie, sofern keine Eile geboten ist, die betreffende Vertragspartei um Konsultationen mit dem Ziel, die Situation eingehend zu prüfen und erforderlichenfalls für Abhilfe zu sorgen. Bei der Durchführung solcher Konsultationen und den Bemühungen um eine Lösung

- wird die Gemeinschaft von ihrem Vorsitz, der von den im vorangegangenen bzw. im folgenden Halbjahr den Vorsitz führenden Mitgliedstaaten unterstützt wird, sowie von der Kommission vertreten,

- wird die AKP-Seite von dem die Kopräsidentschaft innehabenden AKP-Staat vertreten, der von den zwei die Kopräsidentschaft unmittelbar zuvor bzw. danach innehabenden AKP-Staaten unterstützt wird. Zwei weitere, von der betreffenden Vertragspartei benannte Mitglieder des AKP-Ministerrats nehmen ebenfalls an den Konsultationen teil.

---

[1212] Hervorhebung vom Autor.

Die Konsultationen beginnen spätestens 15 Tage nach dem Ersuchen und dauern in der Regel nicht länger als 30 Tage.

(3) Die Vertragspartei, die einen Verstoß gegen eine Verpflichtung geltend gemacht hat, kann, falls trotz aller Bemühungen keine Lösung gefunden worden ist, am Ende des in Absatz 2 Unterabsatz 3 genannten Zeitraums oder - sofern Eile geboten ist oder die Konsultationen abgelehnt wurden - sofort geeignete Maßnahmen ergreifen, die erforderlichenfalls auch die teilweise oder vollständige Aussetzung der Anwendung dieses Abkommens auf die betreffende Vertragspartei umfassen können. Dabei sollte die Maßnahme der Aussetzung das letzte Mittel darstellen. Die betreffende Vertragspartei ist im vorhinein über jede derartige Maßnahme zu unterrichten, die rückgängig zu machen ist, sobald die Gründe für ihre Ergreifung nicht mehr bestehen.

2. Partnerschaftsabkommen zwischen den Mitgliedern der Gruppe der Staaten in Afrika, im Karibischen Raum und im Pazifischen Ozean einerseits und der Europäischen Gemeinschaft und ihren Mitgliedstaaten andererseits, unterzeichnet in Cotonou am 23. Juni 2000 (Auszüge)

Art.9 Abs.2[1213]

(2) Die Vertragsparteien nehmen auf ihre internationalen Verpflichtungen zur Achtung der Menschenrechte Bezug. Sie bekräftigen, wie sehr sie der Würde des Menschen und den Menschenrechten verpflichtet sind, auf deren Wahrung der einzelne und die Völker einen legitimen Anspruch haben. Die Menschenrechte haben universellen Charakter, sind unteilbar und stehen untereinander in engem Zusammenhang. Die Vertragsparteien verpflichten sich, sämtliche Grundfreiheiten und Menschenrechte zu fördern und zu schützen, und zwar sowohl die wirtschaftlichen, sozialen und kulturellen als auch die bürgerlichen und politischen Rechte.

In diesem Zusammenhang bestätigen die Vertragsparteien erneut die Gleichstellung von Mann und Frau.

Die Vertragsparteien bestätigen erneut, dass Demokratisierung, Entwicklung und Schutz der Grundfreiheiten und Menschenrechte in engem Zusammenhang stehen und sich gegenseitig verstärken. **Die demokratischen Grundsätze sind weltweit anerkannte Grundsätze, auf die sich die Organisation des Staates stützt, um die Legitimität der Staatsgewalt, die Legalität des staatlichen Handelns, die sich in seinem Verfassungs-, Rechts- und Verwaltungssystem widerspiegelt, und das Vorhandensein von Partizipationsmechanismen zu gewährleisten.** Auf der Basis der weltweit anerkannten Grundsätze entwickelt jedes Land seine eigene demokratische Kultur.

Die Struktur des Staatswesens und die Kompetenzen der einzelnen Gewalten beruhen auf dem Rechtsstaatsprinzip, das vor allem ein funktionierendes und allen zugängliches Rechtsschutzsystem, unabhängige Gerichte, die die Gleichheit vor dem Gesetz gewährleisten, und eine uneingeschränkt an das Gesetz gebundene Exekutive verlangt.

Die **Achtung der Menschenrechte, die demokratischen Grundsätze und das Rechtsstaatsprinzip**, auf denen die AKP-EU-Partnerschaft beruht und von denen sich die Vertragsparteien in ihrer Innen- und Außenpolitik leiten lassen, sind **wesentliche Elemente** dieses Abkommens.

[...]

Artikel 96

---

[1213] Hervorhebung vom Autor.

**Wesentliche Elemente: Konsultationsverfahren und geeignete Maßnahmen in Bezug auf Menschenrechte, demokratische Grundsätze und Rechtsstaatsprinzip**

(1) „Vertragsparteien" sind für die Zwecke dieses Artikels die Gemeinschaft und die Mitgliedstaaten der Europäischen Union einerseits und die einzelnen AKP-Staaten andererseits.

(2) a) Ist die eine Vertragspartei trotz des zwischen den Vertragsparteien regelmäßig geführten politischen Dialogs der Auffassung, dass die andere Vertragspartei eine Verpflichtung in bezug auf die Achtung der Menschenrechte, die demokratischen Grundsätze oder das Rechtsstaatsprinzip nach Artikel 9 Absatz 2 nicht erfüllt hat, so unterbreitet sie, abgesehen von besonders dringenden Fällen, der anderen Vertragspartei und dem Ministerrat alle zweckdienlichen Informationen für eine gründliche Prüfung der Situation, damit eine für die Vertragsparteien annehmbare Lösung gefunden wird. Zu diesem Zweck ersucht sie die andere Vertragspartei um Konsultationen, in denen es in erster Linie um die von der betreffenden Vertragspartei getroffenen oder noch zu treffenden Abhilfemaßnahmen geht.

Die Konsultationen werden auf der Ebene und in der Form abgehalten, die für am besten geeignet erachtet werden, um eine Lösung zu finden.

Die Konsultationen beginnen spätestens 15 Tage nach dem Ersuchen und werden während eines im gegenseitigen Einvernehmen festgelegten Zeitraums fortgesetzt, der von Art und Schwere der Verletzung abhängt. Die Konsultationen dauern jedoch nicht länger als 60 Tage.

Führen die Konsultationen nicht zu einer für beide Vertragsparteien annehmbaren Lösung, werden Konsultationen abgelehnt oder liegt ein besonders dringender Fall vor, so können geeignete Maßnahmen getroffen werden. Diese Maßnahmen werden aufgehoben, sobald die Gründe für ihr Ergreifen nicht mehr bestehen.

b) Ein „besonders dringender Fall" ist ein außergewöhnlicher Fall einer besonders ernsten und flagranten Verletzung eines der in Artikel 9 Absatz 2 genannten wesentlichen Elemente, der eine sofortige Reaktion erfordert.

Die Vertragspartei, die das Verfahren für besonders dringende Fälle in Anspruch nimmt, teilt dies der anderen Vertragspartei und dem Ministerrat getrennt mit, es sei denn, ihr bleibt dafür keine Zeit.

c) „Geeignete Maßnahmen" im Sinne dieses Artikels sind Maßnahmen, die in Einklang mit dem Völkerrecht getroffen werden und in einem angemessenen Verhältnis zu der Verletzung stehen. Bei der Wahl der Maßnahmen ist den Maßnahmen der Vorrang zu geben, die die Anwendung dieses Abkommens am wenigsten behindern. Es besteht Einigkeit darüber, dass die Aussetzung der Anwendung dieses Abkommens das letzte Mittel ist.

Werden in besonders dringenden Fällen Maßnahmen getroffen, so werden sie sofort der anderen Vertragspartei und dem Ministerrat notifiziert. Auf Ersuchen der betreffenden Vertragspartei können dann Konsultationen eingeleitet werden, um die Situation eingehend zu prüfen und nach Möglichkeit Lösungen zu finden. Diese Konsultationen werden nach Buchstabe a Unterabsätze 2 und 3 abgehalten.

# LITERATURVERZEICHNIS

ADEDE, Amendmend Procedures: IMCO Experience - Adede, A.O.: Amendment Procedures for Conventions with Technical Annexes: The IMCO Experience. In: *17* Virginia Journal of International Law 1977, S.201-215.

AUST, Lockerbie: The Other Case - Aust, Anthony: Lockerbie: The Other Case. In: *49* International and Comparative Law Quarterly 2000, S.278-296.

AUST, Treaty Law and Practice - Aust, Anthony: Modern Treaty Law and Practice Cambridge: Cambridge University Press, 2000.

AVECEDO, Haitian Crisis - Avecedo: The Haitian Crisis and the OAS Response: A Test of Effectiveness in Protecting Democracy. In: Damrosch, Lori Fisler (Hrsg.), Enforcing Restraint. Collective Intervention in Internal Conflicts. New York: Council on Foreign Relations Press, 1993. S.119-156.

BARDONNET, Dénonciation sénégalaise - Bardonnet, Daniel: La dénonciation par le gouvernement sénégalais de la Convention sur la mer territoriale et la zone contiguë et de la Convention sur la pêche et la conservation des ressources biologiques de la haute mer en date à Genève du 29 Avril 1958. In: Annuaire français de droit international 1972, S.123-180.

BAXTER, Treaties and Custom - Baxter, R.R.: Treaties and Custom. In: Académie de droit international. *129* Recueil des Cours 1970 (I), S.25-106.

BIEBER, Recognition - Bieber, Roland: European Community Recognition of Eastern European States: a New Perspective for International Law? In: *86* Proceedings of the American Society of International Law 1992, S.374-378.

BLIX, Ratification - Blix, Hans: The Requirement of Ratification. In: *XXX* British Yearbook of International Law 1953, S.353-380.

BLIX, Treaty-Making Power - Blix, Hans: Treaty-Making Power. London/N.Y.: Stevens & Sons/Praeger, 1960.

BLIX/EMERSON, Treaty Maker's Handbook - Blix, Hans und Jirina H. Emerson: The Treaty Maker's Handbook. Stockholm/Dobbs Ferry, N.Y.: Almqvist & Wiksell/Oceana, 1973.

BÖCKSTIEGEL/BENKÖ, Space Law - Böckstiegel, Karl-Heinz und Marietta Benkö: Space Law. Basic Legal Documents. Loseblattsammlung. Den Haag: Kluwer.

BOLINTINEANU, Expression of consent - Bolintineanu, Alexandru: Expression of Consent to be Bound by a Treaty in the Light of the 1969 Vienna Convention. In: *68* American Journal of International Law 1974. S.672-686.

BOSTIAN, Gabcíkovo-Nagymaros - Bostian, Ida L.: The International Court of Justice Decision concerning the Gabcíkovo-Nagymaros Project (Hungary/Slovakia). In: Colorado Journal of International Environmental Law and Policy Yearbook 1997. 1998, S.186-195.

BOTCHWAY, Gabcíkovo-Nagymaros - Botchway, F. Nii: The Gabcíkovo-Nagymaros case: a step forward for environmental considerations in the joint development of transboundary resources? In: *8* European Environmental Law Review 1999. S.76-82.

BOUTROS-GHALI, Droit international de la démocratie - Boutros-Ghali, Boutros: Pour un droit international de la démocratie. In: Makarczyk, Jerzy (Hrsg.), Theory of International Law at the Threshold of the 21st Century. Essays in honour of Krzysztof Skubiszewski. Den Haag u.a.: Kluwer Law International, 1996. S.99-108.

BRANDTNER/ROSAS, Human Rights and External Relations of the EC - Brandtner, Barbara und Allan Rosas: Human Rights and the External Relations of the European Community: An Analysis of Doctrine and Practice. In: *9* European Journal of International Law 1998. S.468-490. http://www.ejil.org/journal/Vol9/No3/art2.html.

BRIERLY, Law of Nations - Brierly, James Lesley.: The Law of Nations. An Introduction to the International Law of Peace. Oxford: Clarendon, 6. Aufl. 1963.

BRIERLY, Report I - Brierly, James Lesley: First report on the law of treaties, by James Lesley Brierly, Special Rapporteur. UN Doc. A/CN.4/63. Yearbook of the International Law Commission 1950-II, S.222-248.

BRIGGS, Codification - Briggs, Herbert W.: Reflections on the Codification of International Law by the International Law Commission and by Other Agencies. In: Académie de droit international. *126* Recueil de Cours 1969 (I), S.233-316.

BRIGGS, Unilateral Denunciation - Briggs, Herbert W.: Unilateral Denunciation of Treaties: The Vienna Convention and the International Court of Justice. In: *68* American Journal of International Law 1974, S.51-68.

BUERGENTHAL, Copenhagen CSCE Meeting - Buergenthal, Thomas: The Copenhagen CSCE Meeting: A New Public Order for Europe. In: *11* Human Rights Law Journal 1990, S.217-246.

BUERGENTHAL, US and International Human Rights - Buergenthal, Thomas: The US and International Human Rights. In: *9* Human Rights Law Journal 1988, S.141-162.

BYNKERSHOEK, Quaestionum juris publici, 1737 - Bynkershoek, Cornelis van: Quaestionum juris publici libri duo. 1737. The classics of International Law, No.14, Vol.2, The Translation. Buffalo (New York): William S. Hein, 1995 (Reprint der Ausgabe von 1930).

CAPOTORTI, Extinction et suspension des traités - Capotorti, Francesco: L'extinction et la suspension des traités. In: Académie de droit international. *134* Recueil des Cours 1971 (III). S.417-588.

CAPOTORTI, Minorities - Capotorti, Francesco: Minorities. In: Bernhardt, Rudolf (Hrsg.), Encyclopedia of Public International Law. Band III. Amsterdam u.a.: Elsevier, 1997. S.410-424.

CARON, Protection de la couche d'ozone - Caron, David R.: La protection de la couche d'ozone stratosphérique et la structure de l'activité normative internationale en matière d'environnement. In: Annuaire français de droit international 1990, S.704-726.

CASSESE (Hrsg.), Parliamentary Foreign Affairs Committees - Cassese, Antonio: Control of Foreign Policy in Western Democracies. A Comparative Study of Parliamentary Foreign Affairs Committees. Band 1: Parliamentary Foreign Affairs Committees. The National Setting. Padova/NY: CEDAM/Oceana, 1982.

CASSESE, (Hrsg.), Impact of Foreign Affairs Committees - Cassese, Antonio (Hrsg.): Control of Foreign Policy in Western Democracies. A Comparative Study of Parliamentary Foreign Affairs Committees Band III: The Impact of Foreign Affairs Committees on Foreign Policy. Padova/NY: CEDAM/Oceana, 1982.

CASSESE, Self-Determination - Cassese, Antonio: Political Self-Determination and Human Rights: a Critical Appraisal. In: Ders. (Hrsg.), UN Law/Fundamental Rights. Two Topics in International Law. Alphen: Sijthoff & Nordhoff, 1979. S.119-136.

CENTRE FOR HUMAN RIGHTS, HR and Elections - Centre for Human Rights: Human Rights and Elections: A Handbook on the Legal, Technical and Human Rights Aspects of Elections. New York: United Nations, 1994.

CERNA, Haiti before OAS - Cerna, Christina M.: The Case of Haiti Before the Organization of American States. In: *86* Proceedings of the American Society of International Law 1992, S.378-383.

CHAILLEY, Nature juridique des traités - Chailley, Pierre: La nature juridique des traités internationaux selon le droit contemporain. Paris: Recueil Sirey, 1932.

CHARPENTIER, Pratique française - Charpentier, Jean: Pratique française du droit international. In: *XXXII* Annuaire français de droit international 1986, S.961-1049.

CHARPENTIER, Reconnaissance - Charpentier, Jean: Les déclarations des douze sur la reconnaissance des nouveaux Etats. In: Revue générale de droit international public 1992, S.343-355.

CHARPENTIER, Retrait français de l'O.T.A.N - Charpentier, Jean: Le retrait français de l'O.T.A.N. In: Annuaire français de droit international 1966, S.409-433.

CHOMSKY, Democracy Restored - Chomsky, Noam: Democracy Restored. In: Z Magazine, November 1994. 22. Oktober 2001. http://www.zmag.org/chomsky/articles/z9411-dem-restored.html.

CHOPRA, East Timor - Chopra, Jarat: The UN's Kingdom of East Timor. In: *42-3* Survival, IISS 2000, S.27-39.

CHOPRA, UN Authority in Cambodia - Chopra, Jarat: United Nations Authority in Cambodia. Occasional Paper Series #15. Providence: Thomas J. Watson Jr. Institute for International Studies, 1994.

CLARK, Debacle in Somalia - Clark, Jeffrey: Debacle in Somalia: Failure of the Collective Response. In: Damrosch, Lori Fisler (Hrsg.), Enforcing Restraint. Collective Intervention in Internal Conflicts. New York: Council on Foreign Relations Press, 1993. S.205-239.

CONFORTI, International Law and Domestic Legal Systems - Conforti, Benedetto: International Law and the Role of Domestic Legal Systems. Dordrecht u.a.: Martinus Nijhoff, 1993.

CORTEN, Résolution 940 - Corten, Olivier: La résolution 940 du Conseil de sécurité autorisant une intervention militaire en Haïti: L'émergence d'un principe de légitimité démocratique en droit international? In: *6* European Journal of International Law 1995, S.116-133.

COT, Bonne foi - Cot, Jean-Pierre: La bonne foi et la conclusion des traités. In: Revue belge de droit international 1968, S.140-159.

CRAWFORD, Democracy - Crawford, James: Democracy in International Law. Inaugural Lecture Cambridge: Cambridge UP, 1994.

CRAWFORD, Democracy - Reprise - Crawford, James: Democracy in international law - a reprise. In: Fox, Gregory H. und Brad R. Roth (Hrsg.), Democratic Governance in International Law. Cambridge: Cambridge UP, 2000. S.114-120.

CRAWFORD/MARKS, Democracy Deficit - Crawford, James und Susan Marks: The Global Democracy Deficit: an Essay in International Law and its Limits. In: Archibugi, Daniele; D. Held und M. Köhler (Hrsg.), Re-imagining political community. Studies in cosmopolitan democracy. Cambridge: Polity Press, 1998. S.72-90.

D'AMATO, Manifest Intent - D'Amato, Anthony: Manifest Intent and the Generation by Treaty of Customary Rules of International Law. In: *64* American Journal of International Law 1970, S.892-902.

DAILLIER/PELLET, Droit international public - Daillier, Patrick und Alain Pellet: Nguyen Quoc Dinh: Droit international public. Paris: L.G.D.J., 5. Aufl. 1994.

DAMROSCH, Epilogue - Damrosch, Lori Fisler: Epilogue. In: Dies. (Hrsg.), Enforcing Restraint. Collective Intervention in Internal Conflicts. New York: Council on Foreign Relations Press, 1993. S.368-385.
DE LA GUARDIA/DELPECH, Derecho de los Tratados - de la Guardia, Ernesto und Marcelo Delpech: El Derecho de los Tratados y la Convención de Viena. Buenos Aires: La Ley, 1970.
DEHOUSSE, Droit de retrait - Dehousse, Fernand: Le droit de retrait des Nations Unies. In: Revue belge de droit international 1966, S.8-27.
DEHOUSSE, Droit de retrait - Dehousse, Fernand: Le droit de retrait aux Nations Unies. In: Revue belge de droit international 1965, S.30-48.
DELBEZ, France, OTAN et droit des gens - Delbez, Louis: La France, l'O.T.A.N. et le droit des gens. In: *55* Revue politique des idées et des institutions 1966, S.239-251.
DELLER/MAKHIJANI/BURROUGHS (Hrsg.), Rule of Power or Rule of Law - Deller, Nicole; Arjun Makhijani und John Burroughs: Rule of Power or Rule of Law? An Assessment of U.S. Policies and Actions Regarding Security-related Treaties. Takoma Park/Maryland und New York, NY: Institute for Engergy and Environmental Research und Lawyer's Committee on Nuclear Policy, 2002. http://www.ieer.org/reports/treaties/index.html.
DETTER, Essays on the Law of Treaties - Detter, Ingrid: Essays on the Law of Treaties. Stockholm und London: Norstedt & Söners / Sweet & Maxwell, 1967.
DÖHRING, Demokratie und Völkerrecht - Döhring, Karl: Demokratie und Völkerrecht. In: Cremer, Hans-Joachim; Thomas Giegerich, Dagmar Richter und Andreas Zimmermann (Hrsg.), Tradition und Weltoffenheit des Rechts. Festschrift für Helmut Steinberger. Berlin u.a.: Springer, 2002. S.127-136.
DONNELLY, Right to Participate. Panel Remarks - Donnelly, Jack: Panel: The Human Right to Participate in Government: Toward an Operational Definition. Panel Remarks: Right to Political Participation. Proceedings of the American Society of International Law 1988, S.506-508.
DÖRR, Dayton - Dörr, Oliver: Die Vereinbarung von Dayton/Ohio. Eine völkerrechtliche Einführung. In: *5* Archiv des Völkerrechts 1997, S.129-180.
ECKSTEIN, Slovak-Hungarian dispute - Eckstein, G.: Application of international water law to transboundary groundwater ressources, and the Slovak-Hungarian dispute. In: Suffolk Transnat'l Law Review 1995, S.67-116.
EComHR, *The Greek Case*, Entscheidung vom 24.1.1968 – European Commission on Human Rights: Government of Denmark et.al. v. Greece. The Greek Case. Decision of 24 January 1968. ECHRYB 1968, S.690ff.
ELIAS, Intertemporal Law - Elias, Taslim O.: The Doctrine of Intertemporal Law. In: *74* American Journal of International Law 1980, S.285-307.
ELIAS, Law of Treaties - Elias, Taslim O.: The Modern Law of Treaties. Dobbs Ferry, N.Y.: Oceana, 1974.
ERMACORA, Obsoleterklärung - Ermacora, Felix: Die Obsoleterklärung von Bestimmungen des österreichischen Staatsvertrages 1955. In: *42* Austrian Journal of Public and International Law 1991, S.319-339.
FALK, Haiti Intervention - Falk, Richard: The Haiti Intervention: a Dangerous World Order Precedent for the United Nations. In: *36* Harvard International Law Journal 1995, S.341-358.
FARER, Elections, Democracy, and Human Rights - Farer, Tom J.: Elections, Democracy, and Human Rights: Toward Union. In: *11* Human Rights Quarterly 1989, S.504-521.
FARER, Legitimate Intervention - Farer, Tom J.: A Paradigm of Legitimate Intervention. In: Damrosch, Lori Fisler (Hrsg.), Enforcing Restraint. Collective Intervention in Internal Conflicts. New York: Council on Foreign Relations Press, 1993. S.316-347.
FASTENRATH, CSCE/OSCE Documents - Fastenrath, Ulrich: The Legal Significance of CSCE/OSCE Documents. In: *1/2* Yearbook on the Organisation for Security and Co-operation in Europe 1995/1996, S.411-427.
FASTENRATH, Inhaltsänderung völkerrechtlicher Verträge ohne Beteiligung des Gesetzgebers - Fastenrath, Ulrich: Inhaltsänderung völkerrechtlicher Verträge ohne Beteiligung des Gesetzgebers - Verfassungsrechtliche Zulässigkeit und innerstaatliche Wirkung. In: Geiger, Rudolf (Hrsg.), Völkerrechtlicher Vertrag und staatliches Recht vor dem Hintergrund zunehmender Verdichtung der internationalen Beziehungen. Baden-Baden: Nomos, 2000. S.93-116.
FASTENRATH, KSZE/OSZE - Fastenrath, Ulrich (Hrsg.): KSZE. Dokumente der Konferenz und der Organisation für Sicherheit und Zusammenarbeit in Europa. Loseblattsammlung. Neuwied u.a.: Luchterhand.
FINK, Staatsgewalt - Fink, Udo: Legalität und Legitimität von Staatsgewalt im Lichte neuerer Entwicklungen im Völkerrecht. In: JuristenZeitung 1998, S.330-338.
FITZMAURICE, M., Gabcíkovo-Nagymaros case – law of treaties - Fitzmaurice, Malgosia: The Gabcíkovo-Nagymaros case: the law of treaties. In: *11* Leiden Journal of International Law 1998, S.321-344.
FITZMAURICE, Report I - Fitzmaurice, Gerald G.: First report on the law of treaties, by Sir Gerald Fitzmaurice. UN Doc.A/CN.4/101. Yearbook of the International Law Commission 1956-II, S.104-128.

FITZMAURICE, Report II - Fitzmaurice, Gerald G.: Second report on the law of treaties, by Sir Gerald Fitzmaurice. UN Doc.A/CN.4/107. Yearbook of the International Law Commission 1957-II, S.16-70.
FITZMAURICE, Report III - Fitzmaurice, Gerald G.: Third report on the law of treaties, by Sir Gerald Fitzmaurice. UN Doc.A/CN.4/115. Yearbook of the International Law Commission 1958-II, S.20-46.
FLORES ACUÑA, UN in El Salvador - Flores Acuña, Tathiana: The United Nations Mission in El Salvador: a humanitarian law perspective. Den Haag: Kluwer Law International, 1995.
FOX, Right to Political Participation - Fox, Gregory H.: The Right to Political Participation in International Law. In: *17* Yale Journal of International Law 1992, S.539-607.
FOX, Strengthening the State - Fox, Gregory H.: Strengthening the State. In: *7* Indiana Journal of Global Legal Studies 1999/2000, S.35-77.
FOX/NOLTE, Intolerant Democracies - Fox, Gregory H. und Georg Nolte: Intolerant Democracies. In: *35* Harvard International Law Journal 1995, S.1-70.
FOX/ROTH (Hrsg.), Democratic Governance, 2000 - Fox, Gregory H. und Brad R. Roth (Hrsg.): Democratic governance and international law. Cambridge: Cambridge UP, 2000.
FOX/ROTH, Introduction - Fox, Gregory H. und Brad R. Roth: Introduction: the spread of liberal democracy and its implications for international law. In: Fox, Gregory. H. und Brad R. Roth (Hrsg.), Democratic governance and international law. Cambridge: Cambridge UP, 2000. S.1-22.
FRANCK (Hrsg.), Delegating state powers - Franck, Thomas M. (Hrsg.): Delegating State Powers: The Effect of Treaty Regimes on Democracy and Sovereignty. Ardsley, NY: Transnational Publishers, 2000.
FRANCK, Emerging Right - Franck, Thomas M.: The Emerging Right to Democratic Governance. In: *86* American Journal of International Law 1992, S.46-91.
FRANCK, Legitimacy among Nations - Franck, Thomas M.: The Power of Legitimacy among Nations. Oxford: Oxford UP, 1990.
FRANKOWSKA, Ratification - Frankowska, Maria: De la prétendue présomption en faveur de la ratification. In: *73* Revue générale de droit international public 1969, S.62-88.
FROWEIN, Demokratie - Frowein, Jochen Abr.: Demokratie und Völkerrecht in Europa. In: Ginther, Konrad u.a. (Hrsg.), Völkerrecht zwischen normativem Anspruch und politischer Realität. Festschrift für Karl Zemanek zum 65. Geburtstag. Berlin: Duncker & Humblot, 1994. S.365-375.
FROWEIN, Interrelationship - Frowein, Jochen Abr.: The Interrelationship between the Helsinki Final Act, the International Covenants on Human Rights, and the European Convention on Human Rights. In: Buergenthal, Thomas (Hrsg.), Human Rights, International Law and the Helsinki Accord. Montclair/New York: Allanheld, Osmun/Universe Books, 1977. S.71-82.
FROWEIN, Recognition - Frowein, Jochen Abraham: Recognition. In: Bernhardt, Rudolph (Hrsg.), Encyclopedia of Public International Law. Band IV. Amsterdam u.a.: Elsevier, 2000. S.33-41.
FROWEIN/BANK, Financing of Political Parties - Frowein, Jochen Abr. und Roland Bank: Financing of Political Parties in Comparative Perspective. In: *61* Zeitschrift für ausländisches öffentliches Recht und Völkerrecht 2001, S.29-60.
FULDA, Trogalien - Fulda, Fürchtegott Christian: Trogalien zur Verdauung der Xenien 1797.
GAETA, Dayton - Gaeta, Paola: The Dayton agreements and international law. In: *7* European Journal of International Law 1996, S.147-163. http://www.ejil.org/journal/Vol7/No2/art1.html.
GECK, Verfassungswidrige Verträge - Geck, Wilhelm Karl: Die völkerrechtlichen Wirkungen verfassungswidrigern Verträge. Köln, Berlin: Heymanns, 1963.
GIRAUD, Modification et terminaison - Giraud, Emil: Modification et terminaison des traités collectifs. In: *49 (I)* Annuaire de l'Institut de Droit International 1961, S.5-153.
GOODWIN-GILL, Free and Fair Elections - Goodwin-Gill, Guy S.: Free and Fair Elections. International Law and Practice. Genf: Inter-Parliamentary Union, 1994.
GRABITZ/HILF-BEARBEITER, EU-Recht - Grabitz, Eberhard und Meinhard Hilf (Hrsg.): Das Recht der Europäischen Union. Loseblattsammlung, Stand: 18. Ergänzungslieferung Mai 2001. München: Beck,
GROTIUS, De Jure Belli ac Pacis Libri Tres, 1625 - Grotius, Hugo: De Jure Belli ac Pacis Libri Tres. 1625. The Classics of International Law, No.3, Vol.2, The Translation. Book I. By Francis W. Kelsey Buffalo, NY: Hein, 1995 (Reprint der Ausgabe von 1925).
GTE-BEARBEITER, EU-/EG-Kommentar - Groeben, Hans van der; Jochen Thiesin und Claus-Dieter Ehlermann: Kommentar zum EU-/EG-Vertrag Baden-Baden: Nomos, 5. Aufl. 1997.
HÄCKEL, Ausstieg - Häckel, Erwin: Deutscher Ausstieg aus der Kernenergie? Riskantes Störpotential für die internationale Politik. In: Internationale Politik 1999 Nr.10, S.38-46. http://www.dgap.org/IP/ip9910/haeckel.htm.
HAFNER, Obsolescence - Hafner, Gerhard: "L'obsolescence" de certaines dispositions du traité d'Etat Autrichien de 1955. In: *37* Annuaire français de droit international 1991, S.239-257.

HAGGENMACHER, Origins of Legislative Participation - Haggenmacher, Peter: Some Hints on the European Origins of Legislative Participation in the Treaty-Making Function. In: *67* Chicago-Kent Law Review 1991, S.313-339.
HANNIKAINEN, Peremptory norms - Hannikainen, Lauri: Peremptory norms (jus cogens) in international law Helsinki: Lakimiesliiton Kustannus, 1988.
HANNUM, Cambodian Genocide - Hannum, Horst: International Law and Cambodian Genocide: The Sounds of Silence. In: *11* Human Rights Quarterly 1989, S.82-138.
HEINTSCHEL V. HEINEGG, Wiederaufarbeitung - Heintschel von Heinegg, Heinrich: Wiederaufarbeitung und Völkerrecht. In: Energiewirtschaftliche Tagesfragen 1999, S.72-79.
HEINTZE, Haiti - Heintze, Hans-Joachim: Völkerrecht und demokratische Staatsordnung. Zur Wiederherstellung der Demokratie in Haiti. In: *29* Verfassung und Recht in Übersee 1996, S.6-30.
HENKIN, Constitutionalism, Democracy, and Foreign Affairs - Henkin, Louis: Constitutionalism, Democracy, and Foreign Affairs. New York: Columbia UP, 1990.
HERNDL, Competences of the Security Council - Herndl, Kurt: The „forgotten" competences of the Security Council. In: Mock, Alois und Herbert Schambeck (Hrsg.), Verantwortung in unserer Zeit. Festschrift für Rudolf Kirchschläger. Wien: Österreichische Staatsdruckerei, 1990. S.83-92.
HERNDL, Right to Participate in Elections - Herndl, Kurt: The Right to Participate in Elections - A Genuine Human Right? Reflections on Article 3 of Protocol No.1 to the European Convention for the Protection of Human Rights and Fundamental Freedoms. In: Benedek, Wolfgang; Hubert Isak und Renate Kicker (Hrsg.), Development and Developing International and European Law. Essays in Honour of Konrad Ginther on the Occassion of his 60th Birthday. Frankfurt aM u.a.: Lang, 1999. S.557-575.
HOFFMEISTER, Menschenrechts- und Demokratieklauseln - Hoffmeister, Frank: Menschenrechts- und Demokratieklauseln in den vertraglichen Außenbeziehungen der Europäischen Gemeinschaft. Berlin u.a.: Springer, 1998.
HOSSAIN, Democratic government - Hossain, Kamal: Emerging state practice of democratic government with special reference to the Commonwealth and South Asia. In: Weiss, Friedl; Erik Denters und Paul de Waart (Hrsg.), International economic law with a human face. Den Haag u.a.: Kluwer Law International, 1998. S.67-78.
INT. COM. JURISTS (Hrsg.), One-Party State - International Commission of Jurists (Hrsg.): Human Rights in a One-Party System. International Seminar on Human Rights, their Protection and the Rule of Law in a One-Party State. London: Search Press, 1978.
INTER-AMERICAN SYSTEM - General Secretariat of the Organisation of American States. Secretariat for Legal Affairs: The Inter-American System. Treaties, Conventions & other Documents. Band 1. Legal-Political Affairs. London u.a.: Oceana, 1983.
IPSEN, Völkerrecht (Bearbeiter) - Ipsen, Knut: Völkerrecht. Ein Studienbuch München: Beck, 4. Aufl. 1999.
ISOART, Cambodge - Isoart, Paul: L'Organisation des Nations Unies et le Cambodge. In: Revue générale de droit international public 1993, S.645-688.
ISOART, Paix au Cambodge - Isoart, Paul: La difficile paix au Cambodge. In: Annuaire français de droit international 1990, S.267-297.
JACQUE, Acte et norme - Jacqué, Jean-Paul: Acte et norme en droit international public. In: Académie de droit international. *227* Recueil des cours 1991 (II), S.357-417.
JENNINGS/WATTS, Oppenheim's International Law - Jennings, Robert und Arthur Watts: Oppenheim's International Law. Band 1, Teil 2. Harlow: Longman, 9. Aufl. 1992.
JIMÉNEZ DE ARÉCHAGA, International Law - Jiménez de Aréchaga, Eduardo: International Law in the Past Third of a Century. In: Académie de droit international. *159* Recueil des Cours 1978 (I), S.1-344.
KADELBACH, Wiederaufarbeitung - Kadelbach, Stefan: Die Vereinbarkeit des Verbotes der Wiederaufarbeitung im Ausland mit Völkerrecht. In: Zeitschrift für Umweltrecht 1999, S.257-261.
KEARNEY, Internal Limitations - Kearney, Richard D.: Internal Limitations on External Commitments - Article 46 of The Treaties Convention. In: *4* The International Lawyer 1969, S.1-21.
KELSEN, Théorie du droit international public - Kelsen, Hans: Théorie du droit international public. In: Académie de droit international. *84* Recueil des cours 1953 (III), S.1-201.
KELSEN, Théorie du traité international - Kelsen, Hans: Contribution à la théorie du traité international. In: *X* Revue internationale de la théorie du droit 1936, S.253-292.
KIRGIS, Specialized Law-Making Processes - Kirgis, Frederik L., Jr.: Specialized Law-Making Processes. In: Schachter, Oscar und Christopher C. Joyner (Hrsg.), United Nations Legal Order. Band 1. Cambridge: American Society of International Law/Cambridge UP, 1995. S.109-168.
KLABBERS, Concept of treaty - Klabbers, Jan: The concept of treaty in international law. Den Haag u.a.: Kluwer Law International, 1996.

KLABBERS, State Succession and Gabcíkovo-Nagymaros - Klabbers, Jan: Cat on a Hot Tin Roof: The World Court, State Succession, and the Gabcíkovo-Nagymaros Case. In: *11* Leiden Journal of International Law 1998, S.345-355.

KLEIN, Droit aux élections - Klein: Le droit aux élections libres en droit international: mythes et réalités. In: Association du Droit des Gens (Hrsg.), A la recherche du nouvel ordre mondial. Band 1: Le droit international à l'épreuve. Brüssel: Ed. Complexe, 1993. S.93-121.

KÖCK, Österreichischer Staatsvertrag - Köck, Heribert Franz: Ist der österreichische Staatsvertrag "obsolet"? Grundsätzliche Überlegungen zu Vertragserrichtung und Vertragsendigung nach Völkerrecht. In: *50* Österreichische Zeitschrift für Öffentliches Recht und Völkerrecht 1996, S.75-115.

KONTOU, Termination and Revision - Kontou, Nancy: The Termination and Revision of Treaties in the Light of New Customary Law. Oxford: Clarendon, 1994.

LA FONTAINE, Pasicrisie - La Fontaine, H.: Pasicrisie Internationale. Histoire documentaire des arbitrages internationaux. 1794-1900. Bern: Stämpfli, 1902.

LALIVE, Contrats - Lalive, Jean-Flavien: Contrats entres états ou entreprises étatiques et personnes privées. Développements récents. In: Académie de droit international. *181* Recueil des Cours 1983 (III), S.9-284.

LAMMERS, Gabcíkovo-Nagymaros - Lammers, Johan G.: The Gabcíkovo-Nagymaros Case Seen in Particular From the Perspective of the Law of International Watercourses and the Protection of the Environment. In: *11* Leiden Journal of International Law 1998, S.287-320.

LANG, Menschenrecht auf Demokratie - Lang, Markus: Menschenrecht auf Demokratie: Artikel 21 der Allgemeinen Erklärung als Bestandsgarantie des demokratischen Verfassungsstaates. In: *46* Vereinte Nationen 1998, S.195-199.

LAUTERPACHT, Report I - Lauterpacht, Hersch: First report on the law of treaties, by Hersch Lauterpacht, Special Rapporteur. UN Doc. A/CN.4/63. Yearbook of the International Law Commission 1953-II, S.90-162.

LEFEBER, Gabcíkovo-Nagymaros - state responsibility - Lefeber, René: The Gabcíkovo-Nagymaros Project and the law of state responsibility. In: *3* Leiden Journal of International Law 1998, S.609-623.

LEUTERDIJK, Dayton: UN and NATO - Leuterdijk, Dick A.: Before and after Dayton: the UN and NATO in the former Yugoslavia. In: Weiss, Thomas G. (Hrsg.), Beyond UN subcontracting. Task-sharing with regional security arrangements and service providing NGOs. London: MacMillan, 1998. S.49-66.

LIPPMANN, Public Philosophy - Lippmann, Walter: The Public Philosophy. Boston: Little, Brown, 1955.

LITVINOVICH, ABM Treaty - Litvinovich, Dmitry: Negotiations about the ABM Treaty: the story. Translated by Dmitry Sudakov. In: *19:55* 2001-12-14 Pravda.RU 2001. http://english.pravda.ru/main/2001/12/14/23673.html.

LIVINGSTONE, Withdrawal from UN - Livingstone, Frances: Withdrawal from the United Nations - Indonesia. In: *14* International and Comparative Law Quarterly 1965, S.636-646.

MALJEAN-DUBOIS, L'arrêt Gabcíkovo-Nagymaros - Maljean-Dubois, Sandrine: L'arrêt rendu par la cour internationale de justice le 25 septembre 1997 en l'affaire relative au projet Gabcíkovo-Nagymaros (Hongrie/Slovaquie). In: Annuaire français de droit international 1997, S.286-332.

MÄLKSOO, Illegal Annexation and State Continuity: Case of the Baltic States - Mälksoo, Lauri: Illegal Annexation and State Continuity: the Case of the Incorporation of the Baltic States by the USSR. A Study of the Tension between Normativity and Power in International Law. Erscheint demnächst.

MALONE, Haiti - Malone, David: Decision-Making in the UN Security Council. The case of Haiti 1990-1997. Oxford: Clarendon Press, 1998.

MAREK, Jus Cogens - Marek, Krystyna: Contribution à l'étude du jus cogens en droit international. Recueil d'études de droit international en hommage à Paul Guggenheim. Genf: 1968.

MARKS, ECHR and its "democratic society" - Marks, Susan: The European Convention on Human Rights and its "democratic society". In: *LXVI* British Yearbook of International Law 1995, S.209-238.

MCNAIR, Law of Treaties - McNair, Arnold Duncan: The Law of Treaties. Oxford: Clarendon Press, 1961.

MERON, Recent Cases - Meron, Theodor: Article 46 of the Vienna Convention on the Law of Treaties (*Ultra Vires* Treaties): Some Recent Cases. In: *XLIX* British Yearbook of International Law 1978, S.175-199.

MEYRING, Entwicklung zustimmungsbedürftiger Verträge - Meyring, Bernd: Die Entwicklung zustimmungsbedürftiger völkerrechtlicher Verträge nach ihrem Abschluß und ihre Auswirkungen in der deutschen Rechtsordnung. Berlin: Berlin Verlag, 2001.

MOORE, History and Digest - Moore, John Bassett: History and Digest of International Arbitrations to which the United States has been a Party. Band 2. Washington: Government Printing Office, 1898.

MÜLLERSON, ABM Treaty - Müllerson, Rein: The ABM Treaty: Changed Circumstances, Extraordinary Events, Supreme Interests and International Law. In: *50* International and Comparative Law Quarterly 2001, S.509-539.

MURPHY, Democratic Legitimacy - Murphy, D. Sean: Democratic Legitimacy and the Recognition of States and Governments. In: *48* International and Comparative Law Quarterly 1999, S.545-581.

NAFEY, UN and US in Haiti - Nafey, Abdul: United Nations and the United States: role in Haiti. In: Varma, Lalima (Hrsg.), United Nations in the changing world. London: Sagam, 1997. S.96-119.

NAHLIK, Invalidity and Termination - Nahlik, S. E.: The Grounds of Invalidity and Termination of Treaties. In: *65* American Journal of International Law 1971, S.736-756.

NINCIC, Democracy and Foreign Policy - Nincic, Miroslav: Democracy and Foreign Policy. The Fallacy of Political Realism. New York: Columbia UP, 1992.

NOLTE, Wiederaufarbeitung, in: Pelzer (Hrsg.), Rechtsfragen des Umgangs mit abgebrannten Brennelementen und radioaktiven Abfällen, 2002, S.157, - Nolte, Georg: International-rechtliche Aspekte der Wiederaufarbeitung von Kernbrennstoffen und der Kernenergienutzung. In: Pelzer, Norbert (Hrsg.), Rechtsfragen des Umgangs mit abgebrannten Brennelementen und radioaktiven Abfällen. Tagungsbericht der AIDN/INLA-Regionaltagung in Potsdam 2002. Baden-Baden: Nomos, 2002. S.157-166.

NOWAK, CCPR - Nowak, Manfred: UN Covenant on civil and political rights: CCPR commentary. Kehl a.R. u.a.: Engel, 1993.

OETER, Algerien-Konflikt - Oeter, Stefan: Legalität und Legitimität staatlicher Herrschaft im Zeitalter der Demokratie: Überlegungen zum Algerien-Konflikt. In: *73* Die Friedenswarte 1998, S.243-262.

OKOWA, Gabcíkovo-Nagymaros - Okowa, Phoebe N.: Case Concerning the Gabcíkovo-Nagymaros Project (Hungary/Slovakia). In: *47* International and Comparative Law Quarterly 1998, S.688-697.

OPPENHEIM/LAUTERPACHT, International Law - Oppenheim, L. und Hersch Lauterpacht: International Law. A Treatise. Vol.I. – Peace. London u.a.: Longmans, Green, 8. Aufl. 1955.

ÖSTERDAHL, Intervene! - Österdahl, Inger: By all Means, Intervene! The Security Council and the Use of Force under Chapter VII of the UN Charter in Iraq (to protect the Kurds), in Bosnia, Somalia, Rwanda and Haiti. In: *66* Netherlands Journal of International Law 1997, S.241-271.

PAASIVIRTA, Participation of States in International Contracts - Paasivirta, Esa: Participation of States in International Contracts. Helsinki: Lakimiesliiton Kustannus. Finnish Lawyer's Publishing Company, 1990.

PAPENFUSS, Fate of International Treaties of the GDR - Papenfuß, Dieter: The Fate of the International Treaties of the GDR within the Framework of German Unification. In: *92* American Journal of International Law 1998, S.463-488.

PELLET, Badinter Arbitration Committee - Pellet, Alain: The Opinions of the Badinter Arbitration Committee. A Second Breath for the Self-Determination of Peoples. In: *3* European Journal of International Law 1992, S.178-185.

RAGAZZI, Erga Omnes Obligations - Ragazzi, M.: The Concept of International Obligations Erga Omnes. Oxford: Clarendon Press, 1997.

RATNER, Cambodia - Ratner, Steven R.: The Cambodia Settlement Agreements. In: *87* American Journal of International Law 1993, S.1-41.

RATNER, UN in Cambodia - Ratner, Steven R.: The United Nations in Cambodia: A Model for Resolution of Internal Conflicts? Enforcing Restraint. Collective Intervention in Internal Conflicts. New York: Council on Foreign Relations Press, 1993. S.240-273.

REICHERT-FACILIDES, Vienna Convention and Gabcíkovo-Nagymaros - Reichert-Facilides, Daniel: Down the Danube: the Vienna Convention on the Law of Treaties and the case concerning the Gabcíkovo-Nagymaros Project. In: *47* International and Comparative Law Quarterly 1998, S.837-854.

REISMAN, Termination of USSR's Treaty Right - Reisman, Michael W.: Editorial comment. Termination of the USSR's Treaty Right of Intervention in Iran. In: *74* American Journal of International Law 1980, S.144-154.

REUTER, Law of Treaties - Reuter, Paul: Introduction to the Law of Treaties. London und NY: Kegan Paul Int., 2. Aufl. 1995.

REUTER, Report I - Reuter, Paul: First report on the question of treaties concluded between States and international organizations or between two or more international organizations by Mr. Paul Reuter, Special Rapporteur. UN Doc. A/CN.4/258. Yearbook of the International Law Commission 1972-II, S.171-199.

REUTER, Report VIII - Reuter, Paul: Eigth report on the question of treaties concluded between States and international organizations or between two or more international organizations, by Mr. Paul Reuter, Special Rapporteur. UN Doc.A/CN.4/319. Yearbook of the International Law Commission 1979-II-1, S.125-141.

RICH, Recognition - Rich, Roland: Recognition of States: The Collapse of Yugoslavia and the Soviet Union. In: *4* European Journal of International Law 1993, S.36-65.

RICHTER/FURUBOTN, Neue Institutionenökonomik - Richter, Rudolf und Eirik Furubotn: Neue Institutionenökonomik: Einführung und kritische Würdigung. Übers. von Monika Streissler. Tübingen: Mohr, 1996.

ROLDAN BARBERO, Democracia - Roldan Barbero, V.: Democracia y derecho international. Madrid: Civitas, 1994.

ROSENNE, Breach of Treaty - Rosenne, Shabtai: Breach of Treaty. Cambridge: Grotius Publications, 1985.
ROSENNE, Developments - Rosenne, Shabtai: Developments in the Law of Treaties 1945-1986. Cambridge: Cambridge UP, 1989.
ROßNAGEL, Rechtsprobleme des Ausstiegs - Roßnagel, Alexander: Rechtsprobleme des Ausstiegs aus der Kernenergie - Einführung und Überblick. In: Zeitschrift für Umweltrecht 1999, S.241-243.
ROTH, Evaluating Democratic Progress - Roth, Brad R.: Evaluating Democratic Progress: a Normative Theoretical Approach. In: *9* Ethics and International Affairs 1995, S.55ff.
ROTH, Evaluating democratic progress - Roth, Brad R.: Evaluating democratic progress. In: Fox, Gregory H. und Brad R. Roth (Hrsg.), Democratic Governance and International Law. Cambridge: Cambridge UP, 2000. S.493-516.
ROTH, Governmental illegitimacy - Roth, Brad R.: Governmental Illegitimacy in International Law. Oxford: Clarendon Press, 1999.
ROUSSEAU, Chronique des faits internationaux - Rousseau, Charles: Chronique des faits internationaux. In: *LXXXIV* Revue générale de droit international public 1980, S.587-675.
RUDA, Recognition - Ruda, José Maria: Recognition of States and Governments. In: Bedjaoui, Mohammed (Hrsg.), International Law: Achievements and Prospects. Paris/Dordrecht u.a.: UNESCO/Martinus Nijhoff, 1991. S.449-465.
RUFFERT, Kosovo and East-Timor - Ruffert, Matthias: The Administration of Kosovo and East-Timor by the International Community. In: *50* International & Comparative Law Quarterly 2001, S.613-631.
SALMON, Internal Aspects - Salmon, Jean: Internal Aspects of the Right to Self-Determination: Towards a Democratic Legitimacy Principle? In: Tomuschat, Christian (Hrsg.), Modern Law of Self-Determination. Dordrecht u.a.: Martinus Nijhoff, 1993. S.253-282.
SALMON, Légitimité démocratique? - Salmon: Vers l'adoption d'un principe de légitimité démocratique? In: Association du Droit des Gens (Hrsg.), A la recherche du nouvel ordre mondial. Band 1: Le droit international à l'épreuve. Brüssel: Ed. Complexe, 1993. S.59-89.
SARCEVIC, Völkerrechtlicher Vertrag als Gestaltungsinstrument - Sarcevic, Edin: Völkerrechtlicher Vertrag als "Gestaltungsinstrument" der Verfassungsgebung: Das Daytoner Verfassungsexperiment mit Präzedenzwirkung? In: *39* Archiv des Völkerrechts 2001, S.297-339.
SATOW, Guide to Diplomatic Practice - Satow, Ernest Mason: Satow's Guide to Diplomatic Practice. Edited by Lord Gore-Booth. London, NY: Longman, 5. Aufl. 1979.
SCHINDLER, Demokratie - Schindler, Dietrich: Völkerrecht und Demokratie. In: Hafner, G. u.a. (Hrsg.), Liber Amicorum Professor Seidl-Hohenveldern - in honour of his 80th birthday. Den Haag u.a.: Kluwer International Law, 1998. S.611-630.
SCHREUER, Innerstaatliche Anwendung von soft law - Schreuer, Christoph: Die innerstaatliche Anwendung von internationalem "soft law" aus rechtsvergleichender Sicht. In: *34* Österreichische Zeitschrift für Öffentliches Recht und Völkerrecht 1983, S.243-260.
SCHWEISFURTH/OELLERS-FRAHM, KSZE-Dokumente - Schweisfurth, Theodor und Karin Oellers-Frahm: Dokumente der KSZE München: Beck, 1993.
SEIDL-HOHENVELDERN, Völkerrecht - Seidl-Hohenveldern, Ignaz: Völkerrecht. Köln u.a.: Heymanns, 10. Aufl. 2000.
SHAW, International Law - Shaw, Malcolm N.: International Law. Cambridge: Cambridge UP, 4. Aufl. 1997.
SICILIANOS, ONU et démocratisation - Sicilianos, Linos-Alexandre: L'ONU et la démocratisation de l'état. Systèmes régionaux et ordre juridique universel. Préface de Boutros Boutros-Ghali. Paris: Pedone, 2000.
SIMMLER, Change of policy - Simmler, Christiane: "Change of Policy". In: *37* Archiv des Völkerrechts 1999, S.226-234.
SINCLAIR, Vienna Convention - Sinclair, Ian: The Vienna Convention on the Law of Treaties. Manchester: Manchester UP, 2. Aufl. 1984.
SINHA, Unilateral Denunciation - Sinha, Bhek Pati: Unilateral Denunciation of Treaty Because of Prior Violations of Obligations by other Party. Den Haag: Martinus Nijhoff, 1966.
STEIN, International Integration and Democracy - Stein, Eric: International Integration and Democracy: No Love at First Sight. In: *95* American Journal of International Law 2001, S.489-534.
STEIN/CARREAU, „Withdrawal" of France from NATO - Stein, Eric und Dominique Carreau: Law and peaceful change in a sub-system. "Withdrawal" of France from the North Atlantic Treaty Organization. In: *62* American Journal of International Law 1968, S.577-640.
STEINER, Political Participation as Human Right - Steiner, Henry J.: Political Participation as a Human Right. In: *1* Harvard Human Rights Yearbook 1988, S.77-134.
SZASZ, Human Rights through Dayton - Szasz, P.: The Protection of Human Rights through the Dayton/Paris Peace Agreement on Bosnia. In: *90* American Journal of International Law 1996, S.301-316.

TACSAN, OAS-UN task sharing - Tacsan, Joaquin: Searching for OAS/UN task-sharing opportunities in Central America and Haiti. In: Weiss, Thomas G. (Hrsg.), Beyond UN subcontracting. Task-sharing with regional security arrangements and service-providing NGOs. London: MacMillan, 1998. S.91-114.

THIRLWAY, Customary Law and Codification - Thirlway, H. W. A.: International Customary Law and Codification. An examination of the continuing role of custom in the present period of codification of international law. Leiden: Sijthoff, 1972.

TIETJE, Changing Legal Structure of Treaties - Tietje, Christian: The Changing Legal Structure of International Treaties as an Aspect of an Emerging Global Governance Architecture. In: *42* German Yearbook of International Law 1999, S.27-55.

TOMUSCHAT, Constitution of Mankind - Tomuschat, Christian: International Law as the Constitution of Mankind. In: United Nations (Hrsg.), International Law on the Eve of the Twenty-first Century. Views from the International Law Commission. New York: United Nations Publication, 1997. S.37-50.

TOMUSCHAT, Democratic Pluralism - Tomuschat, Christian: Democratic Pluralism: The Right to Political Opposition. In: Rosas, Allan and Jan Helgesen (Hrsg.), The Strength of Diversity: Human Rights and Pluralist Democracy. Dordrecht u.a.: Martinus Nijhoff, 1992. S.27-47.

TOMUSCHAT, EU unter Aufsicht des BVerfG - Tomuschat, Christian: Die Europäische Union unter der Aufsicht des Bundesverfassungsgerichts. In: Europäische Grundrechtezeitschrift 1993, S.489-496.

TOMUSCHAT, International Law - Tomuschat, Christian: International Law: Ensuring the Survival of Mankind on the Eve of a New Century. In: Académie de droit international. *281* Recueil des Cours 1999, S.1-438.

TRIFUNOVSKA, Former Yugoslavia - Trifunovska, Snezana: Former Yugoslavia through documents. From its dissolution to the peace settlement. Den Haag u.a.: Martinus Nijhoff, 1999.

ULLMANN, Drogenkonsumräume - Ullmann, Roland: Drogenkonsumräume - Ausweg oder Irrweg? In: Kriminalistik 2000, S.578-584.

UN (Hrsg.), Conclusion of Treaties - United Nations: Laws and practices concerning the conclusion of Treaties. United Nations Legislative Series, ST/LEG/SER.B/3. NY: 1952.

UN (Hrsg.), UN and Cambodia 1991-1995 - United Nations (Hrsg.): The United Nations and Cambodia. 1991-1995. New York: UN, Department of Public Information, 1995.

UN (Hrsg.), UN and El Salvador 1990-1995 - United Nations (Hrsg.): The United Nations and El Salvador. 1990-1995. New York: Department of Public Information, 1995.

UN (Hrsg.), UN and Mozambique 1992-1995 - United Nations (Hrsg.): The United Nations and Mozambique. 1992-1995. New York: United Nations, Department of Public Information, 1995.

UN (Hrsg.), UN and Somalia 1992-1996 - United Nations (Hrsg.): The United Nations and Somalia. 1992-1996. New York: Department of Public Information, 1996.

UN Multilateral Treaties - United Nations: Multilateral Treaties Deposited with the Secretary General. Status as at 31 December 1995. NY: United Nations, 1996.

UNCLT, OR 68, First session - In: United Nations (Hrsg.), United Nations Conference on the Law of Treaties. First session. Vienna, 26 March – 24 May 1968. Official records. Summary records of the plenary meetings and of the meetings of the Committee of the Whole New York: 1969.

UNCLT, OR 69, Second session - In: United Nations (Hrsg.), United Nations Conference on the Law of Treaties. Second session. Vienna, 9 April – 22 May 1969. Official records. Summary records of the plenary meetings and of the meetings of the Committee of the Whole. New York: 1970.

UNCLT, OR Doc., Rep. CoW - In: United Nations (Hrsg.), United Nations Conference on the Law of Treaties. First and second sessions. Vienna, 26 March – 24 May 1968 and 9 April – 22 May 1969. Official Records. Documents of the Conference. New York: 1971.

VAGTS, Taking Treaties Less Seriously - Vagts, Detlev F.: Taking Treaties Less Seriously. In: *92* American Journal of International Law 1998, S.458-462.

VAGTS, US and its treaties - Vagts, Detlev F.: The United States and its treaties: observance and breach. In: *95* American Journal of International Law 2001, S.313-334.

VAMVOUKOS, Termination - Vamvoukos, Athanassios: Termination of Treaties in International Law. The Doctrines of Rebus Sic Stantibus and Desuetudo. Oxford: Clarendon Press, 1985.

VERHOEVEN, CE et sanction internationale de la démocratie - Verhoeven, Joe: La Communauté Européenne et la sanction internationale de la démocratie et des droits de l'homme. In: Yakpo, Emile und Tahar Boumedra (Hrsg.), Liber Amicorum Judge Mohamend Bedjaoui. Den Haag u.a.: Kluwer Law International, 1999. S.771-790.

VERHOEVEN, Reconnaissance - Verhoeven, Joe: La reconnaissance internationale: déclin ou renouveau? In: Annuaire français de droit international 1993, S.7-40.

VERHOOSEL, Gabcíkovo-Nagymaros - Verhoosel, G.: Gabcíkovo-Nagymaros: The Evidentary Regime on Environmental Degradation and the World Court. In: European Environmental Law Review 1997, S.257-253.

WAGNER, UNMIK - Wagner, Markus: Das erste Jahr der UNMIK. Die Organisation der Zivilverwaltung im Kosovo. In: Vereinte Nationen 2000, S.132-138.
WALDOCK, Report II - Waldock, Humphrey: Second report on the law of treaties, by Sir Humphrey Waldock, Special Rapporteur. UN Doc.A/CN.4/156 und Add.1-3. Yearbook of the International Law Commission 1963-II, S.36-94.
WALDOCK, Report III - Waldock, Humphrey: Third report on the law of treaties, by Sir Humphrey Waldock, Special Rapporteur. UN Doc.A/CN.4/167 and Add.1-3. Yearbook of the International Law Commission 1964-II, S.5-66.
WALDOCK, Report IV - Waldock, Humphrey: Fourth report on the law of treaties, by Sir Humphrey Waldock, Special Rapporteur. UN Doc.A/CN.4/177 und Add.1 und 2. Yearbook of the International Law Commission 1965-II, S.3-72.
WALDOCK, Report V - Waldock, Humphrey: Fifth report on the law of treaties, by Sir Humphrey Waldock, Special Rapporteur. UN Doc.A/CN.4/183 und Add.1-3. Yearbook of the International Law Commission 1966-II, S.1-50.
WALDOCK, REPORT VI - Waldock, Sir Humphrey: Sixth report on the law of treaties, by Sir Humphrey Waldock, Special Rapporteur. UN Doc.A/CN.4/186 und Add.1-7. Yearbook of the International Law Commission 1966-II, S.51-103.
WALDOCK, Report I on State Succession - Waldock, Humphrey: First report on succession of States and Governments in respect of treaties, by Sir Humphrey Waldock, Special Rapporteur. 15 March 1968. UN Doc. A/CN.4/202. Yearbook of the International Law Commission 1968-II, S.87-93.
WALTERS, History of the League of Nations - Walters, F.P.: A History of the League of Nations. Band 2. Oxford: Oxford UP, 1952.
WANDA, One Party State and Protection of Human Rights in Africa - Wanda, B.P.: The One Party State and the Protection of Human Rights in Africa with Particular Reference to Political Rights. In: *3* Revue Africaine de Droit International et Comparé 1991, S.756-770.
WARG/HANENBURG, Atomausstieg - Warg, Gunter und Erik Hanenburg: Atomausstieg und Internationales Recht. In: JuristenZeitung 2000, S.88-92.
WECKEL, Convergence droit des traités - droit de la responsabilité: Gabcíkovo-Nagymaros - Weckel, Philippe: Convergence du droit des traités et du droit de la responsabilité internationale: à la lumière de l'Arrêt du 25 septembre 1997 de la Cour Internationale de Justice relatif au projet Gabcíkovo-Nagymaros (Hongrie/Slovaquie). In: *102* Revue générale de droit international public 1998, S.647-684.
WEINSTEIN, Exchanges of Notes - Weinstein, J.L.: Exchanges of Notes. In: *XXIX* British Yearbook of International Law 1952, S.205-226.
WEISS, Fairness to future generations - Weiss, Edith Brown: In fairness to future generations : international law, common patrimony, and intergenerational equity. Tokyo u.a.: United Nations University Press, 1989.
WENGLER, Rechtsvertrag - Wengler, Wilhelm: Rechtsvertrag, Konsensus und Absichtserklärung im Völkerrecht. In: *31* JuristenZeitung 1976, S.193-197.
WHITE, UN and Democracy Assistance - White, Nigel D.: The United Nations and Democracy Assistance: Developing Practice within a Constitutional Framework. In: Burnell, P. (Hrsg.), Democracy Assistance: International Co-operation for Democratization. London: Frank Cass, 2000. S.67-89.
WHITEMAN, Digest - Whiteman, Marjorie M.: Digest of International Law. Band 1ff. Washington: Dept. of State Pub., 1963ff.
WILDHABER, Treaty-Making Power - Wildhaber, Luzius: Treaty-Making Power and Constitution. An International and Comparative Study. Basel und Stuttgart: Helbing & Lichtenhahn, 1971.
WILKENING, Amending ABM Treaty - Wilkening, Dean A.: Amending the ABM Treaty. In: *42-1* Survival, IISS 2000, S.29-45.
WILLIAMS, Gabcíkovo and Nagymaros Dam - Williams, G.: The dispute between Slovakia and Hungary concerning construction of the Gabcíkovo and Nagymaros Dam. In: Columbia Journal of Environmental Law 1994, S.1-57.
WOLFF, Jus gentium, 1764 - Wolff, Christian: Jus gentium methodo scientifica pertractatum. 1764. The classics of International Law, No.13, Vol.2, The Translation. By Joseph H. Drake. Buffalo, NY: Hein, 1995 (Reprint der Ausgabe von 1931).
WOLLTENTEIT, Greenpeace Kurzgutachten - Wolltenteit, Ulrich: Kurzgutachten zur Frage möglicher völkerrechtlicher Konsequenzen eines gesetzlichen Ausstiegs aus der Wiederaufbereitung radioaktiver Brennelemente, erstellt im Auftrag von Greenpeace Deutschland e.V. von Rechtsanwalt Dr. Ulrich Wolltenteit. 9. Oktober 2001. http://www.greenpeace.de/GP_DOK_PT/HINTERGR/C02HI55.HTM.
YANNIS, Kosovo - Yannis, Alexandros: Kosovo Under International Administration. In: *43-2* Survival, IISS 2001, S.31-48.
YEE, New Constitution - Yee, Sienho: The New Constitution of Bosnia and Herzegovina. In: *7* European Journal of International Law 1996, S.179-192. http://www.ejil.org/journal/Vol7/No2/art3.html.

ZIMMERMANN, Staatennachfolge - Zimmermann, Andreas: Staatennachfolge in völkerrechtliche Verträge. Zugleich ein Beitrag zu den Möglichkeiten und Grenzen völkerrechtlicher Kodifikation. Berlin: Springer, 2000.

ZOLLER, Bonne foi - Zoller, Elisabeth: La bonne foi en droit international public. Paris: Pedone, 1977.

ZORGBIBE, Alliance atlantique - Zorgbibe, Charles: L'alliance atlantiqe: esquisse d'un bilan. In: *73* Revue générale de droit international public 1969, S.617-636.

## INTERNET-RESSOURCEN

ABM MoU, 1997 - Memorandum of Understanding Relating to the Treaty between the United States of America and the Union of Soviet Socialist Republics on the the Limitation of Anti-Ballistic Missile Systems of May 26, 1972, vom 26. September 1997. Gelesen am 18. Oktober 2002. http://www.state.gov/www/global/arms/factsheets/missdef/abm_mou.html.

ABM Treaty Protocol, 1974 - Protocol to the Treaty between the United States of America and the Union of Soviet Socialist Republics on the Limitation of Anti-Ballistic Missile Systems, Moskau, vom 3. Juli 1974. Gelesen am 18. Oktober 2002. http://www.state.gov/www/global/arms/treaties/abm/abmprot1.html.

ABM Treaty, 1972 - Treaty between the United States of America and the Union of Soviet Socialist Republics on the Limitation of Anti-Ballistic Missile Systems, vom 26. Mai 1972. Gelesen am 18. Oktober 2002. http://www.state.gov/www/global/arms/treaties/abm/abm2.html.

ABM Treaty, US Denunciation 2001, BUSH press statement - United States of America: Remarks on National Missile Defense, vom 13. Dezember 2001. Gelesen am 18. Oktober 2002. http://www.state.gov/t/ac/rls/rm/2001/6847.htm.

ACHR - American Convention on Human Rights. Signed at the Inter-American Specialized Conference on Human Rights, San José, Costa Rica, 22 November 1969. OAS Treaty Series, No.36, S.1. Gelesen am 18. Oktober 2002. http://www.cidh.oas.org/Basicos/basic3.htm.

ACP-EC, Ratification details Cotonou Convention - Sekretariat des Europäischen Rates: Partnership Agreement between the African, Caribbean and Pacific Group of States (ACP) of the one part, and the European Community, on the other part, signed in Cotonou on 23 June 2000. Ratification details. Gelesen am 18. Oktober 2002. http://ue.eu.int/accords/en/details.asp?id=2000026&lang=en.

ACP-EC, Ratification details Lomé IV rev. - Sekretariat des Europäischen Rates: Agreement amending the Fourth ACP-EC Convention of Lomé signed in Mauritius on 4 November 1995. Ratification details. Gelesen am 18. Oktober 2002. http://ue.eu.int/accords/en/details.asp?id=1995115&lang=en.

Afghanistan Agreement, 2001 - Agreement on provisional Arrangements in Afghanistan pending the re-establishment of permanent government institutions, gezeichnet in Bonn am 5. Dezember 2001 Gelesen am 18. Oktober 2002. http://www.uno.de/frieden/afghanistan/talks/agreement.htm.

African Charter - African Charter on Human and People's Rights, von Juni 1981. Gelesen am 18. Oktober 2002. http://www.africa-union.org/en/commpub.asp?id=85.

African Union Security Council Protocol, 2002 - Protocol Relating to the Establishment of the Peace and Security Council of the African Union, gezeichnet in Durban am 9. Juli 2002. Gelesen am 18. Oktober 2002. http://www.au2002.gov.za/docs/summit_council/secprot.htm.

Air Pollution Convention, 1979 - Convention on long-range transboundary air pollution. Concluded at Geneva on 13 November 1979. 1302 UNTS 1983, No.21623, S.217-245. Gelesen am 18. Oktober 2002. http://www.unece.org/env/lrtap/conv/lrtap_c.htm.

AKP-EG Ministerrat, Beschluß 1/2000 - AKP-EG Ministerrat: Beschluss Nr. 1/2000 des AKP-EG-Ministerrates vom 27. Juli 2000 über die Übergangsmaßnahmen für den Zeitraum zwischen dem 2. August 2000 und dem Inkrafttreten des AKP-EG-Partnerschaftsabkommens. ABl. EG Nr. L 195 vom 1.8.2000, S.46-48. Gelesen am 18. Oktober 2002. http://europa.eu.int/smartapi/cgi/sga_doc?smartapi!celexapi!prod!CELEXnumdoc&lg=DE&numdoc=2 2000D0801(01)&model=guichett.

AKP-EG, Änderungsabkommen Lomé IV, 1995 - Abkommen zur Änderung des Vierten AKP-EG-Abkommens von Lomé unterzeichnet in Mauritius am 4. November 1995. ABl. EG Nr. L156 vom 29.05.98, S.3-106. Gelesen am 18. Oktober 2002. http://europa.eu.int/smartapi/cgi/sga_doc?smartapi!celexapi!prod!CELEXnumdoc&lg=DE&numdoc=2 1998A0529(01)&model=guichett.

AKP-EG, Cotonou-Abkommen, 2000 - Partnerschaftsabkommen zwischen den Mitgliedern der Gruppe der Staaten in Afrika, im Karibischen Raum und im Pazifischen Ozean einerseits und der Europäischen Gemeinschaft und ihren Mitgliedstaaten andererseits, unterzeichnet in Cotonou am 23. Juni 2000. ABl. EG Nr. L 317 vom 15.12.00, S.3-353. Gelesen am 18. Oktober 2002. http://europa.eu.int/smartapi/cgi/sga_doc?smartapi!celexapi!prod!CELEXnumdoc&lg=DE&numdoc=2 2000A1215(01)&model=guichett.

American Declaration, 1948 - American Declaration of the Rights and Duties of Man. Adopted by the Ninth International Conference of American States, Bogotá, Colombia, 1948. IAYBHR 1996 A, S.32. Gelesen am 18. Oktober 2002. http://www.cidh.oas.org/Basicos/basic2.htm.

Antarctic Treaty, 1959 - The Antarctic Treaty, done at Washington 1 December 1959. 402 UNTS 1961, No.5778, S.71-85. Gelesen am 18. Oktober 2002. http://www.state.gov/www/global/oes/oceans/antarctic_treaty_1959.html.

Belgiens Schiedshof, Schola Europaea, Nr.12/94 - Belgiens Schiedshof: Urteil Nr.12/94, vom 3. Februar 1994. englische Übersetzung: 108 ILR 1998, S.642. Gelesen am 18. Oktober 2002. http://www.arbitrage.be/public/d/1994/1994-012d.pdf.

BKA, RG Bericht 1999 - Bundeskriminalamt: Rauschgiftbericht 1999 Bundesrepublik Deutschland. Gelesen am 18. Oktober 2002. http://www.bka.de/lageberichte/rg/1999/index2.html.

BMG, Pressemitteilung 16/2000 - Bundesministerium für Gesundheit: Pressemitteilung Nr.16 vom 23. Februar 2000. Gelesen am 18. Oktober 2002. http://www.bmgesundheit.de/inhalte-frames/inhalte_presse/presse2000/2000/16.htm.

BtMG § 10a - § 10a BtMG. Erlaubnis für den Betrieb von Drogenkonsumräumen. Gelesen am 18. Oktober 2002. http://www.indro-online.de/btmg10.htm.

Cambodia CSA, 1991 - Agreement on a Comprehensive Political Settlement of the Cambodia Conflict, vom 23. Oktober 1991. 31 ILM 1992, S.183ff. Gelesen am 18. Oktober 2002. http://www.usip.org/library/pa/cambodia/agree_comppol_10231991_toc.html.

Cambodia Declaration, 1991 - Declaration on the Rehabiliatation and Reconstruction of Cambodia, vom 23. Oktober 1991. 31 ILM 1992, S.203ff. Gelesen am 18. Oktober 2002. http://www.usip.org/library/pa/cambodia/declaration_rehab_10231991.html.

Cambodia Final Act, 1991 - Final Act of the Paris Conference on Cambodia, vom 23. Oktober 1991. 31 ILM 1992, S.180ff. Gelesen am 18. Oktober 2002. http://www.usip.org/library/pa/cambodia/final_act_10231991.html.

Cambodia Guarantees Agreement, 1991 - Agreement Concerning the Sovereignty, Independence, Territorial Integrity and Inviolability, Neutrality and National Unity of Cambodia, vom 23. Oktober 1991. 31 ILM 1992, S.200ff. Gelesen am 18. Oktober 2002. http://www.usip.org/library/pa/cambodia/agree_sovereign_10231991.html.

CDI, Warsaw Final Act, 2000 - Warsaw Ministerial Conference of the Community of Democracies: Final Warsaw Declaration: Toward a Community of Democracies, vom 27. Juni 2000. Gelesen am 18. Oktober 2002. http://www.state.gov/www/global/human_rights/democracy/000627_cdi_warsaw_decl.html.

CEDAW, 1979 - Convention on the Elimination of all Forms of Discrimination Against Women, adopted and opened for signature, ratification and accession by General Assembly resolution 34/180 of 18 December 1979. 1249 UNTS 1981, No.20378, S.13-142 = 19 ILM 1980, S.33. Gelesen am 18. Oktober 2002. http://www.unhchr.ch/html/menu3/b/e1cedaw.htm.

Chemical Weapons Convention, 1993 - Convention on the Prohibition of the Development, Production, Stockpiling and Use of Chemical Weapons and on their Destruction, vom 13. Januar 1993. 32 ILM 1993, S.804. Gelesen am 18. Oktober 2002. http://www.opcw.org/html/db/cwc/eng/cwc_frameset.html.

Chicago Convention, 1944 - Convention on International Civil Aviation, signed at Chicago, on 7 December 1944. 23. März 2002. http://www.iasl.mcgill.ca/airlaw/public/chicago/chicago1944a.pdf.

CND, Report 43rd session, 2000 - Commission on Narcotic Drugs: Report on the forty-third session (6-15 March 2000). Gelesen am 18. Oktober 2002. http://www.undcp.org/pdf/document_2000-06-01_1.pdf.

Commonwealth, Harare Declaration 1991 - The Commonwealth: The Harare Commonwealth Declaration, vom 20. Oktober 1991. Gelesen am 18. Oktober 2002. http://www.thecommonwealth.org/whoweare/declarations/harare.html.

Commonwealth, Millbrook Action Programme 1995 - The Commonwealth: The Millbrook Commonwealth Action Programme on the Harare Declaration, vom 12. Dezember 1995. Gelesen am 18. Oktober 2002. http://www.thecommonwealth.org/whoweare/declarations/millbrook.html.

Comprehensive Test Ban Treaty, 1996 - Comprehensive Nuclear-Test-Ban Treaty, adopted by the General Assembly of the United Nations on 10 September 1996. 35 ILM 1996, S.1443-1478. Gelesen am 18. Oktober 2002. http://www.ctbto.org/treaty/treatytext.tt.html.

Constitution East Timor - Constitution of the Democratic Republic of East Timor, vom 22. März 2002. Gelesen am 18. Oktober 2002. http://www.easttimorelections.org/elections/2002/docs/confinal-en-040202.pdf.

Constitution française 1958 - Constitution française du 4 Octobre 1958. Gelesen am 18. Oktober 2002. http://www.legifrance.gouv.fr/html/constitution/constitution.htm.

Constitutive Act of the African Union - Constitutive Act of the African Union, gezeichnet in Lomé am 11. Juli 2000. Gelesen am 18. Oktober 2002. http://www.au2002.gov.za/docs/key_oau/au_act.htm.

Convention on Fishing and Conservation of the Living Resources of the High Seas, 1958 - Convention on Fishing and Conservation of the Living Resources of the High Seas. Done at Geneva, on 29 April 1958. 559 UNTS 1966, No.8164, S.285-342. Gelesen am 18. Oktober 2002. http://www.un.org/law/ilc/texts/fish.htm.

Convention on the Continental Shelf, 1958 - Convention on the Continental Shelf. Done at Geneva, on 29 April 1958. 499 UNTS 1964, No.7302, S.311-354. Gelesen am 18. Oktober 2002. http://www.un.org/law/ilc/texts/contsh.htm.

Convention on the High Seas, 1958 - Convention on the High Seas. Done at Geneva, on 29 April 1958. 450 UNTS 1963, No.6465, S.11, 82-167. Gelesen am 18. Oktober 2002. http://www.un.org/law/ilc/texts/hseas.htm.

Convention on the Territorial Sea and the Contiguous Zone, 1958 - Convention on the Territorial Sea and the Contiguous Zone. Done at Geneva, on 29 April 1958. 516 UNTS 1964, No.7477, S.205-282. Gelesen am 18. Oktober 2002. http://www.un.org/law/ilc/texts/terrsea.htm.

Council of Europe, Com. of Min., Res.30A (1951) - Council of Europe, Comittee of Ministers : Resolution 30A (1951). Gelesen am 18. Oktober 2002. http://conventions.coe.int/treaty/en/Treaties/Html/001.htm#XA-1.

Council of Europe Statute - Statute of the Council of Europe, vom 5. Mai 1949, mit nachfolgenden Änderungen. Gelesen am 18. Oktober 2002. http://conventions.coe.int/treaty/en/Treaties/Html/001.htm.

CSCE, Charter of Paris, 1990 - Conference on Security and Co-operation in Europe. 1990 Summit. 19-21 November 1990: Charter of Paris for a New Europe, vom 21. November 1990. Gelesen am 18. Oktober 2002. http://www.osce.org/docs/english/1990-1999/summits/paris90e.htm.

CSCE, Charter of Paris, Annex I, 1990 (US State Dept.) - Charter of Paris for a New Europe: a New Era of Democracy, Peace and Unity. Annex I, vom 21. November 1990. Gelesen am 18. Oktober 2002. http://www.state.gov/www/global/arms/treaties/charter.html#3.

CSCE, Copenhagen Document, 1990 - Conference on Security and Co-operation in Europe. Second Conference on the Human Dimension of the CSCE. Copenhagen, 5 June - 29 July 1990: Document of the Copenhagen Meeting of the Conference on the Human Dimension of the CSCE, vom 29. Juni 1990. Gelesen am 18. Oktober 2002. http://www.osce.org/docs/english/1990-1999/hd/cope90e.htm.

CSCE, Helsinki Final Act, 1975 - Conference on Security and Co-operation in Europe. 1975 Summit in Helsinki. Final Act, vom 1. August 1975. Gelesen am 18. Oktober 2002. http://www.osce.org/docs/english/1990-1999/summits/helfa75e.htm.

CSCE, Moscow Document, 1991 - Conference for Security and Co-operation in Europe: Document of the Moscow Meeting of the Conference on the Human Dimension of the CSCE, vom 3. Oktober 1991. Gelesen am 18. Oktober 2002. http://www.osce.org/docs/english/1990-1999/hd/mosc91e.htm.

CSCE, Vienna Document, 1989 - Conference on Security and Co-operation in Europe: Concluding Document of the Vienna Meeting of Representatives of the Participating States of the Conference on Security and Co-operation in Europe, Held on the Basis of the Provisions of the Final Act Relating to the Follow-Up to the Conference, vom 10. Januar 1989. Gelesen am 18. Oktober 2002. http://www.osce.org/docs/english/1973-1990/follow_ups/vienn89e.htm.

Dayton Agreement (IFOR) - General Framework Agreement for Peace in Bosnia and Herzegovina, paraphiert in Dayton am 21. November 1995. Gelesen am 18. Oktober 2002. http://www.nato.int/ifor/gfa/gfa-home.htm.

Dayton Agreement (OHR) - The General Framework Agreement for Peace in Bosnia and Herzegovina. Gezeichnet in Paris am 21. November 2001. Gelesen am 18. Oktober 2002. http://www.ohr.int/dpa/default.asp?content_id=380.

Dayton Constitution (IFOR) - General Framework Agreement for Peace in Bosnia and Herzegovina. Annex 4. Constitution of Bosnia and Herzegovina. Gelesen am 18. Oktober 2002. http://www.nato.int/ifor/gfa/gfa-an4.htm.

Dayton Constitution (OHR) - General Framework Agreement for Peace in Bosnia and Herzegovina. Annex 4. Constitution of Bosnia and Herzegovina. Gelesen am 18. Oktober 2002. http://www.ohr.int/dpa/default.asp?content_id=372.

Dayton Initialling Agreement - Agreement on Initialling the General Framework Agreement for Peace in Bosnia and Herzegovina. Done at Wright-Patterson Air Force Base, Ohio, this 21st day of November 1995. Gelesen am 18. Oktober 2002. http://www.state.gov/www/regions/eur/bosnia/dayint.html.

EBRD Agreement - Agreement Establishing the European Bank for Reconstruction and Development, vom 29. Mai 1990. Gelesen am 18. Oktober 2002. http://www.ebrd.com/pubs/insti/basic/basic1.htm.

EConvHR - European Convention on Human Rights, vom 4. November 1950, mit nachfolgenden Änderungen. Gelesen am 18. Oktober 2002. http://conventions.coe.int/Treaty/en/Treaties/Html/005.htm.

EConvHR, Ratification details - Convention for the Protection of Human Rights and Fundamental Freedoms. Status as of 29/10/01. Gelesen am 18. Oktober 2002.
http://conventions.coe.int/Treaty/EN/searchsig.asp?NT=005&CM=8.

EConvHR Protocol 1 - Protocol to the Convention for the Protection of Human Rights and Fundamental Freedoms, as amended by Protocol No. 11, Paris, 20 March 1952. Gelesen am 18. Oktober 2002. http://conventions.coe.int/Treaty/en/Treaties/Html/009.htm.

ECOSOC, Res. and Dec. 2001 - Economic and Social Council: Resolutions and decisions adopted by the Economic and Social Council at its substantiv session of 2001 (2-26 July). UN Doc. E/2001/Inf/2/Add.2. Gelesen am 18. Oktober 2002.
http://www.un.org/documents/ecosoc/docs/2001/e2001-inf2-add2.pdf.

ECourtHR, *Ahmed v. UK*, Urteil vom 2.9.1998 - European Court of Human Rights: Ahmed and others v. United Kingdom. Reports 1998-VI, No.87, S.2356. Gelesen am 18. Oktober 2002.
http://hudoc.echr.coe.int/hudoc/ViewRoot.asp?Tname=Hejud&Id=REF00000983&Language=en&Item=0&NoticeMode=1&RelatedMode=3.

ECourtHR, *Golder v. UK*, Urteil vom 21.2.1975 – European Court of Human Rights: Golder v. United Kingdom, Urteil vom 21. Februar 1975. Reports, Series A, No.18. Gelesen am 18. Oktober 2002.
http://hudoc.echr.coe.int/hudoc/ViewRoot.asp?Tname=Hejud&Id=REF00000081&Language=en&Item=0&NoticeMode=1&RelatedMode=3.

ECourtHR, *Handyside v. UK*, Urteil vom 7.12.1976 - European Court of Human Rights: Handyside v. United Kingdom, Urteil vom 7. Dezember 1976. Reports, Series A, No.24. Gelesen am 18. Oktober 2002.
http://hudoc.echr.coe.int/hudoc/ViewRoot.asp?Tname=Hejud&Id=REF00000084&Language=en&Item=0&NoticeMode=1&RelatedMode=3.

ECourtHR, *Loizidou v. Turkey (prel. obj.)*, Urteil v. 23.3.1995 - European Court of Human Rights: Loizidou v. Turkey (preliminary objections), Urteil vom 23. März 1995. Reports, Series A, No.310. Gelesen am 18. Oktober 2002.
http://hudoc.echr.coe.int/hudoc/ViewRoot.asp?Tname=Hejud&Id=REF00000505&Language=en&Item=0&NoticeMode=1&RelatedMode=3.

ECourtHR, *Mathieu-Mohin & Clerfayt v. Belgium*, Urteil vom 2.3.1987 - European Court of Human Rights: Case of Mathieu-Mohin & Clerfayt v. Belgium, vom 2. März 1987. Reports, Series A, No.113. Gelesen am 18. Oktober 2002.
http://hudoc.echr.coe.int/hudoc/ViewRoot.asp?Tname=Hejud&Id=REF00000121&Language=en&Item=0&NoticeMode=1&RelatedMode=3.

ECourtHR, *Matthews v. UK*, Urteil vom 18.2.1999 - European Court of Human Rights: Matthews v. United Kingdom, Urteil vom 2. Februar 1999. Reports 1999-I, S.251. Gelesen am 18. Oktober 2002.
http://hudoc.echr.coe.int/hudoc/ViewRoot.asp?Tname=Hejud&Id=REF00001927&Language=en&Item=0&NoticeMode=1&RelatedMode=3.

ECourtHR, *Socialist Party v. Turkey*, Urteil v. 25.5.1998 - European Court of Human Rights: The Socialist Party and others v. Turkey, Urteil vom 25. Mai 1998. Reports 1998-III, S.1233. Gelesen am 18. Oktober 2002.
http://hudoc.echr.coe.int/hudoc/ViewRoot.asp?Tname=Hejud&Id=REF00000887&Language=en&Item=0&NoticeMode=1&RelatedMode=3.

ECourtHR, *United Communist Party v. Turkey*, Urteil vom 30.1.1998 - European Court of Human Rights: The United Communist Party of Turkey and others v. Turkey, Urteil vom 30. Januar 1998. Reports 1998-I, S.1ff. Gelesen am 18. Oktober 2002.
http://hudoc.echr.coe.int/hudoc/ViewRoot.asp?Tname=Hejud&Id=REF00000751&Language=en&Item=0&NoticeMode=1&RelatedMode=3.

EG, Anerkennungsrichtlinien 1991 - Außerordentliche EPZ-Ministertagung: Statement by an extraordinary EPC Ministerial Meeting concerning the 'Guidelines on the Recognition of New States in Eastern Europe and in the Soviet Union', Press statement 91/464, vom 16. Dezember 1991. EG-Bull.12-1991, S.1.4.5 = 31 ILM 1992, S.1486. Gelesen am 18. Oktober 2002.
http://wwwarc.iue.it/BASIS/efpb/all/rec/DDW?W%3Dnd+%3D+%2791/464%27+ORDER+BY+EVERY+di/Ascend%26M%3D1%26K%3D3537%26R%3DY%26U%3D1.

EG, VO (EG) 975/1999 - Europäische Gemeinschaft: Verordnung (EG) 975/1999 zur Festlegung der Bedingungen für die Durchführung von Maßnahmen auf dem Gebiet der Entwicklungszusammenarbeit, die zu dem allgemeinen Ziel der Fortentwicklung und Festigung der Demokratie und des Rechtsstaats sowie zur Wahrung der Menschenrechte und Grundfreiheiten beitragen, vom 29. April 1999. ABl. EG Nr. L 120 vom 8.5.1999, S.1-7. Gelesen am 18. Oktober 2002. http://europa.eu.int/smartapi/cgi/sga_doc?smartapi!celexapi!prod!CELEXnumdoc&lg=DE&numdoc=3 1999R0975&model=guichett.

EG, VO (EG) 976/1999 - Europäische Gemeinschaft: Verordnung (EG) 976/1999 zur Festlegung der Bedingungen für die Durchführung von anderen als die Entwicklungszusammenarbeit betreffenden Gemeinschaftsmaßnahmen, die zu dem allgemeinen Ziel der Fortentwicklung und Festigung der Demokratie und des Rechtsstaats sowie zur Wahrung der Menschenrechte und Grundfreiheiten beitragen, vom 29. April 1999. ABl. EG Nr.120 vom 8.5.1999, S.8-14. Gelesen am 18. Oktober 2002. http://europa.eu.int/smartapi/cgi/sga_doc?smartapi!celexapi!prod!CELEXnumdoc&lg=DE&numdoc=3 1999R0976&model=guichett.

EGV - Konsolidierte Fassung des Vertrags zur Gründung der Europäischen Gemeinschaft. Amtsblatt C 340 vom 10.11.1997, S. 173-308. Gelesen am 18. Oktober 2002. http://www.europa.eu.int/eur-lex/de/treaties/dat/ec_cons_treaty_de.pdf.

Elimination of Racial Discrimination Convention, 1966 - International Convention on the Elimination of All Forms of Racial Discrimination. Opened for signature at New York on 7 March 1966. 660 UNTS 1969, No.9464, S.195-318. Gelesen am 18. Oktober 2002. http://www.unhchr.ch/html/menu3/b/d_icerd.htm.

Entwurf Menschenpflichtenerklärung - InterAction Council: Allgemeine Erklärung der Menschenpflichten. Gelesen am 18. Oktober 2002. http://www.uni-tuebingen.de/stiftung-weltethos/pdf_dat/men_pfli.pdf.

ESRF Convention 1988 - Convention Concerning the Construction and Operation of a European Synchrotron Radiation Facility, vom 16. Dezember 1988. Gelesen am 18. Oktober 2002. http://www.esrf.fr/info/ESRF/about/general/convention/convention.pdf.

EuGH, *Racke ./. HZA Mainz*, Urteil vom 16.6.1998 - Europäischer Gerichtshof: Urteil vom 16.6.1998 in der Rs.C-162/96, Racke gegen Hauptzollamt Mainz (Vorlagebeschluß des Bundesfinanzhofes). EuGH Slg. 1998-I, S.3688ff. Gelesen am 18. Oktober 2002. http://www.curia.eu.int/jurisp/cgi-bin/gettext.pl?lang=de&num=80019383C19960162&doc=T&ouvert=T&seance=ARRET&where=().

Europäischer Rat Madrid 1995, Schlußfolgerungen - Europäische Union - Der Vorsitz des Europäischen Rates Madrid 1995: Europäischer Rat Madrid, 15. bis 16. Dezember 1995, Schlußfolgerungen des Vorsitzes. EU-Bulletin 12-1995, S.10. Gelesen am 18. Oktober 2002. http://ue.eu.int/newsroom/LoadDoc_jai.cfm?MAX=1&DOC=!!!&BID=76&DID=54771&GRP=1238&LANG=4.

EUV - Konsolidierte Fassung des Vertrages über die Europäische Union. Amtsblatt C 340 vom 10.11.1997, S. 145-172. Gelesen am 18. Oktober 2002. http://europa.eu.int/eur-lex/de/treaties/dat/eu_cons_treaty_de.pdf.

FAS on Ballistic Missile Defense - Federation of American Scientists (FAS): Ballistic Missile Defense. Gelesen am 18. Oktober 2002. http://www.fas.org/nsp/bmd/index.html.

GATS, 1994 - General Agreement on Trade in Services, vom 15. April 1994. Gelesen am 18. Oktober 2002. http://www.wto.org/english/docs_e/legal_e/26-gats.pdf.

GATT 1994 - General Agreement on Tariffs and Trade 1994, vom 15. April 1994. Gelesen am 18. Oktober 2002. http://www.wto.org/english/docs_e/legal_e/06-gatt.pdf.

Genocide Convention, 1948 - Convention on the Prevention and Punishment of the Crime of Genocide. Approved and proposed for signature and ratification or accession by General Assembly resolution 260 A (III) of 9 December 1948. 78 UNTS 1951, No.1021, S.277-322. Gelesen am 18. Oktober 2002. http://www.unhchr.ch/html/menu3/b/p_genoci.htm.

Hessen VO Drogenkonsumräume, 2001 - Hessen: Verordnung über die Erlaubnis für den Betrieb von Drogenkonsumräumen, vom 10. September 2001. Gelesen am 18. Oktober 2002. http://www.indro-online.de/rvohessen.htm.

HH VO Drogenkonsumräume, 2000 - Freie und Hansestadt Hamburg: Verordnung über die Erteilung einer Erlaubnis für den Betrieb von Drogenkonsumräumen, vom 25. April 2000. Gelesen am 18. Oktober 2002. http://www.indro-online.de/hhrechtsverordnung.htm.

HJEG, *Racke ./. HZA Mainz*, Conclusie Jacobs (NL), vom 4.12.1997 – Hof van Justitie van de Europese Gemeenschappen: Conclusie van Advocaat-generaal F. G. Jacobs van 4 december 1997. Zaak C-162/96. A. Racke GmbH & Co tegen Hauptzollamt Mainz (verzoek van het Duitse Bundesfinanzhof om een prejudiciële beslissing). EuGH Slg. 1998-I, S.3655ff. Gelesen am 18. Oktober 2002. http://www.curia.eu.int/jurisp/cgi-bin/gettext.pl?lang=nl&num=80028795C19960162&doc=T&ouvert=T&seance=CONCL.

HRC, General Comment 25, 1996 - Human Rights Committee (CCPR): The right to participate in public affairs, voting rights and the right of equal access to public service (Art.25): 12/07/96. CCPR General comment 25. Gelesen am 18. Oktober 2002. http://www.unhchr.ch/tbs/doc.nsf/(symbol)/CCPR+General+comment+25.En?OpenDocument.

HRC, General Comment 26, 1997 - Human Rights Committee (CCPR): Continuity of Obligations. 8/12/97. CCPR General Comment 26. 34 ILM 1995, S.839 . Gelesen am 18. Oktober 2002. http://www.unhchr.ch/tbs/doc.nsf/(symbol)/CCPR+General+comment+26.En?OpenDocument.

Human Rights Treaties, Status of Ratification - Office of the United Nations High Commissioner for Human Rights: Status of Ratification of the Principal International Human Rights Treaties, as of 21 August 2002. Gelesen am 18. Oktober 2002. http://www.unhchr.ch/pdf/report.pdf.

IACHR, Compulsory Membership, Advisory Opinion, vom 13.11.1985 - Inter-American Court of Human Rights: Advisory Opinion OC-5/85, Compulsory Membership in an Assocciation Prescribed by Law for the Practice of Journalism (Arts. 13 and 29 American Convention on Human Rights), vom 13. November 1985. IAYBHR 1985, S.1148. Gelesen am 18. Oktober 2002. http://www.corteidh.or.cr/serieaing/A_5_ING.html.

IACHR, Interpretation of American Declaration, Advisory Opinion, vom 14.7.1989 - Inter-American Court of Human Rights: Advisory Opinion OC-10/89, Interpretation of the American Declaration of the Rights and Duties of Man Within the Framework of Article 64 of the American Convention on Human Rights, vom 14. Juli 1989. IAYBHR 1989, S.630. Gelesen am 18. Oktober 2002. http://www.corteidh.or.cr/serieaing/A_10_ING.html.

IACHR, The Word "Laws" in Art.30, Advisory Opinion, vom 9.5.1986 - Inter-American Court of Human Rights: Advisory Opinion OC-6/86, The Word "Laws" in Art.30 of the American Convention on Human Rights, vom 9. Mai 1986. 7 HRLJ 1986, S.231. Gelesen am 18. Oktober 2002. http://www.corteidh.or.cr/serieaing/A_6_ING.html.

IAComHR, Report Haiti 1988 - Inter-American Commission on Human Rights: Report on the Situation of Human rights in Haiti, vom 7. September 1988. OEA/Ser.L/V/II.74. Gelesen am 18. Oktober 2002. http://www.cidh.oas.org/countryrep/Haiti88eng/TOC.htm.

IAComHR, Report Haiti 1990 - Inter-American Commission on Human Rights: Report on the Situation of Human Rights in Haiti, vom 8. Mai 1990. OEA/Ser.L/V/II.77.rev.1. Gelesen am 18. Oktober 2002. http://www.cidh.oas.org/countryrep/Haiti90eng/TOC.htm.

IAComHR, Res.01/90 - Inter-American Commission on Human Rights: Resolution No.01/90, Cases 9768, 9780 and 9828 of Mexiko, vom 17. Mai 1990. Gelesen am 18. Oktober 2002. http://www.cidh.org/annualrep/89.90eng/mexico9768.htm.

IAComHR, Annual Report 1994 - Inter-American Commission on Human Rights: Annual Report 1994, vom 17. Februar 1994. IAYBHR 1994, S.662. Gelesen am 18. Oktober 2002. http://www.cidh.org/annualrep/94eng/content.htm.

ICC Statute - Rome Statute of the International Criminal Court, vom 17. Juli 1998. Gelesen am 18. Oktober 2002. http://www.un.org/law/icc/statute/romefra.htm.

ICCPR - International Covenant on Civil and Political Rights. Adopted and opened for signature, ratification and accession by General Assembly resolution 2200A (XXI) of 16 December 1966. 999 UNTS 1976, No.14668, S.171-346. Gelesen am 18. Oktober 2002. http://www.unhchr.ch/html/menu3/b/a_ccpr.htm.

ICJ, Communiqué No.98/28, 1998 - International Court of Justice: Communiqué No.98/28, vom 3. September 1998. Gelesen am 18. Oktober 2002. http://www.icj-cij.org/icjwww/ipresscom/iPress1998/ipr9828.htm.

ICJ, *Gabcíkovo-Nagymaros*, Decl. Rezek - International Court of Justice - Judge Francisco Rezek: Case concerning the Gabcíkovo-Nagymaros Project (Hungary/Slovakia). Declaration of Judge Rezek. ICJ Rep.1997, S.7, 86-87. Gelesen am 18. Oktober 2002. http://www.icj-cij.org/icjwww/idocket/ihs/ihsjudgement/chs_ijudgment_970925_rezek.htm.

ICJ, *Gabcíkovo-Nagymaros*, Diss. op. Fleischhauer - International Court of Justice - Judge Fleischhauer: Case concerning the Gabcíkovo-Nagymaros Project (Hungary/Slovakia). Dissenting opinion of Judge Fleischhauer. ICJ Rep.1997, S.7, 204-227. Gelesen am 18. Oktober 2002. http://www.icj-cij.org/icjwww/idocket/ihs/ihsjudgement/ihs_ijudgment_970925_fleischhauer.htm.

ICJ, *Gabcíkovo-Nagymaros*, Diss. op. Ranjeva - International Court of Justice - Judge Ranjeva: Case concerning the Gabcíkovo-Nagymaros Project (Hungary/Slovakia). Dissenting Opinion of Judge Ranjeva. ICJ Rep.1997, S.7, 179-184. Gelesen am 18. Oktober 2002. http://www.icj-cij.org/icjwww/idocket/ihs/ihsjudgement/chs_ijudgment_970925_ranjeva.htm.

ICJ, *Gabcíkovo-Nagymaros*, Sep. op. Bedjaoui - International Court of Justice - Judge Bedjaoui: Case concerning the Gabcíkovo-Nagymaros Project (Hungary/Slovakia). Separate opinion of Judge Bedjaoui. ICJ Rep.1997, S.7, 120-141. Gelesen am 18. Oktober 2002. http://www.icj-cij.org/icjwww/idocket/ihs/ihsjudgement/chs_ijudgment_970925_bedjaoui.htm.

ICJ, *Gabcíkovo-Nagymaros*, Sep. op. Weeramantry - International Court of Justice - Vice President Weeramantry: Case concerning the Gabcíkovo-Nagymaros Project (Hungary/Slovakia). Separate opinion of Vice-President Weeramantry. ICJ Rep.1997, S.7, 88-119. Gelesen am 18. Oktober 2002. http://www.icj-cij.org/icjwww/idocket/ihs/ihsjudgement/ihs_ijudgment_970925_weeraman.htm.

ICJ, *East-Timor* - International Court of Justice: Case concerning East Timor (Portugal v. Australia). Judgement of 30 June 1995. ICJ Rep.1995, S.90. Gelesen am 18. Oktober 2002. http://www.icj-cij.org/icjwww/icases/ipa/ipaframe.htm.

ICJ, *Gabcíkovo-Nagymaros* - International Court of Justice: Case concerning the Gabcíkovo-Nagymaros Project (Hungary/Slovakia). Urteil vom 25. September 1997. ICJ Rep.1997, S.7-240 = 116 ILR 2000, S.1-250. Gelesen am 18. Oktober 2002. http://www.icj-cij.org/icjwww/idocket/ihs/ihsjudgement/ihs_ijudgment_970925_frame.htm.

ICJ, *Nicaragua (Jurisdiction)* - International Court of Justice: Military and paramilitary activities in and against Nicaragua (Nicaragqua v. United States of America), Judgement of 26 November 1984 - Jurisdiction of the Court and admissibility of the application. ICJ Rep.1984, S.392ff. Gelesen am 18. Oktober 2002. http://www.icj-cij.org/icjwww/Icases/iNus/inus_ijudgment/inus_ijudgment_19841126.pdf.

ICJ Statute - Statute of the International Court of Justice. Gelesen am 18. Oktober 2002. http://www.icj-cij.org/icjwww/ibasicdocuments/ibasictext/ibasicstatute.htm.

ILC, Report 2001, Chapt. IV - International Law Commission: Report of the International Law Commission on the work of its Fifty-third session (23 April - 1 June and 27 July - 10 August 2001), Chapter IV vom 1. Oktober 2001. Gelesen am 18. Oktober 2002. http://www.un.org/law/ilc/reports/2001/english/chp4.pdf.

ILC, Draft articles on State Responsibility, 2001 (Crawford) - International Law Commission: Draft articles on states responsibility, provisionally adopted by the Commission on second reading. UN doc. A/CN.4/L.602/Rev.1. Gelesen am 18. Oktober 2002. http://www.law.cam.ac.uk/rcil/ILCSR/602rev.doc

ILC, Draft Declaration on Rights and Duties of States, 1949 - International Law Commission: Draft Declaration on Rights and Duties of States. Gelesen am 18. Oktober 2002. http://www.un.org/law/ilc/texts/decfra.htm.

ILO, Arbeitsschutzübereinkommen für die Landwirtschaft 2001 - Übereinkommen 184. Übereinkommen über den Arbeitsschutz in der Landwirtschaft, 2001. Gelesen am 18. Oktober 2002. http://ilolex.ilo.ch:1567/german/docs/gc184.htm.

ILO, Arbeitsvermittlungsbüros-Übereinkommen 1933 - Übereinkommen 34. Übereinkommen über Büros für entgeltliche Arbeitsvermittlung, 1933. Gelesen am 18. Oktober 2002. http://ilolex.ilo.ch:1567/german/docs/gc034.htm.

ILO, Arbeitszeitübereinkommen 1919 - Übereinkommen 1. Übereinkommen über die Begrenzung der Arbeitszeit in gewerblichen Betrieben auf acht Stunden täglich und achtundvierzig Stunden wöchentlich, 1919. Gelesen am 18. Oktober 2002. http://ilolex.ilo.ch:1567/german/docs/gc001.htm.

ILO, Mindestlohnübereinkommen 1928 - Übereinkommen 26. Übereinkommen über die Einrichtung von Verfahren zur Festsetzung von Mindestlöhnen, 1928. Gelesen am 18. Oktober 2002. http://ilolex.ilo.ch:1567/german/docs/gc026.htm.

INCB, Report 1999 - International Narcotics Control Board: Report of the International Narcotics Control Board 1999. Gelesen am 18. Oktober 2002. http://www.incb.org/e/ar/1999/menu.htm.

INCB, Report 2000 - International Narcotics Control Board: Report of the International Narcotics Control Board 2000. UN Doc. E/INCB/2000/1. Gelesen am 18. Oktober 2002. http://www.incb.org/e/ar/2000/menu.htm.

Kasachstan-EG, Partnerschaftsabkommen, 1995 - Abkommens über Partnerschaft und Zusammenarbeit zwischen den Europäischen Gemeinschaften und ihren Mitgliedstaaten und der Republik Kasachstan, vom 23. Januar 1995. ABl. EG Nr.L 196 vom 28.7.1999. Gelesen am 18. Oktober 2002. http://europa.eu.int/smartapi/cgi/sga_doc?smartapi!celexapi!prod!CELEXnumdoc&lg=DE&numdoc=2 1999A0728(02)&model=guichett.

League of Nations Covenant - Covenant of the League of Nations, vom 28. Juni 1919. Gelesen am 18. Oktober 2002. http://www.yale.edu/lawweb/avalon/leagcov.htm.

Lockerbie-Agreement (Draft) - Draft Agreement Between the Government of the Kingdom of the Netherlands and the Government of the United Kingdom of Great Britain and Northern Ireland Concerning a Scottish Trial in the Netherlands. Abgeschlossene Fassung vom 18. September 1998: ILM 1999, S.926-936. Gelesen am 18. Oktober 2002. http://www.ltb.org.uk/trialtreaty.cfm.

London Marine Pollution Prevention Convention, 1972 - Convention on the Prevention of Marine Pollution by Dumping of Wastes and Other Matter, gezeichnet in London, Mexiko City, Moskau und Washington am 29. Dezember 1972. Gelesen am 18. Oktober 2002. http://sedac.ciesin.org/pidb/texts/marine.pollution.dumping.of.wastes.1972.html.

MERCOSUR, Protocolos y acuerdos - Protocolos y acuerdos internacionales del MERCOSUR con tercero paises u organismos. Gelesen am 18. Oktober 2002. http://www.mercosur.org.uy/espanol/snor/normativa/acuerdoscontercerospaises.htm.

Montreal Protocol, 1987 as amended - Montreal Protocol on Substances that Deplete the Ozone Layer, vom 16. September 1987. 26 ILM 1987, S.1550-1561. Gelesen am 18. Oktober 2002. http://www.unep.org/ozone/Montreal-Protocol/Montreal-Protocol2000.shtml.

Moon Agreement, 1979 - Agreement governing the activities of States on the moon and other celestial bodies. Adopted by the General Assembly of the United Nations on 5 December 1979. 1363 UNTS 1984, No.23002, S.3-86. Gelesen am 18. Oktober 2002. http://www.oosa.unvienna.org/SpaceLaw/moontxt.htm.

NATO, Accession Czech Republic, 1997 - Protocol to the North Atlantic Treaty on the Accession of the Czech Republic, Brüssel, vom 16. Dezember 1997. Gelesen am 18. Oktober 2002. http://www.nato.int/docu/basictxt/b971216a.htm.

NATO, Accession Hungary, 1997 - Protocol to the North Atlantic Treaty on the Accession of the Republic of Hungary, Brüssel, vom 16. Dezember 1997. Gelesen am 18. Oktober 2002. http://www.nato.int/docu/basictxt/b971216b.htm.

NATO, Accession Poland, 1997 - Protocol to the North Atlantic Treaty on the Accession of the Republic of Hungary, Brüssel, vom 16. Dezember 1997. Gelesen am 18. Oktober 2002. http://www.nato.int/docu/basictxt/b971216c.htm.

NATO, Headquarter Protocol, 1952 - Protocol on the Status of International Military Headquarters Set Up Pursuant to the North Atlantic Treaty, Paris, vom 28. August 1952 . Gelesen am 18. Oktober 2002. http://www.nato.int/docu/basictxt/b520828a.htm.

NATO, Status of Forces Agreement, 1951 - Agreement between the Parties to the North Atlantic Treaty Regarding the Status of Their Forces, London, vom 19. Juni 1951. Gelesen am 18. Oktober 2002. http://www.nato.int/docu/basictxt/b510619a.htm.

NATO, Treaty, 1949 - North Atlantic Treaty („Treaty of Washington"), vom 4. April 1949. 34 UNTS 1949, No.541, S.243-255. Gelesen am 18. Oktober 2002. http://www.nato.int/docu/basictxt/treaty.htm.

NRW VO Drogenkonsumräume, 2000 - Nordrhein-Westfalen: Verordnung über den Betrieb von Drogenkonsumräumen, vom 26. September 2000. Gelesen am 18. Oktober 2002. http://www.indro-online.de/nrwrechtsverordnung.htm.

Nuclear Non-Proliferation Treaty, 1968 - Treaty on the Non-Proliferation of Nuclear Weapons, vom 1. Juli 1968. 729 UNTS 1970 No.10485, S.161 = ILM 1968, S.809-817. Gelesen am 18. Oktober 2002. http://www.state.gov/www/global/arms/treaties/npt1.html.

OAS, Inter-American Democratic Charter, 2001 - Organisation of American States: Inter-American Democratic Charter. Gelesen am 18. Oktober 2002. http://www.oas.org/charter/docs/resolution1_en_p4.htm.

OAS, Haiti, MRE Res.2/91 - OAS Ad hoc meeting of Ministers of Foreign Affairs: Support for Democracy in Haiti, vom 8. Oktober 1991. Gelesen am 18. Oktober 2002. http://www.upd.oas.org/documents/basic/mreres%202%2091eng.htm.

OAS, Haiti, MRE Res.3/92 - OAS Ad hoc-Meeting of Ministers of Foreign Affairs: Restoration of Democracy in Haiti, vom 17. Mai 1992. OAS Official Doc. Ser.F/V1 MRE/Res.3/92; AJIL 1992, S.667-669. Gelesen am 18. Oktober 2002. http://www.upd.oas.org/documents/basic/mreres%203%2092HaitiEng.htm.

OAS, Haiti, MRE Res.4/92 - OAS Ad hoc-Meeting of Ministers of Foreign Affairs: Reinstatement of Democracy in Haiti, vom 13. Dezember 1992. OAS Official Doc. Ser.F/V.1 MRE/Res.4/92. Gelesen am 18. Oktober 2002. http://www.upd.oas.org/documents/basic/mreres%204%2092HaitiEng.htm.

OAS, Overview - OAS General Secretariat: OAS History at a Glance. Gelesen am 18. Oktober 2002. http://www.oas.org/en/pINFO/OAS/oas.htm#his.

OAS, Protocol Cartagena de Indias, 1985 - Protocol of Amendment to the Charter of the Organization of American States. "Protocol of Cartagena de Indias", vom 5. Dezember 1985. Gelesen am 18. Oktober 2002. http://www.oas.org/juridico/english/Treaties/A-50.htm.

OAS, Protocol of Washington, 1992 - Protocol of Amendments to the Charter of the Organisation of American States. „Protocol of Washington", vom 14. Dezember 1992. Gelesen am 18. Oktober 2002. http://www.oas.org/juridico/english/treaties/a-56.htm.

OAS, Res.1080 (1991) - Organisation of American States: Resolution 1080 on Representative Democracy, vom 5. Juni 1991. Gelesen am 18. Oktober 2002. http://www.oas.org/juridico/english/agres1080.htm.

OAS Charter - Charter of the Organisation of American States. 33 ILM 1994, S.985ff. Gelesen am 18. Oktober 2002. http://www.oas.org/juridico/english/charter.html.

OSCE ODIHR - OSCE Office for Democratic Institutions and Human Rights (ODIHR). Gelesen am 18. Oktober 2002. http://www.osce.org/odihr/.

Pakistan-EC, Co-operation Agreement, 2001 - Cooperation Agreement between the European Community and the Islamic Republic of Pakistan on Partnership and Development, vom 24. November 2001. Gelesen am 18. Oktober 2002.
http://europa.eu.int/comm/external_relations/pakistan/intro/coop_agree_11_01.pdf.

Panama Canal Treaty, 1977 - Panama Canal Treaty, vom 7. September 1977. Gelesen am 18. Oktober 2002. http://memory.loc.gov/frd/cs/panama/pa_appnb.html.

Paris Peace Agreements for Cambodia, 1991 - Documents of the Paris Conference on Cambodia, vom 23. Oktober 1991. Gelesen am 18. Oktober 2002. http://www.usip.org/library/pa/index/pa_cambodia.html.

Prevention of Pollution from Ships Convention, 1973 - International Convention for the prevention of pollution from ships. London, 2 November 1973. Gelesen am 18. Oktober 2002. http://sedac.ciesin.org/entri/texts/pollution.from.ships.1973.html.

Prevention of Pollution from Ships Convention, Protocol 1978 - Protocol of 1978 relating to the International Convention for the prevention of pollution from ships, 1973. Concluded at London on 17 February 1978. 1340 UNTS 1983, No.22484, S.60-356. Gelesen am 18. Oktober 2002. http://www.unep.org/gopher/un/unep/elipac/intl_leg/treaties/tre-0720.txt.

Protection of Civilian Persons in War Convention, 1949 - Convention relative to the Protection of Civilian Persons in Time of War. Geneva, 12 August 1949. Gelesen am 18. Oktober 2002. http://www.icrc.org/ihl.nsf/7c4d08d9b287a42141256739003e636b/6756482d86146898c125641e004aa3c5?OpenDocument.

Protection of Prisoners of War Convention, 1949 - Convention relative to the Treatment of Prisoners of War. Geneva, 12 August 1949. Gelesen am 18. Oktober 2002. http://www.icrc.org/ihl.nsf/7c4d08d9b287a42141256739003e636b/6fef854a3517b75ac125641e004a9e68?OpenDocument.

Rights of Child Convention, 1989 - United Nations Convention on the Rights of the Child, adopted by GA Res.44/25 on 20 November 1989. 1577 UNTS 1990, No.27531, S.3ff. Gelesen am 18. Oktober 2002. http://www.unhchr.ch/html/menu3/b/k2crc.htm.

RUMSFELD Report, 1998 - Commission to Assess the Ballistic Missile Threat to the United States: Executive Summary of the Report, vom 15. Juli 1998. Gelesen am 18. Oktober 2002. http://www.fas.org/irp/threat/bm-threat.htm.

Saarland VO Drogenkonsumräume 2001 - Saarland: Verordnung über die Erteilung einer Erlaubnis für den Betrieb von Drogenkonsumräumen, vom 4. Mai 2001. Gelesen am 18. Oktober 2002. http://www.indro-online.de/rvosaarland.htm.

Sinai II Agreement, 1975 - Interim Agreement between Israel and Egypt, signed in Geneva on 5 September 1975. Gelesen am 18. Oktober 2002. http://www.ibiblio.org/sullivan/docs/SinaiII.html.

Test Ban Treaty, 1963 - Treaty banning nuclear weapon tests in the atmosphere, in outer space and under water, gezeichnet in Moskau am 5. August 1963. Gelesen am 18. Oktober 2002. http://www.state.gov/www/global/arms/treaties/ltbt1.html#2.

Timor Gap Treaty, 1989 - Treaty between Australia and the Republic of Indonesia on the Zone of Cooperation in an Area between the Indonesian Province of East Timor and Northern Australia [Timor Gap Treaty], (Timor Sea, 11 December 1989). Gelesen am 18. Oktober 2002. http://www.austlii.edu.au/au/other/dfat/treaties/1991/9.html.

Timor Sea Arrangement, 2001 - Memorandum of Understanding of Timor Sea Arrangement, vom 5. Juli 2001. Gelesen am 18. Oktober 2002. http://www.austlii.edu.au/au/other/dfat/special/MOUTSA.html.

TRIPS, 1994 - Agreement on Trade-Related Aspects of Intellectual Property Rights, vom 15. April 1994. Gelesen am 18. Oktober 2002. http://www.wto.org/english/docs_e/legal_e/27-trips.pdf.

UN, List of Member States - United Nations: List of Member States of the United Nations. Updated 27 September 2002. Gelesen am 18. Oktober 2002. http://www.un.org/Overview/unmember.html.

UN, Press Release, 4.1.2002 - United Nations: Pressemitteilung vom 4. Januar 2002. Gelesen am 18. Oktober 2002. http://www.un.org/peace/etimor/DB/db040102.htm.

UN Charter - Charter of the United Nations, vom 26. Juni 1945. 26. Oktober 2001. http://www.un.org/aboutun/charter/index.html.

UN Convention Against Illicit Traffic, 1988 - United Nations Convention Against the Illicit Traffic in Drugs and Psychotropic Substandes, 1988. Gelesen am 18. Oktober 2002. http://www.incb.org/e/conv/1988/.

UN Convention Psychotropic Substances, 1971 - Convention on Psychotropic Substances, 1971. Gelesen am 18. Oktober 2002. http://www.incb.org/e/conv/1971/.

UN Multilateral Treaties - United Nations: Multilateral Treaties Deposited With the Secretary General. NB! Diese Datenbank ist im Zugang beschränkt! Gelesen am 18. Oktober 2002. http://untreaty.un.org/ENGLISH/bible/englishinternetbible/bible.asp.

UN Single Convention, 1961/1972 - Single Convention on Narcotic Drugs, 1961, as amended by the 1972 Protocol Amending the Single Convention on Narcotic Drugs, 1961. 520 UNTS 1964, No.7515, S.204-417. Gelesen am 18. Oktober 2002. http://www.incb.org/e/conv/1961/.

UNCHR, Dec.2001/115 - United Nations Commission on Human Rights: Commission on Human Rights Decision 2001/115. Human rights and human responsibilities, vom 25. April 2001. Gelesen am 18. Oktober 2002.
http://www.unhchr.ch/Huridocda/Huridoca.nsf/(Symbol)/E.CN.4.DEC.2001.115.En?Opendocument.

UNCHR, Report 56th session, 2000 - United Nations Commission on Human Rights: Commission on Human Rights. Report on the fifty-sixth session (20 March - 25 April 2000). Economic and Social Council. Official Records 2000, Supplement No.3. Gelesen am 18. Oktober 2002.
http://www.unhchr.ch/Huridocda/Huridoca.nsf/e06a5300f90fa0238025668700518ca4/b601d727315853e3c125697d0044f768/$FILE/G0014048.doc.

UNCHR, Report 57th session, 2001 - United Nations Commission on Human Rights: Commission on Human Rights. Report on the 57th session (19 March - 17 April 2001). Economic and Social Council. Official Records 2001, Supplement No.3. UN doc. E/CN.4/2001/167 E/2001/23. Gelesen am 18. Oktober 2002.
http://www.unhchr.ch/Huridocda/Huridoca.nsf/e06a5300f90fa0238025668700518ca4/4788ae6d51ed9fe8c1256a920035e0ba/$FILE/G0115748.doc.

UNCHR, Res.1999/57 - United Nations Commission on Human Rights: Commission on Human Rights resolution 1999/57. Promoting the right to democracy, vom 28. April 1999. Gelesen am 18. Oktober 2002.
http://www.unhchr.ch/Huridocda/Huridoca.nsf/(Symbol)/E.CN.4.RES.1999.57.En?Opendocument.

UNCHR, Res.2000/47 - United Nations Commission on Human Rights: Commission on Human Rights resolution 2000/47. Promoting and consolidating democracy, vom 25. April 2000. Gelesen am 18. Oktober 2002.
http://www.unhchr.ch/Huridocda/Huridoca.nsf/(Symbol)/E.CN.4.RES.2000.47.En?Opendocument.

UNCHR, Res.2000/62 - United Nations Commission on Human Rights: Commission on Human Rights resolution 2000/62. Promotion of a democratic and equitable international order, vom 27. April 2000. Gelesen am 18. Oktober 2002.
http://www.unhchr.ch/Huridocda/Huridoca.nsf/(Symbol)/E.CN.4.RES.2000.62.En?Opendocument.

UNCHR, Res.2000/63 - United Nations Commission on Human Rights: Commission on Human Rights resolution 2000/63. Human rights and human responsibilities, vom 26. April 2000. Gelesen am 18. Oktober 2002.
http://www.unhchr.ch/Huridocda/Huridoca.nsf/(Symbol)/E.CN.4.RES.2000.63.En?Opendocument.

UNCHR, Res.2001/36 - United Nations Commission on Human Rights: Commission on Human Rights resolution 2001/36. Strengthening of popular participation, equity, social justice and non-discrimination as essential foundations of democracy, vom 23. April 2001. Gelesen am 18. Oktober 2002.
http://www.unhchr.ch/Huridocda/Huridoca.nsf/(Symbol)/E.CN.4.RES.2001.36.En?Opendocument.

UNCHR, Res.2001/41 - United Nations Commission on Human Rights: Commission on Human Rights resolution 2001/41. Continuing dialogue on measures to promote and consolidate democracy, vom 23. April 2001. Gelesen am 18. Oktober 2002.
http://www.unhchr.ch/Huridocda/Huridoca.nsf/(Symbol)/E.CN.4.RES.2001.41.En?Opendocument.

UNCHR, SR 57, 4 April 1999 - United Nations Commission on Human Rights: Commission on Human Rights. Fifty-fifth session. Summary Record of the 57th Meeting. Held at the Palais des Nations, Geneva, on Tuesday, 27 April 1999, at 3 p.m. Gelesen am 18. Oktober 2002.
http://www.unhchr.ch/huridocda/huridoca.nsf/(Symbol)/E.CN.4.1999.SR.57.En?OpenDocument.

UNCHR, SR 62, 25 April 2000 - United Nations Commission on Human Rights: Commission on Human Rights. Fifty-sixth session. Summary Record of the 62nd meeting. Held at the Palais des Nations, Geneva, on Tuesday, 25 April 2000, at 10.00 a.m. Gelesen am 18. Oktober 2002. http://www.unhchr.ch/Huridocda/Huridocda.nsf/e06a5300f90fa0238025668700518ca4/6962f4be369f1036802568d300361971/$FILE/G0013467.doc.

UNCHR, SR 65, 26 April 2000 - United Nations Commission on Human Rights: Commission on Human Rights. 55th session. Summary records of the 65th meeting. Held at the Palais des Nations, Geneva, on Wednesday, 26 April 2000, at 10:00 a.m. Gelesen am 18. Oktober 2002. http://www.unhchr.ch/Huridocda/Huridocda.nsf/(Symbol)/E.CN.4.2000.SR.65.En?Opendocument.

UNCLOS, 1982 - United Nations Convention on the Law of the Sea of 10 December 1982. 1833 UNTS 1994, No.31363, S.3-581 = 21 ILM 1982, S.1261-1354. Gelesen am 18. Oktober 2002. http://www.un.org/Depts/los/convention_agreements/texts/unclos/closindx.htm.

UNCLOS Agreement, 1994 - Agreement relating to the Implementation of Part XI of the United Nations Convention on the Law of the Sea of 10 December 1982, vom 28. Juli 1994. 33 ILM 1994, S.1313-1327. Gelesen am 18. Oktober 2002. http://www.un.org/Depts/los/convention_agreements/texts/unclos/closindxAgree.htm.

UNGA Res.36/162 (1981) - United Nations General Assembly: Measures to be taken against Nazi, Fascist and neo-Fascist activities and all other forms of totalitarian ideologies and practices based on racial intolerance, hatred and terror, vom 16. Dezember 1981. UNYB 1981, S.876f. Gelesen am 18. Oktober 2002. http://www.un.org/documents/ga/res/36/a36r162.htm.

UNGA Res.38/11 (1983) - United Nations General Assembly: Proposed new racial constitution for South Africa, vom 15. November 1983. UNYB 1983, S.154f. Gelesen am 18. Oktober 2002. http://www.un.org/documents/ga/res/38/a38r011.htm.

UNGA Res.38/99 (1983) - United Nations General Assembly: Measures to be taken against Nazi, Fascist and neo-Fascist activities and all other forms of totalitarian ideologies and practices based on racial intolerance, hatred and terror, vom 16. Dezember 1983. UNYB 1983, S.818f. Gelesen am 18. Oktober 2002. http://www.un.org/documents/ga/res/38/a38r099.htm.

UNGA Res.43/150 (1988) - United Nations General Assembly: Measures to be taken against Nazi, Fascist and neo-Fascist activities and all other forms of totalitarian ideologies and practices based on apartheid, racial discrimination and racism, and the systematic denial of human rights and fundamental freedoms, vom 8. Dezember 1988. UNYB 1988, 491. Gelesen am 18. Oktober 2002. http://www.un.org/documents/ga/res/43/a43r150.htm.

UNGA Res.45/3 (1990) - United Nations General Assembly: The situation in Cambodia, vom 15. Oktober 1990. UNYB 1990, S.218f. Gelesen am 18. Oktober 2002. http://www.un.org/documents/ga/res/45/a45r003.htm.

UNGA Res.45/150 (1990) - United Nations General Assembly: Enhancing the effectiveness of the principle of periodic and genuine elections, vom 18. Dezember 1990. UNYB 1990, S.569f. Gelesen am 18. Oktober 2002. http://www.un.org/documents/ga/res/45/a45r150.htm.

UNGA Res.45/151 (1990) - United Nations General Assembly: Respect for the principles of national sovereignty and non-interference in the internal affairs of States in their electoral processes, vom 18. Dezember 1990. UNYB 1990, S.570. Gelesen am 18. Oktober 2002. http://www.un.org/documents/ga/res/45/a45r151.htm.

UNGA Res.46/7 (1991) - United Nations General Assembly: The situation of democracy and human rights in Haiti, vom 11. Oktober 1991. UNYB 1991, S.151. Gelesen am 18. Oktober 2002. http://www.un.org/documents/ga/res/46/a46r007.htm.

UNGA Res.47/20A+B (1992) - United Nations General Assembly: The situation of human rights in Haiti, vom 24. November 1992. UNYB 1992, S.236f. Gelesen am 18. Oktober 2002. http://www.un.org/documents/ga/res/47/a47r020.htm.

UNGA Res.49/190 (1994) - United Nations General Assembly: Resolution 49/190, Strengthening the role of the United Nations in enhancing the effectiveness of the principle of periodic and genuine elections and the promotion of democratization, vom 23. Dezember 1994. UNYB 1994, S.1062ff. Gelesen am 18. Oktober 2002. http://www.un.org/documents/ga/res/49/a49r190.htm.

UNGA Res.54/168 (1999) - United Nations General Assembly: Respect for the principles of national sovereignty and non-interference in the internal affairs of States in their electoral processes, vom 17. Dezember 1999. Gelesen am 18. Oktober 2002. http://www.un.org/Depts/dhl/resguide/r54.htm.

- UNGA Res.54/173 (1999) - United Nations General Assembly: Strengthening the role of the UN in enhancing the effectiveness of the principle of periodic and genuine elections and the promotion of democratization, vom 17. Dezember 1999. Gelesen am 18. Oktober 2002. http://www.un.org/Depts/dhl/resguide/r54.htm.
- UNGA Res.55/43 (2000) - United Nations General Assembly: Resolution 55/43. Support by the United Nations system of the efforts of Governments to promote and consolidate new or restored democracies, vom 27. November 2000. Gelesen am 18. Oktober 2002. http://www.un.org/Depts/dhl/resguide/r55.htm.
- UNGA Res.55/96 (2000) - United Nations General Assembly: Resolution 55/96. Promoting and consolidating democracy. Vom 4. Dezember 2000. Gelesen am 18. Oktober 2002. http://www.un.org/Depts/dhl/resguide/r55.htm.
- UNGA Res.55/104 (2000) - United Nations General Assembly: Resolution 55/104. Strengthening United Nations action in the field of human rights through the promotion of international cooperation and the importance of non-selectivity, impartiality and objectivity. Gelesen am 18. Oktober 2002. http://www.un.org/Depts/dhl/resguide/r55.htm.
- UNGA Res.55/107 (2000) - United Nations General Assembly: Resolution 55/107. Promotion of a democratic and equitable international order. Vom 4. Dezember 2000. Gelesen am 18. Oktober 2002. http://www.un.org/Depts/dhl/resguide/r55.htm.
- UNGA Res.56/96 (2001) - United Nations General Assembly: Resolution 56/96. Support by the United Nations system of the efforts of Governments to promote and consolidate new or restored democracies, vom 14. Dezember 2001. Gelesen am 18. Oktober 2002. http://www.un.org/Depts/dhl/resguide/r56.htm.
- UNGA Res.56/151 (2001) - United Nations General Assembly: Promotion of a democratic and equitable international order, vom 19. Dezember 2001. Gelesen am 18. Oktober 2002. http://www.un.org/Depts/dhl/resguide/r56.htm.
- UNGA Res.56/154 (2001) - United Nations General Assembly: Respect for the principles of national sovereignty and non-interference in the internal affairs of States in electoral processes as an important element for the promotion and protection of human rights, vom 19. Dezember 2001. Gelesen am 18. Oktober 2002. http://www.un.org/Depts/dhl/resguide/r56.htm.
- UNGA Res.56/159 (2001) - United Nations General Assembly: Strengthening the role of the UN in enhancing the effectiveness of the principle of periodic and genuine elections and promotion of democratization, vom 19. Dezember 2001. Gelesen am 18. Oktober 2002. http://www.un.org/Depts/dhl/resguide/r56.htm.
- UNMIK, Reg.2000/1 - United Nations Mission in Kosovo: Regulation No.2000/1. On the Kosovo Joint Interim Administration Structure. Gelesen am 18. Oktober 2002. http://www.unmikonline.org/regulations/2000/reg01-00.htm.
- UNMIK, Reg.2000/16 - United Nations Mission in Kosovo: Regulation No.2000/16 on the registration and operation of political parties in Kosovo, vom 21. März 2000. Gelesen am 18. Oktober 2002. http://www.unmikonline.org/regulations/2000/reg16-00.htm.
- UNMIK, Reg.2000/21 - United Nations Mission in Kosovo: Regulation No.2000/21. On the establishment of the Central Election Commission. Gelesen am 18. Oktober 2002. http://www.unmikonline.org/regulations/2000/reg21-00.htm.
- UNMIK, Reg.2000/39 - United Nations Mission in Kosovo: Resolution No.2000/39. On the municipal elections in Kosovo. Gelesen am 18. Oktober 2002. http://www.unmikonline.org/regulations/2000/reg39-00.htm.
- UNMIK, Reg.2001/9 Constitutional Framework - United Nations Mission in Kosovo: On a Constitutional Framework for Provisional Self-Governemnt in Kosovo. Gelesen am 18. Oktober 2002. http://www.unmikonline.org/constframework.htm.
- UNMIK, Reg.2001/16 - United Nations Mission in Kosovo: Regulation 2001/16 amending Regulation 2000/16 on the registration and operation of political parties in Kosovo, vom 4. Juli 2001. Gelesen am 18. Oktober 2002. http://www.unmikonline.org/regulations/2001/reg16-01.pdf.
- UNMIK, Reg.2001/33 - United Nations Mission in Kosovo: Regulation 2001/33 on electioins for the Assembly of Kosovo. Gelesen am 18. Oktober 2002. http://www.unmikonline.org/regulations/2001/RE%202001-33.pdf.
- Universal Declaration, 1948 - United Nations General Assembly: Universal Declaration of Human Rights. Adopted and proclaimed by General Assembly resolution 217 A (III), vom 10. Dezember 1948. Gelesen am 18. Oktober 2002. http://www.un.org/Overview/rights.html.
- UNSC, Presidential Statement 5 (1998) - United Nations Security Council: Statement vom 26. Februar 1998. Gelesen am 18. Oktober 2002. http://www.un.org/Docs/sc/statements/1998/sprst98.htm.
- UNSC Res.435 (1978) - United Nations Security Council: Resolution 435, vom 29. September 1978. UNYB 1978, S.915. Gelesen am 18. Oktober 2002. http://www.un.org/documents/sc/res/1978/scres78.htm.

UNSC Res.629 (1989) - United Nations Security Council: Resolution 629, vom 16. Januar 1989. UNYB 1989, S.790. Gelesen am 18. Oktober 2002. http://www.un.org/Docs/scres/1989/scres89.htm.

UNSC Res.668 (1990) - United Nations Security Council: Resolution 668, vom 20. September 1990. UNYB 1990, S.216. Gelesen am 18. Oktober 2002. http://www.un.org/Docs/scres/1990/scres90.htm.

UNSC Res.718 (1991) - United Nations Security Council: Resolution 718, vom 31. Oktober 1991. UNYB 1991, S.155. Gelesen am 18. Oktober 2002. http://www.un.org/Docs/scres/1991/scres91.htm.

UNSC Res.729 (1992) - United Nations Security Council: Resolution 729, vom 14. Januar 1992. UNYB 1992, S.223. Gelesen am 18. Oktober 2002. http://www.un.org/documents/sc/res/1992/scres92.htm.

UNSC Res.733 (1992) - United Nations Security Council: Resolution 733, vom 23. Januar 1992. UNYB 1992, S.199. Gelesen am 18. Oktober 2002. http://www.un.org/documents/sc/res/1992/scres92.htm.

UNSC Res.745 (1992) - United Nations Security Council: Resolution 745, vom 28. Februar 1992. UNYB 1992, S.246. Gelesen am 18. Oktober 2002. http://www.un.org/documents/sc/res/1992/scres92.htm.

UNSC Res.751 (1992) - United Nations Security Council: Resolution 751, vom 24. April 1992. UNYB 1992, S.202. Gelesen am 18. Oktober 2002. http://www.un.org/documents/sc/res/1992/scres92.htm.

UNSC Res.782 (1992) - United Nations Security Council: Resolution 782, vom 13. Oktober 1992. UNYB 1992, S.195. Gelesen am 18. Oktober 2002. http://www.un.org/documents/sc/res/1992/scres92.htm.

UNSC Res.794 (1992) - United Nations Security Council: Resolution 794, vom 3. Dezember 1992. UNYB 1992, S.209. Gelesen am 18. Oktober 2002. http://www.un.org/documents/sc/res/1992/scres92.htm.

UNSC Res.797 (1992) - United Nations Security Council: Resolution 797, vom 16. Dezember 1992. UNYB 1992, S.197. Gelesen am 18. Oktober 2002. http://www.un.org/documents/sc/res/1992/scres92.htm.

UNSC Res.814 (1993) - United Nations Security Council: Resolution 814, vom 26. März 1993. UNYB 1993, S.290. Gelesen am 18. Oktober 2002. http://www.un.org/Docs/scres/1993/scres93.htm

UNSC Res.832 (1993) - United Nations Security Council: Resolution 832, vom 27. Mai 1993. UNYB 1993, S.323. Gelesen am 18. Oktober 2002. http://www.un.org/Docs/scres/1993/scres93.htm.

UNSC Res.837 (1993) - United Nations Security Council: Resolution 837, vom 6. Juni 1993. UNYB 1993, S.293. Gelesen am 18. Oktober 2002. http://www.un.org/Docs/scres/1993/scres93.htm.

UNSC Res.841 (1993) - United Nations Security Council: Resolution 841, vom 16. Juni 1993. UNYB 1993, S.342. Gelesen am 18. Oktober 2002. http://www.un.org/Docs/scres/1993/scres93.htm.

UNSC Res.861 (1993) - United Nations Security Council: Resolution 861, vom 27. August 1993. UNYB 1993, S.344. Gelesen am 18. Oktober 2002. http://www.un.org/Docs/scres/1993/scres93.htm.

UNSC Res.867 (1993) - United Nations Security Council: Resolution 867, vom 23. September 1993. UNYB 1993, S.351. Gelesen am 18. Oktober 2002. http://www.un.org/Docs/scres/1993/scres93.htm.

UNSC Res.873 (1993) - United Nations Security Council: Resolution 873, vom 13. Oktober 1993. UNYB 1993, S.346. Gelesen am 18. Oktober 2002. http://www.un.org/Docs/scres/1993/scres93.htm.

UNSC Res.875 (1993) - United Nations Security Council: Resolution 875, vom 16. Oktober 2001. UNYB 1993, S.346. Gelesen am 18. Oktober 2002. http://www.un.org/Docs/scres/1993/scres93.htm.

UNSC Res.888 (1993) - United Nations Security Council: Resolution 888, vom 30. November 1993. UNYB 1993, S.325. Gelesen am 18. Oktober 2002. http://www.un.org/Docs/scres/1993/scres93.htm.

UNSC Res.897 (1994) - United Nations Security Council: Resolution 897, vom 4. Februar 1994. UNYB 1994, S.318. Gelesen am 18. Oktober 2002. http://www.un.org/Docs/scres/1994/scres94.htm.

UNSC Res.905 (1994) - United Nations Security Council: Resolution 905, vom 23. März 1994. UNYB 1994, S.423f. Gelesen am 18. Oktober 2002. http://www.un.org/Docs/scres/1994/scres94.htm.

UNSC Res.917 (1994) - United Nations Security Council: Resolution 917, vom 6. Mai 1994. UNYB 1994, S.419. Gelesen am 18. Oktober 2002. http://www.un.org/Docs/scres/1994/scres94.htm.

UNSC Res.920 (1994) - United Nations Security Council: Resolution 920, vom 26. Mai 1994. UNYB 1994, S.399. Gelesen am 18. Oktober 2002. http://www.un.org/Docs/scres/1994/scres94.htm.

UNSC Res.940 (1994) - United Nations Security Council: Resolution 940, vom 31. Juli 1994. UNYB 1994, S.426. Gelesen am 18. Oktober 2002. http://www.un.org/Docs/scres/1994/scres94.htm.

UNSC Res.961 (1994) - United Nations Security Council: Resolution 961, vom 23. November 1994. UNYB 1994, S.403. Gelesen am 18. Oktober 2002. http://www.un.org/Docs/scres/1994/scres94.htm.

UNSC Res.1021 (1995) - United Nations Security Council: Resolution 1021, vom 22. November 1995. UNYB 1995, S.544. Gelesen am 18. Oktober 2002. http://www.un.org/Docs/scres/1995/scres95.htm.

UNSC Res.1022 (1995) - United Nations Security Council: Resolution 1022, vom 22. November 1995. UNYB 1995, S.545. Gelesen am 18. Oktober 2002. http://www.un.org/Docs/scres/1995/scres95.htm.

UNSC Res.1026 (1995) - United Nations Security Council: Resolution 1026, vom 30. November 1995. UNYB 1995, S.541. Gelesen am 18. Oktober 2002. http://www.un.org/Docs/scres/1995/scres95.htm.

UNSC Res.1031 (1995) - United Nations Security Council: Resolution 1031, vom 15. Dezember 1995. UNYB 1995, S.548. Gelesen am 18. Oktober 2002. http://www.un.org/Docs/scres/1995/scres95.htm.

UNSC Res.1035 (1995) - United Nations Security Council: Resolution 1035, vom 21. Dezember 1995. UNYB 1995, S.551. Gelesen am 18. Oktober 2002. http://www.un.org/Docs/scres/1995/scres95.htm.

UNSC Res.1132 (1997) - United Nations Security Council: Resolution 1132, vom 8. Oktober 1997. UNYB 1997, S.135. Gelesen am 18. Oktober 2002. http://www.un.org/Docs/scres/1997/scres97.htm.

UNSC Res.1159 (1998) - United Nations Security Council: Resolution 1159, vom 27. März 1998. UNYB 1998, 134-136. Gelesen am 18. Oktober 2002. http://www.un.org/Docs/scres/1998/scres98.htm.

UNSC Res.1162 (1998) - United Nations Security Council: Resolution 1162, vom 17. Apri 1998. UNYB 1998, S.168f. Gelesen am 18. Oktober 2002. http://www.un.org/Docs/scres/1998/scres98.htm.

UNSC Res.1182 (1998) - United Nations Security Council: Resolution 1182, vom 14. Juli 1998. UNYB 1998, 138. Gelesen am 18. Oktober 2002. http://www.un.org/Docs/scres/1998/scres98.htm.

UNSC Res.1201 (1998) - United Nations Security Council: Resolution 1201, vom 15. Oktober 1998. UNYB 1998, 139f. Gelesen am 18. Oktober 2002. http://www.un.org/Docs/scres/1998/scres98.htm.

UNSC Res.1244 (1999) - United Nations Security Council: Resolution 1244 vom 10. Juni 1999. Gelesen am 18. Oktober 2002. http://www.un.org/Docs/scres/1999/sc99.htm.

UNSC Res.1272 (1999) - United Nations Security Council: Resolution 1272, vom 25. Oktober 1999. Gelesen am 18. Oktober 2002. http://www.un.org/Docs/scres/1999/sc99.htm.

UNSC Res.1338 (2001) - United Nations Security Council: Resolution 1338, vom 31. Januar 2001. Gelesen am 18. Oktober 2002. http://www.un.org/Docs/scres/2001/sc2001.htm.

UNSC Res.1368 (2001) - United Nations Security Council: Resolution 1368, vom 12. September 2001. Gelesen am 18. Oktober 2002. http://www.un.org/Docs/scres/2001/sc2001.htm.

UNSC Res.1373 (2001) - United Nations Security Council: Resolution 1373, vom 28. September 2002. Gelesen am 18. Oktober 2002. http://www.un.org/Docs/scres/2001/sc2001.htm.

UNSC Res.1377 (2001) - United Nations Security Council: Resolution 1377, vom 12. November 2001. Gelesen am 18. Oktober 2002. http://www.un.org/Docs/scres/2001/sc2001.htm.

UNSC Res.1378 (2001) - United Nations Security Council: Resolution 1378, vom 14. November 2002. Gelesen am 18. Oktober 2002. http://www.un.org/Docs/scres/2001/sc2001.htm.

UNSC Res.1383 (2001) - United Nations Security Council: Resolution 1383, vom 6. Dezember 2001. Gelesen am 18. Oktober 2002. http://www.un.org/Docs/scres/2001/sc2001.htm.

UNSC Res.1386 (2001) - United Nations Security Council: Resolution 1386, vom 20. Dezember 2001. Gelesen am 18. Oktober 2002. http://www.un.org/Docs/scres/2001/sc2001.htm.

UNSC Res.1390 (2002) - United Nations Security Council: Resolution 1390, vom 16. Januar 2002. Gelesen am 18. Oktober 2002. http://www.un.org/Docs/scres/2002/sc2002.htm.

UNSC Res.1401 (2002) - United Nations Security Council: Resolution 1401, vom 28. März 2002. Gelesen am 18. Oktober 2002. http://www.un.org/Docs/scres/2002/sc2002.htm.

UNSG Report 779 (1999) - United Nations Secretary-General: Report of the Secretary-General on the United Nations Mission in Kosovo, vom 12. Juli 1999. Gelesen am 18. Oktober 2002. http://www.un.org/Docs/sc/reports/1999/sgrep99.htm.

UNSG Report 42 (2001) - United Nations Secretary-General: Report of the Secretary-General on the United Nations Transitional Administration in East Timor (for the period 27 July 2000 to 16 January 2001), vom 16. Januar 2001. Gelesen am 18. Oktober 2002. http://www.un.org/Docs/sc/reports/2001/sgrep01.htm.

UNSG Report 719 (2001) - United Nations Secretary-General: Progress report of the Secretary-General on the United Nations Transitional Administration in East Timor, vom 24. Juli 2001. Gelesen am 18. Oktober 2002. http://www.un.org/Docs/sc/reports/2001/sgrep01.htm.

UNSG Report 278 (2002) - United Nations Secretary-General: The situation in Afghanistan and its implications for international peace and security, UN Doc.S/2002/278, vom 18. März 2002. Gelesen am 18. Oktober 2002. http://www.un.org/Docs/sc/reports/2002/sgrep02.htm.

UNTAET, Reg.2001/2 - United Nations Transitional Administration in East-Timor: Regulation No.2001/2. On the election of a constituent assembly to prepare a constitution for an independent and democratic East-Timor, vom 16. März 2001. Gelesen am 18. Oktober 2002. http://www.un.org/peace/etimor/untaetR/reg20012.pdf.

UNTAET, Reg.2002/1 - United Nations Transitional Administration in East Timor: Regulation 2002/1. On the election of the first president of an independent and democratic East Timor,vom 16. Januar 2002. Gelesen am 18. Oktober 2002. http://www.un.org/peace/etimor/untaetR/2002-01.pdf.

UNTAET, Reg.2002/3 - United Nations Transitional Administration in East Timor: Regulation 2002/3. To amend Regulation 2001/2 on the election of a constituent assembly to prepare a constitution for an independent and democratic East Timor, vom 23. März 2002. Gelesen am 18. Oktober 2002. http://www.un.org/peace/etimor/untaetR/2002-03.pdf.

US Constitution - The Constitution of the United States. Gelesen am 18. Oktober 2002. http://lcweb2.loc.gov/const/const.html.

US Government, ABM Treaty Draft Protocol, 2000 - United States Government: Protocol to the Treaty between the United States of America and the Union of Soviet Socialist Republics on the Limitation of Anti-Ballistic Missile Systems, Entwurf vom Januar 2000. Gelesen am 18. Oktober 2002. http://www.fas.org/nuke/control/abmt/text/000119-abmt3.htm.

US Government, NMD Topics, 2001 – United States Government: NMD Protocol: Topics for Discussion, Januar 2001. Gelesen am 18. Oktober 2002. http://www.fas.org/nuke/control/abmt/text/000119-abmt1.htm.

US Senate, Hearing NMD/ABM, 2001 - United States Senate: The Administration's National Missile Defense Program and the ABM-Treaty. Hearing before the Committe on Foreign Relations, United States Senate. One-Hundredt Seventh Congress, First Session. July 24, 2001. Gelesen am 18. Oktober 2002. http://frwebgate.access.gpo.gov/cgi-bin/getdoc.cgi?dbname=107_senate_hearings&docid=f:74505.pdf.

Vienna Convention on Diplomatic Relations, 1961 - Vienna Convention on Diplomatic Relations. Done at Vienna, on 18 April 1961. 500 UNTS 1964, No.7310, S.95. Gelesen am 18. Oktober 2002. http://www.un.org/law/ilc/texts/dipfra.htm.

Vienna Convention on the Law of Treaties, 1969 - Vienna convention on the law of treaties. Concluded at Vienna on 23 May 1969. 1155 UNTS 1980, No.18232, S.331-512. Gelesen am 18. Oktober 2002. http://www.un.org/law/ilc/texts/treatfra.htm.

Vienna Convention on Succession in Treaties, 1978 - Vienna Convention on the Succession of States in respect of Treaties, vom 22. August 1978. 17 ILM 1978, S.1488-1517. Gelesen am 18. Oktober 2002. http://www.un.org/law/ilc/texts/treasucc.htm.

Vienna Declaration, 1993 - World Conference on Human Rights, Vienna, 14-25 June 1993: Vienna Declaration and Programme of Action, vom 25. Juni 1993. Gelesen am 18. Oktober 2002. http://www.unhchr.ch/huridocda/huridoca.nsf/(Symbol)/A.CONF.157.23.En?OpenDocument.

Wiener Schlußakte, 1820 - Schlußakte der Wiener Ministerkonferenz, vom 15. Mai 1820. Gelesen am 18. Oktober 2002. http://www.documentarchiv.de/nzjh/wschlakte.html.

World Cultural Heritage Convention, 1972 - Convention for the protection of the world cultural and natural heritage. Adopted by the General Conference of the United Nations Educational, Scientific and Cultural Organization at its seventeenth session, Paris, 16 November 1972. 1037 UNTS 1977, No.15511, S.151-211. Gelesen am 18. Oktober 2002. http://www.unesco.org/whc/world_he.htm.

WTO Agreement, 1994 - Agreement establishing the World Trade Organization, vom 15. April 1994. Gelesen am 18. Oktober 2002. http://www.wto.org/english/docs_e/legal_e/04-wto.pdf.

WVK (CH) - Wiener Übereinkommen über das Recht der Verträge. Abgeschlossen in Wien am 23. Mai 1969. Gelesen am 18. Oktober 2002. http://www.admin.ch/ch/d/sr/0_111/.